KB068617

제6판

최근 노동관계법 개정에 따른

인사노무관리실무

양재모

박영사

머리말

우리나라 노동법 제정은 1953년이나 사실상 노동법이 작동하기 시작한 것은 1987년 6·29선언 이후라고 말한다. 노동법은 자본주의라는 자동차의 제동장치로 매우 중요한 기능을 한다. 지난 60년간 산업화 과정에서 자동차의 속도는 매우 빨라졌으나 제동장치의 기능은 제대로 작동하지 못했다. 우리나라 노동법은 10년 단위로 큰 변화를 해왔다. 1987년 6·29선언으로 노동운동이 합법화되면서 노동조합 조직률도 상승하는 현상이 나타났다. 1997년 예상치 못한 국가부도 사태로 IMF로부터 돈을 빌리는 대가로 정리해고, 파견법이 제정된다. 2007년 IMF 이후 비정규직 근로자의 급격한 증가로 근로조건 차별문제가 대두되면서 비정규직보호법이 제정된다.

신정부는 3대개혁(노동, 연금, 교육) 중 노동개혁을 최우선 개혁 과제로 추진하면서, 대내외적인 경영환경은 급변하고 있고, 4차 산업혁명의 산업구조 체계에 맞는 노동법을 필요로 하고 있다. 따라서 정부는 노동개혁을 통해 저성장 고실업 위기를 극복하려고 한다. 정부는 근로기준법에서 임금과 근로시간 법령을 개정하여 직무중심의 임금체계와 효율적인 근로시간제도를 정착시켜, 산업구조에 맞는 법체계를 마련하려고 하고 있으며, 비정규직 고용을 제한하여 비정규직 남용을 방지하고, 파견업종을 확대하여 인력사용의 유연성을 높이려 하고 있다. 중대재해처벌법·산재고용보험법 등을 개정하여 사회안전망을 강화하려 한다.

새로운 정부는 상생의 노사문화를 정착시키기 위해 근로기준법, 직장 내 괴롭힘 방지법, 산안법 등 위반에 근로감독을 강화할 계획으로 기업은 이에 맞는 노무관리 역량을 강화해야 한다. 노동환경의 패러다임이 지각변동을 하고 있는 상황에서 기업의 인사노무관리는 매우 중요하다. 새로운 노동관계법에 맞는 제도적 장치를 얼마나 빨리 받아들여 기업문화로 정착시키느냐가 기업의 성장과 직결된다.

이번 개정판은 최근에 개정된 근로기준법, 최저임금법, 산안법, 기간제법, 파견법, 고용산재보험법, 중대재해처벌법 등의 개정내용에 대한 해설과 실무업무에 적용할 수 있는 절차와 방법에 대해 자세히 기술하였다. 찰스 다윈은 환경의 급변기에는 "강한 자가 살아남는 것이 아니라 새로운 환경에 변화하는 자가 살아남는다"라고 했다. 개정판을 출판할 수 있도록 도움주신 박영사 관계자 여러분에게 감사드린다.

공인노무사 양재모

차례

Chapter 01 근로시간 관리실무

Chapter 05 최저임금 관리실무

Chapter 06 임금채권 · 청산 관리실무

Chapter 09 성과연봉제도

Chapter 10 근로계약 작성 실무

노사협의회의 운영

노사협의회의 임무

Chapter 01

근로시간 관리실무

- 근로시간의 의의
- 법정근로시간
- 소정근로시간
- 휴게시간
- 대기시간
- 근로시간 노동개혁 방향
- 근로시간 계산의 특례
- 근로시간 및 휴게시간의 특례
- 근로시간의 적용제외
- 근로시간의 면제
- 유연근로시간제도
- 최단시간 근로자
- 단시간 근로자

Chapter

01 근로시간 관리실무

근로시간의 의의

1 근로시간 역사

근로시간의 역사는 노동법의 역사다. 노동법이 탄생한 산업화 초기 공장노동자의 1일 근로시간은 16시간으로 자본에 의한 노동의 착취시대였다. 노동운동은 장기노동으로 부터의 해방이다. 근기법에서 법정근로시간을 규정한 이유는 근로자의 장시간근로를 방지하고 피로를 회복시킬 시간을 부여하여 근로자로 하여금 '일과 생활의 균형Working and Life Balance'을 유지할 수 있도록 하기 위해서다. 또한 법정근로시간을 초과하는 근로시간에 대해서는 50%의 가산할증임금을 지급하도록 함으로써 금전적인 부담 때문에 연장근로를 제한하려는 취지도 가지고 있다. 이러한 법정근로시간은 연장근로를 계산하는 법정기준이 되는 시간일 뿐 이 법정시간을 넘는 연장근로가 무조건 금지되는 절대적 제한은 아니다. 1주일에 12시간의 연장근로는 당사자간 합의에 의하여 법적으로 인정되기 때문이다. 법정근로시간 원칙을 전제로 근로시간의 탄력적 배분과 근로시간의 유연성을 확보하는 제도로 탄력적 근로시간제, 선택적 근로시간제, 간주근로제, 재량근로제가 있다. 또한 근로시간 적용이 제외되는 근로자와 근로시간특례제도 등이 인정되므로 각 기업은 사정에 따라 다양한 형태의 근로시간제도를 스스로 설계할 수 있다.

2 근로시간 단축

1953년 근기법을 제정하면서 1일 8시간 1주 48시간 근로제를 규정했다. 1989년 주당 법정근로시간이 44시간으로 단축되었으나 실근로시간의 단축효과는 미비했다. 1998년 IMF 경제 위기를 맞아 실업극복을 위한 일자리 만들기 차원에서 근로시간 단축이 구체화되기 시작하면서 2004. 7월부터 주 40시간제가 시행되어 2011. 7월부터는 5인 이상 사업장까지 전면 확대 적용된다. 2018. 7. 1부터 시행되는 주 52시간제는 법정근로시간 단축이 아닌 연장근로제한으로 임금보존의무가 없는 근로시간 단축제도이다.

법정근로시간의 역사

구분	산업혁명 초기	18세기	19세기	20세기
근무시간	16시간/1일	10시간/1일	1주 48시간/1일 8시간	1주 40시간/1일 8시간

우리나라 근로시간의 역사

연도	내용
1953년	• 1일 8시간/1주 48시간/1주 12시간 초과 금지
1989년	• 1주 44시간/1일 8시간/1주 12시간 초과 금지
1997년	• 유연근로시간제(탄력/선택/재량근로시간) 도입
2003년	• 1주 40시간/1일 8시간/1주 12시간 초과 금지
2010년	• 노사정위원회 근로시간 연 1,800시간으로 단축 합의
2012년	• 근로자가 사용자의 지휘 · 감독하에 있는 대기시 간근로시간
2017년	• 휴일근로, 연장근로 포함(40+12=52시간)

주 40시간 주요 개정 내용

구분	현행	개정 내용
법정근로시간	• 주 44시간	• 주 40시간
연차휴가 및 휴가사용 촉진방안	• 월차휴가: 월 만근시 1일 • 연차휴가: 1년 만근 10일, 1년 근속시 마다 1일 가산 20일 초과시 금전지급 가능	• 월차휴가 폐지 • 연차휴가 15~25일 (2년당 1일 가산)로 조정, 1년 미만 근속자는 1개월당 1일 휴가부여 • 휴가사용촉진방안 신설
선택적 보상휴가제	• 규정 없음	• 노사 합의로 연장, 야간, 휴일근로에 대한 보상휴가 제도 도입 가능
생리휴가	• 월 1일 유급으로 부여	• 무급휴가
연장근로시간 상한선 및 할증률	• 연장근로시간 1주 12시간 한도 • 연장근로할증률 50%	• 3년간 한시적으로 1주 16시간 한도 • 최초 4시간분 할증률 25%
탄력적 근로시간제	• 2주 단위: 취업규칙, 1주 48시간 한도 • 1개월 단위: 노사 서면 합의, 1일 2시간, 1주 56시간 한도	• 단위기간 3개월로 확대 (노사 서면 합의 일 12시간, 주 52시간 한도)
임금보전	• 해당 없음	• 법개정으로 인해 기존의 임금수준과 시간당 통상임금이 저하되지 않도록 하는 원칙을 부칙에 명시
단체협약·취업규칙 변경	• 해당 없음	• 기존 단체협약 및 취업규칙 갱신노력의무 부칙에 명시

법정근로시간

1 의의

1주간의 근로시간은 휴게시간을 제외하고 40시간을 초과할 수 없으며, 1일 근로시간은 휴게시간을 제외하고 8시간을 초과할 수 없다. 근로시간이란 근로자가 사용자의 지휘·감독하에서 근로계약상의 근로를 제공하는 시간으로써 휴게시간을 제외한 실제 근로시간을 말하는데, 근로기준법은 근로자의 최장근로시간을 정하고 있으며 이를 법정근로시간이라 한다. 최근 대법원은 주52시간제 위반에 대한 처벌기준에 대해 이는 1주단위 12시간 초과 근무를 위반한 것을 의미하지 1일 12시간 초과를 의미하지 않는다고 판시하였다.(2020도15393)❶

2 제한

법정근로시간의 1일이라 함은 0시부터 24시까지를 의미하며, 1주일은 7일로 일반적으로 월요일에서 일요일까지는 의미하며 개근근로자에 대한 기준은 근로계약을 체결한 날이 기준이 된다. 근로자의 신분에 따라 법정근로시간에 제한을 받는다.

3 개정

1주일은 7일로 하여 휴일근로시간을 연장근로시간에 포함하고, 주당 근로시간은 52시간(기준근로시간 40시간+연장근로시간 12시간)으로 한다. 특별연장근로(52+α)를 허용하되, 남용방지를 위하여 사유(주문량 증가 등), 절차(노사대표 서면 합의), 상한(1주 8시간)을 설정한다.❷

❶ 1주간의 근로시간 중 40시간을 초과하는 시간을 기준으로 1주간 12시간의 연장근로한도를 초과하였는지 여부를 판단하여야 한다. (2020도15393,선고일자: 2023-12-07)

❷ 주 40시간을 초과하여 휴일근로를 한 경우 휴일근로에 따른 가산임금과 연장근로에 따른 가산임금의 중복 지급하지 않아도 된다. (대법원 전원합의체 2011다112391 2018.6.21)

법정근로시간 제한

구분	기준 근로시간		연장근로	야간근로	휴일근로
	1일	1주			
남성근로자	8	40	당사자 합의 1주 12시간	-	-
여성근로자				본인동의	본인동의
산후 1년 미만			당사자 합의 1일 2시간/ 1주 6시간/ 1년 150시간	본인동의 노동부인가	본인동의 노동부인가
임신 중	시업종업 시간 변경권 (21.11.19)		불가	명시적 청구 노동부인가	명시적 청구 노동부인가
18세 미만	7	35	당사자 합의 1주 5시간	본인동의 노동부인가 00:00~06:00 심야근로금지	본인동의 노동부인가
유해 위험작업	6	34	불가	-	-

• 임신 12주/36주 이내: 1일 6시간 근로(2014. 9월 300인 이상 사업장)

근로시간 개정법 비교

개정 전	개정 후
근기법 제50조(근로시간) ① 1주간의 근로시간은 휴게시간을 제외하고 40시간을 초과할 수 없다. ② 1일의 근로시간은 휴게시간을 제외하고 8시간을 초과할 수 없다.	1주일은 7일로 하여 휴일근로시간을 연장근로시간에 포함하고, 주당 근로시간은 52시간*(기준근로시간 40시간+연장근로시간 12시간)으로 한다.** • 50인 이상~300인 미만 기업은 2020. 1. 1. • 5인 이상~50인 미만은 2021. 7. 1.
근기법 제53조(연장근로 제한) ① 당사자간에 합의하면 1주간에 12시간을 한도로 제50조의 근로시간을 연장할 수 있다.	특별연장근로(52+α)를 허용하되, 남용방지를 위하여 사유(주문량 증가 등), 절차(노사대표 서면 합의), 상한(1주 8시간)을 설정한다. • 30인 미만은 2021. 7. 1~2022. 12. 31(60시간), 2023. 1. 1 전면 시행 • 휴일근로 할증률 명시(8시간이내×1.5, 8시간을 초과×2: 2018. 3. 20 시행)

* 특례업종에서 제외된 21개 업종은 2019. 7. 1부터 시행

소정근로시간

1 의의

소정근로시간이라 함은 법정근로시간 범위 내에서 노사간에 정한 근로시간을 말한다. 소정근로시간은 상호간 약정된 근로시간으로 실근로시간과는 관계가 없으며, 근로자가 근로를 제공할 의무가 있는 동시에 연장 및 휴일 근로수당 연차수당의 산정에 있어서 법률상 일급, 주급, 특히 월급제하에서 통상시급을 산출하는 때 기준이 되는 근로시간이다.❸

2 토요일 기준

주 40시간제에서 토요일에 대해 유급 또는 무급에 따라 월소정근로시간이 달라지며, 토요일을 휴일 또는 휴무일로 정하느냐에 따라 가산임금 계산 방식이 달라진다. 따라서 주 40시간제에서 토요일 기준을 어떻게 설정하느냐에 따라 근로조건에 많은 영향을 준다.

또한 토요일을 휴일(주휴) 또는 휴무일OFF 중 택일에 따라 임금계산 및 수당지급기준이 달라진다.❹

주 40시간제 토요일 기준에 따른 통상시급 산정 기준

토요일 처리 유형		산정방법	월 통상시급 산출시간
토요일 무급화	휴무형	[(1주 40)+(일요일 8시간 주휴)]/7일×365/12개월	209시간
	휴일형		
토요일 유급화	4시간 유급	[(1주 40)+(토요일 4)+(일요일 8)]/7일×356/12개월	226시간
	8시간 유급	[(1주 40)+(토요일 8)+(일요일 8)]/7일×356/12개월	243시간 (교대직)

휴게시간

1 의의

휴게시간은 4시간 근로에 대해 30분의 휴게시간을 보장하여 근로자가 계속해서 근로함에 따라 쌓이는 피로를 회복시켜 근로의욕을 확보·유지하는데 그 주된 목적이 있다. 즉 휴게시간제도는 적절한 휴게

주 40시간제 휴일·휴무에 따른 수당 기준

토요일 처리 유형		기본급	연장 근로수당	휴일 근로수당	통상시급
토요일 무급형	무급 휴무형	×	○	×	월통상임금/209=시급×O/T×1.5
	무급 휴일형	×	×	○	월통상임금/209=시급×O/T×1.5
토요일 유급형	4시간 유급	○	×	○	월통상임금/226=시급×O/T×1.5
	8시간 유급	○	×	○	월통상임금/243=시급×O/T×1.5

❸ 시간급통상임금을 산정함에 있어 주근로시간(유급휴일 해당 시간 제외)을 사용자인 병원의 복무규정 소정의 주 44시간으로 보고 여기에 유급휴일 해당 시간수를 더하여 1일 근로시간수를 계산한 다음 월의 소정근로일수를 365/12일로 보고 이를 기초로 월의 소정근로시간수를 225.9시간이라고 산정한 조치는 정당하다. (대법 1991.1.15, 90다카25734)

❹ 주 40시간제를 실시하는 사업장에서 당초 근로제공 의무가 없는 토요일 8시간을 유급 처리하는 경우에 월급금액을 시간급금액으로 환산할 때 '월 통상임금산정기준시간'은 주 40시간에 대한 소정근로시간 209시간과 매주 유급으로 처리되는 8시간 분을 합하여 '243시간'으로 정하는 것도 가능하다. (근로기준과-3802, 2004.6.12)

를 부여함으로써 근로자의 건강보호·작업능률의 증진 및 재해방지에 그 취지가 있다. 여기서 근로시간 4시간, 근로시간 8시간의 의미는 휴게시간을 제외한 실근로 제공시간을 의미한다.

2 휴게시간 자유 이용

휴게시간은 근로자가 자유로이 이용하는 것이 원칙이다. 휴게시간은 대기시간과 구별되며, 전화의 수신, 물품이나 작업진행 등의 감시의무가 부여되고 있는 시간은 휴게시간이 아니다. 즉 휴게시간은 점심시간 등 명칭이 어떠하든 간에 근로자가 사용자의 지휘·감독으로부터 벗어나 자유로이 사용할 수 있는 시간으로 실제 근로제공은 없지만 언제 근로제공의 요구가 있을지 모르는 상태에서 기다리는 시간, 이른바 대기시간은 사용자로부터 근로하지 않을 것을 보장받고 있지 못하기 때문에 휴게시간으로 볼 수 없다.[5]

대기시간

1 의의

근로시간을 산정함에 있어 근로자가 작업을 위하여 사용자의 지휘·감독 아래에 있는 대기시간 등을 근로시간으로 인정한다(근기법 제50조 3항). 따라서 작업을 준비하기 위한 정리정돈, 현장투입을 위한 안전교육, 현장출동을 위한 대기시간 등과 같이 준비시간을 근로시간으로 산정해야 한다(2012.1.1. 개정).[6]

2 근로시간 인정여부

사용자의 지배관리하에 있는 경우 대기시간도 근무시간이나 근무시간과 대기시간이 명백하게 구분되고 대기시간은 휴게실에서 휴식을 취

[5] 근무시간과 명백히 구분하여 휴게시간을 분할하여 부여하더라도 작업의 성질, 근로여건 등에 비추어 사회통념상 합리성이 있고 휴게제도의 취지를 벗어나지 않는 한 이를 법위반으로 보기 어렵다. 그러나 지나치게 세분화된 휴게시간은 휴게시간 본래의 목적에 사용하는 것이 어려우므로 휴게시간이 아니라 근로시간으로 보아야 할 것이다. (근기 68207-3307, 2002.12.2)

[6] 대기시간이나 휴식·수면시간 등이 실질적으로 사용자의 지휘·감독하에 놓여있는 시간이라면 근로시간에 포함된다. (대법 2006.11.23, 2006다41990)

토요일 휴일 휴무일에 따른 임금계산

- 토요일이 휴일인 경우 10시간 근무시
  시급×8시간×1.5(휴일수당)
  시급×2시간×2(휴일연장수당)

- 토요일 휴무인 경우 10시간 근무시
  시급×10시간×1.5(연장수당)

근로시간 정의

구분	내용
법정 근로시간	근기법 제50조 1주일을 7일로 하여 휴일근로시간을 연장근로시간에 포함하고, 주당 근로시간은 52시간으로 한다. 1일 근무시간은 휴게시간을 제외하고 8시간을 초과할 수 없다.
소정 근로시간	근기법 제2조 제7항 법정근로시간의 범위 내에서 근로자와 사용자간에 정한 근로시간을 말한다.
휴게 시간	근기법 제54조 사용자는 근로자에게 4시간인 경우 30분 이상, 8시간인 경우 1시간 이상의 휴게시간을 근로시간 도중에 주여야 한다.
대기 근로시간	근기법 제50조 (근로시간) ③ 제1항 및 제2항에 따른 근로시간을 산정함에 있어 작업을 위하여 근로자가 사용자의 지휘 · 감독 아래에 있는 대기시간 등은 근로시간으로 본다. (2012. 2.1 신설)

기타 근로시간 정의

- 실근로시간: 노동을 제공한 시간
  1주 40시간×4.34주(월)=174시간
- 시간외근로시간: 연장 야간 휴일근로를 총칭하는 말

하거나 개인사무를 볼 수 있다면 사업장 내라고 해도 이는 근무시간으로 볼 수는 없다.

근로시간 노동개혁 방향

산업현장에서 주단위의 52시간(법정근로시간 40시간+연장근로 12시간 제한)제는 생산도급관계 산업구조에서 법 준수가 어려운 현실을 감안하여 주단위가 월/분기/반기/년 단위로 확대하는 노동개혁방향을 제시하고 있다.

주 52시간제 유연화 방향

구분	현행	개편안			
단위	1주	월	분기	반기	연
총량	12시간	52시간	140시간 (1개월 대비 비율 90%로 축소)	250시간 (1개월 대비 비율 80%로 축소)	440시간 (1개월 대비 비율 70%로 축소)
도입	없음	근로자대표 서면 합의			
실시	연장근로시 당사자간 합의				
건강보호	없음	근로일간 11시간 연속 휴식 부여			

근로시간 계산의 특례

1 간주근로시간제도

업종의 다양화, 기업간 경쟁의 격화, 소비자 의식의 고도화, 다양화 등에 따라 생산직과 달리 근로시간 체크가 어려운 근로자가 점차 증가하여 실제 근로한 시간에 대한 계산이 대단히 어렵다. 예컨대, 영업사원의 경우 근로의 상당부분이 사업장 밖에서 이루어지고 있어 이들에 대한 근로시간을 관리하는 것이 극히 곤란하다. 영업사원 외에도 신문·잡지 등의 PD 기자, 판매된 상품의 애프터서비스업무, 시장조사업무 등 근로시간을 계산하기 어려운 경우는 얼마든지 있다. 따라서 이러한 사업장 밖 근로에 대해서는 그날그날 실제 근로한 시간을 계산하기보다는 일정한 시간을 근로시간으로 간주하는 제도를 둠으로써 근로시간의 관리를 용이하게 하는 한편 업무의 효율성을 제고하고자 한 것이다.

2 재량근로시간제도

업무가 고도로 지적 작업이기 때문에 업무수행의 수단, 시간배분의 결정 등을 근로자의 재량에 맡길 필요가 있는 연구원, 변호사 업무도 해당한다. 예컨대, 연구개발업무, 디자인업무, 컴퓨터시스템의 설계업무 등은 실제 근로시간을 계산하기 어려울 뿐만 아니라 오히려 업무수행방법과 근로시간의 운용을 대폭적으로 근로자의 재량에 맡길 필요가

근로시간 특례(예외)

근로시간 계산의 특례	·사업장 밖 근로로 인하여 근로시간 산정이 어려운 경우에는 소정근로시간이나 업무통상 노사간 합의한 근로시간을 근로한 것으로 본다(간주근로시간제). ·업무의 성질에 비추어 업무수행방법을 근로자의 재량에 위험할 필요가 있는 업무로서 대통령령으로 정하는 업무는 사용자가 근로자대표와 서면 합의로 정한 시간을 근로한 것으로 본다. 이 경우 그 서면 합의에는 다음 각 호의 사항을 명시하여야 한다(재량근로시간제).
근로/휴게 시간의 특례	육상(노선버스 제외)/수상/항공/운송서비스/병원 종사자는 노사합의로 연장근로/휴게시간법은 제외한다(단, 연속근로에 대하여 11시간의 휴식이 보장되어야 한다).
근로시간 적용제외	1. 업종(농림, 수산, 양잠, 사육) 2. 감시/단속적 근로자(노동부 승인) 3. 관리감독자/기밀업무 취급자
근로제공 면제시간	1. 선거권 기타 공민권 행사(대통령선거, 국회의원, 지방의회) 2. 공의 직무(예비군 훈련, 민방위 훈련)

직무에 따른 근로시간 적용

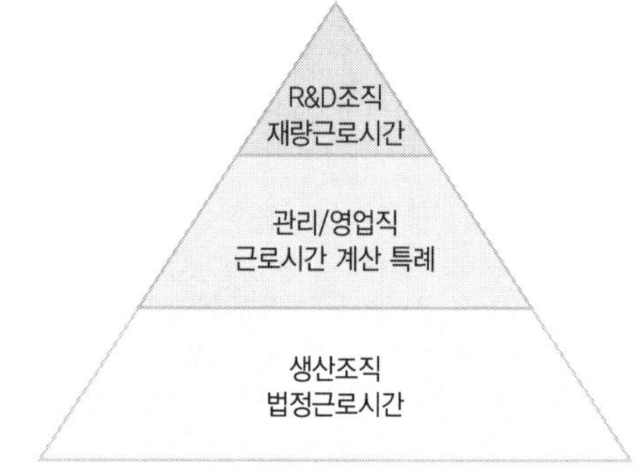

있다.⑦

3 업무수행에 통상 필요한 시간

당해 업무를 수행하기 위하여 통상적으로 소용되는 실제 근로시간이 소정근로시간을 초과하는 경우에는 그 업무의 수행에 통상 필요한 시간을 근로한 것으로 본다. 이러한 경우에도 소정근로시간만큼 근로한 것으로 보는 것은 불합리하기 때문에 설정한 제도이다. 간주된 근로시간이 법정근로시간을 초과한 경우에는 연장근로수당을 지급하여야 하고, 휴일·야간근로에 대해서도 가산임금을 지급해야 한다.⑧

4 근로자대표와 서면 합의로 정한 시간

당해 업무에 관하여 근로자대표와 서면 합의가 있는 때에는 그 합의에서 정한 시간을 그 업무수행에 통상 필요한 근로시간으로 본다. 업무수행에 통상 필요한 시간을 그때그때 산정하는 것이 번거로울 뿐만 아니라 그 산정방법에 관하여 당사자간에 다툼이 생길 여지가 많기 때문에 설정한 제도이다. 포괄임금제를 통해 시간외근로를 합의할 수 있으며 합의된 시간은 서면으로 근로계약(또는 연봉계약)에 명시해야 한다.⑨

● 재량근로 인정기준

업무보고		복무관리	
업무의 목표 · 내용 · 기한 등 기본적인 내용에 대한 지시	O	소정근로일 출근 의무를 부여하고 이를 확인	O
업무의 성질에 비춰 '보고 주기'가 지나치게 짧고, 보고 불이행시 징계 등 불이익	X	출퇴근 기록을 토대로 임금산정, 평가 반영 등 불이익 조치	X

회의참석, 출장		업무부여 주기	
업무진행 상황 확인, 정보공유 등을 위한 회의참석 지시	O	통상 1주 단위 이상으로 업무를 부여하거나, 일(日) 단위 업무를 부여하더라도 업무의 성질 등에 비춰 합리적 사유가 있는 경우	O
중대한 결함 발생 등 긴급업무 발생 시 회의참석 · 출장 등 지시	O		
근로자의 시간 배분을 사실상 제한할 정도의 빈번한 회의참석 지시	X	통상 소요되는 기간에 미치지 못하는 완료기한을 정하는 등 과도한 업무 부여	X

● 근로시간 및 휴게시간의 특례

1 의의

생산직과 달리 근무강도가 약하고 고객중심으로 근로시간이 정해지는 사업에 대해 근로자대표와 서면 합의로 제53조 제1항의 규정에 의한 주당 12시간을 초과하여 연장근로하게 하거나 제54조의 규정에 의한 휴

● 근로시간 및 휴게시간 특례제도(개정)

개정 전	개정 후
제59조(근로시간 및 휴게시간의 특례) 다음 각 호의 어느 하나에 해당하는 사업에 대하여 사용자가 근로자대표와 서면 합의를 한 경우에는 제53조 제1항에 따른 주(週) 12시간을 초과하여 연장근로를 하게 하거나 제54조에 따른 휴게시간을 변경할 수 있다. 1. 운수업, 물품 판매 및 보관업, 금융보험업 2. 영화 제작 및 흥행업, 통신업, 교육연구 및 조사 사업, 광고업 3. 의료 및 위생 사업, 접객업, 소각 및 청소업, 이용업 4. 그 밖에 공중의 편의 또는 업무의 특성상 필요한 경우로서 대통령령으로 정하는 사업	**제59조(근로시간 및 휴게시간의 특례)** 다음 각 호의 어느 하나에 해당하는 사업에 대하여 사용자가 근로자대표와 서면 합의를 한 경우에는 제53조 제1항에 따른 주(週) 12시간을 초과하여 연장근로를 하게 하거나 제54조에 따른 휴게시간을 변경할 수 있다. 1. 육상운송(노선버스 제외) 2. 수상운송업 3. 항공운송업 4. 그 밖의 운송관련 서비스업 5. 보건업

⑦ 서면합의 했음에도 사용자가 업무 수행 방법에 대해 구체적인 지시를 하고 출·퇴근 시간을 통제한다면 이는 재량근로로 볼 수 없다(회시번호 : 근로개선정책과-6390, 회시일자 : 2012-11-28)

⑧ 업무내용과 근로형태의 특수성을 감안하여 노사 합의하여 시간외·야간·휴일근로수당을 합하여 일정액을 지급한 것은 유효하다. (대법 1991.10.11, 90다17880 판결)

⑨ ① 근로시간 산정이 어려운 예외적 경우에만 포괄임금제를 인정하고, 산정이 어렵지 않다면 노사가 합의를 해도 무효 ② 합의는 정황이나 추정이 아닌 노사간 명시적인 합의가 있어야 된다는 것이다. (노동부포괄임금지침 2018.6)

게시간을 변경할 수 있다. 이러한 근로시간 및 휴게시간의 특례제도는 사업의 실태를 감안하여 고객의 불편을 피하려는 목적으로 입법되었다. 이 규정은 법정근로시간 및 휴게시간 원칙을 모든 업종에 대하여 획일적으로 적용할 경우에 야기되는 고객의 불편을 덜고, 업무특성상 특정 업종에 대해서는 근로시간과 휴게의 원칙을 적용하지 않는 것이다.

2 개정

근로시간 및 휴게시간의 특례가 인정되기 위해서는 다음의 사업에 해당되어야 한다. ① 육상 운수업(노선버스 제외), ② 수상운수업, ③ 항공운수업, ④ 기타 운송관련 서비스업, ⑤ 보건업은 제조업 근로자와 다른 서비스 업종으로 근무시간에 비해 근무강도가 낮은 업종으로 초과근로 휴게시간 제한 적용에서 제외된다.[10]

● 특례업종 시행시기

업종 및 규모 \ 시기		~2018.6.30	2018.7.1~2019.6.30	2019.7.1~2019.12.31	2020.1.1~2021.6.30	2021.7.1~
특례제외 21개	300인 이상	제한없음	68시간(60시간)	52시간	52시간	52시간
	50~299인	제한없음	68시간(60시간)	68시간(60시간)	52시간	52시간
	5~49인	제한없음	68시간(60시간)	68시간(60시간)	68시간(60시간)	52시간
특례유지 5개		제한없음	제한없음	제한없음	제한없음	제한없음

3 연속휴식시간 보장

특례가 유지되는 5개 업종은 최소 연속휴식시간 11시간을 부여(2018. 9. 1부터)하여야 하며, 이를 위반시에는 2년 이하 징역 또는 2천만 원의 벌금을 부과한다.

4 효과

위의 요건을 갖춘 경우에 기준근로시간의 1주 12시간의 연장근로를 초과하여 연장근로하거나, 제54조의 규정에 의한 휴게시간을 변경할 수 있다. 휴게시간의 변경이라 함은 휴게시간은 부여하되 그 시각을 변경하는 것을 의미하며, 휴게시간을 단축하거나 부여하지 아니하는 것으로 해석되어서는 아니 된다.

● 근로시간 이해

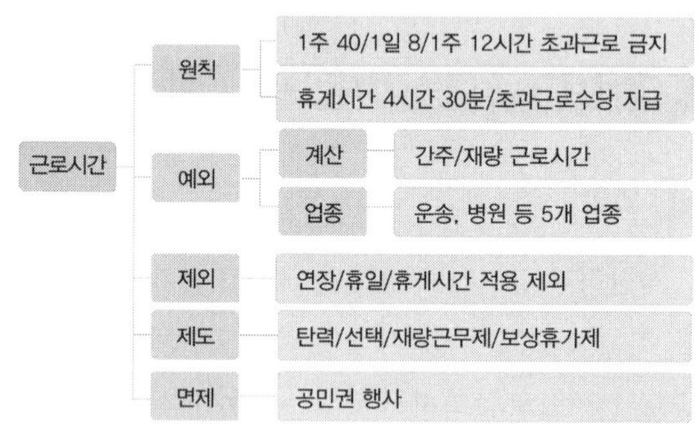

● 근로시간의 적용제외

1 의의

근로기준법은 모든 사업 또는 사업장의 근로자에게 적용되는 것이

● 근로시간 제외

산업	1차 산업
직종	감시단속적 근무자
직책	팀장급 이상 관리감독자
업무	기밀사무 취급자

• 야간근로수당은 지급한다.

[10] 5개 업종으로 육상운송(택시, 기차 등), 수상운송(여객선, 화물선 등), 항공운송(여객기, 화물기 등), 기타운송(택배 등), 보건업(병원 등) (2018.7.1부터 시행)

원칙이다. 그러나 사업의 성질 또는 업무의 특수성으로 인하여 출·퇴근시간을 엄격하게 정할 수 없다거나 근로시간·휴게·휴일의 적용이 적절하지 아니한 업종·직종·근로형태에 대해서는 그 적용을 배제하고 있다(근로기준법 제63조).⑪

2 적용제외 요건

(1) 1차 산업 종사자

1차 산업에 해당하는 사업인 ① 토지의 경작·개간, 식물의 재식·재배·채취사업·기타의 농림사업 ② 동물의 사육, 수산동식물의 채포·양식사업, 기타의 축산·양잠·수산사업 등은 제조업 기준의 근로시간제를 적용하는 것이 불합리적이며, 업무의 강도가 낮은 ③ 감시 또는 단속적으로 근로에 종사하는 자로서 사용자가 노동부장관의 승인을 얻은 자, 근무시간을 스스로 결정할 수 있는 지위에 있는 관리·감독업무 또는 기밀을 취급하는 업무에 종사하는 자 등이 해당된다.⑫

(2) 감시 또는 단속적 근로자

감시·단속적인 근로는 다른 일반근로자와 비교하여 노동의 강도 및 밀도가 낮고 신체적 피로나 정신적 긴장이 적기 때문에 예외를 인정하더라도 근로자보호에 문제가 없기 때문이다. 감시·단속적 업무가 다른 일반 근로자의 업무에 비해 노동력의 밀도가 낮고 신체적 피로나 정신적 긴장이 매우 적으나 일반 근로와의 차이를 구분하는 것이 어렵기 때문에 이의 엄격한 적용을 위하여 노동부장관의 승인을 얻어야 한다. 감시근로란 수위업무, 화재감시, 물품감시, 계수기 감시 등과 같이 신체적·정신적 업무의 과중이 없이 감시하는 것을 주된 업무로 하는 것을 말하며, 단속적 근로란 근로형태가 간헐적, 단속적인 것으로 휴게시간

⑪ 적용이 제외되는 조항은 근로기준법 제50조의 근로시간, 제54조의 휴게, 제55조의 휴일, 제58조의 근로시간 및 휴게시간의 특례, 제53조의 연장근로, 제56조의 연장근로 및 휴일근로에 대한 가산임금, 제69조의 연소근로자의 근로시간, 제71조의 여자근로자의 시간외근로에 관한 규정이다. 그러나 야간근로와 연차유급휴가, 산전·후휴가, 생리휴가, 근로자의 날 등은 제도적 취지가 다르므로 본조의 적용제외 규정에서 제외된다.

⑫ 돈사·우리 등에 가축을 가두어 사료를 주어 사육하는 등 기상이나 기후 등 자연적 조건에 영향을 받는다고 보기 어렵고 근로시간도 다른 직종의 근로자와 동일하게 통상근무시간이 09:00~18:00까지로 운영되고 있어 근로시간 및 휴게·휴일 등의 적용을 제외할만한 사업으로 볼 수는 없을 것이다. 즉 사업종류 및 해당 업무의 근무형태 등을 고려해 볼 때 근로기준법 제63조의 규정에 의한 근로시간 및 휴게·휴일 등의 적용제외사업으로 인정되기는 곤란할 것이다. (임금근로시간정책팀-661, 2006.3.22)

● 감/단 승인 제외 사유(21.10.25 지침)

□ 특히, 아파트 경비원이 감시 외 분리수거 등 **다른 업무를 수행하는 경우**에는 법령상 경비원에게 허용되는 업무만이 아니라 **실제 수행하고 있는 업무 전체를 기준으로 승인 여부를 판단**하며,

○ **다음과 같은 경우에는** 심신의 피로도가 낮다고 보기 어렵기 때문에 **승인에서 제외**될 수 있다.

① 다른 업무를 **규칙적으로 자주 수행**함으로써 그 시간이 **전체 업무 중 상당한 비중을 차지**하여 **전체 업무 강도가 낮다고 보기 어려운 경우**

② 다른 업무를 규칙적으로 자주 수행하지는 않으나, **상당한 시간을 수행**하며, **전체적인 심신의 피로도가 높다고 인정**되는 경우

③ 다른 업무의 수행 시간이 길지는 않으나, **심신의 긴장도가 매우 높고 부상 위험**이 있는 등 **심신의 부담이 큰 업무**를 수행하는 경우

참고 감단근로자 신청 필요서류

1. 확인서(근로자 및 사업주 서명)
2. 해당 근로자 명부
3. 신청전 일주일분 근무일지 사본
4. 신청전 1개월분 임금대장 사본
5. 근로계약서 사본(해당 근로자)
6. 휴게시설, 근무실 등 사진 사본
7. 개별근로자 동의 확인서(감시적 근로/단속적 근로)

● 감시·단속적 근로자 적용제외 승인 효과

구분	승인 전	승인 후
근로시간	• 소정근로 1주 40시간 • 연장근로 12시간 한도	• 근로시간 규정 적용 예외
주휴일	• 유급주휴일 적용	• 주휴일 미적용
법정수당	• 연장근로수당 지급 • 휴일근로수당 지급 • 야간근로수당 지급	• 야간근로수당만 지급
휴게 및 휴가	• 연차유급휴가 적용 • 4시간에 30분, 8시간에 1시간의 휴게 적용	• 연차유급휴가만 적용

* 2021.2.17 이후 감단승인은 3년 단위로 재승인으로 변경

과 대기시간이 많은 임원운전기사를 말한다.⑬

(3) 관리 · 감독자

관리 감독적 지위에 있는 자에 해당하는가의 여부는 각 사업장의 실태와 입법취지에 따라 구체적으로 판단해야 한다. 사업장 내의 형식적인 직책에도 불구하고 출·퇴근 등에 대하여 엄격한 제한을 받고 있는지 여부, 노무관리방침의 결정에 참여하거나 노무관리상의 지휘권한을 가지고 있는지의 여부, 그 지위에 따른 특별수당을 받고 있는지의 여부 등을 종합적으로 검토하여 판단한다. 감독업무란 실·국장, 부장, 공장장, 팀장 등 근로조건의 결정이나 노무관리상의 일정한 권한과 책임이 있는 자를 의미한다.⑭

(4) 기밀의 사무를 취급하는 자

'기밀을 취급하는 업무에 종사하는 자'란 비서 기타 직무가 경영자 또는 감독 혹은 관리의 지위에 있는 자의 활동과 일체불가분적인 자로서 엄격한 근로시간관리에 적합하지 아니한 자를 말하며 반드시 비밀서류를 취급할 것을 의미하지는 아니한다. 어떠한 자가 이에 해당하는지 여부에 대해서는 직무내용과 근로시간관리라는 2개의 기준에 따라 각 기업의 실태에 응하여 판단되어야 할 것이다.

(5) 적용제외의 효과

근로기준법 제4장(근로시간과 휴게)과 제5장(여성과 소년) 중 근로시간·휴게·휴일에 관한 규정은 적용되지 아니한다. 다만, 야간근로에 대한 야간근로수당, 여성과 연소자의 야간근로금지에 관한 규정은 적용된다.

● 근로시간의 면제

1 의의

사용자는 근로자가 근로시간 중에 선거권, 그 밖의 공민권 행사 또는

⑬ 구 근로기준법 제49조 제3호 소정의 감시적 근로의 의미 및 감시적 근로자에 대하여 노동부장관의 인가를 받은 경우, 시간외·휴일근로수당의 지급 의무가 없다. (대법 1997.04.25, 95다4056)

⑭ 근로조건의 결정권한을 행사하고, 노무관리 및 현장관리·감독업무를 행하고, 출·퇴근시간에 엄격한 구속을 받지 않는 건설회사 현장소장은 관리·감독적 지위에 있는 자이다. (근로기준과-4983, 2004.09.17)

공의 직무를 집행하기 위하여 필요한 시간을 청구하면 거부하지 못한다. 다만, 그 권리행사나 공의 직무를 수행하는 데에 지장이 없으면 청구한 시간을 변경할 수 있다.

2 선거권 기타 공민권 보장

선거권 기타 공민권이라 함은 국민투표권, 선거권 및 피선거권 등의 정치적 참정권을 의미한다. 즉 공민권은 대통령·국회의원·지방자치단체의 장·지방의회의원의 선거권 등을 비롯하여 기타 법령에서 국민 일반에게 의무를 이행해야 하는 예비군훈련, 민방위훈련, 신체검사, 주민등록 일제갱신 등의 의무를 말하는 것이다.[15]

3 공의직무

국민 일반에게 보장하고 있는 공민으로서의 권리를 공의직무는 본인의 선거운동은 포함되지만 다른 후보자를 위한 선거운동까지 보장하는 것은 아니다. 공민권의 행사대상인지 여부는 국민으로서 참정권의 일환으로 행사하는 권리인가를 기준으로 판단해야 할 것이다. 따라서 사법상의 채권·채무에 관한 소송은 공민권의 행사라고 볼 수 없으나 공직선거법상의 선거 또는 당선에 관한 소송은 공민권의 행사라고 보아야 한다. 그러나 부당노동행위 구제절차의 당사자가 사건조사를 위하여 관할 노동위원회의 요구에 따라 출석하는 시간은 공권이 아닌 사권의 성격이 강한 것으로 보아 공의 직무로 볼 수 없다.[16]

4 필요한 시간의 부여

사용자는 근로자가 공민권 행사에 필요한 시간을 청구한 경우 이를 거부하지 못한다. 필요한 시간의 범위는 당해 공민권 행사 또는 공의 직무성질에 따라 판단되어져야 하지만, 공민권 행사 또는 공의 직무수행에 필요한 시간이면 족하다고 할 것이다. 사용자는 근로자의 청구를 거부할 수는 없으나, 공민권의 행사 또는 공의 직무를 집행하는데 지

15 근로시간 외에 민방위훈련을 받는 경우 사용자가 근로의무를 면제해 주어야 할 법적 의무는 없다. (근기 01254-1426, 1993.06.29)

16 노동위원회의 요구에 출석하는 시간은 공권이 아닌 사권의 성격이 강하므로 '공의 직무'로 보기는 어렵다. (근로기준팀-5828, 2007.8.8)

유연근로시간제도

유연근무제 비교

제도	내용	적합 업종 업무
탄력적 근로시간제	일이 많은 주(또는 日)의 근로시간을 늘리는 대신 다른 주(또는 日)의 근로시간을 줄여 평균 근로시간이 법정근로시간 이내에 해당할 경우 특정한 주에 법정근로시간을 초과하더라도 근로시간 위반이 아님은 물론 그 초과한 시간에 대해서도 가산임금을 지급하지 않아도 되는 제도	성수기와 비성수기 간 업무량 차이가 큰 업무에 적합
선택적 근로시간제	노사합의로 1개월 이내에 총 근로시간만 정하고 출퇴근시간을 근로자가 자유롭게 선택하는 제도	전문직, 연구직 등 근무시간의 규제보다는 업무가 근로자의 자율에 의하여 더 능률적인 직종에 적합
사업장 밖 간주근로 시간제	근로자가 출장이나 그 밖의 사유로 근로시간의 전부 또는 일부를 사업장 밖에서 근로하여 근로시간을 산정하기 어려운 경우 소정근로시간을 근로한 것으로 간주하는 제도	영업사원, 재택근무자와 같이 근로의 상당부분이 사업장 밖에서 이뤄져 근로시간 관리가 어려운 경우에 적합
재량 근로시간제	업무 성격상 업무수행방법을 근로자의 재량에 맡길 필요가 있는 경우 노사합의로 정한 시간을 근로한 것으로 보는 제도	연구개발업무, 디자인 업무, 컴퓨터 시스템 설계 업무 등 고도의 지적작업으로 업무 수행수단, 시간배분 결정을 근로자 재량에 맡길 필요가 있는 경우 접합
보상휴가제	연장 휴일 야간근로수당을 지급하는 대신 휴가를 부여하는 제도	연봉제 도입 사업장 및 주말에 업무를 해야하는 부서를 대상으로 도입

장이 없는 한 근로자가 청구한 시간을 변경할 수 있다. 공민권 행사 또는 공의 직무의 집행에 지장을 주지 않는 한 날짜의 변경도 가능할 것이다.

5 공민권 행사와 근로관계

근로기준법 제10조에서는 근로자에게 공민권 행사와 공의 직무집행에 필요한 시간을 보장할 뿐 그 시간의 급여에 관해서는 아무런 정함이 없다. 따라서 단체협약, 취업규칙, 관행 또는 근로계약에서 정하는 바에 따라 급여의 지급 여부가 정하여 진다. 그러므로 특별한 약정이 없는 경우에는 사용자는 임금지급 의무가 면제된다고 할 것이다. 그러나 근로기준법 이외의 다른 법(공직선거 및 선거부정방지법, 향토예비군설치법, 민방위기본법 등)에서 이를 정한 때에는 이에 따른다.[17]

유연근로시간제도

노사협정근로시간이란 1주일간의 근로시간이 법정기준근로시간(52시간)을 초과하지 않으면 특정한 주에 기준근로시간을 초과하더라도 근로시간 위반이 아님은 물론 초과한 시간에 대해서도 가산할증수당을 지급하지 않아도 되는 제도이다. 일이 많이 밀릴 때는 더 일하고 일이 없을 때는 덜 일하는 방식으로 근로시간을 탄력적으로 운용하는 유연한 제도이다work-life balance. 대표적으로 탄력적 근로시간제도(제51조), 선택적 근로시간제도(제52조), 재량적 근로시간제도(제58조)를 들 수 있다.

1 탄력적 근로시간제도

(1) 2주 단위 탄력적 근로시간제도

탄력적 근로시간제도averaging work system는 2주 48시간제도와 3월 52시간제도의 두 가지가 있다. 2주(1개월: 2022년 개정 예정) 48시간제도는 취업규칙 등에 정하는 바에 의해 2주간 이내의 일정한 단위기간을 평균하여 1주간 근로시간이 주 40시간을 초과하지 않는 범위 안에서 특

유연근무제도

구분	내용
탄력근무제	• 2주 단위(48+32=80/2주=40시간) 취업규칙에 명시/연장수당 미 발생 • 3개월 이내 1주에 52시간(40+12=52시간) 넘지 않는 범위 내 노사합의
선택근무제	• 1개월 이내의 정산기간을 평균하여 1주 평균근로시간이 주 40시간을 초과하지 않는 범위에서 1주 또는 1일 근무시간을 자유롭게 조정
재량근무제	• 업무특성상 업무수행방법을 근로자의 재량에 따라야 하는 경우 사용자와 근로자가 합의한 시간을 근로시간으로 보는 제도
재택근무제	• 근로자가 회사에 출근하지 않고 집에서 근무
원격근무제	• 주거지, 출장지 등과 인접한 원격근무용 사무실 또는 사무실이 아닌 장소에서 모바일 기기를 이용하여 근무

탄력시간제비교

단위기간	2주 이내	3개월 이내	3개월 초과~6개월 이내
도입요건	취업규칙 등에 규정	근로자대표와의 서면합의	근로자대표와의 서면합의
효과	2주 이내, 3개월 이내 또는 3개월 초과~6개월 이내의 단위기간을 평균하여 1주간의 근로시간이 1주 40시간을 초과하지 아니하는 범위 내에서 특정 주에 1주 40시간을, 특정일에 1일 8시간의 근로시간을 초과하여 근로 가능		
제한	• 특정 주의 근로시간은 48시간을 초과할 수 없음 • 15세 이상 18세 미만인 자와 임신 중인 여성에게는 적용 불가	• 특정 주의 근로시간은 52시간을, 특정일의 근로시간은 12시간을 초과할 수 없음 • 15세 이상 18세 미만인 자와 임신 중인 여성에게는 적용 불가	• 특정 주의 근로시간은 52시간을, 특정일의 근로시간은 12시간을 초과할 수 없음 • 15세 이상 18세 미만인 자와 임신 중인 여성에게는 적용 불가
기타			• 근로일 간 11시간 연속 휴식 • 2주 전 근로일별 근로시간 통보 • 임금보전 방안 수립

[17] 공민권 행사 또는 공의 직무를 수행하기 위하여 시간을 부여한 경우 임금을 지급할 것인지의 여부는 법률에 특별한 규정이 없는 한 당사자간의 합의로 결정된다. (법무 811-29559, 1980.1.13)

정주에 40시간, 특정일에 8시간을 초과하여 근로하게 할 수 있는 제도로 특정주의 근로시간이 48시간을 초과할 수 없다.

(2) 4주 단위 탄력적 근로시간제도

2주 단위 이상의 탄력적 근로시간제는 근로자대표와의 서면 합의에 의해 ① 대상 근로자의 범위, ② 3월 이내의 단위기간, ③ 단위기간에 있어서의 근로일 및 근로일별 근로시간, ④ 서면 합의의 유효기간을 정한 때에는 3월 이내(6개월 이내: 2022년 개정 예정)의 단위기간을 평균하여 1주간의 근로시간이 주 40시간을 초과하지 않는 범위 안에서 특정주에 40시간, 특정일에 8시간을 초과하여 근로하게 할 수 있는 제도로 특정주에 52시간, 특정일에 12시간을 초과할 수 없다.[18]

(3) 탄력적 근로시간제 연장근로

탄력적 근로시간제도는 단위기간 평균 40시간을 넘지 않으면 연장근로수당을 지급하지 않는 제도이나 특정일(8시간 초과), 특정주(52시간)를 초과하는 연장근로를 당사자와 합의하여 연장근로를 할 경우 수당을 지급해야 한다. 특정일(8), 특정주(12), 특정단위(160) 기간의 순서대로 연장근로시간을 계산하면서 이미 산입한 연장근로시간은 제외한다. 따라서 1주 월요일 2시간은 연장근로수당이 지급되나, 목요일 2시간은 법정근로시간(40) 범위 내로 연장수당이 지급되지 않는다. 따라서 4주 단위 160시간 근무에서 194시간을 근무했으므로 34시간 시간외수당을 지급한다.

(4) 3~6개월 이내 탄력적근로시간제도(2021년 4월 6일 시행)

법정근로시간은 1주 40시간 1일 8시간으로 정해 연장근로기준으로 초과수당을 지급하나 탄력근로시간제는 1일 12시간 1주 52시간을 초과하는 경우 초과수당을 지급하는 방식으로 변경되는 근로시간제로 노사합의를 전제로 하며 근로자 보호조치로 근로제공일 이후 다음날 11시간 이상의 휴식시간을 부여하고, 주별근로시간을 사전에 확정하고 근로개시 2주 전까지 근로일별 근로시간을 통보해야 하며 임금보전방안을 노동부에 신고하도록 하고 있다.

● 2주 단위 탄력적 근로시간제(예시)

구분	월	화	수	목	금	토	일	총시간
1주	8	8	8	8	휴무	휴무	주휴	32
2주	8	8	8	8	8	8	주휴	48

● 4주 단위 탄력적 근로시간제(예시)

구분	월	화	수	목	금	토	일	총시간
1주	8	8	8	4	휴무	휴무	주휴	28
2주	8	8	8	4	휴무	휴무	주휴	28
3주	12	8	10	10	6	6	주휴	52
4주	8	12	10	10	12	휴무	주휴	52

● 4주 단위 탄력적 근로시간제와 연장근로 [( )는 실제로 근로한 시간]

구분	월	화	수	목	금	토	일	총시간
1주	8(10)	8	8	4(6)	휴무	휴무	주휴	28(32)
2주	8	8(12)	8	4(12)	휴무	휴무	주휴	28(40)
3주	12	8(10)	10	10	6(8)	6(8)	주휴	52(58)
4주	8(20)	12	10	10	12	휴무	주휴	52(64)

- 특정일(8), 특정주(12), 특정단위(160) 기간의 순서대로 연장근로시간을 계산하면서 이미 산입한 연장근로시간을 제외한다. 따라서 1주 월요일 2시간은 연장근로수당이 지급되나, 목요일 2시간은 법정근로시간(40) 범위 내로 연장수당이 지급되지 않는다. 따라서 4주 단위 160시간 근무에서 194시간을 근무했으므로 34시간 시간외수당을 지급한다.

[18] 1월 이내의 탄력적 근로시간제를 채택하면 1주간 근로시간이 44시간을, 특정주에 56시간, 특정일에 12시간을 초과하지 않으면 연장근로수당이 발생하지 않는다. (중노위 2001단협3, 2001.12.21)

(5) 적용대상

업무량이 특정주에 몰려있는 근로자를 대상으로 도입하는 것이 바람직하며, 연소자와 임신근로자는 적용제외 대상이다(50인 미만 사업장은 2021년 7월 1일부터 시행).

2 선택적 근로시간제도

(1) 의의

선택적 근로시간제flexitime system는 취업규칙 등에 시업 및 종업시각을 근로자의 결정에 맡기기로 한 근로자에 대하여 근로자대표와의 서면 합의에 의해 ① 대상 근로자의 범위 ② 1월 이내의 정산기간(**연구개발 업무의 경우 3개월 단위 21. 4. 6 시행**) ③ 정산기간에 있어서의 총근로시간 ④ 의무근로시간대 및 그 개시·종료시각 ⑤ 선택근로시간대 및 그 개시·종료시각, ⑥ 표준근로시간(유급휴가 등의 계산 기준으로 사용자와 근로자대표가 합의하여 정한 1일의 근로시간)을 정한 때에는 1월 이내의 정산기간을 평균하여 1주간 근로시간이 주 40시간을 초과하지 않는 범위 안에서 1주 40시간, 1일 8시간을 초과하여 근로하게 할 수 있다.[19]

(2) 유형

근로자에게 근로시간을 선택하게 하는 시간제선택근로방식과 근로자가 근로요일을 정하여 출근하는 근로일 선택형 방식이 있으며, 팀원이 함께 일할 수 있는 코어타임시간과 휴가자의 표준근로시간을 정하여 분쟁을 사전에 예방하는 조치를 해야 한다.

(3) 적용대상

서비스 업종에서 고객을 상대로 하는 부서나 업무량 편중 시간이 심한 업종에서 실시하는 것이 바람직하며, 18세 미만 연소자의 경우 적용대상 제외에 해당한다. 일반기업에서 실시하고 있는 시차제와 구분된다.[20]

완전선택적 근로시간제 유형

유형	의무 근로시간	선택 근로시간	정산 기간	1주 평균	표준근로 시간(1일)
근로시간 선택형	13:00~ 16:00	07:00~13:00 16:00~22:00	1개월	40시간	8시간
근로일 선택형	월, 화, 목, 금 (1일 10시간)	수요일 휴무			

부분선택적 근로시간제 유형

07:00 09:00	10:00 12:00	12:00 13:00	13:00 15:00	17:00 19:00
선택적 근로시간대 (시업시간대)	의무적 근로시간대 (코어타임)	휴게	의무적 근로시간대 (코어타임)	선택적 근로시간대 (종업시간대)

근로시간대

[19] 1일의 근로시간을 표준근로시간을 정하여 유급휴가 등의 계산 기준으로 삼도록 한 법 취지에 부합하지 않는바, 대상 근로자 전체에 일률적으로 적용되는 특정의 근로시간을 표준근로시간으로 정하는 것이 타당하다고 사료된다. (근로개선정책과-703, 2011.4.8)

[20] 자율출퇴근제는 소정근로시간에 따라 퇴근시간이 자동결정되어 1주 40시간을 넘으면 시간외수당이 발생하나 선택근로제는 미리정한 월근로시간을 넘는 시간에 대해 연장수당을 지급한다. (노동부 유연근무제 지침)

3 재량근로시간제도

(1) 의의

재량근로시간제white-collar exemption는 업무의 성질에 비추어 업무수행방법을 근로자의 재량에 위임할 필요가 있는 업무로서 대통령령이 정하는 업무(신상품 또는 신기술의 연구개발/정보처리시스템 설계 또는 분석업무/신문방송 또는 출판사업의 가사 취재 편집/의복 광고 디자인/영화제작사업 프로듀서/법률서비스 대행업자)는 사용자가 근로자대표와 서면 합의로 정한 시간을 근로한 것으로 본다. 이 경우 서면 합의에는 ① 대상업무, ② 사용자가 업무의 수행수단 및 시간배분 등에 관하여 근로자에게 구체적인 지시를 하지 아니한다는 내용, ③ 근로시간의 산정은 당해 서면 합의로 정하는 바에 따른다는 내용을 명시해야 한다.[21]

(2) 유형

근로시간 계산의 특례제도의 한 유형으로 업무특성상 근로자재량권이 인정되는 업무나 일정한 프로젝트 단위로 일하는 IT 벤처기업에서 활용할 수 있는 근무제로 출퇴근시간지정형과 완전자율근무형의 재량근무제 도입이 가능하다.

프로그램 개발부서에서 개발완료시간을 정하고 월 200시간으로 정한 경우 월법정근로시간 174시간 + 시간외수당(26시간)을 포함하여 연봉계약 체결이 가능하며 특정부서 단위로 실시할 수 있다.

4 근로자대표의 서면 합의

근로자대표란 당해 사업 또는 사업장에 근로자의 과반수로 조직된 노동조합이 있는 경우에는 그 노동조합, 없는 경우에는 근로자의 과반수를 대표하는 자를 말한다. 근로자대표를 선출하는 경우 당해 사업 또는 사업장 단위로 근로자대표를 선출한다. 하나의 사업이 수 개의 사업장으로 구성된 경우에 탄력적 근로시간제 등 유연적 근로시간 제도를 사업단위로 도입할 경우에는 근로자대표를 사업단위로 선출하고, 일부 사업장에만 도입하고자 하는 경우에는 사업장 단위로 선출해야 한다.[22]

[21] 서면 합의 했음에도 사용자가 업무수행방법에 대해 구체적인 지시를 하고 출·퇴근 시간을 통제한다면 이는 재량근로로 볼 수 없다. (근로개선정책과-6390, 2012.11.28)

[22] 근로자참여 및 협력증진에 관한 법률에 의하여 선출된 근로자 위원이 근로기준법 제50조 제2항의 근로자대표권을 행사할 수 있다. (근기 68207-92, 2001.01.09)

● 재량근로시간제 유형

유형	출퇴근시간	1주 소정근로시간
출퇴근시간지정형	출근 09시, 퇴근 자율 출근 자율, 퇴근 20시	40시간
완전자율근무형	별도 기준이 없음	

● 유연근무제 비교

제도	내 용	적합 업종 업무
탄력적 근로시간제	일이 많은 주(또는 日)의 근로시간을 늘리는 대신 다른 주(또는 日)의 근로시간을 줄여 평균 근로시간이 법정근로시간 이내에 해당할 경우 특정한 주에 법정근로시간을 초과하더라도 근로시간 위반이 아님은 물론 그 초과한 시간에 대해서도 가산임금을 지급하지 않아도 되는 제도	성수기와 비성수기 간 업무량 차이가 큰 업무에 적합
선택적 근로시간제	노사합의로 1개월 이내(또는 3개월)에 총 근로시간만 정하고 출퇴근시간을 근로자가 자유롭게 선택하는 제도	전문직, 연구직 등 근무시간의 규제보다는 업무가 근로자의 자율에 의하여 더 능률적인 직종에 적합
사업장 밖 간주근로 시간제	근로자가 출장이나 그 밖의 사유로 근로시간의 전부 또는 일부를 사업장 밖에서 근로하여 근로시간을 산정하기 어려운 경우 소정근로시간을 근로한 것으로 간주하는 제도	영업사원, 재택근무자와 같이 근로의 상당부분이 사업장 밖에서 이뤄져 근로시간 관리가 어려운 경우에 적합
재량 근로시간제	업무 성격상 업무수행방법을 근로자의 재량에 맡길 필요가 있는 경우 노사합의로 정한 시간을 근로한 것으로 보는 제도	연구개발업무, 디자인 업무, 컴퓨터 시스템 설계 업무 등 고도의 지적작업으로 업무 수행수단, 시간배분 결정을 근로자 재량에 맡길 필요가 있는 경우 접합
보상 휴가제*	연장 휴일 야간근로수당을 지급하는 대신 휴가를 부여하는 제도	연봉제 도입 사업장 및 주말에 업무를 해야 하는 부서를 대상으로 도입

* 근로자가 자신의 귀책사유로 인해 보상휴가를 사용하지 않은 경우에도 그에 대한 임금을 지급하여야 한다(임금근로시간과-376, 회시일자 : 2020-02-20).

최단시간 근로자

1 의의

4주 평균 주 15시간 미만 근로자의 경우 근로시간이 매우 짧은 근로자로 근로기준법에 적용해서 주휴, 연차, 퇴직금, 비정규직 2년 이상 사용제한 적용을 받지 않는다.[23]

2 임금의 지급 및 계산

최단시간 근로자 임금은 시간당 최저임금에 근로시간을 곱해 지급하면 되며 시간당 임금은 최저임금을 상위해야 한다.

3 근로시간, 휴일, 휴가

최단시간 근로자에게는 별도의 주휴나 연차휴가를 인정해 줄 의무가 없다. 그러나 소정근로시간을 초과한 근로에 대해서는 가산임금으로 지급해야 한다. 최단시간 근로자에 대해 초과근로가 빈번한 경우 2년 이상 근무한 경우 무기계약직 전환대상이 될 수 있다.[24]

단시간 근로자

1 의의

1주간 소정근로시간이 당해 사업장 동종업무에 종사하는 통상 근로자의 1주간 소정근로시간보다 짧은 근로자를 단시간 근로자라 하며, 파트타이머, 아르바이트, 시간제 근로자라고 불리 운다. 단시간 근로자의 근로조건은 동종 업무 상시근로자의 소정근로시간을 기준으로 산정한 비율에 따라 비례하여 결정된다(법 제2조 제1항 제8호, 제18조). 그러나 4주간 소정근로시간을 평균하여 1주간의 소정근로시간이 15시간 미만인 단시간 근로자의 경우에는 근로조건 중 퇴직금, 주휴일, 연·월차 휴가에 관한 규정이 적용되지 않는다(법 제18조, 영 제9조).

[23] 소정근로시간을 1주 15시간 이상으로 정하고 1년간 근로계약기간을 설정하되, 방학기간은 근로하지 않기로 한 경우 1주간의 소정근로시간이 15시간 미만인 근로자에 해당하지 않는다(근기 68207-2562, 2002.7.22).

[24] 주당 15시간 미만 초등학교 돌봄 교사가 매일 2시간 이상 연장근무를 했다면 이는 무기계약 대상자가가 될 수 있다. (중앙노동위원회-315, 2017.4.11)

근로자대표 합의 · 협의

법령(대표자)	대표자 선출	권한	
		서면합의	협의
근기법(근로자 대표)	1. 근로자의 과반수로 조직된 노동조합이 있는 경우에는 그 노동조합의 위원장 2. 근로자의 과반수로 조직된 노동조합이 없는 경우에는 근로자의 과반수를 대표하는 자	• 탄력적 근로시간제 도입(제51조) • 선택적 근로시간제 도입(제52조) • 선택적 보상휴가제 실시(제57조) • 간주 근로시간에서 통상 업무 수행시간으로 간주하는 시간 (제58조) • 재량근로시간에서 간주되는 근로시간(제58조) • 특수업종의 연장근로 및 휴게시간 특례(제59조) • 연차유급휴가의 대체(제62조)	• 경영상해고 협의(제24조) • 연소자, 임산부의 야간 및 휴일근로 시행 협의(제70조)
노조법(노동조합 위원장)	조합원이 선출	• 제29조: 교섭 및 체결권한(제35조, 일반적 구속력)	
근참법(근로자 위원)	1. 과반수노조가 있는 경우 노조위원장이 위촉 2. 과반수노조가 없다면 선출	• 제20조: 협의 • 제21조: 의결 • 제22조: 보고	

단시간 근로조건

2 단시간 근로자 근로조건 강화

단시간 근로자의 대부분이 비정규직으로 비정규직 보호 차원에서 단시간 근로조건이 강화되고 있다. 단시간 근로자가 소정근로시간을 초과하여 근로할 경우 법정근로시간 내라고 해도 150% 가산임금을 지급해야 한다. 또한 청소년의 학습권을 보호하기 위해 00:00~06:00 사이에는 18세 미만의 청소년 근로를 금지한다(2014. 9월 시행).

3 근로조건의 서면명시

사용자는 단시간 근로자와 근로계약을 체결하는 때에는 ① 근로계약기간에 관한 사항 ② 근로시간·휴게에 관한 사항 ③ 임금의 구성항목·계산방법 및 지불방법에 관한 사항 ④ 휴일·휴가에 관한 사항 ⑤ 취업의 장소와 종사하여야 할 업무에 관한 사항 ⑥ 근로일 및 근로일별 근로시간을 서면으로 명시하고 교부해야 하며 이를 어길 경우 500만원 이하의 과태료를 즉시 부과한다(기간제법 제17조).[25]

4 초과근로의 제한 및 불리한 처우의 금지

사용자는 단시간 근로자에 대하여 소정근로시간을 초과하여 근로하게 하는 경우에는 당해 근로자의 동의를 얻어야 하며, 동의를 얻더라도 1주간에 12시간을 초과하여 근로하게 할 수 없다. 만약 사용자가 동의를 얻지 아니하고 초과근로를 하게 하는 경우 근로자는 이를 거부할 수 있다(기간제법 제6조). 사용자는 단시간 근로자가 초과근로를 거부하였음을 이유로 해고 그 밖의 불리한 처우를 하지 못하며, 이를 위반하여 근로자에게 불리한 처우를 한 경우 2년 이하의 징역 또는 1천만원 이하의 벌금에 처한다.

참고

1주일에 5일(월, 화, 수, 목, 금)에 각 4시간씩 근무하는 단시간 근로자(시간급 10,000원)의 1년 퇴직금은?

① 통상근로자=(평균일당×30)×근무일수/365
② 단시간 근로자=(평균일당×30)×단시간 근로자 1년간 소정근로시간/통상근로자 1년간 소정근로시간

5 주휴수당지급 의무

단시간 근로자가 1주간의 소정근로일수를 개근한 자에 대하여는 1주에 평균 1일 이상의 유급휴일을 부여해야 하며, **다음주 근로가 예정되어 있지 않아도 주휴수당을 지급해야 한다.** 다만, 시급을 높여 주

참고

1주일에 5일(월, 화, 수, 목, 금)에 4시간 근무하는 단시간 근로자(시간급 10,000원)의 경우 월 급여는?

① 1일 소정근로시간 = 4주간 소정근로시간÷그 기간의 일수
= (4시간×5일×4주)÷20일 = 4시간
② 주휴수당 = 1일 소정근로시간×시간급
= 4시간×10,000원 = 40,000원
③ 1달 임금 = 소정근로시간(10,000×80시간=80만원)
+주휴수당(10,000×16시간=160,000원)
= 960,000원

[25] 사용자가 단시간 근로자를 고용할 경우에는 임금·근로시간 기타 근로조건을 명확히 기재한 근로계약서를 작성하여 근로자에게 교부하여야 한다. (근로기준과-5247, 2004.7.31)

휴수당을 포함하여 근로계약을 체결할 수 있다.[26]

6 연차유급휴가의 적용

사용자는 단시간 근로자에게 연차유급휴가를 주어야 하며, 이 경우 유급휴가는 다음의 방식으로 계산한 시간단위로 하며, 1시간 미만은 1시간으로 본다. 여성인 단시간 근로자에게도 생리휴가 및 산전·후 휴가를 주어야 하고, 일급 통상임금을 지급해 주어야 한다.

$$\text{통상근로자의 연차휴가일수} \times \left[\frac{\text{단시간 근로자의 월소정근로시간}}{\text{통상근로자의 월소정근로시간}} \right]$$

1주 20시간 1년간 근무한 알바에게 연차수당은?

$$=15\text{개 연차휴가} \times \frac{20\text{시간}}{40\text{시간}} \fallingdotseq 8\text{개}$$

7 퇴직금 지급 의무

단시간 근로자가 1년 이상 근무한 경우 통상근로자 퇴직금 기준에 비례하여 퇴직금을 지급해야 한다. 퇴직연금의 경우 DB 또는 DC형을 선택할 수 있으며 DC형의 경우 1년 연봉의 8.34%를 1년 단위로 적립해 주어야 한다.

8 4대보험 가입 의무

단시간 근로자의 4대보험은 월 평균 60시간 이상이면 모두 가입해야 하며, 최단시간(60시간 미만) 근로자도 3개월 이상 한 사업장에서 근무할 경우 고용보험 가입의무가 있다. 최단시간 근로자는 고용보험, 국민연금, 건강보험 가입 의무는 없으나 산재보험 혜택을 받게 된다. 단, 생계를 목적(2018. 7. 1자로 폐지)으로 주 15시간 미만 3개월 이상 근로할 경우 고용보험에 가입해야 한다.

(1) 일용근로자

통상 일일단위로 근로계약이 체결되고 그날의 근로관계가 종료되어 시급 또는 일급으로 임금을 지급 받는 근로자로 4대보험법상 일용근로자는 1일 또는 1개월 미만 고용된 자를 말한다(소득세법상 3개월 미만).[27]

4대보험 가입 기준

<table>
<tr><th>구분</th><th colspan="2">고용보험</th><th>산재보험</th><th colspan="2">국민연금</th><th colspan="2">건강보험</th></tr>
<tr><td>1개월 미만 고용된 일용근로자</td><td colspan="2">○</td><td>○</td><td colspan="2">×</td><td colspan="2">×</td></tr>
<tr><td rowspan="5">1개월 이상 고용된 근로자</td><td colspan="2" rowspan="5"></td><td rowspan="5">○</td><td>월 8일 이상 근로</td><td>○</td><td>월 8일 이상 근로</td><td>○</td></tr>
<tr><td>월 60시간 이상 근로</td><td>○</td><td>비상근 근로자</td><td>×</td></tr>
<tr><td>월 8일 미만 월 60시간 이상 근로</td><td>○</td><td>월 소정 근로시간 60시간 미만</td><td>×</td></tr>
<tr><td>월 8일 이상 월 60시간 미만 근로</td><td>○</td><td colspan="2" rowspan="2"></td></tr>
<tr><td>월 8일 미만 월 60시간 미만 근로</td><td>×</td></tr>
<tr><td rowspan="2">1개월 소정 근로 시간이 60시간 미만인 단시간 근로자</td><td>월 소정 근로시간 60시간 미만, 3개월 미만 계속근로</td><td>×</td><td rowspan="2">○</td><td>원칙) 월 소정근로 시간이 60시간 미만</td><td>×</td><td rowspan="2">월 소정근로 시간 60시간 미만 근로자, 시간제공무원, 교직원</td><td rowspan="2">×</td></tr>
<tr><td>월 소정 근로시간 60시간 미만, 3개월 이상 계속 근로</td><td>○</td><td>예외) 생업 목적으로 3개월 이상 계속근로 하는 자</td><td>○</td></tr>
</table>

[26] 1주 소정근로일을 개근하였다면 1주를 초과한 날(8일째)의 근로가 예정되어 있지 않아도 주휴수당을 지급해야한다(임금근로시간과_1736, 2021.8.4.).

[27] 건설업체에 고용된 일용근로자가 건설업체가 수급한 각 건설현장에서는 1개월 미만 근무하였으나 다수의 공사현장에서 계속적으로 근무한 기간을 합산하면 1개월 이상인 경우 국민건강보험 직장가입자에 해당한다. (대법 2013.10.2, 2013두12461)

(2) 최단시간 근로자

1주 동안의 소정근로시간이 그 사업장에서의 같은 업무에 종사하는 근로자보다 짧은 근로자로 4주 동안 평균하여 15시간 미만 월 60시간 미만의 근로자를 의미한다. 1개월 이상 근로자는 4대보험에 가입해야 한다.

(3) 격일제 단시간 근로자

1일 7시간 월 14일 근무하는 격일제 근로자의 경우 통상 2개조로 나누어 24시간 연속근무를 2역일에 걸쳐 반복하여 근무하고 전일 근무를 전제로 다음날에 휴무일이 주어지는 근로형태라면 유급주휴시간은 1근무일의 소정근로시간의 절반에 해당하는 3.5시간을 주휴로 보장해야 한다.[28]

9 건설일용근무자 퇴직금

건설업을 영위하는 사업주가 건설일용근로자를 피공제자로 하여 건설근로자공제회에 공제부금을 납부하면 공제회는 건설일용근로자가 건설업에서 퇴직·사망한 때 또는 60세에 이른 때에 사업주가 납부한 공제부금에 소정의 이자를 더하여 퇴직공제금을 지급한다(건설일용근로자 퇴직공제제도). 24년1월부터 건설일용근로자 전자카드제가 전면 적용되면서 퇴직공제가입대상, 4대보험 직장가입자 적용대상이 자동으로 기록되어 보고된다.

건설일용근로자 퇴직공제가입 기준

유형	구분	범위
공공공사	국가 또는 지자체가 발주한 공사, 출자 또는 출연한 법인이 발주하는 공사, 출연한 법인이 납입자본금의 5할 이상을 출자한 법인이 발주하는 공사	공사 예정금액 1억이상
공동주택	공공주택의 건설공사	200호실 이상
주상복합 오피스텔	공동주택과 주거용 외의 용도가 복합된 건축물	
민간공사	민간공사	공사 예정 금액 50억 이상

10 격일제 단위 단시간 근로자

1일 7시간 월 14일 근무하는 격일제 근로자의 경우 통상 2개조로 나누어 24시간 연속근무를 2역일에 걸쳐 반복하여 근무하고 전일 근무를 전제로 다음날에 휴무일이 주어지는 근로형태라면 유급주휴시간은 1근무일의 소정근로시간의 절반에 해당하는 3.5시간을 주휴로 보장해야 한다.

[28] 주휴일은 격일제 근무를 하는 자에게도 적용된다(대법 1991.08.13, 91다3642). 근로기준법시행령 제29조에 의하면 법 제45조에 규정된 1주일 평균 1회 이상의 유급휴일이라 함은 소정근로일수를 개근한 자에 대하여 주는 유급휴일을 말하는데 이는 매일 연속적으로 근로를 제공하는 경우에 한하지 않고 24시간 근로를 제공하고 24시간 휴무를 되풀이하는 이른바 격일제 근무의 경우에도 적용된다.

탄력적 근로시간제 합의서

(주) ○○예식장(사업주 홍길동)과 (주) ○○예식장의 근로자대표 김○○은 3개월 단위 탄력적 근로시간제에 관하여 다음과 같이 합의한다.

제1조(목적) 본 합의서는 근로기준법 제51조 제2항에 의해 3개월 단위 탄력적 근로시간제에 관한 사항을 정하는 것을 목적으로 한다.

제2조(적용대상자) 본 합의서의 내용은 (주) ○○예식장에 근무하는 전체 근로자에게 적용한다. 다만, 사무직 근로자, 일용직 근로자 및 단시간 근로자는 제외한다.

제3조(단위기간) 본 합의서의 단위기간은 매분기 초일에서 매분기 말일까지로 한다.

–이하 중략–

제7조(유효기간) 본 합의서의 유효기간은 합의서 작성일로부터 1년간으로 하되, 유효기간 만료 1개월 전까지 합의 당사자 일방이 상대방에게 개정 또는 해지를 요청하지 아니한 경우에는 그 후 2년간 자동 갱신되는 것으로 한다.

20○○년 ○○월 ○○일

(주) ○○예식장 (사업주 홍길동) (인)   근로자대표 김○○ (인)

선택적 근로시간제 합의서

주식회사 ○○대표이사 ______와 ○○ 근로자대표 ______는 선택적 근로시간제에 관하여 다음과 같이 합의한다.

제1조(목적) 이 합의서는 근로기준법 제52조와 취업규칙 제○○조에 의해 선택적 근로시간제에 필요한 사항을 정하는 것을 목적으로 한다.

제2조(적용범위) 선택적 근로시간제는 과장급 이상의 기획 및 관리 · 감독 업무에 종사하는 자를 대상으로 한다.

제3조(정산기간) 근로시간의 정산기간은 매월 초일부터 말일까지로 한다.

제4조(총근로시간) 40시간×해당 월의 역일수/7로 계산한다.

제5조(표준근로시간) 1일의 표준근로시간은 8시간으로 한다.

제6조(의무시간대) 의무시간대는 오전 10시부터 오후 4시까지로 한다. 다만, 정오부터 오후 1시까지는 휴게시간으로 한다.

제7조(선택시간대) 선택시간대는 시작시간대 오전 8시부터 10시, 종료시간대 오후 4시부터 7시로 하되, 시작시각을 1일 전까지 근무일지에 기록하여 상사에게 보고한다.

제8조(가산수당) 업무상 부득이한 경우에 상사의 승인을 받고 제4조의 근무시간을 초과하여 근무한 시간에 대해 가산수당을 지급한다.

제9조(임금공제) 의무시간대에 근무하지 않은 경우 근무하지 않은 시간만큼 임금을 공제하며, 의무시간 시작시간을 지나 출근하거나, 의무시간 종료 전에 퇴근한 경우에는 조퇴, 지각으로 처리한다.

제10조(유효기간) 이 합의서의 유효기간은 20○○년 ○○월 ○○일부터 1년간으로 하되, 유효기간 만료 1개월 전까지 개정 관련별도 의견이 없는 경우에는 그 후 1년간 자동 갱신되는 것으로 하며, 그 이후에도 또한 같다.

20○○. . .

주식회사 ○○ 대표이사 _____(인)　　근로자대표 _____(인)

재량근로시간제 합의서

주식회사 ○○ 대표이사 ______와 ○○ 근로자대표 ______는 재량근로의 산정에 관하여 다음과 같이 합의한다.

제1조(적용대상업무) 재량근로에 해당하는 업무 및 재량근로에 종사하는 직원은 다음과 같다.

1. 연구소에서 연구개발의 업무에 종사하는자
2. 정보처리시스템의 분석 또는 설계의 업무에 종사하는 자

제2조(업무의 수행방법) 제1조에서 정한 근로자에 대해서는 원칙적으로 그 업무수행의 방법 및 시간배분의 결정을 본인에게 위임하고 회사측은 구체적 지시를 하지 않는다. 다만, 연구과제의 선택 등 종사할 업무의 결정 및 내용 등에 관한 지시, 직장질서 및 시설관리상의 지시는 이에 해당하지 않는다.

제3조(근로시간의 산정) 제1조에서 정한 직원의 근로시간은 1일 9시간으로 본다.

제4조(휴일 및 야간근로) ① 재량근로 종사자가 휴일 또는 야간(22:00~06:00)에 업무를 행하는 경우에는 미리 소속 주서장의 허가를 받아야 한다.

② 전항에 따른 허가를 받고서 휴일 또는 야간에 업무를 행한 경우는 회사는 취업규칙이 정한 바에 따라 가산수당을 지급한다.

제5조(근태관리) ① 재량근로 업무 종사자는 출근 및 퇴근시 소정의 타임카드를 이용하여야 한다.

② 휴가 · 결근에 관한 절차는 취업규칙이 정한 바에 따른다.

제6조(시행일) 이 합의서의 유효기간은 20○○년 ○○월 ○○일부터 1년간으로 하되, 유효기간 만료 1개월 전까지 개정 관련 별도 의견이 없는 경우에는 그 후 1년간 자동 갱신되는 것으로 하며, 그 이후에도 또한 같다.

20○○.　.　.

주식회사 ○○ 대표이사 ____(인)　　근로자대표 ____(인)

간주근로시간제 합의서

주식회사 ◯◯ 대표이사 ______와 ◯◯ 근로자대표 ______는 취업규칙 제◯◯조에 기초하여 근로자에 대하여 사업장 밖 근로를 시키는 경우의 근로시간 산정에 관하여 다음과 같이 합의한다.

제1조(대상범위) 이 합의서는 영업부, 판매부 등에 소속하는 사업으로 주로 사업장 밖의 업무에 종사하는 자에게 적용한다.

제2조(인정근로시간) 제1조에 정한 직원이 통상근로시간의 전부 또는 일부를 사업장 밖에 있어서의 업무에 종사하고, 근로시간을 산정하기 어려운 경우에는 휴게시간을 제외하고 9시간을 근로한 것으로 본다.

제3조(휴게시간) 제1조에 정한 직원에 대해 취업규칙 제◯◯조에 정한 휴게시간을 적용한다. 다만, 업무에 따라서는 정해진 휴게시간에 휴게할 수 없는 경우에는 별도의 시간대에 소정의 휴게를 부여하는 것으로 한다.

제4조(휴일근로) 제1조에 정한 직원이 특별한 지시에 따라 취업규칙 제◯◯조에 정한 휴일에 근무한 경우에는 회사는 취업규칙 제◯◯조에 기초하여 휴일근로 가산수당을 지급한다. 다만, 출장 중인 경우에는 그러하지 아니한다.

제5조(야간근로) 제1조에 정한 직원이 특별한 지시에 따라 야간(22:00~06:00)에 근무한 경우에는 취업규칙 제◯◯조에 기초하여 야간근로 가산수당을 지급한다.

제6조(연장근로) 제2조에 따라 근무로 인정된 시간 중 소정근로시간을 넘는 시간에 대해서는 취업규칙 제◯◯조에서 정한 연장근로 가산수당을 지급한다.

제7조(시행일) 이 합의서는 유효기간은 20◯◯년 ◯◯월 ◯◯일부터 1년간으로 하되, 유효기간 만료 1개월 전까지 개정 관련 별도 의견이 없는 경우에는 그 후 1년간 자동 갱신되는 것으로 하며, 그 이후에도 또한 같다.

20◯◯. . .

주식회사 ◯◯ 대표이사 ____(인)   근로자대표 ____(인)

■ 근로기준법 시행규칙 [별지 제7호서식] 〈개정 2015.3.23.〉

[ ] 감시적 [ ] 단속적 근로종사자에 대한 적용제외 승인 신청서

※ [ ]에는 해당되는 곳에 ∨ 표시를 합니다.

접수번호	접수일	처리기간 10일

신청인	① 사업장명	② 사업의 종류
	③ 대표자성명	④ 생년월일
	⑤ 근로자수	⑥ 전화번호
	⑦ 소재지	

신청 내용	⑧ 종사업무		
	⑨ 근로자수	감시적 근로종사자	명(남: 명, 여: 명)
		단속적 근로종사자	명(남: 명, 여: 명)
	⑩ 근로형태	감시적 근로종사자	
		단속적 근로종사자	

「근로기준법」 제63조 제3호와 같은 법 시행규칙 제10조 제1항에 따라 위와 같이 [[ ]감시적, [ ]단속적] 근로종사자에 대한 「근로기준법」 제4장 및 제5장에서 정한 근로시간, 휴게와 휴일에 관한 규정의 적용 제외 승인을 신청합니다.

년 월 일

신청인 (서명 또는 인)

대리인 (서명 또는 인)

○ ○ 지방고용노동청(지청)장 귀하

첨부서류	없음	수수료 없음

처 리 절 차

신청서 제출	→	접수	→	내용 검토	→	결제	→	통보
신청인		지방고용노동청(지청)장 (민원실)		지방고용노동청(지청)장 (근로개선지도과)		지방고용노동청(지청)장 (청장 · 지청장)		

210mm × 297mm[일반용지 60g/㎡(재활용품)]

Chapter 02

휴식 관리실무

- 휴일
- 휴가
- 휴직
- 휴업
- 보상휴가제

Chapter

02 휴식 관리실무

휴일

1 의의

휴일休日이란 근로계약 체결시 근로제공 의무가 없는 날로서 사용자로부터 일체의 업무지시로부터 자유로운 날을 말한다. 특히 주휴일은 1주 동안의 소정근로일을 개근한 근로자에게 유급으로, 개근을 못한 경우에는 무급의 휴일이 인정되는 보상휴일이다. 휴일과 휴무일은 구분되며 토요일을 휴무일로 정한 경우 연장근로수당을 지급해야 한다.❶

2 법정法定 휴일

(1) 주휴일

1주일간 개근한 경우 주 1일 이상의 유급휴일을 주어야 한다. 따라서 반드시 일요일을 주휴로 정할 필요는 없으며, 업무의 특성에 따라 주중 하루를 주휴로 정하면 된다. 주 5일 근무제가 보편화된 상황에서 토요일을 유급 또는 무급휴일로 정하느냐에 따라 소정근로시간이 달라질 수 있다. 교대근무 직원의 경우 주전 근무자와 달리 주휴일을 교대근무 스케줄에 의해 정해진다.❷

(2) 근로자의 날(5월 1일)

「근로자의 날 제정에 관한 법률」에 의한 유급휴일로서 근로자의 날은 개근 여부에 관계없이 유급휴일이며, 휴일의 대체가 인정되지 않는다.

3 약정約定 휴일

(1) 공휴일

「관공서 공휴일에 관한 규정」에서 정한 휴일은 반드시 유급휴일이 되는 것이 아니라 단체협약이나 취업규칙에 의해서 유급 또는 무급으로 정하는 바에 의해서 결정된다. 2012. 12. 28 개정규정에 따르면 일요일,

휴식시간

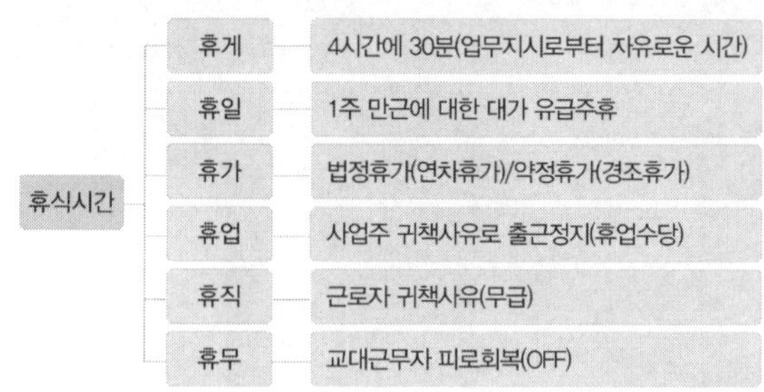

법정 · 약정 휴일 구분

구분	법정(法定)휴일	약정(約定)휴일
의의	• 법에 근거하여 의무적으로 부여	• 부여 조건이 단체협약 · 취업규칙 등을 통해 결정 • 임금지급 여부도 결정하는 바에 따름
휴일	• 주휴일 • 근로자의 날(5월 1일, 근로자의 날 제정에 관한 법률)	• 공휴일(2020.1.1 법정 휴일화) • 기타 기업의 휴일(회사 창립 기념일 등)

❶ 노사간에 토요일을 휴무로 정했다면 달리 볼 사정이 없는 한 해당일에 근무해 주 40시간을 초과해서 근로했을 경우 연장근로수당을 지급해야 한다. (근로개선정책과-7212, 2013.11.26)

❷ 「근로기준법」 제55조에 따른 주휴일은 연속된 근로에서의 피로회복 등을 위한 것으로서 유급휴일의 특별규정이 적용되기 위하여는 평상적인 근로관계, 즉 근로자가 근로를 제공하여 왔고 또한 계속적인 근로제공이 예정되어 있는 상태가 전제되어 있어야 한다. (대법원 2013.11.28, 선고 2011다39946 판결)

3.1절, 광복절, 개천절, 한글날, 1.1일, 설날전날, 설날, 설날다음날, 석가탄신일, 5.5일, 현충일, 추석전날, 추석, 추석다음날, 12.25일, 공직선거법 제34조 임기만료 선거일, 기타 정부가 지정하는 날로 규정하고 있다.❸

(2) 임시공휴일

국가가 정하는 임시공휴일(대통령 선거/국회의원 선거/지방자치단체장 선거/기타)을 휴일로 한다는 규정을 가지고 있는 회사는 이 날도 휴일로 근무자에게는 휴일근로수당을 지급해야 한다. 회사규정에 임시공휴일을 휴일로 한다는 규정이 명시되어야 휴일로 인정되어 가산임금을 청구할 수 있다.

(3) 대체공휴일

설 추석 연휴, 31절, 어린이날, 광복절, 개천절, 한글날이 토일요일에 겹치는 경우 대체공휴일을 적용한다(2022.1.1부터 시행). 단, 2021는 광복절, 개천절, 한글날 다음 월요일을 대체공휴일로 지정한다(공휴일에 관한법률제정 – 2021.7.7). 그 날 근무한 직원은 휴일근로수당을 지급해야 한다(관공서의 공휴일에 관한 규정 제3조).❹

(4) 공휴일 유급화(법 제55조 제2항)

「관공서의 공휴일에 관한 규정」에 따라 정해지는 휴일은 유급휴일로 하고(일요일 제외), 근로자대표와 서면 합의하는 경우 특정한 근로일로 대체할 수 있다. 300인 이상 공공기관은 2020.1.1부터, 30인 이상~ 300인 미만은 2021. 1. 1부터, 5인 이상~30인 미만은 2022. 1. 1부터 시행된다.

❸ 관공서의 공휴일에 관한 규정에 의하여 정부가 선거일을 임시공휴일로 지정하는 경우 그날은 관공서가 휴무하는 날로서 일반 사업장에서는 단체협약이나 취업규칙 등에 별도로 규정이 있으면 휴일로 되지만 그러한 규정이 없으면 당해 일이 당연히 휴일이 되어야 하는 것은 아니며 휴일로 정한 경우 그날에 대한 임금지급 여부 역시 단체협약이나 취업규칙 등에 정한 바에 따라야 할 것이다. 당해 일을 휴일로 정한 경우에는 유무급을 불문하고 주휴일, 연·월차휴가 부여를 위한 출근율 산정시에는 출근한 것으로 보아야 할 것이다. (근기 01254-2019, 1992.12.16)

❹ 노사가 「관공서의 공휴일에 관한 규정」에 따른 공휴일을 포괄적으로 약정휴일로 정한 경우 대체공휴일은 약정휴일에 해당될 것으로 판단되며, 특정 공휴일이 다른 공휴일과 겹쳐 대체공휴일이 적용되는 경우 원래의 공휴일이 대체공휴일로 변경되는 것이 아닌 각각 공휴일로서 인정되는 것으로 보아야 한다(근로개선정책과-4792).

대체공휴일에관한 법률

구분	기존	변경
근거	- 근기법55조2항 - 시행령30조2항 - 관공서 공휴일에 관한 규정	- 공휴일에 관한 법률
적용대상 공휴일	- 설 추석(일요일 겹칠 경우) - 어린이날(토/일요일 겹칠 경우) - 월요일 대체 공휴일로 인정	- 공휴일 전부 - 토/일요일 겹칠 경우 - 월요일 대체 공휴일 인정 (단, 1.1 현충일 제외) (2022.1부터 5인이상 사업장)

대체휴일제 비교

구분	관련법 조항	판례 및 행정해석
대휴(代休)	제55조(휴일) 사용자는 근로자에게 1주일에 평균 1회 이상의 유급휴일을 주어야 한다.	휴일대체근무제를 실시해 휴일에 근무하는 대신 평일에 쉴 수 있도록 했다면 근로자에게 별도의 휴일근로수당을 지급할 의무를 지지 않는다(대법 2008.11.13, 2007다590). 단체협약 등에서 특정된 휴일을 근로일로 하고 대신 통상의 근로일을 휴일로 교체할 수 있도록 하는 규정을 두거나 그렇지 않더라도 근로자의 동의를 얻은 경우, 미리 근로자에게 교체할 휴일을 특정하여 고지하면, 다른 특별한 사정이 없는 한 이는 적법한 휴일대체가 되어, 원래의 휴일은 통상의 근로일이 되고 그 날의 근로는 휴일근로가 아닌 통상근로가 되므로 사용자는 근로자에게 휴일근로수당을 지급할 의무를 지지 않는다고 할 것이다.
대체 공휴일 제도	「관공서의 공휴일에 관한 규정」에 따라 설·추석 연휴 및 어린이날이 다른 공휴일(어린이날의 경우 토요일 포함) 겹칠 경우 중첩되는 공휴일 다음 첫 번째 비공휴일을 공휴일로 운영하는 것을 말한다.	고용노동부에 따르면 "취업규칙이나 단체협약에 사업장의 유급휴일을 관공서의 공휴일에 관한 규정에 따른다고 정하지 않고, 단순히 관공서의 공휴일에 관한 규정에서 정한 공휴일을 유급휴일로 정한 경우에는 대체공휴일에 관한 규정이 당연히 적용된다고 볼 수는 없으므로 별도의 협의가 있어야 한다"고 하고 있다.

4 대휴제도(1:1)

당사자간의 합의에 의해 미리 휴일로 정해진 날(근로의무가 없는 날)을 다른 근로일과 교체하여 휴일은 근무일로 하고 근무일을 휴일로 대체하는 것을 말한다. 따라서 이러한 조치를 취한 때에는 종전의 휴일은 소정근로일로 변하는 것이므로 그 날의 근로는 휴일근로가 아니며 휴일근로수당을 지급하지 않아도 된다. 휴일의 대체는 정해진 휴일을 앞당기거나 늦추는 것도 가능하며 개별적으로나 과별, 사업장별로 실시해도 무방하다.❺

⊙ 휴가

1 의의

휴가休暇는 법으로 정해져 있는 법정휴가와 노사가 합의하여 쉬게 되는 약정휴가로 구분된다. 법정휴가는 근로자가 원할 경우 그 시기에 주어야 하며, 회사 업무상 사용하지 못했을 경우 미 사용휴가에 대해 수당으로 지급해야 한다. 약정휴가는 단체협약, 취업규칙, 사규에 별도로 정하는 것이 일반적이며 미사용 일수에 대해서는 원칙적으로 수당지급 의무가 없다.

⊙ 휴가

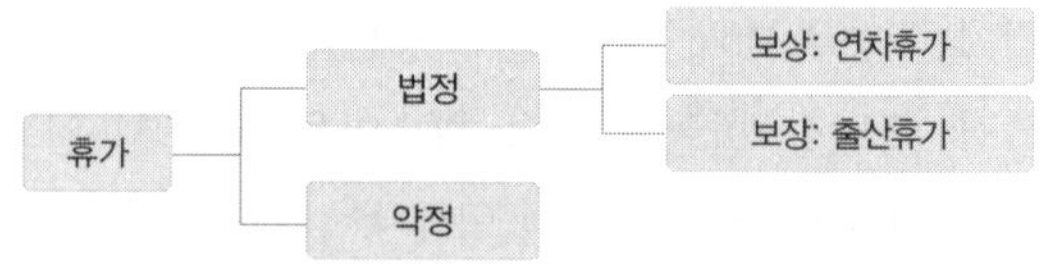

2 법정휴가

(1) 적치 · 분할사용

법정휴가는 근로자의 자유의사로 1년간에 한해 이를 적치 또는 분할하여 사용 가능하다. 또한 근로자의 청구가 있으면 휴가를 부여하여야 하는 것이 원칙이다. 그리고 1년 내에 휴가를 사용하지 않으면 그 휴가 청구권은 소멸되지만 그 일수에 대해 연차휴가수당을 지급해야 한다.

(2) 사용자의 시기변경권

월차 유급휴가에 대한 사용자의 시기변경권은 제한적이며 사업의 막대한 지장을 초래할 위험이 있을 경우 허용된다 할 것이다. 주 40시간

⊙ 법정 · 약정 휴가 구분

구분	법정(法定)휴가	약정(約定)휴가
의의	• 법에 근거하여 의무적으로 부여	• 부여 조건 등이 단체협약·취업규칙 등을 통해 결정 • 임금지급 여부도 결정하는 바에 따름
휴가	• 연·월차 유급휴가 • 생리휴가 • 산전·후 유급휴가	• 경조휴가 • 포상휴가 • 하기휴가 • 안식휴가 등

❺ 미리 근로자에게 교체할 휴일을 특정하여 고지하면 달리 보아야 할 사정이 없는 한 사용자는 근로자에게 휴일근로수당을 지급할 의무를 지지 않는다. (대법 2000.9.22, 99다7367)

제 적용시 월차는 폐지되고 이에 대신하여 입사 1년차에 한해 매월 개근시 1일의 연차를 부여하여 사용할 수 있다.[6]

3 연차휴가

(1) 휴가일수 및 가산휴가

5인 이상 사업장에서 ① 1년간 근속에 8할 이상 출근한 경우 15일의 연차유급휴가를 부여한다. ② 계속근로연수 1년 미만 근로자 또는 1년간 80% 미만 출근자는 1개월 개근시 1일의 연차유급휴가를 부여하고, 3년 이상 계속 근로한 경우 매 2년에 대해 1일을 가산하고 총휴가일수는 25일을 한도로 한다(연차휴가 계산식: 15+(n−1/2)≦25n: 근속연수)(2018. 5. 29 시행).

(2) 1년 미만 근속자 연차휴가 부여방법

2018년 5월 29일부터 시행되는 1년 미만 근속자 연차법에 따라 2017년 5월 30일 이후에 입사한 근로자는 입사일 기준으로 월 만근시 1개의 연차가 발생하며(1년간 11개), 1년이 되는 시점에서 15개의 연차가 또 부여되어 2년간 총 26개의 연차를 사용할 수 있다(근기법 제60조 제3항 삭제)(2020.3.31 이후 입사자는 연차촉진가능).

(3) 1년 미만 근속자 매월 발생하는 연차사용 촉진(2020.4.1. 이후 입사자)

그 동안 1년 미만 근로자의 연차휴가에 대해서는 연차휴가촉진대상에서 제외되었으나 법개정으로 매월 발생하는 연차휴가에 대해서는 1년 내로 사용을 촉진하고 이를 사용하지 않을 경우 수당을 지급하지 않을 수 있다.

(4) 1년 계약직 연차 11개 부여(대법원 2021.10.14. 2020다227100)

근로자가 연차휴가에 관한 권리를 취득한 후 1년 이내에 연차휴가를 사용하지 아니하거나 1년이 지나기 전에 퇴직하는 등의 사유로 인하여 더 이상 연차휴가를 사용하지 못하게 될 경우에는 사용자에게 그 연차휴가일수에 상응하는 임금인 연차휴가수당을 청구할 수 있다(대법원

● 연차휴가

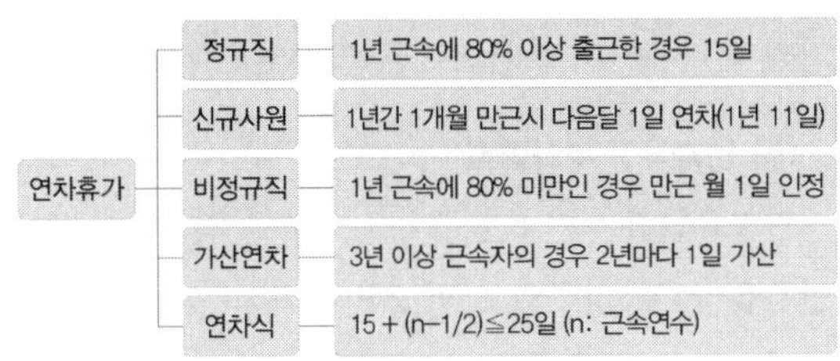

● 개정법에 따른 연차사용촉진절차(회계연도기준)

구분		〈1차 사용촉진〉 (사용자 → 근로자) 미사용연차일수 고지 및 사용시기 지정 · 통보 요구	(근로자 → 사용자) 사용시기 지정 · 통보	〈2차 사용촉진〉 (사용자 → 근로자) 근로자의 사용시기 미통보시 사용자가 사용시기 지정 · 통보
1년 이상 근무자 *법개정에 따라 80% 미만 출근자도 포함		7.1–7.10 (6개월 전, 10일간)	촉구받은 날로부터 10일 이내	10.31까지 (2개월 전)
1년 미만 근무자	연차휴가 9일	10.1–10.10 (3개월 전, 10일간)	10일 이내	11.31까지 (1개월 전)
	연차휴가 2일	12.1–12.5 (1개월 전, 5일간)	10일 이내	12.21까지 (10일 전)

[6] 월차휴가 시기변경을 제한한다. (대법 2001.12.28, 2000두7315) 근로기준법 제57조, 제59조의 규정에 의하여 연·월차유급휴가의 발생요건은 서로 다르고, 연차유급휴가는 근로자의 청구가 있는 시기에 주어야 하되, 다만 사업운영에 막대한 지장이 있는 경우에는 사용자가 그 시기를 변경할 수 있지만, 월차유급휴가는 근로자의 자유의사로 1년간에 한하여 적치하여 사용하거나 분할하여 사용할 수 있는 것으로서 연차유급휴가와는 달리 사용자에게 그 시기를 변경할 수 있는 권한이 없다.

2017.5.17. 선고 2014다232296, 232302). 다만 연차휴가를 사용할 권리는 다른 특별한 정함이 없는 한 그 전년도 1년간의 근로를 마친 다음 날 발생한다고 보아야 하므로 그 전에 퇴직 등으로 근로관계가 종료한 경우에는 연차휴가를 사용할 권리에 대한 보상으로서의 연차휴가수당도 청구할 수 없다. 1년 기간제 근로계약을 체결한 근로자에게는 최대 11일의 연차휴가가 부여된다고 보아야 한다.

(5) 연차휴가 부여벌법

연차유급휴가는 1년 근속을 전제로 8할 이상 출근한 경우 그 다음해 연차유급휴가청구권이 발생한다. 단, 주 40시간 적용사업장에서는 근속연수 1년 미만자의 경우 연차휴가가 월차휴가처럼 발생하고 1년이 되면 15일 연차휴가를 다음연도에 사용할 수 있다.[7] 매월 발생한 연차를 다음연도 1년 시점에서 휴가사용권이 소멸하는 복잡한 문제를 해결하기 위해서 취업규칙에 2년차 종료시점에 연차수당을 지급하는 기준을 정할 수 있다.

(6) 연차휴가의 청구권 소멸

연차유급휴가청구권은 원칙적으로 1년간 행사하지 않으면 소멸하지만 사용자의 귀책사유로 사용하지 못한 경우에는 연차유급휴가수당 청구권은 3년간 행사하지 않으면 소멸된다.[8]

(7) 연차휴가 산정기준일의 통일화

연차유급휴가는 근로자 개인의 입사일을 기준으로 산정함이 원칙이나 다수 근로자의 입사 연월일을 기준으로 하는 것이 복잡하여 노무관리 측면에서 취업규칙 등으로 회계연도(2년 단위) 또는 일정한 기준일을 연차유급휴가 산정기준일로 정하여 일률적으로 시행할 수 있다. 그러나 이 경우에도 근로자에게 불리하지 않아야 하므로 연도 중 입사자에 대해서는 다음연도 기준일에 근속기간에 비례하여 미리 휴가를 부여해야 한다.[9]

2017년 7월 1일 입사자인 경우

기간(회계연도)	현행	개정안
2018.1.1 (2017.7.1~2017.12.31)	7.5개 (비례연차=15×6/12)	6개 연차(6개월 만근) +7.5개(비례연차)=13.5개
2019.1.1 (2018.1.1~2018.12.31)	15개	5개 연차(5개월 만근, 2018.6.30까지는 1년 미만 근로자 연차발생 단, 만 1년이 되는 7.1부터 발생하지 않음) + 15일 = 20일

연차사용촉진

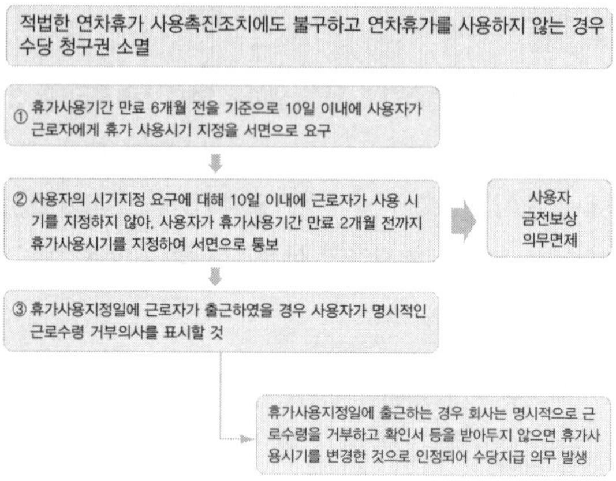

적법한 연차휴가 사용촉진조치에도 불구하고 연차휴가를 사용하지 않는 경우 수당 청구권 소멸

① 휴가사용기간 만료 6개월 전을 기준으로 10일 이내에 사용자가 근로자에게 휴가 사용시기 지정을 서면으로 요구

② 사용자의 시기지정 요구에 대해 10일 이내에 근로자가 사용 시기를 지정하지 않아, 사용자가 휴가사용기간 만료 2개월 전까지 휴가사용시기를 지정하여 서면으로 통보 → 사용자 금전보상 의무면제

③ 휴가사용지정일에 근로자가 출근하였을 경우 사용자가 명시적인 근로수령 거부의사를 표시할 것

→ 휴가사용지정일에 출근하는 경우 회사는 명시적으로 근로수령을 거부하고 확인서 등을 받아두지 않으면 휴가사용시기를 변경한 것으로 인정되어 수당지급 의무 발생

---

7. 노·사 합의로 일괄적으로 연차유급휴가를 사용하기로 한 기간 중에 약정 휴일이 포함되어 있다면 약정 휴일은 제외하고 연차사용일수를 산정하는 것이 타당하다. (근로조건지도과-2127, 2008.12.17)

8. 계약기간 1년 만료와 동시에 퇴직하는 기간제 근로자에게 연차유급휴가 미사용수당을 지급하여야 한다. (근로기준과-527, 2011.01.31)

9. 근로기준법 제60조의 연차유급휴가를 부여하기 위한 출근율 산정대상기간의 기산일은 근로자 개인별로 정함이 원칙이며, 사업장에서 노무관리의 편의를 위하여 단체협약이나 취업규칙으로 회계연도(1.1~12.31) 등을 기준으로 일률적으로 정할 수도 있을 것이다. 회계연도를 기

(8) 연차휴가 사용촉진(법 제61조)

연차휴가사용기간이 끝나기 6개월 전을 기준으로 10일 이내에 사용자가 미 사용휴가일수를 알려주어 근로자가 그 사용시기를 정하여 사용자에게 통보하도록 서면으로 촉구하고, 이에 따라 근로자가 10일 이내에 사용시기를 정하여 사용자에게 통보하지 아니한 경우 사용기간이 끝나기 2개월 전까지 사용자가 사용시기를 정하여 서면으로 통보하였음에도 휴가를 사용하지 않으면 미 사용휴가에 대한 보상의무가 없다.[10]

(9) 연차휴가 대체사용(법 제62조)

근로기준법 제62조에서는 "사용자는 근로자대표와의 서면 합의에 의하여 (월차유급휴가일 또는) 제60조에 따른 연차유급휴가일을 갈음하여 특정 근로일에 근로자를 휴무시킬 수 있다"라고 규정하여 연·월차휴가의 대체를 인정하고 있다. 연·월차휴가의 대체가 가능한 것은 특정 근로일이며 기존의 휴가나 휴일과의 대체를 허용하는 것이 아님에 유의하여야 한다. 주 40시간제 적용시 월차휴가는 폐지되므로 월차휴가의 대체는 인정되지 않는다.[11]

(10) 연차수당 평균임금 산입 기준

연차유급휴가를 사용하지 아니하고 퇴직한 경우의 연차유급휴가수당 지급범위에 대한 기존 행정해석과 대법원 판례의 입장이 상이하였다. 판례는 퇴직시 휴가를 사용할 수 있는 기간이 없었다 하더라도 유급으로 인정되는 연차휴가수당은 이와 상관없이 그대로 지급해야 한다고 보는 반면, 행정해석은 사용할 수 있는 기간이 없는 경우 이를 지급할 필요가 없다고 보아 왔는바, 노동부는 이를 판례와 동일하게 변경하

준으로 휴가를 계산할 경우 연도 중 입사자에게 불리하지 않게 휴가를 부여하려면, 입사한 지 1년이 되지 못한 근로자에 대하여도 다음연도에 입사연도의 근속기간에 비례하여 유급휴가를 부여하고 이후 연도부터는 회계연도를 기준으로 연차유급휴가를 부여하면 된다. 다만, 퇴직시점에서 총휴가일수가 근로자의 입사일을 기준으로 산정한 휴가일수에 미달하는 경우에는 그 미달하는 일수에 대하여 연차휴가근로수당으로 정산해야 할 것으로 사료된다. (근로기준과-620, 2003.5.23)

[10] 사용자의 적극적인 권고 여부와 관계없이 근로자가 실제 휴가를 사용하지 않고 근로하였다면 연차휴가근로수당을 지급하여야 한다. (근로기준과-883, 2004.2.19)

[11] 근로기준법 제62조에 의하면 "사용자는 근로자대표와 서면 합의에 의하여(제57조의 규정에 의한 월차유급휴가일) 또는 제60조의 규정에 의한 연차유급휴가일에 갈음하여 특정 근로일에 근로자를 휴무시킬 수 있다"고 규정하고 있다. 따라서 연·월차유급휴가일 모두 근로기준법 제62조의 규정에 의한 유급휴가의 대체가 가능하다. (근기 68207-1585, 2000.5.24)

연차사용서 양식

연차사용계획서

사번 :
성명 :

부서 :
직책 :

1月		4月		7月		10月	
2月		5月		8月		11月	
3月		6月		9月		12月	

제출자 : 인

출근율 산정 기준

구분	소정근로일수 포함 여부	출근일 포함 여부
주휴일	×	×
근로자의 날	×	×
취업규칙, 단체협약 등에 의한 약정 휴일	×	×
정직 기간	○	×
부당 정직 기간	×	×
사용자 귀책사유로 인한 휴업 기간	×	×
적법한 쟁의행위 기간	×	×
불법 파업 기간	○	×
육아휴직기간	×	×
업무상 재해로 인한 휴업 기간	○	○
산전후 휴가+유사산휴가	○	○
예비군 훈련기간	○	○
민방위 또는 동원기간	○	○
공민권 행사를 위한 휴무일	○	○
연월차 유급휴가, 생리휴가	○	○

였다.⑫

(11) 출근율 산정방법

연차휴가의 목적은 1년간의 장기근로에 대한 피로회복Refresh으로 1년 근무자와 다른 사유로 휴직한 근로자와 휴가발생 및 휴일일수가 달라질 수밖에 없다. 개인적인 사유로 출근하지 못했을 경우 연차휴가 일수는 참고와 같이 정해질 수 있다.⑬ 특히 육아휴직, 쟁의행위와 같이 법률에 의해 보장된 근로자의 정당한 권리행사 기간은 이를 이유로 근로자를 부당하거나 불리하게 처우하는 것은 법률상 금지되어 있다.⑭

휴직

1 의의

휴직休職은 근로자가 ① 업무상 사유로 인한 공상휴직의 경우 ② 개인의 질병으로 사상휴직의 경우 ③ 가족을 돌보아야 하는 경우 특별한 경영상의 이유가 없는 한 90일 이내 휴직을 인정 ④ 병무휴직 등으로 근로를 제공하지 못하게 되는 경우를 말하며 병무휴직을 제외하고는 법령에 별도로 정하는 바가 없으므로 업무의 특성, 유휴인력의 대체 가능성, 회사의 규모 등을 고려하여 결정한다.

법정 · 약정 휴직 구분

구분	법정(法定)휴직	약정(約定)휴직
의의	• 법에 근거하여 의무적으로 부여	• 부여 조건 등이 단체협약·취업규칙 등을 통해 결정 • 임금지급 여부도 결정하는 바에 따름
휴직	• 가족 돌봄휴직 • 육아휴직(남녀고용평등법) • 병무휴직(병역법)배	• 병가휴직 • 학업휴직 • 노조전임휴직

⑫ 유급(연차휴가수당)으로 연차휴가를 사용할 권리는 근로자가 1년간 소정의 근로를 마친 대가로 확정적으로 취득하는 것이므로, 근로자가 일단 연차유급휴가권을 취득한 후에 연차유급휴가를 사용하기 전에 퇴직 등의 사유로 근로관계가 종료된 경우, 근로관계의 존속을 전제로 하는 연차휴가를 사용할 권리는 소멸한다 할지라도 근로관계의 존속을 전제로 하지 않는 연차휴가수당을 청구할 권리는 그대로 잔존하는 것이어서, 근로자는 근로관계 종료시까지 사용하지 못한 연차휴가일수 전부에 상응하는 연차휴가수당을 사용자에게 청구할 수 있는 것이다. (대법 2005.5.27., 2003다48549·2003다48556)

⑬ 근로기준법 제60조 제1항이 규정하는 '1년에 8할 이상 출근' 요건의 의미에서 정당한 쟁의행위 참가 및 육아휴직자에 대한 연차유급휴가일수는 산정방식 소정근로일수에서 제외한다. (대법 2013.12.26, 2011다4629)

⑭ 근로관계에서 8할의 출근율을 충족할 경우 산출되었을 연차유급휴가일수에 대하여 '연간 소정근로일수에서 쟁의행위 등 기간이 차지하는 일수를 제외한 나머지 일수'를 '연간 소정근로일수'로 나눈 비율을 곱하여 산출된 연차유급휴가일수를 근로자에게 부여함이 합리적이라 할 것이다. (대법 2011다4629)

2 휴직기간과 근속연수

휴직기간은 종업원의 신분을 유지하고 있기 때문에 근속연수에 포함된다. 따라서 휴직으로 인하여 퇴직금의 산정기간에는 영향이 없다. 다만, 휴직기간이 주, 월, 년의 소정근로일 전부에 해당되는 경우에는 주휴, 월차유급휴가, 연차유급휴가의 산정일수에 영향을 미쳐 연·월차휴가가 발생하지 않는다. 그러나 휴직의 사유에 따라 출근한 것으로 보아야 할 경우도 있다. 군복무로 인한 병무휴직의 경우 1983년 병역법 개정 이후 노사간 별도의 특약이 없는 한 퇴직금 산정 기초가 되는 계속근로연수에 산입하지 않아도 무방하다.⑮

참고

Q & A

Q A라는 직원이 3년 근속기간 중 3년차에 개인질병으로 1년간 휴직하고 퇴직했을 경우 퇴직금 계산기준은?

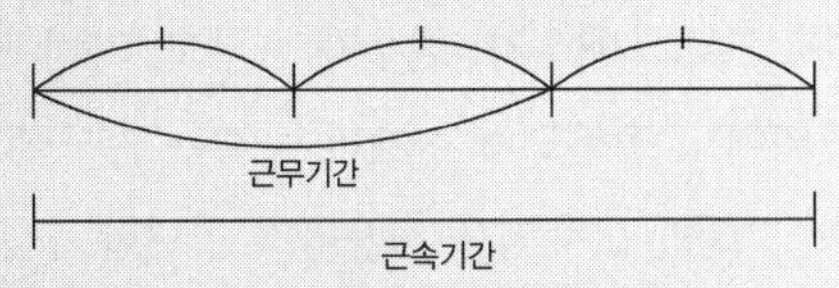

A 휴식계를 내기 전 3개월 평균임금으로 3년치 퇴직금을 지급한다.

3 휴직기간의 임금

휴직의 귀책사유는 근로자에게 있고 근로자의 의무인 노동을 제공하지 않으므로 사용자의 임금지급 의무는 없다. 다만, 고용조정의 일환으로 근로자가 무급휴직했을 경우 정부에서 생계비 지원 차원에서 월 120만원을 최대 6개월까지 지원받을 수 있다(2013. 5월 시행).

4 무급휴직 개별동의

회사 사정으로 휴직하는 경우는 휴업으로 평균임금의 70%를 지급하여 하나 사용자와 노동조합이 무급휴직에 합의하는 경우 노조와의 합의와 동시에 개별근로자의 동의가 있어야 한다(근로기준정책과_3283, 2018.5.18.). 그러나 법원은 노동조합의 합의로 가능하다고 판시하고 있다.⑯

5 가족 돌봄 휴직제(2020.1.1 개정)

사업주는 근로자가 가족의 질병, 사고, 노령으로 가족을 돌보아야 하

● 가족돌봄을 위한 근로시간 단축제도

근로시간 단축 청구사유

근로자가 근로시간 단축을 청구할 수 있는 사유는 아래와 같음

(남녀고평법 제 22조의3)

가족돌봄 **가족의 질병, 사고, 노령으로 인한 가족을 돌봐야 하는 경우**

- 가족이란 근로자의 조부모, 부모, 배우자의 부모, 자녀, 손자녀가 해당
- 돌봄은 질병, 사고, 노령에 따른 돌봄으로 한정되며 단순 자녀양육은 해당되지 않음

본인건강 **질병, 사고로 인한 부상 등으로 건강을 돌봐야 하는 경우**

- 이때 건강은 신체 건강뿐 아니라 정신 건강도 포함
- 질병 · 부상을 치료중인 경우, 질병 등으로 노동능력이 감소한 경우에도 해당

은퇴준비 **55세 이상 근로자가 은퇴를 준비하는 경우**

- 근로시간 단축 개시일 기준 55세 이상인 근로자
- 재취업, 창업, 사회공헌활동 등 다양한 사유 인정

학업 **근로자가 학업을 위해 근로시간 단축을 원할 경우**

- 학업은 근로자가 자율적으로 참여하는 학업을 의미하며 학교 정규교육 과정, 직업능력개발훈련, 일정 자격취득 및 과정 수료를 위한 교육과정 참여 등을 의미
- 독학, 단순 취미활동, 사업주 주도의 직업훈련은 제외됨

⑮ 군복무로 인한 휴직기간 중 병역법이 개정된 경우와 퇴직금산정의 기초가 되는 계속근로연수에 대해서는 개정이후 군복무기간은 계속근로연수에 포함되지 않는다. (대법 1984.6.12, 84다카374)

⑯ 경영상의 필요를 이유로 하여 휴직명령이 취해진 경우 그 휴직명령이 정당한 인사권의 범위 내에 속하는지 여부는 당해 휴직명령 등의 경영상의 필요성과 그로 인하여 근로자가 받게 될 신분상·경제상의 불이익을 비교·교량하고, 휴직명령 대상자 선정의 기준이 합리적이어야 하며, 근로자가 속하는 노동조합과의 협의 등 그 휴직명령을 하는 과정에서 신의칙상 요구되는 절차를 거쳤는지 여부를 종합적으로 고려하여 결정하여야 한다(대법 2007두10440).

는 경우 연간 최장 90일, 분할 사용시 1회 30일 이상 가능하도록 무급 휴가를 부여하여야 한다. 휴직기간은 근속연수에 포함되며 2013년 2월 1일부터 300인 미만사업장까지 확대된다. 2010.1.1부터 가족돌봄휴직 중 가족의 범위를 현행 '부모, 배우자, 자녀 또는 배우자의 부모'에서 '조부모, 부모, 배우자, 배우자의 부모, 자녀 또는 손자녀'로 확대하고, 본인 외에도 조부모의 직계비속 또는 손자녀의 직계존속이 있는 경우 등에는 가족돌봄휴직을 허용하지 아니할 수 있다(개정안 제22조의2 제1항). 가족돌봄휴가는 연간 최장 10일이며, 일단위로 사용할 수 있다. 다만, 가족돌봄휴가 기간은 가족돌봄휴직기간(연간 최장 90일)에 포함된다(개정안 제 22조의2 제4항제2호).

6 가족 돌봄 등을 위한 근로시간 단축

30인 이상 사업장의 근로자가 가족의 질병, 자신의 질병, 은퇴 준비(55세 이상), 학업을 위해 근로시간을 15~30시간 이하로 1년 이내(학업의 경우 2년) 가능하다. 22년 5인 이상 사업장에도 적용된다.

휴업

1 의의

휴업休業은 사용자의 귀책사유로 휴업하는 경우에 사용자는 휴업기간 동안 그 근로자에게 평균임금의 100분의 70 이상의 수당을 지급하여야 한다. 다만, 평균임금의 100분의 70에 상당하는 금액이 통상임금을 초과하는 경우에는 통상임금을 휴업수당으로 지급할 수 있다(근로기준법 제46조 제1항).[17]

2 성립요건

(1) 사용자의 귀책사유

휴업수당은 근로자의 생활을 보장하기 위한 것이므로, 여기서 사용자의 귀책사유는 민법상의 고의·과실은 물론, 천재지변 등 불가항력에 해당되지 않는 한 경영상의 장애도 널리 포함된다.

휴직자 4대보험처리

구분	처리방법
국민	납부예외신청
건강	납부유예신청 후 정산
고용	휴직신고(보수총액 정산)
산재	휴직신고(미부과)

[17] 원인 미상의 화재발생으로 휴업한 기간은 휴업수당을 지급하지 않아도 되는 부득이한 사유에 해당한다. (중노위 89휴업1, 1989.10.17)

(2) 휴업

휴업이란 근로자에게 근로계약상 근로를 제공할 의사가 있음에도 불구하고 그 의사에 반하여 취업이 거부되거나 또는 불가능하게 된 경우를 말한다. 휴업은 사업의 전부가 휴업하는 경우는 물론 일부가 휴업하는 경우와 특정한 근로자에 대해 개별적으로 근로제공을 거부하는 경우에도 해당한다. 또한 휴업은 반드시 1일 단위로 볼 것이 아니고, 1일의 근로시간 중 일부만 휴업을 한 경우에도 적용된다.

3 휴업수당의 수준

(1) 의의

근로기준법 제46조의 규정에 의한 휴업수당은 평균임금의 70% 이상이다. 다만, 평균임금의 100분의 70에 상당하는 금액이 통상임금을 초과하는 경우에는 통상임금을 휴업수당으로 지급할 수 있다.

(2) 휴업기간 중 임금 일부를 지급받은 경우

평균임금을 휴업수당으로 지급하는 경우에는 사용자의 귀책사유로 인한 휴업기간 중 근로자가 임금의 일부를 받은 때에는 휴업기간 중에 해당하는 평균임금에서 이미 지급된 임금을 뺀 나머지 금액에 100분의 70을 곱하여 휴업수당을 산정한다. 통상임금을 휴업수당으로 지급하는 경우에는 통상임금과 휴업기간 중에 지급받은 금액과의 차액을 지급하여야 한다.

(3) 미지급사유

사업주의 불가항력적인 사유로서 천재지변, 전쟁 등과 같은 전형적인 사유 외에도 사용자의 세력범위에 속하지 않는 기업 외적인 사정과 통상의 사용자로서 최대의 주의를 기울였으나 피할 수 없는 사고 및 근로자의 행위에 의한 사고 등이 포함된다.

4 고용유지지원금 활용

사용자의 귀책사유로 고용조정이 불가피하게 된 사업주가 그 사업에서 고용하는 피보험자(일용근로자, 「근로기준법」 제26조에 따라 해고가 예고된 자와 경영상 이유에 따른 사업주의 권고에 따라 퇴직이 예정된 자는 제외)에게 고용조정으로 피보험자를 이직시키지 아니할 경우 휴업한 기간에 대해 지원금을 지급한다.

● 고용유지지원금제도

구분		2020년	2021년 개편내용 (21.1.1부터 적용)
무급휴업, 휴직 고용유지지원금		지원수준 일반업종: 우선지원 2/3, 대규모 1/2 또는 2/3 특별업종: 우선지원 9/10, 대규모 2/3 또는 3/4	지원한도 일반업종: 우선지원(대규모) 1일 6만 6천원(연 180일) 특별업종: 우선지원 1일 7만원, 대규모 1일 6만 6천원(연 180일)
지원금 사전 요건	무급 휴직 지원금 요건 완호	① 3개월 이상 유급휴업(근로시간 20% 초과단축) 실시	① 3개월 이상 유급휴업(근로시간 20% 초과단축) 실시 ② 3개월 이상 피보험자의 20% 이상 유급휴직 실시 포함
휴업 휴직 규모율	10인 미만 기업 무급 휴직 지원금 허용	① 피보험자 10명 이상(99명 이하) 10% 이상(100명~999명) 100명 이상(1,000명 이상)	① 피보험자 10명 이상(99명 이하) 10% 이상(100명~999명) 100명 이상(1,000명 이상) ② 유급 고용유지지원금 지원기간(180일) 소진한 10인 미만 사업장도 무급휴직 지원('22년까지 한시)
유급휴업, 휴직 고용유지지원금		지원수준 일반업종: 평균임금의 50% 범위 내에서 심사위원회 결정 특별업종: 평균임금의 50% 범위 내에서 심사위원회 결정	지원한도 일반업종: 우선지원(대규모) 1일 6만 6천원(연 180일) 특별업종: 우선지원(대규모) 1일 6만 6천원(연 180일)
지원 범위	사각 지대 해소 (파견, 용역)		파견, 용역근로자도 일하는 사업장이 휴업하거나 휴직할 때 고용유지 지원금을 받을 수 있음
조치 계획서 제출 기간	고용 유지 조치계획 사후 신고 가능	① 실시 하루 전까지 고용유지조치계획 신고 ② 부득이한 경우 3일 내 사후 신고(예외)	① 실시 하루 전까지 고용유지조치계획 신고 ② 부득이한 경우 3일 내 사후 신고(예외) ③ 국가 및 자치단체 명령으로 급작스럽게 휴업 시 30일 이내 사후 고용유지조치 계획 신고 가능
휴업 휴직 규모율	근로 시간 단축 기준 변경	6~4개월 전 3개월 간 월평균 실근로시간의 20%를 초과단축	소정근로시간을 기준으로 근로시간 단축 (소정근로시간이 명시되어 있는 취업규칙, 단체협약, 근로계약서 등만 제출하면 됨)
매출액 비교	매출액 비교 시점	매출액 등이 기준달 직전연도 연평균, 직전연도 같은 달, 직전 3개월과 비교하여 15% 이상 감소	'21년도는 '19년도 매출액 등과 비교하여 15% 이상 감소

(1) 의의

1개월 단위(이하 이 조에서 "단위기간"이라 한다)로 그 사업 피보험자의 소정근로 연일수年日數에 대한 휴업한 피보험자 휴업 연일수의 비율이 15분의 1을 초과하면 휴업을 하고 그 휴업기간에 대하여 휴업수당을 지급하는 경우, 고용유지를 위한 훈련을 실시하는 경우, 1개월 이상 유·무급 휴직을 부여하는 경우, 새로운 업종으로 사업을 전환하는 경우(2009. 3. 12 개정), 교대제전환을 실시하는 경우(2009. 5. 28 신설)에 해당한다.

(2) 요건

고용유지조치를 실시한 사업주가 고용유지지원금을 받으려면 근로자의 월별 임금대장, 출퇴근 현황을 증명하는 서류, 훈련비용 정산명세서 사본과 그 증명서류, 휴직근로자의 휴직수당 지급대장 사본과 휴직을 증명하는 서류, 교대제전환에 따른 지원대상 근로자 현황 및 근로시간 현황 서류를 작성하여 소재지 관할 직업안정기관의 장에게 제출한다.[18]

5 휴업수당의 감액

(1) 의의

사용자의 귀책사유가 있다 하더라도 부득이한 사유로 사업계속이 불가능하여 노동위원회의 승인을 얻은 경우, 사용자는 평균임금의 100분의 70에 미달하는 휴업수당을 지급할 수 있다.

(2) 요건

① 부득이한 사유

사회통념에 비추어 피할 수 없는 사고 등이 포함된다고 할 수 있다. 예컨대 수도 및 전력공급의 장기간 중단, 홍수, 산사태 및 지진 등으로 인한 작업불능, 전시 중의 생산설비 징발 등이 이에 해당될 것이다.

② 노동위원회의 승인

부득이한 사유로 사업계속이 불가능하다고 하더라도 노동위원회의 승인을 받지 못하면 휴업수당의 감액을 할 수 없다. 그리고 불가항력 등 부득이한 사유로 사업계속이 불가능하다는데 대한 입증책임은 휴업수당지급의 책임을 면제받고자 하는 사용자에게 있다.

[18] 고용보험법령상의 고용유지지원금 제도의 의의 및 구 고용보험법 시행령 제17조 제1항의 '고용조정으로 피보험자를 이직시키지 아니하는 경우'에서 말하는 '피보험자' 해당 사업장의 전체근로자를 의미한다. (대법 2005.9.29, 2005두7723)

(3) 감액의 정도

근로기준법 제46조 제2항은 평균임금의 100분의 70에 미달하는 휴업수당을 지급할 수 있다고 규정하고 있다. 판례는 휴업수당 전체의 부지급도 가능하다고 보고 있다.⑲

6 중간공제시 휴업수당의 보장

사용자의 귀책사유로 인하여 해고된 근로자에게 사용자가 해고기간 중의 임금을 지급함에 있어, 해고기간 중에 다른 직장에서 근무하여 받은 임금(이른바 중간수입)을 공제할 수 있는 것이기는 하지만, 근로자가 지급받을 수 있는 임금액 중 근로기준법의 휴업수당의 범위 내의 금액은 중간수입으로 공제할 수 없고, 휴업수당을 초과하는 금액만을 중간수입으로 공제해야 한다.⑳

보상휴가제(1:1.5)

1 의의

사용자는 근로자대표와의 서면 합의에 따라 연장근로·야간근로 및 휴일근로에 대하여 임금을 지급하는 것을 갈음하여 휴가를 줄 수 있다. 이는 근로자와 사용자로 하여금 임금과 휴가에 대한 선택의 폭을 넓혀주고 실 근로시간 단축에 기여하기 위해 주 40시간제가 시행되는 사업장에 적용된다. 연장·야간·휴일근로에 대한 임금과 이에 갈음하여 부여하는 휴가 사이에는 같은 가치가 있어야 한다. 예컨대, 휴일근로를 2시간 한 경우 가산임금을 포함하면 총 3시간분의 임금이 지급되어야 하므로 3시간의 휴가가 발생한다. 다만, 보상휴가제의 적용대상을 연장·야간·휴일근로에 대한 가산임금을 포함한 전체 임금으로 할 것인지, 가산임금 부분만으로 할 것인지는 노사가 서면 합의로 정할 수 있다(법 제57조).

⑲ 정당성을 갖추지 못한 쟁의행위로 정상조업이 불가능해 휴업을 할 경우 휴업지불예외신청을 받아들인 것은 정당하다. (대법 2000.11.24, 99두 4280)

⑳ 사용자의 귀책사유로 인하여 해고된 근로자가 해고기간 중에 다른 직장에 종사하여 얻은 이익금액은 해고기간 중의 임금을 지급함에 있어 공제할 수 있다. (인천지법 2004.2.4, 2003가합 4750)

휴가제 비교

구분	보상휴가	휴일대체	대체휴일
근거	근로기준법 제57조	법적 근거는 없으나 판례를 통해 인정	관공서 공휴일에 관한 규정 제3조
내용	연장, 야간, 휴일근로를 한 경우 임금을 지급하는 것에 갈음하고 휴가를 부여하는 제도	통상의 근로일과 휴일을 맞바꾸어 통상의 근로일은 휴일이 되고, 원래의 휴일은 통상의 근로일이 되는 제도	정부지정 공휴일이 토일요일과 겹치는 경우 연휴 다음 평일을 대체공휴일로 지정하는 제도
요건	근로자대표와 서면합의가 필요, 개별근로자와 동의(×)	단체협약, 취업규칙에 명시하거나 개별근로자의 동의가 필요, 휴일대체시 적어도 24시간 전에 근로자에게 통지하여야 함	대체휴일은 공무원 등에 적용됨이 원칙이나, 일반 회사의 경우 취업규칙 등에서 공휴일을 약정휴일로 정하고 있다면 대체휴일도 휴일로 인정됨.
효과	휴일에 8시간 근로를 한 경우 휴일근로수당 12시간분에 갈음하는 휴가를 부여함. 임금지급에 갈음하여 휴가를 부여하는 제도이므로 근로자가 휴가를 사용하지 않은 경우에는 그에 대한 임금을 지급하여야 하며, 보상휴가 사용기간 내에 사용자의 귀책사유 없이 근로자가 미사용한 경우에도 마찬가지로 임금이 지급되어야 함.	원래 휴일이었던 날에 근로를 하더라도 휴일근로수당은 발생하지 않고 평상시 근로가 됨. 다만 대체된 휴일에 근로를 한다면 휴일근로수당이 발생됨. 다만, 법정휴일인 근로자의 날은 법으로 특정한 날이므로 다른 날로 대체할 수 없고, 노사 당사자간 합의로 휴일을 대체하였다고 하더라도 휴일근로수당을 지급하여야 함.	

2 대상

직장 내 주말근무가 많은 직원의 경우 주중에는 업무가 별로 없으나 주말에 연장·휴일·야간근무가 많은 경우 이를 시간외 근로수당으로 모두 지급하는 대신 50% 임금으로 지급하고 50%는 주중에 근로자의 선택으로 휴일로 쓸 수 있는 제도로 향후 근로시간저축제의 한 유형의 휴가제도이다.[21]

3 근로시간저축제 도입(예정)

사용자는 근로자대표와의 서면 합의에 따라 다음 각 호의 방식에 따른 방식을 활용하여 근로시간저축제를 운영할 수 있다(제57조 근로시간 저축휴가제). 다만, 연장·야간·휴일근로를 적립하고 임금을 지급 받는 대신 휴가를 사용하는 방식, 휴가를 먼저 사용하고 연장·야간·휴일근로를 제공하는 방식, 근로자의 책임 있는 사유로 이를 사용하지 못했을 경우 임금 지급 등에 대하여 명시해야 한다.

[21] 선택적 보상휴가제가 휴일대체를 포괄할 수 있으므로 휴일대체를 인정할 필요가 없다는 주장은 수용하기 어렵다. (근로기준법-5424, 2004.10.11)

보상휴가제 합의서

(주)○○○○ 대표이사 ○○○(이하 "갑"이라 함)와 근로자대표(이하 "을"이라 함)는 근로기준법 제57조에 의거한 보상휴가에 대하여 다음과 같이 합의한다.

－다　　음－

1. 보상휴가의 기준이 되는 연장 · 야간 · 휴일근로의 기준일은 매월 1일부터 말일까지로 하고 보상휴가는 익월에 실시함을 원칙으로 하되, 그 시기는 근로자의 자유의사에 따른다. 단, 근로자가 지정한 시기가 사업운영에 막대한 지장을 줄 경우 사용자는 그 시기를 변경할 수 있다.
2. 보상휴가는 일(日) 단위로 부여하며, 가산수당 외에 모든 연장 · 야간 · 휴일근로분에 대해서도 적용함을 원칙으로 하고, 개별근로자가 명시적으로 청구하는 경우 휴가 대신 임금으로 지급할 수 있다.
3. 만약 근로자가 익월에 보상휴가를 일부라도 사용치 않을 경우에는 미사용분에 대해 금전보상을 실시해야 한다.

이상과 같이 "갑"과 "을"이 자유로이 합의하였기에 이를 확인하기 위하여 쌍방이 서명날인한다.

20○○.　　.　　.

"갑" 주식회사 ○○○○	"을" 주소:
서울시 ○○○ ○○○ ○○○	소속:
대표이사 ○○○ ____(인)	성명: ____(인)

■ 고용보험법 시행규칙 [별지 제32호서식] 〈개정 2013.12.30.〉

년 제 차(월분) 고용유지조치 □ 근로시간 조정 □ 교대제 개편 □ 휴업 등 지원금 신청서

(앞쪽)

접수번호	접수일	처리기간 : 10일

사업장	사업장관리번호	
	명 칭	대규모기업 1. 해당 2. 비해당
	소재지 (전화번호 : 휴대전화 : 담당자 :)	
고용유지 조치 현황	①(월) 말일 현재 피보험자수 명	②(월) 고용유지조치 대상자수 명
	③ 기준기간 총근로시간 시간	④(월) 고용유지조치기간 중 총근로시간 시간
	⑤(월) 단축된 근로시간 시간	⑥ 근로시간 단축률 %
신청내용	⑦ 고용유지조치기간 중 임금 보전을 위하여 지급한 금품 총액 원	⑧ 지원율 2/3, 1/2
	⑨ 지원금 신청액 [고용유지조치기간 중 임금 보전을 위하여 지급한 금품 총액×지원율] 원	
	계좌번호 은행 (예금주 :)	

「고용보험법 시행령」 제19조 제1항 제1호 및 같은 법 시행규칙 제28조에 따라 위와 같이 신청합니다.

년 월 일

신청인 (서명 또는 인)

○○지방고용노동청(○○지청)장 귀하

첨부서류	1. 근로자의 월별 임금대장 사본 1부 2. 출퇴근카드, 출퇴근기록부 등 출퇴근 현황을 확인할 수 있는 서류 1부	수수료 없음

210mm×297mm[일반용지 60g/㎡(재활용품)]

[근기법시행규칙 별지 제9호 서식]

<table>
<tr><td colspan="8">기준미달의 휴업수당 지급승인신청서</td><td>처리기간
30일</td></tr>
<tr><td rowspan="4">신청인</td><td>① 사 업 장 명</td><td colspan="3"></td><td colspan="2">② 사업의종류</td><td colspan="2"></td></tr>
<tr><td>③ 대표자성명</td><td colspan="3"></td><td colspan="2">④ 주민등록번호</td><td colspan="2"></td></tr>
<tr><td>⑤ 근 로 자 수</td><td colspan="3"></td><td colspan="2">⑥ 전 화 번 호</td><td colspan="2"></td></tr>
<tr><td>⑦ 소 재 지</td><td colspan="7"></td></tr>
<tr><td rowspan="3">휴업수당 제외 범위</td><td>⑧ 근 로 자 수</td><td>계</td><td>명</td><td>남</td><td>명</td><td>여</td><td colspan="2">명</td></tr>
<tr><td>⑨ 휴 업 기 간</td><td colspan="7">년 월 일부터 년 월 일까지(일)</td></tr>
<tr><td>⑩ 휴 업 수 당 제 외 액</td><td colspan="7"></td></tr>
<tr><td colspan="9">⑪ 기준미달의 휴업수당을 지급하고자 하는 구체적 사유</td></tr>
<tr><td colspan="9">근로기준법 제45조 제2항 및 동법시행규칙 제7조의 규정에 의하여 위와같이 기준미달의 휴업수당 지급승인을 신청합니다.

년 월 일

신청인 (서명 또는 인)
대리인 (서명 또는 인)

지방노동위원회 위원장 귀하</td></tr>
<tr><td colspan="8">구비서류 : 없음</td><td>수 수 료
없 음</td></tr>
<tr><td colspan="5">32322-07111민
97. 3. 25 승인</td><td colspan="4">210㎜×297㎜
신문용지 54g/㎡(재활용품)</td></tr>
</table>

MEMO

Chapter

03

연소 · 여성 근로자 관리실무

- 연소 · 여성보호법
- 공통적 보호규정
- 연소근로자의 보호
- 여성근로자의 보호
- 직장 내 성희롱 금지 및 예방
- 직장 내 괴롭힘 금지 및 예방

Chapter

03 연소 · 여성 근로자 관리실무

연소 · 여성보호법

헌법 제32조 제4항에서는 "여성과 연소자의 근로는 특별한 보호를 받는다"고 규정하고 있으며, 이에 따라 근로기준법에서도 신체적·도덕적 측면에 입각하여 여성 및 연소근로자를 보호하기 위한 특별한 규정을 마련하고 있다. **임신여성근로자는 소정근로시간 범위 내에서 시업종업시간변경을 요구할 수 있다**(21.11.19 시행).

공통적 보호규정

1 유해, 위험사업에의 사용금지

(1) 취지

임신 중이거나 산후 1년이 경과되지 아니한 여성과 18세 미만 자는 도덕상 또는 보건상 유해 위험한 사업에 사용하지 못하도록 규정하고 있는 것은 본래 여성과 연소자가 정신적으로나 신체적으로 나약하기 때문에 유해하거나 위험한 작업을 못하게 함으로써 그 생명과 신체를 보호하고자 하는 취지에서이다.

(2) 여성와 18세 미만자의 사용금지 직종

여성와 연소근로자의 사용금지 직종에 대해서는 근로기준법 시행령 제40조에 그 규정을 두고 있다.

2 야간 · 휴일근로의 제한

여성과 연소근로자에 대하여 동의가 있는 경우, 임신 중인 여성근로자의 명시적인 청구 및 산후 1년이 경과되지 아니한 여성의 동의가 있는 경우에는 노동부장관의 인가를 얻어 야간, 휴일근로를 시킬 수 있다. 사용자는 노동부장관의 인가를 얻기 이전에 근로자의 건강 및 모성보호를 위하여 그 시행 여부와 방법 등에 관하여 당해 사업 또는 사업장의 근로자대표와 성실하게 협의하여야 한다. 또한 5인 미만 사업장이라고 해도 1주 35시간, 연장 5시간 미만 근로법이 적용되며 18세 미만 청소년들의 학습권을 보호하기 위해서 0~06:00 심야시간 근로를 금지한다(2018. 7. 1부터).

근로시간 제한

<table>
<tr><th>구분</th><th>법정
근로시간</th><th>연장근로</th><th>야간근로
(22:00~
06:00)</th><th>휴일
근로</th><th>업종
제한</th></tr>
<tr><td>여성</td><td>-</td><td>-</td><td>본인동의</td><td>본인
동의</td><td rowspan="5">유해/
위험</td></tr>
<tr><td>임신 중
여성</td><td>시종업시간
변경권
(21.11.19)</td><td rowspan="2">금지</td><td rowspan="2">명시적 청구
장관인가</td><td rowspan="2">명시적
청구
장관
인가</td></tr>
<tr><td>12주 이내
36주 이후</td><td>2시간 단축
(1일 6시간)</td></tr>
<tr><td>산후 1년
이하인자</td><td>1일 60분
수유시간
보장</td><td>1주 6시간
1일 2시간
1년 150시간
당사자 합의</td><td>본인동의
장관인가</td><td>본인
동의
장관
인가</td></tr>
<tr><td>18세 미만
연소자</td><td>1주 35시간
1일 7시간
(2018. 7. 1)</td><td>1주 5시간
당사자 합의</td><td>본인동의
장관인가
(00:00~06:00
심야근로 금지)</td><td>본인
동의
장관
인가</td></tr>
</table>

3 갱내근로의 제한

사용자는 여성과 18세 미만자를 갱내에서 근로시키지 못한다. 다만, 보건 · 의료, 보도 · 취재 등 대통령령이 정하는 업무는 그러하지 아니하다.

연소자 고용제한

1. 18세 미만 친권자동의서
2. 가족증명원 부침
3. 18세 미만 심야근로 금지 (00:00~06:00)
4. 위험, 유해업종 근로금지

연소근로자의 보호

1 취업 최저연령의 제한

15세 미만자 중학생은 근로자로 사용할 수 없다. 다만, 대통령령이 정하는 기준에 따라 노동부장관이 발급한 취직인허증을 지닌 자는 근로자로 사용할 수 있다(근로기준법 제64조 제1항). 취직인허증을 받을 수 있는 자는 13세 이상 15세 미만자이며 예술공연참가를 위한 경우에는 13세 미만인 자도 취직인허증을 받을 수 있다(근로기준법 시행령 제35조). 취직인허증은 본인의 신청에 의하여 의무교육에 지장이 없는 한도 안에서 직종을 지정하여서 본인 및 사용자가 될 자에게 교부한다(근로기준법 시행령 제36조).

1. 민법 성년 : 19세
2. 노동법 성년 : 18세

※ 미성년자와의 법률행위 무효

2 연소자 증명서의 비치

사용자는 18세 미만자에 대하여는 그 연령을 증명하는 가족관계 기록사항에 관한 증명서와 친권자 또는 후견인의 동의서를 사업장에 비치하여야 한다.

3 연소자의 근로계약

친권자 또는 후견인은 미성년자의 근로계약을 대리할 수 없고 친권자, 후견인 또는 노동부장관은 근로계약이 미성년자에게 불리하다고 인정하는 경우에는 향후 이를 해지할 수 있다. 근로계약에 있어서의 친권자가 부당한 근로계약 체결로 인하여 미성년자의 노동력 착취를 방지하기 위하여 규정하고 있다.

친권자(후견인) 동의서 양식

친권자(후견인) 동의서

○ 친권자(후견인) 인적사항
성　　명 :
주민등록번호 :
주　　소 :
연 락 처 :
연소근로자와의 관계 :

○ 만 18세 미만 연소근로자 인적사항
성　　명 : 　　　　(만　　세)
주민등록번호 :
주　　소 :
연 락 처 :

○ 사업장 개요
회 사 명 :
회사주소 :
대 표 자 :
회사전화 :

본인은 위 연소근로자와 위 사업장의 대표자가 작성한 근로계약서 등을 검토한 결과, 위 연소근로자 ______가(이) 위 사업장에서 근로를 하는 것에 대하여 동의합니다.

20　년　　월　　일

위 연소근로자의 친권자(후견인) ________(인)

※ 첨부 : 가족관계 기록사항에 관한 증명서(가족증명원) 1부

4 연소자의 독자적인 임금청구권

미성년자가 독자적으로 임금을 청구할 수 있도록 규정한 취지는 근로기준법 제67조와 같이 부모의 권리남용을 막기 위하여 만들어진 규정이다.

5 연소자의 근로시간 제한

근로기준법 제69조에서는 15세 이상 18세 미만의 연소근로자에게 특별한 보호를 하기 위하여 근로시간에 대하여 1일 7시간, 1주 35시간을 초과하지 못하게 함으로써 동법의 8시간 근로제의 예외규정을 하고 있다. 다만, 당사자 간의 합의에 의하여 1주일에 5시간을 한도로 연장근로를 할 수 있다(2018. 7. 1부터 시행).

여성근로자의 보호

1 근로시간 단축

사용자는 산후 1년이 경과되지 아니한 여성에 대하여는 단체협약에 정한 경우라도 1일에 2시간, 1주에 6시간, 1년에 150시간을 초과하는 시간외근로를 시키지 못한다(임신 중 근로자의 연장근로금지와 야간·휴일근로의 경우 근로자의 청구와 노동부장관 승인). 또한 임신 12주 이내, 36주 이후 임신여성근로자가 일 근로시간 2시간 단축을 요구할 경우 회사는 이를 승인해야 한다.

2 생리휴가

사용자는 여성인 근로자가 청구하는 때에는 월 1일의 생리휴가를 주어야 한다. 생리는 취업에 지장을 초래하므로 여성근로자의 청구가 있는 경우 휴가의 형식으로 근로의무의 면제를 인정하고 있는 것이다. 생리휴가제도는 여성근로자의 특수한 신체적, 생리적 사정을 보호하기 위하여 설정된 제도이므로 직종, 근로시간 및 개근 여부 등에 상관없이 임시직 근로자, 시간제 근로자 등을 포함한 모든 여성근로자에게 생리 여부 사실에 따라 부여되어야 한다. 주 40시간제 적용시 생리휴가는 무급이며 근로자가 청구하는 경우에 부여하여야 한다.

여성근로자 보호제도

구분	내용
생리휴가	• 생리가 있는 여성근로자 월 1회 청구(무급)
난임휴가	• 난임 근로자가 청구 3일 부여
태아검진휴가	• 임신여성근로자 정기검진 시간 보장 • 임신 7개월:1회/4주, 8~9개월:1회/2주, 10개월:1회/매주
배우자출산휴가	• 배우자가 출산일로부터 90일 이내 청구: 10일(유급)
산전후휴가	• 임신여성근로자에게 90일 휴가(다자녀 임신:120일) • 출산장려금 지급(우선지원대상기업 3개월/월210만원)
수유시간보장	• 1년 미만의 영아가 있는 경우 • 1일 60분(오전 30분/오후 30분) 모유수유 시간 보장
육아휴직	• 8세 이하/초등학교 2학년 이하 자녀가 있는 근로자 남녀 각각 1년(2020.3.1부터 부모동시 육아휴직 가능)

* 2021. 4월부터 임신중 육아휴직 가능

3 난임치료휴가

근로자가 난임치료를 받기 위해 휴가를 청구하면 사업주는 연간 3일 이내(1일은 유급·2일은 무급)의 휴가를 주어야 하며, 휴가 3일 전에 증빙서류를 제출했을 때 이를 거부할 경우 500만원의 과태료를 부과한다(2018. 5. 29부터 시행).

4 태아검진시간 보장

사용자는 임신한 여성근로자가 모자보건법 제10조에 따른 임산부 정기건강진단을 받는데 필요한 시간을 청구하는 경우 ① 임신 7개월까지: 4주 1회 ② 임신 8~9개월: 2주 1회 ③ 임신 10개월 이후: 매주에 1회를 허용해 주어야 하며, 건강진단시간을 이유로 그 근로자의 임금을 삭감하여서는 안 된다.

5 산전 · 산후휴가

(1) 취지

임신 중인 여성근로자의 정신적·신체적 부담완화를 위해 경이한 근로전환과 시간외 근로금지를 규정하고 나아가 모성보호와 태아의 순조로운 발육을 위한 산전휴양과 모체의 체력회복, 유아보호를 위한 산전·산후 90일의 유급휴가(다자녀 출산 120일 2014. 7. 1부터)를 보장하는 바 이는 차세대 건강한 국민 확보라는 사회적 의무이기도 한 것이다.

(2) 산전 · 산후 휴가일수

산전·산후 휴가는 산전·산후를 통하여 90일이며 유산의 위험이 있는 경우 분할 사용할 수 있으며, 산전·산후 휴가청구를 이유로 전직, 사표를 강요할 수 없다. 이 경우 최초 60일(다자녀 출산 75일)은 유급으로 하며(제74조 제3항), 산전·후 휴가기간 중 60일을 초과한 일수(30일을 한도로 한다)에 대하여 근로기준법상 통상임금에 상당하는 금액을 고용보험법에 의해 지급 받을 수 있다(고용보험법 제76조 제1항).

(3) 산전에 45일을 초과한 경우

산전에 45일을 초과하였다 하더라도 산후에 45일 이상의 유급보호휴가를 주어야 하며, 이 경우 산전에 45일을 초과한 부분에 대해서는 무급처리가 가능하다.

모성보호제도

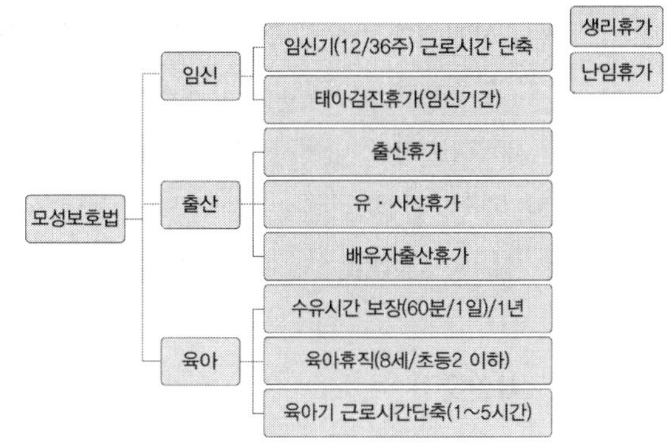

모성보호 노동개혁 방향

- 육아휴직
  - 육아휴직(1년)→1년 6개월
  - 부부의 경우(1.5년+1.5년): 3년
  - 육아휴직 연령, 8세 이하→12세 이하
  - 육아수당: 통상임금 80%(1년간)
- 배우자 출산 휴가
  - 기간(5일: 유급+5일 무급): 10일→20일(10일 유급+10일 무급)
- 가족돌봄휴가
  - 반기별 1회(1명당)

(4) 출산장려금

산전·후 휴가기간 동안의 임금지급에 대한 사업주의 부담을 줄여주기 위해 우선지원대상에 해당하는 중소기업에 대하여는 고용보험에서 산전·후 휴가기간 90일분(다자녀 출산 120일) 급여 전부를 통상임금(30일 기준 200만원) 한도 내에서 지원하며, 우선지원대상기업은 제조업 500인 이하, 광업, 건설업, 운수·창고 및 통신업 300인 이하, 기타 100인 이하를 기준으로 한다.

6 유산 · 사산휴가

여성근로자가 임신 중 유산 또는 사산 등의 위험이 있는 경우에 산전후 휴가(45일, 다자녀 출산 60일)를 출산 전에 나누어 사용할 수 있으며, 여성근로자가 휴가종료일 이전 피보험 단위기간이 180일 이상인 임신 중 유산 또는 사산을 할 경우 ① 임신기간이 11주 이내 유산 또는 사산한 날부터 5일, ② 12~15주인 경우 10일, ③ 임신기간이 16~21주인 경우 유산 또는 사산한 날부터 30일, ④ 22~27주인 경우 60일, ⑤ 28주 이상인 경우, 90일의 유급휴가를 부여한다. 다만, 인공임신중절수술로 인한 유산·사산의 경우에는 유급휴가를 부여하지 않는다.

7 배우자 출산휴가(2019. 10. 1 개정)

사업주는 배우자의 출산을 이유로 휴가를 청구하는 근로자에게 10일의 휴가를 주어야 한다. 배우자 출산휴가는 배우자 출산시 활용되도록 출산한 날부터 90일이 경과하면 청구할 수 없다. 배우자 출산휴가 10일은 1회에 한하여 분할사용 가능하다.

8 수유시간 보장

(1) 취지

근로기준법 제75조는 휴게시간과는 별도로 수유시간을 확보해 줌으로써 유아의 양육이라는 여성의 책임과 근로자의 직장생활을 양립시키고자 하는 취지이다.

(2) 육아시간 청구

청구권자는 생후 1년 미만의 유아를 가진 여성근로자로 기혼, 미혼을 불문하며 유아는 친생자이든 양자이든 불문한다.

● 출산장려금 지급 기준

산전 · 후 휴가급여 (고용보험법)	사용자 급여지급 (근로기준법)	비고
• 피보험자이기는 하나, 피보험단위기간이 180일 미만자, 미적용자 또는 적용 제외 기업의 근로자		상한액 210만원 (30일 기준)
–급여지급액 없음	–사용자가 급여지급(60일)	
• 피보험자로서 통상임금 30일에 220만원인 경우		
–우선지원대상기업: 210만원 3회(90일) 지급 –그 외 기업: 210만원 1회(30일) 지급	• 최초 60일에 한하여 통상임금차액 지급(10만원×2회) • 최초 60일에 대하여 통상임금 지급(220만원×2회)	
• 피보험자로서 통상임금 30일에 100만원인 경우		
–우선지원대상기업: 210만원 3회(90일) 지급 –그외 기업: 210만원 1회(30일) 지급	• 지급의무 없음 • 최초 60일에 대하여 통상임금 지급(100만원×2회)	

● 모성보호법

근기법(65조)	유해·위험사업에의 사용금지
근기법(51조)	탄력적 근로시간제 제한
근기법(71조)	시간외 근로금지
근기법(74조)	임산부 근로시간 단축(1일 6시간)
근기법(70조)	야간/휴일 근로시간 제한
근기법(74조의2)	태아검신 휴가 인정
근기법(75조)	수유시간 보장(1일 60분)
근기법(23조)	해고제한

● 모성지원제도

남녀고평법 18조	출산전후, 유산한 휴가 60일 통상임금 지정
고용보험법 75조	출산전후휴가 지원금 3개월(450만원 우선지원대상기업)
남녀고평법 18조	배우자 출산휴가
고용보험법 70조	육아 휴직 급여 지원

(3) 육아시간 및 임금

수유시간은 수유 이외에도 기타 유아를 보살피는데 필요한 시간을 의미하며, 1일 2회 각각 30분 이상을 주어야 하는데, 1일 근로시간이 4시간인 경우는 1일 1회에 육아시간 부여로 충분하다. 또한 육아시간의 시기는 청구하는 시간대에 주어야 하며, 근로시간의 시작이나 종료시에 주어도 무방하고 육아시간 중의 임금은 유급으로 하여야 한다.

9 육아휴직

(1) 정규직 근로자

해당 사업장에서 6개월 이상 근무한 근로자의 자녀가 8세 이하 또는 초등학교 2학년 이하인 경우(임신중 육아휴직 인정 2021.4.6 이후) 근로자가 육아휴직을 신청하는 경우 사업주는 이를 허용해야 하며, 육아휴직 기간은 남녀 근로자 각각 1년 이내로 한다. 고용보험에서 지원하는 육아휴직 급여는 개인별 임금 수준과 연계한 통상임금의 50~80%의 75% 1년간 지급하고 육아휴직이 끝난 후 이직을 방지하기 위하여 나머지 육아휴직 급여(25%)는 복귀 후 6개월 후에 지급한다(2017.7.) ❶

(2) 비정규직 근로자

기간제 및 파견근로자의 사용기간 2년 동안에 근로자가 육아휴직을 사용하는 경우 육아휴직기간을 사용기간에 포함하지 않는다(2012. 8월 시행).

10 육아기 근로시간 단축

(1) 기준

전일제 육아휴직과 보완적으로 활용 가능하도록 대상 자녀, 기간 등을 전일제 육아휴직과 동일하게 적용한다. 전일제 육아휴직 대신 해당 근로자가 근로시간 단축을 신청하는 경우 이를 허용해야 한다. 주 15시간 이상 30시간 이내로 정하고, 육아기 근로시간 단축의 기간은 1년 이내로 하고 육아휴직 급여액은 단축된 소정근로시간을 단축전 소정근로시간으로 나눈 비율을 곱하여 지급한다(2012. 8월).

❶ 육아휴직기간 중 8개월 동안 아이를 국내에 둔 채로 외국에 체류한 경우 거짓이나 부정한 방법으로 육아휴직급여를 지급받은 경우에 해당한다(서울고법 2014누56002).

출산육아고용안정지원금

구분	지원대상	지원내용
비정규직 재고용	• 임신, 출산전후휴가, 육아휴직(생후 15개월 이내 자녀) 중에 계약기간 종료 즉시 또는 출산 15개월 이내에 기간의 정함이 없는 고용계약을 체결한 사업주	• 우선지원대상기업 근로자 1인당 월 60만원, 대규모 기업 근로자 1인당 월 30만원 지원(1년 한도)
육아휴직 등 부여	• 육아휴직(또는 육아기 근로시간 단축)을 30일 이상 부여하고, 육아휴직 등 종료 후 육아휴직 등을 사용한 근로자를 6개월 이상 계속 고용한 사업주	1. 육아휴직 부여 우선지원대상기업 근로자 1인당 월 30만원, 사업장에서 최초 육아휴직자 발생한 경우 1호 인센티브로 월 10만원 추가 지원(1년 한도) ※ 대규모기업은 해당 없음 2. 육아기 근로시간 단축 우선지원대상기업 근로자 1인당 월 20만원, 대규모기업 근로자 1인당 월 10만원 지원(1년 한도)
대체인력 지원금	• 출산전후(유산·사산)휴가, 육아휴직(또는 육아기 근로시간단축)의 시작일 전 60일이 되는 날부터 신규로 대체인력을 채용하여 30일 이상 계속 고용하고, 육아휴직 등 종료 후 육아휴직 등을 사용한 근로자를 30일 이상 계속 고용한 사업주	• 우선지원대상기업 근로자 1인당 월 60만원, 대규모 기업 근로자 1인당 월 30만원 지원(1년 한도)

배우자출산휴가 개정(2019. 10. 1부터)

현행	변경
제44조[배우자출산휴가] ① 회사는 직원이 배우자의 출산을 이유로 휴가를 청구하는 경우 5일의 범위에서 3일 이상의 휴가를 주어야 한다. 이 경우 최초 3일은 유급으로 한다. ② 제1항에 따른 휴가는 직원의 배우자가 출산한 날부터 30일이 지나면 청구할 수 없다.	제44조[배우자출산휴가] ① 회사는 직원이 배우자의 출산을 이유로 휴가를 청구하는 경우 10일의 휴가를 주어야 한다. 이 경우 휴가기간은 유급으로 한다. ① 제1항에 따른 휴가는 1회에 한하여 나누어 사용할 수 있다. ③ 제1항에 따른 휴가는 직원의 배우자가 출산한 날부터 90일이 지나면 청구할 수 없다.

(2) 육아기 근로시간 단축제도(2019.10.1)

육아기 근로시간단축을 최대 2년까지 사용 가능하며(제19조의2 제4항 단서), 사용 예시를 들어보면 육아휴직 1년+근로시간 단축 1년, 육아휴직 6개월+근로시간 단축 1년 6개월, 육아휴직 미사용+근로시간 단축 2년 단축할 수 있는 근로시간이 현재는 1일 2~5시간이었으나, 앞으로는 1일 1~5시간으로 완화되어, 육아기에 1일 1시간씩 단축하는 것도 가능해진다(개정안 제19조의2 제3항).

1일 1시간 단축분에 대하여 임금감소분 지원(육아기 근로시간 단축급여) 인상을 계획하고 있고(통상임금의 80→100%, 월 상한 150→200만원). 육아휴직은 1회 분할하여 사용할 수 있도록 하고, 육아기 근로시간 단축은 최소 사용단위기간을 3개월로 하되, 분할 사용의 횟수에 제한을 두지 않았다(개정안 제19조의4).

(3) 출산 육아기 대체인력채용장려금

출산 육아휴직 근로자를 대신하여 대체인력을 60일 전에 채용하는 사업주에게는 대체인력 채용에 대한 지원금(일반 30만원, 우선지원기업 60만원)을 주고 출산전·후 휴가기간에도(일반 10만원, 우선지원기업 20만원) 지원한다(2014. 1. 1.).

(4) 직장어린이집 설치 지원금

여성근로자 300인 이상 또는 500인 이상 사업장은 어린이집 의무 사업장이이며 미 설치시 연간 최대 2억원까지 과징금을 부과할 수 있다. 보육교사 인건비(월 120만원)에 대하여 중소기업 직장보육시설 지원은 규모별 월 120~520만원까지 지원한다. 산업단지 내 공동으로 직장보육시설을 설치할 경우 설치비 한도를 7~15억원 융자(금리 연 2%)로 한다. 직장 어린이집 설치 의무 위반 사업장에 1억원까지 이행강제금을 부과할 수 있다(2016. 1월부터).

직장 내 성희롱 금지 및 예방

1 취지

1987년 남녀고용평등법을 제정하여 직장 내 여성차별을 금지하고 1999년 남녀차별금지법을 제정하여 근로조건과 관련하여 남녀차별을 금지하고 직장 내 성희롱을 예방하며 피해자의 권익을 구제할 수 있도

육아수당 구분

구분	휴직 첫 3개월	나머지기간(9개월)
2019	월 통상임금의 80% (최대 150만원, 최저 70만원)	월 통상임금의 50% (최대 120만원, 최저 70만원)
2022 (3+3)	통상임금 100%	통상임금의 80%
	1개월 200만원 2개월 250만원 3개월 300만원	각각 150만원
2024 (6+6)	통상임금 100%	통상임금 80%
	1개월 200만원 2개월 250만원 3개월 300만원 4개월 350만원 5개월 400만원 6개월 450만원	각각 150만원

록 법적 장치를 마련하고 있다. 2017년 법 개정으로 누구든지 직장 내 성희롱 발생 사실을 사업주에게 신고할 수 있도록 하고, 사업주의 사실 확인 조사의무, 피해근로자 보호를 위한 근무장소 변경·유급휴가 부여 등의 조치의무를 신설하였으며(위반시 5백만원 이하의 과태료), 직장 내 성희롱 발생 사실을 신고한 근로자와 피해근로자에 대한 해고 등 불리한 처우를 금지하고, 위반시 벌금형을 강화(2천만원 → 3천만원)하였다. 직장 내 성희롱 예방교육을 매년 실시하고 그 내용을 게시(위반시 5백만원 이하 과태료)하도록 하는 등 여성이 안심하고 근무할 수 있는 직장 환경이 조성되도록 직장 내 성희롱 예방교육을 강화하였다(2018. 6월부터).

2 직장 내 성희롱 개념

직장 내 성희롱이란 사업주, 상급자 또는 근로자가 직장 내의 지위를 이용하거나 업무와 관련하여 다른 근로자에게 성적인 언동 등으로 성적 굴욕감 또는 혐오감을 느끼게 하거나 성적 언동 그 밖의 요구 등에 대한 불응을 이유로 고용상의 불이익을 주는 것을 말한다(남녀고용평등법 제2조 제2항).

3 직장 내 성희롱 유형

(1) 조건형 성희롱

사업주나 상급자 또는 근로자가 직장 내의 지위를 이용하거나 업무와 관련하여 다른 근로자에게 성적언어나 행동 등을 조건으로 고용상의 불이익을 주는 "조건형 성희롱"에는 ① 직장 내에서 사업주가 근로자에게 성적인 관계를 요구했는데 근로자가 이를 거부했다는 이유로 근로자를 해고하는 유형 ② 출장 중인 상급자가 차 안에서 근로자의 허리, 가슴 등을 만져 근로자가 이에 저항하자 근로자를 불이익한 부서로 배치 전환하는 유형 ③ 사내의 공식적인 회식자리에서 사업주가 외설적인 춤을 출 것을 요구하며 포옹하려 하여 이를 거부하자 승진에서 탈락시키는 유형이 있다.

(2) 환경형 성희롱

사업주나 상급자 또는 근로자가 직장 내의 지위를 이용하거나 업무와 관련하여 다른 근로자에게 성적 언어나 행동 등으로 성적 굴욕감을 유발하여 고용환경을 악화시키는 "환경형 성희롱"에는 ① 직장 내에서

● 성추행과 성폭력 법률적 개념

구분	내용
형법(제260조) 폭행죄	상대방의 의사에 반한 사람의 신체에 대한 유형력(有形力)의 행사는 폭행에 해당하여 동 조항에 의해 2년 이하의 징역 또는 벌금, 구류, 과료에 처한다.
형법(제298조) 강제추행	폭행 또는 협박으로 사람에 대하여 추행을 한 자는 10년 이하의 징역 또는 1천 5백만원 이하의 벌금에 처한다. (추행이란, 성욕의 흥분, 자극 또는 만족을 얻을 목적으로 하는 행위로서 건전한 상식이 있는 일반에게 성적 수치, 혐오의 감정을 느끼게 하는 행위를 가리키며, 이러한 추행을 목적으로 협박이나 폭행이 행사되어 상대방의 의사를 억압할 정도가 된 때에는 강제성이 인정된다. 여기서 말하는 폭행이란 그 힘의 대소를 불문하고 상대방의 의사에 반하는 유형력의 행사가 있는 것만으로 족하다.)
성폭력범죄처벌법 (제11조)	업무, 고용 기타 관계로 인하여 자기의 보호 또는 감독을 받는 사람에 대하여 위계 또는 위력으로 추행한 자는 2년 이하의 징역이나 5백만원 이하의 벌금형에 처한다(위계 또는 위력 의한 추행이란, 사람의 자유의사를 제압할 만한 세력을 말하는데, 폭행, 협박에 의한 것 분만 아니라, 행위자의 지위, 관계 등도 포함된다. 그러므로 상사에 의한 직원에 대한 성희롱 중 신체접촉을 동반한 추행에 대해서는 동법의 적용이 가능하다).

● 직장 내 성희롱 금지법

성희롱 금지 (제12조)	성희롱 예방교육 (제13조 제1항)	직장 내 성희롱 가해자 조치 (제14조 제1항)
사업주, 상급자 또는 근로자는 직장 내 성희롱을 하여서는 아니 된다.	사업주는 직장 내 성희롱을 예방하고 근로자가 안전한 근로환경에서 일할 수 있는 여건을 조성하기 위하여 직장 내 성희롱 예방을 위한 교육을 실시하여야 한다.	사업주는 직장 내 성희롱 발생이 확인된 경우 지체 없이 가해자에 대하여 징계나 그 밖에 이에 준하는 조치를 하여야 한다.
사업주가 성희롱 행위시 1천만원 이하의 과태료(제39조 제1항)	3백만원 이하의 과태료(제39조 제3항)	5백만원 이하의 과태료(제39조 제2항)

사업주가 성적인 음담패설, 외모에 대한 성적인 평가 등의 발언을 하여 근로자가 굴욕감을 느끼고 근로의욕이 저하되는 유형 ② 여성근로자와 관계되는 성적인 소문을 의도적으로 퍼뜨려 여성근로자에게 심적 고통을 느끼게 해 일을 제대로 할 수 없게 하는 유형 ③ 상급자 또는 동료가 음란한 사진이나 그림 등을 게시하여 여성근로자가 굴욕감을 느끼고 업무에 집중할 수 없게 하는 유형이 있다.❷

4 사업주의 성희롱 문제 처리절차

사업주는 직장 내 성희롱 발생이 확인된 경우 지체 없이 행위자에 대하여 징계, 그 밖에 이에 준하는 조치를 취하여야 하며(동법 제14조 제1항) 본 규정에 위반한 행위를 한 경우에는 500만원 이하의 과태료에 처한다(동법 제39조 제2항). 사업주는 직장 내 성희롱과 관련하여 피해주장이 제기되었을 때에는 그 주장을 제기한 근로자가 근무여건상 불이익을 받지 않도록 노력하여야 한다(동조 제2항). 사업주는 직장 내 성희롱과 관련하여 그 피해근로자에게 해고 그 밖의 불이익한 조치를 취하여서는 안 되며(동조 제3항), 본 규정에 위반한 행위를 한 경우에는 3년 이하의 징역 또는 2천만원 이하의 벌금에 처한다(동법 제37조 제2항).❸

(1) 직장 내 성희롱 예방교육

사업주는 직장 내 성희롱 예방을 위한 교육을 연 1회 이상 실시하여야 한다(사업주 포함). 위반시 300만원 이하의 과태료에 처한다(동법 제39조 제3항 제1호). 파견근로자에 대하여는 파견사업주 및 사용사업주가 각각 파견근로자에 대하여 교육을 실시하여야 한다. 교육내용은 직장 내 성희롱에 관한 법령, 성희롱 발생시 처리절차, 고충처리 및 구제절차, 성희롱 예방에 필요한 사항 등을 포함해야 한다. 2017. 2월부터 인터넷 동영상 성희롱 예방교육도 가능하다.

(2) 고객 등에 의한 성희롱 방지(남녀고용평등법 제14조의2)

사업주는 고객 등 업무와 밀접한 관련이 있는 자의 성희롱 행위로 인하여 근로자가 고충 해소를 요청할 경우 근무장소 변경, 배치전환 등

❷ 직장 내 발생한 성희롱 행위가 직무관련성 없이 은밀하고 개인적으로 이루어진 경우, 사용자에게는 고용계약상 보호의무 위반을 이유로 한 손해배상책임이 없다. (대법 1998. 2. 10, 95다39533)

❸ 자신의 지휘·감독을 받는 8명의 여직원을 상대로 14회에 걸쳐 반복적으로 성희롱 행위를 한 카드회사 지점장에 대한 징계해고처분은 정당하다. (대법 2007두22498)

가능한 조치를 취하도록 노력해야 한다(2008.6.22 시행). '고객 등 업무와 밀접한 관련이 있는 자'라 함은 해당 사업장과 납품, 구매, 용역 등 어떠한 명칭으로든지 업무나 영업과 관련하여 지속적 또는 일시적으로 거래관계에 있는 자 또는 해당 사업장에서 제공하는 서비스를 지속적 또는 일시적으로 이용하는 자를 말한다.

● 직장 내 괴롭힘 금지 및 예방(2019.7월 시행)

1 취지

근기법 제76조 제2항(직장 내 괴롭힘 금지)이 신설되어 사용자 또는 근로자는 직장에서의 지위 또는 관계 등의 우위를 이용하여 업무상 적정범위를 넘어 다른 근로자에게 신체적, 정신적, 정서적 고통을 주거나 업무환경을 악화시키는 행위를 하여서는 아니 된다고 명시하고 누구든지 괴롭힘 발생 사실을 알게 된 경우 사용자에게 신고할 수 있다(2019.7월부터 시행).

2 사업주 의무

사용자는 취업규칙에 직장 내 괴롭힘의 예방 및 발생시 조치에 관한 사항을 필수적으로 기재해야 하며 괴롭힘 발생에 대해 그 사실 확인을 위한 조사와 조치를 수행할 의무가 있으며 피해를 입은 근로자를 보호하기 위한 근무장소의 변경, 유급휴가 명령 등의 적절한 조치를 하여야 한다. 산안법 제4조 제1항에 직장 내 괴롭힘을 예방하기 위한 사업주 의무를 명시한다.

3 피해근로자 보호

산재법 제37조 제1항에 근기법 제76조 제2항 따른 피해근로자는 산재를 청구할 수 있으며, 산재법 업무상질병의 인정기준에 직장 내 괴롭힘 고객의 폭언 등의 업무상 정신적 스트레스가 원인이 되어 발생한 질병을 추가할 예정이다.

● 직장 내 괴롭힘 유형

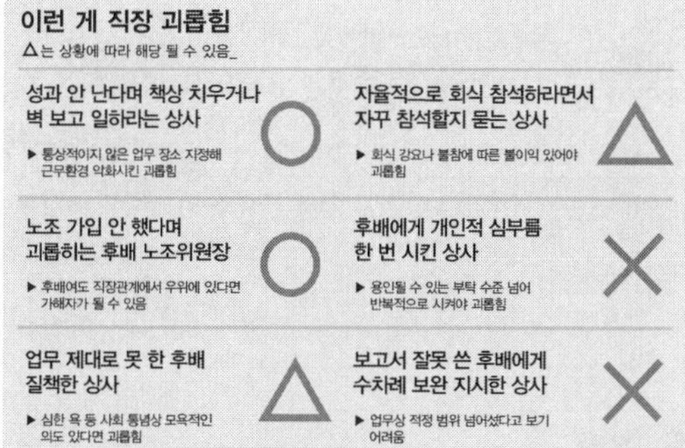

● 직장내 괴롭힘 방지법(2019.7.16. 시행)

근로기준법	• 직장 내 괴롭힘을 정의하고 사업주에게 신고할 수 있도록 규정 • 사업주는 조사를 통해 가해자에 대한 적절한 조치를 취해야 함 • 피해자에게 불리한 처우를 내리면 사장 처벌
산업재해보상보험법	• 직장 내 괴롭힘으로 발생한 정신질환을 업무상 재해로 인정
산업안전보건법	• 직장 내 괴롭힘 방지를 위한 정부의 책무 명시

① 직장내 괴롭힘 발생 사실 확인을 위한 조사 미 실시: 과태료 300만원
② 피해 근로자가 요청하는 적절한 조치를 취하지 않는 경우: 과태료 200만원
③ 조사 과정에서 알게된 비밀을 다른 사람에게 누설한 경우: 과태료 300만원
④ 가해자에게 징계 또는 필요한 조치를 하지 않은 경우: 과태료 200만원
④ 사용자 및 친족이 직장내 괴롭힘 행위를 한 경우: 1천만원 과태료 (2021.10.14 시행)

4 직장 내 괴롭힘 발생 시 해결절차

직장 내 괴롭힘 발생 시 사내 해결절차

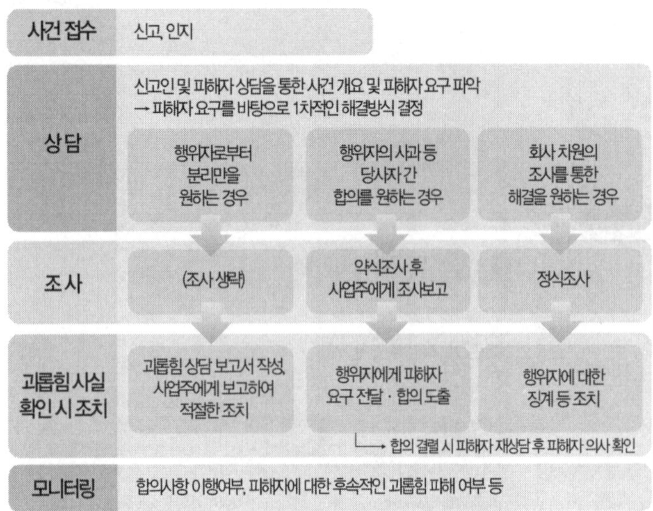

자료: 고용노동부

5 처벌

직장 내 괴롭힘 발생사실을 신고하거나 피해를 주장하였음을 이유로 해고 등 불이익 처우를 하는 경우 3년 이하 징역 또는 3천만원 이하의 벌금에 처한다.

Chapter 04

임금 관리실무

- 임금의 정의
- 평균임금
- 통상임금
- 임금명세서 교부의무
- 포괄임금제

Chapter
04 임금 관리실무

근로자가 회사로부터 받는 급부가 모두 임금은 아니다. 근로기준법은 임금을 평균임금과 통상임금으로 구분하여 정의 내리고 있다. 평균임금은 사후적·산술적 개념으로 근로자 보호 차원에서 그 기준을 설정하고 있으며, 통상임금은 사전적·평가적 개념으로 시급산출에 기준에 되는 임금이라는 점에서 차이가 있다.❶

임금의 정의

1 의의

임금이란 근로기준법 제2조에서 "사용자가 근로의 대상으로 근로자에게 임금, 봉급 기타 어떠한 명칭으로든지 지급하는 일체의 금품을 말한다"고 정의하고 있다. 1995년 12월 대법원전원합의체 판결은 임금은 노동의 대가성 임금과 생활보장적 임금으로 2분할 아무런 법적근거가 없다며 임금은 노동의 대가로 판결했다無勞動 無賃金원칙.❷

2 사용자성 판단

임금은 사용자에 의해 근로자에게 지급되는 금품으로 사용자가 아닌 주주들에 의해 결정되는 임원의 보수, 사내근로복지기금에서 지급하는 복지비, 골프장의 골퍼들이 지급하는 캐디피caddie fee 등은 임금이라 할 수 없다.❸

❶ 임원의 상여금이라도 정관이나 주주총회 이사회 결의에 의하여 결정된 상여금지급 기준 등 근거 없이 지급된 임원상여금은 손금으로 산입할 수 없다. (국심 2000광890, 2001. 11. 26)

❷ 현행법상 임금을 사실상 근로를 제공한 데 대하여 지급받는 교환적 부분과 근로자로서의 지위에 기하여 받는 생활보장적 부분으로 2분할 아무런 법적 근거도 없다. (대법원 1995.12.21, 전원합의 94다26721)

❸ 이사 등 임원에게 보수와 퇴직금을 지급하는 경우 근로기준법 소정의 임금과 퇴직금이 아니라 재직 중의 직무집행에 대한 대가로 지급되는 보수의 일종이다. (대법 2001.2.23, 2000다61312)

우리나라 임금체계의 문제점

기본급 비중 낮음	연공급 도입 비율 높음 (100인 이상 70%)
직무가치와 생산성 반영 미흡	장시간 근로유도 및 동기부여 부재

(중앙: 임금체계)

• 호봉급 68.3%/제조업 초임 vs 30년 임금격차 3.13배/재교육 비용 6천만원/18개월

임금의 정의

구분	내용
보수의 개념	민법 680조 위임계약에 따른 대가(보수)로 임원은 상법 제388조에 의거 정관 또는 주주총회를 통해 보수를 정한다.
임금의 정의	사용자가 근로의 대상으로 근로자에게 임금, 봉급 기타 어떠한 명칭으로든지 지급하는 일체의 금품을 말한다(1953년).
평균임금	이를 산정할 사유가 발생한 날 이전 3개월간에 그 근로자에게 지급된 임금총액을 그 기간의 총일수로 나눈 금액을 말한다(1953년).
통상임금	근로자에게 정기적·일률적으로 소정근로 또는 총근로에 대하여 지급하기로 정하여진 시간급 금액·일급금액·주급금액·월급금액 또는 도급금액을 말한다(1982년).

임금정의 규정 목적

구분	내용
임금	•사업(개인)소득과 근로소득 구분 •사용종속관계 속에서의 **사용자에 의해 결정되는 임금**을 받는 자인지 아니면 주주들에 의해 기업관리(위임업무) 대가로 보수를 받는 자인지 구분
평균임금	•과거의 근로시간이나 근무실적 등을 토대로 사후적으로 산정되는 근로자의 **통상적인 생활임금**이라 할 수 있다. •근로자 보호 •최저한도 보장(통상임금)
통상임금	•연장·야간·휴일근로에 대한 **가산임금** 등을 산정하는 기준임금으로 기능 •근로자가 누릴 수 있는 생활상의 자유시간을 제한하므로 이에 상응하는 금전적 보상(50% 가산) •근로자가 실제로 연장근로 등을 제공하기 전에 미리 확정

3 근로자성 판단

(1) 근로기준법상 근로자

근기법 제2조 제1항 제1호에서는 근로기준법의 보호대상이 되는 근로자에 대해서 직업의 종류와 관계없이 임금을 목적으로 사업이나 사업장에 근로를 제공하는 자를 말한다. 따라서 임금을 목적으로 사용자의 지휘·명령 아래 근로를 제공하는 자는 육체적인 노동을 하든 정신적인 노동을 하든 구별하지 않고 모두 근로자에 해당한다. 근로자에 해당해야만 근기법상의 권리를 주장할 수 있고, 상용·일용·임시직·촉탁직·아르바이트 등 근무형태, 직종·직급, 정부사업·민간사업 등은 기준이 되지 않는다.[4]

(2) 노조법상 근로자

노동조합 및 노동관계조정법 제2조 제1항 "근로자"라 함은 직업의 종류를 불문하고 임금·급료 기타 이에 준하는 수입에 의하여 생활하는 자를 말한다.[5]

● 근로소득 · 보수 · 임금

구분	내용
근로소득 (소득세법20조)	• 근로를 제공함으로써 봉급/급료/보수/세비/임금/상여/수당과 이에 유사한 성질의 급여 • 법인의 주주총회/사원총회/또는 이에 준하는 의결기관의 결의에 따라 상여로 받은 소득 • 법인세법에 따라 상여로 처분된 금액 • 퇴직함으로써 받은 소득으로서 퇴직소득에 속하지 아니하는 소득
보수	• 4대보험 징수법상 근로소득 중에서 대통령령으로 정하는 식대 등 비과세금품을 제외한 금액을 말하는데 사실상 범위가 거의 근로소득과 겹치지만, 비과세 항목은 빠지게 되므로 좀 다르다.
임금	• 사용자가 근로자에게 근로의 대가로 지급되는 임금, 봉급 그 밖에 어떠한 명칭으로든지 지급하는 일체의 금품을 말한다.

4 노동의 대가성 판단

(1) 집단인센티브

근로자에게 지급되는 금품 중 노동의 대가성이 있는가에 따라 임금성을 판단하고 있으므로 확정된 급부가 아닌 성과 여부에 따라 지급 여부가 결정되는 성과금은 임금이라 할 수 없다.[6]

(2) 정부성과급

대부분의 공기업과 준정부기관은 단체협약이나 취업규칙 등에 경영실적 평가결과에 따라 경영평가 성과급을 지급하는 시기, 산정방법, 지급조건 등을 구체적으로 명시하고 있다면 이는 임금으로 퇴직금 계산

● 집단성과금(ps) 임금성 논란

수원고등법원 (OO전자퇴직자) 임금 X	서울지방법원(21-6-17) (프린트사업부 퇴직자) 임금 O
PI, PS가 사용자가 근로의 대가로 근로자에게 지급하는 금품으로서 퇴직금 산정의 기초가 되는 평균임금에 해당한다고 보기 어렵다. (사건번호: 수원지법 2020나 55510, 선고일자 : 2021-02-04)	"근로자 노력에도 경영목표상 결과가 나오지 않아 인센티브가 지급되지 않을 수 있지만, 그런 사정만으로 실제로 지급된 인센티브가 근로의 대가가 아니라고 볼 수는 없다"고 반박했다. 또 "퇴직 직전 어느 사업부 소속이었는지에 따라 금액이 달라지는 게 부당하다"는 회사의 주장에 대해서도 "인센티브 액수에 다소 변동이 있다고 평균임금 산정에서 제외하는 게 오히려 제도의 근본 취지를 몰각하는 것"이라고 꼬집었다.

[4] 별도의 사업자등록을 한 소사장도 사용자로부터 지휘·감독을 받았다면 근로기준법상 근로자에 해당한다. (대법 2016.05.26, 2014도12141)

[5] 노조법상의 근로자로 인정하는 데 근로기준법상의 근로자와 같이 묵시적 근로계약의 존재까지를 요건으로 한다고 할 수 없다. 골프장의 경기보조원들은 노조법상의 근로자에 해당한다. (서울고법 2011.09.02, 2010누22308)

[6] 상여금이 계속적·정기적으로 지급되고 그 지급액이 확정되어 있다면 이는 근로의 대가로 지급되는 임금의 성질을 가지나 성과급은 그 지급사유의 발생이 불확정하고 일시적으로 지급되는 것은 임금이라고 볼 수 없다. (대법 2005다54029)

에 포함해야 한다.[7]

(3) 개인인센티브

근로자 개인의 고과평가나 영업사원의 매출 실적에 따른 인센티브는 노동의 대가성 임금으로 퇴직금 계산에 포함되어야 한다.[8]

5 복리후생 수당

(1) 진성의 실비 변상적 수당

식대, 차량유지비, 출장비, 해외주재원수당 등과 같이 근로자의 업무 중 발생한 비용을 보존하기 위해 지급되는 수당은 노동의 대가성 임금이라고 볼 수 없다.[9] 단, 수당적 성격의 복리후생수당은 임금에 해당한다.

(2) 명목상 실비 변상적 수당

실비변상 명칭이나 실제적으로 업무의 특수성(학생지도비)이나 직무(의학연구비)에 따라 일정범위의 근로자들에게 정기적, 계속적 일정액을 지급하는 경우 임금에 해당한다.[10]

(3) 복지포인트(2019.8.22 대법원전원합의)

대법원은 복지포인트는 여행, 건강, 문화생활 등으로 사용 용도가 특정돼 있고, 1년 내 사용하지 않으면 소멸하고 양도 가능성이 없다면 이는 임금이라고 볼 수 없다.[11] 또한 복지포인트에 근로소득을 부과한 것

인건비 구분

구분	내용
직접인건비	임금, 보수, 급료, 인센티브
간접인건비	퇴직금, 4대보험, 복직제도

식대 20만 원 인상에 따른 임금관리

개 정

소득세법 제12조(비과세소득) 다음 각 호의 소득에 대해서는 소득세를 과세하지 아니한다.

러. 근로자가 사내급식이나 이와 유사한 방법으로 제공받는 식사 기타 음식물 또는 근로자(식사 기타 음식물을 제공받지 아니하는 자에 한정한다)가 받는 **월 20만원 이하의 식사대**

Q&A

월급여 총액을 동일하게 유지한 생태에서 개발 근로자의 동의를 받아 기본급 중 10만원을 식대로 전환하여 월 식대를 20만원으로 지급할 경우, 비과세 한도 인정여부

✓ **근로자와의 계약관계를 변경함과 동시에 회사의 급여 지급 규정을 개정하여, 실제 식대지급액을 20만원으로 인상하여 급여를 지급**하게 되는 경우라면, 개정예정인 식대비과세 규정(소령 제17조의2)을 적용받으실 수 있을 것으로 판단됨.

2023년 비과세포함 최저 월급

총액 2,030,686원(기본급 1,630,686원, 식대 20만원, 차량유지비 20만원)이 지급될 경우

→ 식대 20만원+차량유지비 20만원 중 초과분 **379,894원** 산입
→ 시급 **9,620원**

식대 해당 여부

✓ 사내 급식 등의 방법으로 제공받는 식사 기타 음식물 또는 식사대이나, 인근식당에 장부를 비치하여 외상으로 식사하 는 경우 비과세 식대 아님.

[7] 공공기관 경영평가성과급이 평균임금 산정의 기초가 되는 임금에 포함되므로, 공공기관은 퇴직 근로자들에게 공공기관의 경영평가성과급을 포함하여 재산정한 퇴직금과 기지급한 퇴직금의 차액을 지급할 의무가 있다. (대법원 2018.12.13, 선고 2018다231536)

[8] 인센티브(성과급)를 지급규정에 따라 정기적으로 받아왔다면 퇴직금 산정의 기초가 되는 평균임금에 해당한다. (대법 2011.07.14, 2011다23149)

[9] 실비변상적 급여는 근로의 대상으로 지급되는 것이라 볼 수 없기 때문에 임금에 포함될 수 없다. (대법 1990.11.09, 90다카4683)

[10] 출근일에 한하여 현물로 제공되거나 구매권으로 지급되는 식대보조비 등을 지급한 경우에도 이는 근로제공과 밀접하게 관련된 것이라 할 것이고 그것이 정기적·일률적으로 지급되는 한 그것을 근로제공과 무관한 단순한 복지후생적이거나 은혜적인 급부라 할 수 없으므로 근로의 대가로서의 임금의 성질을 지닌 것으로 보아야 할 것이다. (대법 2001.05.15, 2001도1186)

[11] 대법원은 복지포인트가 근로기준법에서 말하는 임금에 해당하지 않는다고 판단했다(2019.8.22. 대법원 전원합의 파기 환송).

은 잘못이라는 2심판결이 있다.[12]

평균임금

1 의의

근로기준법 제2조 제1항 제6호는 "평균임금이란 이를 산정하여야 할 사유가 발생한 날 이전 3개월 동안에 그 근로자에게 지급된 임금의 총액을 그 기간의 총일수로 나눈 금액을 말한다"고 규정하고 있다. 따라서 평균임금이라 함은 근로자가 일정한 기간 동안 실제 제공한 근로에 대하여 실제로 지급받았거나 지급받을 것이 확정된 임금을 말한다. 따라서 근로자가 현실적으로 지급받는 임금의 종류가 아닌 평상시 지급된 급여 산출의 기초가 되는 임금이다.

2 산정사유

평균임금의 산정사유에는 퇴직금, 산재보상금, 휴업수당, 감금액이 해당되며, 부당해고 기간의 임금상당액을 지급할 경우 평균임금 기준으로 판단하고 지급해야 한다.

3 산입되는 임금의 범위

평균임금에 포함되기 위해서는 근로기준법 제2조 제1항 제5호의 임금의 범위에 포함되는 금품으로 사용자가 근로자에게 노동의 대가로 지급된 금품이면 평균임금을 산정하는 기초임금에 포함된다. 단체협약, 취업규칙, 관행에 따라 모든 근로자에게 계속성 · 일률성 · 정기성으로 지급되는 생산성격려금(2001다53950), 복리후생비(95다37414)도 평균임금에 포함된다. 실제 지급한 임금만이 아니라 임금채권으로 확정되어 지급되어질 것도 포함한다. 임시로 지급된 임금이나 통화 이외의 것으로 지급된 임금은 포함되지 아니한다. 다만, 단체협약·취업규칙 등에 의해 전 근로자에게 일률적으로 지급되면서 명백히 통화로 환가할

평균임금으로 지급하는 수당

구분	지급기준
퇴직금	계속근로연수 1년에 대하여 평균임금 30일분 이상
산재보상금	평균일당×보상일(예: 장해 1급은 1,474일 상한금액 적용)
휴업수당	평균임금 70% 이상, 통상임금이 초과하는 경우 통상임금으로 지급
감액	1회의 감액이 평균일당의 1/2, 월 평균급여 1/10일을 초과하지 못함
실업수당	평균임금의 50%(상한금액 66,000원) (2019.10.1)

[12] "근로복지기본법상 선택적 복지제도에 따른 복지포인트는 근로복지에 해당할 뿐 근로관계에서 임금, 근로시간, 후생, 해고, 기타 근로자의 대우 관한 조건인 근로조건에 해당하지 않고 사용자가 근로자에게 금원을 지급하는 것으로 볼 수도 없다. 따라서 근로소득세에 대한 경정거부처분을 취소한다."(2022누13617)

수 있는 경우에는 포함된다.[13]

4 산정방법

(1) 원칙

평균임금은 이를 산정해야 할 사유가 발생한 날 이전의 3개월간에 그 근로자에 대하여 지급된 임금의 총액을 그 기간의 총일수로 나눈 금액을 말한다. 3개월간은 90일 또는 실제로 근로한 일수를 말하는 것이 아니고 기산일로부터 소급하여 역월曆月상 3개월간에 포함된 일수를 말한다.

(2) 제외되는 기간 및 임금

평균임금 산정기간 중 다음에 해당하는 기간이 있는 경우에는 그 기간 중에 지불된 임금은 평균임금의 산정기준이 되는 기간과 임금의 총액에서 공제된다.

① 수습 중인 기간
② 사용자의 귀책사유로 인한 휴업기간
③ 산전·후 휴가기간+유사산기간
④ 업무상 재해로 인한 휴업기간
⑤ 육아휴직기간
⑥ 쟁의행위기간
⑦ 병역법, 향토예비군설치법, 민방위기본법에 의한 의무이행을 위하여 휴직하거나 근로하지 못한 기간. 단, 그 기간 중에 임금을 받은 경우에는 그러하지 아니하다.
⑧ 업무상 부상, 질병 기타의 사유로 인하여 사용자의 승인을 얻어 휴직한 기간

(3) 제외되지 않는 기간

근로자의 귀책사유로 인한 직위해제, 개인적인 범죄행위로 구속 기소되어 감봉된 기간은 3개월간의 총일수에 포함된다(2중적 불이익 논란).[14]

[13] 개인연금보조금, 가족수당, 하계휴가비, 설·추석귀향비 및 선물비, 후생용품비가 평균임금 산정의 기초가 되는 임금에 해당한다. (대법 2006.5.26, 2003다54322, 54339)

[14] 개인적인 범죄로 구속 기소되어 직위해제 되었던 기간은 근로기준법 시행령 제2조 소정의 어느 기간에도 해당하지 않으므로 그 기간의 일수와 그 기간 중에 지급받은 임금액은 근로기준법 제19조 제1항 본문에 따른 평균임금 산정기초에서 제외될 수 없고, 만일 그 기간과

(4) 예외적인 산정방법

일용근로자에 대해서는 노동부장관이 사업별 또는 직업별로 정하는 금액을 평균임금으로 한다. 일반적인 평균임금의 산정방법에 의하여 평균임금을 산정할 수 없는 경우에는 노동부장관이 정하는 바에 의한다.⑮

5 평균임금의 보장 및 조정

(1) 평균임금의 보장

일반적으로 평균임금이 통상임금보다 높은 것이 일반적인데 이전 3개월간의 임금(평균임금)이 특별한 사유 등으로 인하여 그 근로자의 통상임금보다 저액일 경우에는 그 통상임금을 평균임금으로 한다.⑯

(2) 평균임금의 조정

퇴직금의 산정기준인 평균임금은 근로자의 생활임금을 사실대로 반영하여 산정하는 것이 원칙이다. 즉 근로자가 의도적으로 현저하게 평균임금을 높이기 위한 행위를 하지 않고 정상적으로 근로를 하였을 경우 산정될 수 있는 평균임금 상당액이라고 할 수 있다. 그러나 근로자가 퇴직 전 의도적으로 동료의 잔업근무를 정상범위를 크게 초과하는 등 근로기준법에 따라 정상적인 평균임금을 산정하기 어려운 경우에는 특별한 사정이 없는 한 퇴직 직전 3개월을 기준으로 산정하는 것이 아니라, 의도적인 행위기간을 평균임금 산정기준에서 제외하고 난 그 직전 3개월간의 임금을 기준으로 산정할 수 있다.⑰

임금을 포함시키므로 인하여 평균임금 액수가 낮아져 평균임금이 통상임금을 하회하게 되는 경우에는 동법 제19조 제2항에 따라 통상임금을 평균임금으로 하여 퇴직금을 계산하여야 한다. (대법 1994.4.12, 92다20309)

⑮ 산업재해보상보험법 제38조 제4항 동법 시행령 제25조의2 및 제25조의3의 규정에 의하여 근로자의 근로형태가 특이하여 평균임금을 적용하는 것이 적당하지 아니하다고 인정하는 경우 적용할 통상근로계수를 다음과 같이 고한다. (노동부고시 제2000-24호)
1. 통상근로계수: 73/100
2. 시행일: 2013년 1월 1일

⑯ 평균임금대기발령기간이 퇴직금산정기간에 포함된다. 따라서 평균임금이 통상임금보다 낮을 경우 통상임금을 평균임금으로 퇴직금을 계산한다. (대법 2003.07.25, 2001다12669)

⑰ 근로자에게 지급된 임금이 여러 항목으로 구성되어 있고 그 중 일부 항목의 퇴직 전 3개월간 임금이 특별한 사유로 인해 통상의 경우보다 현저하게 많은 경우, 평균임금에서 제외한다. (대법 2009.10.15, 선고 2007다72519 판결)

(3) 월 중간 퇴직자에게 전액을 지급한 임금

비록 한 달 미만의 근로일수에 대해 한 달 급여전액을 받았더라도 실제 근로한 일수에 비례하여 일할 계산하여 해당 기간의 임금만을 평균임금으로 산정하는 것이 합리적이다. 회사가 월 중간 퇴직근로자에게 해당 월급여의 전액을 지급하는 것은 호의적, 은혜적인 금품으로 평균임금에 산입되는 것이 아니기 때문이다.[18]

통상임금

1 의의

근로기준법 시행령 제6조는 "통상임금이란 근로자에게 정기적·일률적으로 소정근로 또는 총근로에 대하여 지급하기로 정하여진 시간급 금액·일급금액·주급금액·월급금액 또는 도급금액을 말한다"라고 규정하고 있다. 따라서 통상임금이라 하면 근로자에게 정기적, 일률적으로 소정근로 또는 총근로에 대하여 지급하기로 정하여진 시간급 금액, 일급금액, 주급금액, 월급금액 또는 도급금액을 말한다.

2 산정사유

통상임금은 해고예고수당, 연장·야간·휴일근로시의 시간외근로수당, 연차유급휴가수당, 월차유급휴가수당, 생리휴가수당, 산전·산후휴가수당, 고용보험법상 지원금 등의 산출에 사용되는 임금 단위이다.

3 산입되는 임금의 범위

(1) 통상임금 산정지침

2014. 1. 23. 「통상임금 노사지도 지침」에서 통상임금은 "근로자가 소정근로시간에 통상적으로 제공하기로 정한 근로에 관하여 사용자와 근로자가 지급하기로 약정한 정기적, 일률적, 고정적 금품"을 말한다. 그

통상임과 평균임금의 비교

구분	통상임금	평균임금
개념	사전적	사후적
	정기적, 일률적으로 지급하기로 정해진 금액	근로자에게 지급된 임금의 총액
산정기준 근로기준	소정근로시간	실근로시간
산정방법	시간급 통상임금: 통상임금총액÷통상임금산정기준시간	1일 평균임금: 산정사유발생일 이전 3개월간 임금의 총액 ÷그 기간의 일수
포함되는 임금	기본급, 고정수당	기본급, 연장근로수당, 상여금 등
용도	해고예고수당, 휴업수당, 연차휴가수당, 연장·야간·휴일가산수당	퇴직금, 산재보상금, 휴업수당, 감액, 실업급여

통상임금으로 지급하는 수당

구분	지급기준
해고예고수당	통상임금 30일분
시간외 야간·휴일근로 가산수당	통상임금의 150% 이상
연차수당	통상임금의 100%
주휴수당	통상임금 100%

[18] 평균임금을 산정함에 있어 퇴직 당해 월에 지급받은 보수 전액을 산입해서는 안 된다. (대법 2000.2.25, 98다18544) 월의 중도에 퇴직하더라도 당해 월의 보수 전액을 지급한다는 취업규칙상의 규정은 퇴직하는 근로자에 대한 임금계산에 있어서의 정책적·은혜적 배려가 포함된 취지의 규정으로 보아야 할 것이지, 퇴직하는 근로자에게 실제 근무일수와 무관하게 퇴직 당해 월의 임금을 인상하여 전액 지급한다는 취지는 아니라고 할 것이다.

러나 노동부지침은 법적 구속력이 없어 통상임금성 판단은 사법적 판단에 따라야 한다.⑲

(2) 판례법리(2013.12.18. 2012다89399)

① 통상임금 개념

통상임금이란 근로계약서에서 정한 근로를 제공하면 확정적으로 지급되는 임금으로 명칭과 관계없이 정기성, 일률성, 고정성을 모두 갖추고 있는 경우 통상임금에 해당하므로 연장·야간·휴일근로에 대한 가산임금, 해고예고수당, 연차휴가수당 등을 산정하는 기준이 된다.⑳

② 정기성

미리 정해진 일정한 기간마다 정기적으로 지급되는 임금이어야 하며, 어떤 임금이 1개월을 초과하는 기간마다 지급되더라도 일정한 기간마다 정기적으로 지급되는 것이면 통상임금에 포함된다.㉑

③ 일률성

모든 근로자에게 지급되는 것은 아니더라도 일정한 조건이나 기준에 달한 근로자에게 모두 지급하는 것이면 일률성이 인정되고 휴직자나 복직자, 징계대상자에게 지급이 제한되는 임금도 일률적인 임금이라 할 수 있다.㉒

④ 고정성

초과근로를 제공할 당시에 그 지급 여부가 업적 성과 기타 추가적인 조건과 관계없이 사전에 이미 확정되어 있는 임금을 의미하며, 추가적인 조건이란 초과근무를 하는 시점에 성취 여부가 불명확하거나 (지급일 현재 재직 중인 자) 그 조건에 따라 달라지지 않는 부분만큼은 고정성

⑲ 고용노동부의 통상임금 산정지침은 행정청이 취한 견해일 뿐 법적인 효력을 인정할 수 없으며, 고정적·일률적으로 지급한 모든 수당은 통상임금이다. (대법 2010.10.1, 선고 2010나34618)

⑳ 일정한 대상기간에 제공되는 근로에 대응하여 1개월을 초과하는 일정기간마다 지급되는 정기상여금은 통상임금에 해당한다. 성질상 근로기준법상의 통상임금에 속하는 임금을 통상임금에서 제외하기로 노사간에 합의하였다 하더라도 그 합의는 효력이 없다. 통상임금 추가분 청구로 인해 회사 경영에 어려움이 초래되는 경우 추가임금 청구는 신의성실의 원칙에 위반되어 허용될 수 없다. (대법 2013.12.18, 2012다89399)

㉑ 6개월을 초과하여 계속근무한 근로자에게 근속연수의 증가에 따라 미리 정해놓은 각 비율을 적용하여 산정한 금액을 분기별로 지급하는 상여금은 통상임금에 해당한다. (대법 2012.3.29, 2010다91046)

㉒ 근무시간 외의 근로에 대하여 지급된 시간외근무수당, 부양가족 수에 따라 지급된 가족수당은 통상임금에 포함되지 않는다. (대법 2000.12.22, 99다10806)

○ 정기성

구분	노동부	법원
지급 기준	근로기준법 제43조 제2항은 임금을 매월 1회 이상 일정한 날짜를 정하여 지급하도록 규정	노사간의 합의 등에 따라 근로자가 소정근로시간에 통상적으로 제공하는 근로의 대가가 1개월을 넘는 기간마다 분할지급 되고 있는 것일 뿐, 그러한 사정 때문에 갑자기 그 임금이 소정근로의 대가로서의 성질을 상실하거나 정기성을 상실하게 되는 것이 아님은 분명하다.
판단	정기불원칙=통상임금 정기성	통상임금 정의의 정기성과 근기법 43조의 정기성은 다르다.

○ 일률성

구분	노동부	법원
지급 기준	모든 근로자	'일률적'으로 지급되는 것에는 '모든 근로자'에게 지급되는 것뿐만 아니라 '일정한 조건 또는 기준에 달한 모든 근로자'에게 지급되는 것도 포함된다. 여기서 '일정한 조건'이란 고정적이고 평균적인 임금을 산출하려는 통상임금의 개념에 비추어 볼 때 고정적인 조건이어야 한다(대법원 1993.5.27, 선고 92다20316 판결; 대법원 2012.7.26, 선고 2011다6106 판결 등 참조)
판단	일률성=모든 근로자	일률성=일정한 조건 또는 기준에 달하는 근로자

○ 고정성

구분	노동부	법원
지급 기준	정해진 임금	• 출근일수에 따른 일할 계산: 고정성 있음 • 일정근무일수를 충족해야만 지급(예: 해당 월에 20일 이상 근무한 자에게만 지급): 고정성 없음 • 혼합형(15일 이상은 전액지급, 15일 미만은 일할계산): 일할계산 부분은 고정성 인정 • 일정 근속 이상 재직자에게만 지급 또는 재직기간에 따라 차등지급(6개월 미만자 미지급): 고정성 있음
판단	확정된 임금	• 고정성=근무시간에 따른 비례성

이 있어 통상임금에 포함해야 한다.[23]

4 법원의 통상임금 판단 기준

야간, 휴일, 연장근무 등 초과근로수당 산정 등의 기준이 되는 통상임금이 되기 위해서는 초과근무를 하는 시점에서 판단해 보았을 때, 근로계약에서 정한 근로의 대가로 지급될 어떤 항목의 임금이 일정한 주기에 따라 정기적으로 지급되고(정기성), 모든 근로자나 근로와 관련된 일정한 조건 또는 기준에 해당하는 모든 근로자에게 일률적으로 지급이 되며(일률성), 그 지급 여부가 업적이나 성과 기타 추가적인 조건과 관계없이 사전에 이미 확정되어 있는 것(고정성)으로 명칭과 관계없이 통상임금이다.[24]

5 통상임금법 개정(예정)

근로기준법 제2조 제7항 그 명칭 여하를 불문하고 소정근로에 대하여 사용자가 근로자에게 정기적, 일률적으로 지급하기로 사전에 정한 일체의 금품이다. 다만, 근로자의 개인적 사정 또는 업적 성과 그 밖의 추가적인 조건 등에 따라 지급 여부나 지급액이 달라지는 등 대통령령으로 정하는 금품은 제외한다. 시행령(제외금품) ① 근로자의 건강, 노후생활 보장, 안전 등을 위한 보험료 ② 근로자 업적·성과 등 추가적인 조건의 충족 여부에 따라 지급 여부·지급액이 미리 확정되지 아니한 임금 ③ 경영성과에 따라 사후적으로 지급되는 금품

6 소급지급 기준

(1) 기업경영의 어려움

3년치 통상임금을 재정산하여 지급할 경우 기업경영에 어려움을 초래한다면 이는 신의성실의 원칙에 위반되어 지급 의무가 없다는 판단은 사업장의 개별적이고 구체적인 사정을 종합하여 판단해야 한다.[25]

대법원 통상임금 판단 기준

임금항목	임금의 특성	통상임금 해당 여부
기술수당	• 기술이나 자격보유자에게 지급되는 수당(자격수당, 면허수당 등)	통상임금 ○
근속수당	• 근속기간에 따라 지급 여부나 지급액이 달라지는 임금	통상임금 ○
가족수당	• 부양가족 수에 따라 달라지는 가족수당 • 부양가족 수와 관계없이 모든 근로자에게 지급되는 가족수당분	통상임금 × 통상임금 ○
상여금	• 근무실적을 평가하여 지급 여부나 지급액이 결정되는 임금 • 정기적인 지급이 확정되어 있는 정기상여금	통상임금 × 통상임금 ○
성과급	• 최소한도가 보장되는 성과급 • 기업의 실적에 따라 일시적, 부정기적 사용자의 재량에 따른 상여금(PI/PS/격려금/INCENTIVE)	최소한도만큼은 통상임금 ○ 통상임금 ×
특정시점 재직자에게만 지급하는 금품	• 특정시점에 재직자만 지급받는 금품(명절귀향비/휴가비) • 특정시점 전 퇴직하는 근로자에게 근무일수 비례하여 지급하는 금품	통상임금 × 통상임금 ○

통상임금 개정(예정)

개정 전	개정 후
• 시행령 제6조 그 명칭 여하를 불문하고 소정근로에 대하여 사용자가 근로자에게 정기적, 일률적으로 지급하기로 사전에 정한 일체의 금품이다(1982년). • 4. 월급 금액으로 정한 임금은 그 금액을 월의 통상임금 산정 기준시간 수(주의 통상임금 산정 기준시간 수에 1년 동안의 평균 주의 수를 곱한 시간을 12로 나눈 시간)로 나눈 금액 • 통상임금 지침(1988년)	• 근로기준법 그 명칭 여하를 불문하고 소정근로에 대하여 사용자가 근로자에게 정기적, 일률적으로 지급하기로 사전에 정한 일체의 금품이다. • 시행령(제외금품) ① 근로자의 건강, 노후생활 보장, 안전 등을 위한 보험료 ② 근로자 업적·성과 등 추가적인 조건의 충족 여부에 따라 지급 여부·지급액이 미리 확정 되지 아니한 임금 ③ 경영성과에 따라 사후적으로 지급되는 금품

[23] 고정지급되는 교통비는 통상임금에 포함되지만, 만근일을 기준으로 지급되는 상여금과 근속수당은 통상임금에 포함되지 않는다. (대법 2014.8.20, 선고 2013다10017 판결 임금)

[24] 근로자가 소정근로를 제공하더라도 추가적인 조건을 충족하여야만 지급을 받을 수 있는 상여수당, 중식비, 명절휴가비는 고정성을 갖추었다고 할 수 없어 통상임금에 해당하지 않는다. (대법 2016.03.24, 2015다14075)

[25] 정기상여금의 통상임금 포함을 인정하고, 신의칙 적용을 인정하지 않고 체불임금 3년치를

(2) 신의칙 적용시점

노사가 합의로 상여금을 통상임금에 포함하지 않기로 한 합의는 무효이며, 대법원전원합의 판결 이후에 이 같은 합의는 당연히 무효이나 기존의 합의기간이 존속하고 있는 사업장에서는 임·단협기간을 만료하는 시점까지 적용할 수 있다는 견해가 많다.

(3) 신의칙 적용대상 금품

신의칙은 정기상여금만 적용되며 기타 수당은 금액이 크더라도 그 대상이 아니다. 따라서 복지수당, 명절상여, 기타 수당이 통상임금에 해당하는 경우 그 3년치 차액임금은 지급해야 한다.[26]

● 임금명세서 교부의무(21.11.19 시행)

1 취지

임금은 가장 중요한 근로조건 중 하나로, 그 명세서를 교부함이 일반적이나 임금명세서를 주지 않거나 임금총액만 알려주는 경우, 근로자가 임금의 구체적인 내역 등 임금 관련 정보를 확인하기 어려운 상황이 발생하기도 하며, 이에 따라 임금 체불 관련 분쟁이 발생하여 이에 사용자가 임금을 지급하는 때 근로자에게 대통령령으로 정하는 사항을 기재한 임금명세서를 주도록 「근로기준법」이 개정됐다(48조 2항).

2 기재사항

임금명세서에는 법에서 위임된 임금의 구성항목, 계산방법, 공제내역 등을 중심으로 필수적인 사항을 기재해야 한다. ① 지급받는 근로자를 특정할 수 있도록, "성명, 생년월일, 사원번호 등 근로자를 특정할 수 있는 정보" ② "임금 총액, 기본급, 각종 수당, 상여금, 성과금 등 임금의 항목별 금액" ③ 임금의 각 항목별 금액이 정확하게 계산됐는지를

지급한다. (서울중앙지법 2014.5.29, 선고 2012가합33469 판결 임금 등)

[26] 근속수당, 격려금, 교통비, 식비, 직책수당, 5분대기조 체력단련비(포괄임금제) 등은 통상임금에 해당하고 3년치 임금차액을 지급해야 한다. (서울남부지법 2014.4.18, 선고 2012가합23000 판결 임금)

알 수 있도록 "임금의 각 항목별 계산방법 등 임금 총액을 계산하는데 필요한 사항" 기재 ④ "근로일수", "총 근로시간수", "연장근로, 야간근로 및 휴일근로 시간수" 기재 ⑤ 근로소득세, 4대보험료, 조합비 등을 공제할 경우 그 내역을 알 수 있도록 "법 제43조제1항 단서에 따라 임금의 일부를 공제한 경우에는 공제 항목별 금액과 총액" 기재 ⑥ "임금지급일" 기재해야 한다.

3 교부방법

임금명세서에는 서면으로 교부하되 사업장 여건에 따라 휴대전화 문자메시지, SNS, 이메일 등 전자문서로 임금명세서를 교부할 수 있다. 교부대상은 1인 이상 사업장에 모든 근로자가 대상이며 이를 위반한 경우 500만원 이하의 과태료를 부과할수 있다. 다만, 임금명세서 교부 의무 위반에 대한 진정사건에 대해서는 1차적으로 개선명령을 내고 시정할수 있도록 처벌 유예기간을 두고 있다.

임금판단기준 노동부 지침(1988년)

판단 기준 예시	통상임금	평균임금	기타금품
1. 소정근로시간/법정근로시간에 대하여 지급하기로 정하여진 기본급 임금	○	○	
2. 일·주·월 기타 1임금산정 기간 내의 소정근로시간 또는 법정근로시간에 대하여 일급·주급·월급 등의 형태로 정기적·일률적으로 지급하기로 정하여진 고정급임금			
① 담당업무나 직책의 경중 등에 따라 미리 정하여진 지급조건에 의해 지급하는 수당: 직무수당(금융수당, 출납수당), 직책수당(반장수당, 소장수당) 등	○	○	
② 물가변동이나 직급간의 임금격차 등을 조정하기 위하여 지급하는 수당: 물가수당, 조정수당 등	○	○	
③ 기술이나 자격·면허증소지자, 특수작업종사자 등에게 지급하는 수당: 기술수당, 자격수당, 면허수당, 특수작업수당, 위험수당 등	○	○	
④ 특수지역에 근무하는 근로자에게 정기적·정률적으로 지급하는 수당: 벽지수당, 한냉지근무수당 등	○	○	
⑤ 버스, 택시, 화물자동차, 선박, 항공기 등에 승무하여 운행·조종·항해·항공 등의 업무에 종사하는 자에게 근무일수와 관계없이 일정한 금액을 일률적으로 지급하는 수당: 승무수당, 운항수당, 항해수당 등	○	○	
⑥ 생산기술과 능률을 향상시킬 목적으로 근무성적에 관계 없이 매월 일정한 금액을 일률적으로 지급하는 수당: 생산장려수당, 능률 수당 등	○	○	
⑦ 그 밖에 제①부터 제⑥까지에 준하는 임금 또는 수당	○	○	
3. 실제 근로 여부에 따라 지급금액이 변동되는 금품과 1임금산정기간 이외에 금품			
①「근로기준법」과「근로자의 날 제정에 관한 법률」 등에 의하여 지급되는 연장근로수당, 야간근로수당, 휴일근로수당, 월차유급휴가근로수당, 연차유급휴가근로수당, 생리휴가보전수당 및 취업규칙 등에 의하여 정하여진 휴일에 근로한 대가로 지급되는 휴일근로수당 등		○	
② 근무일에 따라 일정금액을 지급하는 수당: 승무수당, 운항수당, 항해수당, 입갱수당 등		○	
③ 생산기술과 능률을 향상시킬 목적으로 근무성적 등에 따라 정기적으로 지급하는 수당: 생산장려수당, 능률수당 등		○	
④ 장기근속자의 우대 또는 개근을 촉진하기 위한 수당: 개근수당, 근속수당, 정근수당 등		○	
⑤ 취업규칙 등에 미리 지급금액을 정하여 지급하는 일·숙직수당		○	
⑥ 상여금			
가. 취업규칙 등에 지급조건, 금액, 지급시기가 정해져 있거나 전 근로자에게 관례적으로 지급하여 사회통념상 근로자가 당연히 지급 받을 수 있다는 기대를 갖게 되는 경우: 정기상여금, 체력단련비 등		○	
나. 관례적으로 지급한 사례가 없고, 기업이윤에 따라 일시적, 불확정적으로 사용자의 재량이나 호의에 의해 지급하는 경우: 경영성과배분금, 격려금, 생산장려금, 포상금, 인센티브 등			○
⑦ 봉사료(팁)로서 사용자가 일괄관리 배분하는 경우		○	
4. 근로시간과 관계없이 근로자에게 생활보조적·복리후생적으로 지급되는 금품			
① 통근수당, 차량유지비			
가. 전 근로자에게 정기적·일률적으로 지급하는 경우		○	
나. 출근일수에 따라 변동적으로 지급하거나 일부 근로자에게 지급하는 경우			○
② 사택수당, 월동연료수당, 김장수당			
가. 전 근로자에게 정기적·일률적으로 지급하는 경우		○	
나. 일시적으로 지급하거나 일부 근로자에게 지급하는 경우			○
③ 가족수당, 교육수당			
가. 독신자를 포함하여 전 근로자에게 일률적으로 지급하는 경우		○	
나. 가족 수에 따라 차등 지급되거나 일부 근로자에게만 지급하는 경우(학자보조금, 근로자 교육비 지원 등의 명칭으로 지급)			○
④ 급식 및 급식비			
가. 근로계약, 취업규칙 등에 규정된 급식비로써 근무일수에 관계없이 전 근로자에게 일률적으로 지급하는 경우		○	
나. 출근일수에 따라 차등 지급하는 경우			
5. 임금의 대상에서 제외되는 금품			
① 휴업수당, 퇴직금, 해고예고수당			○
② 단순히 생활보조적, 복리후생적으로 보조하거나 혜택을 부여하는 금품: 결혼축의금, 조의금, 의료비, 재해위로금, 교육기관·체육시설 이용비, 피복비, 통근차·기숙사·주택제공 등			○
③ 사회보장성 및 손해보험성 보험료부담금: 고용보험료, 의료보험료, 국민연금, 운전자보험 등			○
④ 실비변상으로 지급되는 금품: 출장비, 정보활동비, 업무추진비, 작업용품 구입비 등			○
⑤ 돌발적인 사유에 따라 지급되거나 지급조건이 규정되어 있어도 사유발생이 불확정으로 나타나는 금품: 결혼수당, 사상병수당 등			○

비과세 근로소득 요약

구분	급여 계산가액
일·숙직비	• 회사 지급규정에 의해 지급하는 실비변상정도의 금액
건강보험료 등 회사부담금	• 건강보험, 노인장기요양보험료, 고용보험 등 법령에 의해 회사가 부담하는 금액
현물식사 및 식대	• 월 10만원 이내의 식대(단, 현물급식은 전액 비과세)
출장여비 등	• 회사 지급규정에 의해 지급하는 실비변상정도의 금액
자가운전보조금	• 본인의 차량을 회사 업무에 이용하고 실제 여비를 받는 대신에 지급받는 월 20만원 이내의 자가운전보조금
출산 및 보육수당	• 근로자 또는 배우자의 자녀출산, 6세 이하(과세기간 개시일 기준으로 판단) 자녀보육과 관련하여 받는 급여로서 월 10만원 이내의 금액
연구활동비	• 교원, 특정연구육성법상의 연구기관, 기술개발촉진법 및 중소·벤처기업의 기업부설연구소 또는 연구전담부서의 연구원 등이 연구활동에 종사함으로써 받는 수당에 대해 월 20만원 한도로 비과세
학자금 지원금	• 임직원 및 임직원 자녀에 대해 회사가 지원하는 학자금 지원금은 근로소득 과세대상이나, 근로자 본인의 학자금 지원액은 요건을 충족하는 경우 비과세
생산직 근로자 야간근무수당	• 공장, 광산 등 생산직에 종사하며 월정액급여 150만원 이하로서 직전 과세기간 총급여액이 2천 5백만원 이하인 근로자가 받는 야간근무수당 등(240만원 또는 전액)
국외근로소득	• 국외에 주재하며 근로를 제공하고 받는 급여 중 월 100만원(외형선박·국외건설현장의 경우 월 300만원)을 비과세
처우개선비	• 국가 또는 지방자치단체가 지급하는 다음의 금액 –보육교사의 처우개선을 위하여 지급하는 근무환경개선비 –사립유치원 교사의 인건비 –전공의에게 지급하는 수련보조수당
취재수당	• 기자의 취재수당 중 월 20만원 이내 금액
벽지수당	• 월 20만원 이내의 벽지수당
이주수당	• 수도권 외의 지역으로 국가균형발전특별법에 따라 이전하는 공무원이나 공공기관의 직원에게 지급하는 월 20만원 이내의 이주수당
육아휴직수당	• 고용보험공단에서 지급하는 육아휴직급여, 출산전후 휴가급여, 공무원의 육아휴직수당, 육아기 근로시간 단축 급여 (단, 회사지급분은 근로소득으로 과세함)
실업급여	• 고용보험법에 따라 받는 실업급여

포괄임금제

1 의의

근로계약을 체결함에 있어서 근로자에 대하여 기본임금을 결정하고 이를 기초로 제 수당을 가산하여 이를 합산 지급함이 원칙이라 할 것이나 근로시간, 근로형태와 업무의 성질 등을 참작하여 계산의 편의와 직원의 근무의욕을 고취하는 뜻에서 기본임금을 미리 산정하지 아니하고 제 수당을 합한 금액을 월 급여액이나 일당임금으로 정하거나 매월 일정액을 제 수당으로 지급하는 내용의 이른바 포괄산정임금제에 의한 임금지급계약을 말한다.[27]

2 포괄임금제 제한

근로시간의 산정이 어려움이 없음에도 불구하고 포괄임금제 방식으로 임금계약을 체결했다고 해도 그 계약의 내용이 근로기준법에서 정한 기준에 미달하는 경우 미달된 부분은 무효의 효력을 가진다.[28]

3 포괄임금제 장단점

포괄임금제도는 월 고정액을 높여 근로자 채용을 용이하게 할 수 있는 장점이 있는 반면 회사의 물량 변동에 따른 시간외근로의 변동분을 반영할 수 없는 단점이 있으며, 포괄임금을 구성할 때 시간외수당을 과다하게 잡을 경우 최저임금 위반 문제가 발생할 수 있다. 따라서 포괄임금을 설계할 때는 ① 최저임금 ② 법정수당 ③ 비과세 수당 ④ 상여금 순으로 결정하는 것이 바람직하다.[29]

임금체계 결정 기준

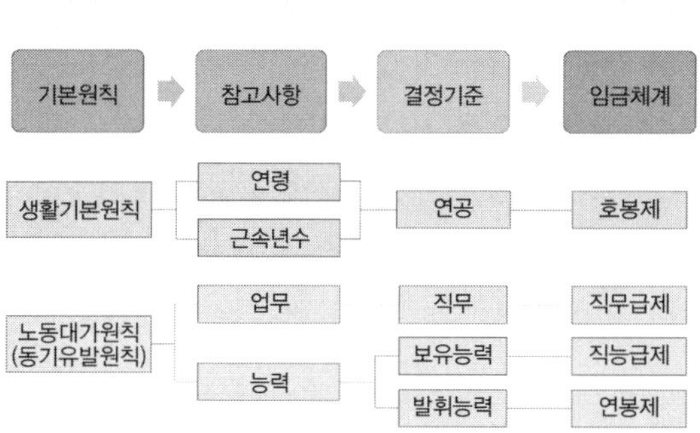

[27] 포괄임금제에 의한 임금지급계약이 근로자에게 불이익이 없고 제반 사정에 비추어 정당하다고 인정될 때에는 무효라 할 수 없다. (서울고법 2010.7.13, 2009누30112)

[28] 근로시간의 산정이 어려운 등의 사정이 없음에도 포괄임금제 방식으로 약정된 경우 그 포괄임금에 포함된 정액의 법정수당이 근로기준법이 정한 기준에 미달하는 때에 그에 해당하는 포괄임금제에 의한 임금지급계약 부분의 무효다. (대법 선고 2008다6052 판결)

[29] 격일 근로형태나 업무의 성격상 연장·야간·휴일근로가 당연히 예상되는 경우라도, 기본급과는 별도로 연장·야간·휴일근로수당 등을 세부항목으로 나누어 지급하도록 단체협약이나 취업규칙, 급여규정 등에 명백히 규정되어 있는 경우에는 포괄임금제에 관한 약정이 성립되었다고 볼 수 없다. (대법원 2016.8.24, 선고 2014다5098)

4 포괄임금제 인정 기준

포괄임금제가 기능하기 위해서는 근로시간 체크가 어려운 ① 간주근로시간제 적용근로자 ② 재량근로시간제 적용근로자 ③ 감단승인근로자의 경우 합의된 시간외 근로시간을 합하여 연봉근로계약을 체결할 수 있으나, 이것도 주당 12시간을 초과한 합의는 인정하지 않는다. 특히 일반사무관리직은 출퇴근 휴게시간이 명백히 정해져 있으므로 근로시간 산정이 어려운 경우에 해당하지 않는다.

5 포괄임금제와 최저임금법

포괄임금은 근로자와 1개월의 일정한 근로조건을 약속하고, 정액의 임금을 받기로 하는 계약으로 그 임금의 구성항목이 정해지게 되고 근무일자에 따라 일할계산하여 지급 받게 되어 있다. 이때 월 급여총액은 최저임금 월 지급액을 상회할 수 있으나 포괄임금 수당 중에 최저임금에 포함되지 않는 임금을 제외하고 판단해야 한다.[30]

6 포괄임금계약은 약정임금

포괄임금계약은 약정임금으로 물량이 줄어 약속된 연장근로 보다 연장근로를 적게했다고 해도 약정된 금액을 지급해야 하며, 급여지급일 이전에 퇴직할 경우 상여금을 지급하지 않는다는 상여금 지급규정이 있다고 하더라도 상여금이 포괄임금 속에 포함되어 있다는 일할계산으로 지급해야 한다.[31]

7 포괄임금계약의 최근판례경향

근로시간 산정이 가능한데 포괄임금 계약을 했더라도 최저임금에 미달하는 부분은 무효이다. 따라서 최저임금에 미달하는 임금을 지급해

● 포괄임금제 인정 기준

구분	정산불가능형	정산가능형
유형	근로형태의 특수성이나 업무성질상 시간의 산정이 어려운 경우 제 수당을 미리 산정하여 포괄임금으로 지급 (경비/기사)	근로시간 측정이 가능함에도 계산편의 등의 이유로 포괄임금계약에 의해 수당을 지급하는 경우
적법성 판단	근기법에 위한 임금산정의 예외로 인정, 포괄임금에 포함된 정액수당을 법정수당과 비교하여 차액청구 불가	근기법에 의한 임금지급의 원칙이 적용되므로 포괄임금에 포함된 정액수당이 법정수당에 미달되는 경우 차액을 청구 가능

● 포괄임금제 정부지침

구분	근로시간 산정이 어려운 사유 인정	명시적 합의
조건	노사합의로 간주 재량근로시간제를 도입한 경우 노동부로부터 감단승인을 받은 근로자	근로계약서 연봉계약서 명시적 기재
제한	12시간/1주 합의 위반	연차수당/퇴직금 포함 금지

[30] 단체협약에 근거하여 1년 단위로 산정되어 근로자 모두에게 매월 정기적, 일률적으로 지급되는 상여금은 최저임금법 제6조에 따른 최저임금에 산입하지 아니하는 임금에 포함된다. (법제처 15-0501, 2015.9.30)

[31] 포괄임금제 근로계약이 근로기준법에서 인정한 연차 및 월차수당 포함계약은 무효이다. (수원지법 2008.1.11, 2007나17199)

야 하며 잘못 계산된 근로시간으로 인한 시간외수당을 모두 지급해야 한다.32

8 포괄임금 근로감독 강화

포괄임금제가 유효하기 위해서는 근로시간 체크가 어려운 사업장 밖 근무자 또는 재량 근무자와 시간 외 근로에 대하여 노사 합의를 전제로 연봉근로계약서에 시간을 명확히 기재하고 이를 초과근무한 경우 별도의 특근수당이나 보상휴가제를 실시해야 한다.

근로감독 주요사항

기획감독의 주요 내용	
대상	소프트웨어 개발업 등 포괄임금, 고정OT 오남용 의심사업장
시기	2023년 1월 ~ 3월
요점	- 연장근로 시간제한 위반 여부 - 약정시간을 초과한 실근로에 대한 연장근로수당 미지급 여부 집중 감독

〈 포괄임금 VS 고정OT 계약 비교 〉

구분	포괄임금 계약	고정OT 계약
정의	각각산정해야 할 복수의 임금 항목을 포괄하여 일정액으로 지급하는 계약	기본임금 외 법정수당 모두 일부를 수당별 정액으로 지급하기로 하는 계약
형태 및 구분 방법	▲(정액급) 기본임금과 수당이 구분 안 됨 * 예) 임금 100만원(연장, 야간, 휴일 포함) ▲(정액수당) 기본임금과 수당 총액은 구분되나 개별 수당 간 금액은 구분 안 됨 * 예)기본임금 70만원 + 법정수당 30만원(연장, 야간, 휴일 포함) = 100만원	기본임금과 각 개별 수당이 구분됨 예) 기본임금70+연장10+야간10+휴일10만원 = 100만원 예) 기본임금90+연장10(고정OT) = 100만원, 야간, 휴일은 근로시간만큼 지급
추가 지급 의무	▲유효한 포괄임금 계약의 경우 추가지급의무 없음 ▲유효하지 않은 포괄임금 계약의 경우 실근로시간에 따라 초과분 추가지급	약정된 연장근로시간을 초과할 경우 초과분 추가지급

32 근로기준법상의 근로시간에 따른 임금지급의 원칙이 적용되어야 하므로, 이러한 경우에 포괄임금제 방식의 임금 지급계약을 체결한 때에는 그것이 근로기준법이 정한 근로시간에 관한 규제를 위반하는지를 따져, 포괄임금에 포함된 법정수당이 근로기준법이 정한 기준에 따라 산정된 법정수당에 미달한다면 그에 해당하는 포괄임금제에 의한 임금 지급계약 부분은 근로자에게 불이익하여 무효라 할 것이고, 사용자는 근로기준법의 강행성과 보충성 원칙에 의하여 근로자에게 그 미달되는 법정수당을 지급할 의무가 있다(대법 2014도8873, 2016.9.8).

[작성례]

임 금 명 세 서

지급일 : 0000-00-00

성명		생년월일(사번)	
부서		직급	

세부 내역				
지 급			공 제	
임금 항목		지급 금액	공제 항목	공제 금액
매월 지급	기본급		소득세	
	연장근로수당		주민세	
	가족수당		국민연금	
	정근수당		고용보험	
	식 대		건강보험	
격월 또는 부정기 지급	상여금		장기요양보험	
	명절상여금		노동조합비	
	근속수당		환급/기타공제	
	성과급		…	
지급액 계			공제액 계	
			실수령액	

근로일수	총 근로시간수	연장근로시간수	야간근로시간수	휴일근로시간수
21	238	25	5	4

계산 방법		
구분	산출식 또는 산출방법	지급액
연장근로수당	25시간×통상시급×1.5	
야간근로수당	5시간×통상시급×0.5	
휴일근로수당	4시간×통상시급×1.5	
가족수당	급여규정에 따른 부양가족 1인당 50,000원	
근로소득세	간이세액표 적용	
국민연금	취득신고 월보수×4.5%	
고용보험	과세대상임금×0.8%	
건강보험	과세대상임금×3.43%	
장기요양보험	건강보험료×11.52%	

※ 해당 사업장 상황에 따라 기재가 필요없는 항목이 있을 수 있습니다.

210mm×297mm[일반용지 60g/㎡(재활용품)]

Chapter 05

최저임금 관리실무

- 최저임금법의 의의
- 최저임금의 결정 및 효력
- 최저임금법 개정 내용
- 최저임금 정부지원제도
- 최저임금 범위 및 위반 여부의 판단
- 최저임금과 통상임금과의 관계
- 벌칙

Chapter

05 최저임금 관리실무

최저임금이 보다 객관적이고 합리적인 기준에 따라 결정될 수 있도록 종전의 생계비, 유사근로자 임금 및 노동생산성에 더하여 최저임금의 경제적·사회적 영향을 반영하는 소득분배율 등을 결정기준으로 국가가 임금의 최저기준(1988년 제정)을 정하여 사용자에게 이를 강제하는 제도이다.

최저임금법의 의의

1 적용범위

최저임금법은 근로자를 사용하는 모든 사업 또는 사업장에 적용한다. 다만 동거의 친족만을 사용하는 사업과 가사사용인, 선원법에 의한 선원에 대하여는 적용하지 아니한다. 도급계약에 있어서 도급인甲의 귀책사유로 수급인乙의 근로자에게 최저임금이 지급되지 못한 경우 도급인도 연대책임을 물어 2년 이하의 징역 또는 1천만원 이하의 벌금에 처한다(2012. 7월).

2 적용제외

① 동거하는 친족만으로 구성된 사업장(단, 동거인 외 근로자를 고용한 경우 제외)

② 정신장애나 신체장애로 근로능력이 현저히 낮은자(노동부 승인) ❶

③ 수습사용 중에 있는 자로서 3개월 이내인 자(최저임금의 90% 이상 적용. 단, 1년 미만 근로계약자 제외)

④ 최저임금법 제5조 제2항에 따르면 고용노동부 장관이 단순노무 업무로 정해 고시한 직종에 종사하는 근로자는 수습기간 적용에서 제외된다(제과·제빵, 정비, 생산직 등 기능 숙련이 핵심적으로 수반되는 직종 제외). 2018년 3월 20일 시행 후 체결되는 근로계약부터 적용되기 때문에 3월 19일 이전에 체결한 근로계약까지는 수습

최저임금 인상 추이

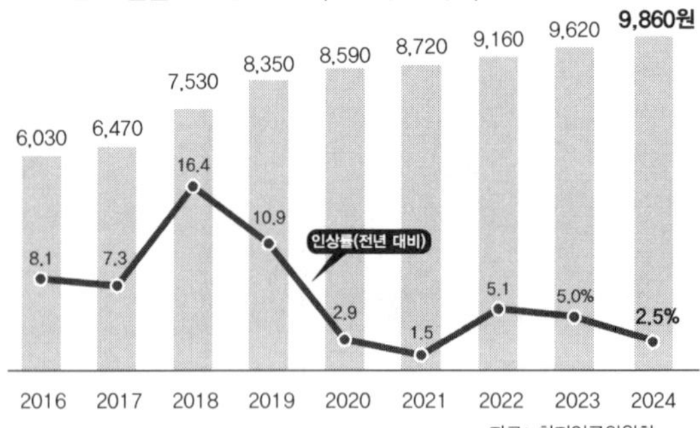

❶ 근로자의 지적장애가 업무수행에 직접적으로 현저한 지장을 주는 것이 명백하다고 인정되지는 않으므로 이를 이유로 한 최저임금 적용제외인가 거부처분은 정당하다. (중앙행심 2013-8560, 2013.07.23)

기간이 인정된다.

3 적용시기

최저임금 적용주기와 법정근로시간 단축 및 회계연도 시기의 불일치로 인하여 취약근로자가 인상된 최저임금을 적용받지 못하는 사례가 발생하는 문제점을 해소하기 위하여 당해 연도 9월 1일부터 다음연도 8월 31일까지로 되어 있던 최저임금 적용기간을 다음연도 1월 1일부터 12월 31일까지로 변경하였다.

4 주지의무

사용자는 최저임금의 효력발생 전일까지 소속 근로자에게 새로운 최저임금액 및 효력발생일, 최저임금에 산입되지 않는 임금, 적용제외 근로자 등을 주시시켜야 하며, 이를 사용자가 위반한 경우 100만원 이하의 과태료를 부과한다.❷

● 최저임금의 결정 및 효력

1 최저임금 결정

최저임금의 결정기준은 근로자의 생계비, 유사근로자의 임금, 노동생산성이며 최저임금은 사업의 종류별로 구분하여 정한다. 시간, 일, 주, 월단위로 정하며 반드시 시간급으로 이를 표기하여야 한다. 임금이 통상적으로 도급제 기타 이와 유사한 형태로 정해져 있어 최저임금액을 정하는 것이 적당하지 아니하다고 인정될 때에는 대통령령이 정하는 바에 의하여 최저임금액을 따로 정할 수 있다.

2 최저임금 효력

최저임금이 적용되는 근로자에게는 최저임금 이상의 임금이 지급되어야 한다. 최저임금을 이유로 종전의 임금수준을 저하시켜서는 아니

● 최저임금액 기준

(단위: 원)

구분＼연도	2020	2021	2022	2023	2024
시간급	8,590	8,720	9,160	9,620	9,860
일급 (8시간 기준)	68,720	69,760	73,280	76,960	78,880
월급 (226)	–	–	–	–	–
월급 (209)	1,795,310	1,822,480	1,914,440	2,010.580	2,060.740
인상률	2.8%	1.5%	5.1%	5.0%	2.5%
90%	7,731	7,848	8,244	8,658	8,874

• 수습사용 중에 있는 근로자(3월 이내) 시간급의 10% 감액 적용 가능 (1년 미만 제외)

❷ 근로시간을 산정하는 것이 가능하다면 포괄임금제 계약을 했더라도 최저임금에 미달하는 부분은 무효이다. (대법 2016.9.8, 2014도8873)

된다. 또한 이 법에 미달하는 임금을 정한 근로계약은 그 부분에 한하여 무효이며, 무효된 부분은 최저임금액과 동일한 임금을 정한 것으로 본다.

최저임금법 개정 내용

국가별로 최저임금의 판단기준은 다르며 업종, 지역, 내외국 여부에 따라 최저임금을 달리 정한 국가도 있다. 최근 최저임금의 급속한 인상(16.4%)은 고용시장에 악영향을 주고 있고 현재 기본급에 직책수당 정도를 기준으로 최저임금 기준이 갈 경우 고임금 연봉자도 최저임금 위반문제가 발생할 가능성이 있어 최저임금법 개정의 필요성이 높아져 왔다.

1 최저임금법 개정 내용

2019년 1월 1일부터 매월 1회 이상 정기적으로 지급하는 임금은 최저임금에 산입하며 다만, 다음의 임금은 최저임금대상에서 제외된다.

① 근로기준법의 소정근로시간 또는 소정의 근로일에 대하여 지급하는 임금 외의 임금으로서 고용노동부장관이 정하는 임금(초과근로수당 등)

② 상여금 그 밖에 이에 준하는 것으로서 고용노동부장관이 정하는 임금의 월 지급액 중 해당 연도 시간급 최저임금액을 기준으로 산정된 월 환산액의 25~0%에 해당하는 부분

③ 식비, 숙박비, 교통비 등 근로자의 생활보조 또는 복리후생을 위한 성질의 임금으로서 통화로 지급되는 임금의 월 지급액 중 해당 연도 시간급 최저임금액을 기준으로 산정된 월 환산액의 7~0%에 해당하는 부분

따라서 매월 1회 이상 정기적으로 지급하는 상여금과 현금으로 지급하는 복리후생비의 경우 해당 연도 시간급 최저임금액을 기준으로 산정된 월 환산액의 25~0%와 7~0%를 초과하는 부분은 최저임금에 산입한다. 다만, 연차별로 그 비율이 단계적으로 축소한다.

최저임금법 개정(2018.6.12)

- 목적: 최저임금 산입범위를 법률로 직접 규정하고, 산입범위를 합리적으로 조정
- 배경: 연간 약 2,500만원 정도 근로소득을 올리는 중위권 근로자를 기준으로 설계

최저임금법 제6조 제4항: 산입범위 변경

- 매월 정기적으로 지급되는 상여금 중에서 해당 연도 월 최저임금액의 25%를 초과하는 부분을 최저임금 계산에 포함
- 2019년 기준 436,288원을 초과하는 월 지급 상여금
- 매월 현금으로 지급되는 복리후생비 중에서 해당 연도 월 최저임금액의 7%를 초과하는 부분을 최저임금 계산에 포함(현물은 포함 안됨)
- 2019년 기준 122,161원을 초과하는 월 지급 복리후생비
  –월 환산액의 25%와 7%를 기준으로 한 이유는 2018년 기준 최저임금기본급에 월 상여금 39만원(연간 기준 300%), 복리후생비 11만원을 받는 연소득 2,500만원 근로자를 보호하기 위한 기준(근로소득 중위임금)

연도별 최저임금 산입비율

(단위: %)

구분 \ 연도	2019	2020	2021	2022	2023	2024
정기상여금	25	20	15	10	5	0
현금성 복지비	7	5	3	2	1	0

2 상여금 복지수당 반영

(1) 상여금

근로자에게 매월 지급되는 상여금은 전액 최저임금에 포함된다. 따라서 최저임금 위반 사업장은 거의 없다.

(2) 복지수당

근로자에게 매월 복지수당(식대, 차량유지비, 통신비 등) 전액이 최저임금에 포함된다.

3 취업규칙 개정

상여금을 매월 지급하는 것으로 취업규칙을 개정하는 것은 최저임금법 제6조2(최저임금 산입을 위한 취업규칙 변경절차의 특례) 특례조항에 따라 근로기준법 94조 1항의 불이익 변경으로 보지 않고 과반수 노조 또는 근로자 과반수의 의견을 들어서 시행할 수 있다. 의견수렴을 하지 않을 경우 500만원 이하의 벌금에 처할 수 있다.

● 최저임금 정부지원제도

30인 미만(지급일을 희망하는 월 기준으로 3개월간 매월 말을 현재 근로자 수 합계를 3으로 나눈 평균근로자 수) 중소기업 영세 소상공인들을 위해 최저임금 인상분의 일부를 정부가 직접 지원한다. 1개월 이상 고용시 월 평균보수가 219만원(일용근로자는 일당 100,500원~10일 이상 근로) 이하의 월급을 받는 근로자에 대해서 매달 5만원(5인 미만 사업장 7만원)까지 지원받을 수 있다.

● 2024년 최저임금적용기준

(1) 월급여 2,200천원인 경우

근로자의 월급여가 2,200천원이 기본급 1,700천원 식대 200천원 상여금 300천원으로 지급되는 경우 2024년 최저임금을 적용할 경우 **최저임금법 위반되지 않는다.**

• **2024년 최저임금 월 2,060,740원**

구분 항목	금액	2024년 최저임금 적용기준	금 액
기본급	1,700,000	-	1,700,000
식대	200,000	200,000(0% ↑)	200,000
매월 상여금	300,000	300,000(0% ↑)	300,000
계	2,200,000		**2,200,000원 /209시간 = 10,527원**

(2) 월급여 2,200천원인 경우

근로자의 월급여가 2,200천원이 기본급 1,700천원 식대 200천원 상여금이 격월로 300천원으로 지급되는 경우 최저임금에 포함되지 않아 2024년 **최저임금을 적용할 경우 최저임금법 위반이다.**

• **2024년 최저임금 월 2,060,740원**

구분 항목	금액	2024년 최저임금 적용기준	금 액
기본급	1,700,000	-	1,700,000
식대	200,000	200,000(0% ↑)	200,000
매월 상여금	**300,000**	-	
계	2,200,000		1,900,000월 /209시간 =9,090원

※ 단, 상여금을 격월로 지급한 경우

1 지원기준

사업주가 고용한 근로자(특수관계인 제외)의 2021년 월평균보수가 219만원 이하인 자가 1개월 이상 근무할 경우 고용보험에 가입된 근로자에게 월 5만원을 지원하고 5인 미만 사업장의 경우 7만원을 지급한다.

2 지급방식

사업주는 지원금 신청시 직접수령(계좌지급) 또는 4대 보험료 대납중 하나를 선택할 수 있으며 매월 15일 정산 지급한다. 근로자가 월 중간 입사 퇴사 휴직한 경우 근로일수에 비례하여 지급한다(5만원×(근로무일수/해당월 일수)).

◉ 최저임금 범위 및 위반 여부의 판단

사업장에서 지급하는 임금이 최저임금에 위반되는지 여부를 판단하려면 지급받는 임금에서 최저임금에 포함되는 임금만을 가려서 이를 시간급으로 환산하여 고시된 최저임금과 비교한다. 따라서 매월 정기적·일률적으로 지급되는 기본급과 고정적인 수당 등을 합산하여 최저임금액과 비교한다. 이와 같이 임금이 확정되고 소정근로시간이 정해지면 임금을 그 기간에 상응하는 총소정근로시간 수로 나누어 시간급 임금을 환산한 다음, 이를 시간급 최저임금액과 비교한다.

1 시간급 및 일급인 경우

임금이 시간급인 경우에는 시간급 최저임금과 직접 비교하고, 일급(8시간 기준)인 경우에는 일급 최저임금과 비교한다.

2 월급제 근로자의 경우

월급제 근로자의 경우는 월급에서 '최저임금의 적용을 위한 임금에 산입하지 않는 임금'을 제외한 임금을 시간당 임금으로 환산하여 시간급 최저임금과 비교한다. 월급제 근로자의 경우 시간급으로 환산하는 방법은 [(40시간+8시간)×52주+(1일×8시간)]/12개월≒209시간으로 한다. 2019년 1월부터 약정 주휴수당과 주휴시간은 최저임금 산출

◉ 최저임금법 취업규칙 변경 특례

제6조의2(최저임금 산입을 위한 취업규칙 변경절차의 특례) 사용자가 제6조 제4항에 따라 산입되는 임금에 포함시키기 위하여 1개월을 초과하는 주기로 지급하는 임금을 총액의 변동 없이 매월 지급하는 것으로 취업규칙을 변경하려는 경우에는 「근로기준법」 제94조 제1항에도 불구하고 해당 사업 또는 사업장에 근로자의 과반수로 조직된 노동조합이 있는 경우에는 그 노동조합, 근로자의 과반수로 조직된 노동조합이 없는 경우에는 근로자의 과반수의 의견을 들어야 한다.
제28조(벌칙) ③ 제6조의2를 위반하여 의견을 듣지 아니한 자는 500만원 이하의 벌금에 처한다.

- 최저임금법 특례 조항에 따라 연, 반기, 분기, 격월로 지급되던 상여금의 지급 규정을 월 단위 지급으로 의견 청취 후 자유롭게 변경 가능해짐
- 의견청취 과정에서 노동자나 노동조합의 반대 의견이 있어도 무관함

◉ 월 최저임금 산정시간 비교

구분	대법원	고용노동부
개요	• 소정근로시간이란 근로기준법 제50조, 제69조 또는 산업안전보건법 제46조에 따른 근로시간의 범위에서 근로자와 사용자 사이에 정한 근로시간을 의미 • 최저임금 산정기준 시간 수는 통상임금 산정기준 시간 수와는 구별되므로 소정근로시간 이외에 유급으로 처리되는 시간(주휴시간 등)은 고려할 필요가 없음	• 1주 소정근로시간이 40시간이고 주휴일(주로 일요일)과 휴무일(주로 토요일) 모두 각 8시간을 유급 처리하는 경우, 최저임금 산정기준 시간 수는 "매우 유급처리 되는 시간을 모두 합하여" 월 243시간 [40시간+8시간(토요일유급처리분)+9시간(유급 주휴)×365÷7÷12≒243시간]을 적용하는 것이 타당 • 통상임금 산정기준 시간 수 산정 방식과 동일
주40시간 소정근로, 1일 주휴일 부여시	40시간×365÷7÷12≒174시간 (유급으로 처리되는 시간 포함하지 않음)	40시간+8시간(주휴)×365÷7÷12 ≒209시간
주40시간 소정근로, 주휴일 외 휴무일 4시간 유급 처리시	40시간×365÷7÷12≒174시간 (유급으로 처리되는 시간 포함하지 않음)	40시간+8시간(주휴)+4시간(유급휴일) ×365÷7÷12≒226시간
주40시간 소정근로, 주휴일 외 휴무일 8시간 유급 처리시	40시간×365÷7÷12≒174시간 (유급으로 처리되는 시간 포함하지 않음)	40시간+8시간(주휴)+8시간(유급휴일) ×365÷7÷12≒243시간
주요 판결/ 행정해석	• 대법원 2007.1.11. 선고 2006다64246 판결 • 대법원 2017.11.9. 선고 2015다7879 판결 • 대법원 2017.12.28. 선고 2016도8729 판결	• 고용노동부 2009.12.28. 근로기준과-5970 • 고용노동부 발간 최저임금제도 업무처리지침(고용노동부 2007.11.26. 임금근로시간정책팀-3468, 2014. 12. 개정)

기준(226/243시간)에 포함되지 않으므로 관련 규칙(취업규칙/단체협약) 개정 유예기간을 6개월 인정한다.

3 포괄산정임금제의 경우

포괄산정임금제의 경우에는 실근로시간을 확인하여 연장·휴일·야간근로 임금 및 수당을 제외한 후, 시간급 최저임금의 적용시 수령하여야 할 임금을 비교하여 최저임금 미달 여부를 판단한다.❸

4 택시기사의 경우

여객자동차운수사업법 제3조 및 같은 법 시행령 제3조 제2호 따른 일반택시운송사업에서 운전업무에 종사하는 근로자의 최저임금에 산입되는 임금의 범위는 대통령령으로 정한다(최저임금법 제6조 제5항 신설 2010. 7. 1부터).

5 시간급 · 일급 · 월급 · 도급이 혼합된 경우

근로자가 받는 임금이 시간급제·일급제·월급제·도급제 등으로 혼합된 경우에는 각각 시간급 최저임금을 계산하여 합한 금액을 시간급 최저임금과 비교한다.

● 최저임금과 통상임금과의 관계

최저임금의 적용을 위한 임금의 범위에 산입하는 임금과 통상임금은 그 취지와 개념이 명백히 상이하다. 최저임금의 산입범위에 포함되는 임금은 근로기준법상의 임금에서 이에 산입하지 아니하는 임금을 제외한 임금을 의미하나, 통상임금은 시행령 제6조 정기적, 일률적, 고정적 임금을 말한다. 그러나 실질적으로는 그 범위가 유사하여 최저임금에 산입하는 임금의 범위를 판단함에 있어 통상임금 개념을 참고할 수 있다.❹

❸ 상여금, 고정o/t는 최저임금에 포함되지 않으나 직무수당은 최저임금에 해당한다. (임금 68200-894, 2001.12.29)

❹ 상여금은 통상지급액 등이 연간을 단위로 정하여지고 1임금산정기간을 넘어서 지급되는 등의 성격을 가지고 있기 때문에 비록 매월 분할 지급되더라도 당초에 상여금 성격을 가지고 있는 한 최저임금 산입을 위한 임금에는 포함되지 않는다. 또한 시간외수당이 실제 시

● 택시기사 최저임금 기준

구분	개정 전	개정 후
생산고 임금	포함	불포함
매월 1회 이상 지급하는 상여금 등	불포함	포함
연장, 휴일 수당 및 가산임금 등	불포함	불포함
가족수당 등 생활보조적·복리후생적 금품	불포함	불포함

● 법원과 고용부의 견해 차이

구분	법원	노동부
최저임금 기준시간	174	209
주휴시간	포함 ×	포함
주휴수당 •	포함	포함
약정 주휴수당/주휴시간	포함 ×	포함 × (6개월 유예)

•주급제 또는 월급제에서 지급되는 임금인 주휴수당은 소정의 근로에 대해 매월 1회 이상 정기적으로 지급되는 임금이어서 최저임금법 제6조 제4항 및 같은 법 시행규칙 제2조 [별표1]이 정하는 비교대상 임금에 산입되지 않는 임금 또는 수당에 해당한다고 볼 수 없으므로 최저임금 적용을 위한 임금을 산정함에 있어 주휴수당을 가산하여야 한다. (대법원 2007.1.11, 선고 2006다64245 등)

● 통상임금 · 최저임금 기준

구분	통상임금	최저임금
소정근로의 대가	소정근로에 대해 지급하는 임금(소정근로에 대한 대가가 아니면 통상임금이 아님)	소정근로의 대가가 아닌 임금으로서 고용부령이 정하는 임금은 미 산입
정기성	1개월을 초과하여 지급하더라도 일정한 간격을 두고 계속 지급	1개월을 초과하여 지급하면 미 산입
일률성	소정근로의 가치 평가와 관련된 조건에 달하는 모든 근로자에게 지급	고려 안함
고정성	근로자가 임의의 날에 소정근로를 제공하면 추가조건 충족여부와 관계없이 당연히 지급될 것이 확정	고려 안함

1 상여금의 최저임금 여부

상여금 지급률을 정함이 없이 사정에 따라 기준을 설정할 수 있도록 하고, 실제로 본사나 현장별로 그 지급액을 달리하여 지급액이 변동될 수 있도록 되어 있다면 이는 소정근로시간 또는 근로일에 대해 매월 1회 이상 정기적으로 지급하는 임금으로 보기 어려워 최저임금에 산입되기 어렵다.❺

2 복리후생 수당 최저임금 여부

식대를 규정에 따라 전 근로자에게 매월 정기적·일률적으로 지급하면서 통상임금에 포함하기로 정하였다 하더라도 이는 근로자의 생활을 간접적으로 보조하기 위한 복리후생 성질의 임금으로 보아 최저임금에 산입할 수 없다.❻

벌칙

최저임금제가 제대로 시행될 수 있도록 이를 위반한 자에 대한 처벌 형량을 3년 이하의 징역 또는 1천만원 이하의 벌금에서 3년 이하의 징역 또는 2천만원 이하의 벌금으로 상향조정되었으며(제28조) 최저임금 위반 문제를 신속히 해결하기 위해 위반시 즉시 과태료를 부과는 제도가 시행된다(2014. 9월부터).

최저임금 산입임금의 범위

구분			산입여부
매월 지급	소정근로 외 임금	① 연장 휴일근로에 대한 임금 및 연장 야간 휴일 가산수당	미 산입
		② 연차 유급휴가 미사용수당	
		③ 법정 주휴일을 제외한 유급휴일에 대한 임금	
		④ 기타 ①②③에 준하는 임금 * 월차 미사용 수당 등	
	상여금, 그밖에 이에 준하는 임금	① 산정단위가 1개월을 초과하는 상여금, 능률수당, 근속수당	월 환산금액의 25~0% 초과분 산입
		② 1개월을 초과하는 기간의 출근성적에 따라 지급하는 정근수당	
	생활보조 복리후생성 임금	통화 이외의 것으로 지급	미 산입
		통화로 지급	월 환산액의 7~0% 초과분 산입
	상기 임금을 제외한 나머지 임금		산입
1개월을 초과하여 지급하는 임금			미 산입

간외근로 여부와 관계없이 일정액이 고정적으로 지급되더라도 시간외수당이 만들어진 배경, 그 명칭이 갖는 의미 등을 종합적으로 고려할 때 최저임금 산입을 위한 임금에 포함하기는 어렵다. 그러나 직무수당의 경우 미리 정하여진 지급조건에 따라 일률적으로 매월 1회 이상 정기적으로 지급되고 있다면 최저임금 산입을 위한 임금에 포함된다. (임금68200-894, 2001.12.29)

❺ 최저임금법 시행규칙 제2조 [별표1]에 따라 상여금을 연간 단위로 정하는 등(연 800%) 1개월을 초과하는 기간에 걸친 사유에 따라 산정하여 매월 분할 지급하는 것이라면 최저임금 산입범위에 포함되지 않을 것이다. 그러나 산정주기가 1개월을 초과하지 아니하고 소정근로시간 또는 소정의 근로일에 대하여 매월 1회 이상 정기적으로 지급하는 경우에는 상여금 등의 명칭과 관계없이 최저임금 적용을 위한 임금에 산입될 수 있을 것으로 사료된다. (근로기준정책과-6817, 2015.12.14)

❻ 식대 및 차량유지비를 통상임금에 산입한다고 해서 최저임금에 포함되는 것은 아니다. (임금복지과-2356)

Chapter 06

임금채권 · 청산 관리실무

- 임금지급의 원칙
- 임금의 비상시 지급
- 임금인상 및 감액
- 도급사업에 대한 임금보호
- 임금채권의 우선변제
- 임금채권보장제도
- 금품의 청산

Chapter

06 임금채권 · 청산 관리실무

임금지급의 원칙

근로기준법 제43조는 '임금은 통화로 직접 근로자에게 그 전액을 지급하여야 하며, 매월 1회 이상 일정한 기일을 정하여 지급하여야 한다'고 규정하고 있다. 이는 임금은 근로자의 생계와 직결되는 가장 중요한 소득으로 이를 확실히 보호하고자 하는 목적이 있다 할 것이다.

1 직접불 원칙

임금은 반드시 근로자 본인에게 지급되어야 하며 친권자, 대리인, 노동조합 등에게 지급하지 못한다. 신용불량자 신분에 있는 근로자라고 하더라도 급여 통장으로 지급할 수 없다면 현금으로 직접 지급하는 것이 바람직하다.❶

2 전액불 원칙

임금은 근로자에게 전액 지급되어야 하며 임금의 일부공제는 법령, 단체협약에 특별한 규정이 있는 경우만 가능하다. 급여에서 사우회비, 동호회비 등을 공제할 경우 근로자의 동의가 필요하며 법원의 지급명령 또는 가압류 신청에 대해서는 민사집행법상 공제금 범위 내에서 지급해야 한다.❷

3 통화지불 원칙

법령, 단체협약에 특별한 규정이 있는 경우를 제외하고는 임금은 통화로 지급하여야 하며, 현물급여로 지급하거나 다른 나라 화폐로 지급

임금지급 4대 원칙

직접불 원칙	임금은 반드시 근로자 본인에게 지급되어야 하며 친권자, 대리인, 노동조합등에게 지급하지 못한다. 신용불량자 신분에 있는 근로자라고 하더라도 급여 통장으로 지급할 수 없다면 현금으로 직접 지급하는 것이 바람직하다.
전액불 원칙	임금은 근로자에게 전액 지급되어야 하며 임금의 일부공제는 법령, 단체협약에 특별한 규정인 있는 경우에만 가능하다. 급여에서 사우회비, 동호회비 등을 공제할 경우 근로자의 동의가 필요하며 법원의 지급명령 또는 가압류 신청에 대해서는 민사집행법상 공제금 범위(국민기초생활보장법 185,000원) 내에서 지급해야 한다.
통화불 원칙	법령, 단체협약에 특별한 규정이 있는 경우를 제외하고는 임금은 통화로 지급하여야 하며, 현물급여로 지급하거나 다른 나라 화폐로 지급하는 것은 통화불지급원칙에 위반될 수 있다.
정기불 원칙	임금은 매월 일정한 기일에 지급되어야 한다. 임시로 지급되는 임금, 수당 기타 이에 준하는 것과 대통령령으로 정하는 임금은 이 원칙의 적용을 받지 아니한다.

급여압류기준

단위: 만 원

급여액	압류가능금액	채무자교부금액
100	0	100
185	0	185
250	65	185
300	115	185

❶ 택시운송업을 영위하는 사업자가 단체협약에 근거하여, 택시운전기사에게 지급할 임금에서 운송수입금 부족분을 공제한 행위는 정당하다. (대구지법 2005.10.13, 2005노1961)

❷ 민사소송법이나 기타 특별법은 채무자의 생활보장과 생계보장이라는 공익적, 사회정책적 이유 등으로 압류할 수 없는 채권을 규정하고 있으며 그에 해당하는 것이 민사집행법 제246조 제1항 제4호와 제5호에 따른 "급료·연금·봉급·상여금·퇴직연금·퇴직금 그리고 그 밖에 이와 비슷한 성질을 가진 급여채권(급여총액에서 소득세, 주민세, 보험료 등 원천징수액을 공제한 잔액)의 2분의 1에 해당하는 금액"은 압류하지 못한다고 규정하고 있다. 다만, 상기의 금액이 국민기초생활보장법에 의한 최저생계비를 감안하여 대통령령이 정하는 금액의 경우 압류할 수 없다.

하는 것은 통화불 지급원칙에 위반될 수 있다.[3]

4 매월 1회 이상 정기불 원칙

임금은 매월 일정한 기일에 지급되어야 한다. 임시로 지급되는 임금, 수당 기타 이에 준하는 것과 대통령령으로 정하는 임금은 이 원칙의 적용을 받지 아니한다.

임금의 비상시 지급

1 관련규정

근로기준법 제45조는 사용자는 근로자가 출산, 질병, 재해 기타 대통령령이 정하는 비상한 경우의 비용에 충당하기 위하여 청구하는 경우에는 지급기일 전이라도 기왕의 근로에 대한 임금을 지급하여야 한다고 규정하고 있다. 기 지급된 임금에 대해서는 개인의 별도의 동의 없이 임금지급일에 공제하여 지급해도 전액불원칙 위반은 아니다.

2 지급사유

대통령령이 정한 비상한 경우란, 근로자 또는 그의 수입에 의하여 생계를 유지하는 자가 ① 출산, 질병, 재해를 입은 경우 ② 혼인 또는 사망한 경우 ③ 부득이한 사유로 1주일 이상 귀향하게 되는 경우를 말한다.

3 임금지급의 불성립

근로의 제공이라는 전제하에서 임금이 지급되는 것이 원칙이기 때문에 근로자의 귀책사유로 인하여 지각, 조퇴, 결근, 휴직을 하여 근무하지 못할 경우에는 노동을 제공하지 못한 부분에 대하여 임금지급의 의무가 없다. 또한 임금이 계산의 착오나 허위서류 등에 의해 정상액 보다 초과 지급되었을 때에는 정산하여 차액분을 반환받거나 다른 임금

[3] 임금을 유로화(EURO)로 지급하는 것은 임금의 직접·통화불 원칙에 위배되는 것으로 보아야 한다. (임금 68207-552, 2002.7.29)

임금가불 확인서

임금가불확인서

성명 :　　　　부서 :　　　　직책 :

상기인은 ______________ 사유로 ________ 1月 임금 ________ 원을 가불신청합니다.

2017. .

신청인 : ________ 인

______________ 주식회사

퇴직금 상계처리 합의서

퇴직금 상계처리 합의서

근로자 : ______________　　　주민번호 : ______________
주소 :
연락처 :
회사명 :
회사주소 :

근로자는 __________ 는 회사에 근로하여 배상금 ________ 을 퇴직금으로 상계처리에 합의합니다.

2017. .

근로자 : ________ 인

회사 대표이사 ________ 인

채권과 상계가 가능하다.❹

4 불법행위 임금공제 제한

근로자가 재직 중 공금유용 등 불법행위로 인하여 회사에 재산상 손해를 끼친 경우 손해배상액을 임금이나 퇴직금에서 직접 공제할 경우 전액불 원칙에 위배된다. 이 경우 회사는 일단 근로자에게 임금 및 퇴직금에 대하여 전액 지급하고 이에 대한 영수증을 받음과 동시에 동 임금 및 퇴직금에서 직접 손해배상액을 수령하는 방법을 사용한다. 근로자의 손해배상금 청구는 임금이나 퇴직금에 대하여 법원을 통한 민사적 절차에 의해 가능하며 손해배상금 금액은 임금의 1/2 범위 내에서 가압류가 가능하고, 가압류 또는 압류결정시에는 해당 금액을 제외한 잔액을 근로자에게 지급하여도 무방하다.❺

임금인상 및 감액

1 임금인상

노동계의 임금인상 기준은 생계비 임금론을 중심으로 임금인상률을 주장하나 경영계는 생산성 향상을 기준으로 임금인상을 결정하려고 하다보니 노동계와 경영계의 임금인상 격차가 벌어지며 상호 협상으로 중간지점에서 임금인상률을 결정하게 된다.

(1) 정기승급

정기승급은 근속연수 증가에 따른 임금인상으로 생활보장 성격의 임금인상이다. 정기승급은 통상적으로 물가상승률, 직무수행능력, 연령 등을 고려하여 결정된다. 승급이란 매년 근속연수에 따라 급여가 증가하는 것으로 정기승급, 특별승급 등이 있다. 정기승급은 근속연수에 따른 자동임금 인상분으로 보통 1년에 1개월 또는 3개월에 현재 호봉표상에서 1~2호봉을 승급시키는 것을 말한다. 반면에 특별승급은 업무

임금인상 노사 관점

구분	노동계	경영계
임금인상 기준	생계비 임금론	생산성 임금론
임금인상 공식	표준 생계비	예상경제성장율+GDP상승률-예상취업자 증가율
인상률	5~7%	2~3%

❹ 산전·후 유급휴가에 대한 임금지급에서 착오로 임금을 초과 지급한 경우 이후에 지급할 임금에서 정산할 수 있다. (인천지법 2002.1.22, 2000가단70650)

❺ 근무도중에 사용자에게 피해를 입힌 경우라도 일방적으로 근로자의 임금에서 공제할 수 없다. (근기 01254-212, 1993.2.10)

성적, 고과 등이 뛰어난 근로자에게 정기승급 외에 별도로 승급을 시키는 것을 말한다.

(2) 호봉승급제

일반적으로 임금인상은 임금커브 자체를 위로 이동시키는 것으로 호봉표를 새로 승급하는 것을 말한다. 호봉표의 승급은 크게 일정한 비율로 인상하는 정률방식과 일정한 금액으로 인상하는 정액방식이 있다.

(3) 호봉승급분 포함 여부

전년대비 5% 임금인상을 결정할 경우 기존 호봉승급분을 포함하여 임금인상이 이루어지는 것인지 아니면 호봉승급분과 별도로 임금인상이 이루어지는 것인지에 대해서는 임금인상 합의에 따라 달라질 수 있으나 별다른 합의가 없는 한 호봉승급분을 포함하지 않는 것이 원칙이다.[6]

(4) 임금인상 이전 퇴사자

임금협약 또는 단체협약은 체결 당시 재직 중인 근로자에게만 효력이 발생하는 것이 원칙이다. 노사간 임금교섭 결과, 타결된 인상률이 퇴직일 이전으로 소급하여 적용하는 경우라 하더라도 그러한 협약은 원칙적으로 재직 중인 근로자에게만 효력이 있다. 따라서 단체협약, 취업규칙, 보수규정 등에 특약이 없는 한 임금인상일 이전에 퇴직한 근로자에게는 인상된 임금을 적용하여 인상소급일로부터 퇴직시까지 인상 차액분을 지급할 의무는 없다.[7]

(5) 임금인상소급분 통상임금반영

재직자 임금 인상시기(4월)가 지연되어 7월에 결정된 경우 4~7월까지 시간외수당을 계산할 경우 기존 통상임금에 인상분을 반영하여 시간외 수당을 계산 지급해야 한다.[8]

● 2022년 업종별 임금인상 현황

구분 (협약임금 인상률)	1순위 영향 요인		
	1위	2위	3위
정보통신업	기업실적·성과 (63.0%)	인력 확보·유지 (14.5%)	동종업계 임금 수준(9.4%)
건설업	기업실적·성과 (59.3%)	동종업계 임금 수준(18.5%)	인력 확보·유지 (11.1%)
제조업	기업실적·성과 (51.4%)	최저임금 인상률 (29.5%)	동종업계 임금 수준(6.0%)
도매 및 소매업	기업실적·성과 (62.9%)	최저임금 인상률 (20.8%)	물가 상승률 (5.4%)
사업시설 관리, 사업지원 및 임대 서비스업	최저임금 인상률 (69.2%)	기업실적·성과 (13.4%)	원청의 임금 인상률(9.2%)
운수 및 창고업	동종업계 임금 수준(30.0%)	최저임금 인상률 (23.3%)	기업실적·성과 (18.9%)
전문, 과학 및 기술 서비스업	기업실적·성과 (52.7%)	동종업계 임금 수준(11.2%)	인력 확보·유지 (10.0%)
부동산업	최저임금 인상률 (63.6%)	기업실적·성과 (12.1%)	동종업계 임금 수준(6.1%)
보건업 및 사회복지 서비스업	최저임금 인상률 (39.4%)	기업실적·성과 (21.4%)	동종업계 임금 수준(16.4%)

6. 사용자가 일방적으로 정기승급을 동결하였다면 근로자별 정기승급이 이루어지는 달의 임금 정기지급일에 정기승급으로 인하여 가산되는 임금의 전액이 지급되지 아니한 것으로 봄이 타당하다. (임금 68200-649, 2000.12.5)

7. 단체협약은 노동조합이 사용자 또는 사용자단체와 근로조건 기타 노사관계에서 발생하는 사항에 관하여 체결하는 협정으로서, 노동조합이 사용자측과 기존의 임금, 근로시간, 퇴직금 등 근로조건을 결정하는 기준에 관하여 소급적으로 동의하거나 이를 승인하는 내용의 단체협약을 체결한 경우에 그 동의나 승인의 효력은 단체협약이 시행된 이후에 그 사업체에 종사하며 그 협약의 적용을 받게 될 노동조합원이나 근로자들에 대하여만 생기고, 단체협약 체결 이전에 이미 퇴직한 근로자에게는 위와 같은 효력이 생길 여지가 없다. (대법원 1992.7.24, 선고 91다34073 판결)

8. 원심은 "임금인상 소급분은 근로자가 연장·야간·휴일근로를 하기 전에 지급 여부와 지급액이 확정돼 있는 임금이라고 할 수 없어 고정성을 인정하기 어렵다"고 부정하였으나 대법원

2 임금감액

회사의 경영사정에 따라 임금을 삭감할 경우 이는 근로조건의 불이익 변경으로 해당 근로자의 동의와 근로조건 불이익 변경에 대한 해당 근로자들의 50% 이상의 동의가 필요하다.

(1) 임금반납

임금반납은 반납자의 개별적 동의가 필요하며 반납동의서에 동의한 경우만 원천징구할 수 있어 개별적 동의가 없을 경우 강제 삭감은 체불임금으로 전직원의 일괄삭감 방식으로는 바람직하지 못하다.[9]

(2) 임금삭감

임금삭감은 엄격히 말하면 근로조건의 불이익한 변경으로 상여금을 100% 삭감할 경우 해당 근로자의 50% 이상의 집단적 동의가 필요하다. 특히 상여금의 삭감은 장기근속자의 퇴직금에 많은 영향을 미치므로 삭감기간을 정하거나 일정기간 후 원복시키는 조건에서 동의를 구하는 것이 바람직하다.[10]

임금감액방법

구분	반납	삭감
법률행위	개별	집단
절차	반납동의서 징구	근로조건 변경(불이익 변경)
기타	반납 동의서 미 제출자 임금 감액 불가	근로자 과반수 이상의 동의로 근로조건 불이익 변경 (과반수 노조 동의)

임금반납 동의서

임금반납 동의서

사번 : 부서 :
성명 : 직책 :

근로자는 ____________는 회사에 근로하여 임금 ________을 반납에 합의합니다.

2017. .

근로자 : ________인

도급사업에 대한 임금보호

1 의의

근로기준법 제44조는 사업이 수차의 도급에 의하여 행하여지는 경우에 하수급인이 직상수급인의 귀책사유로 근로자에게 임금을 지급하지

은 "근로자와 사용자가 소정근로의 가치를 평가해 그에 대한 대가로 (임금을) 정한 이상 그것이 단체협상의 지연이라는 우연한 사정으로 인해 소급 적용됐다 해서 통상임금이 아니라고 할 수는 없다"(대법 2017다56226, 선고일자 : 2021-08-19).

9. 사무직 근로자들이 취업규칙상의 임금채권 중 일부를 회사의 경영이 정상화될 때까지 한시적으로 자진 반납의 형식으로 포기하는 것은 단독행위이므로 근로기준법 제97조(위반의 효력)의 규정과도 관계가 없고, 달리 직원들의 회사 갱생을 위한 자발적인 노력을 부정해야 할 아무런 합리적인 이유를 찾아보기도 어려워 당연 무효라 할 수 없다. (대판 2003.4.16, 2002나20291)

10. 사용자가 경영상의 이유 등으로 법정근로시간을 초과하는 연장근로를 축소 또는 폐지하는 것은 근로조건의 불이익 변경에 해당하지 않으므로 그에 따른 취업규칙 변경시 근로기준법 제94조(규칙의 작성, 변경절차) 단서에 의해 근로자의 집단적 동의를 얻을 필요가 없고 의견만 청취하면 될 것으로 사료되며, 연장근로 폐지의 의사표시를 분명히 하고 노무수령 거부 등 실제 연장근로를 시키지 않았다면 연장근로수당을 지급할 필요가 없다. (근기 68207-286, 2003.3.13, 같은 취지: 근기 68207-3235, 2002.11.16; 근기 68207-3155, 2000.10.12 등)

못한 때에는 그 직상수급인은 당해 수급인과 연대하여 책임을 진다. 근로기준법 제47조는 '사용자는 도급 기타 이에 준하는 제도로 사용하는 근로자에 대하여는 근로시간에 따라 일정액의 임금을 지급하여야 한다'고 규정하고 있다. 민법에서 말하는 도급은 당사자의 일방이 "어느 일을 완성할 것을 약정하고, 그 상대방이 일의 결과에 대하여 보수를 지급할 것"을 약정하는 계약이다(민법 제644조). 근로기준법 제44조에서나 제90조에서 규정하고 있는 "수차의 도급"에서 사용된 도급의 의미는 바로 이러한 민법상의 도급을 의미하는 것이다.

2 도급사업 연대책임 확대

여러 차례의 도급으로 행해지는 사업에 있어서 체불임금 지급연대책임의 범위를 원수급인 등 귀책사유가 있는 모든 상위 수급인으로 확대 적용한다(2012. 8월).

3 건설근로자 임금보호 강화

공공공사의 발주자와 원수급인은 각각 원·하수급인의 공사대금 중 노무비를 따로 구분해서 관리하고 발주자와 원수급인은 각각 원·하수급인의 전월 임금지급내역을 확인한 후 매월 노무비 전용 통장으로 노무비를 지급하고 노무비가 하수급인에게 지급되었음을 원수급인이 건설근로자에게 알려주는 "노무비 알리미 서비스"를 실시한다.[11]

임금 연대 책임

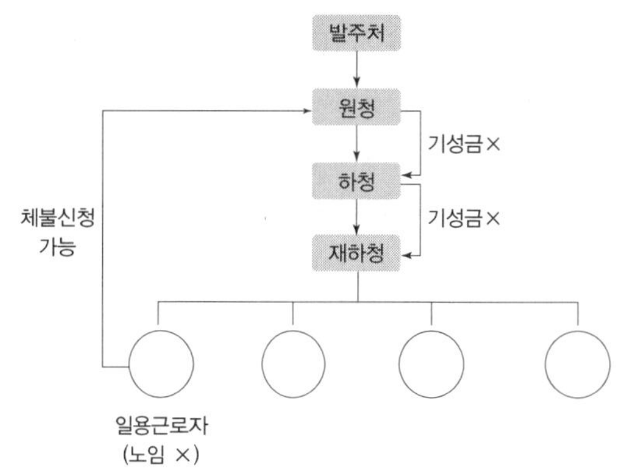

임금채권의 우선변제

1 의의

임금채권보장제도란 기업의 도산으로 인하여 퇴직한 근로자가 임금

[11] 근로기준법 제44조 제1항에 의하면 "사업이 수차의 도급에 의하여 행하여지는 경우에 하수급인이 직상수급인의 귀책사유로 근로자에게 임금을 지급하지 못한 때에는 그 직상수급인은 당해 수급인과 연대하여 책임을 진다"라고 규정하고 있다. 도급사업에서의 임금지급 연대책임은 수급인인 사용자뿐만 아니라 귀책사유가 있는 도급인에게도 임금지급 책임을 과함으로써 근로자를 보호하려는데 그 취지가 있는 것으로써 도급이 1차에 걸쳐 행하여지든 또는 수차에 걸쳐 행하여지든 이를 구별하지 않는 것이 타당하다. 따라서 위 질의의 경우처럼 도급이 1차에 걸쳐 행하여진 경우에도 원 도급인을 근로기준법 제44조의 규정에 의한 직상수급인으로 봄이 타당하다. (근기 68207- 3884, 2000.12.13)

등을 지급받지 못한 경우 정부가 사업주를 대신하여 일정 범위의 미지급 임금 등을 지급보장해주는 제도를 일컫는다. 현행 임금채권보장법 제1조는 "이 법은 경기변동과 산업구조 변화 등으로 사업을 계속하는 것이 불가능하거나 기업의 경영이 불안정하여, 임금 등을 지급받지 못하고 퇴직한 근로자에게 그 지급을 보장하는 조치를 마련함으로써 근로자의 생활안정에 이바지 하는 것을 목적으로 한다"라고 규정하고 있다. 따라서 임금채권보장제도의 목적은 임금채권에 대한 사후보장 제도를 통해 도산기업으로부터 퇴직한 근로자의 생활을 안정시키는 것이라고 할 수 있다.

2 임금채권과 다른 채권의 우선순위

1997년 8월 21일 헌법재판소는 기업도산시 근로자의 퇴직금을 여타의 채권보다 최우선적으로 변제하도록 규정한 근로기준법 제37조 제2항이 헌법에 합치되지 아니하다며, 1997. 12. 31까지 이를 개정할 것과 개정시까지 동 조항의 적용을 중지할 것을 결정하였다. 헌법재판소는 최종 3개월분의 임금과 달리 퇴직금에 관해서는 아무런 한도를 설정함이 없이 질권, 저당권의 피담보채권보다 우선하여 변제하는 것은 담보물권제도의 근간을 흔들고 질권, 저당권의 담보가치의 효용성을 형해화 할 우려가 있어, 결국 질권, 저당권의 '본질적 내용'을 침해할 소지가 있고, 종업원 퇴직금제도, 기업연금제도 등 사회보험제도에 대한 고려 없이 근로자의 생활보장이라는 입법목적만을 앞세워 퇴직금의 우선변제를 확보하려는 것은 방법의 적정성을 그르친 것이며 '과잉금지의 원칙'에 반한다고 하였다.[12]

① 최종 3월분의 임금과 최종 3년분의 퇴직금, 재해보상금

② 질권, 저당권보다 우선하는 조세·공과금

[12] 퇴직금최우선변제조항의 헌법불합치 결정(헌재 1997.8.21, 94헌바 19, 95헌바 34, 97헌가 11) 근로자에게 그 퇴직금 전액에 대하여 질권자나 저당권자에 우선하는 변제수령권을 인정함으로써 결과적으로 질권자나 저당권자가 그 권리를 목적물로부터 거의 또는 전혀 변제를 받지 못하게 되는 경우에는, 그 질권이나 저당권의 본질적 내용을 이루는 우선변제수령권이 형해화하게 되므로 이 사건법률조항 중 퇴직금 부분은 질권이나 저당권의 본질적 내용을 침해할 소지가 생기게 되는 것이다. 담보물권제도의 근간을 흔들고 기업금융의 길을 폐쇄하면서까지 퇴직금이 우선변제를 확보하자는 것으로서 부당하다고 아니할 수 없다. 그렇다면 이 사건 법률조항은 근로자의 생활보장 내지 복지증진이라는 공공복리를 위하여 담보권자의 담보권을 제한함에 있어서 그 방법의 정당성을 그르친 것이며 침해의 최소성 및 법익의 균형성 요청에도 저촉되는 것이므로 과잉금지의 원칙에도 위배된다고 할 것이다.

③ 질권, 저당권으로 담보된 채권
④ ①에 해당하지 아니하는 임금, 퇴직금, 재해보상금, 기타 근로관계로 인한 채권
⑤ 조세·공과금
⑥ 일반채권

3 최우선변제 임금

(1) 의의

임금채권의 우선변제 중에서도 최종 3개월분의 임금·최종 3년간의 퇴직금 및 재해보상금은 어떠한 형태의 조세·공과금 및 채권에 대해서도 우선하여 변제받는다.

(2) 최우선변제의 범위

최우선변제의 대상이 되는 임금채권은 1989년 3월 29일 이후에 발생된 최종 3개월분의 임금, 최종 3년간의 퇴직금 및 재해보상금이다. 최우선변제의 퇴직금은 1997년 12월 24일 이후에 발생한 최종 3년간의 퇴직금이다. 종전 근로기준법은 퇴직금 전액을 최우선변제 대상으로 보았으나, 이는 담보물권제도의 본질적 내용을 침해할 소지가 있다는 헌법재판소의 헌법불합치결정에 따라 현행법은 최종 3년간으로 기간을 한정하였다. 다만, 1997년 12월 24일 이전에 입사한 근로자는 1989년 3월 29일 이후부터 1997년 12월 24일 사이에 근무한 기간에 대한 퇴직금도 받을 수 있으나, 총퇴직금은 1997년 12월 24일 이후에 발생한 퇴직금을 합산하여 250일간의 평균임금을 초과할 수 없다.

임금채권 최우선 변제 범위 축소

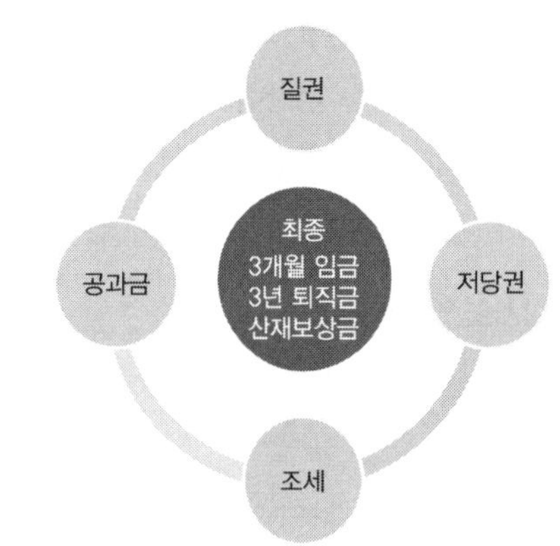

임금채권보장제도

1 의의

임금채권보장제도란 임금 및 퇴직금을 지급받지 못한 상태로 퇴직 및 재직중인 근로자에게 국가가 사용자를 대신하여 이를 지급하는 제도를 말한다. 사업주가 변제능력이 없거나 변제시에도 법원의 경매절차를 거쳐야 하는 관계로 퇴직근로자의 임금채권 확보를 손쉽게 하기 위해 임금채권보장법(1998.2.20)이 제정되어 있다.

2 지급대상 요건

(1) 적용범위

임금채권보장법의 적용대상 사업주는 산재보험 당연적용사업으로 6개월 이상의 기간 동안 당해 사업을 행하고 대지급금 지급사유인 재판상 도산(법원) 또는 도산 등 사실인정(노동부)을 받은 사업장에 퇴직한 근로자가 1년 이내에 신청하여 받을 수 있다.

(2) 지급사유

임금채권의 지급사유는 ① 300인 이상 사업장이 「채무자회생 및 파산에 관한 법률」에 의한 파산선고 또는 회생절차 개시결정을 받거나 ② 300인 미만 사업장이 고용노동부장관의 도산 등 사실인정을 받았을 경우를 말한다.

(3) 도산사실 인정제도

상시근로자 10인 미만 기업의 사업주가 3개월 이상 체불한 경우 임금지급 능력이 없는 것으로 간주하고 도산으로 인정해 체불근로자에게 신속하게 대지급금을 지급한다(2014. 9월부터).

3 지급대상 임금

임금채권의 지급대상은 근로기준법 제38조 제2항 제1호의 규정에 따라 최우선변제가 인정되는 최종 3개월분의 임금과 근로자퇴직급여보장법 제11조 제2항의 규정에 의한 최종 3년간의 퇴직금, 근로기준법 제46조에 의한 최종 3개월분의 휴업수당이다.[13]

4 미지급 임금청구권의 대위

노동부장관이 사업주를 대신하여 대지급금을 지급한 경우 노동부장관은 사업주에 대한 미지급 임금, 퇴직금 청구권을 대위한다.

● 임금채권 지급사유

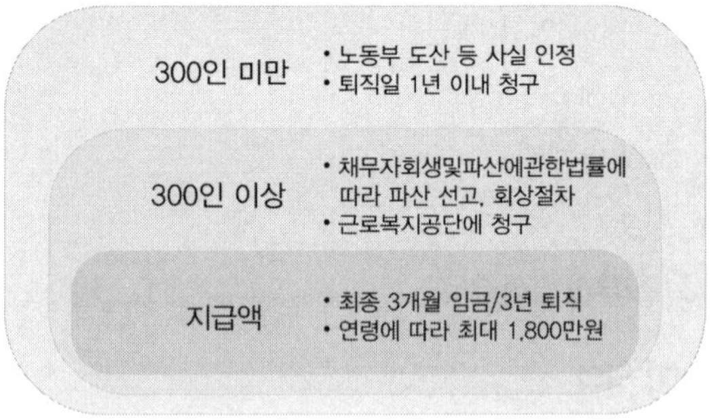

구분	내용
300인 미만	• 노동부 도산 등 사실 인정 • 퇴직일 1년 이내 청구
300인 이상	• 채무자회생및파산에관한법률에 따라 파산 선고, 회상절차 • 근로복지공단에 청구
지급액	• 최종 3개월 임금/3년 퇴직 • 연령에 따라 최대 1,800만원

[13] 대지급금의 지급범위 중 "최종 3개월분의 임금"(임금 68207-767, 2001.11.07): 임금채권보장법 제6조 제2항에서 규정하고 있는 "최종 3개월분의 임금"이란 근로자의 퇴직일 또는 사실상 근로관계가 종료된 날부터 소급하여 3개월간의 근로로 인하여 지급사유가 발생한 일체의 임금으로 대법원 판례의 내용 중 "퇴직의 시기를 묻지 아니하고 사용자로부터 지급받지 못한 최종 3개월분의 임금" 부분에 대한 해석에 있어 오해를 초래할 수 있으나, 최종 3개월분에 대한 대법원 판례(1995.7.25, 94다54474, 1995.7.28, 94다57718, 1997.11.14, 97다32178 등)도 있다.

5 임금채권 보장기금

(1) 일반사업장

노동부장관은 사업주의 부담금 등으로 재원을 조달하여 임금채권 보장기금을 조성해야 한다. 사용자의 부담금은 근로자의 임금총액의 0.6/1000 범위 안에서 노동부장관이 정한 부담비율을 곱하여 산정한다.⑭

(2) 퇴직연금 가입사업장

산재보험에 포함되어 있는 임금채권 부담금은 퇴직근로자의 최종 3개월 임금 및 퇴직금을 보호하기 위한 보험금으로 회사가 퇴직연금에 가입되어 있을 경우 최종 3개월분의 퇴직금이 보장될 경우 부담금 감액 신청을 할 수 있다.

(3) 임금채권부담금 경감

근로자퇴직급여보장법에 따른 중간정산 및 퇴직연금가입사업주, 외국인근로자에 대해 출국만기보험신탁에 가입한 경우 보험료를 경감한다.

● 임금채권 부담금 기준

기간별	2008	2009	2010	2016~2024
요율	0.8/1,000 (단, 5인 미만 0.4/1,000)	0.8/1,000 (단, 5인 미만 0.4/1,000)	0.8/1,000 (단, 5인 미만 0.4/1,000)	0.6/1,000

6 대지급금 지급액

미성년자인 근로자도 독자적으로 대지급금 지급을 청구할 수 있다. 대지급금 수급권은 양도, 담보제공은 할 수 없으나, 대지급금 수령의 위임은 할 수 있다.

● 대지급금 지급 기준

퇴직시 연령 / 대지급금 종류	30세 미만	30~40세 미만	40~50세 미만	50~60세 미만	60세 이상
임금	220만원	310만원	350만원	330만원	230만원
퇴직금	220만원	310만원	350만원	330만원	230만원
휴업수당	154만원	217만원	245만원	231만원	161만원

* 최대 2,100만원(2020. 1월 적용)

● 금품의 청산

1 지연이자 지급

근로기준법 제36조에 의해 사용자는 근로자가 퇴직한 경우 또는 재직자에게 그 지급사유가 발생한 때로부터 14일 이내에 임금, 보상금, 기타 일체의 금품을 지급하여야 한다. 특별한 사정이 있는 경우에는 당사자의 합의에 의해 기일을 연장할 수 있다. 근로자의 금품청산권을 보장하기 위해 근로기준법 제38조는 임금채권의 우선변제에 대해 규정하고 있다. 근로기준법 제36조에 의해 지급해야 하는 임금 및 퇴직금을

⑭ 산림조합중앙회가 납부한 임금채권부담금의 부당이득반환금으로 이를 반환하여야 한다. (대법원 2016.10.13, 선고 2015다233555)

사망 또는 퇴직시부터 14일 이내에 지급하지 아니한 경우 그 다음날부터 연 20%의 지연이자를 청구할 수 있다.[15]

2 기업의 인수 합병의 경우

기업의 합병 또는 양수 양도로 인해 종전기업의 근로관계가 새로운 기업으로 포괄적으로 승계되는 경우 체불임금에 대해서는 양수인이 책임을 지며, 임금 미지급에 따른 형사적 책임은 새로운 사용자에게 승계되지 않는다.[16]

3 체불사업주에 대한 반의사불벌죄 적용

근로자가 체불임금 진정사건에 대해 사업주의 처벌을 원치 않는다는 의사를 명시적으로 표시하는 경우 사업주를 처벌하지 않는다. 따라서 체불진정 근로자들로부터 사업주 처벌을 원치 않는다는 탄원서를 제출해야 한다.

4 임금체불 근로자 무료법률서비스 실시

근로자가 노동부에 신고하여 지방노동관서에서 체불금품이 확인되었으나 사업주가 이를 임의로 지급하지 아니하는 경우에 근로자는 대한법률구조공단에 구조신청을 하여 무료로 소송 등의 법률구조서비스 받을 수 있다. 단, 월평균 소득이 400만원 이상인 자는 제외한다(2007.10.1).

5 체불사업주 명단공개 및 신용정보기관 통보

근로자 임금을 상습적으로 체불하거나 지급하지 않는 사업주에 대해서는 사업주 명단을 공개(유죄판결 1회 이상, 1년 이내 체불총액 1천만원 이상)하고, 종합신용정보기관에 체불사업주의 인적사항을 통보하여 정부 및 민간사업 참여시 불이익을 주도록 한다(2012. 8월).

체불 진정사건 처리과정

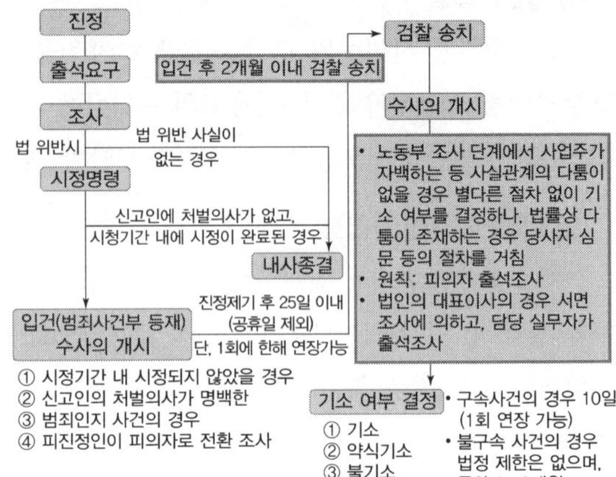

[15] 회사가 기업구조조정촉진법에 의한 워크아웃 절차에 들어가게 된 것은 지연이자 지급의 적용 제외 사유에 해당한다. (2010가합8213)

[16] 사업의 양도·양수시 고용관계는 포괄승계되며 미지급임금에 대해 근로자들은 새로운 기업에 임금지급을 구할 수 있다. (근기 01254-390, 1993.3.15)

6 임금채권의 시효

근로기준법 제49조는 임금채권(임금, 퇴직금, 장학금, 시간외수당, 연차수당 등)은 3년간 행사하지 아니한 때에는 시효로 인하여 소멸한다고 규정하고 있다. 임금채권의 범위에는 근로기준법 제2조 제1항 제5호의 모든 임금이 포함된다. 소멸시효기간은 그 채권을 행사할 수 있는 날로부터 진행된다. 등재임원의 경우 재직 중 직무집행에 대한 대가로 지급되는 보수를 받았을 경우 임금채권 시효 적용을 받지 않고 일반채권 시효규정 적용을 받는다.[17]

7 벌칙

사용자가 임금지급방법에 관한 원칙규정을 위반할 경우에는 근로기준법 제109조 규정에 따라 3년 이하의 징역 또는 3천만원 이하의 벌금에 처한다.[18]

금품청산 절차

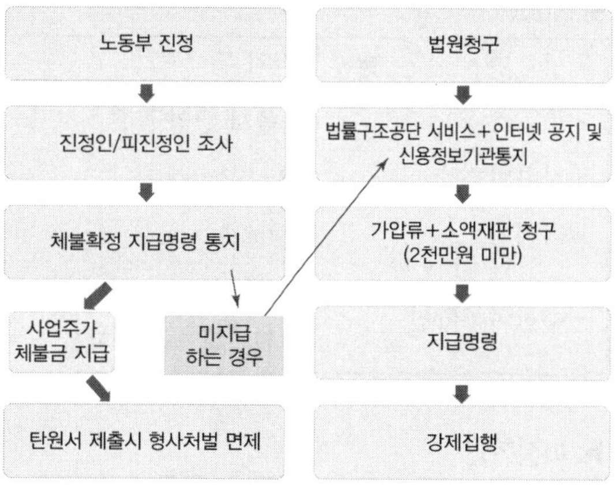

노동부 진정
진정인/피진정인 조사
체불확정 지급명령 통지
사업주가 체불금 지급
미지급 하는 경우
탄원서 제출시 형사처벌 면제

법원청구
법률구조공단 서비스+인터넷 공지 및 신용정보기관통지
가압류+소액재판 청구 (2천만원 미만)
지급명령
강제집행

[17] 연차휴가근로수당은 휴가청구권이 소멸한 날의 다음 날에 발생하는 것으로 그로부터 3년간 청구하지 아니하면 소멸시효가 완성된다. (근로기준과-208, 2004.2.9)

[18] 임금 내지 퇴직금채권에 대한 소멸시효기간이 특별히 짧다거나 불합리하다고 할 수 없으며, 다른 일반채권자들에 비하여 근로자에 대해서만 특별히 차별대우를 하고 있다고 볼 수 없다. (헌재 96헌바27)

○ 임금체불 진정서 작성 예

▶ 진정인

(별도 법정서식은 없음)

• 성 명	홍 길 동	• 주민등록번호	790808-1★★★★★★
• 주 소	서울시 관악구 은천로 56		
• 전화번호	02-123-4567	• 휴대폰번호	010-123-4567
• 이메일	hong@samplemail.com		
• 수신여부확인	◉ 예 ○ 아니오 민원신청 처리상황을 문자메시지(SMS), E-mail 통해 정보를 제공받으실 수 있습니다.		

▶ 피진정인

• 필수입력 항목입니다.

• 성 명	김 사 업	• 연락처	02-555-4567
• 주 소	서울시 영등포구 영등포로 9999		
• 사업체구분	◉ 사업장 ○ 공사현장		

• 회사명	한국회사(주)		
• 회사주소 (실근무장소)	서울시 영등포구 영등포로 8888		
• 회사전화번호	02-777-8888	근로자수	30명

▶ 진정내용

• 입사일	2015-03-15	• 퇴사일	2015-10-14
체불임금총액	3,000,000원	• 퇴직여부	◉ 퇴직 ○ 재직
체불퇴직금액		기타체불금액	
업무내용	영업		
임금지급일	매월 25일	근로계약방법	◉ 서면 ○ 구두
• 제목	임금체불		
• 내용 (한글 500자 내외)	진정인은 2015. 3. 15. 한국회사(주)에 입사하여 7개월 동안 근무하였으나, 회사사정이 어렵다는 이유로 2015. 9월부터 2개월간 3,000,000원의 임금을 지급받지 못함		

▶ 관할 고용노동관서 및 파일첨부 등

• 관할 관서	
• 파일 첨부	

■ 임금채권보장법 [별지 제3호서식] 〈개정 2015.6.30.〉

일반대지급금 지급청구서

[대지급금이란 기업이 도산하여 임금 · 휴업수당 및 퇴직금을 받지 못하고 퇴직한 근로자에게 국가가 사업주를 대신하여 지급하는 임금 · 휴업수당 및 퇴직금을 의미합니다.]
※ 뒤쪽의 작성방법을 읽고 작성하시기 바랍니다.

(앞쪽)

① 접수번호	② 접수일	처리기간 : 7일

③ 접수 지방고용노동관서 지방고용노동청(지청)		
청구인	④ 성명	⑤ 주민등록번호
	⑥ 주소 (전화번호 :) (휴대전화번호 :) (전자우편주소 :)	
	⑦ 대지급금(*) 원	⑧ 대지급금 구분(*) [ ]임금 [ ]휴업수당 [ ]퇴직금
입금 의뢰	⑨ 입금은행	
	⑩ 예금주	
	⑪ 계좌번호	
대상 사업주	사업장명	⑫ 사업자등록번호
	대표자 성명	소재지
	⑬ 산업재해보상보험 가입 여부(*) [ ]가입 [ ]미가입	⑭ 확인통지서 대장번호(*)

「임금채권보장법 시행령」 제9조제1항 및 같은 법 시행규칙 제5조제1호에 따라 위와 같이 대지급금의 지급을 청구합니다.

년 월 일

청구인 (서명 또는 인)
대리인 (서명 또는 인)

근로복지공단 ○○○○지역본부(지사)장 귀하

첨부서류	없 음	수수료 없 음

처 리	선람		결 재	담당	차장	부장	본부장(지사장)
	조회확인						
	입력확인						

공지사항
이 민원의 처리 결과에 대한 만족도 조사 및 관련 제도 개선에 필요한 의견조사를 위해 귀하의 전화번호(휴대전화번호)로 전화조사를 할 수 있습니다.

210mm × 297mm[일반용지 60g/㎡(재활용품)]

■ 임금채권보장법 시행규칙[별지 제1호서식] 〈개정 2015.6.30.〉

도산등사실인정 신청서

※ 뒤쪽의 작성방법 및 유의사항을 참고하시기 바라며, [ ]에는 해당되는 곳에 ∨ 표시를 합니다. (앞쪽)

① 접수번호	② 접수일	처리기간 : 30일

<table>
<tr><td rowspan="6">신청인</td><td colspan="2">성명</td><td colspan="3">주민등록번호</td></tr>
<tr><td colspan="2">전자우편주소</td><td colspan="2">전화번호</td><td>휴대전화번호</td></tr>
<tr><td colspan="5">주소</td></tr>
<tr><td rowspan="3">퇴직한 날
(마지막으로근무한 날)</td><td rowspan="3">년 월 일</td><td rowspan="3">체불임금등</td><td>임금</td><td>원</td></tr>
<tr><td>휴업수당</td><td>원</td></tr>
<tr><td>퇴직금</td><td>원</td></tr>
</table>

<table>
<tr><td rowspan="5">대상
사업주</td><td colspan="2">사업장명</td><td>① 사업의 종류</td></tr>
<tr><td colspan="2">성명(법인인 경우에는 대표자의 성명)</td><td>주민등록번호(법인인 경우에는 법인등록번호)</td></tr>
<tr><td colspan="2">근로자수</td><td>전화번호</td></tr>
<tr><td rowspan="2">소재지</td><td>본사</td><td></td></tr>
<tr><td>사업장</td><td></td></tr>
</table>

사업 활동 현황	사업개시일(년 월 일), 사업정지일(년 월 일)
사업주의소재파악 여부	[ ]소재파악 가능 [ ]소재파악 불가능
재판상 도산의 신청 여부	[ ]신청 [ ]미신청
② 대지급금 관련업무 지원 공인노무사 지정신청 여부(신청 가능한 대상자의 경우만 해당)	[ ]희망 [ ]희망하지 않음

위의 사업주는 도산등사실인정 대상 사업주로서 사업이 폐지되었거나 폐지되는 과정에 있으며, 임금등을 지급할 능력이 없거나 지급이 현저히 곤란하여「임금채권보장법 시행령」 제5조제1항 및「임금채권보장법 시행규칙」 제2조제1항에 따라 도산등사실인정을 신청합니다.

년 월 일

신청인 (서명 또는 인)

대리인 (서명 또는 인)

○○지방고용노동청(지청)장 귀하

첨부서류	1. 해당 사업주의 사업이 폐지되었거나 폐지되는 과정에 있으며 임금등을 지급할 능력이 없거나, 지급이 현저히 곤란하다는 사실을 기재하거나 증명하는 자료(사실의 기재나 증명이 가능한 경우로 한정합니다) 2. 대지급금 지원 공인노무사 지정신청서(「임금채권보장법」 제7조제5항에 따른 대지급금 관련업무 지원대상이 되는 경우에만 해당됩니다)	수수료 없음

210mm×297mm[일반용지 60g/㎡(재활용품)]

■ 임금채권보장법 시행규칙 [별지 제7호서식] 〈개정 2016.2.3.〉 (3쪽 중 제1쪽)

부담금 경감 신청서

※ 제2쪽의 작성방법을 참고하시기 바라며, 색상이 어두운 난은 신청인이 적지 않습니다.
※ 고용 · 산재보험 토탈서비스(http://total.kcomwel.or.kr)에서도 신청할 수 있습니다.

접수번호	접수일자	처리기간 : 7일

<table>
<tr><td rowspan="3">신청인</td><td>① 사업장 관리번호</td><td>② 사업장명</td></tr>
<tr><td>③소재지</td><td>(전화번호 :)
(휴대전화번호 :)
(전자우편주소 :)</td></tr>
<tr><td>④ 대표자 성명</td><td>⑤ 대표자 주민등록번호</td></tr>
</table>

<table>
<tr><td>⑥ 전년도말 현재 근로자수</td><td colspan="2"></td><td colspan="4">⑦퇴직급여제도 설정대상 근로자 수</td></tr>
<tr><td rowspan="2">퇴직금 중간정산</td><td colspan="2">⑧ 해당 근로자수</td><td colspan="2">⑨ 최종 3년간 퇴직금 중 중간정산으로 지급된 금액</td><td colspan="2">⑩ 최종 3년간 퇴직금 추계액</td></tr>
<tr><td colspan="2"></td><td colspan="2"></td><td colspan="2"></td></tr>
<tr><td rowspan="2">퇴직연금 [확정기여(DC)형]</td><td>⑪ 계약체결일</td><td>⑫ 해당 근로자수</td><td colspan="2">⑬가입자별 근속연수의 합</td><td colspan="2">⑭가입자별 가입기간의 합</td></tr>
<tr><td></td><td></td><td colspan="2"></td><td colspan="2"></td></tr>
<tr><td rowspan="5">퇴직연금 [확정급여(DB)형]</td><td>⑮ 계약체결일</td><td>⑯ 해당 근로자수</td><td colspan="2">⑰ 최종 3년 퇴직금 추계액 (가입기간 3년 미만인 경우만 작성)</td><td colspan="2">⑱ 과거기간 가입여부(아래의 해당하는 곳에 ∨ 표시)</td></tr>
<tr><td></td><td></td><td colspan="2"></td><td colspan="2">해당( ), 해당 없음( )</td></tr>
<tr><td rowspan="2">⑲ 평균 근속연수</td><td rowspan="2">⑳ 적립금</td><td rowspan="2">㉑ 최종 적립비율</td><td rowspan="2">㉒ 총 가입기간</td><td colspan="2">㉓ 장래 가입기간 / ㉔ 과거 가입기간</td></tr>
<tr><td colspan="2">적립비율 / 기간 / 적립비율 / 기간</td></tr>
<tr><td></td><td></td><td></td><td></td><td colspan="2"></td></tr>
<tr><td rowspan="2">퇴직보험, 출국만기보험 등</td><td colspan="2">㉕ 해당 근로자수</td><td>㉖ 적립금액의 합</td><td>㉗ 퇴직금 추계액</td><td colspan="2">㉘ 평균 근속연수</td></tr>
<tr><td colspan="2"></td><td></td><td></td><td colspan="2"></td></tr>
</table>

「임금채권보장법 시행령」 제15조제2항 및 같은 법 시행규칙 제9조제1항에 따라 위와 같이 부담금 경감을 신청합니다.

년 월 일

신청인 (서명 또는 인)

근로복지공단 ㅇㅇ지역본부(지사)장 귀하

첨부서류	1. 퇴직보험 등의 가입사실을 증명하는 서류 2. 사업장 현황(본사에서 전체 사업장에 대하여 퇴직보험 등에 가입한 경우만 해당합니다)	수수료 없음

210mm×297mm(백상지 80g/㎡)

MEMO

Chapter 07

퇴직연금제도

- 퇴직금제도
- 퇴직금 중간정산제도
- 퇴직연금제도

Chapter

07 퇴직연금제도

퇴직금제도

1 의의

퇴직관계가 종료시 근로기준법에 의거 1년 이상 근무한 근로자에게 지급되는 금품을 퇴직금이라 한다. 퇴직금은 장기간 근로에 대한 은혜로서 사용자가 지급한다는 공로보상설, 근로자의 퇴직 후 생활보장을 위해 지급하는 생활보장설 및 재직 중 적립하여 두었던 임금을 사후적으로 지급하는 후불임금설의 성격이 있지만 학설 및 판례는 후불임금설의 입장을 보이고 있다. 근로자퇴직급여보장법 제8조는 '사용자는 계속근로기간 1년에 대하여 30일분 이상의 평균임금을 퇴직금으로 퇴직하는 근로자에게 지급할 수 있는 제도를 설정하여야 한다'고 규정하고 있다.

2 적용범위

퇴직급여제도를 규정하고 있는 근로자퇴직급여보장법은 근로자를 사용하는 모든 사업 또는 사업장에 적용한다. 다만 동거의 친족만을 사용하는 사업 및 가사사용인에 대하여는 적용하지 아니한다. 또한 상시 1인 이상의 근로자를 사용하는 사업은 2010. 12. 1~2012. 12. 31까지는 법정퇴직금의 50%만 정립하면 되고, 2013년부터 100% 정립해야 한다. 퇴직금은 법정금품으로서 입사 당시 상호간에 퇴직금이 없다거나 퇴직금 청구를 포기하겠다는 내용의 합의 또는 각서를 받더라도 이는 근로기준법 제15조에 의거 해당 부분이 무효가 되기 때문에 별도로 퇴직금을 지급해야 한다.

3 일용직 · 임시직 근로자의 퇴직금

퇴직금은 직종과 관계없이 근로자이고 근로기준법이 적용되는 사업장은 전부 적용된다. 비록 형식적인 일용근로계약을 체결하였으나 계속 반복되어 고용해 온 일용근로자나 또는 단기간의 근로계약을 계속 반복적으로 갱신 또는 연장하여 근무한 경우라 하더라도 전체 근무연수가 1년 이상이면 퇴직금을 지급해야 한다. 그러나 근무기간 중에 자신의 의사에 따라 퇴직하고 다시 입사할 경우에는 근로관계가 단절되고 새로 근속연수를 가산한다. 임시직, 촉탁직, 잡급직으로 근무하다가 정식직원으로 임용되면서 사직서를 받고 이전 근로관계를 단절하더라

법정퇴직금제도 한계

구분	퇴직금
퇴직금 발생 요건	• 1인 이상 사업장 (2010. 12월) • 1년 이상 근속 • 근로자
퇴직금 산정 방식	• 최종 3개월 평균임금× 근속연수
적립 방식	• 퇴직충당금으로 적립 • 적립금 손비 한도 축소 (2012년 20%, 매년 5% 축소, 2016년 폐지)
수령 방법	• 퇴직시 14일 이내 일시 지급 • 지연이자 20%
중간 정산 요건	• 무주택근로자 주택마련 (전세자금) • 6개월 이상 요양비 청구 (부양가족) • 5년 이내 개인파산 (회생절차) • 임금피크제/임금감액 • 근로시간 단축

→

문제점
근로자의 퇴직금 수급 불안
• 기업도산시 안정장치 없음 (퇴직금을 적립한다. 하지만 대부분 장부에 기재하기만 할 뿐, 실제로는 적립하지 않음)
중간정산으로 노후자금 소진
• 전체 기업의 75%('05/금감원)
노후보장 기능 미흡
• 노후자금을 쌓아둘 수 있는 법적 제도가 없음 • 잦은 이직, 이른 퇴직으로 퇴직금의 조기소진 가능성 증가

도 임용당시 종전기간에 대한 퇴직금을 지급하지 않았으면 향후 퇴직 시 정규직 이전의 근무기간에 대해서도 퇴직금을 지급해야 한다.❶

4 퇴직금 지급사유 발생일

1년 이상 근로한 근로자가 사망 또는 사직, 해고 등으로 퇴직한 경우에는 퇴직사유 발생일로부터 14일 이내에 퇴직금을 지급하여야 한다. 14일 이내란 소정근로일과 관계없이 퇴직사유 발생일로부터 역일에 따라 계산한다. 기간의 정함이 없는 근로계약관계에 있는 근로자가 사용자에게 퇴직의 의사표시(사표제출)를 행한 경우 사용자가 수리하였거나 또는 당사자간에 계약종료시기에 관한 특약(단체협약, 취업규칙 및 근로계약)이 있을시라면 각각 그 시기(사표수리한 시기 또는 특약에 의한 시기)에 퇴직효력이 발생된다. 다만, 이 경우 사용자가 근로자의 퇴직의 의사표시에 대하여 수리하지 아니하거나 또는 계약종료시기에 관한 별단의 특약이 없는 경우에는 민법 제660조 제2항에 의거하여 사용자가 당해 퇴직의 의사표시를 통고 받은 날로부터 1개월이 경과될 때까지는 퇴직효력이 발생치 않는다. 그러나 이와 같은 경우에도 근로자에게 지급하는 임금을 일정한 기간급으로 정하여 정기지급하고 있을시에는 사용자가 근로자의 퇴직의사를 통보 받은 당기 후의 1지급기를 경과한 시에 계약해지의 효력이 발생한다.

5 근속연수 산정

근속연수란 근로자가 입사하여 퇴사한 기간을 말하며 고용관계와 근로자 신분을 유지하는 기간이다. 입사하여 직무적응에 필요한 수습기간도 근속연수에 포함한다. 근로자가 업무외 부상 또는 질병이나 취업규칙이 정하는 사유에 의한 휴직기간도 근속연수에 포함된다. 근속연수 산정시에는 민법의 초일을 불산입하는 원칙이 적용되지 않으므로 기산일은 최초 입사일이고 마감일은 퇴직일이 된다.❷

법정퇴직금/퇴직연금제도 비교

	퇴직금	DB형	DC형	IRP	기업형 IRP
적용대상	모든 사업장			퇴직급여발생자 DB/DC 가입자	상시근로자 10인 미만 사업장
규약	취업규칙 작성신고	퇴직연금규약 작성신고		퇴직연금규약 불필요	
수수료 부담	해당 사항 없음	사용자	사용자 (추가납입분은 근로자)	근로자	
중도인출	가능 (특정사유)	불가	가능(특정사유)		
담보제공	불가	50% 까지(특정사유)			
퇴직급여 형태	일시금	연금 또는 일시금			
수령요건	없음	55세 이상 (가입기간 10년 이상)		55세 이상	55세 이상(가입기간 10년 이상)

기금형 퇴직연금제도 도입

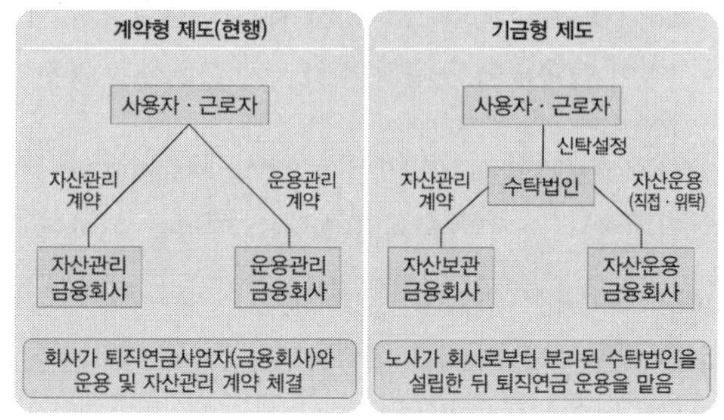

❶ 일용계약직 직원이라도 매년 계약을 갱신해 왔다면 퇴직금을 지급해야 한다. (대법 2011.4.14, 2009다35040)

❷ 동절기인 2개월간 근무를 하지 않았고, 이 기간에 대하여 노사 당사자가 특별히 정한 바가 없다면 동절기 2개월까지 포함하여 계속 근로로 보기는 곤란하다. (퇴직급여보장팀-975, 2005.02.07.)

6 근로시간단축에 따른 퇴직금 감소 예방 의무(2018.7.1)

퇴직급여보장법 제32조(사용자의 의무)에서 확정급여형퇴직연금제도(DB형) 또는 퇴직금제도를 설정한 사용자는 다음 각 호의 어느 하나에 해당하는 사유가 있는 경우 근로자에게 퇴직급여가 감소할 수 있음을 미리 알리고 근로자대표와의 협의를 통하여 확정기여형퇴직연금제도로의 전환, 퇴직급여 산정기준의 개선 등 근로자의 퇴직급여 감소를 예방하기 위하여 필요한 조치를 하여야 한다(2018.6.12 신설).

① 사용자가 단체협약 및 취업규칙 등을 통하여 일정한 연령, 근속시점 또는 임금액을 기준으로 근로자의 임금을 조정하고 근로자의 정년을 연장하거나 보장하는 제도를 시행하려는 경우

② 사용자가 근로자와 합의하여 소정근로시간을 1일 1시간 이상 또는 1주 5시간 이상 단축함으로써 단축된 소정근로시간에 따라 근로자가 3개월 이상 계속 근로하기로 한 경우

③ 법률 제15513호 근로기준법 일부개정법률 시행에 따라 근로시간이 단축되어 근로자의 임금이 감소하는 경우

제32조 제4항을 위반하여 근로자에게 퇴직급여가 감소할 수 있음을 알리지 아니하거나 퇴직급여 감소 예방을 위하여 필요한 조치를 하지 않을 경우 500만원 이하의 벌금에 처한다. 따라서 DB형 퇴직연금에 가입한 근로자가 DC형을 선택할 수 있도록 하고나 퇴직금 중간정산 신청을 할 수 있도록 조치해야 합니다. 또는 취업규칙을 개정하여 근로시간 단축 전 퇴직금과 단축 후 퇴직금을 별도로 계산하여 합산 지급하는 규정개정도 가능하다.[3]

퇴직금감소 예방조치

퇴직금연금법 개정안(2018년 7월 1일부터 시행)

- 정부는 지난 6월 5일, 근로자의 퇴직급여 수급권을 보호하기 위해 사용자의 의무를 강화하는 근로자퇴직급여보장법 공포안을 심의, 의결
- 이번 법 개정은 노동시간 단축입법 시행에 따라 근로자 임금이 감소하는 경우, 사용자가 근로자에게 퇴직금이 감소될 수 있다는 것을 미리 알릴 의무를 부과하고 있음

퇴직연금법 개정안 내용
[시행일: 2018.7.1]

제32조(사용자의 책무)

④ 확장급여형퇴직연금제도 또는 퇴직금제도를 설정한 사용자는 다음 각 호의 어느 하나에 해당하는 사유가 있는 경우 근로자에게 퇴직급여가 감소할 수 있음을 미리 알리고 근로자대표와의 협의를 통하여 확정기여형퇴직연금제도로의 전환, 퇴직급여 산정기준의 개선 등 근로자의 퇴직급여 감소를 예방하기 위하여 필요한 조치를 하여야 한다.

▲ 근로자에게 퇴직급여가 감소할 수 있음을 미리 알리고 ▲ 근로자대표와 협의를 통해 퇴직금 감소를 예방하기 위한 조치를 하도록 책임을 지우는 내용

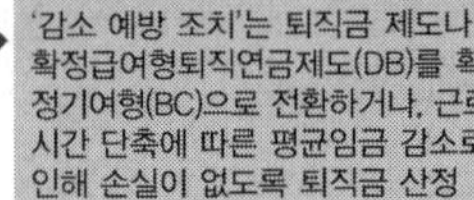

'감소 예방 조치'는 퇴직금 제도나 확정급여형퇴직연금제도(DB)를 확정기여형(BC)으로 전환하거나, 근로시간 단축에 따른 평균임금 감소로 인해 손실이 없도록 퇴직금 산정기준을 개선하는 조치 등을 의미

퇴직금 중간정산제도

퇴직금 중간정산제라 함은 실제 근로관계를 종료시키는 퇴직효과는 발생하지 않았지만 근로자의 경제적, 기타 사유 등으로 회사가 승인하여 이미 근무한 기간에 대한 퇴직금을 중간 계산하여 지급하는 제도를

[3] 퇴직금제도를 불리하게 변경하여 일률적으로 적용하면서, 기존 근로자의 기득이익 보호를 위하여 경과규정을 둔 것은 차등퇴직금제도 금지의 원칙에 위배되지 않는다. (대법 2003.12.18., 2002다 2843).

말한다. 2012년 7월부터는 퇴직금을 연금제로 유도하기위해 ① 무주택 근로자가 주택구입(전세자금)을 목적으로 ② 본인 및 가족의 6개월 이상의 요양비 목적(연간소득의 125/1,000 초과분) ③ 파산자 ④ 임금피크제 대상자 ⑤ 근로시간 단축으로 임금감소자의 중간정산을 제한하고 퇴직연금의 경우에도 비슷한 기준으로 적용된다.

1 퇴직금 중간정산 단위

퇴직금 중간정산제는 중간정산 단위 기간에 대하여 근로자가 신청하고 회사가 승인했을 경우 평균임금에 대하여 노사간에 특별히 정한 바가 없으면 근로자가 퇴직금 중간정산을 요구한 날을 사유발생일로 보아 퇴직금을 계산한다. 근속연수가 1년 미만인 신입사원과 연봉계약서를 체결하면서 연봉에 퇴직금을 포함하여 지급하기로 하는 약정은 발생하지도 않은 퇴직금을 연봉에 포함한 계약으로 무효이다.[4]

2 퇴직금 분할지급 약정효과

1년 이상의 근속근로자와 퇴직금 분할지급을 약정하고 임금외 매월 퇴직수당을 지급하였다면 이는 퇴직금도 아니고 임금도 아닌 부당이득금으로 근로자는 수령한 퇴직금 명목의 금원을 부당이득으로 사용자에게 반환하여야 한다.[5]

3 법정퇴직금과 퇴직연금제

법정퇴직금제도는 회사가 근로자 퇴직금을 사내 적립하는 퇴직금 충당금제도로 회사가 부도날 경우 퇴직금 보장이 어려우며, 퇴직금은 고령화 사회를 대비한 자금으로 사용되어야 하나 퇴직금 중간정산을 통해 이를 소진하는 경우가 많아 2005년 퇴직연금제를 도입해 2017년부터 근로자 수에 따라 단계적으로 의무 확대된다.

④ 사용자가 근로자와 사이에 매월 지급받는 임금 속에 퇴직금이란 명목으로 일정한 금원을 지급하기로 약정하고 사용자가 이를 지급한 경우, 퇴직금 지급으로서의 효력이 없다. (대법 2006.9.22, 2006도3898)

⑤ 사용자가 근로자에게 이미 퇴직금 명목의 금원을 지급하였으나 그것이 퇴직금 지급으로서의 효력이 없어 사용자가 같은 금원 상당의 부당이득반환채권을 갖게 된 경우, 이를 자동채권으로 하여 근로자의 퇴직금채권과 상계할 수 있다. (대법 2010.5.20, 2007다90760)

● 법정퇴직금 vs 퇴직연금제

구분	법정퇴직금제	퇴직연금제	
		확정급여형(DB)	확정기여형(DC)
개념	퇴직금 수준이 사전에 확정	퇴직금 수준이 사전에 확정	사용자의 부담금이 사전에 확정
퇴직급여 수준	평균임금 30일×근속연수		적립금±운영수입(손실)
지급방식	일시금	일시금 또는 연금 연금: 만 55세 이상, 10년 이상 가입자	
중간정산	법정요건(근로자 신청)	불가(법정요건 충족시 50% 담보대출)	법정요건 충족시 중도인출 또는 50% 담보대출
회사 부담금	재량	적립금 운영실적 변동	연봉에 1/12 이상
운영책임	회사		근로자
적립방식	사내적립	사외적립(80→100% 연도별 증액)	전액 사외적립
세제혜택	충당금 15% 손비 인정(매년 5% 감소)	납입 부담금 전액	

퇴직연금제도

1 연금제도

자본주의 사회에서 노동력을 상실한 노후에 생계유지 수단 및 고령화 사회를 대비하여 노후생활안정을 위해 국가가 강제화 하여 준조세 성격으로 운영하는 국민연금제도와 국가가 법으로 강제하여 국가 또는 기업이 부담하는 퇴직연금(준공적연금)이 있고, 개인의 소득에 따라 자유롭게 가입할 수 있는 개인연금제도가 있다. 2012년 7월 이후 새로 설립된 사업의 사용자는 사업설립 1년 이내에 퇴직연금제를 의무적으로 도입해야 한다.

연금의 유형

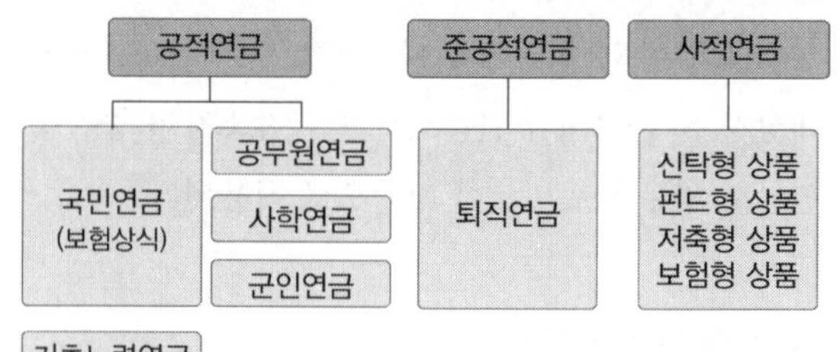

2 근로자퇴직급여보장법

2005년 1월 '근로자퇴직급여보장법' 제정으로 2005년 12월부터 퇴직연금제도가 시행되면서 기존 근로기준법에서 규정되던 퇴직금제도는 퇴직연금제도와 함께 '근로자퇴직급여보장법'에서 일괄적으로 규정한다. 퇴직급여는 퇴직금, 퇴직연금(확정급여형, 확정기여형)으로 구분하여 '근로자대표'의 '동의'를 전제로 이 중 한 가지 제도를 설정해야 한다. 그러나 2012년 7월부터 신설사업장은 사업설립 후 1년 이내 근로자대표의 의견을 들어 퇴직연금제를 설정해야 한다.

3 퇴직연금 유형

퇴직연금 유형

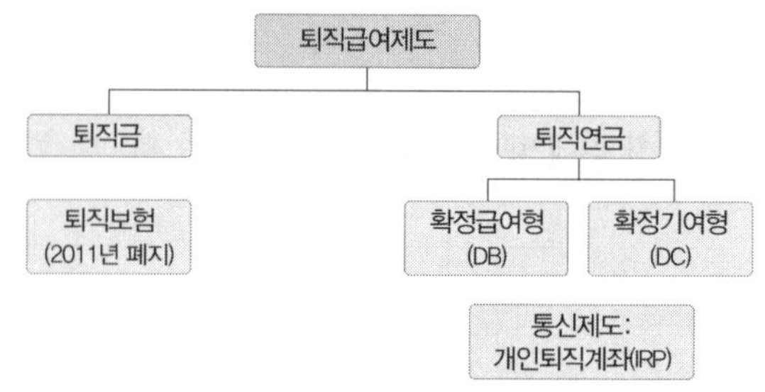

(1) 확정급여형DB형

확정급여형Definite Benefit: DB형은 '급여'가 미리 '확정'되어 있다고 해서 '확정급여형'이라고 하며 근로자가 받을 급여는 정해져 있고(퇴직 전 평균임금×근로연수) 퇴직연금 적립금을 어떻게 운용할 것인가는 사용자가 결정한다. 만약 임금인상률과 기금운용수익률로 연금액이 떨어진다면 사용자가 비용부담을 한다.

(2) 확정기여형DC형

확정기여형Definite Contribution: DC형은 사용자가 내야 하는 부담금(임금총액의 8.3%)은 미리 정해져 있고, 근로자는 자신의 계좌를 갖고 스스로 적립 운용하며, 근로자가 받는 연금급여는 적립금의 운용수익에 따라 변동되기 때문에 운용결과에 따라 급여가 손실될 수 있다.

(3) 개인퇴직계좌

개인퇴직계좌Individual Retirement Penion: IRP형는 근로자가 직장을 옮기더라도 퇴직일시금을 계속 적립했다가 55세 이후에 연금이나 일시금으로 받을 수 있도록 하는 저축계정으로 가입계약 방법과 취급 금융기관, 적립금 운용방법 등이 확정기여형과 같다. 다만, 10인 미만 사업장은 특례적용(사용자의 규약 작성·신고 의무 및 교육 의무 면제)된다.

4 연금지급 기준

근로자는 퇴직연금을 연금이나 일시금 중 선택해 지급받을 수 있으나 연금으로 지급받기 위해서는 최소 가입기간은 10년 이상 되고 55세 이상이 되어야 한다. 연금 수급기간은 최소 5년이며, 구체적인 기간은 노사가 퇴직연금규약에서 일정기간(5년, 10년, 20년 또는 종신)을 정하게 된다. 연금으로 받을 경우, 연금소득세로 부과되어 일시금으로 받을 때보다 상대적으로 유리한 세율이 적용된다.[6]

5 퇴직연금 중간정산 제한

퇴직연금의 경우 현행 퇴직금의 중간정산제는 사실상 허용하지 않고 확정기여형(DC형)의 경우에 ① 무주택자인 가입자가 주택을 구입(전세자금)할 경우 ② 가입자 또는 그 부양가족이 6개월 이상 요양할 경우(연간소득 125/1000 초과분) ③ 파산선고자 ④ 근로시간 단축으로 임금감소자 ⑤ 기타 천재·사변의 경우(시행령 제8조) 중도인출 사유로 인정한다. 담보대출의 경우 확정급여형, 확정기여형 모두 자신의 퇴직연금 적립금을 담보로 예상급여액의 50% 범위 내에서 허용되며 담보대출의 경우도 중도인출과 동일한 사유가 있어야 가능하다.

[6] 회사가 퇴직금제도로 확정급여형 퇴직연금제도를 설정해 퇴직연금사업자를 정하여 운영해 왔다고 하더라도 퇴직금 지급 책임은 퇴직연금사업자가 아닌 회사에 있다. (대구지법 2013.8.22, 2012나24789)

퇴직연금제 유형

구분	확정급여형 (Defined Benefit)	확정기여형 (Defined Contribution)
개념	• 노사가 사전에 급여의 수준·내용을 약정 • 근로자가 일정한 연령에 달한 때에 약정에 따른 급여를 지급(연금 55세 이상)	• 노사가 사전에 부담할 기여금을 확정 • 적립금을 근로자가 자기책임으로 운용 • 근로자가 일정한 연령에 달한 때에 그 운용결과에 기초하여 급여를 지급 (연금 55세 이상)
기여금	산출기초율(운용수익률, 승급률 등) 변경시 변동	확정(연간 임금총액의 12분의 1 이상)
급부	확정(계속근로기간 1년에 대하여 30일분의 평균임금 이상)	운영실적에 따름
위험부담	물가, 이자율변동 등 회사 부담	물가, 이자율변동 등 근로자 부담
지급보장	• 의무적립금제도(의무적립비율 현재 60%, 2014년 70%, 2016년 80%, 2019년 90% 이상) • 최소적립금 미달 통지 의무(사업주/근로자대표) 및 최소적립비율 미달시 사용자는 재정안정화계획서를 작성하여 3년 이내 해소의무 * 퇴직연금 법정 적립금 미달시 1천만원 과태료 부과(2021.4)	• 운용방법에 원리금보장상품 포함 등 안정적 운영지도 • 퇴직 후 14일 경과한 날 다음날부터 납입일까지 연 20%의 지연이자를 부과하되, 퇴직급여 지급 의무 발생 이전인 납입예정일부터 퇴직 후 14일까지는 연 10%의 지연이자 부과
기업부담	축소가능 (수익률이 높을 경우)	축소 불가
통산제도	어려움(개인퇴직계좌를 통한 통산가능)	용이
연금수리	필요(최소 적립금 미달 통지)	불필요
선호계층	장기근속자	단기근속자 및 젊은 층
주요대상	대기업, 기존 사외적립기업	연봉제, 중소기업, 자영업자

IRP제도

구분		기업형 IRP	개인형 IRP
특징		• 개인 근로자의 동의 또는 요구로 해당 근로자에 대해 개인형 퇴직연금제도를 설정한 경우 • 연금규약작성 및 노동부 신고절차 생략(10인 미만 사업장)	• 이직 등으로 지급받은 퇴직금 및 추가불입한 금액을 노후자금으로 적립 운영 가능 • 근로자 필요에 따라 언제든지 해지 가능
세제혜택	회사	• 회사부담금 전액 손비 인정	-
	근로자	• 연금저축과 합산하여 연 700만원 한도 세액공제	• 연금저축과 합산하여 연 700만원 한도 세액공제 • 세액 이연 및 이자 배당 수익 비과세

6 퇴직연금 운영체계

퇴직연금의 기본구조는 외부 금융기관에 사용주가 부담할 퇴직연금 적립금을 보관·운용하면서 퇴직시점에 연금 또는 일시금의 형태로 급여를 지급받는 것이다. 퇴직연금의 규약작성과 이에 의거한 퇴직연금 사업자(운용관리기관 및 자산관리기관) 선정과 기능, 적립금 납부, 투자금의 지급과 회수, 연금급여의 지급 등 연금운영체계는 그림과 같다.

● 퇴직연금 운용체계

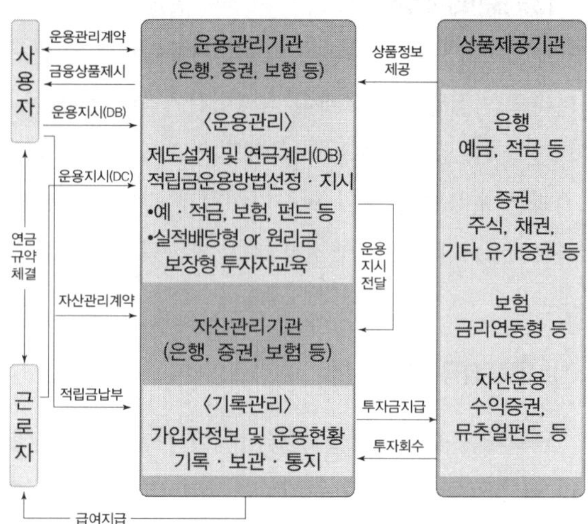

7 퇴직연금 도입과정

(1) 퇴직연금 도입 결정

기업이 기존 퇴직금제를 퇴직연금제도로 도입·변경하거나, 종류를 선택할 때 '근로자대표' 동의를 얻어야 한다. 퇴직금제와 연금제를 병행할 경우 사용자가 확정급여형 퇴직연금제도나 확정기여형 퇴직연금제도를 추가로 설정하여 개별 근로자의 선택에 따라 퇴직금제도를 그 설정된 퇴직연금제도로 변경할 수 있도록 하려는 경우에는 근로자대표의 의견을 들어야 한다.

(2) 규약작성

퇴직연금 규약은 유형별로 법(제12조, 제13조)에서 정한 법정 기재사항에 따라 작성하며 이는 최소 규정이다. 이를 상회하거나 법정 기재 이외의 사항은 노사 합의에 따라 별도로 규정할 수 있다(가입대상, 급여·부담금 수준, 재정건전성 확보 등). 노사 합의에 의해 작성된 규약은 노동부장관에게 신고하게 되며(지방노동관서에서 수리), 10인 미만 사업장에서 개인퇴직계좌를 선택하는 경우는 규약작성 의무는 면제된다.

● 규약 기재 사항

확정급여형(DB)	확정기여형(DC)
• 퇴직연금사업자(금융기관) 선정에 관한 사항 • 가입자에 관한 사항 • 가입기간에 관한 사항 • 급여의 종류 및 수급자격 등에 관한 사항 • 운용관리업무 및 자산관리업무 계약의 체결 및 해지에 따른 계약이전에 관한 사항 • 근로자도 DB형과 DC형을 설정비율에 따라 동시가입 가능 • 운용현황(금액, 수익률) 통지에 관한 사항 • 수급권의 확인과 지급절차에 관한 사항 • 제도의 폐지·중단에 관한 사항	
• 급여수준에 관한 사항 • 재정건전성 확보에 관한 사항(외부적립 최소 80% 이상) • 최소 적립금 80% 미만 납입한 경우 근로자대표에게 통보	• 부담금(임금총액 1/12) 및 납부방법 • 적립금 운용권한 및 방법, 정보제공 등 • 중도인출에 관한 사항 • 사용자가 정한 기일까지 부담금을 미납한 경우 지연이자에 관한 사항 • 그 밖에 확정기여형의 운영을 위하여 대통령령이 정하는 사항(수수료 부담, 가입자교육 등)

(3) 퇴직연금 사업자 선정

퇴직연금 규약을 작성하면 사용자는 퇴직연금사업자와 개별적인 계약을 맺어 적립금 운용과 자산관리를 하게 된다. 적립금은 자산관리기관에 납부·관리되며, 기업(확정급여형의 경우) 또는 근로자(확정기형 또는 개인퇴직계좌의 경우)는 별도 운용관리기관을 통해 적립금의 운용 지시를 한다. 퇴직연금사업자를 선정할 때, 자산관리기관 및 운용관리기관을 별개의 계약에 의해 독립적으로 운영하도록 하고 있지만, 실제 대부분 동일한 금융기관이 자산관리와 운용관리 업무를 모두 총괄하게 된다.

(4) 수수료 결정

퇴직연금은 퇴직금과 달리, 운용 및 자산에 대한 수수료를 지급해야 한다. 퇴직연금 수수료는 크게 운용관리수수료와 자산관리수수료로 구분하여 확정급여형의 경우, 수수료는 전액 사용주가 부담하도록 되어 있으나, 확정기여형의 경우 규약을 작성할 때 자산관리수수료를 누가 부담할지 노사 합의를 통해 결정(운용관리수수료는 사용주 부담)한다. 수수료는 퇴직연금사업자마다 차이가 있으며, 자산관리수수료는 보통 0.3~0.65% 수준이고(2009년 기준), 매년 적립금에 수수료율을 곱하여 산출하며 만약 퇴직시 일시금으로 받지 않고, 연금으로 받기 위해 연금 수급연령(55세) 때까지 기다렸다 받을 경우, 대기기간 동안의 수수료는 근로자가 부담한다.

(5) 기존 퇴직금 및 퇴직보험 처리

기존 퇴직금을 퇴직연금으로 전환할 경우, 기존 퇴직금이나 퇴직보험적립금은 노사 합의에 따라 다양한 방식으로 처리가능하다. 제도도입 이전 근무기간을 퇴직연금으로 편입시킬 경우, 사용주는 기존 퇴직금을 일시에 적립할 수도 있고, 최대 5년 동안 나눠서 적립할 수 있다. 이 또한 규약 작성할 때 별도로 규정하여 정산할 수 있다.

퇴직연금 운용금융기관

구분	등록 현황
은행 (15개사)	경남은행, 광주은행, 국민은행, 대구은행, 부산은행, 신한은행, 우리은행, 제주은행, 하나은행, 한국씨티은행, 한국외환은행, 농협중앙회, 수산협중앙회, 중소기업은행, 한국산업은행
증권 (17개사)	NH투자증권, SK증권, 교보증권, 굿모닝신한증권, 대신증권, 대우증권, 동양종금증권, 미래에셋증권, 삼성증권, 신영증권, 우리투자증권, 하나대투증권, 한국투자증권, 한화증권, 현대증권, 하이투자증권, HMC투자증권
생보 (14개사)	IBK연금보험, ING생명보험, 교보생명보험, 금호생명보험, 녹십자생명보험, 대한생명보험, 동부생명보험, 동양생명보험, 메트라이프생명보험, 미래에셋생명보험, 삼성생명보험, 신한생명보험, 하나HSBC생명보험, 흥국생명보험
손보 (8개사)	그린화재해상보험, 동부화재해상보험, 롯데손해보험, 메리츠화재해상보험, 삼성화재해상보험, 엘아이지손해보험, 한화손해보험, 현대화재해상보험

8 적립금 운영 및 규제

현행 퇴직연금의 적립금 운용은 ① 집중투자 규제 ② 이해상충 규제, 그리고 투자가능자산을 열거하고 ③ 위험자산별 투자한도를 설정하는 등 일정 수준에서 운용상 규제를 하고 있다. 위험성이 높은 투자대상, 특히 근로자가 운용에 대한 책임을 지는 기여형에 강한 규제가 이뤄지고 있다.

현행 적립금 운용규제

구분	투자대상	DB형	DC형
집중투자 규제	동일회사 발행주식에 대한 규제	10%	금지
	동일법인 발행채권에 대한 규제	5%	30%
이해상충 규제	사용자와 계열회사 또는 관계회사 발행채권 규제	5%	10%
투자대상 자산별 규제	국내외 상장주식, 주식형 펀드, 후순위 채권, 주가연계증권 (최대손실 40% 이내) 등	30%	금지
	혼합형(주식 40~60%) 펀드, 고위험 채권펀드(투자적격등급 이외 채권 등에 투자) 등	40%	
	외국채권에 주로 투자(50% 이상)하는 펀드, 외국의 투자적격채권 (OECD 회원국 채권) 등		30%
	예·적금, 국·공채, 투자적격채권, 채권형 펀드(주식편입 비율이 40%)	투자제한 없음	

9 퇴직연금과 세제

연금소득에 대한 과세체계는 일반적으로 ① 기여금을 납부할 때 ② 적립금을 투자·운용할 때 ③ 연금을 지급받을 때(수령단계) 등 크게 3단계로 구분하여 세제혜택을 준다. 퇴직연금제도는 기여금을 납부할 때는 부담금의 일정부분만 소득공제되고 나머지는 과세되며, 적립금 운용단계에서는 기본적으로 비과세 처리되며, 퇴직급여 수령단계에서는 원천적으로 과세하되 기여단계에서 과세된 부분에 대해서는 면세하는 방식을 채택하고 있다. 2010년 현재 30%인 퇴직급여 적립금 손비 한도를 매년 5%씩 단계적으로 축소해(2011년 25%, 2012년 20% 등) 2016년에는 폐지해 퇴직연금 활성화를 유도하고 있다.

10 퇴직연금제도의 연속성 강화

확정급여형 및 확정기여형 퇴직연금제도에 따른 급여는 근로자가 55세 이상 등 대통령령이 정하는 경우가 아닌 경우 가입자가 지정한 개인형 퇴직연금제도 계정에 이전하는 방법으로 지급하고, 확정기여형 퇴직연금제도의 가입자가 퇴직할 때 지급받을 급여를 갈음하여 그 운용 중인 자산을 개인형 퇴직연금제도의 계정으로 이전받을 수 있도록 한다(2012. 7월).

11 개인형 퇴직연금IRP 확대 적용

확정급여형 및 확정기여형 퇴직연금제도에 가입한 근로자와 자영업자 등도 개인형 퇴직연금제도를 설정하여 스스로의 부담으로 부담금을 납입할 수 있도록 한다.

12 퇴직연금 중간정산 및 수수료

(1) 퇴직연금 중간정산 제한(시행령 제3조)

퇴직금제도와 같이 퇴직연금 DC형에 대해서는 ① 무주택자 본인명의 주택구입 ② 본인, 부양가족 6개월 요양비 ③ 최근5년 이내 개인파산 및 회생절차 개시에 대해서는 중간인출을 허용하고 있다(임금피크제 실시에 따른 중간정산은 허용하지 않음).

(2) 퇴직연금수수료 부담주체 명문화(시행령 제4조)

DB/CD형 운용 및 자산관리수수료의 부담은 사용자 부담이 원칙으로 DC형(10인 미만 특례 IRP)의 경우 근로자가 스스로 부담하는 추가부담금(1,800만원/1년)에 대한 수수료는 가입자가 부담한다.

(3) 퇴직연금 담보대출 확대

퇴직연금 수급권의 담보제공 수급자격을 본인, 배우자, 부양가족 등록금 · 혼례비 · 장례비로 확대하고, 퇴직금 중간정산 사유도 임금감액 · 근로시간단축 · 전세금 · 보증금으로 확대하여 근로자의 가계부채 부담을 줄이도록 한다(2015. 12월부터 시행).

● 거래단계별 퇴직연금 과세흐름

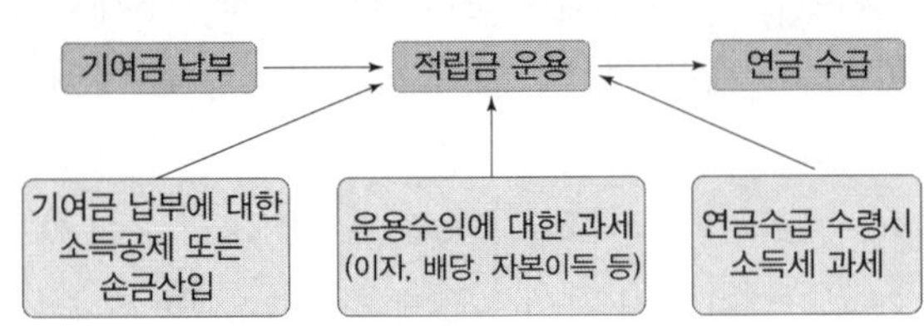

● 퇴직연금 중간정산 및 담보대출 기준(2021.1월)

퇴직금 〈중간정산〉	퇴직연금 (DC/IRP) 〈중도인출〉	퇴직연금 (DB/DC/IRP) 〈담보대출〉
무주택자 본인 명의 주택구입 (주민등록등본, 재산세과세증명서, 부동산매매계약서, 건물등기부등본 또는 건축물 대장)	좌동	좌동
무주택자 주거목적 전세금 및 임차보증금(전세 및 임대차계약서)	좌동	좌동
본인, 배우자, 부양가족, 6개월 이상 요양비(병원진단서, 가족관계증명서) : 연봉에 125/1000(12.5%)초과하는 경우	좌동	좌동
파산선고 및 개인회생절차 개시결정 (법원의 파산선고 결정문서)	좌동	좌동
임금피크제 실시(취업규칙/단체협약)	×	×
소정근로시간을 일정범위 이상 변경한 경우	×	×
근로시간단축로 인한 임금 감소 (2018.7.1)	×	대학등록금
기타	×	혼례비/장례비
천재지변	좌동	좌동

13 임원에 대한 퇴직연금

퇴직연금 규약에 임원도 가입할 수 있도록 규정하고 임원의 과반수 동의을 받아야 한다. 근로자가 아닌 임원만을 대상으로 퇴직연금을 도입할 수는 없다.

14 퇴직연금 규약을 개정할 경우

근로자대표의 동의 또는 의견을 청취해야 하며, 이때 근로자대표는 과반수 노조의 경우 노조위원장, 직원들이 직접, 비밀, 무기명 투표로 선출한 노사협회의 근로자대표, 과반수 이상이 찬성하여 선출한 근로자대표이어야 한다.

임 · 직원 퇴직급여의 법인세법상 손금산입과 소득구분

구분			손금산입	소득구분
임원	퇴직급여지급 규정 등이 있는 경우	지급규정상의 금액	○	퇴직소득
		이외의 초과금액	×	근로소득
	퇴직급여지급 규정 등이 없는 경우	퇴직직전 1년간 총급여×10%×근속연수	○	퇴직소득
		이외의 초과금액	×	근로소득
직원		퇴직으로 인해 지급 받은 소득	○	퇴직소득

* 1년 미만의 기간은 월수로 계산하되, 1개월 미만의 기간은 이를 산입하지 않음

** 퇴직급여지급규정 등에 따라 지급한 금액이라도 소득세법 제22조 제3항에 따른 임원퇴직금 한도를 초과한 금액은 근로소득으로 과세함

퇴직연금법 개정(2022.4.14 시행)

1 퇴직금의 개인형퇴직연금제도(IRP) 계정 이전 의무화

기존에는 퇴직연금(확정급여형, 확정기여형)에 가입한 근로자의 퇴직급여만 의무적으로 개인형퇴직연금제도(IRP) 계정으로 지급되도록 하고 있었으나, 2022. 4. 14.부터는 퇴직연금뿐만 아니라 퇴직금 제도가 적용되고 있는 근로자의 퇴직급여도 개인형퇴직연금제도(IRP) 계정으로 지급되어야 한다. 퇴직금을 개인형퇴직연금제도(IRP) 계정으로 지급할 때는 소득세를 원천징수하지 않고 세전 금액으로 지급되어야 한다는 점을 유의할 필요가 있다.

2 확정급여형(DB) 퇴직연금 최소적립금 미적립 시 과태료 부과

그간 확정급여형(DB) 퇴직연금제도의 최소적립금 이상을 사외 예치하고 있지 않은 사용자는 재정안정화계획서를 작성하고 근로자대표에게 통보하도록 하고 설사 최소적립금 부족분을 해소하지 않더라도 별다른 제재가 없었으나, 2022. 4. 14.부터는 최소적립금 부족분의 1/3 이상을 1년 이내에 해소하지 않은 사용자에 대해서는 1,000만 원 이하의 과태료가 부과된다.

2022. 4. 14. 이후 퇴직연금사업자인 금융기관으로부터 재정검증결

과를 통보 받은 사용자부터 적용되며, 최소적립비율에 미달하고 있는 것으로 통보된 경우 재정검증결과 통보 시점이 아닌 직전 사업연도 종료 시점부터 1년 이내에 적립 부족을 해소하여야 한다.

3 상시 근로자 300명 이상 사용 확정급여형(DB) 퇴직연금 도입 사업장의 적립금운용위원회 구성 의무화

확정급여형(DB) 퇴직연금제도를 운영하는 상시 근로자 300명 이상 사용 기업은 적립금운용위원회를 구성하여야 한다. 그동안은 사용자가 확정급여형(DB) 퇴직연금의 적립금을 어떻게 운용할지 독자적으로 결정하였는데 원리금보장상품 위주 운용에 따른 수익률 저하 등의 문제점이 있어, 보다 합리적으로 적립금을 운용할 수 있도록 적립금운용위원회 제도를 도입하였다. 적립금운용위원회는 5~7명의 위원으로 구성되며, 연 1회 이상 개최하여야 하고, 목표수익률 설정, 자산배분 등 적립금 운용에 관한 사항, 적립금운용계획서, 재정안정화계획서 등을 심의·의결하게 된다. 최소적립비율을 충족하지 못한 사업장의 경우, 적립금운용위원회에 근로자대표, 퇴직연금 관련 부서장, 퇴직연금 전문가를 각각 1명 이상 포함하여야 한다. 사용자가 적립금운용위원회를 구성하지 않거나 적립금운용계획서를 작성하지 않은 경우 500만 원 이하의 과태료가 부과될 수 있다.

● 퇴직연금 규약(혼합형)

제 1 장 총칙

제1조(명칭) 이 규약은 (주)ㅇㅇㅇㅇ의 혼합형퇴직연금제도규약이라 한다.

제2조(목적) 이 규약은 근로자퇴직급여보장법(이하 "법"이라 한다) 제6조에 따라 가입자에 대하여 확정급여형퇴직연금제도 및 확정기여형퇴직연금제도를 함께 설정하여 운영하는 데 필요한 사항을 정함으로써 가입자의 안정적인 노후생활 보장에 이바지함을 목적으로 한다.

제3조(적용) 이 규약은 아래의 사업 또는 사업장(이하 "사업"이라 한다)에 적용한다. 명칭 (주)ㅇㅇㅇㅇ 주소 ㅇㅇ시 ㅇㅇ구 ㅇㅇ동

☞ 적용사업장이 다수인 경우에는 "이 규약의 적용을 받는 사업 또는 사업장의 명칭 및 소재지는 별지ㅇ과 같다"로 기재

제4조(성실의무) 사용자 및 근로자는 이 규약과 관련 법령에서 정한 퇴직연금제도의 설정 및 운영에 관한 사항을 성실히 준수하여야 한다.

제5조(사용자 및 근로자대표) ① 이 규약에서 사용자라 함은 법 제2조 제2호의 규정에 의한 사용자를 말한다.

② 이 규약에서 근로자대표라 함은 근로자의 과반수가 가입한 노동조합이 있는 경우에는 그 노동조합, 근로자의 과반수가 가입한 노동조합이 없는 경우에는 근로자 과반수를 말한다.

제6조(급여 및 부담금 수준) 확정급여형퇴직연금제도의 급여 및 확정기여형퇴직연금제도의 부담금 수준은 다음 각 호와 같이 정한다.

1. 확정급여형퇴직연금제도의 급여: 제13조 제1항에 따른 급여수준에 100분의 50을 곱한 수준
2. 확정기여형퇴직연금제도의 부담금: 제14조 제1항에 따른 부담금 수준에 100분의 50을 곱한 수준

제 2 장 퇴직연금사업자의 선정

제6조(운용관리기관의 선정) ① 사용자는 법 제28조에 따른 운용관리업무를 수행할 퇴직연금사업자(이하 "운용관리기관"이라 한다)를 다음 각 호와 같이 선정한다.

1. 확정급여형퇴직연금제도의 운용관리기관

   명칭 ㅇㅇㅇㅇ

   주소 ㅇㅇ시 ㅇㅇ구 ㅇㅇ

   대표 ㅇㅇㅇ

2. 확정기여형퇴직연금제도의 운용관리기관

   명칭 ㅇㅇㅇㅇ

   주소 ㅇㅇ시 ㅇㅇ구 ㅇㅇ

   대표 ㅇㅇㅇ

☞ 운용관리업무에 관한 계약을 복수의 퇴직연금사업자와 체결하는 경우에는 "제1항에 따라 운용관리업무를 수행할 퇴직연금사업자는 별지ㅇ와 같이 정한다"로 기재

② 사용자는 제1항의 운용관리기관을 변경(삭제, 추가를 포함)하고자 하는 경우 근로자대표의 의견을 들어야

한다.

제7조(자산관리기관의 선정) ① 사용자는 법 제29조에 따른 자산관리업무를 수행할 퇴직연금사업자(이하 "자산관리기관"이라 한다)를 다음과 같이 선정한다.

1. 확정급여형퇴직연금제도의 자산관리기관
   명칭 ○○○○
   주소 ○○시 ○○구 ○○
   대표 ○○○
2. 확정기여형퇴직연금제도의 자산관리기관
   명칭 ○○○○
   주소 ○○시 ○○구 ○○
   대표 ○○○

☞ 자산관리업무에 관한 계약을 다수의 퇴직연금사업자와 체결하는 경우에는 "제1항에 따라 자산관리업무를 수행할 퇴직연금사업자는 별지2와 같이 정한다" 로 기재

제8조(퇴직연금사업자의 변경) ① 사용자는 확정급여형퇴직연금제도의 운용관리기관 및 자산관리기관을 변경(삭제, 추가를 포함)하고자 하는 경우 근로자대표의 의견을 들어야 한다.

② 사용자는 확정기여형퇴직연금제도의 운용관리기관 및 자산관리기관을 새로이 추가하고자 하는 경우에는 근로자대표의 의견을 들어야 하고, 변경(삭제 포함)하고자 하는 경우에는 근로자대표의 동의를 받아야 한다.

제9조(대표 퇴직연금사업자의 선정) 확정급여형퇴직연금제도의 운용관리업무에 관한 계약을 체결한 복수의 퇴직연금사업자 중 "○○○○"을 대표 퇴직연금사업자(이하 "간사기관"이라 한다)로 정한다.

제3장 가입자 및 가입기간

제10조(가입대상) 이 사업에 소속된 모든 근로자를 가입대상으로 한다. 다만, 계속근로기간이 1년 미만인 근로자, 4주간을 평균하여 1주간의 소정근로시간이 15시간 미만인 근로자에 대하여는 그러하지 아니하다.

☞ 특정근로자 집단에 대해서만 적용하는 경우에는 그 대상이 명시되어야 하며, 법 제4조 제1항의 규정에 해당하지 아니하는 근로자(계속근로기간이 1년 미만이거나 4주간을 평균하여 1주간의 소정근로시간이 15시간 미만)도 가입대상에 포함할 수 있음

☞ 퇴직금제도 또는 확정급여형퇴직연금제도, 확정기여형퇴직연금제도 등 다른 퇴직급여제도와 함께 복수로 제도를 운영하는 경우, 가입대상을 이 퇴직연금제도의 가입을 희망(신청)하는 근로자로 정할 수 있을 것임

제11조(가입자 자격 취득 및 상실시기) ① 이 제도 설정 이후 가입대상이 되는 날에 가입자 자격을 취득한 것으로 본다.

☞ 당연 적용으로 하지 아니하고 가입희망(신청)자로 대상을 정한 경우 "이 퇴직연금제도의 가입을 신청한 날에 자격을 취득한 것으로 본다"로 기재

② 가입자는 다음 각 호에 해당하게 된 날의 다음날에 가입자 자격을 상실한 것으로 본다.

1. 사망한 때
2. 퇴직, 해고, 그 밖에 취업규칙 또는 별도로 정하는 규정에 의한 사유로 고용관계가 종료된 때

3. 이 제도를 폐지한 때

4. 제9조의 규정에 의한 가입대상의 자격요건 범위에 해당하지 아니하게 된 때

☞ 퇴직금제도 또는 확정급여형퇴직연금제도, 확정기여형퇴직연금제도 등 다른 퇴직급여제도와 함께 복수로 제도를 운영하면서 제도간 전환을 허용하는 경우, "다른 퇴직급여제도로 전환(가입)하고자 이 퇴직연금제도에서 탈퇴를 신청한 때"를 추가 기재할 수 있을 것임

③ 사용자는 가입자격의 취득과 상실사유가 발생한 경우 그 사실을 지체 없이 운용관리기관에 전달하여 가입자 등재 및 상실 등의 업무처리가 이루어질 수 있도록 하여야 한다.

제12조(가입기간) 이 제도의 설정일 이후 가입자가 이 사업에서 근로를 제공한 날부터 자격 상실의 사유가 발생한 날까지의 기간을 가입기간으로 한다.

☞ 이 제도 설정 이전에 해당 사업에서 근로한 기간을 가입기간에 포함하고자 하는 경우 퇴직연금제도 설정 전에 제공한 근로기간 전부에 대하여 소급하거나 과거근로기간 일부에 대하여 소급(특정 시점으로 소급하는 경우)하는 것도 가능

제 4 장 급여수준 및 부담금 수준, 부담금의 납입

제13조(확정급여형퇴직연금제도 급여수준) ① 이 제도에 따른 급여수준은 가입자의 퇴직일을 기준으로 산정한 일시금이 계속근로기간 1년에 대하여 30일분의 평균임금에 상당하는 금액으로 한다.

② 제1항의 평균임금은 근로기준법령이 정한 바에 따라 계산한다.

☞ 상시 4인 이하 사업장에 대하여는 법 부칙 제8조 제2항에 따라 "③ 제1항에도 불구하고 2010년 12월 1일부터 2012년 12월 31일까지의 기간에 대한 급여는 제1항에 따른 금액의 100분의 50에 상당하는 금액이 되도록 한다"로 기재할 수 있음

제14조(확정기여형퇴직연금제도 부담금 수준) ① 사용자는 가입자의 연간 임금총액의 (   )에 해당하는 금액을 통화로 가입자의 확정기여형퇴직연금제도 계정에 납입하여야 한다.

☞ (   )는 법 제20조 제1항에 따라 연간 임금총액의 12분의 1 이상이어야 함

② 가입자는 제1항에 따른 사용자 부담금 외에 스스로 부담하는 추가 부담금을 가입자의 확정기여형퇴직연금제도 계정에 납입할 수 있다.

☞ 상시 4인 이하 사업장에 대하여는 법 부칙 제8조 제2항에 따라 "③ 제1항에도 불구하고 2010년 12월 1일부터 2012년 12월 31일까지의 기간에 대한 부담금은 제1항에 따른 금액의 100분의 50에 해당하는 금액으로 한다"로 기재할 수 있음

☞ 과거근로기간을 가입기간에 포함하는 경우에는 그 결정시점에서 이전 1년간의 임금총액의 12분의 1 이상에 해당하는 금액이 1년에 대응하는 부담금이 되도록 산출한 후 가입기간에 포함하고자 하는 과거근로기간에 대응하는 금액 전액을 일시에 부담금으로 납부하여야 할 것임

제15조(확정급여형퇴직연금제도 부담금 산정 및 납입) ① 사용자는 이 제도의 가입자에게 제13조에서 정한 급여수준에 따른 급여를 지급하기 위해 매년 1회 이상 정기적으로 부담금을 납입하여야 한다.

② 제1항에 따른 부담금은 자산관리기관에 매월(분기, 연) 말일까지 납입한다.

③ 사용자는 재정균형을 장기적으로 유지할 수 있도록 운용관리업무를 수행하는 퇴직연금사업자(복수인 경우 간사기관)에게 관련 법령의 산정방식에 따라 부담금을 적정하게 산출하여 줄 것을 요청하여야 한다. 이 경우

부담금 산정에 사용한 기초율 선택 등 그 근거의 제시도 함께 요청한다.

④ 사용자는 제3항에 따른 부담금을 산출하는데 필요한 단체협약, 취업규칙, 급여명세서, 근로계약서 등의 자료를 퇴직연금사업자(복수인 경우 간사기관)로부터 요청받은 경우 신속히 제공하여야 한다.

제16조(확정기여형퇴직연금제도 부담금의 납입) ① 사용자는 제14조 제1항에 따른 부담금을 매년 1회 이상 정기적으로 가입자의 확정기여형퇴직연금제도 계정에 납입하여야 한다.

② 제1항에 따른 부담금은 자산관리기관에 매년 말일까지 납입한다.

☞ 납입 기일을 특정 일자로 정하거나 매월말, 매분기말 등으로 정할 수도 있음. 또는 정기 납입 기일은 연 1회(매년 말일)로 하되, 사업의 형편에 따라 월납, 분기납 등으로 분할하여 선납할 수 있다고 정할 수도 있음

③ 제14조 제2항에 따른 추가 부담금은 가입자가 자산관리기관에 직접 납부할 수 있다.

제17조(확정기여형퇴직연금제도 부담금 미납시 처리) ① 사용자가 제14조 제1항에 따른 부담금을 제16조 제1항 및 제2항에 따라 정하여진 기일(이하 "정기 납입일"이라 한다)까지 납입하지 아니한 경우 정기 납입일부터 1개월이 되는 날까지(또는 그 다음연도 1월 말일까지) 납부기간을 연장한다.

☞ 납부기간 연장은 지연이자 적용 등을 통해 DC형 제도 가입자의 수급권을 보호하고자 한 이 법의 취지가 훼손되지 않는 범위 내에서 급여의 정산 등에 필요한 사회 통념상의 합리적 기간으로 설정되어야 할 것으로 최대 그 기간이 2개월을 초과하지 않도록 하는 것을 심사지침으로 하고 있음

② 법 제20조 제3항 후단에 따라 제1항의 연장된 기일까지 제14조 제1항에 따른 부담금을 납입한 경우 지연이자는 적용하지 아니한다.

③ 사용자가 제1항에 따라 연장된 기일까지 제14조 제1항에 따른 부담금을 납입하지 아니하는 경우 그 연장된 기일 다음 날부터 부담금을 납입한 날까지 지연 일수에 대하여 다음 각 호의 구분에 따른 지연이자율을 적용하여 납입하여야 한다.

1. 제1항에 따라 연장된 납입 기일 다음 날부터 급여를 지급할 사유가 발생한 날부터 14일(당사자간의 합의에 따라 납입 기일을 연장한 경우 그 연장된 날)까지의 기간: 연 100분의 10
2. 제1호에 따른 기간의 다음 날부터 부담금을 납입하는 날까지의 기간: 연 100분의 20

④ 제3항에도 불구하고 근로자퇴직급여보장법 시행령(이하 "영"이라 한다) 제12조에 따라 지연이자의 적용제외 사유가 있는 경우에는 지연이자를 적용하지 아니한다.

제 5 장 급여종류, 수급요건, 지급 등

제18조(급여의 종류 및 수급요건) 이 제도에 따른 급여의 종류는 연금 또는 일시금으로 하되, 수급요건은 다음 각 호와 같다.

1. 연금은 55세 이상으로서 가입기간이 10년 이상인 가입자에게 지급할 것. 이 경우 연금의 지급기간은 5년 이상이어야 한다.
2. 일시금은 연금수급 요건을 갖추지 못하거나 일시금 수급을 원하는 가입자에게 지급한다.

제19조(급여의 지급사유 발생) ① 급여의 지급사유는 이 제도의 가입자가 제11조 제2항 제1호부터 제3호까지의 어느 하나에 해당되어 가입자 자격을 상실하게 된 경우 발생한다.

② 제1항에도 불구하고 계속근로기간이 1년 미만인 가입자가 그 자격을 상실한 경우에는 급여의 지급사유에 해당하지 아니한다. 이 경우 그 적립금은 사용자에게 귀속된다. (제10조 가입대상에서 계속근로기간 1년 미만

자에 대하여 가입대상 자격을 부여한 경우에 한함)

☞ 계속근로기간이 1년 미만인 가입자에 대하여도 급여를 지급하는 것으로 정할 수 있음

제20조(확정급여형퇴직연금제도의 급여 지급기한 등) ① 사용자는 급여를 지급할 사유가 발생한 날부터 14일 이내에 퇴직연금사업자로 하여금 적립금의 범위에서 급여지급 의무가 있는 급여 전액을 지급하도록 하여야한다.

② 사용자는 제1항에도 불구하고 퇴직연금제도 적립금으로 투자된 운용자산 매각이 단기간에 이루어지지 아니하는 등 특별한 사정이 있는 경우에는 가입자 및 퇴직연금사업자와 합의하여 지급기일을 연장할 수 있다.

③ 사용자는 제1항에도 불구하고 영 제8조 각 호의 사유에 해당하는 경우 퇴직연금사업자로 하여금 법 제16조 제1항 제2호에 따른 금액에 대한 적립금의 비율에 해당하는 금액을 지급하도록 하여야 한다.

④ 사용자는 제3항에 따라 퇴직연금사업자가 지급하는 급여수준이 제13조에 따른 급여수준에 미치지 못할 때에는 급여를 지급할 사유가 발생한 날부터 14일 이내에 그 부족한 금액을 해당 근로자에게 지급하여야 한다. 이 경우 특별한 사정이 있는 경우에는 근로자와 합의하여 지급기일을 연장할 수 있다.

제21조(확정기여형퇴직연금제도의 급여 지급기한 등) ① 사용자는 급여를 지급할 사유가 발생한 경우 14일 이내에 제14조에 따른 부담금을 가입자의 확정기여형퇴직연금제도 계정에 납입하여야 한다.

② 사용자는 제17조 제1항에 따른 미납 부담금이 있는 경우에는 그 미납 부담금과 제17조 제3항에 따른 지연이자를 급여를 지급할 사유가 발생한 날부터 14일 이내에 해당 가입자의 확정기여형퇴직연금제도의 계정에 납입하여야 한다.

③ 사용자는 제1항 및 제2항에도 불구하고 특별한 사정이 있는 경우 가입자와의 합의에 따라 납입 기일을 연장할 수 있다.

제22조(개인형퇴직연금제도로의 급여 이전) ① 사용자는 제20조 및 제21조에 따른 급여를 지급하는 경우 가입자가 지정한 개인형퇴직연금제도의 계정으로 이전하는 방법으로 한다.

② 사용자는 급여를 지급할 사유의 발생이 예정되거나 발생한 경우에는 제1항에 따라 급여가 이전될 수 있도록 급여를 받을 권리를 가진 자(이하 "수급권자"라 한다)에게 개인형퇴직연금제도의 계정을 지정할 것을 신속히 안내하여야 한다.

③ 수급권자는 급여를 이전받기 위한 개인형퇴직연금제도를 설정하고 그 확인 자료(퇴직연금사업자가 발급한 개인형퇴직연금제도 계정확인서 등. 이하 "IRP 확인서"라 한다)를 사용자에게 제출하는 등의 방법으로 지정의 의사를 표시하여야 한다.

④ 제3항에도 불구하고 급여를 지급할 사유가 발생한 날부터 ( )일 이내에 수급권자가 개인형퇴직연금제도의 계정을 지정하지 아니하는 경우에는 법 제17조 제5항 및 법 제19조 제2항에 따라 "해당 퇴직연금사업자"가 운영하는 계정으로 이전한다. 이 경우 수급권자가 해당 퇴직연금사업자에게 개인형퇴직연금제도를 설정한 것으로 본다.

☞ 법정 지급기일(14일) 이내에 급여가 이전되는데 필요한 현실적 업무처리 소요기간 등을 고려하여 "7일" 등으로 작성 가능할 것임

⑤ 제4항에 따른 "해당 퇴직연금사업자"란 하나의 퇴직연금사업자와 자산관리업무에 관한 계약을 체결한 경우에는 그 사업자를 말하고, 확정급여형퇴직연금제도의 운영에 있어 복수의 퇴직연금사업자와 자산관리업무에 관한 계약을 체결한 경우에는 사용자가 지정하는 퇴직연금사업자를 말한다.

☞ 사용자가 지정하지 아니하고 특정 퇴직연금사업자로 미리 확정하는 경우에는 "자산관리업무에 관한 계약

을 체결한 복수의 퇴직연금사업자 중 ○○○○퇴직연금사업자를 말한다"로 기재

⑥ 제1항에도 불구하고 영 제9조 각 호의 사유에 해당하는 경우(금액)에는 그러하지 아니한다.

⑦ 이 제도의 가입자는 자기의 부담으로 개인형퇴직연금제도를 추가로 설정할 수 있다. 이 경우 가입자는 사용자 또는 퇴직연금사업자에게 이 제도의 가입자임을 확인하여 줄 것을 요청할 수 있다.

⑧ 사용자는 제7항에 따라 가입자로부터 이 제도의 가입자임을 확인하여 줄 것을 요청받은 경우 별지○과 같이 확인서를 발급하여야 한다.

제23조(급여의 지급절차) ① 사용자는 급여를 지급할 사유가 발생한 경우 개인형퇴직연금제도의 계정으로 급여를 이전할 것을 운용관리기관에 지시하여야 한다.

② 사용자는 제1항에 따라 급여의 지급을 지시할 때에는 수급권자가 제출한 IRP 확인서를 첨부하여야 한다. 다만 제22조 제4항의 경우에는 그러하지 아니한다.

③ 사용자는 운용관리기관으로 하여금 급여의 지급사유 발생 사실 등을 자산관리기관에 전달하도록 하여 수급권자의 개인형퇴직연금제도 계정으로 급여가 이전될 수 있도록 한다.

④ 사용자는 확정급여형퇴직연금제도의 운영에 있어 운용관리기관이 복수인 경우 간사기관이 다른 운용관리기관에도 급여의 지급사유 발생 사실 등을 전달하도록 하여 필요한 업무 협조가 이루어질 수 있도록 한다.

⑤ 사용자는 수급권자가 자산관리기관에 직접 급여를 청구한 경우에는 자산관리기관이 지체 없이 그 내용을 사용자에게 알리도록 하여 제1항에 따른 지급 지시가 이루어질 수 있도록 한다.

⑥ 제1항에도 불구하고 사업의 도산 등으로 사용자를 통한 급여의 지급절차 진행이 곤란한 경우 수급권자는 퇴직연금사업자에게 직접 급여를 청구할 수 있다.

⑦ 확정기여형퇴직연금제도에 있어 가입자는 퇴직할 때에 받을 급여를 갈음하여 그 운용 중인 자산을 가입자가 설정한 개인형퇴직연금제도의 계정으로 이전해 줄 것을 해당 퇴직연금사업자에게 요청할 수 있다.

⑧ 제7항에 따른 가입자의 요청이 있는 경우 퇴직연금사업자는 그 운용 중인 자산을 가입자의 개인형퇴직연금제도 계정으로 이전하여야 한다. 이 경우 확정기여형퇴직연금제도 운용에 따른 가입자에 대한 급여는 지급된 것으로 본다.

제6장 확정급여형퇴직연금제도 급여 지급능력의 확보

제24조(급여 지급능력 확보) ① 사용자는 급여 지급능력을 확보하기 위하여 매 사업연도 말 법 제16조 제1항 본문에 따른 기준책임준비금에 다음 각 호의 구분에 따른 비율을 곱하여 산출한 금액(이하 "최소적립금"이라 한다) 이상을 적립금으로 적립하여야 한다.

1. 이 제도 설정일부터 2013년 12월 31일까지의 기간: 100분의 60
2. 2014년 1월 1일부터 2015년 12월 31일까지의 기간: 100분의 70
3. 2016년 1월 1일부터 2017년 12월 31일까지의 기간: 100분의 80
4. 2018년 1월 1일 이후: 고용노동부령에서 정하는 비율

☞ 제11조 가입기간에서 과거근로기간을 가입기간에 포함한 경우에는 "② 제1항에도 불구하고 과거근로기간을 가입기간에 포함한 경우에는 법 제16조 제1항 단서에 따라 법 제16조 제1항 본문에 따른 기준책임준비금에 과거근로기간의 연수(年數)와 가입 후 연차(年次)의 구분에 따라 고용노동부 고시(제2012-56호)로 정한 비율을 곱하여 산출한 금액 이상을 적립금으로 적립하여야 한다"로 기재할 수 있음

② 사용자는 운용관리업무를 수행하는 퇴직연금사업자(복수인 경우 간사기관)가 매 사업연도 종료 후 6개월 이내에 영 제6조에 따른 재정검증을 실시할 수 있도록 하여야 한다.

③ 사용자는 제2항에 따른 재정검증을 하는데 필요한 단체협약, 취업규칙, 급여명세서, 근로계약서 등의 자료를 퇴직연금사업자(복수인 경우 간사기관)에게 제공하여야 한다.

제25조(적립 부족의 해소) ① 사용자는 영 제6조에 따른 재정검증 결과 적립금이 최소적립금의 95%에 미치지 못하는 것으로 확인된 경우 다음 각 호의 조치를 하여야 한다.

1. 사용자는 적립금 부족을 3년 이내에 균등하게 해소할 수 있도록 자금 조달방안, 납입 계획 등의 내용을 포함한 계획서(이하 "재정안정화계획서"라 한다)를 구체적으로 작성하여 3년간 보존한다.
2. 사용자는 영 제6조에 따라 퇴직연금사업자로부터 재정검증 결과를 통보받은 날부터 60일 이내에 퇴직연금사업자와 근로자의 과반수가 가입한 노동조합이 있는 경우에는 그 노동조합에 서면으로 재정안정화계획서를 통보하고, 근로자의 과반수가 가입한 노동조합이 없는 경우에는 전체 근로자에게 서면, 사내 게시 또는 정보통신망에 의한 방법으로 재정안정화계획서를 통보하여야 한다.
3. 사용자는 적립금 부족분을 충당하기 위한 부담금을 납입하는 등 재정안정화계획서의 내용을 성실하게 이행하여야 한다.

제 7 장 확정기여형퇴직연금제도 적립금의 운용

제26조(적립금 운용방법 선정 및 운용지시) ① 가입자는 운용관리기관이 사용자와 협의하여 제시한 적립금 운용방법 중에서 스스로의 선택으로 운용방법을 정하여 직접 운용지시하여야 한다.

② 가입자가 최초의 운용지시 기간 동안 운용지시를 하지 않는 경우에는 원리금보장 운용방법 중 하나인 ( ) 운용방법을 선정한 것으로 본다.

☞ 1년 만기 원리금보장상품(1년제 정기예금) 등으로 정하거나 사용자가 정한 운용방법 또는 사용자와 근로자대표가 정한 운용방법을 선정한 것으로 본다로 기재

제27조(적립금 운용방법의 변경) ① 가입자는 제26조에 따른 적립금 운용방법을 매반기 1회 이상 변경할 수 있다.

② 가입자는 적립금 운용방법을 변경하고자 하는 경우 운용관리기관이 정하는 절차 및 방법에 따라 운용지시를 하여야 한다.

③ 사용자는 가입자가 적립금 운용방법을 변경하는 경우 중도해지이율 적용 또는 중도해지에 따른 수수료 등의 부담에 관한 구체적 내용을 운용관리기관으로 하여금 가입자에게 안내하도록 하여야 한다.

④ 가입자가 제2회 이후의 운용지시 기간 동안 운용지시를 하지 않는 경우에는 직전 운용지시와 같은 운용방법으로 운용지시한 것으로 본다.

제28조(적립금 운용방법 제시) ① 사용자는 운용관리기관으로 하여금 반기마다 1회 이상 위험과 수익구조가 서로 다른 세 가지 이상의 적립금 운용방법을 가입자에게 제시하도록 하여야 한다.

② 사용자는 운용관리기관이 제1항에 따라 적립금의 운용방법을 제시함에 있어 다음 각 호의 요건을 갖춘 운용방법을 제시하도록 하여야 한다.

1. 운용방법에 관한 정보의 취득과 이해가 쉬울 것
2. 운용방법 간의 변경이 쉬울 것

3. 적립금 운용결과의 평가 방법과 절차가 투명할 것

4. 영 제25조 제1항에 따른 원리금보장 운용방법이 하나 이상 포함될 것

제29조(적립금 운용방법의 정보제공) ① 사용자는 운용관리기관으로 하여금 다음 각 호에서 정한 사항을 포함하여 가입자가 적립금 운용방법을 선정하는 데 필요한 정보를 제공하도록 하여야 한다.

1. 운용방법별 이익 및 손실의 가능성
2. 운용방법별 과거 3년간의 이익 또는 손실 관련 실적. 다만 해당 운용방법의 과거 취급기간이 3년에 미치지 못하는 경우에는 그 취급기간에 한한다.
3. 운용방법의 선정 또는 변경에 따라 발생하는 운용수탁보수, 중도해지 또는 환매수수료 등의 비용 및 그 부담 방법에 관한 사항
4. 예금자보호법에 의한 보호대상 등 지급보장의 정도
5. 그 밖에 가입자가 운용지시를 하는 데 필요한 정보

② 사용자는 운용관리기관이 다음 각 호의 어느 하나에 해당하는 방법으로 적립금 운용방법에 관한 정보를 가입자에게 제공하도록 하여야 한다.

1. 우편 발송
2. 서면 교부
3. 정보통신망에 의한 전송

③ 사용자는 운용관리기관으로 하여금 가입자에게 매반기 1회 이상 정기적으로 제23조 및 제1항에 따른 적립금 운용방법의 제시 및 운용방법에 관한 정보의 제공을 하도록 하여야 한다.

제 8 장 중도인출 및 수급권의 담보제공

제30조(확정기여형퇴직연금제도 중도인출) ① 확정기여형퇴직연금제도에 있어 가입자는 다음 각 호의 어느 하나에 해당하는 사유가 발생하면 적립금을 중도인출 할 수 있다.

1. 무주택자인 가입자가 본인 명의로 주택을 구입하는 경우
2. 가입자, 가입자의 배우자 또는 「소득세법」 제50조 제1항에 따른 가입자 또는 가입자의 배우자와 생계를 같이하는 부양가족이 질병 또는 부상으로 6개월 이상 요양을 하는 경우
3. 중도인출을 신청하는 날부터 역산하여 5년 이내에 가입자가 「채무가 회생 및 파산에 관한 법률」에 따라 파산선고를 받은 경우
4. 중도인출을 신청하는 날부터 역산하여 5년 이내에 가입자가 「채무가 회생 및 파산에 관한 법률」에 따라 개인회생절차개시 결정을 받은 경우
5. 천재지변 등 피해에 대하여 고용노동부장관이 정하여 고시한 사유와 요건에 해당하는 경우(고시 제2012-55호)

② 가입자는 중도인출을 받고자 하는 경우 제1항의 어느 하나에 해당하는 사유를 갖추었음을 증빙할 수 있는 자료를 첨부하여 퇴직연금사업자에게 중도인출을 신청하여야 한다.

제31조(수급권의 보호) ① 가입자는 이 제도의 급여를 받을 권리는 양도하거나 담보로 제공할 수 없다.

② 제1항에도 불구하고 제24조 제1항 제1호부터 제5호까지의 어느 하나에 해당하는 사유와 요건을 갖춘 경우에는 이 제도의 급여를 받을 권리를 담보로 제공할 수 있다.

③ 제2항에 따른 담보제공의 한도는 다음 각 호의 구분에 따른다.

1. 제2항 제1호부터 제4호까지의 경우: 가입자별 적립금의 100분의 50
2. 제2항 제5호의 경우: 고용노동부장관이 정하여 고시하는 한도(고시 제2012-55호)

④ 사용자는 가입자가 대출을 받고자 하는 경우 퇴직연금사업자(자산관리기관)로부터 필요한 서류를 발급받을 수 있도록 하여야 한다.

제9장 운용 · 자산관리업무 체결, 해지 및 이전

제32조(운용관리업무에 관한 계약의 체결) ① 사용자는 법 제28조에 따라 다음 각 호의 업무(이하 "운용관리업무"라 한다)를 하는 것을 내용으로 하는 계약을 제0조에서 선정한 운용관리기관과 체결하여야 한다.

1. 가입자에 대한 적립금 운용방법 및 운용방법별 정보의 제공
2. 적립금 운용현황의 기록·보관·통지
3. 가입자가 선정한 운용방법을 자산관리기관에게 전달하는 업무
4. 그 밖에 운용관리업무의 적절한 수행을 위하여 필요한 업무

② 사용자는 운용관리업무에 관한 계약을 체결 또는 변경하는 경우 그 내용을 가입자에게 알려야 한다.

제33조(자산관리업무에 관한 계약의 체결) ① 사용자는 법 제29조에 따라 다음 각 호의 업무(이하 "자산관리업무"라 한다)를 하는 것을 내용으로 하는 계약을 제7조에서 선정한 자산관리기관과 체결하여야 한다.

1. 계좌의 설정 및 관리
2. 부담금의 수령
3. 적립금의 보관 및 관리
4. 운용관리기관이 전달하는 적립금 운용지시의 이행
5. 급여의 지급
6. 그 밖에 자산관리업무의 적절한 수행을 하는데 필요한 업무

② 사용자는 제1항에 따른 계약을 체결하려는 경우에는 가입자를 피보험자 또는 수익자로 하여 영 제24조에서 정하는 요건을 갖춘 보험계약 또는 신탁계약의 방법으로 하여야 한다.

③ 사용자는 자산관리업무에 관한 계약을 체결 또는 변경하는 경우 그 내용을 가입자에게 알려야 한다.

제34조(수수료의 부담) ① 제13조 및 제14조에 따른 사용자 부담금에 대한 운용·자산관리업무 수수료는 사용자가 부담한다.

② 확정기여형퇴직연금제도에 있어 제14조 제2항에 따른 가입자 추가 부담금에 대한 운용관리업무 및 자산관리업무에 대한 수수료는 가입자가 부담한다.

③ 사용자는 제2항에 따른 수수료율 및 부담방법 등 그 구체적 사항을 퇴직연금사업자로 하여금 가입자에게 알리도록 하여야 한다.

제35조(계약해지) 사용자는 다음 각 호의 어느 하나에 해당하는 경우에 제32조 및 제33조에 따른 계약을 해지할 수 있다.

1. 이 제도의 폐지
2. 퇴직연금사업자의 변경
3. 퇴직연금사업자의 계약 위반

4. 퇴직연금사업자의 등록취소 또는 등록말소

제36조(계약이전) 사용자는 제35조 제2호부터 제4호까지의 사유에 해당하는 경우 이 제도의 이전에 필요한 조치를 하여야 한다.

제10장 제도의 폐지 · 중단

제37조(제도의 폐지) ① 이 제도는 다음 각 호의 어느 하나에 해당하는 경우에 폐지할 수 있다.

1. 사업의 소멸 · 도산
2. 규약신고의 무효 또는 취소
3. 다른 퇴직급여제도로의 변경

② 사용자는 제1항에 따라 이 제도를 폐지하고자 하는 경우 근로자대표의 동의를 받아야 한다.

③ 사용자는 영 제38조 제1호에 따라 폐지한 날부터 1개월 이내에 고용노동부장관에게 폐지신고서를 제출하여야 한다.

④ 사용자는 이 제도 폐지일을 기준으로 산정된 적립금, 가입자별 급여 내역 및 지급절차, 중간정산 대상기간 등을 가입자에게 통지하여야 한다.

⑤ 사용자는 제4항에 따른 통지를 함에 있어 확정기여형퇴직연금제도의 미납 부담금이 있는 경우에는 그 금액과 지연이자를 포함한 금액, 납입 예정일 및 해소 방안도 함께 제시하여야 한다.

⑥ 사용자는 이 제도 폐지일부터 14일 이내에 확정급여형퇴직연금제도의 퇴직연금사업자가 적립금으로 급여를 지급하도록 하는데 필요한 조치 및 확정기여형퇴직연금제도에 있어 미납 부담금 및 지연이자를 퇴직연금사업자에게 납입한 후 퇴직연금사업자로 하여금 급여를 지급하도록 하는데 필요한 조치하여야 한다.

제38조(제도 폐지시 급여 처리) ① 제37조에 따라 가입자가 급여를 받은 경우에는 법 제8조 제2항에 따라 중간정산되어 받은 것으로 본다.

② 확정급여형퇴직연금제도에 있어 제1항에 따른 가입자별 중간정산금은 이 제도에 따라 적립된 금액을 가입자별 근속기간 · 평균임금과 제12조에 따른 급여수준을 고려하여 안분(按分) · 산정하고, 중간정산 대상기간은 중간정산금을 기준으로 환산한다.

③ 확정기여형퇴직연금제도에 있어 제1항에 따른 가입자별 중간정산 대상기간은 가입자별로 퇴직연금에 가입한 날부터 사용자가 납입한 부담금에 대응하는 기간의 마지막 날까지로 환산한다.

④ 사용자는 이 제도의 폐지로 퇴직연금사업자로 하여금 가입자에게 급여를 지급하도록 하는 경우 제22조 및 제23조의 규정을 따른다.

제39조(제도의 운영중단) ① 사용자가 법 또는 이 규약에 위반되는 행위를 하여 고용노동부장관이 이 제도의 중단을 명한 경우 이 제도의 운용을 중단하기로 한다.

② 이 제도의 운용이 중단된 경우 중단된 기간에 대하여는 법 제8조 제1항에 따른 퇴직금제도를 적용한다.

③ 사용자는 이 제도의 중단에도 불구하고 다음 각 호의 기본적인 업무는 유지하여야 한다.

1. 가입자에게 제도 중단 사유 및 중단일, 재개시 일정, 미납 부담금이 있는 경우 그 납입계획 등 제도 중단 기간의 처리방안 등의 공지
2. 가입자 교육의 실시
3. 급여 지급의 요청, 적립금 운용 등과 관련하여 법령 등에 규정된 업무의 이행을 위해 필요한 조치

4. 그 밖에 이 제도의 연속성 유지 및 가입자 보호를 위하여 필요한 업무

④ 사용자는 이 제도의 중단에도 불구하고 퇴직연금사업자로 하여금 다음 각 호의 기본적인 업무를 유지하도록 하여야 한다.

1. 가입자 퇴직 등에 따른 급여의 지급
2. 가입자 교육을 위탁받은 경우 위탁받은 교육의 실시
3. 급여의 지급, 적립금의 운용, 운용현황의 통지 등과 관련하여 법령 및 운용·자산관리업무의 계약에서 정해진 업무
4. 그 밖의 이 제도의 연속성 유지 및 가입자 보호를 위하여 필요한 업무

제11장 운용현황의 통지 및 가입자 교육

제40조(운용현황의 통지) ① 사용자는 운용관리기관으로 하여금 이 제도의 적립금액 및 운용수익률 등의 운용현황을 매년 1회 이상 가입자에게 통지하도록 하여야 한다. 이 경우 가입자별 적립금의 운용수익 및 운용방법별 구성비율 등의 내용이 포함되어야 한다.

② 제1항에 따른 운용현황의 통지는 다음 각 호의 어느 하나에 해당하는 방법으로 이루어져야 한다.

1. 우편 발송
2. 서면 교부
3. 정보통신망에 의한 전송
4. 그 밖에 이에 준하는 방식으로 사용자와 운용관리기관이 체결한 운용관리업무에 관한 계약에서 정한 방법

③ 사용자는 제1항에 불구하고 확정기여형퇴직연금제도에 있어 다음 각 호의 어느 하나에 해당하는 사유가 발생한 경우에는 퇴직연금사업자로 하여금 운용현황의 구체적인 내용을 그 사유가 발생한 날부터 7일 이내에 가입자에게 알리도록 하여야 한다.

1. 부담금이 납입 예정일부터 1개월 이상 미납된 경우
2. 적립금 운용수익률이 현저히 변동한 경우로서 고용노동부장관이 정하는 기준에 해당하는 경우

제41조(가입자 교육) ① 사용자는 매년 1회 이상 가입자에게 이 제도의 운영상황 등 다음 각 목의 사항에 대하여 교육을 실시하여야 한다.

1. 제도 일반에 관한 교육 사항
   가. 급여 종류에 관한 사항, 수급요건, 급여액 등 제도별 특징 및 차이점
   나. 담보대출, 중도인출, 지연이자 등 해당 사업의 퇴직연금제도 운영에 관한 사항
   다. 급여 또는 부담금 산정의 기준이 되는 임금 등에 관한 사항
   라. 퇴직 시 급여 지급절차 및 개인형퇴직연금제도로의 적립금 이전에 관한 사항
   마. 연금소득세, 퇴직소득세 등 과세 체계에 관한 사항
   바. 해당 사업의 퇴직연금제도를 중단하거나 폐지하는 경우 그 처리방법
   사. 가입자의 소득, 자산, 부채, 나이 및 근속연수 등을 고려한 자산·부채관리의 일반적 원칙과 노후 설계의 중요성에 관한 사항
2. 확정급여형퇴직연금제도의 설정에 따른 추가 교육 사항

가. 최근 3년간의 부담금 납입현황

나. 급여종류별 표준적인 급여액 수준

다. 직전 사업연도 말 기준 최소적립금 대비 적립금 현황

라. 재정안정화계획서를 작성하는 경우 그 계획서의 내용 및 이행 상황

마. 그 밖에 적립금 운용현황, 운용목표 등에 관한 사항

3. 확정기여형퇴직연금제도의 설정에 따른 추가 교육 사항

가. 사용자의 부담금 수준, 납입시기 및 납입 현황

나. 분산투자 등 적립금의 안정적 운용을 위하여 행하는 투자원칙에 관한 사항

다. 퇴직연금사업자가 제시하는 집합투자증권 등 적립금 운용방법별 수익구조, 매도기준가, 투자 위험치 수수료 등에 관한 사항

② 제1항에 따른 교육의 방법 및 절차에 관한 사항은 다음 각 호의 구분에 따른다.

1. 제1항 제1호의 제도 일반에 관한 교육사항은 사내 정보통신망 또는 사업장 게시판 게시 등을 가입자가 수시로 열람할 수 있도록 한다. 다만 이 제도 설정 후 최초 교육은 교육자료를 우편으로 발송하거나 직원연수·조회·회의·강의 등 대면하여 전달하는 방식으로 실시한다.

2. 제1항 제2호의 제도의 설정에 따른 추가 교육 사항은 다음 각 목 중 하나 이상의 방법으로 실시한다.

가. 서면 또는 전자우편 등을 통한 정기적인 교육자료의 발송

나. 직원연수·조회·회의·강의 등의 대면 교육의 실시

다. 정보통신망을 통한 온라인 교육의 실시

③ 사용자는 퇴직연금사업자에게 제1항 및 제2항에 따른 교육의 실시를 위탁할 수 있다.

④ 제3항에 따라 퇴직연금사업자에게 가입자 교육의 실시를 위탁하는 경우 사용자는 퇴직연금사업자와 교육시기, 구체적 교육방법 등을 포함한 계약을 체결하여 퇴직연금사업자로 하여금 위탁계약의 내용에 따라 교육을 실시하도록 하여야 한다.

⑤ 사용자는 제3항 및 제4항에 따라 교육의 실시를 위탁한 경우 대면 교육의 실시에 협조하고, 그 실시 결과를 확인하여야 한다.

제12장 기타

제42조(사업연도) 이 제도의 사업연도는 이 사업의 회계연도를 기준으로 하며, 회계 결산월은 ○○월로 한다.

제43조(규약의 변경) ① 사용자는 이 규약의 내용을 변경하고자 하는 경우에는 근로자대표의 의견을 들어야 한다. 다만, 근로자에게 불리하게 변경하려는 경우에는 근로자대표의 동의를 받아야 한다.

② 사용자는 제1항에 따른 규약의 변경시 그 내용을 가입자에게 알려야 한다.

③ 사용자는 규약이 변경된 경우 그 내용을 퇴직연금사업자에게 통지하여야 한다.

제44조(법령의 준용) ① 사용자는 이 규약에서 정하지 아니한 사항은 관련 법령에서 정한 바에 따른다.

② 이 규약에서 정한 사항을 관련 법령에서 변경한 경우에는 그에 따르기로 한다.

【부 칙】

제1조(시행일) 이 제도는 ○○○○년 ○○월 ○○일부터 시행한다.

☑ 확정급여형 ☐ 확정기여형	퇴직연금규약 신고서		☑ 신규 ☐ 변경 ☐ 폐지
① 사업장명	한국회사(주)	② 사업자등록번호	123－45－67890
③ 대표자 성명	이 한 국	④ 업종(주산품)	소프트웨어 개발
⑤ 상시근로자수	30 명	⑥ 노동조합원수	25 명
⑦ 소재지	150－100 서울시 영등포구 여의도동 1 (전화 : 02－123－4567)		

근로자토직급여보장법 제12조 및 제13조의 규정에 의하여 위와 같이 확적(급여)형퇴직연금규약을 신고 (신규 / 변경 /(폐지)) 합니다.

2017 년 2 월 16 일

신고인(사업장대표) 이 한 국 (인)

지방노동청(지청)장 귀하

구 분	기 재 사 항
⑧ 평균 재직기간	개략 3 년
⑨ 임금 체계	(연봉제)/ 호봉(연공급)제 / 직무급제 / 기타
⑩ 종전 퇴직금제	(단수(법정)제)/ 누진제 / 기타
⑪ 종전 퇴직금 처리	정기(매년 · 월)정산 /(퇴직연금 도입시 정산)/ 미정산 · 기타
⑫ 퇴직연금 소급기간	미소급 / 1년미만 /(1년~3년 미만) / 3년~5년 미만 / 5년 이상
⑬ 퇴직연금도입제안자	근로자 /(사용자)/ 기타
⑭ 퇴직연금 도입사유	(근로복지)/ 노무편의 / 세제혜택 / 정책부응 / 금융권권유 / 기타
⑮ 퇴직급여제도 형태	☑ 확정급여형 ☐ 확정기여형 ☐ 퇴직금 (당해사업장 적용 퇴직급여제도에 모두 표시)
⑯ 폐지 사유	퇴직금제 환원 / 폐업 / 기타(폐지 신고의 경우에만 기재)
구비서류	1. 퇴직연금규약 (변경신고의 경우에는 변경전과 변경후의 내용을 비교하여 기재한 서류) 2. 근로자의 과반수를 대표하는 노동조합 또는 근로자의 과반수의 동의를 얻었음을 입증하는 자료(최초신고 및 근로자에게 불이익하게 변경되는 경우에 한함) 3. 근로자의 과반수를 대표하는 노동조합 또는 근로자의 과반수의 의견을 들었음을 입증하는 자료(근로자에게 불이익하지 않게 변경되는 경우에 한함) 4. 폐지신고 중 사유가 폐업일 경우에는 폐업사실증명원 사본

<작 성 요 령>

① 사업장명
「사업자등록증」의 상호명을 기재

② 사업자등록번호

③ 대표자 성명
「사업자등록증」의 대표명을 기재

④ 업종 또는 업태
「사업자등록증」의 업종 · 업태를 기재

⑤ 상시근로자수
연 근무인원 / 연 사업장가동일수

⑥ 노조유무 및 노조원수
노조가 있는 경우 조합원수 기재, 없는 경우 '0' 표기

⑦ 사업장 소재지
「사업자등록증」상 본점 소재지를 기재

⑧ 근로자 평균 재직기간
전 직원 근로기간 합산 / 전 직원 수

⑨ 임금체계
사업장의 주된 임금체계(호봉제/연봉제/직무급제/기타)를 기재
※ 직무급제
개별직무의 상대적가치에 따라 직무등급을 도출하고 직무등급에 기초하여 기본 급여수준을 결정하는 방식

⑩ 기존 퇴직금제 형태
종전에 적용되었던 퇴직금제의 형태(단수제/누진제/기타)를 기재

⑪ 종전 퇴직금처리
(매년 또는 매월 정기 정산 처리/ 퇴직연금 도입시에 중간정산 처리/ 퇴직연금에 소급하거나 미정산한 채로 퇴직시 지급예정) 구분

⑫ 과거 근무기간 소급여부 · 기간(필수)
1) 과거 근무기간을 소급한 경우 소급기간(단위 : 년)을 기재, 소급하지 않은 경우 '0'으로 기재
2) 개인별로 달리 소급한 경우에는 평균수치(직원별 소급기간 합산 / 전 직원)를 기재

⑬ 퇴직연금 도입제안자 기재

⑭ 퇴직연금 도입사유 기재

⑮ 퇴직급여제도 형태
규약신고 · 변경 · 폐지 신고후 해당 사업장에 적용되는 퇴직급여제도에 모두 표시

⑯ 폐지사유
폐지신고의 경우, 사유를 기재

Chapter

08

임금피크제도

- 임금피크제
- 임금피크제 설계

Chapter
08 임금피크제도

임금피크제

1 의의

근속연수가 늘어나면서 임금이 상승하여 고용에 부담이 되는 연령에서부터 정년을 보장 또는 연장하면서 임금을 단계적으로 하락시키는 제도이다. 기업 측면에서는 근속연수에 따라 임금이 상승하는 "연공급 임금체계"에서 고령인력에 대한 인건비 부담 해소 및 고령인력 지식과 기술을 활용할 수 있으며, 근로자 측면에서는 조기정년 시대에서의 고용안정에 대한 요구를 충족시킬 수 있는 제도이다.

2 정년 60세 법적 근거

고용상 연령차별금지 및 고령자 고용촉진에 관한 법률(2013. 5. 22. 개정) 제19조 제2항에 "근로자의 정년을 60세 미만으로 정한 경우에는 정년을 60세로 정한 것으로 본다"로 규정하고 부칙에 300인 이상 사업장 공공기관은 2016. 1. 1부터 300인 미만 지방자치단체는 2017. 1. 1부터 적용한다고 명시하고 있다.

3 임금피크제 법적 근거

고용상 연령차별금지 및 고령자 고용촉진에 관한 법률(2013. 5. 22. 개정) 제19조 제1항에서 제19조 제1항에 따라 정년을 연장하는 사업 또는 사업장의 사업주와 근로자의 과반수로 조직된 노동조합(근로자의 과반수로 조직된 노동조합이 없는 경우에는 근로자의 과반수를 대표하는 자를 말한다)은 그 사업 또는 사업장의 여건에 따라 임금체계 개편 등 필요한 조치를 하여야 한다.

4 임금피크제 필요성

사용자에게 있어서 경직된 임금체계로 인한 임금곡선과 생산성과의 차이에서 오는 인건비 부담 감소와 갑작스러운 숙련된 인력의 이탈을 방지하고, 근로자 입장에서는 노후생활의 안정성과 성과주의 임금제로부터의 임금의 안정성을 유지할 수 있다는 점에서 고령화 저성장 기업에 필요한 제도이다.

임금피크제 도입의 법적 근거

고용상 연령차별금지 및 고령자고용촉진에 관한 법률
제19조(정년) ① 사업주는 근로자의 정년을 60세 이상으로 정하여야 한다. (2013. 5. 22 개정: 시행일 부칙 참조) ② 사업주가 제1항에도 불구하고 근로자의 정년을 60세 미만으로 정한 경우에는 정년을 60세로 정한 것으로 본다. (2013. 5. 22 개정: 시행일 부칙 참조) 제19조의2(정년연장에 따른 임금체계 개편 등) ① 제19조 제1항에 따라 정년을 연장하는 사업 또는 사업장의 사업주와 근로자의 과반수로 조직된 노동조합(근로자의 과반수로 조직된 노동조합이 없는 경우에는 근로자의 과반수를 대표하는 자를 말한다)은 그 사업 또는 사업장의 여건에 따라 임금체계 개편 등 필요한 조치를 하여야 한다. (2013. 5. 22 신설: 시행일 부칙 참조) ② 고용노동부장관은 제1항에 따라 필요한 조치를 한 사업 또는 사업장의 사업주나 근로자에게 대통령령으로 정하는 바에 따라 고용지원금 등 필요한 지원을 할 수 있다. (2013. 5. 22 신설: 시행일 부칙 참조) ③ 고용노동부장관은 정년을 60세 이상으로 연장하는 사업 또는 사업장의 사업주 또는 근로자에게 대통령령으로 정하는 바에 따라 임금체계 개편 등을 위한 컨설팅 등 필요한 지원을 할 수 있다. (2013. 5. 22 신설)

생산성과 임금곡선 비교

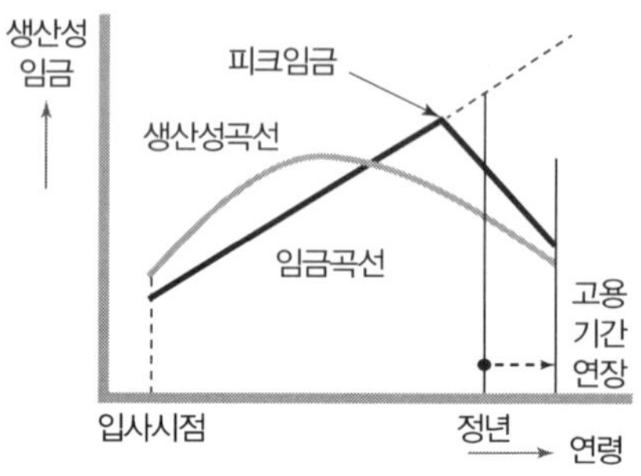

5 임금피크제 지원요건

임금피크제 지원을 받기 위해서는 근로자가 18개월 이상 사업장에서 근무했어야 하며 정년을 56세 이상으로 연장하고 일정한 비율 이상 임금을 감액한 경우에만 지원금을 받을 수 있다.

6 임금피크제 유형

(1) 정년보장형

정년보장형 임금피크제라 함은 정년까지의 고용을 사실상 보장하는 대신 일정연령에 도달한 시점부터 정년까지의 임금을 감액하여 조정하는 제도를 말한다. 정년보장형의 경우 사용자의 입장에서는 연공주의적 인사관리체제에서 비롯된 인건비 부담과 인력활용의 경직성을 극복하는 데에서, 근로자의 입장에서는 경영상해고의 위험이 크거나 성과주의의 폭이 클 경우에 고용과 임금을 안정시키려는 데에서 의미를 찾을 수 있다.

(2) 재고용형

60세 정년법 시행 이전에 정년이 도래하여 퇴직하게 된 근로자 또는 퇴직 후 3개월 이내 1년 이상 재고용된 근로자를 대상으로 하는 임금조정제도이다.

(3) 근로시간단축형

정년연장형 또는 재고용형과 연계하여 주당 근로시간을 15~20시간 이내로 근무하는 제도로 임금피크제 후 새로운 직무를 부여 받고 단순직무에 대한 임금피크제도이다. 50세부터 가능하며 근로시간 단축 전 임금보다 줄어든 임금이 50% 이상인 경우 1인당 최대 1,080만원 한도 내에서 지원한다.

○ 임금피크제 지원금 기준(2015.12.8 개정)

유형		정년연장형	재고용형	근로시간단축형
요건	기본 요건	18개월 이상 근무자		
		60세 이상으로 정년연장 55세 이후 임금감액		주당소정근로시간 15~32시간 단축
지원 내용	임금 감액률	전년대비 10% 이상 감액		
	지급 수준	임금감액 이후 연간소득 7,250만원 미만 근로자만 지원		
	지급 기간	2018. 12. 31		
	최대 지원금	연간 1,080만원 한도(60세 이상) 임금피크제지원금 = 임금피크액×(기업감액률 – 정부지원감액률10%)		

○ 임금피크제 지원금(정년보장형)

임금피크제	before	after(30% 감액)
연봉	5,000만원	5,000만원×70%=3,500만원
정부지원		• 임금피크제 10% 이상 감액 초과했으므로 5,000만원×30%=1,500만원〉5,000만원×10%=500만원 차액 1,000만원 정부지원(2018년 말까지) • 임금피크제 지원금= 임금피크금액×(임금감액률 30%–정부지원율 10%)
지원금(1년)	1,000만원	
임금피크제 도입시 임금		3,500만원+1,000만원=4,500만원

○ 임금피크제 지원금(재고용형)

임금피크제	before	after(30% 감액)
연봉	7,000만원	7,000만원×70%=4,900만원
정부지원		• 임금피크제 재고용시 10% 이상 감액 초과했으므로 7,000만원×30%=2,100만원〉7,000만원×10%=700만원 차액 1,400만원이나 정부지원(2017년 한도액 1,080만원)
지원금(1년)	1,080만원	
임금피크제 도입시 임금		4,900만원+1,080만원=5,980만원

○ 임금피크제 설계

1 의의

임금피크제를 설계함에 있어 적용범위, 적용연령, 임금의 감액률, 임금커브, 임금의 구성항목, 임금피크제 유형(정년보장형 or 정년연장형), 정부지원제도, 퇴직금제도, 사회보험제도 등을 검토해야 한다.

(1) 적용대상

제조업의 경우 관리직, 생산직 모두를 대상으로 55세부터 임금피크제를 도입할 경우 특히 교대근로 생산직 채용이 어려운 상황에서 근로의욕을 저하시키고 노사분쟁을 유발할 위험이 있어 대상자를 선정할 때 신중히 검토해야 한다.

(2) 조정시점

1인당 인건비 부담이 생산성을 상회하는 시점이 될 것이나 조직별 시점을 달리할 경우 조직간 갈등 및 차별대우에 대한 불만이 높아질 가능성이 있다. 주로 53~55세 사이에 결정하는 경우가 많으며 정년에 가까울수록 감액률을 높이고 있다.

(3) 규정 정비

임금만 감액하고 복지제도는 기존 직원과 동일하게 할 것인지 아니면 임금피크제 대상 직원에 대해서는 복지제도를 별도로 가져갈 것인지 결정해야 한다. 특히 퇴직연금제의 경우 임금피크제를 도입해도 퇴직금 중간정산을 할 수 없어 DB형과 DC형 퇴직연금제에 가입할 수 있도록 퇴직연금 규약을 개정해야 한다.

2 도입절차

정년 60세(2017년 300인 이상 사업장)는 법으로 보장되어 있으나 임금피크제는 법제화되어 있지 않아 정년보장형의 경우 55세부터 임금을 감액하기 위해서는 노사간 합의가 필요하며, 노조가 없는 경우 취업규칙 불이익 변경절차가 필요하다.

(1) 단체협약 개정

과반수 이상의 노동조합의 경우 회사와 단체교섭을 통해 임금피크제에 합의할 경우 비조합원에게 확대 적용할 수 있으며, 노조에서는 임금피크제에서 정년연장형(60세 이상)을 선호하고 있어 사용자가 선호하는 정년보장형과는 거리를 두고 있다.[1]

(2) 취업규칙 변경

취업규칙에 정년을 60세로 연장하는 것은 불이익 변경이 아니나 임금을 삭감하는 것은 불이익 변경으로 근로자 과반수 이상의 불이익 변

[1] 임금피크제를 도입함에 있어서 근로자의 과반수로 조직된 노동조합의 동의를 받았다면 유효하다. (서울지법 2008.8.1, 2007가합111716)

임금피크제 도입시 검토사항

분야	점검사항
적합 업무의 개발	• 장년층에게 적합한 업무의 개발, 직무재설계
직급/직군제도, 배치/이동/승진	• 별도 직급과 직군의 신설 • 배치, 이동, 승진 원칙 정비
경력관리	• 관리직과 전문직의 two-track 직군 설계
채용강화	• 부정적 성향의 선별 • 역량측정의 정확도 제고
교육훈련/경력관리	• 장년층 인식전환 교육 • two-track별 교육훈련 제공 • 맞춤형 생애주기 경력관리
평가(고과)	• 고과제도 도입 • 엄격한 고과실시 • 고과시 계속 근무 가능성 평가
임금/복리후생	• 임금피크제, 성과급, 직무급 적용이 가능한 업무의 파악 • 카페테리아식 복리후생 • 연금제도 검토
이직/문제직원관리	• 입사시부터 전직지원제도 가동 • 고성과자 계속 근무 유도 • 저성과자 조기퇴직 유도 • 문제직원의 파악 및 관리
제 규정 정비	• 취업규칙, 인사규정, 단체협약, 퇴직금규정, 징계규정 등
갈등관리/노사관계	• 임금피크 적용 교섭 • 권고사직과 징계해고에 따른 분쟁해결 • 인사고과 배치전환에 따른 고충해결

임금피크제 제도설계

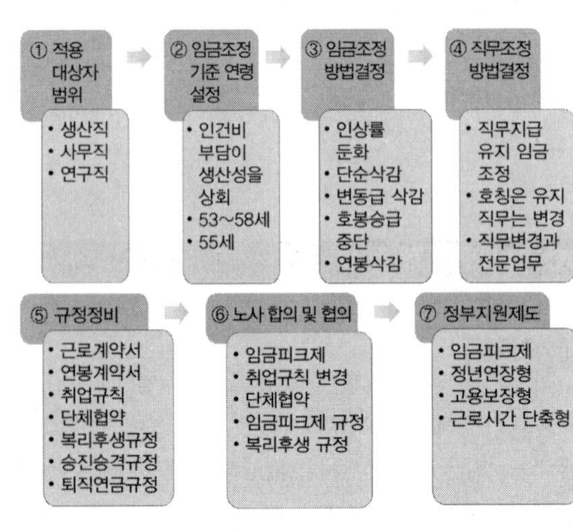

경절차를 거쳐 취업규칙을 개정해야 한다. 근로자 과반수 동의나 과반수 노조의 동의가 없는 경우 사회통념상 합리성이 있다면 이를 취업규칙에 반영하여 임금피크제를 실시할 수 있다.❷

(3) 개별근로자 동의

근로자에게 불리한 내용으로 변경된 취업규칙(임금피크제 관련)은 집단적 동의를 받았다고 하더라도 그보다 유리한 근로조건을 정한 기존의 개별 근로계약 부분에 우선하는 효력을 갖는다고 할 수 없다(대법 2018다 200709).

3 임금피크제 무효 요건

(1) 개별근로의 동의가 없는 경우

근로기준법 제97조는 "취업규칙에서 정한 기준에 미달하는 근로조건을 정한 근로계약은 그 부분에 관하여는 무효로 한다. 이 경우 무효로 된 부분은 취업규칙에 정한 기준에 따른다."라고 정하고 있다. 위 규정은, 근로계약에서 정한 근로조건이 취업규칙에서 정한 기준에 미달하는 경우 취업규칙에 최저기준으로서의 강행적·보충적 효력을 부여하여 근로계약 중 취업규칙에 미달하는 부분을 무효로 하고, 이 부분을 취업규칙에서 정한 기준에 따르게 함으로써, 개별적 노사 간의 합의라는 형식을 빌려 근로자로 하여금 취업규칙이 정한 기준에 미달하는 근로조건을 감수하도록 하는 것을 막아 종속적 지위에 있는 근로자를 보호하기 위한 규정이다. 이러한 규정 내용과 입법취지를 고려하여 근로기준법 제97조를 반대 해석하면, 취업규칙에서 정한 기준보다 유리한 근로조건을 정한 개별 근로계약 부분은 유효하고 취업규칙에서 정한 기준에 우선하여 적용된다.❸

(2) 정년연장 없이 임금을 감액한 경우

구 고령자고용법 제4조의4 제1항은 강행규정에 해당한다. 따라서 단체협약, 취업규칙 또는 근로계약에서 이에 반하는 내용을 정한 조항은

❷ 임금피크제 도입 등을 위한 취업규칙을 변경함에 있어 근로자 집단의 집단적 의사결정 방법에 의한 동의를 거치지 않았다면 취업규칙 변경으로서의 효력이 없다. (서울중앙지법 2015.8.28, 2014가합557402)

❸ 근로자에게 불리한 내용으로 변경된 취업규칙(임금피크제 관련)은 집단적 동의를 받았다고 하더라도 그보다 유리한 근로조건을 정한 기존의 개별 근로계약 부분에 우선하는 효력을 갖는다고 할 수 없다(사건번호 : 대법 2018다200709, 선고일자 : 2019-11-14)

● 임금피크제 규정(예)

- 정년을 60세로 하고 55세부터 아래와 같이 임금피크제를 적용한다.
  - 55세(주민등록상 만 55세)
  - 매년 1.1~6.30일 사이에 55세가 되는 적용은 그 해 7.1부터
  - 7.1~12.31일 사이에 55세가 되는 직원은 다음해 1.1부터
  - 퇴직 후 재계약자는 적용하지 않는다.

● 임금피크제 유효 인정 기준

임금피크제 효력 인정 기준

- ☑ 임금피크제 도입목적의 정당성 및 필요성
- ☑ 실질적 임금삭감의 폭이나 기간
- ☑ 대상조치의 적정성
  [예] 임금삭감에 준하는 업무량 또는 강도의 저감이 있었는지
- ☑ 감액된 재원이 도입목적을 위해 사용되었는지 판단

임금피크제(성과연급제)
노동자가 일정한 연령에 도달한 뒤 고용 보장이나 정년 연장을 조건으로 임금을 감축하는 제도

자료/대법원

무효이다. 연령을 이유로 한 차별을 금지하고 있는 구 고령자고용법 제4조의4 제1항에서 말하는 '합리적인 이유가 없는' 경우란 연령에 따라 근로자를 다르게 처우할 필요성이 인정되지 아니하거나 달리 처우하는 경우에도 그 방법·정도 등이 적정하지 아니한 경우를 말한다. 사업주가 근로자의 정년을 그대로 유지하면서 임금을 정년 전까지 일정기간 삭감하는 형태의 이른바 '임금피크제'를 시행하는 경우 연령을 이유로 한 차별에 합리적인 이유가 없어 그 조치가 무효인지 여부는 임금피크제 도입 목적의 타당성, 대상 근로자들이 입는 불이익의 정도, 임금 삭감에 대한 대상 조치의 도입 여부 및 그 적정성, 임금피크제로 감액된 재원이 임금피크제 도입의 본래 목적을 위하여 사용되었는지 등 여러 사정을 종합적으로 고려하여 판단하여야 한다.

① 이 사건 성과연급제는 피고의 인건비 부담을 완화하고 실적 달성률을 높이기 위한 목적으로 도입된 것으로 보인다. 피고의 주장에 따르더라도 51세 이상 55세 미만 정규직 직원들의 수주 목표 대비 실적 달성률이 55세 이상 정규직 직원들에 비하여 떨어진다는 것이어서, 위와 같은 목적을 55세 이상 정규직 직원들만을 대상으로 한 임금삭감 조치를 정당화할 만한 사유로 보기 어렵다.

② 이 사건 성과연급제로 인하여 원고는 임금이 일시에 대폭 하락하는 불이익을 입었고, 그 불이익에 대한 대상조치가 강구되지 않았다. 피고가 대상조치라고 주장하는 명예퇴직제도는 근로자의 조기 퇴직을 장려하는 것으로서 근로를 계속하는 근로자에 대하여는 불이익을 보전하는 대상조치로 볼 수도 없다.

③ 이 사건 성과연급제를 전후하여 원고에게 부여된 목표 수준이나 업무의 내용에 차이가 있었다고 보이지 아니한다.❹

❹ 구 고령자고용법 제4조의4 제1항은 강행규정에 해당한다.임금피크제는 연령을 이유로 임금 분야에서 차별하는 것으로 그 차별에 합리적인 이유가 없다(대법 2017다292343, 선고일자 : 2022-05-26)

● 임금피크제 규정

제1장 총칙

제1조(목적)

이 규정은 임금피크제를 선택하여 취업규칙상의 정년이 연장되는 직원의 인사, 보수, 퇴직금 등에 관한 제반사항을 정하는 것을 목적으로 한다.

제2조(용어의 정의)

이 규정에서 사용되는 용어의 정의는 다음과 같다.

1. '임금피크제'라 함은 제도를 적용받는 직원이 산정기준에 따라 결정된 지급급여을 수급하고 취업규칙상의 정년 이상 근무할 수 있도록 하는 제도를 말한다.
2. '기준급여'라 함은 임금피크제 적용 직전 연도의 통상적인 급여를 말한다.
3. '지급급여'라 함은 운영규정상의 산정기준에 따라 기준급여 또는 기준급여의 일부 항목을 조정한 피크임금을 말한다.

제3조(유형)

임금피크제 유형은 정년연장형으로 한다. 정년연장형이란 임금피크제를 적용하는 대신 연장된 정년까지 고용을 보장하는 제도를 말한다.

제4조(대상)

임금피크제는 만 58세가 되는 해에 신청한 자에 한하여 적용한다.

제5조(적용기준일)

① 적용 대상자는 매년 12월 세번째 금요일까지 신청하는 자에 한해 결정한다.

② 만 58세에 도달하는 날이 속하는 해의 다음 해 첫날부터 적용한다. 다만, 임금피크제 최초시행일 당시 만 58세를 초과한 경우에는 임금피크제 시행일부터 적용한다.

제2장 보수

제6조(피크임금의 산정)

지급급여 산정을 위한 적용기간 및 산정기준은 다음과 같다.

1. 적용기간 : 만 58세가 도달하는 해의 다음해 첫날부터 만 62세가 도달하는 해의 말일까지로 한다.
2. 산정기준 : 기준급여에서 상여금 항목을 제외한 금액으로 한다(단, 조정폭이 기준급여의 10%를 넘지 않는다.

■ 고용보험법 시행규칙[별지 제52호서식] 〈개정 2013.1.25〉

년 제 차(분기) 임금피크제 지원금 신청서

※ 뒤쪽의 작성방법을 읽고 작성하시기 바라며, 색상이 어두운 난은 신청인이 적지 않습니다. (앞쪽)

접수번호	접수일	처리기간 : 10일

구분	항목	내용	항목	내용
신청인	① 성명		② 주민등록번호	
	③ 주소		(전화번호 :)	
	④ 재직기간		⑤ 정년	세
사업장	⑥ 사업체명		⑦ 대표자	
	⑧ 업종명		⑨ 업종코드	
	⑩ 소재지	□□□-□□□ (전화번호 :)		
임금 피크제	⑪ 임금피크제 시행연도	년	⑫ 피크연령	세
	⑬ 임금피크제 유형	[ ] 정년연장형 [ ] 근로시간단축형 [ ]재고용형 [ ] 정년보장형 ('10.12.31. 이전 임금피크제 시행)		
	⑭ 근로시가단축	변경전 ( )시간 변경후 ( )시간	⑮ 재고용시점	
	⑯ 고용연장연령 (고용보장연령)	세	⑰ 본인적용시점	년 월 일
	⑱ 연간피크임금	원	⑲ 분기피크임금	원
신청 연도 (분기) 임금	⑳ 신청연도	년(분기)	㉑ 신청연도 (분기) 근무기간	. . ~ . .
	㉒ 연도임금총액	원	㉓ 분기임금총액	원
	징계처분 등 본인 귀책사유, 질병 · 부상, 휴업 · 휴직 · 휴가, 쟁의행위로 인한 감액 여부		㉔ 감액사유	
			㉕ 감액임금	원
	㉖ 조정임금	원	㉗ 임금차액	원
	㉘ 임금감액비율	%	㉙ 신청액	원
	㉚ 계좌번호	은행 (예금주 :)		
근로자 확인	(※ 사업주가 대신 신청하는 경우만 해당합니다)		서명 또는 인	

「고용보험법 시행령」 제28조 및 같은 법 시행규칙 제50조 제1항에 따라 위와 같이 신청합니다.

년 월 일

신청인 (서명 또는 인)

사업주 (서명 또는 인)

ㅇㅇ지방고용노동청(ㅇㅇ지청)장 귀하

※ 아래 란은 적지 않습니다.

접수	접수 연월일	접수번호	처리부서	선람	담당	과장	청장지청장
처리	① 지급결정액	원	② 신청금액	원			
	③ 증감액 및 사유						
결재	담당	팀장	과장	청장 · 지청장	결재 연월일 . . .		

210mm×297mm[일반용지 60g/m²(재활용품)]

Chapter 09

성과연봉제도

- 연봉제
- 연봉제의 장단점
- 우리나라 연봉제의 유형
- 연봉제의 도입에 따른 노동관계법의 적용
- 연봉제의 운용 관련 근로기준법의 적용

Chapter

09 성과연봉제도

연봉제

1 의의

연봉제란 "개개인의 실적, 능력, 공헌도 등을 평가한 결과를 토대로 연단위의 계약에 의해 임금액을 결정하는 임금지급체계"라고 정의할 수 있다. 연봉제는 연단위로 임금을 산정한다는 점에서는 시급제, 일급제, 월급제 등과 같은 일종의 임금지급 형태이지만, 업무수행능력의 평가를 통해서 결정된다는 점에서는 다른 임금체계이다. 기존의 연공서열 임금체계에서는 매년 호봉승급이 이루어져 성과에 관계없이 임금상승이 자동적으로 이루어진 반면, 연봉제에서는 '개인의 업적과 능력에 대한 평가'를 기초로 하여 매년 임금의 변동이 있을 수 있다.

2 연봉제 도입의 필요성

(1) 연봉제 도입 시기

연봉제 도입의 결정적 계기가 된 것은 IMF 경제위기라고 할 수 있다. IMF 시대에 우리 기업의 대외경쟁력이 약화되면서 경쟁력 강화를 위한 새로운 보상체계의 도입 필요성이 대두되었다. 지금까지의 임금체계는 연공급으로서 직무의 내용과 성과가 개인의 보수에 연결되지 않으므로 동기유발이 미흡한 실정이었다. 또한, 우리 기업의 임금체계가 노사협상을 거치면서 지나치게 많은 수당의 신설로 인해서 복잡다단한 구조를 지녀 보다 단순화하여 임금관리의 효율성을 제고할 필요성이 제기되었다. 특히, 이 시기를 거치면서 인적자원의 유동성이 활발해지면서 파격적인 인사기용, 유능한 인력의 확보 및 유지문제가 대두되기 시작하였다. 이를 해결하기 위한 방안으로 주요 대기업 및 벤처기업들이 연봉제를 검토하기 시작했다. 종합적으로 볼 때 연봉제는 업적 및 능력주의를 강화하고, 임금의 유용성 확보, 고령화 및 연공임금문제 해소와 함께 임금체계 및 임금관리의 간소화를 목적으로 도입의 필요성이 제기되었다. 이러한 목적으로 검토되기 시작한 연봉제는 자기 기업에 적합하게 설계하여야만 성공할 수 있다.

(2) 한국형 연봉제 도입 필요성

모든 기업이 연봉제를 도입한다고 해서 항상 종업원들의 동기를 부여할 수 있고, 기업의 성과가 향상되는 것은 아니므로 연봉제는 기업이

연봉제 도입 현황

• 연봉제는근로자 "개인"의 능력, 성과 등을 평가하여 그 개인의 임금 전부 또는 일부분(기본급, 상여금, 성과급 등)을 연 단위로 결정하는 임금체계입니다.

인적자원관리 변화

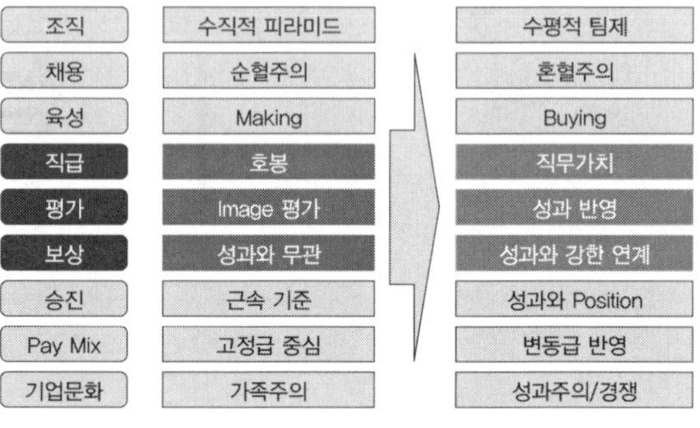

처한 환경 및 전략에 따라 다르게 적용되어야 한다. 대부분의 우리 기업들은 미국이나 일본의 선진기업들이 채택하고 있는 연봉제의 형태를 그대로 도입하려는 경향이 있으나 선진기업들의 연봉제는 각국의 근로계약에 대한 노사간의 기본적인 인식차이뿐만 아니라 직무의 개념과 업무수행 관행 및 평가상 특수성을 반영하고 있기 때문에 이러한 시도는 우리의 정서와 환경에 맞지 않아 실패할 우려가 크다.

연봉제의 장단점

연봉제가 가지고 있는 가장 큰 장점은 임금체계에 탄력성(임금의 개별화와 유연화)을 부여할 수 있다는 점이다. 임금이 모든 직원에게 균등하게 배분된다고 하면 조직구성원이 열심히 일하려 하는 동기부여를 기대할 수 없게 되며, 따라서 기업의 발전은 정체되거나 도태될 수 있다. 그렇다고 모든 조직에 연봉제를 도입하는 것은 TeamWork가 가장 중요한 조직에 개별임금제를 지나치게 강조하는 것으로 조직원들간의 협조성을 떨어뜨려 생산성을 저하시킬 수도 있다.

1 연봉제 장점

연봉제는 근속과 임금이 비례하는 기존 임금체계를 부정하고 성과와 임금이 비례하는 임금체계로 성과목표 설정 및 평가에 대한 명확한 기준 설정을 전제로 하는 임금제도로 근로자로 하여금 성과주의 임금제도가 근로동기를 부여하고 관리자의 책임경영을 가능하게 하여 기업의 생산성을 높이고 경쟁력을 강화시키는 장점이 있다.

(1) 동기유발과 업무목표 달성

연봉제는 미래의 성과가 높아질 것을 기대하는 동기부여형 임금체계로 능력과 실적이 임금과 직결되어, 노력하면 노력한 만큼 대가가 따른다는 기대감을 제공하는 임금체계이므로 철저한 능력·실적주의로 근로자들에게 동기부여를 함으로써 계속 의욕적으로 근무할 수 있게 한다. 또한 연봉제는 자신의 능력과 업적이 곧 임금으로 표현된다는 생각 때문에 자기 책임하에 업무를 수행함에 따라 능력발휘를 위한 사기앙양으로 연결되어 업무 목표달성이 가능하다는 장점을 갖고 있다.

임금체계 유형 및 특징

핵심 가치	연공중심 (Seniority–based)	능력중심 (Skill–based)	역할중심 (Role–based)	직무중심 (Job–based)
초점	• 사람중심 • 직무수행자의 근무경험	• 사람+일 중심 • 직무수행 능력	• 일+사람 중심 • 직무수행 역할	• 일 중심 • 직무의 가치
가치결정 방식	• 호봉 · 근속	• 능력 및 평가	• 역할분석 평가	• 직무분석 평가
장점	• 고용안정 • 내부공정성	• 성과와 보상 연결 동기부여	• 역할과 보상 • 수평적 이동	• 직무=보상 • 차별문제 해소
단점	• 역량 · 성과 반영부족 • 동기부여 미흡	• 성과측정 불만 • 고용불안성	• 인력운영 경직 • 자격제도	• 직무가치 사회적 합의도출 한계
제도유형	• 호봉제	• 연봉제	• 역할급제	• 직무급

연봉제 장단점

장점	단점
• 동기유발 및 업무목표 달성 • 우수한 인재 확보 가능 • 책임경영 및 경영감각 배양 • 임금관리 용이 • 공정한 평가 가능 • 업적에 상응한 개별관리 노사 일체감 형성	• 평가의 신뢰성 부족 • 팀워크의 분산과 과다한 경쟁심 • 단기실적에 치중 • 연봉 감액시 사기저하 • 연봉 비밀보장의 한계 • 통상임금 상승 • 직원간 업무 협조성 저하 • 부하육성의 경시

동기부여이론

성과 = 능력(Ability) × 노력(Motivation) × 기회요인(Opportunity)

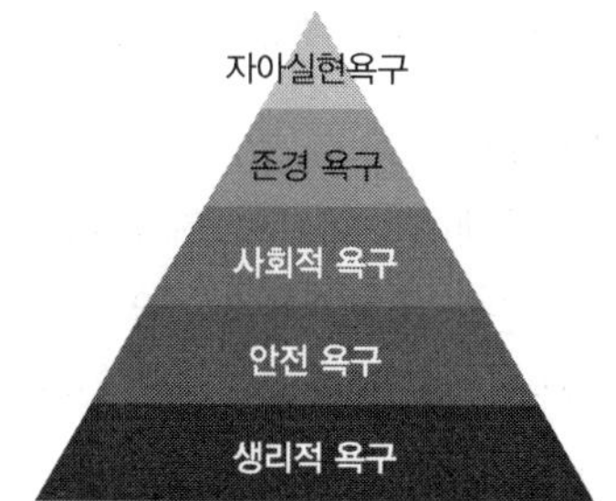

매슬로우(Maslow) 욕구 5단계
(동기 유발하는 강력한 보상수단)

(2) 1년 단위 성과보상으로 생산성 향상

임금체계유형을 보면 연령·성별·근속연수 등 개인적인 속성에 의해 이루어지는 연공급제, 업무수행한 성과의 결과에 의해 임금이 결정되는 성과급제, 직무의 특성에 따라 임금이 결정되는 직무급제가 있다. 연봉제는 단체협약에 의해서가 아니라 근로자와 사업주간의 개별계약에 의해 이루어지며, 우리나라의 경우 개인성과에 따른 개별성과 보상과 부문별, 부서별 성과에 따른 집단보상 성과가 지급되며, 개인성과를 평가할 때 성과 외에 능력이나 공헌도를 포함하는 경우도 많다. 즉, 개인이 받는 연봉총액의 결정은 일정기간 관찰되어진 성과와 능력에 기초한 평가에 의하여 이루어지며 단순히 임금을 통산 1년 단위로 산정하는 총액 개념을 떠나서 개별평가에 따른 임금체계로 생산성 향상 및 동기유발의 효과를 기대할 수 있다.

연봉제 설계유형(연봉인상 흐름도 예시)

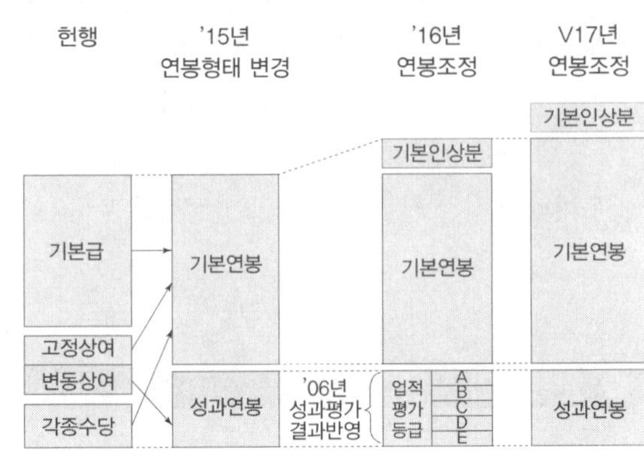

(3) 우수한 인재의 확보

호봉체계의 임금구조하에서는 근속, 학력, 경력에 따라 임금이 결정되어 신규인력을 확보하는데 제한적일 수밖에 없으나 연봉제는 새로운 경영환경에 알맞는 관리자, 전문직 종사자, 특수기능 보유자 등 필요한 우수 인재의 확보가 가능하며 능력과 성과에 따라서 보수수준이 결정되기 때문에 능력위주의 인사기용이 용이하다. 최근 기업의 수시채용제도가 일반화되어 가고 있는 기업환경에서 연봉제는 채용의 골든타임을 유지하는데 장점이 있다.

(4) 관리자의 책임감 및 경영감각 배양

연봉제 실시 대상자는 일차적으로 간부직, 전문직 등으로 고급화 및 특수직화되고 있다. 이는 연봉제가 능력향상을 위한 동기부여와 아울러 책임감을 부여하고 있음을 보여준다. 간부직은 근로자의 업무성과가 경영에 미친 영향을 파악하여 객관적인 인사고과를 위해 경영을 이해하고, 책임 있는 고과를 하여야 한다. 근로자 관리를 통해 경영에 대한 책임감과 경영 감각을 배양할 수 있다.

(5) 임금관리 용이

복잡한 임금체계하에서 급여, 제수당, 상여 등이 총액산출의 근간이 되기 때문에 단순화된 보수체계를 유도할 수 있다. 따라서 연봉제를 도입하면 복잡한 임금체계의 간소화로 임금구조를 단순화시켜 임금관리가 용이해지므로 임금관리의 효율성이 증대된다. 그러나 현행 근로기준법하에서는 임금의 단순화가 통상임금의 극대화로 이어져 기업의 임금부담을 가중시킬 수 있는 점도 있어 연봉제에서의 임금의 단순화는 장점이자 단점이 될 수 있다.

(6) 팀장과 팀원가의 소통 형성

연봉산출을 위한 기준, 적용범위 등에 대한 직원들의 참여로 새로운 노사문화를 창출할 수 있다. 또한, 개별성과를 토대로 연봉산출을 하므로 목표수립과 실적, 기여도 등을 평가함에 있어서 상사와 부하직원간의 꾸준한 의사소통으로 성과중의 노사문화가 형성된다.

2 연봉제 단점

연봉제는 임금체계를 단순히 하고자 하는 것이 아니고 지금까지 임금을 일률적이고 통일적으로 인상하던 것을 개인의 성과에 따라 개별인상으로 전환하는 것으로 이는 우리나라의 전통적인 유교적 가치관과 다른 서구적 가치관인 능력과 성과위주의 보상체계로 전환시키는 과정에서 근로관계의 갈등적인 요소를 포함하고 있어 몇 가지 문제점이 제기되고 있다. 특히 육체적 노동자, 시간외근로의 변동성이 큰 직무근로자, 팀워크가 매우 중요한 조직 내 근로자의 경우 연봉제를 실시할 경우 부작용이 발생할 수 있다.

(1) 평가의 신뢰성이 부족한 경우

연봉제 이전의 인사고과는 임금에 거의 반영이 되지 않고 승진 승격에만 주로 반영되었다. 또한 인사고과의 결과가 본인에게 투명하게 공개되지 않았다. 그러나 연봉제에서 개인이 받는 연봉총액의 결정은 평가에 의해 이루어지므로 평가의 정확성과 공정성이 매우 중요한 과제이며, 평가가 연봉제의 성공적 운영을 결정짓는 가장 핵심적인 요소이다. 평가의 공정성 및 객관성이 문제될 경우 근로자의 근로의욕을 오히려 떨어뜨리고 연봉의 신뢰성에 불신을 갖게 될 수 있다. 따라서 근로자들간의 갈등이 증폭되어 근로의욕을 저하시키는 결과를 가져올 수 있다.

(2) 팀워크의 분산과 과다한 경쟁심

연봉제는 개별임금관리기법으로 업무능력과 실적에 치중한 업무성과위주의 보상체계로 근로자간의 업무 협조성이 떨어진다. 근로자들간의 불필요한 경쟁심을 유발하여 위화감이 조성되고 팀워크teamwork가 깨질 우려가 있으며, 우리나라 기업의 전통적인 장유유서 의식과 선임자우대원칙과 배치되어 노사갈등의 원인이 되기도 한다. 이를 보완하기 위해 개별성과와 집단성과PS를 병행하는 기업이 많다.

● 연봉제가 효과적인 조건

구분	연봉제가 더 효과적인 조건	연봉제가 덜 효과적인 조건
고객 · 기술의 변화	급변하는 상황	비교적 안정적 상황
참여시장	세계시장	국내시장
경쟁	치열함	비교적 낮은 경쟁(독과점)
역량개발	인터넷이나 외부기관 등 개인에 의존	내부 선배, 관리자의 전수에 의존
업무형태	자기경영적 업무형태 개인 스스로 성과에 책임	상사의 지시나 감독에 의한 업무 팀워크에 의존하여 성과발휘
경영상황	비교적 급여수준이 높고 안정적 경영상황	급여수준이 낮고 불안정한 경영상황
노동시장	외부시장의 발달로 인력의 출입이 잦음	사내에서 필요한 인력 조달

(3) 단기실적에 치중하는 경향

연봉제에서 평가가 전년도 실적을 기준으로 연봉을 결정함에 따라 단기적이고 가시적인 실적 향상에만 치중할 우려가 있다. 특히 영업부문의 경우 단기실적에 치중하여 매출은 증대되나 수금률 또는 부도율이 증가하여 회사 전체로는 마이너스 효과를 가져올 수도 있으며, 연구개발부문에서 연구원들이 장기적이고 기초적인 과제보다 단기적인 과제를 선호할 경우 원칙기술개발 보다는 가시적 상품개발에만 치중하여 장기적으로 기업 경쟁력을 약화시킬 가능성이 있다.

(4) 연봉 증감의 충격

호봉제, 능력급제, 인센티브제와 연봉제가 구분되는 연봉설계 방향에 따라 연봉평가 반영률에 마이너스(−) 비율을 반영하여 전년도 연봉보다 감액이 될 수도 있다. 이 경우 해당 근로자의 불만과 함께 종업원들의 사기를 저하시킬 우려가 있고, 저성과자C-player를 양산하여 조직관리의 어려움을 초래할 수 있다.

(5) 연봉 비밀보장성 한계

우리나라의 많은 기업이 임금을 내부에서 관리하고, 근로자들간의 동료의식에 강해 서로 사적 부분에 대해 이야기하는 것에 익숙해 있어 사용자가 개인연봉 누설에 대해 인사상 불이익을 주겠다고 강조해도 아직은 연봉에 대한 비밀보장이 이루어지고 있지 않아 연봉평가자와 피평가자간의 갈등의 원인이 되고 있다. 따라서 연봉제를 도입할 경우 임금아웃소싱을 통해 연봉의 비밀보장성을 높여야 한다.

○ 우리나라 연봉제의 유형

1 연봉제 유형

(1) 연공급 연봉제

성과에 따른 개인별 차등이 없이 기존의 기본급, 수당, 상여금을 통합하여 단순화 시킨 후 1/12 방식으로 지급하는 형태로 연봉제라기보다는 복잡한 수당체계를 없애고 상여금까지도 포함하여 월 급여지급액을 높인 형태이다. 통상임금이 증가되는 문제점은 있으나 근로자들 및 노동조합에게 있어서는 월 급여의 상승으로 매우 선호하는 연봉형식이라 할 것이다.

○ 연봉제 유형

유형	기준
순수연봉제	• 매년 협상에 의해서 연봉결정 • 선 지급방식 • 프로 스포츠 선수 적용
미국형 연봉제 (Merit Pay)	• 직무급 + 성과급 = 직무성과급/ 개별성과급제도 • 종업원 중 핵심인력육성 대상에 적용
한국형 연봉제	• 기본연봉(기본급 + 고정수당+고정O/T) + 개인성과연봉(상여금) + 집단성과급(PI, PS 인센티브제) • 기본연봉 Base up, 개인평가 상여차등, 집단평가 인센티브
일본형 연봉제	• 직능급+성과급=직능성과급 • 직능급은 직무급과 연공급의 절충형태이며, 직무수행능력을 고려하여 동일한 직무를 수행하더라도 개인의 직무수행능력을 평가하여 임금을 결정하는 체계 • 연봉제 적용대상은 대부분 관리직, 전사원 적용기업은 거의 드묾

(2) 성과가급 연봉제

기본연봉은 직급별 동일 인상률을 적용하며 성과(업적)연봉에 대해서는 비누적방식으로 개인별 고과에 따라 차등 지급하는 형태로 성과연봉에 대해서는 지급시기를 별도로 정하여 3개월마다 지급하는 1/16 방식, 짝수 달에 지급하는 1/18, 상반기 250%, 하반기 250%, 추석설 명절 100%를 지급하는 방식 등 기업마다 다양한 형태의 지급방식이 있다.

(3) 혼합형 연봉제

현재의 기본연봉을 기준으로 업적에 따라 개인별 인상률을 적용하는 형식으로 개인의 업적에 따른 성과(업적)연봉을 별도로 지급하는 형태를 말한다. 이때 성과연봉은 두 가지 형태로 나누어 개인성과에 따른 보상과 집단성과 따른 보상(PI: 생산성격려금, PS: 초과이익분배금)으로 나누어 개인성과의 대부분은 매월 지급하고 집단성과의 생산성격려금의 경우 반기 1회, 초과이익분배금의 경우 연 1회 지급하는 방식을 말한다.

한국형 연봉제 유형

유형	장점	단점
연공형	• 임금의 단순화 • 호봉제→연봉제 변경시 용이	• 통상임금 급증 • 승진승격제도와 충돌
가급형	• 개인평가 반영 • 기본연봉+성과연봉으로 구분	• 개인평가 차등폭 한계 • 성과연봉 통상임금 가능성
혼합형	• 개인평가+집단평가 반영 • 집단평가 성과급 임금성 부정	• 평가불공정 보상으로 사기 저하 • 프리라이더(free rider) 양산

2 한국형 연봉제

연봉제에 대한 정의는 학자에 따라 다양하나, "임금의 전부 또는 상당부분을 근로자의 능력·실적 및 공헌도 등을 평가하여 연단위로 결정하는 제도"라고 정의할 수 있다. 기업의 업종, 종업원의 직종에 따라 복잡한 임금구조를 단순화한 연공형 연봉제를 운영하는 사용자가 있는가 하면 호봉임금체계에서 상여금만을 개인의 성과에 따라 차등지급하는 성과가급형 연봉제를 도입해 운영하는 기업도 있다. 1990년 후반에 연봉제를 조기에 도입한 기업의 경우 연봉을 기본연봉과 성과(업적)연봉으로 구분하여 성과연봉은 개인고과에 따른 개별 성과연봉과 부문별 또는 부서별 집단성과에 따른 집단보상연봉으로 지급한다. 집단보상연봉에는 6개월 단위로 생산성 목표달성 여부에 따라 지급되는 생산성격려금 Productivity Incentive: PI과 1년 단위 이익목표를 설정하고 이를 초과하여 달성할 경우 지급되는 초과이익분배금Profit Sharing: PS으로 구분하여 지급하는 혼합형 연봉제를 실시하는 등 그 배분비율 결정기준에 따라 다양한 유형으로 구분이 가능하다.

한국형 연봉제 모델

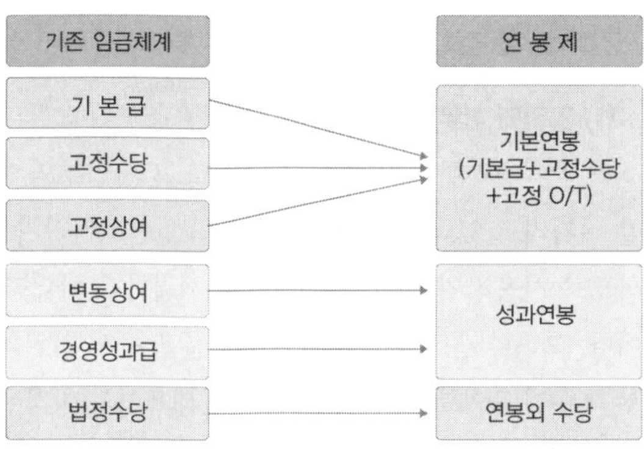

연봉제의 도입에 따른 노동관계법의 적용

1 적용대상

형식상 법인의 등재된 이사나 비등재 이사라도 업무집행권을 행사하고 있다면 이는 근로기준법상 근로자라 할 수 없으므로 노동의 대가성인 임금을 받는 자가 아닌 주총이나 이사회에서 결정한 보수를 받는 자로 연봉(보수)계약을 체결하는데 법적 분쟁이 발생할 소지가 없다. 그러나 연봉계약기간에 대한 기간존중과 퇴직으로 인한 퇴직금 지급 의무 등은 근로기준법상 보호가 아닌 상법 또는 민법상 일방적인 계약해지나 보수지급 의무의 위반 등으로 법적 구제를 받을 수 있을 것이다. 부서장의 경우 근로기준법상 관리감독자 지위에 있는 자인지 아닌지에 따라 연봉에 일정시간의 시간외근로를 포괄임금방식으로 포함할 것인가가 결정된다. 관리감독자 지위가 단순히 명칭이나 호칭으로 판단하는 것이 아닌 사실상 경영자와 일체적 지위에 있는 자를 말하는 바 이에 해당 여부에 따라 임금 구성항목이 결정되어야 할 것이다. 영업직의 경우 근로자가 사업장 밖 근로로 인하여 근로시간 산정이 어려운 경우에 소정근로시간이나 업무수행에 통상 필요한 시간을 근로한 것으로 간주하여 연봉계약의 체결이 가능할 것이다. 이때 간주근로시간을 몇 시간으로 할 것인가에 대해 노사 합의가 전제되어야 할 것이다.

(1) 임원의 경우

조직상 일정한 사업부를 총괄하고 그 사업부의 회계 · 인사노무관리를 책임지고 있다면 이는 근로기준법상 근로자라기보다는 사용자에 속하므로 사용자와 연봉(보수)계약을 체결한다 하더라도 문제가 없을 것이다. 그러나 우리나라 기업의 대부분은 등재 임원의 경우에는 특히 일부 특수인 관계를 맺고 있는 경우나 대표이사인 경우 외에는 대부분 비등재 임원으로 사원에서 임원으로 승진한 경우가 대부분이다. 이같이 사원에서 임원으로 승진한 경우 사원의 신분을 정리하고 퇴직금을 수령한 후 임원으로서의 연봉(보수)계약을 체결하게 된다.[1]

연봉제 적용대상

구분	적합한 경우	부적합한 경우
적용 조건	• 자신의 의사·판단에 따라 업무를 수행하는 근로자 • 시간관리의 대상에서 제외 되는 근로자 • 업무상 역할 책임이 분명하고 실적파악으로 성과측정이 가능한 근로자	• 업무의 지시·명령을 받아 업무를 수행하는 근로자 • 시간에 따라 임금을 지급해야 하는 근로자 • 능력개발 단계에 있는 근로자 • 성과측정이 불명확한 근로자
적용 대상	관리직, 전문기술직, 영업직, 전문직	교대근무직, 생산직, 아르바이트

[1] 이사 등 임원에게 보수와 퇴직금을 지급하는 경우 근로기준법 소정의 임금과 퇴직금이 아니라 재직 중의 직무집행에 대한 대가로 지급되는 보수의 일종이다. (대법 2001.02.23, 2000다61312)

(2) 부서장의 경우

연봉제 실시 대상자의 주류를 이루는 경우가 부서장들로 보통 차·부장급 이상이 이에 해당한다. 팀장으로서 또는 부서에 장으로서 소속 근로자들의 복무 및 평가권을 행사하는 것이 일반적이며 관리자로서의 권한과 책임을 부여받고 있다. 따라서 대부분 기업들은 관리자들의 업무수행능력과 부서별 목표달성 여부에 따라 평가기준을 설정하고 그 결과에 따라 연봉을 차등지급하고 있다. 이와 같이 연봉을 부서장 능력에 따른 평가결과에 따라 개별성과 연봉과 부서별 집단보상을 병행하는데 이는 근무시간에 따른 정량定量적 평가가 아닌 실적과 능력에 따른 정성적 결과로 연봉을 결정하는 것이므로 연봉에 시간외 수당을 지급하는 것은 연봉제에 부합하지 않는다. 그렇다면 부서장은 근로기준법 제63조 및 동법 시행령 제34조에 의거 관리·감독자로 모두 인정하여 시간외, 휴일, 휴게를 배제할 수 있는가 하는 문제이다.[2]

(3) 관리 영업직 경우

연봉제 임금제도에 대해 노사 모두 인정할 수 있는 직종은 역시 영업직일 것이다. 영업직종은 근속연수나 숙련도와 관계없이 영업이익에 따라 연봉을 차등지급하게 되면 근로자 입장에서는 노력한 대가를 인정받아 좋고, 기업 입장에서는 매출 및 이익을 높일 수 있어 노사 모두 가장 선호하는 임금제도이다. 이같이 영업직은 직급에 관계없이 영업부서 모든 근로자를 대상으로 연봉제를 실시해도 노사 모두 좋아할 것이나 문제는 영업직의 초과근무시간에 대한 수당을 어떻게 할 것인가가 항상 노사간 갈등의 원인이 되고 있다. 영업직의 업무 특성상 사업장 밖에서 이루어지는 업무가 많은 현실에서 초과근로시간을 정확히 파악하기는 어려우므로 근로기준법 제58조(근로시간계산의 특례)에 근거하여 근로자가 출장이나 그 밖의 사유로 근로시간의 전부 또는 일부를 사업장 밖에서 근로하여 근로시간을 산정하기 어려운 경우에는 소정근로시간을 근로한 것으로 보며 그 업무를 수행하기 위하여 통상적으로 소정근로시간을 초과하여 근로할 필요가 있는 경우에는 그 업무의 수행에 통상 필요한 시간을 근로한 것으로 인정하고 노사 합의로 연간 초과근로시간을 포함하여 연봉계약을 체결하는 방법이 있을 수

[2] 지위에 따른 직책급 업무추진비 지급을 중단한 이유만으로 관리·감독업무에 종사하는 자에 해당하지 않는다고 보기 어렵다. (근로개선정책과-4034, 2014.07.18)

있다.❸

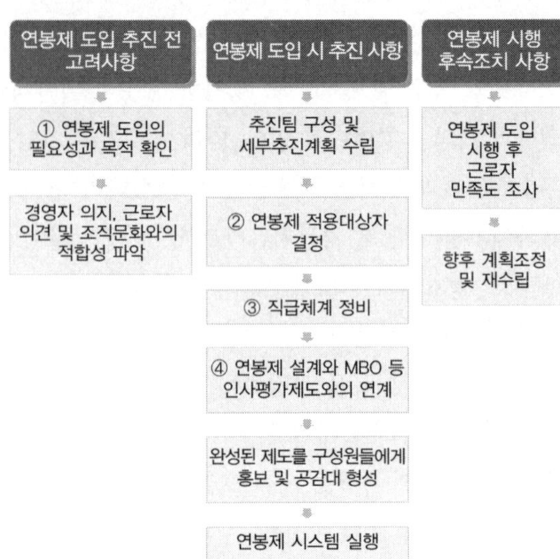

2 도입방식

연봉제를 도입하는 방식에는 근로자 수에 따라 10인 미만 사업장이라면 근로(연봉)계약을 통한 방식, 10인 이상이라면 취업규칙 변경을 통한 방식, 노조가 있을 경우 단체협약 갱신을 통한 방식, 노동조합이 근로자 과반수를 차지하고 있어 노사협의회 의결사항이 단체협약과 같은 효력을 가지고 있다면 노사협의회를 통한 방식으로 나누어 생각해 볼 수 있다.

(1) 근로(연봉)계약체결방식

근로계약은 기간을 정한 유기有期근로계약과 기간을 정하지 않은 무기無期근로계약으로 구분할 수 있다. 이때 유기근로계약은 그 계약기간의 필요성이 인정되고 사업의 완성시점을 기간으로 하는 경우 그 기간만큼 근로계약관계를 설정하고 기간의 만료가 근로관계 종료를 의미한다. 다만, 그 기간이 형식에 불과할 경우 기간제 및 단시간 근로자 보호 등에 관한 법률에 의해 2년 이상 계약직으로 고용하게 되면 무기계약직으로 전환된다. 근로기준법 제2조 제4호에 "근로계약"이란 근로자가 사용자에게 근로를 제공하고 사용자는 이에 대하여 임금을 지급하는 것을 목적으로 체결된 계약이라 정의하고 있으므로 임금지급방식을 연봉으로 하고 근로기준법 제17조 근로조건의 명시 의무에 따라 근로(연봉)계약을 체결하면서 근로자에게 임금, 소정근로시간, 휴일, 연차유급휴가, 연봉의 구성항목 · 계산방법 · 지급방법, 소정근로시간을 서면으로 명시하고 근로자의 요구가 있으면 그 근로자에게 연봉계약서를 교부하는 방식이다.❹

① 근로계약과 연봉계약 구분

근로계약은 근로조건 명시의무에 있어서도 더욱더 구체화 하여 ① 근로계약기간에 관한 사항 ② 근로시간 · 휴게에 관한 사항 ③ 임금의 구성항목 · 계산방법 및 지불방법에 관한 사항 ④ 휴일 · 휴가에 관한 사

❸ 업무내용과 근로형태의 특수성을 감안하여 노사 합의하여 시간외 · 야간 · 휴일근로수당을 합하여 일정액을 지급한 것은 유효하다. (대법 1991.10.11. 선고 90다17880 판결)

❹ 근로계약이 1년간 연봉을 정하기 위하여 체결된 것으로 보일 뿐 근로존속기간을 정한 것이라고 볼 수 없다. (서울고법 2010.10.12, 2010누5464)

항 ⑤ 취업의 장소와 종사하여야 할 업무에 관한 사항을 명시하고 연봉에 관한 것은 근로계약에서, 임금에 관한사항은 연봉계약서에 따른다고 정하는 임금계약으로 임금은 연봉지급 기준으로 1년 단위로 결정하여 지급한다는 근로조건을 면으로 명기할 필요가 있다.

② 연봉계약은 임금계약

연봉계약이 반복적으로 체결되어 온 기업에서 전년도에 비해 연봉금액이 줄어든 상황에서 근로자가 연봉계약 동의서에 합의하지 않을 경우 사용자가 줄어든 연봉을 근로자 동의 없이 근로조건을 낮출 수 있을 것인가의 문제이다. 현행 근로기준법체계에서는 근로조건의 하향은 개별근로자의 동의나 전체근로자의 과반수 이상의 동의로 근로조건 불이익 변경절차를 거쳐야 할 것이다. 따라서 10인 이하 사업장에서 집단적 근로조건을 규율하는 취업규칙을 가지고 있지 않을 경우 개인의 평가에 따라 개별근로조건을 하향시킬 수 있는 연봉제 도입은 개인 동의 거절의 문제로 말미암아 도입하기 곤란한 제도이다. 따라서 연봉계약직의 경우 당사자간 연봉합의가 이루어지지 못할 경우 근로계약관계를 종료하는 연봉계약을 체결하여 근로조건 하향에 따른 근로자 개별동의 문제를 해결할 수 있다.

③ 수습기간 종료 후 연봉계약

신입사원의 경우 입사하여 1개월 이내 근로계약을 체결하고 3개월 수습기간을 통과한 정규사원과 연봉(임금)계약을 체결해야 수습기간의 하향 지급된 임금으로 인해 약속한 연봉과의 차액이 발생하지 않는다.

(2) 취업규칙 변경을 통한 방식

① 취업규칙에 연봉제 반영

기존 호봉제 임금제도에서 연봉제로의 임금제도 변경은 해당자들에게는 가장 큰 근로조건 변경으로 반드시 해당자의 동의 또는 의견을 들어야 할 것이다. 연봉제 도입에 있어 근로조건의 유·불리에 대해서는 도입된 제도를 종합적으로 평가하여 판단하여야 하나 대부분 연봉제가 개별적 평가에 따른 임금의 차등지급을 원칙으로 하고 있으므로 일부 유리하다고 하여 이를 유리한 변경이라 할 수 없다. 따라서 연봉제 적용을 받는 대상자 과반수의 동의를 받아 실시하는 것이 취업규칙 불이익 변경의 위법성을 없애는 방법이다. 전체근로자 과반수이상 또는 노조원이 과반수를 점하고 있지 않은 조직에서 과장급 이상에 대해서 연봉제를 도입할 경우 원만한 노사관계 유지 차원에서 노조에 의견수렴

● 연봉계약 시점

① 신입사원 입사

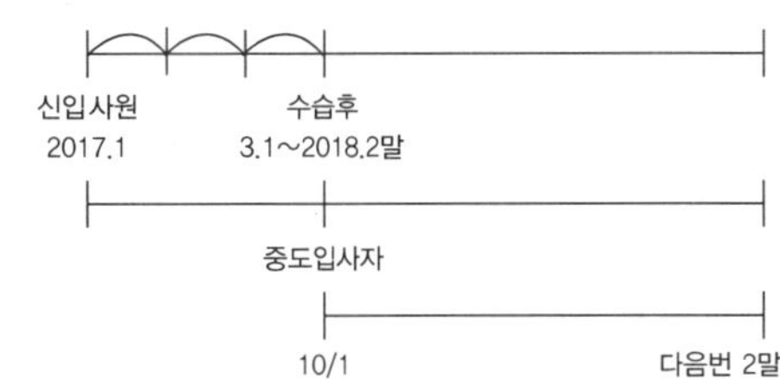

② 경력사원 입사(10/1일자)

- 10.1부터 ~ 다음연도 12.31
  1년 4개월 연봉 계약

③ 평가기간은 회계연도

- 업적평가(6개월): 2회/1년
- 역량평가: 1회/1년

절차를 거치면 연봉제를 도입할 수 있다.[5]

② 취업규칙 불이익 변경 후 연봉계약

취업규칙에 연봉결정 기준을 명시하고 평가에 따라 연봉총액이 차등 지급되는 연봉제 도입에서 매년 연봉계약은 요식행위에 불과할 뿐 근로자 개별 동의가 필요치 않다. 이미 조직원 과반수 이상의 동의를 받아 결정된 임금결정방법에 따라 연봉을 결정하고 통지하고 이에 이의신청제도를 둘 수 있다.

(3) 단체협약 개정을 통한 방식

① 비조합원 연봉제 도입

노동조합의 동의 없이는 조합원을 대상으로 연봉제를 도입할 수는 없으나 비조합원은 단체협약 적용대상자가 아니므로 연봉제를 도입할 수 있다. 그러나 노동조합 및 노동관계조정법 제35조에 따르면 하나의 사업 또는 사업장에 상시 사용되는 동종의 근로자 반수 이상이 하나의 단체협약의 적용을 받게 된 때에는 당해 사업 또는 사업장에 사용되는 다른 동종의 근로자에 대하여도 당해 단체협약이 적용되도록 되어 있어 비조합원에 대해 조합원 자격이 있음에도 불구하고 가입하지 않은 조합원은 일반적 구속력 대상에 해당한다. 규약이나 단체협약의 조합원 범위에서 제외된 근로자에 대해서는 일반적 구속력을 확대할 수 없다. 따라서 노동조합이 전체근로자의 50% 이상을 점하는 노조라 할지라도 규약 및 단체협약으로 조합원 자격을 부여하지 않고 있는 자에 대해서는 비조합원들의 50% 동의를 받아 연봉제 도입이 가능할 것이다.

평가보상제도 정비

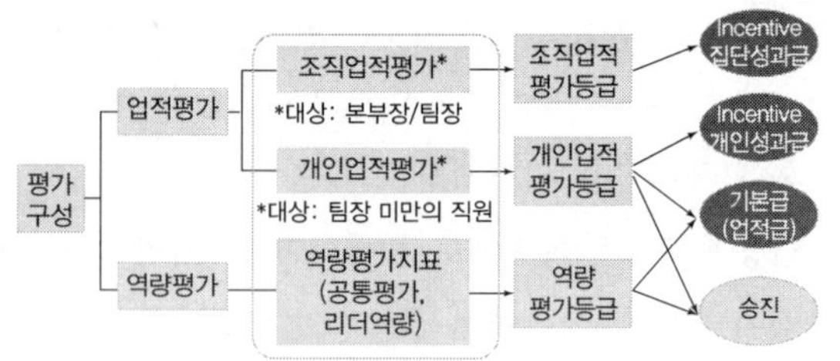

• 연봉제의 가장 큰 특징은 "고성과자와 저성과자의 연봉을 차등하여 지급하는 것" 임
• 고성과자와 저성과자를 구분하기 위해서는 합리적인 평가제도가 필수적임

[5] 연봉제 도입을 위한 취업규칙 변경시 불이익한 변경으로 보아야 한다. (근기 68207-988, 2000.3.31) 취업규칙의 변경이 근로자에게 유·불리한 것인지에 대한 판단은 취업규칙 변경의 취지와 경위, 해당 사업체의 업무 성질, 취업규칙 각 규정의 전체적인 체제 등 제반사정을 종합하여 사회통념상 합리성이 있느냐의 여부를 판단하여야 한다. 연봉제 도입과 관련한 취업규칙 변경이 유·불리한지 여부의 판단방법 및 불이익한 경우의 취업규칙 변경방법은 다음과 같은 기준에 의하여야 한다고 사료된다. 연봉제 대상 근로자집단에게 지급될 총 임금재원은 연봉제 도입 이전과 동일하게 유지하지만 그 재원 중 일부는 인사고과에 따른 변동급여로 정하여 지급하는 방식의 연봉제(이하 "제로섬방식 연봉제"라 함)를 도입하는 경우, 연봉제 대상 근로자집단 전체로 볼 때는 동일한 임금수준일 수 있으나 개별근로자의 입장에서는 기존보다 더 많은 임금을 받게 되는 근로자와 기존보다 더 적은 임금을 받게 되는 근로자와 병존하게 된다. 따라서 제로섬방식 연봉제 도입을 규정한 취업규칙의 불이익 변경 여부는 근로자들에게 유·불리의 충돌이 존재하는 것으로 보아 일반적으로 불이익 변경에 해당한다.

② 조합원 연봉제 도입

사용자가 비조합원에 대해서 연봉제를 도입하면서 노조를 완전히 배제시키고 일방적으로 임금의 근로조건을 변경할 수 있는가 하는 문제이다. 설령 위에서 말하는 비조합원에 대해서는 일반적 구속력이 확대되지 않으므로 해당자의 과반수 동의를 받아 가능하다 할지라도 사업장에서 가장 중요한 근로조건을 변경하면서 노조를 완전히 배제하는 것은 사업주의 경영권 남용으로 볼 수 있다.⑥

(4) 노사협의회 개최승인방식

노사협의회가 연봉제 도입을 의결하는 경우의 유효성 여부와 관련하여, 노사협의회에서 동의가 근로자집단의 집단적 의사결정방식에 의한 동의로 볼 수 있느냐를 우선 검토하여야 한다. 노사협의회는 노동조합과 그 취지를 달리 하므로 노사협의회 근로자위원 선출시 그들에게 근로조건 불이익 변경에 대한 포괄적 위임을 부여했다고 볼 수 없다. 근로자위원은 각각이 전체근로자의 대표로서의 지위를 부여받은 것이지 자신을 선출한 부분적인 근로자 집단의 의사에 구속되는 것은 아니라고 한다.⑦

● 연봉제의 운용 관련 근로기준법의 적용

우리나라 연봉제 유형을 보면 기본연봉, 성과연봉의 형태로 구성되어 있으며 성과연봉은 기업에 따라 차이는 있으나 개인성과에 따른 개별 성과연봉과 부서나 부문에 따른 집단 성과연봉으로 나누어 지급된다. 이때 지급되는 개인·집단 성급연봉에 대해 임금성 논란이 있다. 특히 연봉제를 도입하여 운영하면서 가장 어려운 문제는 그동안 통상임금에 해당하지 않던 상여금, 각종 수당들이 모두 포함되어 매월 지급되

● 연봉제 설계의 유형

구분		
연봉 누적 여부	누적식	비누적식
	매년 개인의 연봉조정시 전년도 연봉수준을 Base로 하여 조정 (연봉 Story의 유지)	매년 개인의 연봉조정시 각 직급, 연차의 기준 연봉을 정해 놓고 이것을 Base로 하여 다시 연봉조정 → 전년 대비 연봉감액자도 발생
연봉 Range 구분	Pay-Band Range형	Wage-Line형
	연봉 Table을 배제하고 각 직급별 연봉범위(Range)를 운용하되, 금액 수준별로 Band를 설정하여 임금조정을 차별화	각 직급별로 3~4개의 연봉 Wage-Line만 운용하여 평가등급에 따라 연봉 연동 적용관리가 간편하지만 연봉제 적용 폭이 제한적
직급 상승 효과	Sliding형	Jumping형
	하위 직급의 고임금자가 상위 직급의 저임금자의 연봉범위와 중첩되는 것으로, 하위 직급이라도 성과 우수자는 상위 직급보다 높은 급여를 받을 수 있는 기회를 제공	직급간 연봉 범위에 일정 Gap을 두어서 직급상승에 따라 임금상승폭을 크게 적용하는 경우

⑥ 연봉제 급여규정은 단체교섭의 의무가 있음에도 정당한 이유 없이 사전협의를 거부한 것은 부당노동행위이다. (대법 2004.3.12, 선고 2003두11834 판결) 취업규칙에 연봉제 급여규정을 둔 것은 조합원들에게는 적용되지 않는다고 단정할 수 없는 이 사건에 있어서 참가인이 단체교섭의 의무를 부담하거나 사전협의를 하여야 할 대상에 해당한다고 보아야 할 것이므로, 참가인으로서는 원고조합의 단체교섭이나 사전협의 요구를 거부할 수 없음에도 불구하고 정당한 이유없이 이를 거부하였으므로 이는 노동조합 및 노동관계조정법 제81조 제3호 소정의 부당노동행위에 해당한다고 보아야 할 것이다.

⑦ 노사협의회에서 임금 등 근로조건에 대해 합의를 한 경우 당연히 단체협약의 효력을 갖는 것은 아니다. (협력 68210-224, 2003.05.26)

는 경우 통상임금이 상승하여 사업주의 임금부담을 가중시킬 가능성이 매우 높아진다. 연봉제는 성과주의 임금제의 한 유형으로 연봉제를 근로자가 동의했다고 해서 근로기준법상 사업주에게 의무화되어 있는 퇴직금제도가 당사자간의 합의만으로 면책될 수 있는 것이 아님에도 불구하고 일부 사업주들이 고액의 연봉을 제시하면서 또는 퇴직금 중간정산제를 악용하여 연봉계약 근로자에게 퇴직금을 포함하는 연봉계약을 체결하여 근로자 노후보장성 퇴직금제가 무력화되어 가고 있다.[8]

1 한국형 연봉제 설계

(1) 기본연봉 설계

호봉제를 지속해온 과정에서 갑자기 연봉제로 전환할 경우 근속, 학력, 직급간의 임금혼란성에 빠질 가능성이 있으므로 우선 기존의 호봉제 임금구조에서 기본급, 고정수당을 재원으로 기본연봉 table 만들어 직급간 연봉 역전현상을 최소화하는 것이 바람직하다. 특히 기본연봉을 설계시 고정O/T(인정근로시간)를 포함하여 설계해야 한다.

(2) 개인성과 연봉 설계

연봉제의 핵심은 근속에 따른 임금지급이 아닌 성과에 따른 임금지급으로 개인성과 연봉(업적연봉)이 가장 중요하다. 개인성과 연봉의 재원을 어디에서 가져오고 전체연봉 중 개인성과 연봉비율을 어떻게 할 것인가에 따라 연봉에 차이가 발생할 것이다. 개인성과 연봉의 재원은 상여금을 가져오는 것이 바람직하며, 전년도 성과에 따라 비누적식으로 차등지급하고 1년 단위로 고과 또는 성과에 따라 차등지급 되는 업적연봉은 통상임금에 속하지 않는다.[9]

(3) 집단성과급 설계PS

집단성과보상인 이익분배금PS과 같은 인센티브에 대해서는 그 지급시기와 기준을 사용자가 설정했다고 하더라도 이는 임금성이 아닌 사용자가 목표를 설정하고 그 목표달성 여부에 따라 지급되는 은혜

연봉인상방법

<table>
<tr><td rowspan="2">누적식</td><td>개념</td><td>• 금년도 성과연봉×평가등급 지급률을 누적
• 개인(평가등급 저), 회사(평가등급 고) 모두 부담</td></tr>
<tr><td>인상사례</td><td>• 평가차등 지급률
S(매우 우수): 1.4 A(우수): 1.2 B(보통): 1.0
C(약간 부족): 0.8 D(부족): 0.6
• 금년도 성과연봉이 900만원인 직원이 성과평가 'A'를 받은 경우
성과연봉=900만원×1.2=1,080만원</td></tr>
<tr><td rowspan="2">비누적식</td><td>개념</td><td>• 금년도 성과연봉×평가등급 지급률이 금년에만 적용되어 비누적
• 개인, 회사 모두 부담이 덜함</td></tr>
<tr><td>인상사례</td><td><table>
<tr><td>업무 성과</td><td>S등급 (4.5 이상)</td><td>A등급 (4 이상)</td><td>B등급 (3 이상)</td><td>C등급 (2.5 이상)</td><td>D등급 (2.5 미만)</td></tr>
<tr><td>지급률</td><td>140%</td><td>120%</td><td>100%</td><td>80%</td><td>70%</td></tr>
</table></td></tr>
</table>

8. 효도제례비, 연말특별소통장려금, 출퇴근 보조여비는 정기적·일률적·고정적으로 지급되는 임금으로서 퇴직금 산정의 기준이 되는 통상임금에 해당한다. (대법 2007.6.28, 선고 2006다11388 판결)

9. 업적연봉액을 12개월로 나누어 매달 고정적인 액수를 지급하는 것은 업적연봉액을 지급하는 방법에 불과한 것이고, 결국 업적연봉 총액은 전년도 근무성적에 따라 지급 여부 및 지급액이 달라지는 것이므로 이는 고정적인 임금이라 할 수 없고, 따라서 통상임금의 범위에 포함되지 않는다. (서울고법 2부 2011.12.23, 2009나6914)

적·호의적 성격에 가까운 급부로 판단하여 개별성과보상금과 차이를 두고 있다. 따라서 연봉계약서를 체결할 경우 개별성과보상금과 집단성과보상금을 분명히 구분하고 그 지급기준을 명확히하여 성과연봉에 대한 노사간 분쟁을 최소화 하여야 할 것이다.⑩

2 연봉제하에서 시간외수당 문제

미국과 달리 우리나라 근로기준법은 시급제 근로자와 연봉제 근로자의 시간외수당 지급기준이 이원화되어 있지 않아 우리나라 기업들이 연봉제를 도입하는데 가장 큰 걸림돌이 되고 있다. 미국과 같이 시간외근로에 적용을 받지 않은 화이트칼라 직종에 대해서는 연봉제를 도입하더라도 시간외근로에 대한 수당지급 문제가 없으나 우리나라의 경우 근로기준법이 이원화되어 있지 않아 근로시간과 임금이 비례하지 않는 성과주의 임금제인 연봉제를 도입하는데 많은 어려움이 있다. 따라서 현행 근로기준법하에서 연장근로에 대해서는 포괄임금방식으로 일정한 시간외근로시간을 포함하여 연봉계약을 체결하는 방식으로 연봉계약을 체결할 수밖에 없는 것이 현실이다.⑪

3 포괄연봉제 문제 해결

우라나라 연봉제는 대표적인 포괄임금제로 연봉에 포함할 수 있는 수당(고정O/T)과 포함할 수 없는 수당(퇴직금, 연차수당)으로 구분할 수 있다. 특히 타임체크가 모호한 직무를 수행하는 근로자의 경우 연봉에 일정한 시간외수당을 포함하여 계약하고 이를 초과한 연장근로시간에 대해서는 수당으로 지급하지 말고 가능한 보상휴가제⑫를 활용하는 것이 바람직하다.

⑩ 상여금이 계속적·정기적으로 지급되고 그 지급액이 확정되어 있다면 이는 근로의 대가로 지급되는 임금의 성질을 가지나 성과급은 그 지급사유의 발생이 불확정하고 일시적으로 지급되는 것은 임금이라고 볼 수 없다. (대법 2005다54029)

⑪ 업무내용과 근로형태의 특수성을 감안하여 노사 합의하여 시간외·야간·휴일근로수당을 합하여 일정액을 지급한 것은 유효하다. (대법 1991.10.11, 선고 90다17880 판결)

⑫ 제57조(보상 휴가제) 사용자는 근로자대표와의 서면 합의에 따라 제56조에 따른 연장근로·야간근로 및 휴일근로에 대하여 임금을 지급하는 것을 갈음하여 휴가를 줄일 수 있다.

집단성과급 재원 산정 기준

지표	세부지표	적용가능회사	주요 적용 사례
수익성 지표	영업이익, 당기순이익 등	• 매출 등 외형상의 성장보다 효율적인 수익구조를 통한 안정적 수익창출이 중요한 회사 • 금융회사에서 주로 활용	KB, 신한금융, 미래에셋 등
성장성 지표	매출액, 총자산증가율 등	• 안정적 수익창출뿐만 아니라 외형적 성장도 중요한 회사 • 제조업에서 주로 활용	LG (매출액과 영업이익을 혼합하여 사용)
종합 지표	경제적 부가가치 ※ EVA(Economic Value Added) : 경제적 부가가치로서 세후순영업이익(영업 이익-법인세)에서 자본비용(타인자본비용+자기자본비용)을 차감하여 산정	• 수익성과 성장성을 모두 고려 하는 회사 • 경제적 부가가치의 경우 국내 대기업에서 주로 활용	KT, 삼성 등

미국 공정 근기법

구분	Exempt Employee	Non-Exempt Employee
O/T 수당	O/T수당 미적용	O/T수당 적용
임금체계	직무급	직무급
임금지급형태	연봉제/12=월급제(Salary)	시간급제/주급제(Wage)
임금지급대상	supervisor/manager 전문직/경영간부전원	생산직/시급직 임시직/알바
임금조정	평가	복리후생 축소
임금결정권자	담당본부장	노조합의
인사평가	질적 평가	양적 평가
평가방식	정성적 평가	정량적 평가

(1) 간주근로시간제 활용

사업장 밖에서 업무를 수행하든가 재택근무를 실시하여 사업장 밖에서 일하는 직원에 대해서는 타임체크가 모호하므로 간주근로시간제 합의를 통해 일정시간 고정O/T를 포함하는 포괄연봉제를 활용하는 것이 바람직하다.

(2) 재량근로시간제 활용

연구개발직에 근무하는 근로자들을 상대로 재량근무제를 실시하고 출퇴근 시간을 체크하지 않는 조건하에서 1달 근로시간을 정하고 이를 근거로 포괄연봉계약을 활용할 수 있다.

(3) 사무직 직원

사무직의 경우 타임체크가 가능한 직무를 가지고 있을 경우 포괄연봉계약으로 고정O/T를 포함하여 계약하고 이를 초과한 시간에 대해서는 보상휴가제도를 통해 휴가로 보상하는 방법으로 활용할 수 있다.

4 연봉제하에서 통상임금 문제

연봉제하에서는 각종 임금항목을 통합하여 연간 임금총액을 정하게 되므로, 근로기준법상의 임금개념의 평균임금이나 시간급 개념의 통상임금으로 산정되는 각종 법정수당의 지급과 관련하여 많은 문제점을 야기할 가능성이 있다. 그래서 일부 사업주들은 연봉제에서 통상임금 범위를 노사 합의로 정하여 법정수당을 지급하는 경우 이는 근로기준법 최저기준을 위반한 단체협약으로 그 효력을 인정하지 않아 노사 갈등의 원인이 되고 있다. 연봉제 도입시에 사용자측에서 가장 고민하는 것이 임금체계를 단순화하여 연봉제를 실시하는 경우에 대개 기본연봉의 증가를 초래하게 된다. 따라서 통상임금의 증가를 억제하기 위해서는 성과연봉제를 도입하여 고과에 따라 성과연봉을 차등지급하는 것이 바람직하다.[13]

5 연봉제하에서 퇴직금 문제

연봉계약시 퇴직금을 포함하여 연봉계약을 체결해야만 할 경우 1년 이상 근속자에 대해 ① 퇴직금 금액을 연봉계약서에 반드시 표시하고

● 고과호봉제 및 업적상여금 제도 도입사례

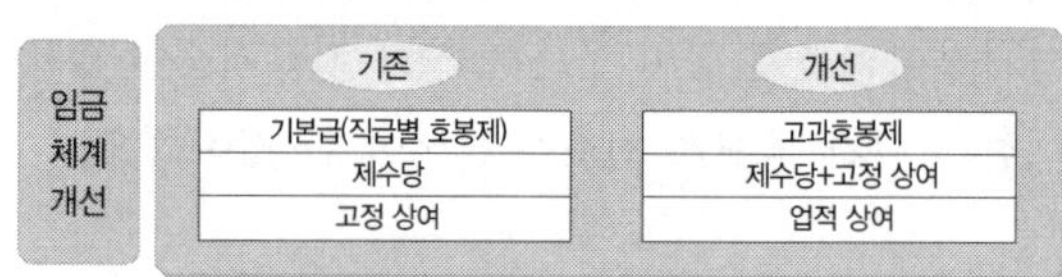

- 고과 호봉제
  - 3단계 평가등급별로 호봉승급을 차등(3호봉 30%, 2호봉 40%, 1호봉 30% 할당)
- 업적 상여금
  - 매년 임금인상 재원의 50%를 상하반기로 나누어 차등 지급
  - 평가성적에 따라 차등지급하는 고과상

[13] 통상임금에 산입되어야 할 각종 수당을 통상임금에서 제외하기로 하는 노사간 합의는 무효이다. (대법 2007.6.15, 선고 2006다13070 판결)

② 퇴직금 중간정산신청서를 받아 두어야 하며 ③ 이때 연봉금액에 표시된 퇴직금이 법정퇴직금을 하위할 경우 그 차액을 지급해야 할 것이다. 따라서 근로자가 매월 지급한 급여의 항목 중 퇴직금 수당이 들어 있다 하더라도 법률상 퇴직금에 해당하지 않으나, 매월 지급된 퇴직수당은 사업주가 아무 근거없이 지급한 부당이득금으로 보아 퇴직수당과 부당이득금간에 상계처리가 가능하다.[14]

6 연봉제하에서 연차수당 문제

연차휴가제도는 근로자의 장기근로에 대한 휴식을 목적으로 제정된 휴가제도로 근로자는 언제나 본인이 필요하다면 연차휴가를 청구하여 사용할 수 있으며, 사용자는 근로자의 연차휴가에 대해 사업에 특별한 지장을 초래하지 않는 한 휴가를 부여해야 한다. 연봉제를 실시하면서 연차수당을 연봉에 포함하여 연봉계약을 체결하는 사례가 발생하며 심지어 발생하지도 않은 연차휴가에 대해 1년간 근무한다는 전제하에 연차휴가수당을 산출하여 포괄임금제라는 명칭으로 연봉계약을 체결하는 사례도 발생하고 있어 노사간 분쟁을 야기하고 있다. 연봉제가 1년을 기간으로 하는 임금계약이라 할지라도 그것을 전제로 연차수당을 포함하는 것은 연차휴가청구권을 박탈하는 행위로 이는 법 위반으로 사업주는 연차사용촉진제를 적극 활용하여 휴가 사용을 원칙적으로 해야 한다.[15]

14 사용자와 근로자가 매월 지급하는 월급이나 매일 지급하는 일당과 함께 퇴직금으로 일정한 금원을 미리 지급하기로 약정한 경우, 그 '퇴직금 분할 약정'은 무효이다. (대법 2010.5.20, 2007다90760)

15 연차휴가근로수당을 청구할 수 있는 권리는 원칙적으로 연차휴가를 청구할 수 있는 권리가 소멸한 날의 다음 날에 발생한다고 보아야 할 것이다. 다만, 근로기준법 제42조를 적용함에 있어 그 지급시기(범죄일시)는 단체협약 등에 정함이 있는 경우에는 그에 따라야 하나 정함이 없는 경우에는 연차휴가를 실시할 수 있는 1년의 기간이 만료된 후 최초의 임금정기지급일을 지급시기로 보아야 한다. (「연차유급휴가청구권·수당·근로수당과 관련 지침」(근기 68201-696, 2000.3.10. 및 근기 01254-1869, 1992.11.17. 참조)

연봉계약서

사용자 【갑】	사업체명		사업의 종류	
	대표자명		전화번호	
	소재지			
근로자 【을】	성명		주민등록번호	-
	주소	h/p		

제1조(목적) 사용자(이하 '갑'이라 함)와 근로자(이하 '을'이라 함)는 다음과 같이 연봉계약을 체결하고 이를 성실히 이행할 것을 약정한다.

제2조(계약기간)

① 근로계약 기간: 년 월 일 ~ 년 월 일

② 연봉계약 기간: 년 월 일 ~ 년 월 일

③ 본 계약은 동 기간 만료 30일 전에 별도의 의사표시가 없는 경우 계약이 만료되는 것을 원칙으로 한다.

제3조(취업 장소 및 종사할 업무)

① 취업 장소:

② 종사할 업무:

제4조(근로시간 및 휴게시간)

① 기준근로시간: 주 40시간으로 하고, 근로시간은 평일 09:00~18:00로 한다.

② 휴게시간: 12:00~13:00

③ 월 소정근로시간은 209시간으로 한다.

④ 위 ①항 및 ②항은 경영상 필요와 계절에 따라 '갑'과 '을'의 동의하에 변경할 수 있다.

제5조(연봉)

① 연봉 ( )원으로 한다.

② 연봉은 기본연봉, 개인성과 연봉으로 구분한다.

③ 기본연봉은 기본급, 직책수당, 월 ( ) 시간외수당으로 구성한다.

④ 개인성과 연봉은 평가결과에 따라 상여금을 차등지급한다.

⑤ 연봉은 기본연봉+개인성과 연봉을 합하여 12등분하여 매월 ( )일 지급한다. 산정기간은 전월 1일부터 말일까지이며, 지급방법은 '을'이 지정하는 통장에 입금한다.

제6조(법정휴일)

① 주휴일은 1주간의 소정근로일수를 개근할 경우 매주 1회의 ( )요일을 유급휴일로 부여한다. 단, 토요일은 무급휴무로 한다.

② 매년 근로자의 날인 5월 1일은 유급휴일로 한다.

제7조(연차유급휴가)

① 연차유급휴가는 근로기준법 기준에 따라 부여한다.

② 연차유급휴가에 대하여는 근로자대표와의 서면 합의에 따라 휴가일에 갈음하여 특정한 근로일에 근로자를 휴무케 할 수 있다.

③ 연차유급휴가를 사용하지 아니하고 휴가권이 소멸된 경우 통상임금 기준으로 보상하고 지급시기는 2월 임금정기지급일로 한다.

④ 휴가는 발생일로부터 1년간 사용할 수 있다.

제8조(퇴직절차)

① "을"이 사직하고자 할 경우에는 사직일로부터 15일 전에 사직의사를 표명하고 업무인수인계를 마친 후 퇴직서를 제출한다.

② "을"이 퇴직절차를 위반하여 "갑"에게 손해를 끼칠 경우 "갑"은 "을" 대상으로 손해를 청구할 수 있다.

제9조(근로계약의 해지사유)

① 월 3일 이상 무단결근하였을 때

② 수습평가에 미달한 경우

③ 정당한 업무명령을 위반하였을 때

④ 회사의 명예를 손상시켰거나, 고의 또는 과실로 회사에 손해를 입혔을 때

⑤ 연봉계약기간이 만료되었을 때

⑥ 기타 사회통념상 근로관계를 유지할 수 없다고 판단될 때

제10조(비밀준수) 연봉을 타인에게 누설하는 경우 인사상 불이익을 받을수 있다.

제11조 (준용) 본 계약서에 없는 사항은 노동관계법령, 취업규칙 및 회사 제 규정에 따르기로 한다.

년 월 일

(갑)사용자: (서명 · 날인)

(을)근로자: (서명 · 날인)

제 1 장　총칙

제1조 [목 적]

본 규정은 (주)○○○○○○(이하 '회사'라 한다) 직원의 자율과 창의 및 개성을 존중하여 직원 각자가 지닌 능력과 성과를 극대화함으로써 회사의 목표 달성과 발전을 도모하며, 당해연도 본인의 능력과 업적에 따라 익년도 연봉이 결정되는 성과연봉제의 적용기준 및 절차 등에 필요한 사항을 정하는 것을 목적으로 한다.

제2조 [적용 범위 및 대상자]

① 본 규정은 회사의 전 임직원에 대하여 적용한다. 단, 본부장급 이상의 임원은 제외한다.

② 비상근비상주 감리원, 현장 여사원, 재택대기자 등 업무형태상 특수한 사정이 있는 자 및 특수한 사정이 있는 현장, 지사, 지역, 본부 등에 대해서는 별도로 정할 수 있다.

제 3 조 [용어의 정의]

본 규정에서 사용하는 용어의 정의는 다음과 같다.

1. "연봉"이라 함은 매년 4월 1일부터 익년도 3월 31일까지 1년간 임직원에게 근로의 대가로 지급되는 기본연봉과 성과연봉을 합한 것으로서 해당 직책, 직급, 년차 및 업무성과 등의 평가결과를 반영하여 지급되는 총급여를 말한다.
2. "기본연봉"이라 함은 근로 그 자체에 대한 대가적 성격과 생활보장적 성격의 기본적인 급여로서 기본급과 시간외근로수당의 합계에 12를 곱한 금액을 말한다.
3. "성과연봉"이라 함은 임직원의 성과평가 결과에 따라 차등 지급되는 급여를 말한다.
4. "기본연봉 월할액"이라 함은 기본연봉의 12분의 1에 해당하는 금액으로서 성과연봉 지급률 결정의 기준이 되는 금액을 말한다.
5. "월봉"이라 함은 기본연봉과 성과연봉의 합계를 12로 나누어 매월 지급하는 금액을 말한다.
6. "연봉외급여"라 함은 연봉에 포함되지 않는 야근수당, 원격지수당, 식대, 상여 등의 임금성 또는 비임금성 급여를 말한다.

제4조 [연봉산정을 위한 평가기간 및 적용기간]

연봉산정을 위한 평가의 기준기간은 매 당해년도 1월 1일부터 12월 31일까지 1년간으로 한다. 단, 연봉 적용기간은 당해년도 4월 1일부터 익년도 3월 31일까지로 한다.

제 2 장　연봉의 구성 및 조정

제5조 [연봉의 체계]

연봉의 체계는 [기본연봉 + 성과연봉]으로 구성되며 구체적 내용은 다음과 같다.

1. 기본연봉은 [기본급 + 시간외근무수당] × 12의 금액으로 한다.
   가. 기본급은 [통상시급 × 209시간]으로 구성한다.
   나. 시간외근무(연장·야간·휴일)수당은 [통상시급 × 44시간 × 1.5]로 구성하며, 연봉제 적용 직원의 업무 특성상 근로시간의 산정이 곤란한 점과 근로시간보다는 성과에 따른 보상을 하는 것이 적절하다는 점 등

을 고려하여 포괄산정임금 방식으로 기본연봉에 포함하여 지급한다.

2. 성과연봉은 기본연봉 월할액의 일정 비율을 기준으로 평가에 따라 차등 지급한다.

제6조 [통상임금의 산정 방법]

① 월 통상임금은 기본연봉 중 월 기본급에 해당하는 금액으로 한다.

② 통상시급은 [월 통상임금×1/209]로 한다.

③ 일 통상임금은 [통상시급×8]로 한다.

제7조 [연봉의 조정 기준]

① 연봉의 조정은 기본연봉테이블【별표 1】에 따른 기본연봉의 조정과 전년도 평가결과에 따른 성과연봉의 조정으로 하되, 회사의 불가피한 경영상의 사정으로 별도의 결정이 있을 경우 연봉을 조정하지 아니할 수 있다.

② 연봉의 조정 기준일은 매년 4월 1일로 한다.

③ 연봉조정이 늦어질 경우는 전년도 연봉을 기준으로 지급하고 이후 연봉조정이 완료되면 4월 1일(기준일) 시점부터 소급하여 적용한다.

④ 연봉적용기간 중에 승진(승격) 또는 인사이동 명령 등으로 연봉의 조정이 필요한 경우 기본연봉테이블에 따라 기본연봉을 변경하거나, 기본연봉의 변경이 적절하지 않은 경우에는 성과연봉을 조정하되 합리적 범위 내에서 대표이사의 재량에 의해 결정한다.

제8조 [기본연봉의 조정]

① 기본연봉은 매년 직급 및 근무년차에 따라 직무부문별로 설정된 기본연봉테이블【별표 1】~【별표 3】을 적용하여 인상하며, 물가인상률이나 회사의 경영상황에 따라 기본연봉테이블에 대한 Base-Up을 병행하여 실시할 수 있다.

② 상위 직급으로 승진하는 경우에는 승진 후 직급의 최저 기본연봉을 적용한다.

③ 기본연봉테이블상의 직급별 최고 기본연봉에 이를 때까지 상위 직급으로 승진하지 못한 경우에는 상위 직급으로 승진할 때까지 기본연봉의 조정을 중지하며, 상위 직급으로 승진 시 기본연봉액의 대소를 불문하고 전항과 같이 승진 후 직급의 최저 기본연봉을 적용한다.

제9조 [성과연봉의 차등조정]

① 성과연봉은 기본연봉 월할액을 기준으로 직급별·개인별로 정해진 성과연봉 기준지급률에 성과평가등급에 따라 정해진 성과연봉 차등조정비율을 가감하여 조정하되, 동일직급·동일년차·동일평가등급인 경우 동일한 차등조정비율 적용을 통한 동일보상이 되도록 함을 원칙으로 한다.

$$성과연봉\ 지급률 = 성과연봉\ 기준지급률 \pm 차등조정비율$$

② 상위 연차나 상위 직급으로 승진 시 성과연봉은 전년도 지급률과 관계없이 기준지급률을 기준으로 다시 차등 조정하는 비누적 방식을 적용함으로써 고임금자의 독주 방지와 패자부활의 기회가 될 수 있도록 한다.

③ 제1항 및 제2항에도 불구하고 우수인재확보의 필요나 특별한 경우에는 성과연봉 기준지급률을 조정할 수 있다.

④ 등급별 인원비율과 성과연봉 차등조정비율은 경영상황에 따라 매년 결정하되, 본부별, 직무별로 달리 정할 수 있다.

제10조 [성과 평가]

① 평가등급은 S, A, B, C, D 등급으로 구분한다.

② 성과평가방법 등에 관한 세부적인 사항은 별도로 정한다.

제11조 [연봉의 수시 조정]

1. 연봉적용기간 중이라도 다음 각 호의 연봉조정사유가 발생한 경우 회사는 수시로 연봉을 조정할 수 있다.
2. 승급, 강급 등 인사규정상 신분 변동이 있을 경우
3. 직무능력이 현저히 저하되어 연봉조정이 필요하다고 인정되는 경우
4. 회사의 경영상 사정에 의한 경우
5. 연봉 결정사유가 허위 또는 부정한 방법 등으로 결정되었을 경우
6. 기타 회사가 연봉조정 사유가 있다고 인정하는 경우

제3장 임원의 연봉 조정

제12조 [기본연봉의 조정]

① 임원의 기본연봉은 개인별 기본연봉에 기본연봉 인상률을 곱하여 조정하되, 각 직급별로 최저 기본연봉과 최고 기본연봉 구간을 연봉수준에 따라 A band, B band, C band 3개 구간으로 나누어 평가등급별로 차등조정한다.【별표 4】

② 임원의 기본연봉 인상률은 경영상황에 따라 매년 결정하며, 경영악화 등의 사정이 있는 경우에는 기본연봉을 조정하지 아니할 수 있다.

③ 상위 직급으로 승진하는 경우에는 승진 후 직급의 C band 평균 기본연봉을 적용하되, 승진 전 연봉과의 차액은 성과연봉 기준지급률을 가감하여 조정한다.

제13조 [성과연봉의 차등조정]

① 성과연봉은 기본연봉 월할액을 기준으로 개인별로 정해진 성과연봉 기준지급률에 성과평가등급에 따라 정해진 성과연봉 차등조정비율을 가감하여 조정한다.

② 성과연봉은 전년도 지급률과 관계없이 기준지급률을 기준으로 다시 차등 조정하는 비누적 방식을 원칙으로 한다.

제14조 [성과연봉 기준지급률 조정]

당해 년도 성과연봉 조정 시 성과연봉 기준지급률에 성과연봉 차등조정비율을 가감하기 전 전년도 평가등급에 따라 성과연봉 기준지급률을 band별로 차등 인상 또는 인하한 후 성과연봉 차등조정비율을 가감한다.【별표 5】

제15조 [준용]

임원의 연봉에 관하여 본 장에서 정한 사항 이외에는 직원의 연봉에 관한 규정을 준용한다.

제4장 연봉의 결정 및 통지

제16조 [신규 채용 시의 연봉 결정]

① 직원으로 신규 채용된 자는 전 직장의 임금수준 및 경력, 업무능력 등을 고려하여 기본연봉테이블에 정해진 기본연봉을 결정한다.

② 성과연봉은 'B'등급을 가정하여 기준지급률을 결정 · 적용한다.

③ 신규 채용 시 연봉결정에 관하여 기타 필요한 사항은 대표이사가 따로 정한다.

④ 신규입사자의 수습기간 중의 연봉은 별도로 정하는 바에 따른다.

제17조 [연봉의 통지 및 비밀유지의무]

① 회사는 본 규정에 의해 결정된 연봉을 매년 3월 15일까지 개별 통지한다. 단, 부득이한 사정이 있는 경우에는 통지일을 조정할 수 있다.

② 통지받은 평가등급 및 연봉에 대하여는 비밀로 하여야 하며 타인에게 누설하거나 타인의 평가등급이나 연봉을 알려고 할 경우 징계 등 인사상의 불이익 처분을 할 수 있다.

제18조 [통지사항]

연봉의 통지는 연봉통지서【별표 6】에 의하며 연봉통지서의 내용은 다음 각 호의 사항을 포함한다.

2. 직원의 인적사항
3. 직급 및 년차(임원은 직급 및 기본연봉 band)
4. 평가등급
5. 연봉액(기본연봉, 성과연봉, 총연봉, 월봉)
6. 적용기간
7. 통지일자
8. 비밀유지의무
9. 이의신청절차 및 연봉의 확정
10. 회사명, 대표이사 성명

제19조 [이의신청 및 연봉의 확정]

① 통지받은 연봉에 이의가 있는 경우 통지를 받은 날로부터 7일 이내에 인사관리부서에 이의신청을 할 수 있다.

② 이의신청이 있는 경우 회사는 이의신청을 받은 날로부터 7일 이내에 해당 임직원의 직급 및 년차(기본연봉 band), 평가등급 등을 재확인하여 오류가 있는 경우 이를 정정하여 연봉을 통지하고, 오류가 없는 경우 기 통지된 연봉을 그대로 확정하여 통보한다.

③ 연봉의 통지를 받은 날로부터 이의신청기간 내에 이의신청이 없는 경우 연봉은 신청기간 종료로 확정되고, 이의신청이 있는 경우 이의신청을 심사하여 연봉을 재통지함으로써 확정된다.

제 5 장 연봉의 지급

제20조 [연봉의 지급방법]

기본연봉과 성과연봉의 합계액을 1/12로 분할한 금액을 매월 월봉으로 지급한다.

제21조 [연봉 지급시기 등]

① 연봉은 당월 1일부터 말일까지로 산정하여 당월 말일에 지급한다. 단, 지급일이 휴일인 경우에는 전일에 지급함을 원칙으로 한다.

② 연봉지급은 다른 법령에 특별한 규정이 있는 경우를 제외하고는 직원이 지정한 은행계좌로 전액 지급함을 원칙으로 한다. 다만 법률로 정하는 세금 또는 보험료와 직원과 사전에 협의하는 사항 등은 공제할 수 있다.

제22조 [지급의 특례]

직원의 수입에 의하여 생계를 유지하는 자가 다음 각 호의 1에 해당하는 경우로서 당해 직원으로부터 급여의 청구가 있을 때에는 지급기일 전이라도 수급의 권리가 발생한 급여의 범위 내에서 이를 지급할 수 있다.

1. 출산하거나 질병 또는 재해를 입었을 때
2. 혼인 또는 사망한 때
3. 부득이한 사유로 인하여 1주일 이상 귀향하게 된 때

제23조 [연봉의 일할계산]

연봉을 일할계산 할 때에는 월봉의 30분의 1을 1일분으로 한다.

제24조 [인사발령 시의 연봉계산]

① 신규채용, 복직, 퇴직의 경우 각 발령일을 기준으로 일할계산하여 지급한다.

② 승진, 전직, 감액 등의 사유로 연봉적용기간 중 연봉액이 변경되는 경우에는 발령일을 기준으로 변경 전 금액과 변경 후 금액을 각각 일할계산하여 지급한다.

③ 휴가, 휴직, 정직자의 급여는 취업규칙 및 인사규정에 의한다.

제25조 [계산시 단수의 처리]

연봉 계산에 있어서 십단위 미만은 이를 절상한다.

제 6 장 연봉외급여

제26조 [연봉외급여]

① 연봉 이외에 개별적·변동적으로 발생할 수 있는 임금과 복리후생적 비용, 기타 회사에서 정하는 사항을 "연봉외급여"로 지급할 수 있으며, 구체적 항목은 다음 각 호와 같다.

1. 야근수당
2. 원격지수당
3. 식대
4. 상여

② "연봉외급여"의 지급방법에 대하여는 별도의 정함에 따른다.

부 칙

제1조 [시행일]

본 규정은 2018년 월 일부터 효력을 발생한다.

제2조 [경과 규정]

① 부칙 제1조에도 불구하고 기존 재직자의 성과연봉제 전환은 2012년 7월 1일자로 소급하여 적용한다.

② 기존 재직자의 성과연봉제 전환에 있어 당해에는 전 임직원에 대해 평가등급을 "B"로 적용하고, 연봉테이블상의 연봉총액과 기존 연봉총액의 차액에 대해서는 부칙 제4조에 정한 바와 같이 성과연봉 기준지급률을 조정하여 기존 연봉총액과 동일하게 한다.

③ 성과평가결과에 따른 성과연봉 차등조정은 2013년 연봉결정 시부터 적용한다.

제3조 [각종 수당의 폐지]

기존에 지급하던 각종 수당 중 본 규정 제25조의 "연봉외급여"에 포함되지 않는 성과(현장)수당, 차량유지비, 특별성과수당, 보육수당, 기타수당은 본 규정에 의한 성과연봉제 시행과 함께 폐지하되, 기존 지급 금액을 기본연봉 및 성과연봉에 반영하여 불리함이 없도록 한다.

제4조 [기존 재직자의 성과연봉 기준지급률]

① 기존 재직자의 경우 "성과연봉 기준지급률"결정에 있어서 성과연봉제 시행 전 연봉총액과 성과연봉제 전환 후 연봉테이블에 따른 연봉총액과의 차액, 연봉테이블상의 연봉인상액을 고려하여 매년 개별 조정함으로써 동일직급·동일년차·동일평가등급인 경우 성과연봉 기준지급률이 달라도 차등조정되는 성과연봉액은 동일하게 적용될 수 있도록 하여 성과연봉제 전환으로 인한 불이익이 없도록 한다.

② 성과연봉제 전환 시 기존 재직 임원의 "성과연봉 기준지급률"은 개인별 기본연봉 월할액의 500%로 적용한다.

기본연봉테이블

직급	연차	기본연봉			
		기본급	시간외근로수당	기본연봉 월할액	총액
부장	8	2,025,788	639,723	2,665,510	31,986,000
	7	2,009,710	634,645	2,644,356	31,732,000
	6	1,989,812	628,362	2,618,174	31,418,000
	5	1,966,218	620,911	2,587,128	31,045,000
	4	1,937,160	611,735	2,548,895	30,586,000
	3	1,908,532	602,694	2,511,227	30,134,000
	2	1,880,327	593,788	2,474,115	29,689,000
	1	1,852,539	585,012	2,437,552	29,250,000
차장	8	1,792,346	566,004	2,358,349	28,300,000
	7	1,778,121	561,512	2,339,632	28,075,000
	6	1,760,515	555,952	2,316,468	27,797,000
	5	1,734,498	547,736	2,282,234	27,386,000
	4	1,703,829	538,051	2,241,880	26,902,000
	3	1,673,702	528,538	2,202,240	26,426,000
	2	1,644,108	519,192	2,163,301	25,959,000
	1	1,615,038	510,012	2,125,050	25,500,000
과장	6	1,550,295	489,567	2,039,862	24,478,000
	5	1,534,946	484,720	2,019,666	24,235,000
	4	1,512,262	477,556	1,989,818	23,877,000
	3	1,482,610	468,193	1,950,802	23,409,000
	2	1,453,539	459,012	1,912,551	22,950,000
	1	1,425,038	450,012	1,875,050	22,500,000
대리	6	1,412,235	445,969	1,858,205	22,298,000
	5	1,391,365	439,378	1,830,743	21,968,000
	4	1,364,083	430,763	1,794,847	21,538,000
	3	1,330,813	420,257	1,751,070	21,012,000
	2	1,298,354	410,007	1,708,361	20,500,000
	1	1,266,687	400,006	1,666,693	20,000,000
사원	6	1,271,021	401,375	1,672,395	20,068,000
	5	1,252,237	395,443	1,647,680	19,772,000
	4	1,227,683	387,689	1,615,373	19,384,000
	3	1,197,740	378,234	1,575,973	18,911,000
	2	1,168,527	369,008	1,537,535	18,450,000
	1	1,140,026	360,008	1,500,034	18,000,000

기본연봉 조정

구 분	S	A	B	C	D	비 고
A band	1.1α	α	0.9α	0.4α	동결	α : 기본연봉 인상률 (%)
B band	1.2α	1.1α	α	0.5α	동결	
C band	1.3α	1.2α	1.1α	0.6α	동결	

※ band 설정 방법 : 직급별 최저 기본연봉액과 최고 기본연봉액의 상위 20% 해당 구간(A band), 중위 60% 해당 구간(B band), 하위 20% 해당 구간 (C band)으로 설정하되, 분포인원, 연봉편차 등을 고려하여 합리적으로 조정할 수 있으며, 동일 직급이라도 직무부문에 따라 연봉편차가 큰 경우 직무부문별로 band를 나누어 설정할 수 있다.

※ 기본연봉 인상률(α)에 곱해지는 평가등급 및 band별 계수는 경영상황이나 평가결과에 따라 조정할 수 있다.

성과연봉 기준지급률 조정

구 분	S	A	B	C	D	비 고
A band	$+\beta$	$+0.9\beta$	$+0.5\beta$	-0.7β	-1.1β	β : 기본연봉 월할액의 34% 이내 결정
B band	$+1.1\beta$	$+\beta$	$+0.6\beta$	-0.6β	$-\beta$	
C band	$+1.2\beta$	$+1.1\beta$	$+0.7\beta$	-0.5β	-0.9β	

※ 기준지급률 조정률(β)에 곱해지는 평가등급 및 band별 계수는 경영상황이나 평가결과에 따라 조정할 수 있다.

연봉통지서

연 봉 통 지 서			
성 명		부 서	본부 팀
직 급		연 차(band)	
평가등급			
기본연봉	원	성과연봉	원
총 연 봉	원	월 봉	원
적용기간	년 4월 1일 ~ 년 3월 31일까지		
귀하의 년도 연봉이 상기와 같이 결정되었음을 알려드립니다.			
통지일	년 월 일		
비밀유지의무	상기 사항에 대하여는 비밀로 하여야 하며 타인에게 누설하거나 타인의 연봉을 알려고 할 경우 징계 등 인사상의 불이익 처분을 받을 수 있습니다.		
이의신청 및 연봉확정	1. 상기 통지사항에 이의가 있는 경우 통지를 받은 날로부터 7일 이내에 인사관리부서에 이의신청을 할 수 있음. 2. 통지를 받은 날로부터 이의신청기간 내에 이의신청이 없는 경우 연봉은 신청기간 종료로 확정되고, 이의신청이 있는 경우 이의신청을 심사하여 연봉을 재통지함으로써 확정됨.		
(주)대표이사 ○ ○ ○			

MEMO

Chapter 10

근로계약 작성실무

- 근로계약
- 근로조건의 명시 의무
- 임의기재사항
- 권리남용 계약 무효
- 근로계약 금지사항
- 근로계약과 연봉계약 관계
- 근로계약의 내재적 효력
- 기타 서약서 체결

Chapter
10 근로계약 작성실무

근로계약

1 계약의 구분

계약의 구체적 내용은 당사자의 합의에 의해서 자유로이 정할 수 있는 것을 원칙("계약자유의 원칙")이다. 그러나 이와 같은 계약내용은 천차만별·불완전·불명료하게 되어 계약의 해석이나 이행을 둘러싸고 당사자간에 분쟁이 생기기 쉽다. 그리하여 민법은 공통점을 갖는 계약만을 모아서 형식화形式化하고, 명칭을 붙이고, 계약내용에서도 완전·명료를 목적으로 해서 일반적인 기준을 정하였다. 민법 제3편 제2장에 규정되어 있는 14종의 계약을 전형계약典型契約 내지 유명계약有名契約이라고 하고, 민법에 규정되어 있지 않은 그 밖의 계약을 비전형계약非典型契約 또는 무명계약無名契約이라고 한다.

2 의의

근로계약이란 근로자가 사용자에게 근로를 제공하고 사용자는 이의 대가로 임금을 지급함을 목적으로 체결된 계약을 말한다(법 제2조 제2호). 근로계약은 민법상의 일반계약과 달리 근로자는 사용종속관계 속에서 체결되는 계약으로 약자인 근로자를 사용자로부터 보호하기 위하여 계약체결방식과 근로조건 명시를 의무화하고 있다(법 제17조 제1호).

3 형식

근로자가 노동을 제공하고 사용자는 그 대가로 임금을 지급하기로 하는 계약에서 보이지 않는 노동의 대가에 대한 임금지급의 명확성을 위하여 서면 또는 전자근로계약서(2021. 4. 6 이후)로 작성하고 한 부를 근로자에게 지급하여야 한다(법 제17조 제2항).[1]

민법상 계약 유형

구분	전형계약	주요내용	낙성	요물	유상	무상	쌍무	편무	요식	불요식
비전형계약	증여	재산의 무상공여, 무상계약의 전형	○	×	×	○	×	○	×	○
	매매	재산권과 금전의 교환, 유상계약의 전형	○	×	○	×	○	×	×	○
	교환	금전 이외의 재산권 상호 교환	○	×	○	×	○	×	×	○
	화해	서로 양보하여 분쟁 해결	○	×	○	×	○	×	×	○
	종신정기금	종신까지 정기적으로 금전 기타 물건의 지급	○	×	○	○	○	○	×	○
대차형 계약	사용대차	차용물의 사용·수익과 반환 의무, 무상	○	×	×	○	×	○	×	○
	소비대차	차용물 소유권을 차주가 취득, 소비가능	○	×	○	○	○	○	×	○
	임대차	차용물의 사용·수익과 반환 의무, 유상	○	×	○	×	○	×	×	○
노무형 계약	고용	노무제공과 보수지급	○	×	○	×	○	×	×	○
	위임	사무처리의 위탁	○	×	○	○	○	○	×	○
	도급	일의 완성과 보수지급	○	×	○	×	○	×	×	○
기타	임치	물건보관이 목적	○	×	○	○	○	○	×	○
	조합	출자와 공동사업경영, 공동목적	○	×	○	×	○	×	×	○
	현상광고	현상행위의 이행과 보수지급	×	○	○	×	×	○	×	○

[1] 근로기준법 제17조 위반문제는 법에서 명시하도록 규정한 사항을 명시한 서면을 근로자에게 교부해야만 발생하지 않는다. 이때 근로계약의 체결은 서명, 기명날인, 전자서명법상 공인전자서명의 방법 등 당사자가 진의에 의해 체결한 방식이면 모두 가능할 것으로 판단된다. (근로개선정책과-4823)

근로조건의 명시 의무

1 일반적 명시사항

사용자는 근로계약 체결 뿐만 아니라 변경시에도 근로조건을 명시하여야 한다. 한편, 근로기준법 시행령 제8조는 취업의 장소와 종사하여야 할 업무에 관한 사항, 기숙사 규칙에서 정한 사항과 근로기준법 제93조(취업규칙의 작성 · 신고) 제1호부터 제12호까지의 규정에서 정한 사항을 명시하도록 하고 있다. 취업규칙의 기재사항에는 근로조건 및 복지에 관한 사항과 당해 사업 또는 사업장의 근로자 전체에 적용될 사항이 포함되어 있어 사실상 당해 근로자에게 적용될 모든 근로조건이나 복지가 명시사항이 된다.

2 서면명시사항

사용자가 근로계약을 체결할 때에 근로자에게 임금 등 중요한 근로조건은 반드시 서면으로 명시하도록 강제하고 있으며, 근기법 제17조에서 '사용자는 근로계약을 체결할 때에 근로자에게 임금, 소정근로시간, 제55조에 따른 주휴일, 제60조에 따른 연차유급휴가, 그 밖에 대통령령이 정하는 근로조건을 명시하여야 한다. 이 경우 임금의 구성항목 · 계산방법 · 지급방법에 관한 사항은 서면으로 명시해야 한다.

(1) 임금의 구성항목

근로계약서에 월 임금을 지급할 때 매월 지급되는 수당의 항목을 기재해야 한다. 매월 지급되지 않는 상여금도 상여금 지급기준과 함께 명시해야 한다. 특히 포괄임금계약의 경우 포괄임금을 구성하고 있는 임금 구성항목에 따라 통상임금 범위가 결정될 수 있으며, 연봉제 근로자의 경우 별도의 연봉계약서에 연봉의 구성항목을 명시하면 된다.❷

(2) 임금의 계산 및 지급방법

임금이 매월 25일 지급되는데 매월 초일부터 말일까지 계산하여 25일 지급하는 것인지 아니면 초일부터 24일까지 계산하여 지급하는 것인지 기준을 명시하고 중간퇴사자나 입사자의 경우 일할 계산 기준을

❷ 근로계약 체결시 임금의 구성항목 등의 서면명시 의무를 다하였는지 여부는 임금의 구성항목 등에 관한 근로계약이나 취업규칙 등의 제 규정 등을 종합적으로 검토하여 판단하여야 한다. (대법 2007.03.30, 2006도6479)

근로계약 서면 작성 및 교부 의무

구분	서면명시대상	적용대상	벌칙
일반 근로자	① 임금 구성항목, 계산방법, 지급방법 ② 소정근로시간 ③ 주휴일 ④ 연차유급휴가	1명 이상 모든 사업장 (②, ④는 5인 이상 사업장만 적용)	500만원 이하 벌금 (근기법 제17조 제1항 명시 의무 및 제17조 제2항 교부 의무 위반)
기간제 근로자	① 근로계약기간 ② 근로시간, 휴게 ③ 임금 구성항목, 계산방법, 지급방법 ④ 휴일, 휴가 ⑤ 취업장소와 종사업무	5명 이상 사업장 (계약기간, 휴게, 임금, 휴일, 취업장소와 종사업무에 관한 사항은 4명 이하 사업장에도 적용)	500만원 이하 과태료 (기간제법 제17조 명시 의무 위반), 500만원 이하 벌금 (근기법 제17조 제2항 교부 의무 위반)
단시간 근로자	① 근로계약기간 ② 근로시간, 휴게 ③ 임금, 구성항목, 계산방법, 지급방법 ④ 휴일, 휴가 ⑤ 근로일 및 근로일별 근로시간		

• 근로기준법 제17조에서의 휴일, 휴가는 주휴일과 연차유급휴가를 의미하지만, 기간제 및 단시간 근로자 보호 등에 관한 법률(이하 기간제법) 제17조에서의 휴일, 휴가는 주휴일, 연차유급휴가에 한정하는 것이 아니므로 다른 휴일(근로자의 날, 공휴일 등), 휴가(생리휴가, 약정휴가) 등도 포함

포괄임금 계약시
월 3,000,000원(기본급+현장수당+월25(고정O/T)+식대) 지급한다.

1월부터 말일까지 근무한 임금을 계산하여 다음달 10일 통장으로 지급한다.

설정하여 기준을 명시해야 한다. 월 급여의 계산 및 지급은 노동의 대가를 지급하는 것으로 초일부터 말일까지 정산하여 익월 1~10일 사이에 지급하는 것이 바람직하다.

(3) 소정근로시간

월급제하에서의 월 소정근로시간은 주휴를 회사가 또는 노사 합의로 어떻게 설정했는지에 따라 달라진다. 토·일요일을 유급주휴로 정했다면 월 소정근로시간은 226시간이 되고, 일요일만 주휴로 정했을 경우 토요일은 무급휴무가 되므로 209시간이 된다.[3]

(4) 주휴

일주일을 만근하면 1일 이상의 유급주휴를 부여하여야 하며, 주 40시간제에서는 일요일만 주휴로 정할 것인지 아니면 토·일요일을 주휴로 정할 것인지에 따라 월 소정근로시간이 달라진다. 또한 업종과 업무의 형태에 따라 백화점에 근무하는 판매직원은 월요일을 주휴로 정할 수 있으며, 교대근무 사원은 연간 교대근무 스케줄에 따라 주휴가 정해질 수도 있다.

(5) 연차휴가

연차휴가는 3가지 패턴으로 ① 1년 근속에 80% 출근한 경우 ② 1년 근속에 80% 미만 출근자 중 월 만근자 경우 ③ 입사 1년 미만 근로자 등에 대해 명시해야 하며, 특히 단시간(알바) 근로자 중 월평균 60시간 이상인 경우 근로조건비례원칙에 따라 휴가를 사용할 수 있다고 명시해야 한다.[4] 특히 2018년 5월 29일부로 근속연수 1년 미만 근로자는 1년간 11개의 연차와 다음연도 15개의 연차를 인정하는 연차법이 시행된다.

[3] 단시간 근로자의 경우 근로일과 근로일별 근로시간을 명시해야 하므로 근로일별 근로시간을 정함이 없이 1일 3~6시간 등으로 소정근로시간을 범위로 정하는 것은 허용되지 않는다. 또한, 근로계약 체결 이후 사용자와 근로자간 합의에 의해 소정근로시간을 변경하는 것은 가능하나, 사용자가 업무량 변동 등을 이유로 일방적으로 이를 임의 조정하는 것은 허용되기 어렵다. (근로기준정책과-1724)

[4] 경비 업무를 하는 근로자와의 포괄임금제 방식의 근로계약이라는 이유만으로 임금과 근로시간과 같은 중요한 사항에 관하여 명시 의무가 없어지거나, 임금의 구성항목, 계산방법 및 지불방법 등을 서면으로 명시하는 것이 불가능한 것은 아니다. 근로자에게 휴게시간을 부여하지 않고, 근로조건을 명시하지 않은 채 근로계약을 체결한 것은 근로기준법을 위반한 것이다. (서울남부지법 2013.02.21, 2012고정4007)

3 고용형태에 따른 근로계약

(1) 정규직 근로자

정규직 근로자의 근로계약서 서면명시사항은 ① 임금의 구성항목 ② 임금의 계산 및 지불방법 ③ 소정근로시간 ④ 주휴 ⑤ 연차휴가로 입사 후 일정기간 내 계약을 체결하면 된다.

(2) 계약직 근로자

근로계약서 서면명시사항은 ① 임금의 구성항목 ② 임금의 계산 및 지불방법 ③ 소정근로시간 ④ 주휴 ⑤ 연차휴가 ⑥ 근로계약기간 ⑦ 휴게 ⑧ 근무장소 및 업무로 입사 후 바로 근로계약서를 작성하여 교부 후 일을 하는 것이 바람직하다.

(3) 단시간 근로자

근로계약서 서면명시사항은 ① 임금의 구성항목 ② 임금의 계산 및 지불방법 ③ 소정근로시간 ④ 주휴 ⑤ 연차휴가 ⑥ 근로계약기간 ⑦ 휴게 ⑧ 근무장소 및 업무로 입사 후 ⑨ 근로일별 근로시간을 명시하고 근로계약서를 작성하여 교부 후 일을 하는 것이 바람직하다.

● 근로관계의 상호연계성

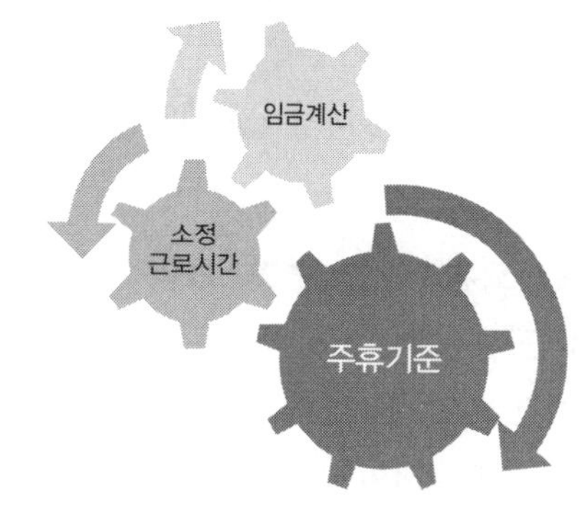

4 교부 의무

근로계약은 쌍무계약으로 계약당사자간의 권리와 의무를 명시하고 있어, 계약 후 분쟁을 예방하기 위해 서면으로 작성하여 한 부를 교부하게 함으로써 분쟁도 예방하고, 상호 신뢰관계를 통한 노사관계 안정을 도모하고자 서면제공을 의무화하고 있다. 특히 비정규직 근로자의 경우 근로계약 교부를 즉시 하도록 법이 강화되어 시행되고 있다.

(1) 정규직 근로자

근로계약은 쌍무계약으로 근로분쟁을 예방하기 위해 사용자는 근로자에게 근로계약서를 교부하여야 한다(근로기준법 제17조 제2항). 다만, 단체협약 또는 취업규칙 변경 등의 사유로 인한 변경의 경우 근로자의 요구가 있을시 교부하여야 한다(2012. 1월 시행).

(2) 계약 · 단시간 근로자

비정규직 근로자는 근로계약서를 정규직에 비해 더욱더 세밀하게 작성하여 한 부를 교부해야 하며 이를 교부하지 않을 경우 5백만원 이하의 과태료를 즉시 부과할 수 있다(2014. 9월 시행).

(3) 외국인 근로자(고용허가제)

외국인 근로자의 근로계약은 외국인 근로자의 고용 등에 관한 법률에 의거 사용자가 외국인 근로자를 고용하려면 고용노동부령으로 정한 표준근로계약서를 사용하여 근로계약서를 체결하여야 한다(2009. 10월 시행).

(4) 근로자 요구에 따른 서면교부 의무

탄력적 근로시간제, 선택적 근로시간제, 보상휴가제, 간주근로시간제, 근로시간 및 휴게시간의 특례, 연차휴가대체에 따라 근로자대표와의 서면 합의에 의하여 변경되는 경우와 취업규칙 개정, 단체협약 개정, 법령에 의하여 개정되는 경우, 근로자가 요청하는 경우 근로계약서를 서면으로 교부해야 한다.[5]

근로계약서 작성

의무기재사항	임의기재사항	금지사항
• 임금구성 • 계산 및 지급 • 소정근로시간 • 주휴 • 연차휴가 • 휴게시간 • 근로계약기간 • 근로일 및 근로시간 • 근무장소/업무	• 수습기간 • 수습기간 임금 • 수습평가 여부 • 퇴직절차 • 계약해지사유 • 비밀준수의무 • 정보보고서약	• 위약금배상금지 • 손해배상금지 • 전치금상계금지 • 강제근로금지

임의기재사항(권리)

근로계약 작성시 근로자의 보호를 위해 의무기재사항을 명시하여 사용자의 우월적 지위를 이용하여 부당한 계약이 체결되지 못하도록 법적 안전장치가 마련되었다면 사용자도 근로자에게 계약상 권리를 주장할 수 있는 내용을 계약서에 담아야 한다. 그 중 가장 중요한 임의기재사항으로는 수습, 퇴직절차, 계약해지 사유 등이 이에 해당한다.

1 수습기간

(1) 수습기간 명시

회사가 근로자를 채용하면서 근로조건 명시 의무(근로계약, 채용공고 등)를 위반하여 수습기간이 있음을 명시하지 않은 경우, 수습기간 중의 업무부적응을 이유로 해고조치를 한다면 이는 부당해고로 인정되어 복직명령을 받게 될 가능성이 높다. 따라서 근로계약 체결시 수습기간을 명시하고, 수습평가 결과에 따라 본 채용을 결정한다고 명시한는 것이

[5] 근로기준법 제17조의 규정에 위반한 자에 대하여 '500만원 이하의 벌금형'에 처하도록 규정하고 있는 제115호 제1호 중 '제17조에 관한 부분'이 과잉금지의 원칙에 위배된다고 보기 어렵다. (헌재 2006.7.27, 2004헌바77) 여러 근로조건들 가운데서도 특히 임금에 관한 근로조건의 미확정 및 불명확함으로 인해 야기되는 분쟁의 예방은 근로자 보호를 위해 반드시 필요하다.

바람직하다.❻

(2) 수습평가 미달자 본 채용 거부

좁은 의미의 수습기간은 정식근로계약 체결 후의 기간이고, 시용도 해지권이 유보된 근로계약이 체결된 것으로 봄으로써 근로기준법의 적용을 받는 근로계약관계가 성립된 것이다. 따라서 근로기준법의 해고제한의 법리가 적용된다. 다만, 통상의 경우보다 정당한 이유의 범위가 넓게 인정될 수 있다. 이 경우라도 그 사유는 근무태도, 능력 등을 관찰한 후 앞으로 맡게 될 업무의 적격성 판단에 기초를 두어야 하고 객관적이고 합리적인 이유가 있어 사회통념상 정당하다고 인정되어야 한다.❼

(3) 수습기간 임금지급 조건 명시

수습(3개월 이내)기간 근로자에 대해서는 학습과 평가기간으로 보아 회사 규정에 따라 임금을 감액지급(통상임금의 70~80% 지급)할 수 있으나, 최저임금법 개정에 따라 임금을 최저임금의 90% 미만으로 정할 수 없도록 하고 있다.

(4) 1년 미만 근로계약기간의 수습기간 임금

1년 미만의 근로계약 근로자의 경우 수습기간을 둘 수는 있으나, 수습기간의 임금을 낮출 수 없도록 하고 있다(2012. 7월 시행).

2 퇴직절차 명시

(1) 퇴직의 자유(직업선택의 자유)

근로자는 직업선택의 자유(헌법 제15조)를 통해 언제든 회사를 퇴직하고 다른 회사를 선택할 수 있으며, 퇴직의 의사를 표시한 이후 1개월이 지나면 민법상(제660조) 퇴직의 효력이 발생하므로 사용자는 퇴직을 제한할 수 없다. 다만, 근로조건으로 퇴직절차를 명시할 수 있을 뿐이다.❽

수습 · 시용 구분

구분	수습(修習)	시용(試用)
개념	정식채용 후에 근로자의 직업능력의 양성, 교육 및 직무오리엔테이션을 목적으로 하는 것	정식채용을 전제로 하여 직업능력과 업무 적응성을 판단하는 기간
기간의 법적 성질	정식채용이 이루어진 상태	정식채용이 이루어지지 않은 상태
기간 설정	법률에 정해진 바 없으나 3개월 이내로 정함	좌동
기간 연장	근로자의 동의	좌동
본채용거부	근기법 23조 정당한 사유가 필요	채용 유보된 해약권행사 근기법 23조 정당한 이유보다 넓음
최저임금 감액	3개월 최저임금 90% (1년 미만 계약자 제외)	명칭이 시용이나 수습의 성격이라면 적용가능

❻ 근로계약에서 사용기간(수습기간)이 적용된다고 명시하지 않는 이상 정식사원으로 채용된 것으로 보아 사용계약의 해지가 아닌 해고이다. (대법 1999.11.12, 99다30473)

❼ 수습기간 평가결과에 따라 채용 여부를 결정하기로 한 근로계약은 근로자 평가에 대하여 객관성과 공정성을 이탈하지 않았다면 이는 사용자의 채용의 유보권을 행사한 것이다. (대법 1992.8.18, 92다15710)

❽ 퇴직절차에 관하여는 근로기준법에서 특별히 정한 바가 없으므로 근로계약서, 취업규칙, 민법 제660조 등에 따라야 할 것이다. (근로기준팀-5728, 2007.08.01)

(2) 퇴직절차 준수

근로자의 퇴직을 제한할 수는 없으나 근로계약 및 근로조건에 퇴직의 절차를 명시하고 이를 준수하도록 규정할 수 있으며, 이를 지키지 않고 퇴직하는 직원에 대해서는 계약위반에 따른 책임을 지우거나, 인수인계 과정을 준수하지 않고 무단으로 퇴직한 직원에 대해서는 무단결근에 따른 징계해고도 가능하다.[9]

3 계약해지 사유 명시

고용의 형태(정규직 · 계약직 · 단시간)에 따라 계약해지 사유를 달리하여 단시간 근로자의 경우 무단결근 1~2회 정도에도 근로계약을 해지할 수 있는 조항을 명시하고, 계약직의 경우 계약의 만료, 위수탁기간의 해지, 근무성적 불량을 이유로 한 계약해지 등을 명시한다. 정규직 근로자의 경우 취업규칙에 명시하고 있는 계약해지 사유(채용서류허위기재 · 무단결근 · 회사지시불응 등)를 명시한다.[10]

4 연장근로 합의

연장근로에 대해서는 근로자와 합의를 전제로 가능하므로 특히 교대근무자의 경우 매번 동의를 받아 연장근로를 할수 없으므로 사전에 교대근무 특성상 연장근로에 대해 근로계약서에 명시하고 동의를 받는 것이 바람직하다.[11]

5 겸업금지 조항

근로계약을 체결한 근로자는 당연히 완전한 노동제공 의무를 이행하여 하나 투잡을 통해 온전한 근로제공이 이루어지지 않을 경우 계약위반을 이유로 근로계약을 해지할수 있는 조항을 근로계약서에 명시할

[9] 무단결근 사실을 적시한 출근통지서를 통해 출근을 독촉하고 있었음에도 출근시도조차 하지 않았음으로 출근통지서를 받은 날 이후의 무단결근은 정당화 될 수 없다. (대법 2003.10.23, 2003두9282)

[10] 아파트 위탁관리회사와 입주자대표회의간의 계약이 해지됐다면 회사와 관리소장과의 근로계약관계도 함께 종료된다 할 것이다. (서울행법 2008.06.24, 2008구합11242)

[11] 탄력적 근로시간제와 연장근로는 병행 시행될 수 있고, 적법한 연장근로명령을 거부한 데 대한 정직 30일의 징계처분은 정당하다(서울행법 2022구합69452, 선고일자 : 2023-07-14).

필요가 있다.[12]

6 청렴의무 조항

일반근로자와 달리 공직의 근로자의 경우 청렴의무를 법(김영란법)으로 정하고 있는바 근로계약에 이를 명시하고 주지시켜 차후 이를 위반 시 근로계약 위반 또는 복무규정 위반으로 징계할 수 있다.

● 권리남용 계약 무효

1 부분무효 인정

근로계약서에 사용자의 권리를 기재할 수 있으나 근로기준법에 정한 기준에 미달 또는 남용의 기재내용은 그 부분이 무효이고 무효된 부분은 근로기준법이 정한 기준으로 보충된다. 근로계약에 있어서는 근로자의 보호를 위해서 근기법에 미달한 근로조건이 근로계약의 일부를 이루고 있을 때 근로계약 전부가 아니라 그 부분만이 무효이며, 아울러 취업규칙, 단체협약에 미달하는 근로계약 역시 무효이다. 노사간의 자유롭게 체결된 근로조건이 근기법보다 높다고 하여 이를 낮추려는 것은 근기법 목적과 제정 취지에 반하는 것이며 기업의 경영환경에 따라 노사 합의로 근로조건을 낮추는 것은 가능하다.

(1) 지각 회수를 이유로 한 임금공제

근로자의 지각 회수를 가지고 일당을 공제하거나 연차수당을 공제하는 것은 비록 근로자가 그 같은 근로계약서에 서명했다고 해도 무효이다. 근태가 불량한 자에 대해서는 정당한 징계권으로 다루어야 한다.[13]

(2) 연차사용 의무화 계약

1년 근속에 80% 이상 출근하면 15개의 연차휴가가 발생하고 이 중 10개의 연차휴가를 의무적으로 사용해야 한다는 근로계약은 무효이다. 연차수당을 지급하지 않기 위해서는 반드시 연차사용촉진절차를 이행

[12] 영업직 사원에 대하여 '근무시간 중 사적 활동 및 겸업 금지 위반, 상습근태불량' 등의 사유로 징계해고한 것은 정당하다(울산지법 2017가합908, 선고일자 : 2018-01-31).

[13] 지각이나 조퇴를 수시간, 수회했다 해도 결근으로 처리하여 연·월차휴가에 영향을 줄 수 없다. (근기 01254-156, 1988.1.7)

해야 가능하다.[14]

(3) 연봉에 퇴직금을 포함하는 계약

신입사원이 연봉계약를 체결하면서 연봉에 1년치 퇴직금을 포함하여 지급하는 것으로 약정했다고 해도 퇴직금은 1년은 근속해야 발생하는 후불성임금으로 아직 발생하지도 않은 퇴직금을 연봉에 포함하여 지급 받고 1년 후에 퇴직금을 청구하지 않겠다는 약정은 무효이다.[15]

(4) 통상임금 범위를 정한 계약

근로계약이나 연봉계약을 체결하면서 통상임금의 범위를 정하거나 기본연봉의 70%를 통상임금이라 한다고 정하더라도 이는 최저기준 미달의 근로계약으로 무효이다.

2 보충적 효력

근로기준법에 정한 기준에 미달하는 근로계약은 그 부분이 무효이고 무효된 부분은 근로기준법에 의해 보충된다. 지각을 이유로 임금을 공제했다면 이는 체불임금이 되어 지급해야 하며, 연차휴가를 사용하지 않았는데 사용의무계약에 약정했다 하여 수당을 지급하지 않을 경우 수당을 청구할 수 있으며, 연봉에 퇴직금을 포함하여 근로계약을 했다면 이는 퇴직금을 별도로 지급해야 한다.

● 근로계약 금지사항

민법 제398조는 사적 자치에 의하여 당사자 사이의 채무불이행에 대하여 손해배상 또는 위약금을 예정할 수 있도록 하고 있다. 그러나 근로자와 사용자 사이에 근로계약에서는 위약 예정을 인정하게 되면 근로자가 직장을 얻기 위하여 어쩔 수 없이 불리한 근로계약을 체결하고서도 위약금 또는 손해배상 등의 부담 때문에 근로자가 계약을 해지할 수 없는 사태를 발생시킬 우려가 있다. 이 점을 감안하여 근기법은 계

14. 사용자의 적극적인 권고 여부와 관계없이 근로자가 실제 휴가를 사용하지 않고 근로하였다면 연차휴가근로수당을 지급하여야 한다. (근로기준과-883, 2004.02.19)

15. 월급이나 일당 속에 퇴직금 명목으로 일정 금액을 포함시켜 지급받기로 근로자와 사용자간 맺은 약정은 퇴직금청구권을 사전에 포기하는 것으로서 강행법규인 근로기준법 제34조에 위반되어 무효이다. (대법 2007.8.23, 선고 2007도4171 판결)

약체결에 있어서 근로자의 자유로운 직업 선택을 위하여 위약금 및 손해배상 예정 계약을 금지하고 있다.

1 위약금 예정 금지

근로자가 근로계약을 불이행하는 경우 사용자에게 일정액의 위약금을 지급하기로 미리 약정하는 경우 근로자는 자유로이 퇴사할 수 없는 강제근로에 빠질 수 있으므로 이는 근로계약에서 금지한다.[16]

2 손해배상액 예정 금지

근로자가 근로계약을 불이행하는 경우 손해발생 여부나 실 손해와 관계없이 사용자에게 일정액의 위약금 또는 손해배상액을 지급하기로 미리 약정하는 경우 근로자는 자유의사에 반하여 강제근로를 하게 될 위험이 있다. 따라서 근로기준법 제20조는 이를 방지하기 위해 근로자의 근로계약 불이행에 대한 위약금 또는 손해배상액을 예정하는 것을 금지하고 있다. 그러나 근로자의 불법행위, 사용자가 제3자에게 부담한 실 손해에 대한 구상권을 행사하는 것을 금지하는 것은 아니다.[17]

3 전차금 상계 금지

근로기준법 제21조는 사용자가 전차금 기타 근로할 것을 조건으로 하는 전대채권과 임금을 상계하는 것을 금지하고 있다. 전차금 등은 근로자를 사용자에게 신분적으로 장기간 구속하게 하여 근로자에게 사실상 강제근로를 강요하는 폐단을 발생시킬 수 있으며, 사용자가 상계하는 것만을 금지하고 근로자의 자유의사에 상계는 허용된다.[18]

4 연수練修후 복무 의무

근로자의 장기연수에 대해 의무복무기간을 정하고 이를 위반한 경우

연수 후 복무의무 각서

각서

사번 :　　부서 :　　성명 :

상기인　　　　는 MBA 장기 연수 후 5년 의무 복무하여야 한다. 이를 위반할 경우 교육비 전액을 반환하는데 동의한다.

2018.　.

제출자 : ______ 인

[16] 학원강사가 수강생이 일정 수에 미달한 채로 퇴사하게 되면 원장에게 위약금을 지급한다는 근로계약은 무효이다. (대구지법 2014.6.13, 선고 2013나17030 판결 약정금)

[17] 근로자가 일정 기간 동안 근무하기로 하되 이를 위반할 경우 일정 금원을 사용자에게 지급하기로 한 약정은 효력을 인정할 수 없다. (대법 2008.10.23, 2006다37274)

[18] 근로기준법 제25조의 입법취지는 근로자와 사용자간의 금전소비대차관계와 근로관계를 분리시켜 근로자의 신분이 부당하게 구속되는 것을 방지하기 위함에 있으므로 사납금에 대한 임금공제규정은 근로기준법 제25조에 위반하는 것이 아니다. (근기 68207-2289, 1993.11.06)

교육비를 반환받기로 하는 각서는 근로기준법 제20조의 규정에 의한 근로계약기간이 아니라 경비반환 의무의 면제기간을 정한 것으로서, 동 약정은 금전소비대차에 관한 계약으로 볼 수 있으므로 민법에 의하여 판단하여야 할 것이다. 다만, 이 경우에도 동 파견연수기간 중 지급된 경비 중에 소위 기준임금이 포함되어 있는 경우에는 동 기준임금은 파견연수비용에는 포함되지 않는 것으로 판단되며, 따라서 이를 상환하여야 할 경비에 포함시키는 것은 효력이 없다.[19]

근로계약과 연봉계약 관계

1 근로계약 요건

사용자는 근로자를 채용하여 노동을 제공받고 그에 대가로 임금을 지급하기로 하는 계약을 근로계약이라 할 수 있다. 따라서 물건을 사고파는 계약이 아닌 인간의 육체적·정신적 노동을 제공받고 그에 대가를 지급하는 계약으로 계약의 형식과 내용을 법으로 정하여 사업주에게 강제하고 있다.

2 연봉계약의 의미

근로계약에서 가장 중요한 요소는 역시 임금에 관한 사항이다. 따라서 근로계약시 임금의 구성항목 계산지급방법을 서면에 명시하도록 하고 있다. 따라서 연봉계약은 근로계약의 임금에 관한 사항을 별도로 하여 1년 단위 성과에 따라 지급하기로 하는 임금계약이다.

3 연봉계약은 임금계약

근로계약에서 명시하지 않은 연봉의 구성항목 계산 및 지급 방법에 대해 연봉계약에서 명시하고, 1년 성과에 따라 연봉을 결정하기로 한 경우 근로계약은 입사시 한 번 체결하지만 연봉계약은 성과결과를 근거로 임금을 결정하기로 한 이상 1년 단위로 임금계약을 체결한다.[20]

[19] 해외파견 연수가 교육·훈련목적으로 이루어진 경우 강제근로에 해당하지 않는다. (대판 1996.12.20, 95다52222, 52239 학위연수비 반환·부당이득금 반환)

[20] 근로계약이 1년간 연봉을 정하기 위하여 체결된 것으로 보일 뿐 근로존속기간을 정한 것이라고 볼 수 없다. (서울고법 2010.10.12, 2010누5464)

4 신입사원 연봉계약 체결시점

신입사원을 연봉직으로 채용할 경우 입사와 동시에 근로계약을 체결하고 수습을 마치고 연봉계약을 체결하는 것이 합리적이다. 입사와 동시에 연봉계약을 체결하게 되면 약속한 연봉과 수습기간 임금지급 기준이 달라 1년 연봉의 차액이 발생할 수 있다.

5 계약직 연봉계약

1년 계약직으로 연봉계약을 체결할 경우 연봉계약과 근로계약을 동시에 체결할 수 있으며 회사가 제시한 연봉에 동의하지 않을 경우 근로계약을 해지할 수 있다. 따라서 연봉계약서에 1달 전에 연봉협상을 하고 합의하지 못할 경우 계약하지 조건을 명시하는 것이 바람직하다.

6 signing bonus 계약

고액 연봉자와 연봉계약을 체결하면서 1년 계약 만료시점에 사이닝보너스를 지급하겠다는 연봉계약을 체결했을 경우 근로계약기간 준수 약정을 지키지 않은 근로자에게 사이닝보너스를 지급하지 않는 것은 법 위반은 아니다.[21]

● signing bonus 계약

signing bonus 계약

사번 : 부서 : 성명 :

연봉 1억원에 대하여 7천만원은 매월 1/12 지급받고 나머지 3천만원은 연봉계약 종료일 지급함에 동의한다.

2018. .

제출자 : 인

● 근로계약의 내재적 효력

1 주된 의무

사용자와 근로자간의 근로계약이 체결되면 근로자는 노무제공 의무, 사용자는 임금지급 의무를 진다. 이러한 관계에서 사용자는 노무지휘권이 인정되고 근로자에게는 임금청구권이 발생되는 것이다. 주된 의무를 노사가 이행하지 않는 경우 근로자는 근로계약 해지의 권한을 가지며 사용자는 노무지휘권에 불복한 근로자에 대해 징계권을 가진다.

● 사업주의 안전배려 의무

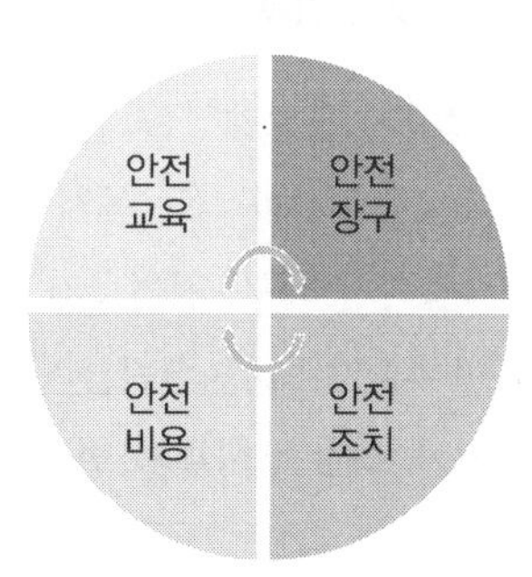

[21] 회사가 근로자에게 별도의 상여금을 지급하면서 일정기간 이내에 퇴직하는 경우 이를 반환하기로 하는 약정은 근로기준법 제20조에 위반되어 무효라고 보기 어렵다. (서울중앙지법 2013.04.29, 2013카합231)

2 사용자의 부附수적 의무

사용자와 근로자가 근로계약을 체결하는 순간 사용자는 근로자의 노동제공에 대해 임금지급 의무를 지는 동시에 근로자가 안전하게 일할 수 있도록 안전배려 의무(부수적 의무)를 지게 된다. 안전배려 의무 중 안전교육, 안전장구 지급, 안전표지판 설치 등은 기초 안전질서유지 의무로 사업주가 꼭 지켜야 할 부수적 의무이다.

(1) 안전교육 의무

산업안전보건법 제31조에 의거 사업주는 해당 근로자 및 신입사원(건설일용근로자를 채용하는 경우 제외)을 대상으로 안전보건교육을 실시하고, 교육일지를 3년간 보관하여야 한다. 이를 위반할 경우 과태료가 부과된다.

(2) 안전장구 지급 의무

산업안전보건기준에 관한 규칙 제32조(보호구지급)에 의거 사업주는 낙하물, 추락, 용접, 고열, 감전, 분진, 저온 등의 위험한 작업을 실시할 경우 안전모, 안전대, 안전화, 보안경, 방열복 등의 안전장구를 지급하고 이를 기록하여 3년간 보관하여야 한다.

(3) 안전표지판 설치 의무

산업안전보건법 제12조 의거 사업주는 사업장의 유해 또는 위험한 시설 및 장소에 대해서는 경고, 비상시 조치안내 기타 안전의식 고취를 위하여 시행규칙 제8조 의거 설치해야 한다(고압주의·손조심·속도제한 등).

(4) MSDS Material Safety Data Sheets 관리 의무

화학물질 및 화학물질을 함유한 제품을 사용하는 사업주는 화학물질 취급 근로자에게 유해성, 위험성 등에 대하여 교육하고, 화학물질로 인한 산업재해 예방조치를 해야 한다(황산·염산·질산 등).

안전보건교육시간(2014년)

<table>
<tr><th>교육과정</th><th colspan="2">교육대상</th><th>교육시간</th></tr>
<tr><td rowspan="4">정기교육</td><td colspan="2">사무직 종사 근로자</td><td rowspan="2">매분기 3시간 이상</td></tr>
<tr><td rowspan="2">사무직 종사 근로자 외 근로자</td><td>판매업무에 직접 종사하는 근로자</td></tr>
<tr><td>판매업무에 직접 종사하는 근로자 외 근로자</td><td>매분기 6시간 이상</td></tr>
<tr><td colspan="2">관리감독자의 지위에 있는 사람</td><td>연간 16시간 이상</td></tr>
<tr><td rowspan="2">채용시 교육</td><td colspan="2">일용근로자</td><td>1시간 이상</td></tr>
<tr><td colspan="2">일용근로자를 제외한 근로자</td><td>8시간 이상</td></tr>
<tr><td rowspan="2">작업내용 변경시 교육</td><td colspan="2">일용근로자</td><td>1시간 이상</td></tr>
<tr><td colspan="2">일용근로자를 제외한 근로자</td><td>2시간 이상</td></tr>
<tr><td rowspan="2">특별교육</td><td colspan="2">별표 8의2 제1호 라목 각 호의 어느 하나에 해당하는 작업에 종사하는 일용 근로자</td><td>2시간 이상</td></tr>
<tr><td colspan="2">위 일용근로자를 제외한 근로자</td><td>연간 16시간 이상</td></tr>
<tr><td>건설기초 안전보건교육</td><td colspan="2">건설일용 근로자</td><td>4시간</td></tr>
</table>

3 근로자의 부附수적 의무

사용자와 근로자가 근로계약을 체결하는 순간 근로자는 사용자에게 노동제공 의무(주된 의무)를 지는 동시에 근로제공 의무를 충실히 이행하기 위해서 겸업피지 의무, 경업금지 의무, 진실고지 의무, 비밀준수 의무, 회사의 명예유지 의무, 수뢰금지 의무와 같은 부수적 의무를 지게 된다. 근로자가 부수적 의무를 위반할 경우 통상해고 사유가 될 수 있다.

근로자의 부수附隨적 의무

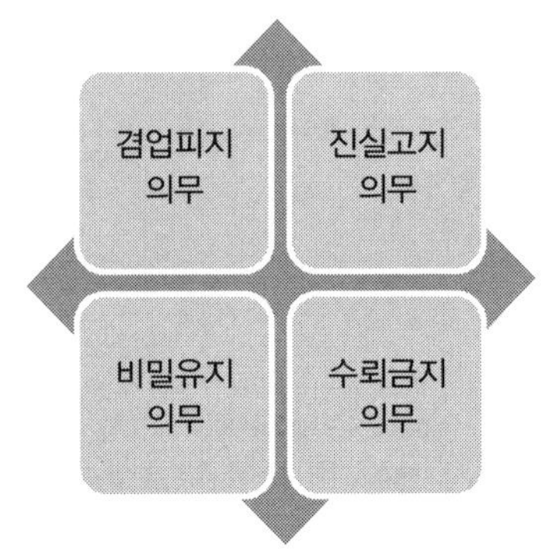

(1) 겸업피지 의무

근로자가 사용자와 근로계약을 체결한 이상 충실한 근로를 제공할 의무가 있음에도 불구하고 투잡two job으로 인해 근로제공 의무가 이루어지지 않는 경우 겸업을 피해야 의무위반으로 해고사유가 될 수 있다.

(2) 진실고지 의무

근로자가 회사에 제출한 학력, 경력, 기타 사항에 허위 또는 위조한 경우 일정한 기간이 지났다고 하더라도 통상해고 사유로 해고할 수 있다.㉒

(3) 비밀준수 의무

비밀로 유지되어야 하는 정보에 접근한 자에게 비밀준수 의무를 부과하는 방법으로 비밀유지서약서(보안서약서)를 체결하고 이를 위반한 근로자에게 민형사상 책임을 지울 수 있도록 해야 한다.㉓

(4) 수뢰금지 의무

2016년 9월 28일 시행된 청탁금지법(가칭 김영란법)은 공무원, 공기업 직원, 국공립·사립학교 교사, 기자에게 식사 3만원, 경조비 5만원, 선물 10만원 이상을 제공할 경우 양벌규정에 의해 처벌할 수 있다. 따라서 직원이 회사의 지시로 이 같은 행위를 할 경우 법인인 회사도 처벌한다(김영란법 2015.3.27).

기타 서약서 체결

회사의 기술적 노하우나 고객정보를 보호하기 위하여 입사자를 대상으로 비밀보호서약서를 징구하거나 근로자가 취급하는 고객정보 및 기타 개인정보에 대해 이를 보호할 책임에 대해 별도의 확약서를 받는 것이 정당한지 여부에 대해 회사가 필요한 경우 개인의 직업선택의 자유를 침해하지 않는 범위 내에서 이를 징구하거나 이를 근거로 책임을 물을 수 있다.

㉒ 최종학력 등이 이력서의 기재와 다르더라도 채용 후 수행한 업무와 최종학력 및 경력 사이에 별다른 관련성이 없다면 허위이력서 작성을 이유로 한 해고는 부당하다. (대법 2013.9.12, 2013두11031)

㉓ 회원정보는 영업비밀에 해당하고, 퇴직서약서에 회원정보를 이용한 영업을 하지 않기로 약정하였음에도 그 회원정보를 이용하여 이익을 얻고 영업비밀 보유자에게 손해를 입혔다면 손해를 배상할 의무가 있다. (서울고법 2012.09.19, 2012나1391)

근로관계와 관련 있는 그밖에 법률 내용

구분	내용	비고
부정경쟁방지 및 영업비밀 보호에 관한 법률 (2007.12.21)	영업비밀 보유자는 영업비밀 침해행위를 하거나 하려는 자에 대해 그 행위에 의해 영업상의 이익이 침해되거나 침해될 우려가 있는 경우 법원에 그 행위의 금지 또는 예방을 청구할 수 있으며(제10조), 고의 또는 과실에 의한 영업비밀 침해행위로 영업비밀 보유자의 영업상 이익을 침해하여 손해를 입힌 자는 그 손해를 배상할 책임을 진다(제11조).	보안서약서
개인정보 보호법 (2011.9.30)	개인정보 처리자는 개인정보의 처리 목적을 명확하게 해야 하고, 그 목적에 필요한 범위에서 최소한의 개인정보만을 적법하고 정당하게 수집해야 하며, 개인정보의 처리 목적에 필요한 범위에서 적합하게 개인정보를 처리해야 하고 그 목적 외의 용도로 활용해서는 안 된다(제3조).	개인정보처리 동의서
채용절차의 공정화에 관한 법률 (2014.1.21)	이 법은 채용과정에서 구직자가 제출하는 채용서류의 반환 등 채용절차에서의 최소한의 공정성을 확보하기 위한 사항을 정함으로써 구직자의 부담을 줄이고 권익을 보호하는 것을 목적으로 한다.	-
부정청탁 및 금품 수수의 금지에 관한 법률 (2016.11.30)	이 법은 공직자 등에 대한 부정청탁 및 공직자 등의 금품 등의 수수(收受)를 금지함으로써 공직자 등의 공정한 직무수행을 보장하고 공공기관에 대한 국민의 신뢰를 확보하는 것을 목적으로 한다.	준법서약서

1 비밀준수 서약

'퇴직 후 일정기간 근속기간 중에 취득한 비밀이 사용되는 다른 기업에 근무할 수 없으며 이를 위반한 경우 일정액의 손해배상을 한다'는 내용의 계약은 영업비밀을 보호하여 건전한 거래질서를 유지하고자 하는 목적이 있고 사회통념이나 부정경쟁방지법의 취지에 부합하는 것으로서 그 자체만으로 강제근로금지에 위배된다고 획일적으로 말할 수는 없다. 다만, 자발적 퇴직이 아닌 경우, 영업비밀보호에 해당하지 않는 경우 근로자의 직업선택의 자유를 침해하지 않는 범위에서 제한적으로 허용된다.[24]

2 개인정보보호법(2011.9.30)

개인정보처리자의 개인정보 운용(수집·이용·저장·제공·파기 등) 환경 및 중요도(민감 정보 취급 등)를 개인정보 수집 및 이용이 가능한 범위 내에서 정보 주체의 동의를 받아 수집, 보유, 제공할 수 있다. 이때 동의서에 수집이용의 목적, 수집항목, 보유이용기간, 동의거부권 등을 고지하여야 한다. 2014년 8월 7일부터 법령상 근거 없이 불필요하게 주민번호를 수집하는 행위는 엄격히 제한하고(위반시 과태료 부과)현재 보유 중인 주민번호는 법 시행 2년 이내에(2016. 8. 6) 파기하여야 한다.

3 채용서류 반환 의무(2015.1.1)

불합격한 구직자의 채용관련 서류를 구직자가 요구한 경우 14일 내 반환하여야 하며, 사업주는 반환청구기간은 14~180일 사이로 정할 수 있으며 청구기간이 지나면 채용서류를 파기해야 하며 이를 어길 경우 300만원 이하의 과태료를 부과한다.[25]

(1) 구직자에게 채용서류 반환 명시

구직업체는 채용서류 반환청구기간을 반드시 구직자에게 알려주어야 하며, 구직자가 반환을 요구할 경우 14일 내 반환하거나, 반환을 요

● 채용 공정화법 개정(2019.7.13)

채용절차법 개정주요내용

7월 17일부터 시행

	위반	과태료 부과
구인자가 구직자에게 직무 수행과 관련 없는 **용모 · 키 · 체중, 출신 지역, 혼인 여부, 재산,** 직계 존비속과 형제자매의 **학력 · 직업 · 재산**에 관한 개인 정보 요구	1회	300만원
	2회	400만원
	3회 이상	500만원
채용 관한 부당한 **청탁, 압력, 강요** 등을 하거나 **금전, 물품, 향응, 재산상 이익** 수수 · 제공	1회	1,500만원
	2회 이상	3,000만원

24 구체적인 전직금지약정이 없는 경우 부정경쟁방지 및 영업비밀보호에 관한 법률 제10조 제1항에 의한 전직금지신청이 가능하다. (대법 2003.7.16, 2002마4380)

25 취업 후 6개월 이상 근무하지 않고 퇴직한 근로자를 동종업체에서 다시 채용하지 않을 목적으로 동종업체들간에 재직기간이 명시된 퇴직근로자 명단을 작성하여 공유하였고, 실제로 그 명부에 기재된 근로자에 대해서는 채용한 사실이 없는 경우라면 이를 달리 볼 사정이 없는 한 「근로기준법」 제40조 위반에 해당된다. (근로개선정책과-2398)

구하지 않는 경우 파기해야 한다.

(2) 채용일정 지연 고지 의무

구직업체는 채용일정, 채용요부, 채용심사가 지연될 경우 그 사실을 홈페이지 또는 문자전송 등을 통하여 알려주어야 한다.

(3) 시행시준

① 상시근로자 300인 이상 사업장, 공공기관, 국가지방단체: 2015. 1. 1부터

② 상시근로자 100인 이상 300인 미만 사업장: 2016. 1. 1부터

③ 상시근로자 30인 이상 100인 미만 사업장: 2017. 1. 1부터

근로계약서

사용자 【갑】	사업체명		사업의 종류	
	대표자명		전화번호	
	소재지			
근로자 【을】	성명		주민등록번호	–
	주소	h/p		

제1조(목적) 사용자(이하 '갑'이라 함)와 근로자(이하 '을'이라 함)는 다음과 같이 근로계약을 체결하고 이를 성실히 이행할 것을 약정한다.

제2조(근로계약 구분)

① 정규직 ( ) 계약기간: 취업규칙에서 정한 정년까지로 한다.

② 계약직 ( ) 계약기간: 20 년 월 일 ~ 20 년 월 일 계약기간이 만료되면 본 계약도 종료하는 것을 원칙으로 한다.

③ 근로계약 체결 후 ( )개월은 수습기간으로 하며, "갑"은 "을"의 수습기간 중 평가를 통해 본 채용 여부를 결정한다.

④ 수습기간의 임금은 월 급여의 ( ) % 지급한다. (단, 1년 미만 계약자는 수습기간 최저임금을 지급해야 한다. 2012. 8월 개정)

제3조(근무장소와 업무의 내용)

① 근무장소:

② 업무의 내용(직종):

③ "갑"은 "을"의 근무장소와 업무내용을 사업 환경변화에 따라 변경할 수 있다.

제4조(근로시간)

① 평일근무: 09:00~18:00

② 월 소정근로시간:

③ 근로시간은 계절의 변화 또는 업무의 특성에 따라 변경할 수 있다.

제5조(휴게시간 및 주휴일)

① 휴게시간은 12:00~13:00 1시간으로 하고, 근로시간에 산입하지 아니한다.

② 주휴일은 1주간 소정근로일을 개근하면 1일을 부여하고, 주휴일은 ( )요일로 한다.

③ 토요일은 ( ) 정한다.

제6조(임금)

① 월 급여는 ( )원으로 하고, 1일부터 말일까지 계산하여 익월 ( )일에 지급한다.

② 월 급여는 근무시간에 따른 제반 법정수당이 포함된 금액(포괄임금)으로 정하되 기본급, 현장수당, 직책

수당, 시간외수당(월평균 　 시간), 식대 등으로 구분하여 지급한다.

③ 상여금은 평가에 따라 차등지급하고, 지급일 현재 재직 중인 경우에만 지급한다.

④ "갑"은 "을"의 임금에서 보험료, 세금 등을 공제한 후 통장으로 지급한다.

제7조(연차휴가)

① 연차휴가는 1년 근속에 8할 이상 출근할 경우 15일의 연차휴가를 부여하고, 1년 미만 근속자의 경우 월 만근자에 한하여 1일의 연차휴가를 부여한다. (단, 8할 미만 출근자도 월단위 만근자에게 1일의 연차휴가를 부여한다.)

② 가산연차는 2년 근속에 1일을 추가하여 부여되며, 총연차휴가는 25일을 초과할 수 없다.

③ 근로자대표와 합의하여 연차휴가를 특정일에 집단적으로 사용할 수 있다.

제8조(퇴직금)

① 퇴직금은 1년 이상 근무한 자에 한하여 지급하되 "을"이 원할 경우 퇴직금 중간정산을 신청할 수 있다. (단, 2012. 7월부터 무주택근로자, 6개월 이상의 요양비 청구자, 5년 이내 파산자, 임금피크제 신청자만 중간정산을 청구할 수 있다.)

② 퇴직금 중간정산을 받은 경우 퇴직금 기산일은 퇴직정산 이후부터 시작한다.

제9조(퇴직절차)

① "을"이 사직하고자 할 경우에는 사직일로부터 15일 전에 사직의사를 표시하고 업무 인수인계를 마친 후 퇴직서를 제출한다.

② "을"이 퇴직절차를 위반하여 "갑"에게 손해를 끼칠 경우 "갑"은 "을" 대상으로 손해를 청구할 수 있으며, 퇴직절차를 이행하지 않을 경우 무단결근으로 징계대상이 될 수 있다.

제10조(근로계약의 해지사유)

① 월 3일 이상 무단결근하였을 때

② 수습평가에 미달한 경우

③ 정당한 업무명령을 위반하였을 때

④ 회사의 명예를 손상시켰거나, 고의 또는 과실로 회사에 손해를 입혔을 때

⑤ 계약기간이 만료되었을 때

⑥ 기타 사회통념상 근로관계를 유지할 수 없다고 판단될 때

제11조(준용) 본 계약서에 명시되지 않은 사항은 취업규칙 및 노동관계법의 관련조항을 준용하도록 한다.

위와 같이 근로계약을 체결하고, 본 계약을 증명하기 위해 계약서 2통을 작성, 서명 날인하고 각각 1통씩 보관한다.

20 　년 　월 　일

사용자(갑): 　　　　(인 또는 서명)

근로자(을): 　　　　(인 또는 서명)

회사 기밀 보안 서약서

1. 업무상 알게 된 기밀, 노하우, 기술상 혹은 경영상 정보 등 영업 비밀에 관한 사항은 그것이 기술상이든 경영 또는 영업상이든 절대 비밀사항으로 유지하고 회사 밖은 물론 회사의 직원이라고 해도 직접관여하지 않은 자에 대해서는 이것을 공개 또는 누설하는 행위를 하지 않는다.
2. 회사에 재직 중은 물론 퇴직 후에도 1년간 회사의 기밀이나 영업정보를 회사의 서면동의서 없이 부정사용하거나 발설, 공포, 창업을 하거나 경쟁회사에 전직 혹은 동업을 하는 것과 같이 자신을 위하거나 또는 회사와 경쟁업체 및 기타 제3자를 위한 목적으로 사용하지 않는다.
3. 퇴사시 가지고 있는 회사 경영상 기밀을 요하는 모든 자료(문서, 기록노트, 테이프, 디스크 또는 모든 기록매체를 포함)를 그 즉시 회사에 반환한다.
4. 회사의 고유업무 및 개인의 업무능력 향상을 위해 소프트웨어를 설치할 경우 회사의 정해진 절차에 의해 승인 후 설치하고 회사의 동의 없이 불법 소프트웨어를 사용하여 회사에 손실을 발생시킬 경우 이에 책임을 진다.
5. 이 서약서에 위반하여 회사에 손해를 끼친 경우에는 부정경쟁방지법 제11조 및 12조의 규정에 의한 손해배상 및 신용회복 조치 같은 법 제18조의 규정에 의한 형사처분을 받을 수 있다.

일자: 20 년 월 일

성명: (인)

주식회사 귀하

개인정보처리동의서

가. 본인은 (주)________가 본인에 대한 정보를 수집하고 인사검증을 실시할 필요가 있다는 것을 이해하고 있으며, 이를 위해「개인정보보호법」등에 의해 보호되고 있는 본인에 관한 각종 정보자료를 동법 제15조(개인정보의 수집, 이용), 제17조(개인정보 제공), 제18조(개인정보 이용 · 제공 제한)의 규정 등에 따라 인사담당기관에 제공하는데 동의헌다.

나. 또한, 본인(가족 포함)이 서명날인한 동의서의 복사본은 인사검증에 필요한 다양한 자료수집의 편의를 위해서 원본과 동일하게 유효하다는 것을 인정한다.

다. 동의를 거부할 권리가 있다는 사실 및 동의거부에 따른 불이익(채용거부, 인사고과, 기타 복리후생에서 제외)이 있을 수 있다는 점을 인지한다.

20 년 월 일

□ 본인

성 명: (서명)

□ 제공할 개인정보의 내용

1. 제공기관:
2. 사용목적:
3. 자료제공 범위:
4. 동의서 유효기간 :

MEMO

Chapter 11

취업규칙 작성실무

- 취업규칙의 의의 및 작성사업장
- 취업규칙 기재사항
- 취업규칙의 작성 및 절차
- 취업규칙의 신고
- 취업규칙의 내용과 효력
- 취업규칙 변경의 절차 및 효력

Chapter

11 | 취업규칙 작성실무

취업규칙의 의의 및 작성사업장

취업규칙은 사업주가 기업경영권에 근거로 사업장에서 근로자의 복무규율이나 근로조건의 기준을 획일적·통일적으로 정립하기 위하여 작성하는 것이다. 이러한 취업규칙 작성을 법으로 강제하는 것은 종속적 노동관계의 현실에 입각하여 실질적으로 불평등한 근로자의 지위를 보호 강화하여 그들의 기본적 생활을 보장, 향상시키려는 목적이다. 취업규칙은 그 명칭에 상관없이 사업주가 근로자의 복무규율과 임금 등 당해 사업의 근로자 전체에 적용될 근로조건에 관한 준칙을 규정한 것을 의미한다.[1]

1 의의

상시 10인 이상의 근로자를 사용하는 사용자는 법이 규정하는 내용을 포함하는 취업규칙을 작성해야 한다(근로기준법 제93조). 이때 취업규칙의 작성 의무가 있는 사업주란 근로기준법 제2조 제1항 제2호의 사용자로서 근로관계에 대해 실질적인 권한과 책임이 있는 자를 말한다. 근로기준법에 의해 취업규칙의 작성 의무화는 기업규모가 10인 이상이면 인치人治에 의한 경영이 아닌 법치法治, 즉 Rule을 가지고 기업을 경영하도록 한 것이다.

2 상시근로자 수의 판단

상시 10인 이상의 근로자를 사용한다는 것은 정규직·임시직·일용직·상용직 근로자 등을 포함하여 상시적으로 근로자 수가 10인 이상에 해당하는 것을 말한다. 이때 근로자 수가 수시로 변동하는 사업 또는 계절사업, 건설공사 등에 있어서는 평균 개념을 사용하여 그 사업기간 내에 사용한 총연인원수를 그 기간 내의 총가동일수로 나눈 인원이 10인 이상이면 상시 10인 이상의 사업 또는 사업장이라고 볼 수 있다. 따라서 가끔 근로자 수가 10인 미만이 되는 날이 있다고 하더라도, 사회통념상 객관적으로 볼 때 상시적으로 근로자 수가 10인 이상이 되는

[1] "취업규칙은 사용자가 근로자의 복무규율과 임금 등 당해 사업의 근로자 전체에 적용될 근로조건에 관한 준칙을 규정한 것"이라는 정의를 내리고 있다. (대법원 2004.2.12, 2001다63599)

기업의 성장 프레임

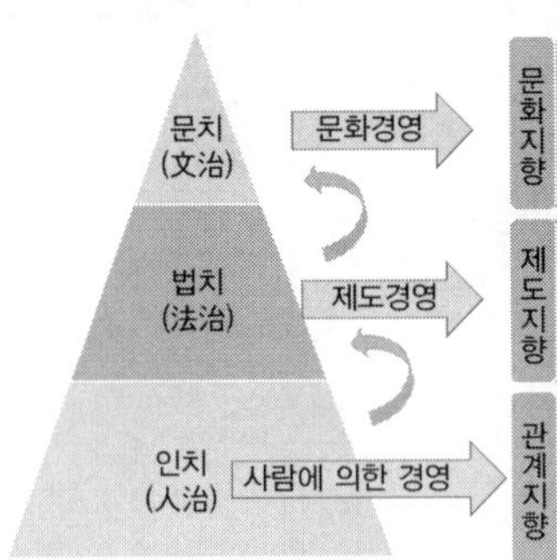

5인 미만 사업장 미적용

근로기준법 조항	내용
근로조건 위반(제19조 2항)	• 사업주가 근로조건을 위반한 경우 법원이 아니라 노동위원회에 손해배상을 신청할 수 있는 권리
해고의 제한(제23조 1항)	• 부당해고(정리해고 포함)를 당한 경우 노동위원회에 구제를 신청할 수 있는 권리 • 해고의 사유와 시기를 서면으로 통보 받을 권리(단, 5인 미만이라도 제26조 해고예고수당은 청구 가능)
정리해고(제24조)	
해고서면 통보(제27조)	
휴업수당(제46조)	• 회사의 사정으로 휴업할 경우 휴업수당(평균임금의 70%)을 청구할 권리
근로시간(제50조)	• 1일 8시간, 1주 40시간까지 일 할 권리 • 1주 12시간 이상 연장근로를 하지 않을 권리
탄력적 근로시간제(제51조)	
선택적 근로시간제(제52조)	
연장근로의 제한(제53조)	
연장, 야간, 휴일근로(제56조)	• 연장, 야간, 휴일근로에 대해 가산임금(50%)을 받을 권리
연차유급휴가(제60조)	• 1년에 15일의 연차유급휴가를 사용할 권리
여성의 야간, 휴일근로 제한(제70조 1항)	• 18세 이상의 여성에 대해 오후 10시부터 오전 6시 사이에 야간근로 및 휴일근로를 하는 경우 동의를 받아야 하는 권리
생리휴가(제73조)	• 월 1일의 생리휴가를 청구할 권리

사업장이라면 취업규칙을 작성해야 한다.[2]

3 본사와 지사

본사와 지사 또는 같은 법인 아래 있는 여러 개의 사업이 각각 적용 단위가 되는지 아니면 이들 중 일부 또는 전부를 묶어 하나의 사업으로 보아 적용되는지는 개개사업의 독립성 여부에 따라 판단된다. 본사·지점·출장소·공장·지사 등이 같은 장소에 있으면 이를 각각 나누지 않고 1개의 사업으로 보는 것이 원칙이다. 다만, 같은 장소에 있더라도 근로형태가 현저히 다른 부문이 있고 그러한 부문을 주된 부문과 분리하여 취급하는 것이 보다 적절히 법을 적용할 수 있게 한다면 이를 독립된 사업으로 본다. 본사·지점·지사 등이 다른 장소에 있다면 이를 각각 별개의 사업으로 보는 것이 원칙이다. 다만, 장소가 분산되어 있더라도 지점 등의 업무처리능력을 볼 때 하나의 사업이라고 말할 정도의 독립성이 없으면 하나의 사업으로 본다.[3]

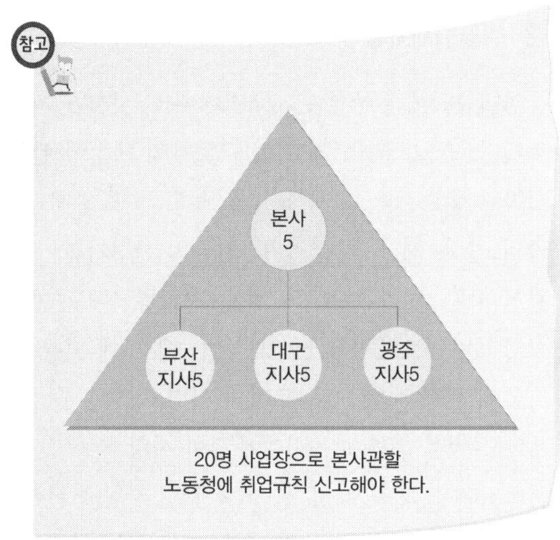

● 취업규칙 기재사항

1 의의

근로기준법은 취업규칙을 작성·신고하도록 함과 동시에 해당 취업규칙에 반드시 포함되어야 하는 내용을 명시하고 있다. 이는 근로기준법이 근로조건을 규율하는 최저기준으로서의 역할을 하고, 보다 구체적인 사항에 대해서는 해당 사업장의 실정에 맞는 취업규칙에 규정하게 함으로써 근로조건을 획일적으로 적용하도록 하기 위함이다. 따라서 기업은 취업규칙을 작성함에 있어서 법이 반드시 포함하도록 하고 있는 의무기재사항과 사업장의 근무질서 유지를 위한 임의기재사항을 기재하여 작성 비치해야 한다.

[2] 상시의 개념과 적용범위 (근기 68207-3601, 2000.11.16). 근로기준법 제10조에서 정한 '상시'라 함은 사회통념에 의해 객관적으로 판단되어야 하는 것이므로 근로자 수가 때때로 5인 미만이 되더라도 상대적으로 보아 5인 이상이 되면 상시 5인 이상으로 보아야 할 것이다. 또한 '상시근로자 수'는 '일정한 사업기간(개별근로조건별로 근로기준법 위반 여부를 따질 실익이 있는 대상기간) 내의 고용자 연인원수를 동 기간의 사업장 가동일수로 나누어 산정'하여야 한다.

[3] 본사, 지점, 출장소, 공장 등이 동일한 장소에 있는 경우에는 1개의 사업으로 보나, 장소적으로 분산되어 있을 경우에는 별개의 사업으로 본다. (근기 01254-13555, 1990.9.26)

● 기업의 필수 규정 및 서식

구분	내용
사규(社規)	회사 조직 운영을 위한 규정을 명시한 문서로 회사운영, 조직기구, 직무 수행의 원칙, 각 지위의 책임과 직무권한의 수행 회사 사규는 회사 운영을 위한 소프트웨어 프로그램에 해당하는 문서라 할 수 있다. 회사사규에는 업무분장규정, 복무규정, 인사규정, 급여 규정 등의 일반적인 사규를 비롯해 영업, 설계, 구매, 생산/서비스, 품질관리 등의 내용도 폭넓게 포함된다. 회사사규는 회사 내에서 의사결정권한이 있는 임원진의 협의에 의해 구성분야 및 개별 규정의 형식이 결정된다.
임원보수 규정	제1조【목적】 이 규정은 ㈜○○○○(이하 "회사"라고 한다)의 이사 및 감사(이하 "임원"이라 한다)의 임금지급 에 관한 사항을 정함에 그 목적을 둔다. 제2조【적용범위】 이 규정은 이사 대우 이상의 회사 임원에 대하여 적용 한다. 제3조【지급대상】 회사가 보수를 지급해야 하는 임원은 다음과 같다. 1. 등기이사 2. 비 등기이사 3. 이사 대우 4. 감사 및 고문 등 제4조【대표이사】 상법상 이사로 등기한 대표이사의 보수는 정관 또는 주주총회의 결의로 정한 보수를 지급 한다.
취업규칙	상시 10인 이상의 근로자를 사용하는 사용자는 소정의 취업규칙을 작성하여 노동부장관에게 신고하도록 하고, 노동부장관은 법령이나 단체협약에 저촉되는 취업규칙에 대하여는 변경을 명할 수 있도록 하였으며, 취업규칙의 작성시에는 근로자들의 의견을 듣도록 하고, 특히 근로자에게 불이익하게 이를 변경하는 경우에는 근로자 과반수 이상의 동의를 얻도록 함으로써 내용상의 적정을 기하도록 하고 있다.

2 의무기재사항

취업규칙에는 주로 근로조건에 관한 사항을 기재하게 된다. 임금, 근로시간, 휴일, 휴가, 해고 등 근로자의 대우에 관한 사항 중 ① 업무의 시작과 종료시각, 휴게시간, 휴일, 휴가 및 교대근로에 관한 사항 ② 임금의 결정·계산·지급 방법, 임금의 산정기간·지급시기 및 승급昇給에 관한 사항 ③ 가족수당의 계산·지급방법에 관한 사항 ④ 퇴직에 관한 사항 ⑤「근로자퇴직급여 보장법」 제8조에 따른 퇴직금, 상여 및 최저임금에 관한 사항 ⑥ 근로자의 식비, 작업용품 등의 부담에 관한 사항 ⑦ 근로자를 위한 교육시설에 관한 사항 ⑧ 산전·후 휴가, 육아휴직 등 근로자의 모성 보호 및 일·가정 양립 지원에 관한 사항 ⑨ 안전과 보건에 관한 사항 ⑩ 근로자의 성별·연령 또는 신체적 조건 등의 특성에 따른 사업장 환경의 개선에 관한 사항 ⑪ 안전과 보건에 관한 사항 ⑫ 업무상과 업무 외의 재해부조災害扶助에 관한 사항 ⑬ 표창과 제재에 관한 사항 ⑭ 그 밖에 해당 근로자 전체에 적용될 내용을 명시하고 있다.

3 임의기재사항

법에 명시된 의무적 기재사항이 아니더라도 근로자 전체에 적용될 사항은 임의적으로 기재할 수 있다. 예컨대 복무규율과 인사권, 경영권, 작업지시권에 관한 내용은 사업장 사정에 따라 자율적으로 정할 수 있다. 임의적 기재사항도 취업규칙에 명시되면 규범으로서 효력을 가지며 근로자에게 불리한 변경은 동의를 얻어야 한다. 의무적 기재사항 중 가족수당, 표창, 식비, 상여금, 업무외 재해부조 등은 법정근로조 건이 아니므로 취업규칙에 기재하지 않더라도 법 위반으로 보기는 어렵다.[4]

4 미기재사항 효과

법에서 정하고 있는 기재사항 중 일부가 빠진 경우에도 취업규칙으로서의 효력은 있다. 기재되지 않은 부분은 근로기준법을 비롯한 노동관계법, 단체협약, 근로계약 등에 정한 조건이 근로조건이 된다. 이 경우 고용노동부장관은 취업규칙의 변경을 명할 수 있다(근로기준법 제96조 제2항).

취업규칙 기재사항

의무기재사항	임의기재사항
• 근로시간 • 임금 • 퇴직금 • 교육 • 모성보호 • 안전보건 • 산재보상 • 표창징계 • 전체 근로자 적용사항	• 채용절차/수습평가 • 복무규율 • 작업지시권/인사명령권 • 인사위원회(징계위원회) • 배치, 전직 및 승진승격 • 퇴직절차(인수인계) • 약정휴가(공휴일/경조/포상) • 출장기준(국내/해외) • 정년/촉탁

사규와 취업규칙

사규	취업규칙
• 인사규정 • 승진승격규정 • 평가규정 • 채용규정	• 징계규정 • 호봉승급 • 보상기준 • 수습기준

• 사규와 취업규칙 경계가 명확하지 않은 경우, 불이익변경시 변경절차를 준수가 필요

[4] 전임교원업적평가규정이 단순히 업적평가의 기준만을 제시할 뿐 근로조건에 관한 사항을 포함하고 있지 않다면 취업규칙으로 볼 수 없다. (근로기준과-545, 2010.08.18)

취업규칙의 작성 및 절차

1 원칙

취업규칙을 작성·변경할 경우 사용자는 당해 사업 또는 사업장에 근로자의 과반수로 조직된 노동조합이 있는 경우에는 그 노동조합, 근로자의 과반수로 조직된 노동조합이 없는 경우에는 근로자의 과반수의 의견을 들어야 한다. 다만, 취업규칙을 근로자에게 불이익하게 변경하는 경우에는 그 동의를 얻어야 한다.

2 의견청취의 대상

(1) 근로자의 과반수로 조직된 노동조합이 있는 경우

근로자의 과반수로 조직된 노동조합이 있는 사업장이라면 취업규칙을 작성·변경하는 경우 해당 노조의 의견(동의)을 들으면 된다. 만약, 하나의 기업이 수개의 사업장으로 분산되어 있다 하더라도 과반수로 조직된 노동조합이 있다면 동 노동조합의 의견·동의를 받으면 된다. 다음으로 산업별 노동조합 또는 직종별 노동조합의 경우와 같이 수개의 사업장 근로자로 구성된 노동조합이 있고, 각 사업장 단위로는 노동조합의 지회 또는 분회가 설치되어 위 노동조합 지회 또는 분회가 노조법에 의한 설립신고를 하고 신고증을 교부받아 독립성을 갖추고 있는 경우에는 이 역시 그 명칭에 불구하고 사업장 내의 단위노동조합이라 볼 수 있으므로 위 지회 또는 분회에 당해 사업장의 근로자의 과반수가 가입하고 있으면 그 의견을 들어야 한다.

(2) 근로자의 과반수로 조직된 노동조합이 없는 경우

해당 사업장 내에 노동조합이 조직되어 있지 않거나, 노동조합이 있더라도 근로자의 과반수로 조직된 경우가 아니라면 해당 사업장 내 근로자의 과반수의 의견(동의)을 들어야 한다. 이때 근로자의 과반수라는 것은 해당 취업규칙의 적용을 받는 근로자의 과반수를 뜻한다고 볼 수 있다. 근로자 과반수로 조직된 노조가 없는 사업장에서 노사협의회의 근로자위원을 취업규칙 불이익 변경의 동의권을 가진 자로 볼 수 있는 경우가 아니라면 동의권을 가진 자로 볼 수 없다.

근로자 수에 따른 사업주 의무사항

근로자 수	의무사항
4인 이하	• 4대보험 가입 의무(산재/고용/국민/건강) 및 보상 • 퇴직금 지급 의무(2012. 7월부터 퇴직금 중간정산 제한) • 근로계약서 작성 및 교부 의무/휴게시간/주휴일/감단 근로자 • 해고예고/체불진정/출산휴가/육아휴직/여성근로자 야간·휴일근로 제한
5인 이상	• 주 40시간제 적용 • 해고제한/정리해고/해고구제신청/시간외 가산임금 • 연차휴가/배우자 출산휴가/태아검진휴가/생리휴가
10인 이상	• 취업규칙 작성 및 신고(미 신고 과태료 500만원)
20인 이상	• 국가유공자 자녀 채용 의무(미 채용시 500만원 과태료)
30인 이상	• 노사협의회 설치 및 운영(미 설치 과태료 500만원)
50인 이상	• 안전교육 의무 • 안전관리자 선임 의무
100인 이상	• 안전보건위원회 설치 의무 • 장애인 고용의무(2.5~3.5%)
150인 이상	• 우선지원대상 기업 제외
300인 이상	• 고용실태(worknet.go.kr) 보고 의무
1,000인 이상	• 고용평등 실천 의무

3 의견청취의 방법

(1) 회의방식

취업규칙을 근로자에게 불이익하게 변경하는 경우 요구되는 집단적 의사결정방법이라 함은 원칙적으로 한 사업 또는 사업장의 전 근로자가 회의를 개최하는 방식을 의미한다. 따라서 노동조합이나 근로자들의 회의방식에 의한 과반수의 동의를 얻은 바 없이 사용자 임의로 근로조건을 불이익하게 작성·변경한 취업규칙은 무효이다.[5]

(2) 부서별 찬반의견도 허용

취업규칙에 규정된 근로조건의 내용을 근로자에게 불이익하게 변경하는 경우에 근로자 과반수로 구성된 노동조합이 없을 때에는 근로자들의 회의방식에 의한 과반수 동의가 필요하다고 하더라도 그 회의방식은 한 사업 또는 사업장의 조직별 또는 단위 부서별로 사용자측의 개입이나 간섭이 배제된 상태에서 근로자 상호간에 의견을 교환하여 찬반의견을 집약한 후 이를 전체적으로 취합하는 방식도 허용된다.

(3) 이사회의 의결만 거친 경우는 무효

취업규칙을 불이익하게 변경하면서 이사회의 의결만 거쳤을 뿐 직원들의 집단의사결정방법에 대한 의견(동의)을 듣지 않았다면 효력이 없다.

(4) 묵시적 동의

종전보다 근로자에게 불리하게 개정된 보수규정의 내용을 회사가 단체협약시의 협의에 따라 노동조합에 통지하고 이에 대하여 노동조합이 별다른 이의를 제기하지 않았다는 사정만으로는 종전 급여규정의 개정에 대하여 노동조합이 묵시적으로 동의한 것이라고 보기는 어렵다.

4 상여금 매월 지급기준 변경

상여금을 매월 지급하는 방식으로 변경하여 상여금 일부가 최저임금에 산입될 수 있도록 취업규칙을 변경하는 것은 최저임금법 제6조2항(취업규칙 변경절차 특례)에 따라 불이익 변경에 해당하지 않으므로 과반수 의견수렴으로 가능하다. 그러나 상여금 지급기준이 단체협약에 명

[5] 근로자에게 불이익한 변경에 해당하는 개정된 취업규칙이 유효하기 위하여는 집단적 의사결정방법에 의한 동의절차를 거칠 것이 요구된다. (서울고법 2010.8.31, 2009누29280)

시된 경우 이를 변경하는 것은 노조와의 동의가 필요하다.

5 근로자 과반수 기준

근로자 과반수로 조직된 노동조합이 없는 경우에는 '근로자 과반수'의 의견을 듣거나 동의를 받아야 한다. 여기서의 과반수는 '집단적 의사결정방법에 의한 과반수'를 의미한다. 근로자들의 회의방식에 의한 과반수의 동의가 필요한데 회의방식에 의한 동의라 함은 사업 또는 한 사업장의 기구별 또는 단위 부서별로 사용자측의 개입이나 간섭이 배제된 상태에서 근로자간에 의견을 교환하여 찬반을 집약한 후 이를 전체적으로 취합하는 방식도 허용된다.[6]

● 취업규칙의 신고

1 취업규칙의 신고

사용자는 취업규칙을 작성한 경우 고용노동부에 신고해야 한다(근로기준법 제93조). 취업규칙을 신고해야 하는 기간에 대해서는 특별히 법에 규정된 바는 없으나 취업규칙 작성을 의무화하고 있는 취지를 살펴볼 때 상시 10인 이상의 근로자를 채용하여 취업규칙 작성 의무가 발생한 시점부터 최대한 빠른 시일 내에 신고를 해야 할 것으로 보인다. 회사 내의 각 사업장의 상시 고용근로자 수가 각 10인 이상이라면 각 사업장별로 그 소재지를 관할하는 지방사무소에 취업규칙을 신고하여야 한다. 그러나 동일한 지방관서의 관할지역 내에 본사와 지점, 영업소 등 동일사업의 수개 사업장이 소재하고 각 사업장에 동일한 규칙이 적용되는 때에는 본사의 규칙이 신고되면 다른 소속 사업장의 규칙도 신고된 것으로 본다. 취업규칙을 신고할 때 주의해야 할 점은 취업규칙에 인사·승급·급여·징계규정이나 호봉표 등을 별도로 정하도록 규정한 경우에는 그 규정도 반드시 첨부해야 한다는 점이다. 취업규칙에서 별도의 규정에 따른다고 하였음에도 불구하고 그러한 규정이 첨부되지 않은 경우에는 취업규칙을 신고하지 않는 것에 준하여 처리되기 때문이다.

[6] 노동조합 대의원회의 위임을 받은 운영위원회의 의견이나 동의도 유효하다. (대법원 2004.5.14, 2002다 23185, 23192) (대법원 1984.11.3, 84다카414)

2 행정관청의 심사

근로기준법 제96조 제2항에 따라 고용노동부장관은 법령 또는 단체협약에 저촉되는 취업규칙의 변경을 명할 수 있다. 취업규칙이 접수되면 근로감독관은 20일 이내에 심사를 하게 되며 취업규칙의 필요적 기재사항이 누락되었거나 법령 또는 단체협약에 저촉되는 사항이 있는 경우에는 취업규칙의 심사 종료 후 3일 이내에 변경명령을 할 수 있다. 행정관청의 변경명령에 따라 신고한 취업규칙이 또 다시 변경명령사유에 해당하는 경우에는 근로감독관은 재변경명령을 할 수 있고, 재변경명령에도 불구하고 기한 내에 시정되지 않은 경우에는 근로기준법 위반이다.

3 취업규칙 작성 · 신고 의무 위반의 효과

사용자가 취업규칙에 반드시 포함되어야 하는 내용을 일부 누락시켰거나, 사업장 내의 일부 근로자에게 적용되는 취업규칙을 작성하지 않은 경우라도 그 취업규칙이 효력을 발생할 수 있는 다른 요건을 구비하고 있다면 그 작성된 범위 내에서는 유효하게 적용된다. 또한 사용자가 취업규칙을 작성하였으나 신고를 하지 않았다고 하더라도 그로 인해 취업규칙이 무효로 되는 것은 아니다. 다만, 취업규칙 작성 및 신고 의무 위반에 대해서는 근로기준법상의 500만원 이하의 과태료를 받게 된다.

4 취업규칙의 주지 의무

사용자는 취업규칙을 상시 각 사업장에 게시 또는 비치하여 근로자에게 주지시켜야 할 의무가 있다(근로기준법 제14조 제1항). 취업규칙은 사업주에 의해 일방적으로 작성되지만 실제적으로 그 효과는 해당 근로자에게 미치므로 근로자에 대한 주지의무는 매우 중요하다. 사실 취업규칙이 작성·신고되었더라도 해당 사업장의 근로자가 그 취업규칙의 내용에 대해 전혀 모르고 있다면 그 취업규칙은 취업규칙으로서의 효력이 없다. 이러한 입장에서 볼 때 회사가 적법한 취업규칙을 작성하여 소속근로자들이 주지할 수 있도록 게시하였다면 근로자는 그 무효를 주장하거나 그 적용을 거부할 수 없을 것이다.

5 취업규칙의 효력발생시기

취업규칙의 작성변경의 과정은 ① 사용자의 일방적인 작성변경 ② 과반수 의견청취 또는 동의 ③ 행정관청에 신고 ④ 주지 또는 비치로 이루어진다. 위와 같은 과정에서 '근로자 과반수 의견청취 또는 동의'가 있으면 그 시점이 취업규칙의 효력발생시기가 될 것이다. 왜냐하면 의견청취 또는 동의는 효력규정이지만 신고나 주지·비치는 단속규정이기 때문이다.[7]

○ 취업규칙의 내용과 효력

1 징계해고 사유와 절차

(1) 징계해고의 사유

근로기준법에 위배되어 무효가 아닌 이상 취업규칙, 근로계약 등의 해고규정에 의한 해고는 정당하다. 따라서 기업이 위법하지 않은 범위 내에서 징계사유와 징계의 종류를 취업규칙에 명시해 둘 수 있고, 징계사유에 해당하는 행위를 한 근로자에 대하여 취업규칙의 관련 규정을 근거로 징계할 수 있다. 따라서 취업규칙에 징계사유가 명시되어 있으면 해당 조항을 위반한 근로자에 대해 취업규칙을 근거로 적절한 수준의 징계를 할 수 있지만, 한편으로는 취업규칙에 명시되지 않은 사유로 근로자를 징계하는 것에는 어려움이 따를 수 있다. 기업이 취업규칙을 작성 또는 변경할 때 징계관련 조항을 설정하는데 신중을 기해야 하는 이유가 바로 여기에 있다. 한편, 취업규칙의 징계 사유와 단체협약의 징계 사유가 일치하지 않을 경우 사업주가 취업규칙의 징계 사유를 근거로 근로자를 징계할 수 있는가의 문제가 발생할 수 있다. 이에 대해 판례는 단체협약에서 근로자 해고에 관하여 그 해고 사유 및 해고절차를 단체협약에 의하도록 명시적으로 규정하고 있거나, 동일한 징계 사유나 징계절차에 관하여 단체협약상의 규정과 취업규칙 등의 규정이 상호 저촉되는 경우가 아닌 한 사용자는 단체협약의 해고 사유와 관련 없는 새로운 해고 사유를 취업규칙에 정할 수 있고 그를 근거로 근로자

[7] 취업규칙은 이를 시행하고 있는 당시에 근무하고 있는 근로자에게만 적용되는 것이고, 취업규칙 시행 당시에 이미 퇴직한 직원에게까지 소급하여 적용되는 것은 아니다. (대법원 1991.4.9, 90다16245)

를 해고할 수 있다.[8]

(2) 징계해고의 절차

징계가 정당하기 위해서는 그 사유가 정당해야 함은 물론이고 징계의 절차에 있어서도 정당성을 갖추어야 한다. 이 중 징계의 사유에 대해서는 근로기준법 등 관련법을 위반하지 않아야 한다는 것이 최소한의 기준으로 작용할 수 있으나, 징계의 절차에 대해서는 법에 특별히 명시된 바가 없으므로 기업이 해당 사업장의 특수성을 고려하여 적절한 징계절차를 마련할 수 있다. 일반적으로 징계의 정당성을 다툴 때 징계사유만큼 중요하게 보는 것이 절차를 준수하였느냐 여부이다. 취업규칙에 징계절차가 명시되어 있을 경우 해당 기업은 근로자를 징계하고자 할 때 특별한 사유가 없는 한 반드시 그 절차를 따라야 절차의 정당성을 확보할 수 있다. 따라서 징계 사유가 정당하더라도 정당한 징계절차를 따르지 않은 경우 그 징계는 정당성을 인정받기 어려운 것이 현실이다. 다만, 취업규칙에 특별히 징계절차가 규정되지 않았을 경우에는 징계대상자에 대해 진술기회부여 등 절차를 밟지 않고 징계를 행하였다고 해서 그 징계가 무효가 되는 것은 아니다.[9]

2 취업규칙과 근로관계 내용

취업규칙은 근로관계에 관한 규율을 명시한 것으로서 일단 작성되면 기업 내부의 규율로서 효력을 가지게 된다. 예를 들어, 근로자에게 휴직을 명하면서 기간을 명시하지 않은 경우 그 기간은 취업규칙이 정한 최장기간이라고 보아야 하며, 취업규칙에 시용기간을 선택사항으로 규정하고 있다면 근로계약에 시용기간의 적용이 명시되지 않은 경우 시용이 아닌 정식채용 근로자로 인정하는 등 근로관계의 구체적인 내용에 대해서는 근로기준법에 반하지 않는 한 일차적으로 취업규칙에 정해진 바를 인정하고 있다.[10]

8. 취업규칙이 단체협약에서 정해진 징계 사유와 관련 없는 신규징계 사유를 규정한 경우 이를 단체협약의 규정에 반한 것이라 할 수 없다. (대법 1994.6.14, 93누20115)

9. 취업규칙 등에서 근로자를 징계하고자 할 때에는 징계위원회의 의결을 거치도록 명하고 있는 경우, 이러한 절차를 거치지 않고 한 징계처분은 원칙적으로 효력을 인정할 수 없다. (서울고법 2011.01.27, 2009누29075)

10. 업무상 질병인지 여부는 근로복지공단에 산업재해 신청을 하면 심사를 통해 확인이 가능할 것이다. 다만, 사업장에서 업무와 무관한 질병도 휴직 및 보상 등이 가능하도록 취업규칙에 규정해 놓은 경우 그에 따르면 된다. (대판 1995.5.12, 97다5015)

3 취업규칙과 정년

취업규칙에서 가장 논란이 되었던 조항은 퇴직금 관련 조항과 정년 관련 조항이다. 일반적으로 근로계약의 정함이 없는 근로자의 경우 특별한 사정이 없는 한 취업규칙상의 정년조항을 따르게 된다. 그러나 2016년 60세 정년법제화로 취업규칙에 별도로 60세 이상의 정년조항을 명시한 바 없으면 60세가 정년이 된다.[11]

4 감급제재규정의 제한

취업규칙에서 징계의 한 종류로서 근로자에 대하여 감급을 명시한 경우라도 그 감액은 1회의 액이 평균임금의 1일분의 2분의 1을, 총액이 1임금지급기에 있어서의 임금총액의 10분의 1을 초과하지 못한다(근로기준법 제95조).

5 무기계약직 적용 여부

무기계약직에게 적용되는 규칙을 별도로 둘수 있는지에 대하여 '기간제 및 단시간근로자 보호 등에 관한 법률'(이하 '기간제법'이라 한다) 제4조제2항은 "사용자가 제1항 단서의 사유가 없거나 소멸되었음에도 불구하고 2년을 초과하여 기간제근로자로 사용하는 경우에는 그 기간제근로자는 기간의 정함이 없는 근로계약을 체결한 근로자로 본다."라고 정하고 있다. 이러한 규정에 따라 기간의 정함이 없는 근로계약을 체결한 것으로 간주되는 근로자의 근로조건에 대하여는, 해당 사업 또는 사업장 내 동종 또는 유사한 업무에 종사하는 기간의 정함이 없는 근로계약을 체결한 근로자가 있을 경우 달리 정함이 없는 한 그 근로자에게 적용되는 취업규칙 등이 동일하게 적용된다.[12]

[11] 일반적으로 취업규칙이나 단체협약 등에서 정년이 62세라고 함은 62세에 도달하는 날을 말하는 것이다. (서울행법 2004.6.3, 2004구합 7009)

[12] 기간제에서 무기계약으로 전환된 근로자에게 기존 동종 또는 유사한 업무에 종사하는 정규직 근로자들에게 적용되던 사용자의 취업규칙이 적용된다. (대법 2015다254873, 선고 2019.12.24.)

취업규칙 변경의 절차 및 효력

1 취업규칙의 불이익 변경 여부

(1) 근로자 일부에게는 유리하고 일부에게는 불리한 경우

취업규칙 중 급여규정을 변경할 경우 그 변경내용이 일부근로자에게는 유리하고 일부근로자에게는 불리한 경우에 불이익 변경으로서 근로자집단의 동의를 필요로 하는지를 판단하는 것은 근로자 전체에 대하여 획일적으로 결정되어야 한다. 또한 이러한 경우 취업규칙의 변경이 근로자에게 전체적으로 유리한지 불리한지를 객관적으로 평가하기가 어렵기 때문에 근로자 상호간의 이익이 충돌되는 경우에는 근로자에게 불이익한 것으로 취급하여 근로자들 전체의 의사에 따라 결정하게 하는 것이 타당하다.

(2) 일부 조항은 유리하고 일부 조항은 불리한 경우

취업규칙의 개정시 일부 조항은 근로자에게 유리하고 일부 조항은 불리한 경우 개별 근로조건별로 판단하되, 하나의 근로조건을 결정짓는 여러 요소 사이에서 서로 대가관계나 연계성이 있는 경우 종합적으로 판단하여야 한다.[13]

(3) 근로자에게 선택권이 보장된 제도를 도입하는 경우

기존 제도보다 근로자에게 불리한 제도를 도입하는 경우라도 근로자에게 강제된 것이 아니라 근로자가 자유롭게 선택할 수 있는 경우 불이익 변경이라고 볼 수 없다.

(4) 규정의 세분화 · 구체화 차원에서 취업규칙을 변경하는 경우

종래의 규정이 불명확하거나 포괄적이어서 그 내용을 개념적으로 세분화하여 구체화하는 차원에서 취업규칙 내용을 변경하는 경우에는 불이익 변경이라고 볼 수 없다.[14]

[13] 취업규칙의 개정이 근로자들에게 불리하였어도 사정변경에 의하여 기존 근로자들의 기득의 이익을 침해하지 않게 된 경우 기존의 근로자들에게 적용될 취업규칙은 개정된 취업규칙이다. (대법 96다1726)

[14] 징계사유와 징계종류의 각 호를 세목화하여 상세히 규정하고 있을 뿐이어서 근로자에게 불이익하게 개정된 것이 아니므로 그와 같은 인사규정을 개정함에 있어 근로자 동의를 얻지 아니하였다 하더라도 개정의 효력이 부정되지 않는다. (98두6647)

(5) 직장내 괴롭힘 방지조항 신설

직장내 괴롭힘 방지법에 따라 괴롭힘 예방 및 발생시 조치에 관한 사항을 추가할 경우 가해자에 대한 징계사항을 신설 또는 강화한다면 이는 불이익 변경에 해당하므로 취업규칙 불이익변경 절차를 거쳐야 한다.

2 불이익 변경의 효력

(1) 원칙

취업규칙의 작성 또는 변경이 근로자가 가지고 있는 기득의 권리나 이익을 박탈하여 불이익한 근로조건을 부과하는 내용일 때에는, 종전의 근로조건 또는 취업규칙의 적용을 받고 있던 근로자집단의 집단의 사결정방법에 의한 동의를 요하고, 이러한 동의가 없이 작성, 변경된 취업규칙은 사회통념상 합리성이 있다고 인정될 만한 것이 아닌 한 무효이며, 그 동의방법은 근로자의 과반수로 조직된 노동조합이 있는 경우에는 그 조합, 그와 같은 조합이 없는 경우에는 근로자들의 회의방식에 의한 근로자들의 과반수 동의를 얻어야 하고, 이러한 동의를 얻지 못한 취업규칙의 변경은 효력이 없다.[15]

(2) 기존 근로자에 대해서는 무효, 신규근로자에 대해서는 유효

그러나 사용자가 근로자들에게 불리하게 취업규칙을 변경함에 있어서 근로자들의 집단적 의사결정방법에 의한 동의를 얻지 아니하였다고 하더라도, 취업규칙의 작성·변경권이 사용자에게 있는 이상 현행의 법규적 효력을 가진 취업규칙은 변경된 취업규칙이고 다만 기득한 이익이 침해되는 기존 근로자에 대하여는 종전의 취업규칙이 적용된다고 볼 수 있다. 따라서 근로자의 동의 없이 불리하게 변경된 취업규칙은 기존 근로자에게는 무효이지만 변경 후 새로 입사한 근로자에게는 변경된 취업규칙이 적용되어야 한다.

(3) 동의 전 퇴직근로자에 대한 종전 취업규칙 적용은 유효

취업규칙의 변경에 관하여 근로자들의 집단적 의사결정방법에 의한 동의가 있기 전에 퇴직한 근로자에 대해서는 변경 전 취업규칙을 적용할 수 있다. 그로 인해 변경 후 퇴직하는 근로자들과 다른 퇴직금제도를 적용하는 결과가 되었더라도 이 경우에는 차등있는 퇴직금제도를

취업규칙 불이익변경 비교

불이익 변경(o)	불이익변경(x)
-대법2020다255917 피고의 개정 전 교직원보수규정에서는 공무원보수규정을 준용하여 봉급을 정하였는데 피고가 그와 같은 준용규정을 삭제하는 것으로 교직원보수규정을 개정한 것은 근로자에게 불리한 취업규칙의 변경에 해당하고, 사후적 동의가 있었다는 사정만으로 근로기준법 제94조제1항의 유효한 동의가 있었다고 보기 어렵다. 뿐만 아니라 그와 같은 취업규칙의 변경에 사회통념상 합리성이 있다고 볼 수도 없다.	-대법2020도9257 ○○협동조합의 기존 인사규정이 '① 직원의 정년은 58세로 하고, ② 직원의 정년해직 기준일은 정년에 도달하는 날이 1월에서 6월 사이에 있는 경우에는 6월 30일로, 7월에서 12월 사이에 있는 경우에는 12월 31일로 한다'는 내용을 규정하고 있었는데, 개정 후 '① 직원의 정년은 60세로 하고, ② 직원의 정년해직 기준일은 정년에 도달한 날로 한다'는 내용으로 변경되었는바, 취업규칙의 불이익 변경 여부는 정년에 관한 내용을 담고 있는 개정 전후의 인사규정 전체를 보고 판단하여야 할 것이지 개별 조항의 효력을 하나씩 따로 비교하여 판단할 것은 아니고, 이 사건에서 인사규정의 개정으로 전체적으로 정년이 연장되었으므로 불이익하게 변경되었다고 단정할 수 없다.

[15] 근로자 개인에 따라 그 유·불리의 결과가 달라지는 성과연봉제규정의 개정은 근로자에게 불이익한 취업규칙의 변경으로 노동조합 및 근로자 과반수의 동의가 있어야 유효하다. (서울중앙지법 2017.8.10, 2016가합26506)

설정하는 경우라고 보지 않는다. 또한 단체협약을 통해 협약체결시까지의 근로조건 등 모든 사항에 대하여 소급적으로 동의하였다면, 위 단체협약이 시행된 후에 퇴직한 직원에 대해서는 개정된 취업규칙이 적용되어야 할 것이다.

(4) 불이익 변경으로 무효인 경우 관련 항목 모두 무효

취업규칙 중 퇴직금 관련 조항이 불이익한 변경으로 무효인 경우, 그 대가성이나 연계관계에 있는 항목 및 그 이후 개정된 퇴직금의 지급에 관한 규정 모두가 무효가 된다. 예를 들어, 취업규칙 중 퇴직금 관련 조항의 개정이 무효의 변경으로 되는 경우에 그 유·불리한 각 항목에 따라 각각 그것이 유·무효로 되는 것이 아니고 그 대가성이나 연계관계에 있는 항목 모두가 무효로 되는 것이다.

(5) 직장내 괴롭힘 방지조항 신설

직장내 괴롭힘 방지법에 따라 괴롭힘 예방 및 발생시 조치에 관한 사항을 추가할 경우 가해자에 대한 징계사항을 신설 또는 강화한다면 이는 불이익 변경에 해당하므로 취업규칙 불이익 변경 절차를 거쳐야 한다.

3 단체협약 · 취업규칙 · 근로계약의 효력관계

(1) 일반적 원칙

취업규칙은 법령 또는 당해 사업 또는 사업장에 대하여 적용되는 단체협약에 반할 수 없고, 고용노동부장관은 법령 또는 단체협약에 저촉되는 취업규칙의 변경을 명할 수 있다(근로기준법 제96조). 따라서 단체협약에 정한 근로조건 기타 근로자의 대우에 관한 기준에 위반하는 취업규칙의 부분은 무효가 되며, 근로계약에 규정되지 아니한 사항 또는 무효로 된 부분은 단체협약에 정한 기준을 따른다(노조법 제33조). 또한 취업규칙 및 단체협약에 정한 기준에 미달하는 근로조건을 정한 근로계약은 그 부분에 관하여는 무효가 되며, 무효로 된 부분은 취업규칙 또는 단체협약에 정한 기준에 의한다(근로기준법 제97조, 노조법 제33조).

● 근로조건의 위계位階

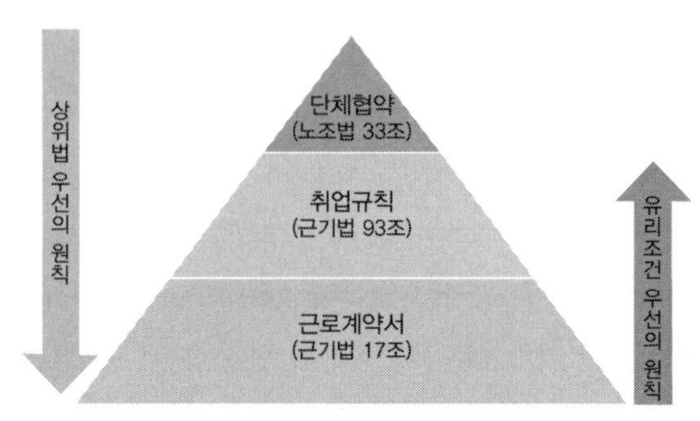

(2) 유리조건우선의 원칙

취업규칙에 의하여 정해진 근로조건보다 근로계약의 근로조건이 유리할 경우 법위개념으로는 취업규칙이 우선하지만 근로조건으로 판단해서는 근로계약이 유리할 경우 취업규칙보다 근로계약이 우선적으로 적용된다. 포괄임금계약으로 수당을 지급 받기로 할 경우 취업규칙상의 수당지급 기준보다 유리하므로 유리조건우선의 원칙이 적용된다. 그러나 단체협약과 근로계약 사이에 유리조건우선의 원칙이 적용되는가 여부에 대해서는 논란이 있는데, 그 이유 중 하나는 단체협약과 근로계약 사이에 유리조건우선의 원칙을 그대로 적용할 경우 사용자가 악용하여 노동조합의 분열을 조장하는데 이용할 우려가 높기 때문이다.[16]

(3) 해고사유에 관한 취업규칙과 단체협약의 효력관계

단체협약에서 해고에 관하여는 단체협약에 의하여야 하고, 취업규칙에 의하여 해고할 수 없다는 취지로 규정하거나, 단체협약에 정한 사유 외의 사유로는 근로자를 해고할 수 없다고 규정하는 등 근로자를 해고함에 있어서 해고사유 및 해고절차를 단체협약에 의하도록 명시적으로 규정하고 있거나, 동일한 징계사유나 징계절차에 관하여 단체협약상의 규정과 취업규칙 등의 규정이 상호 저촉되는 경우가 아닌 한 사용자는 취업규칙에서 새로운 해고사유를 정할 수 있다.

(4) 단체협약을 따르지 않은 취업규칙 변경의 효력

취업규칙의 작성·변경에 관한 권한은 원칙적으로 사용자에게 있으므로 사용자는 그 의사에 따라 취업규칙을 작성·변경할 수 있으므로 단체협약에서 취업규칙의 작성·변경에 관하여 노동조합의 동의를 얻거나 노동조합과의 협의를 거치거나 그 의견을 듣도록 규정하고 있다 하더라도 원칙적으로 취업규칙상의 근로조건을 종전보다 근로자에게 불이익하게 변경하는 경우가 아닌 한 그러한 동의나 협의 또는 의견청취절차를 거치지 아니하고 취업규칙을 작성·변경하였다고 하여 그 취업규칙의 효력이 부정된다고 할 수 없다.[17]

● 단체협약/취업규칙 관계

대상자 \ 변경시점		단협보다 불리하게 취업규칙이 변경된 경우	취업규칙보다 불리하게 단협이 변경된 경우	단협보다 유리하게 취업규칙이 변경된 경우
과반수 노조	전체 근로자	취업규칙 적용	단체협약 적용 (대법 2002.12.27. 200두9063)	취업규칙 적용 (대법 2014.12.24. 2012다 107334)
과반 미만 노조	조합원	단체협약 적용	단체협약 적용 (대법 2006.4.27. 2004다4683)	취업규칙 적용
	비 조합원	취업규칙 적용	취업규칙 적용	취업규칙 적용

16 단체협약과 취업규칙간에 유리조건우선의 원칙이 적용되는지 여부에 대해서는 학설상으로는 많은 논란이 있어 왔으나 기존판례에서는 기존 취업규칙보다 불리하더라도 개정된 단협이 우선 적용된다고 하여 유리조건우선의 원칙을 부정한 반면, 최근의 대법원 판결 (2014.12.24, 2012다1074334)은 기존 단협보다 유리하게 개정된 취업규칙은 단협에 우선한다는 취지로서 시간순서상 반대인 경우에는 유리조건우선의 원칙이 적용된다는 의미로 해석된다.

17 취업규칙과 단체협약이 다른 경우 단체협약이 우선 적용된다. (대법 2002.12.27, 2002두9063) 단체협약의 개정 경위와 그 취지에 비추어 볼 때, 단체협약의 개정에도 불구하고 종전의 단체협약과 동일한 내용의 취업규칙이 그대로 적용된다면 단체협약의 개정은 그 목적을 달성할 수 없으므로 개정된 단체협약에는 당연히 취업규칙상의 유리한 조건의 적용을 배제하고 개정된 단체협약이 우선적으로 적용된다는 내용의 합의가 포함된 것이라고 봄이 당사자의 의사에 합치한다고 할 것이고, 따라서 개정된 후의 단체협약에 의하여 취업규칙상의 면직기준에 관한 규정의 적용은 배제된다고 보아야 할 것이다.

4 취업규칙 작성 · 변경시 유의할 점

(1) 기업의 고유한 근로규범 명시

취업규칙은 기업이 단순히 행정관청에 신고하기 위한 형식적인 서류에 불과한 것이 아니라 일단 작성되면 해당 기업의 근로관계를 규율하는 규범으로서 작용하게 되고 그에 대해 법적인 효력을 부여받게 된다. 따라서 취업규칙을 작성·변경하는 주체인 기업은 취업규칙이 실질적으로 기업의 고유한 근로질서를 포괄할 수 있도록 노력하는 것이 필요하다. 실제로 상여금·퇴직금 등 근로관계에서 문제가 발생했을 경우 당사자간의 근로계약, 단체협약과 더불어 취업규칙은 중요한 판단기준으로 작동한다. 근로자가 10명, 또는 100명 밖에 되지 않는 회사가 근로자가 수만명에 이르는 회사의 취업규칙을 그대로 복사하여 사용한다든가, 첨단 IT업이나 서비스업이 핵심 사업인 회사가 제조업의 취업규칙을 그대로 복사하여 사용하는 경우를 현실에서는 종종 볼 수 있다. 이런 경우 취업규칙을 살펴보면 해당 기업의 조직운영방식과 관행, 근로조건의 내용과 전혀 맞지 않는 경우가 있다. 다소 수고스럽더라도 해당 기업의 고유한 근로질서를 포괄하는 취업규칙을 마련하는 것은 이후 효율적이고 합리적인 인사관리를 할 수 있는 첫걸음이 될 수 있을 것이다.

(2) 취업규칙의 적용대상과 범위 명확화

취업규칙을 작성·변경하는 데 있어서 무엇보다 중요한 것은 해당 취업규칙의 적용대상을 분명히 하는 것이다. 아직도 많은 기업들이 취업규칙의 적용대상을 분명히 명시하지 않아 취업규칙의 근로조건이 비정규인력에게도 해당되는 것인지 여부가 논란이 되는 경우가 있다. 이때 해석의 문제가 발생할 수 있으므로 해당 취업규칙이 비정규인력을 적용대상으로 하는 경우에는 적용조항, 차등조항 및 적용배제조항간에 혼선이 없도록 분명히 해야 할 것이다. 또한 임시직 근로자에 대해 합리적 이유 없이 차등 또는 적용 배제하는 경우에는 균등처우위반의 문제가 발생할 수 있으므로 주의해야 한다. 최근 많은 기업들이 단시간, 임시직, 일용직, 파견직, 아르바이트 등 다양한 이름의 비정규 인력을 적극적으로 활용하고 있음에도 이러한 인력과 관련한 어떤 규정도 제대로 구비하지 않고 있는 것으로 보여지는데, 임시직 근로자의 근로형태, 근로조건 등이 정규직 근로자와 현저히 다를 경우에는 별도의 취업규칙을 작성하는 것이 바람직하다.

(3) 근로계약서, 연봉제규정 등 사내 다른 규정들과 일관성을 확보

기업들이 취업규칙을 작성해 놓고도 막상 근로계약서를 작성할 때는 취업규칙과는 전혀 다른 내용을 포괄한다든가, 연봉제를 새로이 도입하면서 기존의 취업규칙의 급여규정에 대해서 변경절차를 밟는 것을 간과하는 경우가 있다. 그 결과 하나의 사업장에서 서로 상반되는 취업규칙과 연봉제규정 등 사내규정 그리고 근로계약서가 존재하게 된다. 이로 인해 문제가 발생할 경우 기업의 의도와 무관하게 각각의 규정들 중 우선적인 효력을 갖는 규정이 실제적인 효력을 갖게 된다. 따라서 기업은 취업규칙과 각종 사내규정과 근로계약서가 상호 일관성을 갖도록 해야 한다.[18]

(4) 관련법의 개정 등에 맞춰 취업규칙을 변경(변경절차준수)

많은 기업들이 법적으로 취업규칙의 작성이 강제되는 것을 인식하고 취업규칙을 작성하는 단계까지는 신경을 쓰는 것으로 보인다. 그러나 일단 취업규칙을 작성한 다음에는 법적인 의무를 다했다고 보아 사후관리를 소홀히 하는 경우가 있다. 그러나 취업규칙은 작성되면 그 자체로서 효력을 갖게 되므로 관련법의 개정, 기업의 인사관리 방향의 변화 등 근로관계를 규율하는 기업 내 질서에 내외부적인 변화가 발생했을 경우 반드시 그에 맞춰 취업규칙의 변경절차를 밟아야 한다. 이때 반드시 취업규칙 변경절차를 준수하여야 한다. 취업규칙을 변경했다고 하더라도 법에서 규정하고 있는 변경절차를 준수하지 않을 경우 실제적인 효력을 발휘하기 어렵기 때문이다.

[18] 근로관계 종료 후의 권리·의무에 관한 사항도 근로자와 사용자 사이에 존속하는 근로관계와 직접 관련되는 것으로서 근로자의 대우에 관하여 정한 사항이라면 취업규칙에서 정한 근로조건에 해당한다(대법 2018다301527, 선고일자 : 2022-09-29)

취업규칙(안)	작성시 착안 사항
제1장 총 칙	◈ 아래 착안사항에 "필수"는 근로기준법 제93조 각호에 해당하여 관련된 내용이 취업규칙에 필수적으로 규정되어야 한다는 의미임
제1조(목적) 이 취업규칙은 ㅇㅇ주식회사 사원의 채용·복무 및 근로조건 등에 관한 사항을 정함을 목적으로 한다.	[필수] 취업규칙을 정하는 목적을 규정할 필요
제2조(적용범위) ① 이 취업규칙(이하 "규칙"이라 한다)은 ㅇㅇ 주식회사(이하 "회사"라 한다)에 근무하는 사원에게 적용한다.	[필수] 취업규칙이 적용되는 범위와 대상근로자를 명확히 밝혀야 함
② 사원의 복무 및 근로조건에 관하여 법령, 단체협약 또는 이 규칙 이외의 다른 회사규정에 별도로 정한 경우를 제외하고는 이 규칙이 정하는 바에 따른다.	☞ (참고) 「기간제 및 단시간근로자 보호 등에 관한 법률」에서 기간의 정함이 있는 근로계약을 체결한 근로자를 "기간제근로자"로 규정함에 따라, 상대적 개념으로서 계약기간을 정하지 않은 근로자를 "무기계약근로자"로 칭함
제3조(사원의 정의) 이 규칙에서 "사원"이라 함은 회사와 근로계약을 체결한 무기계약사원과 기간제사원을 말하며, 단시간사원은 제외한다.	
제4조(차별금지) 회사는 사원의 모집·채용, 임금·복리후생, 교육·훈련, 배치·전보·승진, 퇴직·해고·정년에 있어서 합리적인 이유 없이 성별, 연령, 신앙, 사회적 신분, 출신지역, 학력, 출신학교, 혼인·임신·출산 또는 병력(病歷) 등을 이유로 차별하지 않는다.	[선택] 필수적인 사항은 아니지만 근로기준법, 남녀고용평등법, 고령자법, 고용정책기본법 등에 따른 차별금지 규정을 반영하여 규정하는 것이 좋음
제2장 채용 및 근로계약	◈ 채용 관련 사항은 필수적 기재사항은 아니지만 취업규칙의 체계상 관련 규정을 두는 것이 일반적임
제5조(채용) ① 회사에 입사를 지원하는 자는 다음 각 호의 서류를 제출하여야 한다. 1. 이력서 1통 2. 자기소개서 1통 ② 회사는 입사를 지원하는 자에게 신체적 조건(용모·키·체중 등), 출신지역·혼인여부·재산, 직계존비속 및 형제자매의 학력·직업·재산 등 직무수행에 필요하지 아니한 사항은 채용심사 등의 자료로 요구하지 않는다.	[선택] '19.7.17. 개정 「채용절차의 공정화에 관한 법률」 일부개정안 제4조의3 시행. 구직자 본인의 용모·키·체중 등의 신체적 조건, 출신지역·혼인여부·재산, 직계존비속 및 형제자매의 학력·직업·재산 등 직무 수행에 필요하지 아니한 정보를 기초심사자료에 기재하도록 요구하거나 입증자료로 수집하는 것이 금지됨(위반시 500만원 이하의 과태료 부과) ☞ (참고) 채용절차에 관해서는 「채용절차의 공정화에 관한 법률」을 참고할 필요가 있음
제6조(근로계약) ① 회사는 채용이 확정된 자와 근로계약을 체결할 때에는 다음 각 호의 내용을 해당자에게 명확히 제시한다. 1. 임금 2. 소정근로시간, 휴게시간 3. 휴일 4. 연차유급휴가 5. 취업의 장소 및 종사하여야 할 업무에 관한 사항 6. 근로계약기간(기간제사원에 한정한다) 7. 근로기준법 제93조제1호부터 제12호까지에 해당하는 내용	[필수] 근로기준법 제17조에 따라 사용자는 근로계약을 서면으로 체결하고 사본을 근로자에게 교부하도록 함으로써 근로조건 관련 사항을 명확히 알도록 하고 고용의 형태에 따라 의무기재사항 준수 – 정규직근로자: 근로기준법 제17조(근로조건의 명시) 및 시행령 제8조 참조 – 기간제근로자, 단시간근로자: 기간제 및 단시간근로자 보호 등에 관한 법률 제17조(근로조건의 서면명시) 참조

취업규칙(안)	작성시 착안 사항
8. 근로기준법 제10장에 따른 기숙사에 관한 사항(기숙사가 있는 경우에 한정한다) ② 회사는 근로계약을 체결함과 동시에 다음 각 호의 내용을 적은 근로계약서 1부를 근로계약을 체결한 사원에게 내어 준다. 이 경우 회사는 해당 사원의 동의 하에 이를 해당 사원의 상용 이메일, 사내 메일 등 전자적 방법으로 송부할 수 있다. 1. 임금의 구성항목, 계산방법, 지급방법 2. 소정근로시간, 휴게시간 3. 휴일 4. 연차유급휴가 5. 취업의 장소 및 종사하여야 할 업무에 관한 사항 6. 근로계약기간(기간제사원에 한정한다) ③ 회사는 근로계약 체결 시 제1항의 일부 내용을 대신하기 위한 것임을 명확히 밝히면서 해당 내용이 적시된 취업규칙을 제시할 수 있고, 제2항의 일부내용을 대신하기 위한 것임을 명확히 밝히면서 해당 내용이 적시된 취업규칙을 교부할 수 있다.	☞ (참고) 근로계약 체결시 명시 및 서면명시 해야 하는 근로조건이 적시된 취업규칙을 제시하거나 교부함으로써 명시·서면명시 및 교부절차를 간소화하고 아울러 취업규칙을 사전에 인식시키는 효과도 있음 ☞ (참고) 임금의 구성항목 · 계산방법에서는 노동관계법령에 의해 금지되는 위약예정, 전차금 상계, 강제저금의 소지가 있는 조항은 포함하지 말 것(근로기준법 제20조, 제21조, 제22조 참조)
제7조(수습기간) ① 신규로 채용된 자는 최초로 근무를 개시한 날부터 ○개월간을 수습기간으로 한다. ② 제1항의 수습기간은 근속년수에 포함하되, 수습을 시작한 날부터 3개월 이내의 기간은 평균임금산정기간에는 포함하지 아니한다.	[필수] 수습기간을 반드시 설정하여야 하는 것은 아니지만, 수습기간을 설정하는 경우에는 그 기간을 명확히 하여 불필요한 분쟁 방지할 필요 ☞ (참고) 수습기간은 근로계약 체결 이후의 기간이므로 근속기간에 포함되며, 직무의 성질 등을 감안하여 사회통념상 인정되는 범위에서 지나치게 장기간이 되지 않도록 함 ☞ (참고) 수습기간 3개월까지는 최저임금의 100분의 10을 감액할 수 있으나, 단순노무업무로 고용노동부장관이 고시한 직종*은 감액 적용 불가(최저임금법 제5조 및 시행령 제3조 참조) * 한국표준직업분류 상 대분류9(단순노무 종사자)에 해당하는 직종
제3장 복 무	◈ **복무 관련 사항은 필수적 기재사항은 아니지만 일반적으로 취업규칙에 규정하는 사항이며 근로기준법 등에 위반되지 않도록 할 필요**
제8조(복무의무) 사원은 다음 각 호의 사항을 준수하여야 한다. 1. 사원은 맡은바 직무를 충실히 수행하여야 한다. 2. 사원은 직무상 지득한 비밀을 엄수하고 회사기밀을 누설해서는 아니 된다. 다만, 공익신고자 보호법상의 '공익신고자'의 경우에는 적용되지 아니한다. 3. 사원은 회사의 제반규정을 준수하고 상사의 정당한 직무상 지시에 따라야 한다. 4. 사원은 사원으로서 품위를 손상하거나 회사의 명예를 실추시키는 행위를 하여서는 아니 된다. 5. 사원은 그 밖에 제1호부터 제4호까지 규정에 준하는 행위를 하여서는 아니 된다.	[필수] 사업장 질서 유지 차원에서 정하는 사항으로 사업장의 사정에 따라 달리 정할 수 있음 ☞ (참고) 근로자의 기본권 및 그 밖의 법령에 따른 권익을 침해하지 않도록 유의해야 하며, 경영 · 인사상 최소한의 범위에서 규정해야 함 * 예) 법률적 근거가 없거나 그 범위를 넘어서, 업무와 관계없이 정치활동을 전면적으로 금지하거나 승인 하에 허용하는 내용은 기본권 침해 소지가 있으므로 취업규칙에 명시하지 않도록 유의

취업규칙(안)	작성시 착안 사항
제9조(출근, 결근) ① 사원은 업무시간 시작 전까지 출근하여 업무에 임할 준비를 하여 정상적인 업무수행에 차질이 없도록 하여야 한다. ② 질병이나 그 밖의 부득이한 사유로 결근하고자 하는 경우에는 사전에 소속부서의 장의 승인을 받아야 한다. 다만, 불가피한 사유로 사전에 승인을 받을 수 없는 경우에는 결근 당일에라도 그 사유를 명확히 하여 사후 승인을 받아야 하며 정당한 이유 없이 이러한 절차를 이행하지 아니한 경우 무단결근을 한 것으로 본다.	**[선택]** 사업장 질서 유지 차원에서 정하는 사항으로 사업장의 사정에 따라 달리 정할 수 있음 ☞ (참고) 사용자의 지시 및 강요에 의하여 업무시간보다 일찍 출근시간을 정할 경우 그 시간부터 근로시간에 해당될 수 있음
제10조(지각·조퇴 및 외출) ① 사원은 질병 그 밖의 부득이한 사유로 지각하게 되는 경우에는 사전에 부서의 장 또는 직근 상급자에게 알려야 하며, 부득이한 사정으로 사전에 알릴 수 없는 경우에는 사후에라도 지체없이 이 사실을 알려야 한다. ② 사원은 근로시간 중에는 사적인 용무를 이유로 근무 장소를 이탈할 수 없다. 다만, 질병이나 그 밖의 부득이한 사유가 있는 경우에는 소속부서의 장의 승인을 받아 조퇴 또는 외출할 수 있다. ③ 사원이 지각 , 조퇴 또는 외출한 시간은 무급으로 처리함을 원칙으로 한다.	**[선택]** 사업장 질서 유지 차원에서 정하는 사항으로 사업장에 따라 달리 정할 수 있음 ☞ (참고) 지각·조퇴 및 외출로 인한 누계시간을 결근으로 취급하는 것은 연차휴가 산정에 불리하게 영향을 주는 것으로 허용되지 않음 – 다만, 노사 간 특약으로 지각·조퇴 및 외출로 인한 누계시간을 연차휴가를 사용한 것으로 하여 연차휴가 일수에서 공제하는 것은 가능(근기68207–157, 2000.1.22)
제11조(공민권행사 및 공의 직무 수행) ① 회사는 사원이 근무시간 중 선거권, 그 밖의 공민권을 행사하거나 '공(公)'의 직무를 수행하기 위하여 필요한 시간을 청구할 경우 이를 거부할 수 없으며, 그 시간은 유급으로 처리한다. ② 회사는 제1항의 권리 행사나 공(公)의 직무를 수행하는데 지장이 없는 범위 내에서 사원이 청구한 시간을 변경할 수 있다.	**[선택]** **(참고)** 공직선거법에 따른 4대선거와 향토예비군설치법, 민방위기본법에 따라 소집된 기간은 법률에 따라 유급으로 처리해야 함 ☞ (참고) 사업장 사정에 따라 선거일과 예비군·민방위 소집기간을 유급휴일로 정할 수 있음
제12조(출장) ① 회사는 업무수행을 위하여 필요한 경우 사원에게 출장을 명할 수 있다. ② 회사는 행선지별 여비, 숙박비, 현지교통비 등 출장 비용을 실비 범위 내에서 지급한다.	**[선택]** 업무를 수행해야할 장소가 유동적인 경우를 대비하여 확인적인 취지로 명시할 수 있음
제4장 인 사	
제1절 인사위원회	◈ 인사위원회 규정은 필수적 기재사항은 아니지만 인사 재량권의 남용을 방지하기 위해 인사위원회를 두어 인사를 정하는 것이 바람직
제13조(인사위원회의 구성) ① 인사위원회(이하 "위원회"라 한다)는 대표이사와 부서장 또는 그에 준하는 직급의 사원 중 대표이사가 임명하는 자로 총 5명 이내로 구성하되 근로자위원을 최소 1명 이상 포함되도록 한다. ② 위원회의 위원장은 대표이사 또는 대표이사가 위임한 자로 한다. ③ 위원회에는 인사(총무)담당자 1명을 간사로 둔다.	**[필수]** **(참고)** 투명한 인사운영을 위해 규정하는 경우가 많으며 별도의 인사규정으로 정하는 것도 가능 ☞ (참고) 인사위원회 구성은 사업장 규모에 따라 위원구성 및 수를 달리 할 수 있으며, 근로자 수가 적은 소규모사업장의 경우 반드시 인사위원회를 설치·운영해야 하는 것은 아님 ☞ (참고) 인사위원회 구성 시 근로자위원을 포함하게 하는 것이 형평의 원칙상 바람직 * "해고" 외 인사운영에 관한 사항은 노사협의회를통해 운영할 수 있음 (「근로자참여 및 협력증진에 관한 법률」 제20조)

취업규칙(안)	작성시 착안 사항
제14조(위원회의 기능) 위원회는 다음 각 호의 사항을 의결한다. 1. 사원의 표창에 관한 사항 2. 사원의 징계에 관한 사항 3. 그 밖에 사원의 인사에 관하여 위원회의 의결이 필요한 사항	[선택] 사업장의 사정에 따라 달리 정할 수 있음
제15조(위원회의 소집 및 운영) ① 위원회는 제14조에 따른 의결사항이 있을 경우 위원장이 소집한다. ② 위원장은 회의를 소집하고자 하는 경우 원칙적으로 회의 개최 7일 전에 회의일시, 장소, 의제 등을 각 위원에게 통보한다. ③ 위원회는 재적위원 과반수의 출석과 출석위원 과반수의 찬성으로 의결한다. 다만, 징계에 관한 사항은 재적위원 3분의 2 이상의 찬성으로 의결한다. ④ 위원장은 표결권을 가지며 가부동수일 때에는 결정권을 가진다. ⑤ 위원회의 회의는 공개하지 아니하며 회의내용과 관련된 사항은 누설하여서는 아니 된다. 다만, 위원회의 의결로 공개할 수 있다. ⑥ 위원회의 의결사항이 특정위원에 관한 사항을 의결할 때에는 당해위원은 그 건의 의결에 참여할 수 없다. ⑦ 위원회의 운영방법 등 기타 필요한 사항에 대하여는 별도의 규정으로 정할 수 있다.	[선택] 인사위원회의를 둘 경우 운영절차를 투명하게 함으로써 민주적인 운영에 노력할 필요 ☞ (참고) 의결정족수는 민주적인 운영 원칙에 충실하게 정하되, 일반적으로 중요도에 따라 과반수 또는 3분의 2 이상 찬성 등으로 규정. 특히 징계에 관하여는 규정된 절차에 따라 충실히 운영될 수 있도록 유의
제2절 배치 · 전직 및 승진	◈ 인사이동 관련 규정은 필수적 기재사항은 아니지만 사내 일반적인 기준으로 적용시키기 위하여 취업규칙에 반영시킬 수 있음. 내용상 근로기준법 등 관련 법률에 위반되지 않도록 할 필요
제16조(배치, 전직, 승진) ① 회사는 사원의 능력, 적성, 경력 등을 고려하여 부서의 배치, 전직, 승진 등 인사발령을 하며, 사원은 정당한 사유 없이 이를 거부할 수 없다. ② 회사는 제1항에 따른 인사발령을 할 때 합리적인 이유 없이 남녀를 차별하지 아니한다. ③ 제1항에 따른 인사발령의 기준 등 필요한 사항에 대하여는 별도의 규정으로 정한다.	[선택] 투명한 인사운영을 위해 규정하는 경우가 많으며 사업장 사정에 따라 별도의 인사규정으로 정하는 것도 가능 ☞ (참고) 전직, 전근, 승진 등 인사발령을 함에 있어 합리적인 이유 없이 특정 성(姓)을 불리하게 대우하지 않아야 함(남녀고용평등법 제10조 참조)
제3절 휴직 및 복직	◈ 휴직 관련 규정 중 육아휴직 및 가족돌봄휴직은 필수적 기재사항이며 그 외의 휴직사유도 병행하여 규정하는 것이 일반적임
제17조(휴직사유 및 기간) 사원은 다음 각 호의 어느 하나에 해당하는 사유로 휴직을 원하는 경우 다음 각 호의 구분에 따른 기간을 고려하여 휴직을 시작하려는 날의 30일 전까지 회사에 휴직원을 제출하여야 한다. 이 경우 제3호에 따른 휴직 외에는 무급을 원칙으로 한다.	[필수, 선택] 근로자가 장기간 업무수행이 불가능할 경우를 대비하여 규정하는 것이 일반적임

취업규칙(안)	작성시 착안 사항
1. 업무 외 질병, 부상, 장애 등으로 장기 요양이 필요할 때: ㅇ년의 범위 내에서 요양에 필요한 기간 2. 병역법에 따른 병역 복무를 마치기 위하여 징집 또는 소집된 경우: 징집 또는 소집기간 3. 회사가 지정하는 국내·외 연구기관 또는 교육기관 등에서 연수, 직무훈련 등을 하게 된 경우: ㅇ년의 범위 내에서 연수등에 필요한 기간 4. 만 8세 이하 또는 초등학교 2학년 이하의 자녀(입양한 자녀를 포함한다)를 가진 사원이 그 자녀의 양육을 위하여 필요한 경우(이하 이에 따른 휴직을 "육아휴직"이라 한다): 1년 이내 5. 사원이 조부모, 부모, 배우자, 배우자의 부모, 자녀 또는 손자녀(이하 "가족"이라 한다)의 질병, 사고, 노령으로 인하여 그 가족을 돌보기 위하여 필요한 경우(이하 이에 따른 휴직을 "가족돌봄휴직"이라 한다): 연간 90일 이내, 1회 30일 이상 6. 사원이 「공직선거법」에 따른 선거에 당선된 경우: 각 선출직별 임기	– 휴직 인정 사유와 휴직기간, 유급 또는 무급 여부 등은 사업장 사정에 따라 달리 정할 수 있음 – 육아휴직과 가족돌봄휴직 등 법률상 부여의무가 있는 내용은 필수적으로 포함 필요 ☞ (참고) 육아휴직 관련: 남녀고용평등법 제19조 가족돌봄휴직 관련: 남녀고용평등법 제22조의2 ☞ (참고) '20년 남녀고용평등법 시행령 개정으로 육아휴직요건 완화(영유아와 동거하지 않아도 실제 양육에 기여하면 종료하지 않음(남녀고용평등법 시행령 제14조) ☞ (참고) 가족돌봄휴직의 가족 범위에 조부모와 손자녀까지 확대
제18조(휴직명령) ① 회사는 사원이 휴직원을 제출하면 이를 심사하여 휴직명령 여부를 결정하여 사원에게 서면으로 통보한다. ② 회사는 휴직사유가 제17조제4호에 해당하는 경우라도 다음 각 호의 어느 하나에 해당하는 경우에는 휴직명령을 하지 않을 수 있다. 1. 육아휴직을 시작하려는 날의 전날까지 계속 근로한 기간이 6개월 미만인 경우 ③ 회사는 휴직사유가 제17조제5호에 해당하는 경우라도 다음 각 호의 어느 하나에 해당하는 경우에는 휴직명령을 하지 않을 수 있다. 다만, 이 경우 회사는 업무를 시작하고 마치는 시간의 조정, 연장근로의 제한 또는 근로시간의 단축·탄력적 운영 등 가족돌봄휴직을 신청한 사원을 지원하기 위하여 필요한 조치를 하도록 노력한다. 1. 가족돌봄휴직을 시작하려는 날의 전날까지 계속 근로한 기간이 6개월 미만인 경우 2. 가족돌봄휴직을 신청한 사원 외에 가족이 돌봄이 필요한 가족을 돌볼 수 있는 경우(조부모와 손자녀를 돌보기 위한 경우 조부모의 직계비속 또는 손자녀의 직계존속이 있는 경우. 단, 질병, 노령, 장애, 미성년 등의 사유로 근로자가 돌볼 수밖에 없는 경우는 제외) 3. 회사가 직업안정기관에 구인 신청을 하고 14일 이상 대체인력을 채용하기 위하여 노력하였으나 대체인력을 채용하지 못한 경우 4. 사원의 가족돌봄휴직으로 인하여 정상적인 사업 운영에 중대한 지장이 초래되는 것으로 증명되는 경우	**[선택]** 사업장 내 휴직 절차 등을 명확히 하기 위해 규정할 수 있음 ☞ (참고) '19.10. 현재, 같은 자녀에 대해 배우자가 육아휴직 중인 경우에는 사용자가 육아휴직을 허용하지 않을 수 있으나, '20.2.28 부터 같은 자녀에 대한 동시 육아휴직 허용(남녀고용평등법 시행령 제10조, 제15조의2) ☞ (참고) '20년 남녀고용평등법 시행령 개정으로 가족돌봄휴직을 사용할 수 있는 요건 중 계속 근로 기간을 6개월로 완화(남녀고용평등법 시행령 제16조의3), 남녀고용평등법 제22조의2 제1항에서 위임한 허용예외사유 규정(남녀고용평등법 시행령 제16조의3)
제19조(준수사항) ① 휴직자는 휴직기간 중 거주지의 변동 등의 사유가 있을 때에는 지체 없이 회사에 그 사실을 알려야 한다. ② 회사는 사원이 육아휴직하는 경우 고용보험법령이 정하는 육아휴직급여를 받을 수 있도록 증빙서류를 제공하는 등 적극 협조한다.	**[선택]** 휴직제도 운영 관련 휴직자와 회사의 준수사항 기재

취업규칙(안)	작성시 착안 사항
제20조(복직) ① 사원은 휴직기간 만료일 7일 전까지 복직원을 제출하여야 한다. 다만, 휴직기간의 연장이 필요한 경우에는 휴직기간 만료일 30일 전까지 그 사유를 명시하여 승인을 신청하여야 한다. ② 제1항 단서의 경우 회사는 신청일부터 ○일 내에 제17조 각 호에 따른 휴직사유별 기간의 범위 내에서 휴직기간의 연장 승인 여부를 결정하여 서면으로 통보한다. ③ 사원은 휴직기간 중 휴직사유가 소멸되었을 때에는 지체없이 복직원을 제출해야 한다. ④ 회사는 휴직 중인 사원으로부터 복직원을 제출 받은 경우에는 최대한 빠른 시일 내에 휴직 전의 직무에 복직시키도록 노력하되, 부득이한 경우에는 그와 유사한 업무나 동등한 수준의 급여가 지급되는 직무로 복귀시키도록 노력한다.	[선택] 복직 절차는 사업장의 사정에 따라 달리 정할 수 있으나, 휴직 및 복직과 관련한 논란을 줄이기 위해 명확히 규정할 필요
제21조(근속기간의 계산 등) ① 휴직기간은 근속기간에 산입하되, 근로기준법 제2조제1항제6호에 따른 평균임금 산정기준이 되는 기간에서는 제외한다. ② 제17조제2호에 따른 휴직사유로 휴직한 기간은 「근로자퇴직급여보장법」 제8조에 따른 퇴직금 산정을 위한 계속근로기간에서 제외한다.	[선택] 근속기간 산입여부 등에 대하여 명확히 하는 차원에서 규정 ☞ (참고) 사업장에서 허용한 휴직기간은 근속기간에 산입하는 것이 일반적 * 육아휴직 및 가족돌봄휴직기간은 근속기간에 반드시 포함(남녀고용평등법 제19조제4항 및 제22조의제5항 참조) * 개정된 병역법 제69조(현 제74조) 제2항·제3항에는 현역 또는 실역에 복무하게 되어 휴직된 자는 복무 후 그 직장에 복직을 보장하고, 군복무로 인하여 휴직된 때에는 승진에 있어서 복무기간을 실무의 종사기간으로 보아야 한다고 규정하고 있으므로, 위 개정된 병역법이 시행된 이후에는 위 휴직기간을 승진의 경우 이외에 퇴직금의 지급기간에까지 가산할 수 없을 것이다(대법원 1993.1.15., 92다41968 판결).
제5장 근로시간	◈ **근로시간 관련 규정은 필수적 사항이며 근로기준법 등 관련 법률에 위반되지 않도록 할 필요**
제22조(교대근로) 각 사원(또는 ○○직무, ○○팀)의 근무형태는 ○조 ○교대로 한다.	[필수] 교대근로를 도입하고자 하는 경우에는 필수로 규정해야 함 * 교대근로제를 도입하거나 형태를 변경하고자 하는 경우에는 취업규칙 변경 필요
제23조(근로시간) ① 근로시간 산정을 위한 기준이 되는 1주는 제32조제1항에 따른 유급주휴일을 포함하여 ○요일부터 ○요일까지 7일로 하고, 이 중 근무일은 ○요일부터 ○요일까지 ○일이며, 매주 ○요일은 무급휴무일로 한다. ② 1주간의 근로시간은 휴게시간을 제외하고 40시간으로 한다. 다만, 18세 미만인 사원의 경우 1주간의 근로시간은 휴게시간을 제외하고 35시간으로 한다.	[필수] 근로기준법에 위배되지 않는 범위 내에서는 사업장 사정에 따라 근무요일, 근무시간을 달리 정할 수 있음 – 예) 근무일을 화요일부터 토요일까지로 하는 경우, 주당 근로시간을 35시간으로 하는 경우, 1일 근로시간을 7시간으로 하는 경우 등 ☞ (참고) 주40시간제를 주5일제 형태로 실시하는 경우 유급주휴일 외의 나머지 1일을 무급으로 할지 또는 유급으로 할지를 명확히 규정할 필요

취업규칙(안)	작성시 착안 사항
③ 1일의 근로시간은 휴게시간을 제외하고 00:00부터 00:00시까지 8시간으로 한다. 다만, 18세 미만 사원의 경우 1일의 근로시간은 휴게시간을 제외하고 00:00부터 00:00까지 7시간으로 한다.	☞ (참고) 제22조에서 교대근로를 규정하고 있는 경우에는 이에 맞추어 각 근무조별 근로시간을 구분하여 규정할 필요
제24조(휴게) ① 휴게시간은 제23조제3항의 근로시간 중 00:00시부터 00:00시까지로 한다. 다만, 업무 사정에 따라 휴게시간을 달리 정하여 운영할 수 있다. ② 제1항 단서에 따라 휴게시간을 달리 정할 경우 회사는 해당되는 사원에게 미리 공지한다.	**[필수]** 휴게시간은 근로기준법의 취지에 위배되지 않는 범위 내에서 사업장 사정에 따라 달리 정할 수 있음 ☞ (참고) 근로시간이 4시간인 경우에는 30분 이상, 8시간인 경우에는 1시간 이상의 휴게시간을 근로시간 도중에 부여하고, 휴게시간은 근로자가 자유롭게 이용할 수 있도록 보장해 줄 필요(근로기준법 제54조 참조) ☞ (참고) 제22조에서 교대근로를 규정하고 있는 경우에는 이에 맞추어 각 근무조별 휴게시간을 구분하여 규정할 필요
제25조(탄력적 근로시간제) ① 회사는 00월부터 00월까지 00개월 동안 생산직사원에 대하여 다음 각 호에 정하는 바에 따라 2주 단위의 탄력적 근로시간제를 시행한다. 1. 주당 근무시간: 첫 주 00시간, 둘째 주 00시간 2. 첫 주의 1일 근무시간: ○요일부터 ○요일까지 00시간 (00:00부터 00:00까지, 휴게시간은 00:00부터 00:00까지) 3. 둘째 주의 1일 근무시간: ○요일부터 ○요일까지 00시간 (00:00부터 00:00까지, 휴게시간은 00:00부터 00:00까지) ② 회사는 사원이 제1항에 따라 근무하는 경우 1일 중 8시간을 초과한 근로시간에 대하여는 가산수당을 지급하지 아니한다. ③ 15세 이상 18세 미만의 사원과 임신 중인 여성사원은 탄력적 근로시간제를 적용하지 아니한다. ④ 이 조에 따른 탄력적 근로시간제는 이 규칙 시행일부터 ○년이 경과한 날까지 효력을 가진다.	**[선택]** 사업장의 사정에 따라 2주 단위의 탄력적 근로시간제를 도입할 필요가 있는 경우에는 취업규칙에 필수적으로 명시하여야 함(근로기준법 제51조 참조) – 해당 사원의 범위, 각주·각일의 근로시간, 실시기간 등을 명시하여 불필요한 논란 예방 ☞ (참고) 이 경우 특정 주 또는 특정한 날의 근로시간이 법정근로시간을 초과하더라도 단위기간을 평균하여 법정근로시간을 초과하지 않는다면 연장근로가산수당을 지급하지 않을 수 있음 ☞ (참고) 취업규칙에 '2주 이내 탄력적 근로시간제를 도입한다.' 등의 선언적 규정만 명시하여 놓고, 사용자가 필요한 시기에 임의로 제도를 도입한 경우, 근로기준법 제51조제1항의 '취업규칙 등에서 정하는 바'에 따라 적법하게 도입한 것으로 볼 수 없음 ☞ (참고) 근로자대표와의 서면합의에 따라서 단위기간을 '3개월 이내'로 운영 가능 – 근로자대표는 '근로자 과반수로 조직된 노동조합', 없는 경우에는 '근로자의 과반수를 대표하는 자'를 말함(권한의 범위를 명확히 밝히고 선출해야 함)
제26조(선택적 근로시간제) ① 회사는 업무의 시작 및 종료 시각을 사원의 결정에 맡기기로 한 다음 각 호의 어느 하나에 해당하는 사람에 대하여 사원대표와 서면으로 합의한 내용에 따라 근로기준법 제52조에 따른 선택적 근로시간제를 시행할 수 있다. 1. 연구개발팀 소속 사원 2. 디자인·설계팀 소속 사원 ② 제1항에 따른 선택적 근로시간제에 관하여 회사가 사원대표와 서면으로 합의하여야 하는 내용은 다음 각 호와 같다.	**[선택]** 취업규칙에 따라 업무의 시작 및 종료 시각을 근로자의 결정에 맡기기로 한 근로자에 대하여 근로자대표와의 서면 합의로 선택적 근로시간제를 도입할 수 있음(근로기준법 제52조 참조) – 근로자대표와 서면합의 사항을 논란이 없도록 명확히 규정할 필요

취업규칙(안)	작성시 착안 사항
1. 대상 사원의 범위 2. 정산기간(1개월 이내의 일정한 기간으로 정한다) 3. 정산기간의 총 근로시간 4. 반드시 근로하여야 할 시간대를 정하는 경우에는 그 시작 및 종료 시각 5. 사원이 그의 결정에 따라 근로할 수 있는 시간대를 정하는 경우에는 그 시작 및 종료 시각 6. 표준근로시간(유급휴가 등의 계산 기준으로 회사가 사원대표와 합의하여 정한 1일의 근로시간을 말한다) ③ 회사가 선택적 근로시간제를 시행하는 경우에는 정산기간을 평균하여 1주간의 근로시간이 40시간을 초과하지 아니하는 범위에서 1주에 40시간, 1일에 8시간을 초과하여 근로하게 할 수 있다. ④ 제1항 및 제2항에 따라 정산기간을 평균한 1주간의 근로시간이 40시간을 초과하지 않는 경우, 특정한 날 또는 주에 법정근로시간을 초과한 시간에 대하여는 가산수당을 지급하지 아니한다. ⑤ 15세 이상 18세 미만의 사원은 선택적 근로시간제를 적용하지 아니한다.	☞ (참고) 이 경우 특정 주 또는 특정한 날의 근로시간이 법정근로시간을 초과하더라도 정산기간을 평균하여 법정근로시간을 초과하지 않는다면 연장근로가산수당을 지급하지 않을 수 있음
제27조(간주근로시간제) ① 사원이 출장, 파견 등의 이유로 근로시간의 일부 또는 전부를 사업장 밖에서 근로하여 근로시간을 산정하기 어려운 경우에는 소정근로시간을 근로한 것으로 본다. ② 사원이 출장, 파견 등의 업무를 수행하기 위하여 통상적으로 소정근로시간을 초과하여 근로할 필요가 있는 경우에는 그 업무의 수행에 통상 필요한 시간을 근로한 것으로 본다. 다만, 사원대표와 서면 합의를 통하여 이를 달리 정할 수 있다.	[선택] 출장, 외부영업 등으로 사업장 밖에서의 근로시간을 계산하기 어려운 경우를 대비하여 규정할 필요 – 제2항에 대하여는 근로자대표와 서면합의를 통해 사업장 사정에 따라 달리 정할 수 있음(근로기준법 제58조제1항 및 제2항 참조)
제28조(재량근로) 업무의 성질에 비추어 업무 수행 방법을 사원의 재량에 위임할 필요가 있는 업무로서 근로기준법 시행령에서 규정된 업무는 사원대표와 서면 합의로 정한 시간을 근로한 것으로 본다. 서면 합의 시 다음 각 호의 사항을 명시하여야 한다. 1. 대상 업무 2. 회사가 업무의 수행 수단 및 시간 배분 등에 관하여 사원에게 구체적인 지시를 하지 아니한다는 내용 3. 근로시간의 산정은 그 서면 합의로 정하는 바에 따른다는 내용	[선택] 업무수행 방법에 재량이 아래 업무에 대하여는 근로자대표와 서면합의로 정한 시간을 근로한 것으로 볼 수 있음 [재량근로의 대상업무] 1. 신상품 또는 신기술의 연구개발이나 인문사회과학 또는 자연과학분야의 연구 업무 2. 정보처리시스템의 설계 또는 분석 업무 3. 신문, 방송 또는 출판 사업에서의 기사의 취재, 편성 또는 편집 업무 4. 의복·실내장식·공업제품·광고 등의 디자인 또는 고안 업무 5. 방송 프로그램 영화 등의 제작 사업에서의 프로듀서나 감독 업무 6. 그 밖에 고용노동부장관이 정하는 업무(회계 법률사건 납세·무·노무관리·특허·감정평가·금융투자분석·투자자산운용 등의 사무에 있어 타인의 위임·위촉을 받아 상담·조언·감정 또는 대행을 하는 업무)

취업규칙(안)	작성시 착안 사항
제29조(연장·야간 및 휴일근로) ① 연장근로는 1주간 12시간을 한도로 사원의 동의하에 실시할 수 있다. 다만, 18세 미만 사원은 1일 1시간, 1주일에 5시간을 한도로 사원의 동의하에 실시할 수 있고, 산후 1년이 지나지 아니한 여성사원에 대하여는 단체협약이 있는 경우라도 1일 2시간, 1주 6시간, 1년 150시간을 한도로 사원의 동의하에 실시할 수 있으며, 임신 중인 여성사원은 연장근로를 실시할 수 없다. ② 연장근로에 대하여는 통상임금의 100분의 50 이상을 가산하여 지급한다. ③ 제2항에도 불구하고 회사는 휴일근로에 대하여는 다음 각 호의 기준에 따라 가산하여 사원에게 지급한다. 1. 8시간 이내의 휴일근로: 통상임금의 100분의 50 2. 8시간을 초과한 휴일근로: 통상임금의 100분의 100 ④ 회사는 야간근로(오후 10시부터 다음 날 오전 6시 사이의 근로를 말한다)에 대하여는 통상임금의 100분의 50 이상을 가산하여 사원에게 지급한다. ⑤ 회사는 사원대표와 서면 합의하여 연장·야간 및 휴일근로에 대하여 임금을 지급하는 것을 대신하여 휴가를 줄 수 있다.	[선택, 필수] 근로기준법에 명시된 사항이며 확인적 차원에서 규정하는 것도 가능. 다만 산후 1년 미만 여성과, 임신 중인 근로자에 대한 내용은 필수 사항(근로기준법 제53조, 제56조, 제69조, 제71조, 제74조 참조) ☞ (참고) 근로자대표의 서면합의로 연장·야간 및 휴일근로에 대하여 임금을 지급하는 것을 대신하여 휴가를 줄 수 있음(근로기준법 제57조 참조)
제30조(야간 및 휴일근로의 제한) ① 18세 이상의 여성 사원을 오후 10시부터 오전 6시까지 근로하게 하거나 휴일에 근로를 시킬 경우 당해 사원의 동의를 얻어 실시한다. ② 임산부와 18세 미만인 사원에 대하여는 오후 10시부터 오전 6시까지의 시간 및 휴일에 근로를 시키지 않는 것을 원칙으로 한다. 다만, 다음 각 호의 어느 하나에 해당 하는 경우에는 그 시행 여부와 방법 등에 관하여 사원대표와 성실히 협의한 후 고용노동부장관의 인가를 받아 야간 및 휴일근로를 실시할 수 있다. 1. 18세 미만자의 동의가 있는 경우 2. 산후 1년이 지나지 아니한 여성의 동의가 있는 경우 3. 임신 중의 여성이 명시적으로 청구하는 경우	[필수] 근로자의 모성보호에 관한 사항으로 필수규정 사항 – 18세 이상 여성: 휴일, 야간근로를 시키고자할 경우 당해근로자의 동의 필요(근로기준법 제70조제1항 참조) – 임산부와 18세 미만 사원: 원칙적으로 야간 및 휴일근로를 제한, 업무상 필요한 경우 해당근로자의 동의 또는 명시적 청구와 더불어 시행 여부와 방법 등에 관하여 근로자대표와 성실히 협의한 후 고용노동부장관의 인가를 받아 실시할 수 있음(근로기준법 제70조제2항 및 제3항 참조)
제31조(근로시간 및 휴게·휴일의 적용제외) ① 다음 각 호의 어느 하나에 해당하는 사원에 대하여는 1주 40시간, 1일 8시간을 초과하여 연장근로하거나 휴일에 근로하더라도 연장근로 및 휴일근로 가산임금을 지급하지 않는다. 1. 감시·단속적 업무로서 고용노동부장관의 승인을 받은 경우 2. 관리·감독 업무 또는 기밀취급 업무에 종사하는 경우 ② 제1항의 각 호에 해당하는 사원이 야간에 근로한 경우 통상임금의 100분의 50 이상을 가산하여 지급한다.	[선택] 근로기준법 제63조의 사항으로 해당자를 명확히 구분할 수 있는 사업장의 경우 확인적 차원에서 규정하는 것도 가능(근로기준법 제63조 참조) ☞ (참고) 휴일 및 휴게, 근로시간 제도를 적용제외 하더라도 야간근로에 대한 가산임금은 지급해야 함

취업규칙(안)	작성시 착안 사항
제6장 휴일·휴가	◈ 휴일·휴가 관련 규정은 필수적 사항이며 내용상 근로기준법 등 관련 법률에 위반되지 않도록 할 필요
제32조(유급휴일) ① 1주 동안 소정근로일을 개근한 사원에 대하여는 일요일을 유급주휴일로 부여한다. ② 근로자의 날(5월 1일)과 회사의 창립기념일인 00월 00일은 유급휴일로 한다. ③「관공서의 공휴일에 관한 규정」에 따른 공휴일 및 대체공휴일은 유급휴일로 한다. 다만, 사원대표와 서면 합의한 경우 특정한 근로일로 대체할 수 있다.	[필수] 유급 주휴일은 특정일을 지정하여 규정할 필요(근로기준법 제55조 및 시행령 제30조 참조) ☞ (참고) 유급 주휴일이 반드시 일요일이어야 하는 것은 아니고, 사업장 사정에 따라 근로자 그룹별로 다른 요일을 정할 수 있음 ☞ (참고) 창립기념일 등은 회사 사정에 따라 휴일로 정할 수 있음 – 근로기준법 개정('18.3.20)에 따라 아래와 같이「관공서의 공휴일에 관한 규정」 제2조 각호(제1호는 제외)에 따른 공휴일 및 같은 영 제3조에 따른 대체공휴일은 유급휴일로 보장(근로기준법 제55조 및 시행령 제30조 참조) – 아래 시행일 이전에는 공휴일에 대하여 사업장 사정에 따라 달리 정할 수 있음 1. 상시 근로자 300명 이상 사업장, 국가, 지방자치단체, 공공기관 등: '20.1.1. 2. 상시 근로자 30명 이상 300명 미만 사업장: '21.1.1. 3. 상시 근로자 5인 이상 30명 미만 사업장: '22.1.1
제33조(연차유급휴가) ① 1년간 80퍼센트 이상 출근한 사원에게는 15일의 유급휴가를 준다. ② 계속하여 근로한 기간이 1년 미만인 사원 또는 1년간 80퍼센트 미만 출근한 사원에게 1개월 개근 시 1일의 유급휴가를 준다. ③ 3년 이상 근속한 사원에 대하여는 제1항 규정에 따른 휴가에 최초 1년을 초과하는 계속 근로연수 매 2년에 대하여 1일을 가산한 유급휴가를 주며, 가산휴가를 포함한 총 휴가일수는 25일을 한도로 한다. ④ 제1항 및 제2항을 적용하는 경우 다음 각 호의 어느 하나에 해당하는 기간은 출근한 것으로 본다. 1. 사원이 업무상의 부상 또는 질병으로 휴업한 기간 2. 임신 중의 여성이 근로기준법 제74조제1항부터 제3항까지의 규정에 따른 휴가로 휴업한 기간 3.「남녀고용평등과 일·가정 양립 지원에 관한 법률」 제19조제1항에 따른 육아휴직으로 휴업한 기간 ⑤ 회사는 인사노무관리의 편의상 회계연도 기준으로 연차유급휴가를 부여할 수 있다.	[필수] 연차휴가에 관한 사항은 필수적 기재사항(근로기준법 제60조 참조) ☞ (참고) 근로기준법 제60조 개정(2017.11.28.)에 따라 근로한 기간이 1년 미만인 근로자 의 경우 최초 1년 간의 근로에 대한 15일의 연차휴가와 별개로 1개월 개근 시 1일의 유급휴가를 주어야 함(시행일: 2018.5.29.) * 개정법은 '17.5.30. 이후 입사자부터 적용됨 ☞ (참고) 2018.5.29. 이후 개시하는 육아휴직은 연차유급휴가 산정시 출근한 것으로 봄 – 2020. 3.1일 이후 입사자부터 연차사용촉진이 가능하다.

취업규칙(안)	작성시 착안 사항
제34조(연차휴가의 사용) ① 사원의 연차유급휴가는 1년간 행사하지 아니하면 소멸된다. 다만, 회사의 귀책사유로 사용하지 못한 경우에는 그러하지 아니하다. ② 회사는 제33조제1항 및 제3항에 따른 연차유급휴가의 사용을 촉진하기 위하여 다음 각 호의 조치(이하 "사용촉진조치"라 한다)를 취할 수 있다. 회사의 사용촉진조치에도 불구하고 사원이 사용하지 아니한 연차유급휴가에 대하여는 금전으로 보상하지 아니한다. 1. 연차유급휴가 사용기간이 끝나기 6개월 전을 기준으로 10일 이내에 사원에게 사용하지 않은 휴가일수를 알려주고, 사원이 그 사용 시기를 정하여 회사에 통보하도록 서면으로 촉구할 것 2. 제1호에 따른 촉구에도 불구하고 사원이 촉구를 받은 때부터 10일 이내에 사용하지 않은 휴가의 전부 또는 일부의 사용 시기를 정하여 회사에 통보하지 않은 부분에 대하여 연차유급휴가 사용기간이 끝나기 2개월 전까지 회사가 사용 시기를 정하여 사원에게 서면으로 통지할 것	[선택] 연차휴가 사용 방법 및 효과는 「근로기준법」 제60조에서 정하고 있어 별도 기재할 필요가 없으나, 근로자에게 주지시키는 차원에 기재하는 것이 바람직 – 아울러, 「근로기준법」 제61조에 따른 사용자의 연차휴가 사용촉진도 취업규칙에서 명확히 하는 것이 바람직 ☞ (참고) 근로기준법 제60조제2항에 의한 연차유급휴가는 근로기준법 제61조에 의한 사용촉진의 대상이 아님 – 다만, 1년 미만 근로자의 연차(근로기준법 제60조제2항)도 사용촉진 대상에 포함하는 개정안이 국회 논의 중으로 취업규칙 변경 시 근로기준법 제61조 개정 여부 확인 필요 ☞ (참고) 지정된 휴가일에 근로자가 출근한 경우 사용자는 노무수령거부의사를 명확히 표시하여야 함(근로기준과–351, 2010.3.22.)
제35조(연차유급휴가의 대체) 회사는 사원대표와의 서면합의에 의하여 연차유급휴가일을 갈음하여 특정한 근로일에 사원을 휴무시킬 수 있다.	[선택] 사업장 사정에 따라 적정하게 보완하여 규정할 수 있음(근로기준법 제62조 참조) ☞ (참고) 근로자가 사전에 이를 충분히 알고 준비할 수 있도록 운영할 필요
제36조(하기휴가) 사원은 00월 00일부터 00월 00일까지 사이에 하기(夏期)휴가를 사용할 수 있다. 이 경우 휴가개시일 3일 전에 부서의 장에게 승인을 받아야 한다.	[선택] 사업장 사정에 따라 하기휴가를 특별휴가로 부여할 것인지 연차휴가를 사용하는 것으로 할 것인지 정할 수 있음 ☞ (참고) 연차휴가는 업무수행에 지장이 적도록 분산하여 사용하는 것이 바람직하지만 하기휴가 때에는 집단적으로 비교적 장기간의 휴가를 사용할 수 있도록 부여하는 경향이 확산되고 있음
제37조(경조사 휴가) ① 회사는 다음 각 호의 어느 하나에 해당하는 범위에서 사원의 신청에 따라 유급의 경조사휴가를 부여한다. 1. 본인의 결혼: 5일 2. 배우자의 출산: 10일 3. 본인·배우자의 부모 또는 배우자의 사망: 5일 4. 본인·배우자의 조부모 또는 외조부모의 사망: 3일 5. 자녀 또는 그 자녀의 배우자의 사망: 3일 6. 본인·배우자의 형제·자매 사망 : 3일 ② 제1항에 각 호(제2호 제외)에 따른 경조사 휴가기간 중 휴일 또는 휴무일이 포함되어 있는 경우에는 이를 포함하여 휴가기간을 계산한다.	[선택, 필수] 사업장 사정에 따라 달리 정할 수 있음 ☞ (참고) 반드시 유급으로 규정해야 하는 것은 아니며, 최소한의 기간은 유급으로 부여하고 추가로 필요한 기간은 연차휴가를 사용하도록 하는 방안도 가능. 다만, 근로자가 배우자의 출산을 이유로 휴가를 청구하면, 사업주는 휴일을 제외하고 10일의 유급휴가를 부여해야 함(남녀고용평등법 제18조의2, '19.10.1 시행) ☞ (참고) 경조사휴가일의 유·무급 여부, 일수 등을 명확히 할 필요

<table>
<tr><th>취업규칙(안)</th><th>작성시 착안 사항</th></tr>
<tr><td>제38조(생리휴가) 회사는 여성 사원이 청구하는 경우 월 1일의 무급생리휴가를 부여한다.</td><td>[필수] 필수적 기재사항으로 모성보호 제도의 정착 차원에서 규정 (근로기준법 제73조 참조)</td></tr>
<tr><td>제39조(병가) ① 회사는 사원이 업무 외 질병·부상 등으로 병가를 신청하는 경우에는 연간 60일을 초과하지 않는 범위 내에서 병가를 허가할 수 있다. 이 경우 병가기간은 무급으로 한다.
② 상해나 질병 등으로 1주 이상 계속 결근 시에는 검진의사의 진단서를 첨부하여야 한다.</td><td>[선택] 필수적 사항은 아니지만 취업규칙에 규정하는 것이 일반적이며 사업장 사정에 따라 달리 정할 수 있음</td></tr>
<tr><td>제40조(난임치료휴가) ① 회사는 사원이 인공수정 또는 체외수정 등 난임치료를 받기 위하여 휴가(이하 "난임치료휴가"라 한다)를 청구하는 경우에 연간 3일 이내의 휴가를 주어야 하며, 이 경우 최초 1일은 유급으로 한다. 다만, 해당 사원이 청구한 시기에 휴가를 주는 것이 정상적인 사업 운영에 중대한 지장을 초래하는 경우에는 사원과 협의하여 그 시기를 변경할 수 있다.
② 회사는 난임치료휴가를 신청한 사원에게 난임치료를 받을 사실을 증명할 수 있는 서류의 제출을 요구할 수 있다.</td><td>[필수] '18.5.29.부터 난임치료휴가 제도가 의무화 됨
☞ (참고) 난임치료휴가 부여 여부는 사업주의 의무사항이며, 법에서 정하는 예외적인 경우에 한하여 허용하지 아니할 수 있음 (위반시 500만원 이하의 과태료)
☞ (참고) '20년 남녀고용평등법 시행령 개정으로 난임치료의 특성상 난임치료휴가의 사전 신청 기한(3일)이 휴가사용을 어렵게 하는 경우가 있어 이를 없애는 대신 구체적인 신청 방법으로 대신함 (남녀고용평등법 시행령 제9조의2)
☞ (참고) 사업주는 난임치료휴가를 이유로 해고, 징계 등 불리한 처우를 해서는 안 됨</td></tr>
<tr><td>제7장 모성보호 및 일 · 가정 양립 지원</td><td>◈ 모성보호 관련 규정은 필수적 기재사항이며 관련 법률에 위반되지 않도록 할 필요</td></tr>
<tr><td>제41조(임산부의 보호) ① 임신 중의 여성 사원에게는 출산 전과 출산 후를 통하여 90일(한 번에 둘 이상 자녀를 임신한 경우에는 120일)의 출산전후휴가를 준다. 이 경우 반드시 출산 후에 45일(한 번에 둘 이상 자녀를 임신한 경우에는 60일) 이상 부여한다.
② 임신 중인 여성 사원이 유산의 경험 등 근로기준법 시행령 제43조제1항이 정하는 사유로 제1항의 휴가를 청구하는 경우 출산 전 어느 때라도 휴가를 나누어 사용할 수 있도록 한다. 이 경우 출산 후의 휴가 기간은 연속하여 45일(한 번에 둘 이상 자녀를 임신한 경우에는 60일) 이상이 되어야 한다.
③ 제1항 및 제2항에 따른 휴가 기간 중에 사원이 고용보험법에 따라 지급 받은 출산전후휴가 등 급여액이 그 사원의 통상임금보다 적을 경우 회사는 최초 60일분(한 번에 둘 이상 자녀를 임신한 경우의 출산전후휴가는 75일분)의 급여와 통상임금의 차액을 지급한다.
④ 임신 중인 여성 사원이 유산 또는 사산한 경우로서 해당 사원이 청구하는 경우에는 다음 각 호에 따른 휴가를 부여한다. 다만, 모자보건법에서 허용되지 않는 인공중절 수술은 제외한다.
1. 유산 또는 사산한 여성 사원의 임신기간이 11주 이내인 경우: 유산 또는 사산한 날로부터 5일까지
2. 유산 또는 사산한 여성 사원의 임신기간이 12주 이상 15주 이내인 경우: 유산 또는 사산한 날로부터 10일까지</td><td>[필수] 필수적 기재사항으로 모성보호 제도의 정착 차원에서 규정 (근로기준법 제74조 참조)
☞ (참고) 출산전후휴가급여 지원 내용
<table>
<tr><th colspan="2">구 분</th><th>일반</th><th>다태아</th></tr>
<tr><td colspan="2">전체 출산전후 휴가기간</td><td>90일
(출산후 45일)</td><td>120일
(출산후 60일)</td></tr>
<tr><td colspan="2">기업의 유급의무 기간</td><td>60일</td><td>75일</td></tr>
<tr><td rowspan="2">출산전후 휴가급여 지원
(고용보험)</td><td>우선 지원 대상</td><td>90일 모두 지원
(월 180만원 한도)</td><td>120일 모두 지원
(월 180만원 한도)</td></tr>
<tr><td>대규모 기업</td><td>무급 30일 지원
(월 180만원 한도)</td><td>무급 45일 지원
(월 180만원 한도)</td></tr>
</table></td></tr>
</table>

취업규칙(안)	작성시 착안 사항
3. 유산 또는 사산한 여성 사원의 임신기간이 16주 이상 21주 이내인 경우: 유산 또는 사산한 날로부터 30일까지 4. 유산 또는 사산한 여성 사원의 임신기간이 22주 이상 27주 이내인 경우: 유산 또는 사산한 날로부터 60일까지 5. 임신기간이 28주 이상인 경우: 유산 또는 사산한 날로부터 90일까지 ⑤ 회사는 사원이 출산전후휴가 급여 등을 신청할 경우 고용보험법에 따라 출산전후휴가 급여 등을 받을 수 있도록 증빙서류를 제공하는 등 적극 협조한다. ⑥ 임신 중의 여성 사원에게는 연장근로를 시키지 아니하며, 그 사원의 요구가 있는 경우 쉬운 종류의 근로로 전환시킨다. ⑦ 회사는 임신 후 12주 이내 또는 36주 이후에 있는 여성 사원이 1일 2시간의 근로시간 단축을 신청하는 경우 이를 허용하여야 한다. 다만, 1일 근로시간이 8시간 미만인 사원에 대하여는 1일 근로시간이 6시간이 되도록 근로시간 단축을 허용할 수 있다. ⑧ 회사는 제7항에 따른 근로시간 단축을 이유로 해당 사원의 임금을 삭감하지 아니한다. ⑨ 회사는 임산부 등 여성 사원에게 근로기준법 제65조에 따른 도덕상 또는 보건상의 유해·위험한 직종에 근로시키지 아니한다.	
제42조(태아검진 시간의 허용 등) ① 회사는 임신한 여성 사원이 모자보건법 제10조에 따른 임산부 정기건강진단을 받는데 필요한 시간을 청구하는 경우 이를 허용한다. ② 회사는 제1항에 따른 건강진단 시간을 이유로 사원의 임금을 삭감하지 아니한다.	[필수] 필수적 기재사항으로 모성보호 제도의 정착 차원에서 규정(근로기준법 제74조의2 참조) ☞ (참고) 「모자보건법」에 따른 임산부 정기건강진단 실시기준 ① 임신 28주까지: 4주마다 1회 ② 임신 29주에서 36주까지: 2주마다 1회 ③ 임신 37주 이후: 1주마다 1회
제43조(육아기 근로시간 단축) ① 회사는 근로자가 만 8세 이하 또는 초등학교 2학년 이하의 자녀를 양육하기 위하여 근로시간의 단축(이하 "육아기 근로시간 단축"이라 한다)을 신청하는 경우에 이를 허용하여야 한다. 다만, 단축개시예정일의 전날까지 해당 사업에서 계속 근로한 기간이 6개월 미만인 경우, 대체인력 채용이 불가능한 경우, 정상적인 사업 운영에 중대한 지장을 초래하는 경우 등 남녀고용평등법 시행령 제15조의2에 해당하는 경우에는 그러하지 아니하다. ② 회사가 육아기 근로시간 단축을 허용하지 아니하는 경우에는 해당 사원에게 그 사유를 서면으로 통보하고 육아휴직을 사용하게 하거나 그 밖의 조치를 통하여 지원할 수 있는지를 해당 사원과 협의하여야 한다. ③ 회사가 해당 사원에게 육아기 근로시간 단축을 허용하는 경우 단축 후 근로시간은 주당 15시간 이상이어야 하고 35시간을 넘어서는 아니 된다. ④ 육아기 근로시간 단축의 기간은 1년 이내로 한다. 다만, 육아휴직을 신청할 수 있는 근로자가 육아휴직 기간 중 사용하지 아니한 기간이 있으면 그 기간을 가산한 기간 이내로 한다.	[필수] '12.8.2.부터 육아기 근로시간 단축제도가 의무화 됨 ☞ (참고) '20년 남녀고용평등법 시행령 개정으로 육아기 근로시간 단축의 허용예외 사유중 배우자가 육아휴직을 하고 있는 근로자 부분을 삭제, 계속 근로 요건 6개월로 완화 (시행령 제15조의2) ☞ (참고) '20년 남녀고용평등법 시행령 개정으로 육아기 근로시간 단축의 요건 완화(영유아와 동거하지 않아도 실제 양육에 기여하면 종료하지 않음(남녀고용평등법 시행령 제15조의2) ☞ (참고) 육아기 근로시간 단축 부여 여부는 사업주의 의무사항이며, 대통령령이 정하는 예외적인 경우에 한하여 허용하지 아니할 수 있음(위반시 500만원 이하의 과태료). – 허용하지 아니하는 경우 사유를 서면으로 통보하고 사원과 협의하여야 함(위반시 500만원 이하의 과태료)

취업규칙(안)	작성시 착안 사항
⑤ 회사는 사원이 육아기 근로시간 단축을 사용할 경우 고용보험법령이 정하는 육아기 근로시간 단축 급여를 받을 수 있도록 증빙서류를 제공하는 등 적극 협조한다.	[선택] 남녀고용평등법의 내용으로 취업규칙에 반드시 규정할 필요는 없으나 확인적인 취지로 명시할 수 있음(남녀고용평등법 제19조의3 참조)
제44조(육아기 근로시간 단축 중 근로조건 등) ① 회사는 제43조에 따라 육아기 근로시간 단축을 하고 있는 사원에 대하여 근로시간에 비례하여 적용하는 경우 외에는 육아기 근로시간 단축을 이유로 그 근로조건을 불리하게 하지 아니한다. ② 제43조에 따라 육아기 근로시간 단축을 한 사원의 근로조건(육아기 근로시간 단축 후 근로시간을 포함한다)은 회사와 그 사원 간에 서면으로 정한다. ③ 회사는 제43조에 따라 육아기 근로시간 단축을 하고 있는 사원에게 단축된 근로시간 외에 연장근로를 요구할 수 없다. 다만, 그 사원이 명시적으로 청구하는 경우에는 회사는 주 12시간 이내에서 연장근로를 시킬 수 있다. ④ 육아기 근로시간 단축을 한 사원에 대하여 「근로기준법」 제2조제6호에 따른 평균임금을 산정하는 경우에는 그 사원의 육아기 근로시간 단축 기간을 평균임금 산정기간에서 제외한다.	
제45조(육아휴직과 육아기 근로시간 단축의 사용형태) 사원이 제17조와 제43조에 따른 육아휴직과 육아기 근로시간 단축의 사용형태는 다음과 같다. 1. 근로자는 육아휴직을 1회에 한정하여 나누어 사용할 수 있다. 2. 근로자는 육아기 근로시간 단축을 나누어 사용할 수 있다. 이 경우 나누어 사용하는 1회의 기간은 3개월(근로계약기간의 만료로 3개월 이상 근로시간 단축을 사용할 수 없는 기간제근로자에 대해서는 남은 근로계약기간을 말한다) 이상이 되어야 한다.	[선택] 남녀고용평등법의 내용으로 취업규칙에 반드시 규정할 필요는 없으나 확인적인 취지로 명시할 수 있음(남녀고용평등법 제19조의4 참조)
제46조(육아시간) 생후 1년 미만의 아동이 있는 여성 사원의 청구가 있는 경우 제24조의 휴게시간 외에 1일 2회 각 30분씩 유급 수유시간을 준다.	[필수] 근로자의 모성보호와 관련된 내용으로 필수 기재 사항(근로기준법 제75조 참조)
제47조(가족돌봄 등을 위한 근로시간 단축) ① 회사는 사원이 다음 각 호의 어느 하나에 해당하는 사유로 근로시간의 단축을 신청하는 경우에 이를 허용하여야 한다. 다만, 계속근로기간이 6개월 미만인 경우, 대체인력 채용이 불가능한 경우, 정상적인 사업 운영에 중대한 지장을 초래하는 경우, 근로시간단축 종료일로부터 2년이 지나지 않은 경우 등 남녀고용평등법 시행령으로 정하는 경우에는 그러하지 아니하다. 1. 사원이 가족의 질병, 사고, 노령으로 인하여 그 가족을 돌보기 위한 경우 2. 사원 자신의 질병이나 사고로 인한 부상 등의 사유로 자신의 건강을 돌보기 위한 경우	[선택] 개정 남녀고용평등법 제22조의3, 제22조의4에 따라 가족돌봄 등을 위한 근로시간 단축제도가 '20.1.1.부터 사업장 규모에 따라 단계적으로 시행 1. 상시 근로자 300명 이상 사업장, 국가, 지방자치단체, 공공기관 등 : '20.1.1. 2. 상시 근로자 30명 이상 300명 미만 사업장 : '21.1.1. 3. 상시 근로자 30명 미만 사업장 : '22.1.1

취업규칙(안)	작성시 착안 사항
3. 55세 이상의 사원이 은퇴를 준비하기 위한 경우 4. 사원의 학업을 위한 경우 ② 회사가 근로시간 단축을 허용하지 아니하는 경우에는 해당 사원에게 그 사유를 서면으로 통보하고 휴직을 사용하게 하거나 그 밖의 조치를 통하여 지원할 수 있는지를 해당 사원과 협의하여야 한다. ③ 회사가 해당 사원에게 근로시간 단축을 허용하는 경우 단축 후 근로시간은 주당 15시간 이상이어야 하고 30시간을 넘어서는 아니 된다. ④ 근로시간 단축의 기간은 1년 이내로 한다. 다만, 제1항제1호부터 제3호까지의 어느 하나에 해당하는 사원은 합리적 이유가 있는 경우에 추가로 2년의 범위 안에서 근로시간 단축의 기간을 연장할 수 있다. ⑤ 회사는 근로시간 단축을 이유로 해당 사원에게 해고나 그 밖의 불리한 처우를 하여서는 아니 된다. ⑥ 회사는 사원의 근로시간 단축기간이 끝난 후에 그 사원을 근로시간 단축 전과 같은 업무 또는 같은 수준의 임금을 지급하는 직무에 복귀시켜야 한다. ⑦ 근로시간 단축의 신청방법 및 절차에 관한 사항은 관련 법률에 따른다.	☞ (참고) 남녀고용평등법 제22조의3 제1항에서 위임한 가족돌봄 등을 위한 근로시간 단축의 허용예외 사유 규정을 `20년 개정 남녀고용평등법 시행령에서 규정 (남녀고용평등법 시행령 제16조의8) ☞ (참고) 남녀고용평등법 제22조의3 제7항에서 위임한 신청방법 및 절차에 대한 규정을 '20년 개정 남녀고용평등법 시행령에서 규정 (남녀고용평등법 시행령 제16조의7, 제16조의9 내지 제16조의11)
제47조의2(가족돌봄휴가) ① 회사는 사원이 가족(조부모 또는 손자녀의 경우 본인 외에도 직계비속 또는 직계존속이 있는 등 대통령령으로 정하는 경우는 제외한다)의 질병, 사고, 노령 또는 자녀의 양육으로 인하여 긴급하게 그 가족을 돌보기 위한 휴가(이하 "가족돌봄휴가"라 한다)를 신청하는 경우 이를 허용하여야 한다. 다만, 사원이 청구한 시기에 휴가를 주는 것이 정상적인 사업 운영에 중대한 지장을 초래하는 경우에는 사원과 협의하여 그 시기를 변경할 수 있다. ② 조부모와 손자녀를 돌보기 위한 경우 조부모의 직계비속 또는 손자녀의 직계존속이 있는 경우 허용하지 않을 수 있다. 단, 질병, 노령, 장애, 미성년 등의 사유로 근로자가 돌볼 수밖에 없는 경우는 제외한다. ③ 연간 최장 10일 이내의 휴가를 주어야 하며, 가족돌봄휴가 기간은 가족돌봄휴직 기간에 포함된다. ④ 가족돌봄휴가의 신청방법 등에 관한 사항은 관련 법률에 따른다.	☞ (참고) 개정 남녀고용평등법에 따라 가족돌봄휴가제도가 '20.1.1.부터 시행 (남녀고용평등법 제22조의2 제2항) ☞ (참고) 남녀고용평등법 제22조의2 제1항에서 위임한 허용예외사유를 '20년개정 시행령에서 규정(남녀고용평등법 시행령 제16조의3)
제8장 임 금	◈ 임금 관련 규정은 필수적 기재사항이며 근로기준법 등 관련 법률에 위반되지 않도록 할 필요
제48조(임금의 구성항목) ① 사원에 대한 임금은 기본급 및 ㅇㅇ수당과 연장·야간·휴일근로수당 등 법정수당으로 구성한다.	

취업규칙(안)	작성시 착안 사항
② 제23조의 근로시간을 초과하여 근로한 경우, 야간(22:00~06:00)에 근로한 경우, 휴일에 근로한 경우에는 제29조에 따라 가산하여 지급한다. ③ 제2항의 가산을 위한 통상임금에 산입하는 임금의 범위는 기본급 및 ㅇㅇ수당으로 하되, 시간급 통상임금은 월 통상임금을 나누어 계산한다.	[필수] 임금을 구성하고 있는 항목을 명확히 하여 연장근로 수당 등의 계산 시에 논란이 없도록 할 필요 ☞ (참고) 통상임금은 근로자에게 소정근로의 대가로서 정기적·일률적·고정적으로 지급되는 금액(근로기준법 시행령 제6조 참조)이며 여러 가지 수당을 신설하여 임금체계를 복잡하게 하는 것은 바람직하지 않음
제49조(임금의 계산 및 지급방법) ① 임금은 매월 초일부터 말일까지를 산정기간으로 하여 해당 월의 00일 사원에게 직접 지급하거나 사원이 지정한 사원 명의의 예금계좌에 입금하여 지급한다. 다만, 지급일이 토요일 또는 공휴일인 경우에는 그 전일에 지급한다. ② 신규채용, 승진, 전보, 퇴직 등의 사유로 임금을 정산하는 경우에는 발령일을 기준으로 그 월액을 일할 계산하여 지급한다. ③ 회사는 사원이 임금 계산 내역 및 원천징수 공제된 내역을 확인할 수 있도록 급여명세서를 교부한다. ④ 회사는 최저임금의 적용을 받는 사원에게 최저임금액 이상의 임금을 지급하여야 한다.	[필수] 임금지급형태 및 임금계산기간을 명확히 규정하고, 임금지급기일 등을 명확히 하여야 하며 사업장 사정에 따라 달리 정할 수 있음 ☞ (참고) 임금지급 주기는 반드시 월 1회 이상이 되도록 설정하여야 함(근로기준법 제43조 참조) * 예) '18.2.1. 입사자로 임금 산정기간이 매월 초일부터 말일까지인 경우, 임금을 익월 10일(2018.3.10.) 지급하게 되면 입사 후 1개월 이내에 임금을 지급하지 아니하였으므로 입사 첫 달은 근로기준법 제43조 위반에 해당함
제50조(비상시 지급) 사원이 다음 각 호의 사유로 청구하는 경우에는 지급기일 전이라도 이미 제공한 근로에 대한 임금을 지급한다. 1. 사원 또는 그의 수입에 의하여 생활을 유지하는 자의 출산, 질병 또는 재해의 비용에 충당하는 경우 2. 사원 또는 그의 수입에 의하여 생활하는 자의 혼인 또는 사망 시 그 비용에 충당하는 경우 3. 사원이 부득이한 사정으로 1주일 이상 귀향하는 경우	[선택] 근로기준법에 명시된 사항으로 확인적 차원에서 규정할 수 있음(근로기준법 제45조 참조)
제51조(휴업수당) ① 회사의 귀책사유로 휴업하는 경우에는 휴업기간 동안 사원에게 평균임금의 100분 70의 수당을 지급한다. 다만, 평균임금의 100분의 70에 해당하는 금액이 통상임금을 초과하는 경우에는 통상임금으로 지급한다. ② 회사는 부득이한 사유로 사업을 계속하는 것이 불가능한 경우에는 노동위원회의 승인을 받아 제1항에 정한 금액에 못 미치는 휴업수당을 지급할 수 있다.	[선택] 근로기준법에 명시된 사항으로 확인적 차원에서 규정할 수 있음(근로기준법 제46조 참조)
제52조(상여금 지급) ① 회사는 기본급의 00%를 상여금으로 지급한다. 다만, 단체협약에서 달리 정할 경우 그 기준에 의한다. ② 제1항의 상여금 중 00%는 매달 각 00%를 지급하고, 구정설날, 추석, 하기휴가 시에 각 00%를 지급한다. 각 상여금은 지급사유로 속한 달의 정기 임금지급일에 지급한다. ③ 퇴직자의 경우 상여금 지급일을 기준으로 일할 계산하여 지급하고 계속근로 3개월 미만인 자는 지급대상에서 제외한다.	[선택] 상여금 지급 자체는 의무사항이 아님. 다만 상여금 규정을 두는 경우에는 취업규칙에 필수적으로 명시하여야 함 ☞ (참고) 사업장 사정에 따라 상여금의 지급기준, 지급기일, 지급대상, 지급률 등을 달리 정할 수 있으나, 근로자간 불합리한 차별 등 논란이 발생하지 않도록 주의할 필요 * 상여금 지급 횟수는 설, 추석, 하기휴가 등 고려

취업규칙(안)	작성시 착안 사항
	☞ (참고) 매월 1회 이상 정기적으로 지급하는 상여금의 경우에는 최저임금의 산입범위에 포함되며, 최저임금 산입범위에 포함시키기 위하여 지급주기를 매월 1회 이상으로 바꾸기 위하여 취업규칙을 변경하려는 경우에는 최저임금법 제6조의2에 따른 절차를 거침. 다만, 단체협약에 1개월을 초과하는 주기로 상여금을 지급하도록 규정되어 있는 경우에는 단체협약 개정이 필요(단체협약 미개정 시 취업규칙 개정에도 불구하고 단체협약에서 정한 기준에 따라 지급)
제9장 퇴직 · 해고 등	**◈ 퇴직 관련 규정은 필수적 기재사항이며, 특히 해고와 연계되어 많은 쟁점이 발생하므로 근로기준법 등 법률에 위반되지 않도록 할 필요**
제53조(퇴직 및 퇴직일) ① 회사는 사원이 다음 각 호의 어느 하나에 해당할 때에는 사원을 퇴직시킬 수 있다. 1. 본인이 퇴직을 원하는 경우 2. 사망하였을 경우 3. 정년에 도달하였을 경우 4. 근로계약기간이 만료된 경우 5. 해고가 결정된 경우 ② 제1항에 의한 퇴직의 퇴직일은 다음 각 호와 같다. 1. 사원이 퇴직일자를 명시한 사직원을 제출하여 수리된 경우, 사직원 상 퇴직일 2. 사원이 퇴직일자를 명시하지 아니하고 사직원을 제출한 경우, 이를 수리한 날. 다만, 회사는 업무의 인수인계를 위하여 사직원을 제출한 날로부터 30일을 넘지 않는 범위 내에서 퇴직일자를 지정하여 수리할 수 있다. 3. 사망한 날 4. 정년에 도달한 날 5. 근로계약기간이 만료된 날 6. 해고가 결정·통보된 경우, 해고일	[필수] 근로계약 관계의 종료사유를 명확히 하기 위하여 규정하며 사업장 사정에 따라 달리 정할 수 있음 ☞ (참고) 사유별 효력발생(퇴직) 시기를 명확히 규정하여 근속기간 산정 등에 다툼이 없도록 유의할 필요
제54조(해고) 사원이 다음 각 호의 경우와 같이 사회통념상 근로관계를 더 이상 존속하기 어렵다고 인정될 정당한 이유가 있는 경우 해고할 수 있다. 1. 신체 또는 정신상 장애로 직무를 감당할 수 없다고 인정되는 경우(의사의 소견이 있는 경우에 한함) 2. 휴직자로서 정당한 사유 없이 휴직기간 만료일 후 7일이 경과할 때까지 복직원을 제출하지 않은 경우 3. 징계위원회에서 해고가 결정된 경우 4. 기타 제1호 내지 제3호에 준하는 경우로서 정당한 이유가 있는 경우	[선택] 사회통념상 근로관계를 더 이상 존속하기 어렵다고 인정되는 경우 통상해고와 징계해고 등을 정할 수 있으며 사업장 사정에 따라 달리 정할 수 있음 ☞ (참고) 다만, 해고는 근로기준법 제23조에 따라 정당한 이유가 있어야 함

취업규칙(안)	작성시 착안 사항
제55조(해고의 제한) ① 사원이 업무상 부상 또는 질병의 요양을 위하여 휴업한 기간과 그 후 30일 동안은 해고하지 아니한다. 다만, 근로기준법 제84조에 따라 일시보상을 하였을 경우에는 해고할 수 있다. ② 산전(産前)산후(産後)의 여성 사원이 근로기준법에 따라 휴업한 기간과 그 후 30일, 1년 이내 육아휴직 기간 동안은 해고하지 아니한다.	[선택] 근로기준법의 내용으로 반드시 취업규칙에 규정할 필요는 없으나 확인적인 취지로 규정하는 것도 가능(근로기준법 제23조제2항 참조) ☞ (참고) '사업을 계속할 수 없게 된 경우'라 함은 전체적인 사업을 계속 수행하는 것이 상당기간동안 불가능한 경우임(근기 68207 - 1376, 2004.4.2)
제56조(해고의 통지) ① 회사는 사원을 해고하는 경우에는 서면으로 그 사유 및 날짜를 기재하여 통지한다. ② 회사는 제1항에 따라 해고를 통지하는 경우 해고일로부터 적어도 30일 전에 해고예고를 하거나, 30일 전에 해고예고를 하지 아니하였을 때에는 30일분의 통상임금을 지급한다. 다만, 다음 각 호의 어느 하나에 해당하는 경우에는 그러하지 아니하다. 1. 사원이 계속 근로한 기간이 3개월 미만인 경우 2. 천재·사변, 그 밖의 부득이한 사유로 사업을 계속하는 것이 불가능한 경우 3. 사원이 고의로 사업에 막대한 지장을 초래하거나 재산상 손해를 끼친 경우로서 근로기준법 시행규칙 별표에 정하는 사유에 해당하는 자 ③ 사용자가 제2항에 따른 해고의 예고를 해고사유와 해고시기를 명시하여 서면으로 한 경우에는 제1항에 따른 통지를 한 것으로 본다.	[필수] 근로기준법의 내용으로 반드시 취업규칙에 규정할 필요는 없으나 확인적인 취지로 규정할 수 있음(근로기준법 제26조, 제27조) ☞ (참고) 정당한 이유가 있어 해고하는 경우라도 30일전에 예고하거나 30일분 이상의 통상임금을 지급하여야 함 ☞ (참고) 근로기준법 개정으로 고용형태와 상관없이 "근로자가 계속 근로한 기간이 3개월 미만인 경우"에는 해고예고가 적용되지 않음('19.1.15. 시행), 개정규정은 시행 후 근로계약을 체결한 근로자부터 적용됨
제57조(정년) 정년은 만60세에 도달한 달로 한다. 사용자는 필요한 경우 정년이후 사원을 촉탁직으로 고용할 수 있다.	[필수] 고령자고용법 제19조에 따라, 사업주는 근로자의 정년을 60세 이상으로 정해야 함(60세 미만으로 설정하더라도 60세로 간주) ☞ (참고) 정년 제한 없이 계속 고용하고자 하는 경우에는 "(예시) 정년은 별도로 정하지 아니하며 특별한 사정이 없는 한 연령에 관계없이 계속 고용한다." 등으로 규정 가능)
제10장 퇴직급여	◈ 퇴직급여 관련 규정은 필수적 기재사항이며 금액산정 등을 둘러싸고 많은 쟁점이 발생하므로 근로기준법 등 관련 법률에 위반되지 않도록 할 필요
제58조(퇴직급여제도의 설정) ① 회사는 퇴직하는 사원에게 퇴직급여를 지급하기 위하여 「근로자퇴직급여 보장법」 제19조에 따른 확정기여형퇴직연금제도를 설정한다. ② 회사는 제1항에도 불구하고 「근로자퇴직급여 보장법」 제4조 제1항에 따라 계속근로기간이 1년 미만이거나, 4주간을 평균하여 1주간의 소정근로시간이 15시간 미만인 사원에 대하여는 퇴직급여를 지급하지 아니한다.	[필수] 필수적 사항으로 사업장 사정에 따라 법정기준을 상회하는 수준에서 달리 정할 수 있음(「근로자퇴직급여 보장법」 제8조 참조)

취업규칙(안)	작성시 착안 사항
③ 확정기여형퇴직연금제도의 가입대상, 가입기간, 부담금 납입 수준 및 납입일 등 퇴직연금제도의 구체적인 운영에 관한 사항은 확정기여형퇴직연금규약에서 정한다. <참고: 퇴직금 제도를 운영하는 경우> 제58조 (퇴직급여제도의 설정) ① 회사는 계속근로기간이 1년 미만이거나, 4주간을 평균하여 1주간의 소정근로시간이 15시간 미만인 사원을 제외하고 퇴직하는 사원에게 퇴직금을 지급한다. ② 회사는 근로자퇴직급여보장법 제4조에 따라 제1항의 퇴직금을 지급하는 대신 근로자 대표의 동의를 얻어 퇴직연금제도를 도입할 수 있다.	☞ (참고) 퇴직금 제도를 설정한 회사에서 퇴직연금제도를 도입하고자 할 때에는 근로자 대표(근로자 과반수가 가입한 노동조합이 있는 경우에는 그 노동조합, 근로자의 과반수가 가입한 노동조합이 없는 경우에는 근로자 과반수)의 동의를 얻어 퇴직연금규약을 작성하고 이를 관할 지방고용노동관서에 신고하여야 하며, 퇴직연금제도의 가입대상 및 기간, 부담금 수준, 급여 종류, 수급요건 및 지급절차 등에 관하여는 퇴직연금규약으로 정하여야 함 ☞ (참고) 하나의 사업장에서 복수의 퇴직급여제도(퇴직금, 퇴직연금)를 설정하여 운영할 수 있음
제59조(중도인출) ① 확정기여형퇴직연금제도에 가입한 사원은 「근로자퇴직급여 보장법 시행령」 제14조에서 정한 사유가 있는 경우 퇴직하기 전에 퇴직연금사업자에게 적립금의 중도인출을 신청할 수 있다. ② 회사는 퇴직연금의 중도인출을 신청하는 사원의 요청이 있는 경우 관련 증빙서류의 제공에 응하여야 한다. <참고: 퇴직금 제도를 운영하는 경우> 제59조(중간정산) 회사는 주택구입 등 「근로자퇴직급여 보장법」 시행령 제3조에서 정한 사유로 사원이 요구하는 경우에는 퇴직하기 전에 해당 사원의 계속근로기간에 대한 퇴직금을 미리 정산하여 지급할 수 있다. 이 경우 미리 정산하여 지급한 후의 퇴직금 산정을 위한 계속 근로기간은 정산시점부터 새로이 기산한다.	**[선택]** 퇴직급여의 중도인출(중간정산)은 「근로자퇴직급여 보장법」 제8조제2항에서 정하고 있어 별도 기재할 필요는 없으나, 근로자에게 주지시키는 차원에서 기재하는 것이 바람직 ☞ (참고) 「근로자퇴직급여 보장법」 제8조 개정(2011.7.25.)에 따라 퇴직급여의 중도인출(중간정산)이 시행령(제3조)에 정한 사유에 해당할 경우에만 가능해졌음에 유의할 것 ☞ (참고) 확정급여형퇴직연금제도는 퇴직급여 중도인출이 허용되지 않음에 유의
제11장 표창 및 징계	◈ 표창과 제재(징계) 관련 규정은 필수적 기재사항이며, 부당해고 등과 연계되어 많은 쟁점이 발생하므로 근로기준법 등 관련 법률에 위반되지 않도록 할 필요
제60조(표창) ① 회사는 사원이 다음 각 호의 어느 하나에 해당하는 경우 표창할 수 있다. 1. 회사의 업무능률 향상에 현저한 공로가 인정된 자 2. 회사의 영업활동에 크게 기여한 자 3. 업무수행 성적이 우수한 자 4. 기타 표창의 필요가 인정되는 자 ② 표창 대상자 및 표창의 방법은 위원회를 거쳐 결정한다.	**[필수]** 사업장 사정에 따라 내용을 달리 정할 수 있음
제61조(징계) 회사는 다음 각 호의 어느 하나에 해당하는 사원에 대하여 위원회의 의결을 거쳐 징계할 수 있다. 1. 부정 및 허위 등의 방법으로 채용된 자	**[필수]** 필수적 사항으로 사업장 사정에 따라 달리 정할 수 있음 ☞ (참고) 징계는 노사 간 갈등의 요인이 될 수 있으므로 징계사유를 합리적으로 설정하려는 노력이 필요

취업규칙(안)	작성시 착안 사항
2. 업무상 비밀 및 기밀을 누설하여 회사에 피해를 입힌 자 3. 회사의 명예 또는 신용에 손상을 입힌 자 4. 회사의 영업을 방해하는 언행을 한 자 5. 회사의 규율과 상사의 정당한 지시를 어겨 질서를 문란하게 한 자 6. 정당한 이유 없이 회사의 물품 및 금품을 반출한 자 7. 직무를 이용하여 부당한 이익을 취한 자 8. 회사가 정한 복무규정을 위반한 자 9. 직장 내 성희롱 행위를 한 자 10. 다른 사원 등에 대하여 직장 내 괴롭힘 행위를 한 자 11. 기타 법령 위반 등 이에 준하는 행위로 직장질서를 문란하게 한 자	☞ (참고) 특히 징계위원회는 사업장 사정에 따라 그 구성 및 규모를 달리 정하거나 사업장 규모가 작을 경우 설치하지 않을 수도 있으나 투명한 운영을 위해 가급적 설치하는 것이 바람직함
제62조(징계의 종류) 사원에 대한 징계의 종류는 다음과 같다. 1. 견책: 해당 사원에 대하여 경위서를 받고 문서로 견책한다. 2. 감봉(감급): 1회에 평균임금 1일분의 2분의 1, 총액은 월 급여총액의 10분의 1을 초과하지 않는 범위의 금액을 감액한다. 3. 정직: 중대 징계사유 발생 자에 대하여 3월 이내로 하고, 그 기간 중에 직무에 종사하지 못하며 그 기간 동안 임금을 지급하지 아니한다. 4. 해고: 근로계약을 해지한다.	[필수] 사업장에 따라 달리 정할 수 있음 ☞ (참고) 감급의 제재를 정할 경우에는 그 감액은 1회의 액이 평균임금의 1일분의 2분의 1을, 총액이 1임금지급기(예: 월급)에 있어서의 임금총액의 10분의 1을 초과하지 못함(근로기준법 제95조 참조) * 예) 1일 평균임금이 10만원이고 월 급여 총액이 300만원인 경우 1회에 50,000원 범위 내, 10달에 걸쳐 10회를 감급할 경우 30만원 범위 내
제63조(징계심의) ① 위원회의 위원장은 징계의결을 위한 회의 7일 전까지 위원회의 위원들에게는 회의일시, 장소, 의제 등을, 징계대상 사원에게는 서면으로 별지2의 출석통지를 각 통보한다. ② 위원회는 징계사유를 조사한 서류와 입증자료 및 당사자의 진술 등 충분한 증거를 확보하여 공정하게 심의한다. 이 경우, 징계대상자가 위원회에 출석을 원하지 아니하거나 서면진술을 하였을 때는 별지2 하단의 진술권포기서 또는 별지3의 서면진술서를 징구하여 기록에 첨부하고 서면심사만으로 징계의결을 할 수 있다. ③ 위원회의 위원이 징계대상자와 친족관계에 있거나 그 징계사유와 관계가 있을 때에는 그 위원은 그 징계의결에 관여하지 못한다. ④ 위원회는 의결 전에 해당사원에게 소명할 기회를 부여한다. ⑤ 위원회는 징계 대상자가 2회에 걸쳐 출석요구에 불응하거나 소명을 거부하는 경우 또는 소명을 포기 하는 의사를 표시하는 경우에는 소명 없이 징계의결 할 수 있다. ⑥ 위원회는 징계심의와 징계의결을 진행하고, 별지4의 징계의결서 등을 작성·보관하여야 한다. ⑦ 간사는 징계의결을 위한 회의에 참석하여 회의록을 작성하고 이를 보관한다.	[필수] 징계의 심의 방법에 대하여는 사업장에 따라 내용을 달리 정할 수 있음 ☞ (참고) 징계의 양정과 징계절차와 관련하여 노동위원회에 부당해고 등의 구제신청을 제기하는 등 논란이 발생할 수 있으므로 합리적인 수준의 징계와 공정한 절차 운영이 필요함

취업규칙(안)	작성시 착안 사항
제64조(징계결과 통보) 징계결과통보는 해당 사원에게 별지5의 징계처분사유 설명서에 의한다.	[필수] 징계결과를 서면으로 통보하도록 하는 것이 바람직함(별지5, 징계처분사유설명서 서식 참조)
제65조(재심절차) ① 징계처분을 받은 사원은 징계결정이 부당하다고 인정될 때 징계통보를 받은 날로부터 7일 이내에 서면으로 재심신청을 할 수 있다. ② 재심을 요청받은 경우 위원회는 10일 이내에 재심을 위한 회의를 개최하여야 하며 그 절차는 제63조 및 제64조를 준용한다.	[선택] 사업장 사정에 따라 달리 정할 수 있으나 투명하고 공정한 운영을 위해 가급적이면 재심절차를 두는 것이 바람직함
제12장 교육	◈ 교육 관련 규정은 필수적 기재사항은 아니지만 근로자의 직무능력 향상, 사기 및 직장분위기 개선, 법정의무교육 환기 차원에서 규정하는 것이 일반적임
제66조(교육시간) 이 규칙에서 규정한 교육은 근무시간 중에 실시하는 것을 원칙으로 하고 교육을 받는 시간은 근로를 제공한 것으로 본다. 다만, 사원과 합의로 근무시간 외에 직무교육을 받도록 할 수 있으며 이 경우의 처우에 관하여는 교육의 장소·일정 등을 고려하여 따로 정한다.	[선택] 사업장 사정에 따라 달리 정할 수 있음 ☞ (참고) 소정근로시간 내에 사용자의 지시로 이루어지는 직무교육 및 노동관계법령 등에 따라 사용자가 의무적으로 실시하도록 되어 있는 각종 교육 시간은 근로를 제공한 것으로 보아야 함
제67조(직무교육) 회사는 사원의 직무능력 향상을 위하여 필요한 경우 직무교육을 시킬 수 있으며 사원은 교육과정에 성실히 임하여야 한다.	[선택] 사업장 사정에 따라 달리 정할 수 있음. 다만 근로자를 위한 교육시설을 운영하는 경우는 필수사항임 ☞ (참고) 특히 교육시설의 운영 등과 관련하여 근로자간 공평한 기회가 부여될 수 있도록 합리적인 운영기준을 설정할 필요
제68조(장애인 인식개선 교육) 회사는 1년에 1회 이상 장애의 정의 및 장애유형에 대한 이해, 직장 내 장애인의 인권, 장애인에 대한 차별금지 및 정당한 편의 제공, 장애인고용촉진 및 직업재활과 관련된 법과 제도 등을 내용으로 직장 내 장애인 인식개선 교육을 한다.	[선택] 취업규칙 필수기재 사항은 아니나, 법률에 따른 의무 사항으로 명확히 할 필요 ☞ (참고) 개정 「장애인고용촉진 및 직업재활법」('18.5.29 시행)에 따라 모든 사업장은 직장 내 장애인 인식개선 교육 의무가 존재. 다만, 장애인 고용 의무가 없는 사업주(상시 근로자 50인 미만)는 교육자료 등을 배포·게시하거나 전자우편을 보내는 등의 방법으로 장애인 인식개선 교육 실시 가능
제69조(개인정보보호교육) ① 회사는 「개인정보보호법」에 따른 개인정보취급자인 사원에 대하여 정기적으로 개인정보 보호에 필요한 교육을 실시한다. ② 개인정보취급자인 사원은 제1항에 따른 교육을 받아야 한다.	[선택] 취업규칙 필수기재 사항은 아니나, 법률에 따른 의무 사항으로 명확히 할 필요
제13장 직장 내 괴롭힘의 금지	◈ 19.1.15. 개정 근로기준법(19.7.16. 시행)에 직장 내 괴롭힘의 예방 및 발생 시 조치 등에 관한 사항이 취업규칙 필수기재사항에 추가되었음(제93조제11호) * 별도로 직장 내 괴롭힘 예방·대응 규정을 제정하는 경우 [별첨] 별도 규정 표준안 참조

취업규칙(안)	작성시 착안 사항
제70조(직장 내 괴롭힘 행위의 금지) ① 직장 내 괴롭힘 행위란 사업주, 임원, 사원이 직장에서의 지위 또는 관계 등의 우위를 이용하여 업무상 적정범위를 넘어 다른 사원 등에게 신체적, 정신적 고통을 주거나 근무환경을 악화시키는 행위를 말한다. ② 누구든지 직장 내 괴롭힘 행위를 하여서는 아니 된다.	[필수] '19.1.15. 개정 근로기준법 제76조의2에서 직장 내 괴롭힘 ☞ (참고) 사원 외에 협력사 사원과 특수형태근로종사자까지 직장 내 괴롭힘 피해로부터 보호하고자 하는 경우에는 아래 예시문과 같이 추가할 수 있음 〈예시문〉 제○조(협력사 직원 등에 대한 보호) 사업주, 임원사원으로부터 직장 내 괴롭힘 피해를 입은 협력사 직원 또는 특수형태근로종사자는 사원과 동등하게 회사에 직장 내 괴롭힘 행위를 신고하고, 보호조치를 요청할 수 있다.
제71조(금지되는 직장 내 괴롭힘 행위) 회사에서 금지되는 직장 내 괴롭힘 행위는 다음 각 호와 같다. 1. 신체에 대하여 폭행하거나 협박하는 행위 2. 지속·반복적인 욕설이나 폭언 3. 다른 직원들 앞에서 또는 온라인상에서 모욕감을 주거나 개인사에 대한 소문을 퍼뜨리는 등 명예를 훼손하는 행위 4. 합리적 이유 없이 반복적으로 개인 심부름 등 사적인 용무를 지시하는 행위 5. 합리적 이유 없이 업무능력이나 성과를 인정하지 않거나 조롱하는 행위 6. 집단적으로 따돌리거나, 정당한 이유 없이 업무와 관련된 중요한 정보 또는 의사결정 과정에서 배제하거나 무시하는 행위 7. 정당한 이유 없이 상당기간 동안 근로계약서 등에 명시되어 있는 업무와 무관한 일을 지시하거나 근로계약서 등에 명시되어 있는 업무와 무관한 허드렛일만 시키는 행위 8. 정당한 이유 없이 상당기간 동안 일을 거의 주지 않는 행위 9. 그 밖에 업무의 적정범위를 넘어 직원에게 신체적·정신적 고통을 주거나 근무환경을 악화시키는 행위	[선택] 직장 내 괴롭힘 행위 유형을 반드시 규정해야 하는 것은 아니나, 사내에서 금지하는 행위를 구체적으로 규정함으로써 구성원들이 금지행위가 무엇인지 명확히 인지하도록 하는 것이 바람직 ☞ (참고) 「직장 내 괴롭힘 판단 및 예방·대응 매뉴얼('19.2)」을 참고하여 사업장별로 금지가 필요한 행위를 가감할 수 있음 ☞ (참고) 이 규칙 제61조제10호*와 같이 직장 내 괴롭힘 행위자를 징계할 수 있는 근거가 있거나, 제61조제11호**와 같이 개방조항을 가지고 징계할 수 있는 경우에는 제71조와 같이 구체적 직장 내 괴롭힘 행위를 규정하지 않더라도 징계 가능 * 10. 다른 사원등에 대하여 직장 내 괴롭힘 행위를 한 자 ** 11. 기타 법령 위반 등 이에 준하는 행위로 직장 질서를 문란하게 한자
제72조(직장 내 괴롭힘 예방교육) ① 회사는 직장 내 괴롭힘 예방을 위한 교육(이하 "직장 내 괴롭힘 예방교육"이라 한다)을 1년에 1회 이상 실시한다. ② 직장 내 괴롭힘 예방교육 시간은 1시간 이상으로 한다. ③ 직장 내 괴롭힘 예방교육의 내용은 다음 각 호와 같다. 1. 직장 내 괴롭힘 행위의 정의 2. 금지되는 직장 내 괴롭힘 행위 3. 직장 내 괴롭힘 상담절차 4. 직장 내 괴롭힘 사건처리절차 5. 직장내 괴롭힘 피해자 보호를위한 조치 6. 직장 내 괴롭힘 행위자에 대한 조치 7. 그 밖에 직장 내 괴롭힘 예방을 위한 내용 ④ 회사는 직장 내 괴롭힘 예방교육의 주요 내용을 항상 게시하거나 사원들이 열람할 수 있도록 조치한다.	[필수] 직장 내 괴롭힘 예방에 관한 사항은 필수기재 사항에 해당하나, 그 방식은 반드시 예방교육일 필요는 없음 ☞ (참고) 가장 일반적이고 효과적인 예방활동으로 사내 구성원에 대한 교육을 권고하는 것이고, 그 외의 예방활동을 규정하고자 할 경우 「직장 내 괴롭힘 판단 및 예방·대응 매뉴얼」('19.2.22.)을 참고 ☞ (참고) 예방교육 시, 사내강사 등을 활용하여 자체적으로 시행할 수 있음

취업규칙(안)	작성시 착안 사항
제73조(직장 내 괴롭힘 예방·대응 조직) 회사 내 인사부서에 직장 내 괴롭힘의 예방·대응 업무를 총괄하여 담당하는 직원(이하 "예방·대응 담당자"라 한다)을 1명 이상 둔다.	**[필수]** '직장 내 괴롭힘 발생 시 조치에 관한 사항'(신고 방법, 조사에 관한 사항, 행위자 및 피해자에 대한 조치에 관한 사항 등)은 반드시 규정할 필수기재 사항임. 따라서 괴롭힘 발생 시 신고 접수부서(또는 담당자) 등 신고에 대한 사항은 필수적으로 규정할 필요
제74조(사건의 접수) ① 누구든지 직장 내 괴롭힘 발생 사실을 알게 된 경우 그 사실을 예방·대응 담당자에게 신고할 수 있다. ② 예방·대응 담당자는 제1항에 따른 신고가 있는 경우 또는 그 밖의 방법으로 직장 내 괴롭힘 발생 사실을 인지한 경우 사건을 접수한다.	☞ (참고) 「직장 내 괴롭힘 판단 및 예방·대응 매뉴얼」('19.2.22.)을 참고하여 직장 내 괴롭힘의 조사 및 조치에 관한 구체적인 절차를 설계하되, 동 표준안과 같이 취업규칙 자체에 규정할 수도 있고, 상담 절차, 조사위원회 구성 등 세부적인 규정이 필요한 경우 하부규정*으로 위임하여 별도 규정할 수도 있음 * 「직장 내 괴롭힘 판단 및 예방·대응 매뉴얼」('19.2.22.) p.60 이하 참고
제75조(사건의 조사) ① 회사는 직장 내 괴롭힘 신고를 접수하거나 직장 내 괴롭힘 발생 사실을 인지한 경우에는 지체 없이 그 사실 확인을 위한 조사를 실시한다. ② 조사는 예방·대응 담당자가 담당한다. ③ 조사가 종료되면 사업주에게 보고한다. ④ 조사를 하는 경우 행위자에 대한 조치와 관련한 피해자의 의견을 들어야 한다. ⑤ 조사자 등 조사 과정에 참여한 사람은 조사 과정에서 알게 된 비밀을 피해자 의사에 반하여 다른 사람에게 누설하여서는 아니 된다. 다만, 조사와 관련된 내용을 사업주에게 보고하거나 관계 기관의 요청에 따라 필요한 정보를 제공하는 경우는 제외한다.	**[필수]** '직장 내 괴롭힘 발생 시 조치에 관한 사항'(신고 방법, 조사에 관한 사항, 행위자 및 피해자에 대한 조치에 관한 사항 등)은 반드시 규정할 필수기재 사항임
제76조(피해자의 보호) ① 회사는 정식 조사기간 동안 피해자가 요청하는 경우에는 근무장소의 변경, 유급휴가 명령 등 피해자의 요청을 고려하여 적절한 조치를 한다. 이 경우 피해자의 의사에 반하는 조치를 하여서는 아니된다. ② 회사는 직장 내 괴롭힘이 인정된 경우 피해자가 요청하면 근무장소의 변경, 배치전환, 유급휴가의 명령 등 적절한 조치를 한다. ③ 회사는 신고인 및 피해자에게 해고나 그 밖의 불리한 처우를 하여서는 아니 된다.	**[필수]** '직장 내 괴롭힘 발생 시 조치에 관한 사항'(신고 방법, 조사에 관한 사항, 행위자 및 피해자에 대한 조치에 관한 사항 등)은 반드시 규정할 필수기재 사항임
제77조(직장 내 괴롭힘 사실의 확인 및 조치) 사업주는 직장 내 괴롭힘이 인정된 경우 지체 없이 행위자에 대하여 징계, 근무장소의 변경 등 필요한 조치를 한다.	**[필수]** '직장 내 괴롭힘 발생 시 조치에 관한 사항'(신고 방법, 조사에 관한 사항, 행위자 및 피해자에 대한 조치에 관한 사항 등)은 반드시 규정할 필수기재 사항임
제78조(고객의 폭언 등에 대한 조치) ① 고객을 응대하는 업무를 주로 하는 사원이 고객으로부터 폭언, 폭행 등을 당한 경우 회사는 해당 사원의 업무를 일시적으로 중단 또는 전환하거나 일정시간 휴게시간을 연장, 건강장해 관련 치료 및 상담 지원, 고소 및 고발 또는 손해배상 청구 등을 하는데 필요한 조치 등을 취한다.	**[선택]** 고객의 폭언 등에 대한 조치는 취업규칙 필수기재 사항은 아니나, '18.4.17. 산업안전보건법 개정('18.10.18. 시행)으로 고객응대근로자에 대한 사업주의 예방조치 의무가 신설된 만큼 취업규칙을 통해 사내규정 및 고객응대 매뉴얼 등에 명문화하여 고객응대 근로자의 권익 보호 필요

취업규칙(안)	작성시 착안 사항
② 회사는 고객응대 사원의 건강장해를 예방하기 위하여 폭언 등을 하지 않도록 요청하는 문구 게시 또는 음성 안내를 하고, 고객응대매뉴얼을 구비하여 고객이 폭언 등 부적절한 행동을 하였을 때 사원이 자신을 보호하기 위하여 어떠한 방어행동을 할 수 있는지를 주지시키는 고객응대 업무 매뉴얼과 건강장해 예방 관련 교육 등의 필요한 조치를 하여야 한다. ③ 일시적인 업무의 중단으로도 사원의 건강장해가 해소되지 않을 때에는 회사는 사원의 업무를 전환시켜야 한다. ④ 회사는 사원이 고객의 폭언 등으로 인한 피해 복구를 위한 요구를 하였다는 이유로 해고나 그 밖에 불리한 처우를 하여서는 아니 된다.	
제14장 직장 내 성희롱의 금지 및 예방	◈ 직장 내 성희롱 관련 규정은 필수적 기재사항은 아니지만 「남녀고용평등 및 일 · 가정 양립 지원에 관한 법률」상 의무사항이고, 근로자 이직감소 및 조직문화 개선 등의 차원에서 규정하는 것이 일반적임
제79조(직장 내 성희롱의 금지) 누구든지 직장 내 성희롱을 하여서는 아니 된다.	[선택] 직장 내 성희롱 예방 분위기 조성을 위해 규정하는 것이 바람직
제80조(직장 내 성희롱 예방교육) ① 회사는 직장 내 성희롱 예방교육을 연 1회 이상 실시한다. ② 사업주 및 사원은 제1항에 따른 성희롱 예방교육을 받아야 한다. ③ 직장 내 성희롱 예방교육의 내용에는 다음 각 호가 포함되어야 한다. 1. 직장 내 성희롱에 관한 법령 2. 직장 내 성희롱 발생 시 처리절차와 조치기준 3. 직장 내 성희롱 피해 사원의 고충상담 및 구제절차 4. 그 밖에 직장 내 성희롱 예방에 필요한 사항 ④ 회사는 성희롱 예방교육의 내용을 사원들이 자유롭게 열람할 수 있는 장소에 항상 게시하거나 갖추어 두어야 한다.	[선택] 취업규칙 필수기재 사항은 아니나, 법률(남녀고용평등법 제13조)에 규정된 의무 사항으로 명확히 할 필요
제81조(직장 내 성희롱 예방지침) ① 회사는 직장 내 성희롱 예방지침을 마련하고 사원이 자유롭게 열람할 수 있는 장소에 항상 게시하거나 갖추어 두어야 한다. ② 제1항의 직장 내 성희롱 예방지침에는 다음 각 호의 사항이 포함되어야 한다. 1. 직장 내 성희롱 관련 상담 및 고충 처리에 필요한 사항 2. 직장 내 성희롱 조사절차 3. 직장 내 성희롱 발생 시 피해자 보호절차 4. 직장 내 성희롱 행위자 징계 절차 및 징계 수준 5. 그 밖에 직장 내 성희롱 예방 및 금지를 위하여 필요한 사항	[선택] 취업규칙 필수기재 사항은 아니나, 법령(남녀고용평등법 시행규칙 제5조의2)에 규정된 의무 사항으로 명확히 할 필요

취업규칙(안)	작성시 착안 사항
제82조(직장 내 성희롱 발생 시 조치) ① 회사는 직장 내 성희롱 발생 사실을 알게 된 경우에는 지체 없이 그 사실 확인을 위한 조사를 하여야 한다. ② 회사는 조사 기간 동안 피해사원 등을 보호하기 위하여 필요한 경우 해당 피해사원 등에 대하여 근무장소의 변경, 유급휴가 명령 등 적절한 조치를 하여야 한다. 이 경우 회사는 피해사원 등의 의사에 반하는 조치를 하여서는 아니 된다.	[선택] 직장 내 성희롱 예방 분위기 조성을 위해 필요
제83조(고객 등에 의한 성희롱 방지) ① 회사는 고객 등 업무와 밀접한 관련이 있는 자가 업무수행 과정에서 성적인 언동 등을 통하여 사원에게 성적 굴욕감 또는 혐오감 등을 느끼게 하여 해당 사원이 그로 인한 고충 해소를 요청할 경우 근무 장소 변경, 배치전환, 유급휴가의 명령 등 적절한 조치를 하여야 한다. ② 회사는 사원이 제1항에 따른 피해를 주장하거나 고객 등으로부터의 성적 요구 등에 불응한 것을 이유로 해고나 그 밖의 불이익한 조치를 하여서는 아니 된다.	[선택] 취업규칙 필수기재 사항은 아니나, 법률(남녀고용평등법 제14조의2)에 규정된 의무 사항으로 명확히 할 필요
제15장 안전보건	◈ 안전보건 관련 규정은 필수적 기재사항이며 산업안전보건법 등 관련 법률에 위반되지 않도록 할 필요
제84조(안전보건관리규정) ① 회사는 사업장의 안전·보건을 유지하기 위하여 다음 각 호의 사항이 포함된 안전보건관리규정을 작성하여 각 사업장에 게시하거나 갖춰 두고, 이를 사원에게 알려야 한다. 1. 안전·보건 관리조직과 그 직무에 관한 사항 2. 안전·보건교육에 관한 사항 3. 작업장 안전관리에 관한 사항 4. 작업장 보건관리에 관한 사항 5. 사고 조사 및 대책 수립에 관한 사항 6. 그 밖에 안전·보건에 관한 사항 ② 각 부서는 회사의 안전보건관리규정에 따라 각 작업장의 안전보건관리를 실시하여야 한다. ③ 사원은 안전보건관리계획의 효과적인 운용을 위하여 적극적으로 협력하여야 한다.	[선택] 산업안전보건법 제20조 참조 ☞ (참고) 사업의 종류에 따라 상시근로자수 300인 이상 또는 100인 이상의 회사는 사업장의 안전·보건을 유지하기 위하여 산업안전보건법령에서 정한 안전보건관리규정을 작성하여 각 사업장에 게시하거나 갖춰야 함
제85조(안전보건 교육) 회사는 사원의 산업재해 예방을 위하여 안전 및 보건에 관한 정기교육, 채용 시의 교육, 작업내용 변경 시의 교육, 유해위험 작업에 사용 시 특별안전 교육 등 산업안전보건법령에 따른 제반 교육을 실시하며 사원은 이 교육에 성실하게 참여하여야 한다.	[필수] 필수적 사항이며 사업장 사정에 따라 달리 정할 수 있음 ☞ (참고) 산업안전보건법령에 정한 취지를 명확히 이행하는 동시에 근로자의 안전의식을 고취할 수 있도록 규정할 필요 (산업안전보건법 제31조 및 시행규칙 제33조 참조)

취업규칙(안)	작성시 착안 사항
제86조(위험기계·기구의 방호조치) 회사는 유해하거나 위험한 작업을 필요로 하거나 동력을 작동하는 기계·기구에 대하여 유해·위험 방지를 위한 방호조치를 하여야 하며 사원은 다음 각 호의 위험기계·기구의 방호조치 사항을 준수하여야 한다. 1. 방호조치를 해체하고자 할 경우 소속부서의 장의 허가를 받아 해체할 것 2. 방호조치를 해체한 후 그 사유가 소멸한 때에는 지체없이 원상으로 회복시킬 것 3. 방호장치의 기능이 상실된 것을 발견한 때에는 지체없이 소속부서의 장에게 신고할 것	[필수] 필수적 사항이며 사업장 사정에 따라 달리 정할 수 있음 ☞ (참고) 산업안전보건법령에 정한 취지를 명확히 이행하는 동시에 근로자의 안전의식을 고취할 수 있도록 규정할 필요(산업안전보건법 제33조 및 시행규칙 제46조, 제47조 및 제48조 참조)
제87조(보호구의 지급 및 착용) 회사는 사원이 유해·위험작업으로부터 보호 받을 수 있도록 보호구를 지급하여야 하며 사원은 작업시 회사에서 지급하는 보호구를 착용하여야 한다.	[필수] 필수적 사항이며 사업장 사정에 따라 달리 정할 수 있음 ☞ (참고) 산업안전보건법령에 정한 취지를 명확히 이행하는 동시에 근로자의 안전의식을 고취할 수 있도록 규정할 필요
제88조(물질안전보건자료의 작성·비치) 회사는 사업장에서 사용하는 산업안전보건법 시행규칙 별표 11의 2에서 정하는 화학물질 및 화학물질을 함유한 제제에 대하여는 물질안전보건자료를 취급사원이 쉽게 볼 수 있는 장소에 게시하거나 갖추어야 한다.	[필수] 필수적 사항이며 사업장 사정에 따라 달리 정할 수 있음 ☞ (참고) 화학물질 취급 사업장의 사업주 및 근로자의 안전의식을 고취할 필요(산업안전보건법 제41조 참조)
제89조(작업환경측정) ① 회사는 산업안전보건법 제42조에 의한 작업환경측정을 실시하되, 원칙적으로 매 6개월에 1회 이상 정기적으로 실시한다. ② 제1항의 작업환경측정 시 사원대표의 요구가 있을 때에는 사원대표를 입회시킨다. ③ 회사는 작업환경측정의 결과를 사원에게 알려주며 그 결과에 따라 당해 시설 및 설비의 설치 또는 개선, 건강진단 등 적절한 조치를 한다.	[필수] 필수적 사항이며 산업안전보건법령에 정한 취지를 명확히 이행할 수 있도록 규정할 필요(산업안전보건법 제42조 참조) ☞ (참고) 작업장 또는 작업 공정이 신규로 가동되거나 변경되는 등으로 작업환경측정대상 작업장이 된 경우에는 그 날로부터 30일 이내에 작업환경측정을 실시하고, 그 후 6개월 마다 1회 이상 정기적으로 작업환경측정을 실시하여야함(산업안전보건법 시행규칙 제93조의4 참조) – 그러나 작업환경측정 결과가 다음의 어느 하나에 해당하는 작업장 또는 작업공정은 해당 유해인자에 대하여 그 측정일부터 3개월에 1회 이상 작업환경측정을 하여야 한다. ① 산업안전보건법 시행규칙 별표 11의5 제1호에 해당하는 화학적 인자의 측정치가 노출기준을 초과하는 경우 ② 산업안전보건법 시행규칙 별표 11의5 제1호에 해당하는 화학적 인자의 측정치가 노출기준을 2배 이상 초과하는 경우 – 최근 1년간 작업 공정에서 공정 설비의 변경 작업방법의 변경, 설비의 이전 등 작업환경측정 결과에 영향을 주는 변화가 없고, 작업환경측정 결과가 최근 2회 연속 노출기준 미만일 경우에는 1년에 1회 이상 작업환경을 측정할 수 있음(산업안전보건법 시행규칙 제93조의4 참조)
제90조(건강진단) ① 회사는 사원의 건강보호·유지를 위하여 산업안전보건법 제43조에서 정하는 바에 따라 매년 1회 일반건강진단을 실시한다. 다만, 사무직은 매 2년에 1회 실시한다.	[필수] 필수적 사항이며 산업안전보건법령에 정한 취지를 명확히 이행할 수 있도록 규정할 필요(산업안전보건법 제43조 참조)

취업규칙(안)	작성시 착안 사항
② 회사는 산업안전보건법 제43조 및 동법 시행규칙 제98조 등이 정하는 바에 따라 필요한 경우 특수·배치전·수시·임시건강진단 등을 실시한다. ③ 사원은 회사가 실시하는 건강진단을 성실히 받아야 한다.	☞ (참고) 특히 노출기준 이상인 작업공정 및 특수·수시·임시건강진단 실시결과 직업유소견자가 발견된 작업공정에서 노출된 모든 사원에 대하여는 다음 회에 한하여 특수건강진단의 실시주기를 1/2로 단축하여야함(산업안전보건법 시행규칙 제99조의2)
제91조(산업안전보건법 준수) ① 회사는 이 규칙에서 정하지 아니한 사항에 대하여는 산업안전보건법에 따라 산업재해 예방을 위한 기준을 지켜 사원의 신체적 피로와 정신적 스트레스 등에 의한 건강장해를 예방하고 안전 및 보건을 유지·증진시킨다. ② 사원은 산업안전보건법에서 정하는 사항과 그 외의 업무에 관련되는 안전보건에 관하여 상사로부터 지시받은 사항을 정확하게 이행하여야 한다.	[필수] 필수적 사항이며 산업안전보건법에 정한 사업주와 근로자의 의무를 이해하도록 규정할 필요 ☞ (참고) 산업안전보건법 제5조 및 제6조
제16장 재해보상	◈ 재해보상 관련 규정은 필수적 기재사항이며 근로기준법 등 관련 법률에 위반되지 않도록 할 필요
제92조(재해보상) ① 사원이 업무상 부상 또는 질병에 걸린 경우와 사망하였을 때의 보상은 산업재해보상보험법에 의한다. ② 산업재해보상보험법의 적용을 받지 않는 업무상 부상 또는 질병에 대하여는 근로기준법이 정하는 바에 따라 회사가 보상한다.	[필수] 필수적 사항이며 사업장 사정에 따라 업무 외의 재해에 대한 부조 등을 반영하여 달리 정할 수 있음 ☞ (참고) 산재보험법 제80조제1항에 따라 보험급여를 받았거나 받을 수 있으면 보험가입자는 동일한 사유에 대하여 「근로기준법에 따른 재해보상 책임이 면제됨 ☞ (참고) 부상 또는 질병이 3일 이내의 요양으로 치유될 수 있는 경우 또는 취업하지 못한 기간이 3일 이내인 산업재해는 산재보험법의 적용이 제외되므로 근로기준법에 따라 사업주가 보상(산재보상보험법 제40조, 제52조)
제17장 보칙	
제93조(취업규칙의 비치) 회사는 이 규칙을 사업장 내의 사무실·휴게실 등에 비치하여 사원들이 자유롭게 열람할 수 있도록 한다.	[선택] 취업규칙 필수적 기재사항은 아니나, 「근로기준법」에서는 법령의 요지 및 취업규칙 비치 의무를 규정하고 있으므로, 이를 근로자들에게 주지해야 함(근로기준법 제14조)
제94조(취업규칙의 변경) 이 규칙을 변경할 때에는 사원의 과반수로 조직된 노동조합이 있는 경우 그 노동조합, 사원의 과반수로 조직된 노동조합이 없는 경우 사원의 과반수 의견을 청취한다. 다만, 규칙을 불리하게 변경하는 경우에는 동의를 받는다.	[선택] 취업규칙 변경절차는 「근로기준법」 제94조에서 정하고 있으므로 이를 확인적 차원에서 취업규칙에 기재하는 것이 바람직 ☞ (참고) 사용자는 취업규칙의 작성 또는 변경에 관하여 해당 사업 또는 사업장에 근로자의 과반수로 조직된 노동조합이 있는 경우에는 그 노동조합, 근로자의 과반수로 조직된 노동조합이 없는 경우에는 근로자의 과반수의 의견을 들어야 한다. 다만, 취업규칙을 근로자에게 불리하게 변경하는 경우에는 그 동의를 받아야 한다(근로기준법 제94조).
부 칙	
제1조(시행일) 이 규칙은 20 년 월 일부터 시행한다	

■ 근로기준법 시행규칙 [별지 제15호서식] 〈개정 2012.2.9〉

취업규칙 [ ]신고서 [ ]변경신고서

※ [ ]에는 해당되는 곳에 ∨ 표시를 합니다.

접수번호	접수일	처리기간 1일

신고내용		
신고내용	사업장명	사업의 종류
	대표자성명	생년월일
	소재지 (전화번호 :)	
	근로자수 명 (남 명, 여 명)	노동조합원수 명
	의견청취일 또는 동의일 년 월 일	

「근로기준법」 제93조와 같은 법 시행규칙 제15조에 따라 위와 같이 취업규칙을 [ ]신고, [ ]변경신고] 합니다

년 월 일

신청인 (서명 또는 인)

대리인 (서명 또는 인)

○○지방고용노동청(지청)장 귀하

첨부서류	1. 취업규칙 (변경신고 하는 경우에는 변경 전과 변경 후의 내용을 비교한 서류) 2. 근로자의 과반수를 대표하는 노동조합 또는 근로자 과반수의 의견을 들었음을 증명하는 자료 3. 근로자의 과반수를 대표하는 노동조합 또는 근로자 과반수의 동의를 받았음을 증명하는 자료(근로자에게 불리하게 변경하는 경우에만 첨부합니다.)	수수료 없음

처 리 절 차

신청서 제출	→	접수	→	내용 검토	→	결제	→	통보
신청인		지방고용노동청(지청)장 (민원실)		지방고용노동청(지청)장 (근로개선지도과)		지방고용노동청(지청)장 (청장 · 지청장)		변경명령 (법령 또는 단체협약에 저촉되는 경우)

210mm×297mm[일반용지 60g/㎡(재활용품)]

MEMO

Chapter 12

비정규직 관리실무

- 비정규직법의 의의 및 도입배경
- 주요 내용
- 차별금지영역
- 합리적 이유
- 파견근로자보호
- 차별구제 시정절차
- 결정
- 외국인고용허가제
- 외국인 고용자격 및 절차
- 외국인 재고용 절차 및 등록
- 외국인근로자 노무관리

Chapter

12 비정규직 관리실무

비정규직법의 의의 및 도입배경

1 의의

2007년 7월 1일 시행된 비정규직보호법은 기존 근로기준법으로 보호할 수 없는「기간제 및 단시간 근로자보호법」을 제정하고 기존의 파견근로자보호법 및 노동위원회법을 개정한 법률로 이루어져 있다. 비정규직보호법의 핵심은 차별시정법으로 비정규직(기간·단시간·파견) 근로자와 정규·통상·직접고용 근로자와 비교하여 합리적 이유 없이 임금, 상여금, 성과급, 복리후생비 등에 대해 차별할 경우 노동위원회를 통해 구제받을 수 있는 절차를 두고 있다. 비정규직 근로자에 대한 차별금지는 비정규직 근로자의 모든 근로조건을 정규직 근로자의 근로조건과 동일하게 대우하라는 것이 아니라, 합리적 이유 없이 불리한 처우를 하는 것을 금지하는 것으로 합리적 이유가 있는 경우에는 비정규직 근로자에 대하여 차등 대우하는 것은 허용된다.

2 도입배경

1997년 말 외환위기 이후 비정규직의 규모가 지속적으로 증가하여 전체 임금근로자(1,535만명, 2006.8.)의 1/3을 넘어섰으며, 비정규직의 월평균임금은 정규직의 62.8%(2006.8.)에 불과하여 상당한 격차가 있다. 비정규직의 남용과 차별은 사회양극화의 핵심문제로 제기되고 있어, 기업이 비용절감 차원에서 고용하는 비정규직의 남용을 개선하고, 근로빈곤층의 양산을 막기 위해서는 비정규직에 대한 불합리한 차별해소가 필요하며, 비정규직에 대한 실효성 있는 차별해소는 직접적으로는 근로조건의 향상에, 간접적으로는 비정규직 고용의 남용억제에, 사회적으로는 양극화 문제 해결에 기여할 것으로 기대된다.

3 비정규직법 개정 방향

2007년 비정규직법이 제정되고 10년이 지난 시점에서도 비정규직 관련 문제가 더욱더 악화되고 있어 2018년 비정규직법 개정이 추진중에 있다. 새로운 개정법에서는 비정규직 사용을 제한하고 파견과 도급관계를 명확히 하여 위법성의 판단 기준을 마련하려고 한다.

우리나라 노동의 역사

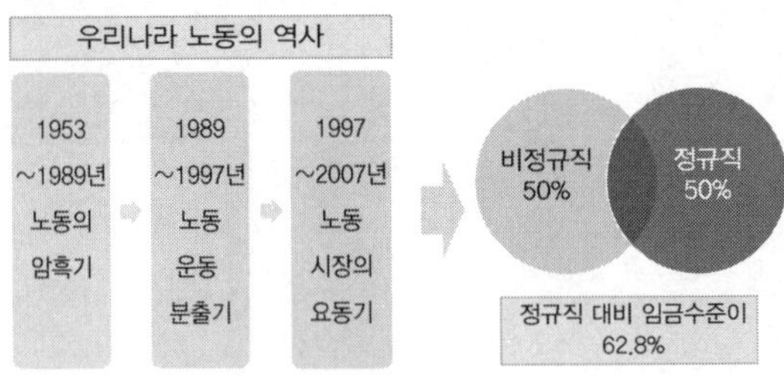

비정규직법 제정사유

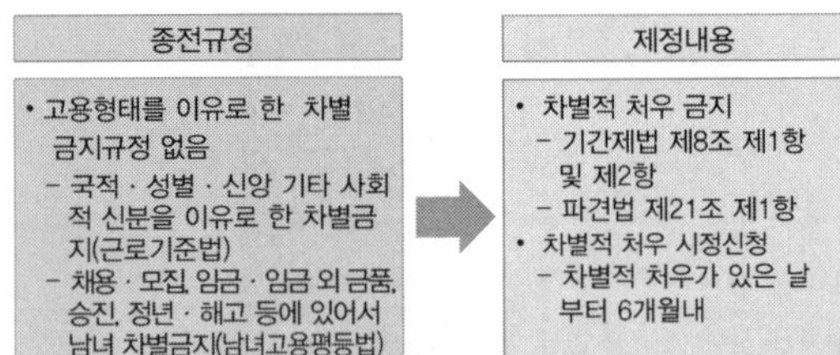

차별적 처우란 ?
(비정규직임을 이유로 당해 사업(장)내 동종유사 업무를 수행하는 근로자[무기계약·통상근로자, 사용사업주 사업내 근로자]에 비하여) 임금, 상여금, 성과급, 복리후생, 기타근로조건 등에 대하여 합리적인 이유 없이 불리하게 처우하는것(기간제법 제2조 제3호, 파견법 제2조 제7호)

비정규직법 개정 방향

주요 내용	개정내용
사용 제한	생명 안전 핵심 업무 기간제·파견사용 금지(선박, 철도, 항공, 자동차 여객운송 종사자·산업안전보건법 안전보건관리자)
기간 연장	35세 이상 기간제 근로자(2년+2년 → 정규직 전환·미전환시 이직수당 지급), 기간제 쪼개기 계약 제한(2년 내 3회)
인턴사용 제한	인턴 가이드라인 시행(6개월 초과금지·상시 근로자 10% 초과금지·교육일지 작성·교육 훈련목적 중심)
파견·도급 명확화	파견과 도급 기준 명확화(공동안전보건조치·직업훈련·고충처리지원), 파견업종 확대(55세 이상 고령자 업종제한 완화·고소득 전문직 파견확대·금형, 주조, 용접 뿌리산업 파견 허가)

주요 내용

1 기간제 근로자

종전에는 기간제 근로계약 반복갱신에 대한 제한이 없었으며(유기계약은 1년 상한), 사용기간 초과시 효과에 대한 별도규정이 없었다. 그러나 신법에서는 기간제 근로자의 사용기간을 제한(반복갱신의 경우 계속근로한 총사용기간을 2년으로 제한)한다. 단, 업무상 부상 또는 질병으로 휴업한 기간, 육아휴직기간, 산전·후 휴가기간, 병역법·향토예비군설치법·민방위기본법에 의한 의무이행을 위하여 휴직하거나 근로하지 못한 기간, 업무외 부상·질병으로 사용자의 승인을 얻어 휴업한 기간은 사용기간에서 제외된다. 또한 2년 초과 사용시 무기계약으로 간주하되, 합리적인 사유가 있는 경우 2년을 초과하여 사용할 수 있다.❶

2 단시간 근로자

종전에는 법정근로시간 이내 단시간 근로자의 초과근로시간을 제한하는 규정이 없었고, 근로계약 체결시 근로자의 임금구성, 계산방법, 지불방법 등에 대해서만 사용자의 서면명시 의무를 규정하고 있었다. 그러나 기간제법은 단시간 근로자의 초과근로를 제한(법정근로시간 이내라도 1주 12시간으로 제한)하고, 사용자의 부당한 연장근로 지시에 대한 거부권을 명시하고, 임금, 근로계약기간, 근로시간 등 중요한 근로조건에 대한 서명명시를 의무화하고 있다.❷

비정규직법 구조

구분	기간제 및 단시간 근로자 보호 등에 관한 법률	파견근로자 보호 등에 관한 법률	노동위원회법
제정목적	불리한 처우 금지 및 시정절차		
주요내용	• 기간 2년 제한 (무기계약전환) • 단시간 근로, 초과근로 제한 (12시간/1주)	• 파견허용업무 확대(32개) • 파견 2년 후 직접고용 의무 • 불법파견 즉시 고용(2012.7월)	• 차별시정담당 공익위원 위촉 • 차별시정위원회 설치
적용범위	상시 5인 이상 사업(장) (4인 이하 일부 규정 적용)	모든 사업(장)	
시행시기	2007년 7월 1일 (다만, 차별시정제도는 단계적 적용)		

기간제 2년 사용제한 예외적용 대상

구분	대상 근로자
2년 이상 사업의 완료	건설현장, 연구 P/J, 임원기사, 비서, 용역, 위탁
용역업체 청소, 시설관리	기간의 정함이 있는 업무, 위수탁계약관계
휴직·파견 공백기간	출산, 육아, 학업기간이 2년을 초과한 경우
고령자	55세 이상 퇴직근로자의 반복 2년 이상 고용
전문지식, 기술	박사, 의사, 변호사, 노무사 등 전문직종
정부의 복지, 실업대책	자활사업, 공공근로사업, 일자리 창출, 제대군인
그 밖의 대통령령	외국인 근로자, 대학조교, 고소득자, 체육지도교사

❶ 기간제법 시행 이후에도 기간제 근로자의 근로계약 갱신에 대한 정당한 기대권이 형성될 수 있다는 점과 일정한 경우 비정규직 근로자에게 정규직(이 사건의 경우 기간의 정함이 없는 근로자) 전환에 대한 정당한 기대권이 형성될 수 있고 그러한 경우 사용자가 합리적 이유 없이 정규직 전환을 거절하며 근로계약의 종료를 통보하더라도 부당해고와 마찬가지로 효력이 없으며, 그 이후의 근로관계는 기간의 정함이 없는 근로자로 전환된 것과 동일하다. (대법원 2016.11.10, 선고 2014두45765)

❷ 단시간 근로자로 기간제 근로계약을 체결하였다가 근로관계가 종료된 이후에 새로이 일반기간제 근로계약을 체결한 경우에는 단시간 근로자로 근무한 기간은 기간제법 제4조 제2항의 '2년'에 포함되지 않는다. (대법 2014.11.27, 2013다2672)

관련법

기간제및단시간 근로자보호등에관한법률 제4조 [기간제 근로자의 사용] ① 사용자는 2년을 초과하지 아니하는 범위 안에서(기간제 근로계약의 반복갱신 등의 경우에는 그 계속 근로한 총기간이 2년을 초과하지 아니하는 범위 안에서) 기간제 근로자를 사용할 수 있다. 다만, 다음 각 호의 어느 하나에 해당하는 경우에는 2년을 초과하여 기간제 근로자로 사용할 수 있다.

1. 사업의 완료 또는 특정한 업무의 완성에 필요한 기간을 정한 경우
2. 휴직·파견 등으로 결원이 발생하여 당해 근로자가 복귀할 때까지 그 업무를 대신할 필요가 있는 경우
3. 근로자가 학업, 직업훈련 등을 이수함에 따라 그 이수에 필요한 기간을 정한 경우
4. 「고령자고용촉진법」 제2조 제1호의 고령자와 근로계약을 체결하는 경우
5. 전문적 지식·기술의 활용이 필요한 경우와 정부의 복지정책·실업대책 등에 따라 일자리를 제공하는 경우로서 대통령령이 정하는 경우
6. 그 밖에 제1호 내지 제5호에 준하는 합리적인 사유가 있는 경우로서 대통령령이 정하는 경우

② 법 제4조 제1항제5호에서 "전문적 지식·기술의 활용이 필요한 경우로서 대통령령이 정하는 경우"란 다음 각 호의 어느 하나에 해당하는 경우를 말한다.

1. 박사 학위(외국에서 수여받은 박사 학위를 포함한다)를 소지하고 해당 분야에 종사하는 경우
2. 「국가기술자격법」 제9조 제1항제1호에 따른 기술사 등급의 국가기술자격을 소지하고 해당 분야에 종사하는 경우
3. 별표 2에서 정한 전문자격을 소지하고 해당 분야에 종사하는 경우

③ 법 제4조 제1항제5호에서 "정부의 복지정책·실업대책 등에 의하여 일자리를 제공하는 경우로서 대통령령이 정하는 경우"란 다음 각 호의 어느 하나에 해당하는 경우를 말한다.

1. 「고용정책기본법」, 「고용보험법」등 다른 법령에 따라 국민의 직업능력 개발, 취업 촉진 및 사회적으로 필요한 서비스 제공 등을 위하여 일자리를 제공하는 경우

4. 「고등교육법」 제2조에 따른 학교(같은 법 제30조에 따른 대학원대학을 포함한다)에서 다음 각 목의 업무에 종사하는 경우 (2010.2.4 개정)
   가. 「고등교육법」 제14조에 따른 조교의 업무
   나. 「고등교육법 시행령」 제7조에 따른 겸임교원, 명예교수, 시간강사, 초빙교원 등의 업무
5. 「통계법」 제22조에 따라 고시한 한국표준직업분류의 대분류 1과 대분류 2 직업에 종사하는 자의 「소득세법」 제20조 제1항에 따른 근로소득(최근 2년간의 연평균근로소득을 말한다)이 고용노동부장관이 최근 조사한 고용형태별근로실태조사의 한국표준직업분류 대분류 2 직업에 종사하는 자의 근로소득 상위 100분의 25에 해당하는 경우 <2010.07.12 개정; 고용노동부와 그 소속기관 직제>
6. 「근로기준법」 제18조 제3항에 따른 1주 동안의 소정근로시간이 뚜렷하게 짧은 단시간 근로자를 사용하는 경우
7. 「국민체육진흥법」 제2조 제4호에 따른 선수와 같은 조 제6호에 따른 체육지도자 업무에 종사하는 경우
8. 다음 각 목의 연구기관에서 연구업무에 직접 종사하는 경우 또는 실험·조사 등을 수행하는 등 연구업무에 직접 관여하여 지원하는 업무에 종사하는 경우 (2010.2.4 신설)
   가. 국공립연구기관
   나. 「정부출연연구기관 등의 설립·운영 및 육성에 관한 법률」 또는 「과학기술분야 정부출연연구기관 등의 설립·운영 및 육성에 관한 법률」에 따라 설립된 정부출연연구기관

다.「특정연구기관 육성법」에 따른 특정연구기관

라.「지방자치단체출연 연구원의 설립 및 운영에 관한 법률」에 따라 설립된 연구기관

마.「공공기관의 운영에 관한 법률」에 따른 공공기관의 부설 연구기관

바. 기업 또는 대학의 부설 연구기관

사.「민법」 또는 다른 법률에 따라 설립된 법인인 연구기관

제3조[기간제 근로자 사용기간 제한의 예외] ① 법 제4조 제1항제5호에서 "전문적 지식 · 기술의 활용이 필요한 경우로서 대통령령이 정하는 경우"란 다음 각 호의 어느 하나에 해당하는 경우를 말한다.

1. 박사 학위(외국에서 수여받은 박사 학위를 포함한다)를 소지하고 해당 분야에 종사하는 경우
2. 「국가기술자격법」 제9조 제1항제1호에 따른 기술사 등급의 국가기술자격을 소지하고 해당 분야에 종사하는 경우
3. 별표 2에서 정한 전문자격을 소지하고 해당 분야에 종사하는 경우

② 법 제4조 제1항제5호에서 "정부의 복지정책 · 실업대책 등에 의하여 일자리를 제공하는 경우로서 대통령령이 정하는 경우"란 다음 각 호의 어느 하나에 해당하는 경우를 말한다.

1. 「고용정책기본법」, 「고용보험법」 등 다른 법령에 따라 국민의 직업능력 개발, 취업 촉진 및 사회적으로 필요한 서비스 제공 등을 위하여 일자리를 제공하는 경우
2. 「제대군인 지원에 관한 법률」 제3조에 따라 제대군인의 고용증진 및 생활안정을 위하여 일자리를 제공하는 경우
3. 「국가보훈기본법」 제19조 제2항에 따라 국가보훈대상자에 대한 복지증진 및 생활안정을 위하여 보훈도우미 등 복지지원 인력을 운영하는 경우
4. 「고등교육법」 제2조에 따른 학교(같은 법 제30조에 따른 대학원대학을 포함한다)에서 다음 각 목의 업무에 종사하는 경우 (2010.2.4 개정)

   가.「고등교육법」 제14조에 따른 조교의 업무

   나.「고등교육법 시행령」 제7조에 따른 겸임교원, 명예교수, 시간강사, 초빙교원 등의 업무
5. 「통계법」 제22조에 따라 고시한 한국표준직업분류의 대분류 1과 대분류 2 직업에 종사하는 자의 「소득세법」 제20조 제1항에 따른 근로소득(최근 2년간의 연평균근로소득을 말한다)이 고용노동부장관이 최근 조사한 고용형태별근로실태조사의 한국표준직업분류 대분류 2 직업에 종사하는 자의 근로소득 상위 100분의 25에 해당하는 경우 〈2010.07.12 개정; 고용노동부와 그 소속기관 직제〉
6. 「근로기준법」 제18조 제3항에 따른 1주 동안의 소정근로시간이 뚜렷하게 짧은 단시간 근로자를 사용하는 경우
7. 「국민체육진흥법」 제2조 제4호에 따른 선수와 같은 조 제6호에 따른 체육지도자 업무에 종사하는 경우
8. 다음 각 목의 연구기관에서 연구업무에 직접 종사하는 경우 또는 실험 · 조사 등을 수행하는 등 연구업무에 직접 관여하여 지원하는 업무에 종사하는 경우 (2010.2.4 신설)

   가. 국공립연구기관

   나.「정부출연연구기관 등의 설립 · 운영 및 육성에 관한 법률」 또는 「과학기술분야 정부출연연구기관 등의 설립 · 운영 및 육성에 관한 법률」에 따라 설립된 정부출연연구기관

   다.「특정연구기관 육성법」에 따른 특정연구기관

   라.「지방자치단체출연 연구원의 설립 및 운영에 관한 법률」에 따라 설립된 연구기관

   마.「공공기관의 운영에 관한 법률」에 따른 공공기관의 부설 연구기관

   바. 기업 또는 대학의 부설 연구기관

   사.「민법」 또는 다른 법률에 따라 설립된 법인인 연구기관

3 파견근로자

파견대상업무 요건에 "업무의 성질"을 추가(제조업의 직접생산공정 업무를 제외하고 전문지식, 기술, 경험 또는 업무의 성질을 고려하여 적합하다고 판단되는 업무)하였으며, 기존 26개 업무는 32개로 늘고 세세분류로 본다면 138개 업무에서 197개로 증가하였다. 파견기간은 최대 2년으로 하되, 파견기간 초과 사용시 사용사업주에게 직접고용 의무를 부과하였으며, 종전 고용의제를 직접고용 의무로 전환하되 55세 이상 고령자는 기간의 제한이 없다. 모든 불법파견시 사용사업주의 고용 의무를 명시하고 있다. 구체적으로는 대상업무 위반, 파견기간 위반 등 2년 경과시 고용 의무가 발생하나, 불법파견시 즉시 고용 의무가 발생하도록 하고 고용 의무 불이행시 과태료를 부과하고 있다. 또한 사용사업주의 법 위반에 대한 벌칙을 3년 이하의 징역 또는 2천만원 이하의 벌금으로 강화하였다.

4 차별적 처우의 금지 및 시정절차

(1) 차별적 처우의 금지

기존에는 근로기준법에 국적·성별·신앙·기타 사회적 신분을 이유로 한 차별금지와 남녀고용평등법상 채용·모집·임금·임금 외의 금품·승진·정년·해고 등에 있어서 남녀의 차별금지만 규정하고 있어, 비정규법에 차별적 처우라 함은 임금, 상여금(정기·명절), 성과급(경영성과), 그 밖에 근로조건 및 복리후생 등에 있어서 합리적인 이유 없이 불리한 처우를 할 수 없도록 규정했다(2013. 9월 개정, 기간제법 제2조 제3호, 파견법 제2조 제7호).

(2) 차별적 처우의 시정절차

기간제 근로자, 단시간 근로자 및 파견근로자가 차별적 처우를 받은 경우 노동위원회에 그 시정을 신청할 수 있다. 다만, 차별적 처우가 있던 날(계속되는 차별적 처우는 그 종료일)부터 6개월이 경과한 때에는 그러하지 아니하다(기간제법 제9조 제1항, 파견법 제21조 제2항).[3]

● 차별시정절차

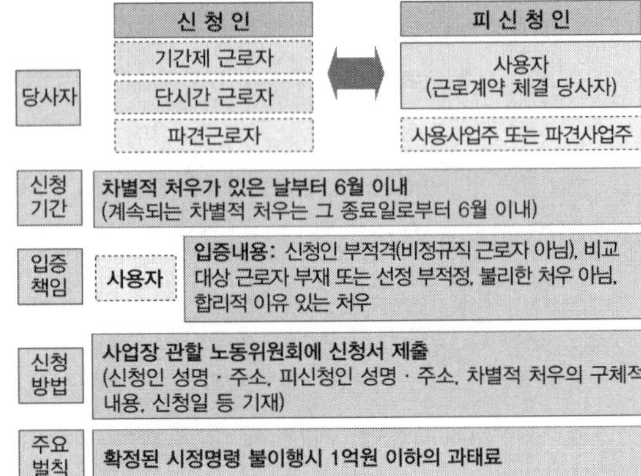

[3] 비정규직이 무기계약근로자로 전환된 이후에도 차별시정을 신청할 수 없다. (비정규직대책팀-2420, 2007.6.26)

◎ 차별금지영역

1 임금의 범위

비정규직보호법은 비정규직에 대한 차별을 해소하기 위하여 차별적 처우를 금지하는 영역인 "임금"은 근로기준법의 사용자가 근로자에게 노동의 대가로 지급하는 일체의 금품을 의미한다. 사용자가 지급하지 않거나 노동의 대가가 아닌 경우 임금이라 할 수 없다.

2 상여금(정기상여 · 명절상여)의 범위

비정규직보호법은 비정규직에 대한 차별을 해소하기 위하여 차별적 처우를 금지하는 영역인 "상여금"은 취업규칙이나 사규에 의해 지급일과 지급조건이 정해져 있고 정규직 근로자는 일정한 조건에 따라, 개인에 따라 지급률이 결정되어 명칭과 관계없이 지급되는 상여금을 의미한다.④

3 성과급(PI · PS · 정부성과금)의 범위

비정규직보호법은 비정규직에 대한 차별을 해소하기 위하여 차별적 처우를 금지하는 영역인 "성과급"은 개인의 평가결과 보다는 조직, 사업장, 본부 등 집단의 성과결과에 따라 조직원들이 받게 되는 성과물로서 1년간 생산에 참여하여 초과이익이 발생하여 지급 받게 되는 PS, 생산성 향상으로 지급 받게 되는 PI, 정부의 경영평가에 따라 지급 받게 되는 정부성과금 등이 해당한다.⑤

4 그 밖의 근로조건 및 복리후생 등의 범위

소속 기업이 정규직 근로자에게 적용하고 있는 복지제도 중 보편적 복지제도(중식대, 교통비, 선물, 작업복, 기념품 등)에 해당하는 복지기준은 비정규직이라고 해서 이를 제공하지 않는다면 이도 차별적 요소에 해

④ 비교대상 근로자들에게 지급하는 정액급식비, 명절휴가비, 맞춤형복지비를 기간제 근로자에게는 지급하지 않은 것은 차별적 처우에 해당한다. (서울고법 2017.6.9, 2016누51667)

⑤ 채용절차나 업무의 부수적 내용 등에 차이가 있더라도 기간제 근로자라는 이유만으로 정규직 근로자들과는 달리 성과상여금을 전혀 지급하지 아니하는 것에 합리적인 이유가 있다고 보기 어렵다. (서울행법 2008.10.24, 2008구합6622).

◎ 차별구제 신청대상요건

요건 1 비정규직 근로자 지위	(차별적 처우를 받은 시점에) 비정규직 근로자로서의 지위에 있어야 함

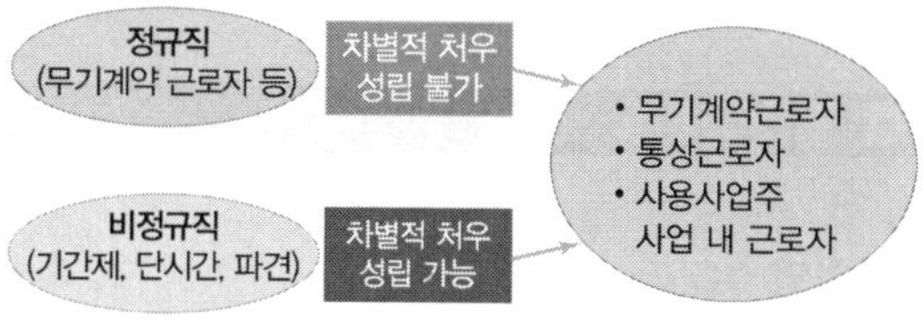

- 정규직(무기계약 근로자 등) → 차별적 처우 성립 불가
- 비정규직(기간제, 단시간, 파견) → 차별적 처우 성립 가능
- • 무기계약근로자 • 통상근로자 • 사용사업주 사업 내 근로자

◎ 차별구제 영역

요건 2 차별금지 영역	차별적 처우가 존재할 수 있는 영역은 "임금, 상여금, 성과급, 복리후생비, 기타 근로조건 등으로 이에 해당하여야 함"

• '임금, 상여금, 성과급, 복리후생비' 등
① 근로기준법이 규율하는 근로조건과
② 단체협약, 취업규칙 또는 근로계약 등에 의한 근로조건으로서 근로관계에서 발생하는 임금을 비롯하여 근로시간, 휴일, 휴가, 안전, 보건 및 재해보상 등이 포함

• 근로기준법 및 사회보험 관련법 등에서 사용자에게 이행의무를 부과한 영역은 그 밖의 근로조건 등에 포함되지 않음
• 사회보험(국민연금, 건강보험, 고용보험, 산재보험)에의 가입, 연장 · 야간 · 휴일근로에 대한 법정가산수당의 지급, 법정연차휴가 부여 등의 의무를 이행하지 않은 것은 차별문제 이전에 해당 법률위반으로 처리될 사안

◎ 차별구제 비교대상

요건 3 비교대상 근로자의 존재	당해 사업(장) 내에 동종 또는 유사한 업무에 종사하는 근로자가 존재해야 함

비교주체		비교대상
기간제 근로자	⇔	무기계약근로자
단시간 근로자		통상근로자
파견근로자		사용사업주 사업 내 근로자

비교대상 근로자는 ① 불리한 처우의 존부를 판단하는 비교기준이자 시정명령 내용을 결정하는 근거 및 기준 ② 타 사업(장)으로 확대하여 찾을 수 없음

당할 수 있으며 정규직 직원도 특별한 요건을 갖춘 경우에만 대상이 되는 선택적 복지제도(장학금, 대출금, 해외연수 등)는 차별적 요소로 보는 것은 너무 지나치게 차별의 영역을 확대 해석할 위험이 있다.[6]

합리적 이유

1 의의

사용자가 기간제·단시간 근로자를 비교대상근로자에 비하여 불리한 처우를 하는 데에 합리적인 이유가 있다면 불리한 처우가 정당화되어 차별처우에 해당하지 않으므로, 합리성 존부 판단은 차별판단의 최종 단계에 해당한다. '합리적 이유'에 대한 판단 기준은 사용자의 자의에 기초하지 않아야 한다는 자의금지의 원칙(완화된 심사기준)이며, 이는 사용자의 사업 경영상의 목적과 관련하여 객관적인 합리성의 유무를 가지고 판단하는 것으로 합리적 이유를 인정하는 범위도 사용자가 지급하는 급부의 내용과 목적에 따라 달라질 수 있다.[7]

2 내용

단시간 근로자가 기간을 정하여 고용되는 때에는 기간제 근로자로서의 성격을 동시에 가지므로 불리한 처우에서의 합리적인 이유는 기간제 근로자에 대한 합리적인 이유와 동일하게 판단·적용된다(따라서 이하의 '기간제 근로자'에는 기간을 정하여 고용된 단시간 근로자도 포함).

(1) 업무의 범위 · 권한 · 책임 등이 다른 경우

업무범위는 근로의 양·질과 직결되고 임금결정의 중요한 요소이므로 업무범위의 차이를 엄격하게 고려하여 비교대상근로자를 선정하여야 하며, 업무범위의 차이로 인한 임금 및 근로조건에서 불리한 처우는 합리적인 이유가 있는 것으로 본다. 다만, 업무범위의 차이가 해당 사업장의 임금결정요소와 무관하다면 사용자는 임금격차에 대하여 합리

차별구제 합리적 이유

요건 4 합리적 이유 없음	비교대상근로자에 비하여 차별적 처우가 되기 위해서는 **'합리적 이유가 없는 불리한 처우'**이어야 함
합리적 이유로 인정 가능한 경우	① 기간제 근로자에 대해 취업기간에 따라 임금 그 밖의 근로조건을 비례적으로 적용하는 경우(취업기간 비례 분할 가능하고, 합리적인 경우)
	② 단시간 근로자에 대해 임금 및 분할 가능한 근로조건을 시간비례에 따라 적용하는 경우(**단시간 근로자 시간비례보호원칙**)
	③ 채용 조건 · 기준(경력 및 자격증 등 요건)이 다르고, 이러한 사항이 임금결정요소인 경우
	④ 임금 및 근로조건의 결정요소(직무, 능력, 기능, 기술, 자격, 경력, 학력, 근속연수, 책임, 업적, 실적 등)의 차이에 따라 임금 및 근로조건에 차이를 두는 경우

6 중식대와 통근비를 차별하여 지급한 것은 불리한 처우에 해당한다. (대법 2012.11.15, 선고 2011두11792 판결 차별시정재심판정취소)

7 정규직 딜러에게 지급하는 호텔봉사료 등을 기간제 딜러에게는 지급하지 아니한 것은 차별적 처우에 해당하지 않는다. (서울고법 2016.7.8, 2015누62561)

적인 이유를 제시하여야 한다. 권한·책임의 정도에 따라 임금에서 차이를 두는 것은 합리적인 이유가 있으며, 권한·책임의 정도를 임금결정에는 반영하지 않더라도 그에 상응하는 대가를 별도의 수당 명목으로 지급하는 경우(직책수당, 직급수당 등) 만약 기간제·단시간 근로자가 이러한 권한과 책임을 갖고 있지 않다면 당해 기간제·단시간 근로자를 수당지급대상에서 제외하여도 합리적 이유가 인정된다.[8]

(2) 노동생산성이 낮은 경우

기간제·단시간 근로자의 노동생산성이 낮다는 것이 직접적인 근로의 결과에서 확인된 것이 아니라 선험적 평가 및 편견에 의한 것이라면 이는 합리적인 이유로 인정될 수 없다. 실제 업무수행 결과인 근로의 질과 양이 비교대상근로자에 비해 낮음을 이유로 임금체계에 따라 차등을 두는 것은 합리적 이유로 인정될 수 있다. 즉 기간제·단시간 근로자의 노동생산성이 비교대상근로자보다 낮다는 것이 객관적으로 증명되는 경우에는 합리적 이유가 인정된다. 그러나 노동생산성을 임금에 반영하지 않는 전형적인 연공급체계하에서는 노동생산성이 낮다는 것은 불리한 처우에 대한 합리적 이유로 인정될 수 없다.

(3) 노동시장 수급상황 및 노동력 시장가치에 따른 우대

기업 내·외부에서 노동력 부족을 이유로 특정 직종의 무기계약근로자에게 근로조건을 특별히 우대하는 것은 합리적 이유로 인정될 수 있다. 다만 근로조건우대의 근거인 노동시장 상황 및 노동력의 시장가치에 대해서는 사용자가 객관적으로 입증하여야 한다.

(4) 사용목적에 따른 불리한 처우

사용목적에 합리성이 인정되는 경우에는 그 범위 내에서 임금 등의 격차는 합리화될 수 있다. 다만, 형식상 계약의 명칭이 수습계약 등으로 체결되었더라도 실질에 있어서 정식으로 채용된 근로자와 달리 취급할만한 객관적인 사정이 없는 경우에는 이를 합리적인 이유로 삼을 수 없다.

(5) 임금 및 근로조건의 결정요소에 따른 불리한 처우

임금을 결정함에 있어 근로제공에 관련된 요소(직무, 능력, 기능, 기술, 자격, 경력, 학력, 근속연수, 책임, 업적, 실적 등)들 중에서 어떠한 요소에

[8] 계약직 근로자와 정규직 근로자 사이에 기본급 및 직무급의 지급에 관하여 차이를 둔 것은 합리적인 이유가 있는 차별로 봄이 타당하다. (서울행법 2011.8.18, 2010구합41802)

따라 결정되는지를 확인하고 그 요소의 차이로 인하여 불리한 임금을 받는 경우 합리적 이유가 있다. 반면 임금결정요소와 전혀 무관한 기준으로 기간제·단시간 근로자의 임금에 대해 불리한 처우가 이루어진 경우 합리적인 이유가 없는 것으로 본다.[9]

(6) 근로계약 및 단체협약 · 취업규칙에 따른 불리한 처우

기간제·단시간 근로자와 사용자간에 불리한 처우의 내용을 포함하는 근로계약을 체결한 경우 사용자는 근로계약이 합의에 의한 것이라는 점을 합리적 이유로 주장할 수 없다. 또한 차별처우금지규정은 강행규정이며 이 범위 내에서 계약의 자유는 제한을 받게 된다. 기간제·단시간 근로자에 대한 불리한 처우가 취업규칙이나 단체협약의 규정에 의해서 발생한 경우, 취업규칙은 법령에 어긋나서는 아니되므로 (근로기준법 제96조 제1항), 강행규정인 기간제법의 차별처우금지규정에 의해 불리한 처우를 규정한 취업규칙 규정은 불리한 처우에 대한 합리적 이유로 주장될 수 없다. 단체협약의 내용은 상위 법령에 위반할 수 없으므로 단체협약이 노동조합과 사용자간의 합의의 결과물이라는 사정만으로는 불리한 처우의 합리적인 이유로 주장될 수 없다.[10]

● 파견근로자보호

1 파견사업(파견법)

(1) 파견근로자의 정의

"근로자파견"이라 함은 파견사업주가 근로자를 고용한 후 그 고용관계를 유지하면서 근로자파견계약의 내용에 따라 사용사업주의 지휘·명령을 받아 사용사업주를 위한 근로에 종사하게 하는 것을 말한다(파견근로자 보호 등에 관한 법률 제2조, 이하 파견법).

(2) 불법파견

불법파견이란 ① 공중위생·공중도덕상 유해한 업무에 취업시킬 목적으로 근로자파견을 한 경우(제42조) ② 파견대상업무(제5조) 위반 ③

● 파견법 개요

종전규정	개정내용
• 파견대상업무: 26개 –전문지식·기술 또는 경험 등을 필요로 하는 업무(제조업 직접생산공정업무 제외) –출산·질병·부상 등으로 인한 결원대체, 일시·간헐적 필요시 가능 • 파견기간(최대 2년) 제한, 초과사용시 고용의제 –원칙적 1년, 1년 범위 내 1회 연장 가능 • 기간초과 외 불법파견시 고용의제(의무) 규정 없음	• 파견대상업무: 32개 –전문지식·기술·경험 또는 업무의 성질을 필요로 하는 업무(생산업무 제외) –출·질병·부상 등으로 인한 결원대체, 일시·간헐적 필요시 가능 • 파견기간(최대 2년) 제한, 초과사용시 직접고용 의무 –연장횟수 제한(1회) 삭제 –고령자 파견기간 제한 예외 규정 신설 • 불법파견시 즉시고용 의무(6조의2제 3항)

[9] 임금 및 근로조건의 결정요소에 차이가 있는 정규직 딜러와 기간제 딜러 사이에 급여수준의 차이를 둔 것은 차별적 처우에 해당하지 않는다. (서울행법 2015.9.24, 2015구합64053)

[10] 기간제법 시행 후에 이루어진 차별적 급부의 근거가 되는 사실관계 내지 법률관계가 위 법 시행 전에 발생한 경우에도 차별금지규정이 적용된다. (대법 2012.1.27, 2009두13627)

◉ 근로자파견대상업무(제2조 제1항 관련) 〈2007. 6. 18 개정〉

한국표준직업분류 (통계청고시 제2000-2호)	대상업무	비고
120	컴퓨터관련 전문가의 업무	
16	행정, 경영 및 재정 전문가의 업무	행정 전문가(161)의 업무를 제외한다.
17131	특허 전문가의 업무	
181	기록 보관원, 사서 및 관련 전문가의 업무	사서(18120)의 업무를 제외한다.
1822	번역가 및 통역가의 업무	
183	창작 및 공연예술가의 업무	
184	영화, 연극 및 방송관련 전문가의 업무	
220	컴퓨터관련 준전문가의 업무	
23219	기타 전기공학 기술공의 업무	
23221	통신 기술공의 업무	
234	제도 기술 종사자, 캐드 포함의 업무	
235	광학 및 전자장비 기술 종사자의 업무	임상병리사(23531), 방사선사(23532), 기타 의료장비 기사(23539)를 제외한다.
252	정규교육이외 교육 준전문가의 업무	
253	기타 교육 준전문가의 업무	
28	예술, 연예 및 경기 준전문가의 업무	
291	관리 준전문가의 업무	
317	사무 지원 종사자의 업무	
318	도서, 우편 및 관련 사무 종사자의 업무	
3213	수금 및 관련 사무 종사자의 업무	
3222	전화교환 및 번호안내 사무 종사자의 업무	전화교환 및 번호안내 사무 종사자의 업무가 당해 사업의 핵심 업무인 경우를 제외한다.
323	고객 관련 사무 종사자의 업무	
411	개인보호 및 관련 종사자의 업무	
421	음식 조리 종사자의 업무	「관광진흥법」 제3조에 따른 관광 숙박업의 조리사 업무를 제외한다.
432	여행안내 종사자의 업무	
51206	주유원의 업무	
51209	기타 소매업체 판매원의 업무	
521	전화통신 판매 종사자의 업무	
842	자동차 운전 종사자의 업무	
9112	건물 청소 종사자의 업무	
91221	수위 및 경비원의 업무	「경비업법」 제2조 제1호에 따른 경비업무를 제외한다.
91225	주차장 관리원의 업무	
913	배달, 운반 및 검침 관련 종사자의 업무	

파견기간(제6조) 위반 ④ 무허가 파견(제7조) ⑤ 영업정지(제12조)기간 중의 파견사업 ⑥ 쟁의행위 대체근로를 위한 파견(제16조) ⑦ 경영상 이유에 의한 해고 이후 2년 이내 파견사용(제16조) 등 파견법에 반하여 근로자파견을 한 경우를 의미한다.[11]

2 근로자 파견대상업무

파견법 제정 당시 26개 업종에 한하여 파견근로자 허가 업종으로 지정되었으나, 2007년 파견법 개정으로 32개 업종으로 확대되었다. 다만, 생산직접라인에서는 파견근로자 사용을 제한하고 있다.

(1) 불법파견과 파견근로자

파견대상업무 위반, 파견금지업무 파견 등 모든 불법파견이 확인되면 사용기간에 관계없이 사용사업주가 해당 근로자를 직접 고용할 의무가 발생하며, 파견대상업무는 2년 초과시 사용사업주에게 직접고용 의무가 발생한다(파견법 제6조의2). 직접고용 의무는 사용사업주에게 고용된 것으로 간주하는 것이 아니라 단지 사용사업주에게 고용할 의무만을 부과하고 이를 이행하지 않는 경우 3천만원 이하의 과태료 처분을 할 수 있을 뿐이므로 사용사업주가 2년을 초과하여 사용하면서도 파견근로자를 직접 고용하지 않는 경우에는 여전히 파견근로자로서의 지위만이 유지된다. 따라서 사용사업주에게 직접고용 의무가 발생하였음에도 불구하고 파견근로자를 직접 고용하지 않는 이상 파견근로자로서 차별시정의 신청권자가 된다.[12]

(2) 파견대상업무를 위반한 경우

파견대상업무가 아닌 업무에는 출산·질병·부상 등으로 결원이 생긴 경우 또는 일시적·간헐적으로 인력을 확보하여야 할 필요가 있는 경우에만 파견사업을 할 수 있으나 이러한 사유가 없는데도 근로자파

● 근로자 파견계약

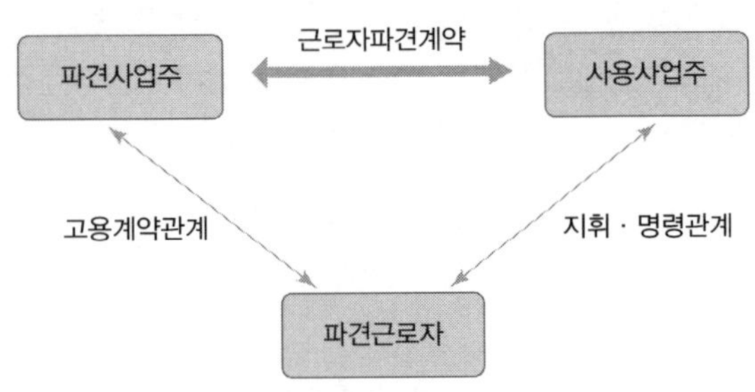

● 위장도급 판단 기준

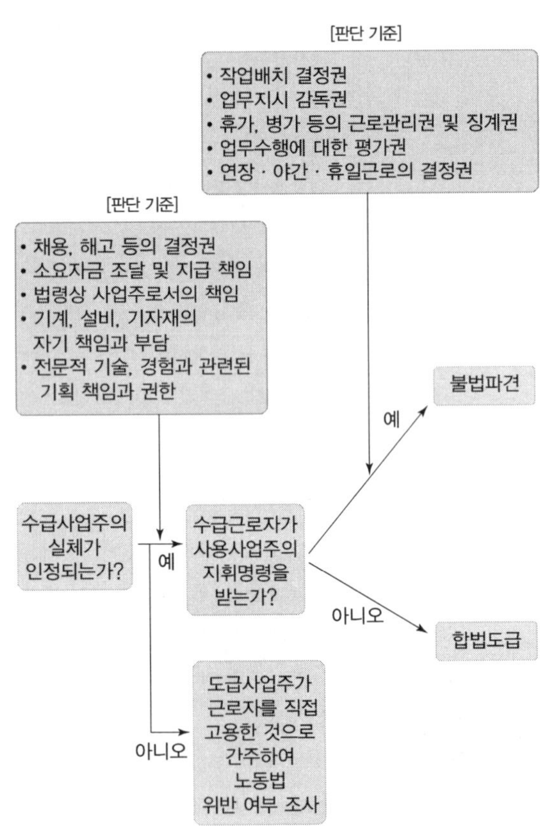

[11] 구 파견근로자법이 정한 범위를 벗어난 불법 파견근로자라도 2년 넘게 근무한 경우 직접 고용한 것으로 간주해야 한다. (대법 2008.9.18, 2007두22320 선고) 직접고용간주 규정의 문언과 체계 및 그 입법취지 등을 종합하여 보면 위 규정은 파견근로자보호법 제2조 제1호에서 정의하고 있는 '근로자파견'이 있고 그 근로자파견의 2년을 초과하여 계속되는 사실로부터 곧바로 사용사업주와 파견근로자 사이에 직접근로관계가 성립한다는 의미이고, 이 경우 그 근로관계의 기간은 기한의 정함이 있는 것으로 볼만한 다른 특별한 사정이 없는 한 원칙적으로 기간의 정함이 없다고 보아야 할 것이다.

[12] 하청회사에 입사한 지 2년이 경과한 이후에도 원청업체에 파견되어 사용됐으므로, 직접고용간주 규정에 따라 원청업체에서 원고를 직접 고용한 것으로 간주되어 참가인과 원고 사이에 새로운 근로관계가 성립했다고 봄이 타당하다. (서울고법 2011.2.10, 2010누23752)

견사업을 한 경우, 금지업무에 대해서는 일시적 사용사유가 있어도 파견사업을 할 수 없는데 금지업무에 대하여 근로자파견사업을 한 경우에 해당한다.

(3) 파견기간을 위반한 경우

근로자파견의 기간은 2년을 초과하지 못함에도 불구하고 2년을 초과하여 파견근로자를 계속 사용한 경우, 파견대상업무가 아닌 업무에 출산·질병·부상 등의 사유로 파견근로자를 사용할 경우에는 그 사유가 해소될 때까지만 파견근로자를 사용할 수 있다. 하지만 그 사유가 해소되었음에도 계속하여 사용한 경우, 파견대상업무가 아닌 업무에 일시적·간헐적으로 인력확보가 필요한 경우에는 최장 6개월까지 파견근로자를 사용할 수 있는데, 이를 초과하여 사용한 경우에 해당한다.

(4) 무허가파견의 경우

파견사업주가 고용노동부로부터 파견허가를 받지 않고 파견사업을 하는 경우 허가없는 파견사업주와 계약을 맺고 근로자를 파견 받은 사용사업주도 불법파견으로 근로자를 고용한 것으로 간주하고 파견근로자에 대한 직접고용 의무가 발생한다.[13]

3 근로자 공급사업(직업안정법)

근로자를 공급하는 공급사업주가 자신의 지배하에 있는 근로자를 타인(사용사업주)이 사용하게 하는 것으로 파견법 제정 이후 고용계약관계 근로자를 타인에게 사용하게 하는 것은 파견법의 적용을 받으므로, 직업안정법상 근로자 공급은 "사실상 지배하에 있는 근로자"를 사용사업주에게 공급하는 경우로 한정된다(직업안내소).

● 근로자 공급사업

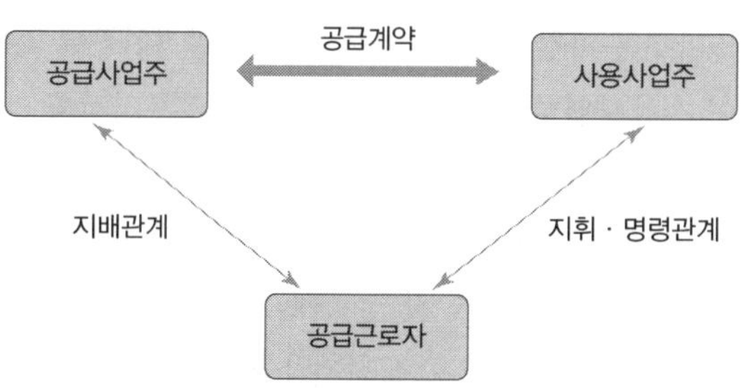

4 근로자 도급사업(민법)

당사자 일방(수급인)이 어떤 일을 완성할 것을 약정하고, 상대방(도급인)은 그 일(유·무형)의 결과에 대하여 보수를 지급할 것을 약정함으로써 성립하는 계약(민법 제664조)으로 수급인 스스로의 재량과 책임하에서 자기가 고용한 근로자를 사용하여 일을 완성하고 그 대가를 받는 사

● 근로자 도급사업

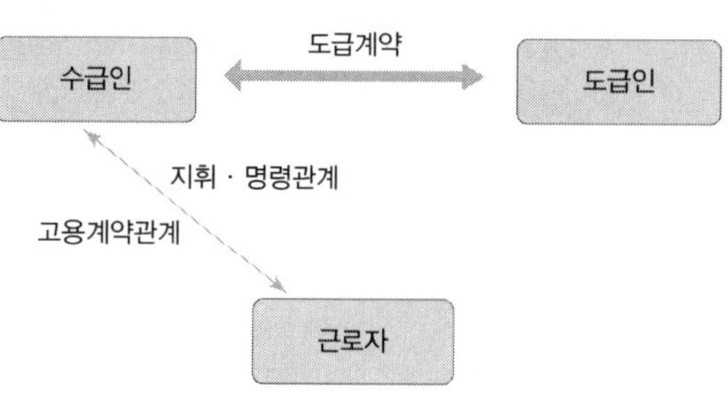

[13] 대형마트가 무허가 인력공급업체와의 용역계약으로 캐셔(계산원)를 공급받아 표준화된 매장 영업규칙에 따라 사용한 것은 불법파견으로 직접 고용할 의무가 있다. (의정부지법 2017.7.14, 2015가합71412)

업이다. 사내하청의 경우도 원도급업체가 자기 사업장 내에서 이루어지는 업무의 일부를 하도급업체로 하여금 수행하도록 하는 도급 유형이다.⑭

5 위임 · 용역사업(민법)

(1) 위임

당사자 일방이 상대방에 대해 사무처리를 위탁하고 상대방이 이를 승낙함으로써 성립하는 계약(민법 제680조)으로 위임에 대가로 보수를 지급하기로 하는 계약으로 주로 변호사 성공보수, 임원보수 등이 위임의 대가이다.

(2) 용역

거래의 대상이 상품이 아닌 서비스(용역)로 용역업체에 일정한 업무를 맡겨 수행하도록 하는 형태로서, 계약 내용에 따라 민법상 도급, 위임 등에 해당될 수 있으나 별도의 법령(경비업법, 공중위생관리법, 엔지니어링기술진흥법)에 의해 적용된다.⑮

6 파견과 도급의 구분

파견은 파견사업주가 허가를 받아 파견업종에 맞는 근로자를 채용하여 사용사업장에 보내 사용사업주의 업무지시를 받으며 2년간 근무하는 간접고용 형태로 업종과 기간이 제한되다 보니 2년이 지난 후에도 계속 사용할 목적으로 도급계약으로 전환할 경우 도급은 "갑(사용사업주)"의 업무지시를 받지 않고 "을"이 갑의 업무를 완성시키는 계약으로 파견을 피할 목적으로 도급계약을 할 경우 이를 위장도급 불법파견으로 즉시 고용의무를 부과한다.

파견과 도급의 구분

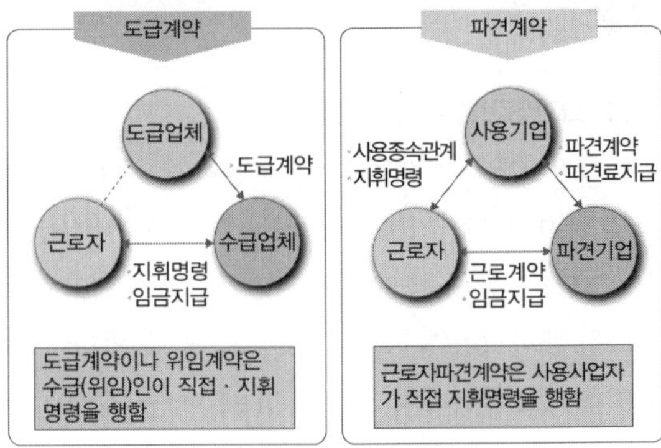

⑭ 소속 근로자와 하나의 작업집단으로 구성되어 직접 공동 작업을 하는 등 제3자의 사업에 실질적으로 편입되었다고 볼 수 있는지, 원고용주가 작업에 투입될 근로자의 선발이나 근로자의 수, 교육 및 훈련, 작업·휴게시간, 휴가, 근무태도 점검 등에 관한 결정 권한을 독자적으로 행사하는지, 계약의 목적이 구체적으로 범위가 한정된 업무의 이행으로 확정되고 당해 근로자가 맡은 업무가 제3자 소속 근로자의 업무와 구별되며 그러한 업무에 전문성·기술성이 있는지, 원고용주가 계약의 목적을 달성하기 위하여 필요한 독립적 기업조직이나 설비를 갖추고 있는지 등의 요소를 바탕으로 그 근로관계의 실질에 따라 판단하여야 한다. (대법원 2015.2.26, 선고 2010다106436)

⑮ 국가중요시설을 경비하는 용역업체 특수경비원들이 시설주의 관리·감독을 받았다는 사실만으로는 근로자파견관계에 있다고 보기 어렵다. (대법 2013.7.25, 2012다79439)

7 파견과 도급의 구분 명문화(예정)

도급계약 관계 속에서 도급근로자에 대한 안전관리, 고충처리, 직무교육(혁신활동) 등과 같이 원청의 지시와 교육이 필요한 경우 이는 위장도급 판단 기준에서 제외하여 위장도급 판단 기준을 명확히 한다.

8 위장도급 판단 기준

파견은 32개 업종에 2년간 파견근로자를 사용해야 하는 제한성을 피하기 위해 형식상 계약만 도급계약 체결을 하고 실제적으로 파견근로자와 같은 신분을 유지하고 있을 경우 이를 위장도급으로 간주해 판견법에 의거 도급근로자를 즉시 고용해야 할 의무가 있다.

(1) 하청사업주의 실체성 판단

하청 사업체의 실체 인정을 위해서 마땅히 수급·수임인의 근로자의 채용, 해고 등을 독자적으로 실시하여야 하며, 만일 원청의 지시를 받거나 사실상 사용사업주 등이 결정하는 경우는 실체 인정에 부정적 징표로 본다.[16]

① 채용·해고 등의 결정권: 채용면접표, 취업규칙, 근로계약서, 신규채용자 안전교육, 기타 해고관련 서류 등을 확인

② 소요자금 조달 및 지급에 대한 책임: 사무실 임대차 계약서, 사업체 설립비용 부담 여부, 주식회사의 경우 주금 납입 경위 및 주식 소유비율, 기성금 및 수당 지급방법 등을 확인

③ 법령상 사업주로서의 책임: 4대보험 가입증명서, 주민세 및 사업소세 등 각종 세금관련 자료, 근로소득 원천징수 관련 자료, 사용사업주 등과 파견사업주 등의 사이에 체결된 계약서, 임원간 순

원청근로자 지위확인소송(P사)

근로자 지위 확인 소송 계속 중에 정년이 지난 경우, 해당 소는 확인의 이익이 없다2. P의 사내협력업체에 고용되어 P의의 제철소에서 업무를 수행한 근로자들과 P는 근로자파견관계에 있었다고 판단된다(대법 2021다221638, 선고일자 : 2022-07-28).

① 원고들은 1999년경까지는 피고가 제공한 작업표준서에 따라, 그 이후에는 협력업체가 기존 작업표준서를 기초로 핵심적 내용이 질적으로 동일하게 자체적으로 작성하여 피고로부터 검증을 받은 작업표준서에 따라 작업을 수행하였다. 또한 피고의 제품 생산과정과 조업체계는 현재 전산관리시스템에 의해 계획되고 관리되는바, 원고들은 전산관리시스템을 통해 전달받은 바에 따라 작업을 수행하였다.

② 크레인 운전을 통해 코일을 운반하는 업무는 압연공정에 필수적으로 수반되며, 크레인 운전 업무의 작업성과는 전체 압연공정의 소요시간과 작업결과에 영향을 미친다. 또한 원고들은 코일 운반 외에도 다양한 업무에서 피고 소속 근로자들과 광범위하게 협업하였다.

③ 협력업체들이 수행한 협력작업에 대한 평가는 작업량 등 업무성과에 따른 점수를 가산하는 방식이 아니라, 피고의 업무를 저해하는 행위가 발생할 때마다 점수를 차감하는 방식으로 이루어졌다.

④ 원고들이 수행한 대부분 작업의 구체적인 내용은 작업표준에 따라 단순·반복적으로 행해지고, 고도의 전문성과 기술성이 필요한 것으로 보기 어렵다. 피고가 협력업체에 지급하는 대가는 작업성과나 작업물량이 아니라, 투입인원수와 근무시간에 따라 결정되었다.

⑤ 원고들의 크레인 운전 업무를 수행하기 위해 가장 중요한 설비인 천장크레인과 코일 등 운반 업무 수행에 필수적으로 사용된 전산관리시스템은 모두 피고가 소유하고 실질적으로 관리하였다. 이 사건 각 협력업체는 대부분의 매출을 피고와의 거래를 통해서 달성하였다.

[16] 「파견법」 제2조 제1호에는 '근로자파견'에 대한 정의가 규정되어 있는 바, 동 규정의 근로자파견에 해당하는지의 여부는 근로자와 고용계약을 체결한 파견사업주 등(파견사업주, 수급인, 수임인 등)이 사업주로서의 실체를 갖추고 있는지를 먼저 판단하며, 사업주로서의 실체가 인정되지 않으면 사용사업주 등(사용사업주, 도급인, 위임인 등)이 당해 근로자를 직접 고용한 것으로 추정하여 노동관계법을 적용하게 된다.
-그러나 파견사업주 등이 사업주로서의 실체를 갖추고 있는 경우에는 비로소 당해 고용관계가 '근로자파견'에 해당하는지를 판단하게 되며, 이 경우 파견사업주 등과 사용사업주 등의 사이에 체결된 계약의 명칭·형식보다는 구체적인 사실관계에 기초하여 판단하되 ① 파견사업주 등의 실체 판단요소와 ② 사용사업주 등의 지휘·명령권 판단요소를 종합적으로 고려하여 판단을 하며, 특히 지휘·명령권 판단요소 중에서 작업배치·변경결정권, 업무 지시·감독권, 휴가·병가 등의 근태관리권 및 징계권은 그 판단의 주요기준이 된다. (「근로자파견의 판단기준에 관한 지침」 참조)

위장도급 판단 체크 리스트

점검기준	세부기준	점검사항	비고
인사노무 관리의 독립성	채용, 해고, 징계 등 인사결정권	• 원도급업체가 요구하는 자격요건을 갖춘 인력을 하도급업체가 선발하는지 여부 • 하도급업체 자체적 채용과 인력배치계획에 따른 배치 • 현장대리인*을 선임하고 원도급업체와 현장대리인이 협의하는지 여부 • 원도급자의 채용거부권이나 퇴거요구권이 명시되어 있는지 여부 • 신구 하도급회사의 양도, 양수계약 불개입 여부 • 하도급업체별 자체적 징계 시행	• 도급계약서 • 하청업체 입사관련서류 • 하청업체 취업규칙
	작업배치·변경결정권	• 원도급 업체에서 요청하는 장소에 하도급업체가 배치 • 배치된 인원을 원도급업체가 현장대리인을 통해서 시정 및 지도	• 하청업체 조직도
	업무지시·감독권**	• 업무지시는 하청업체에서 직접하고 있는지 여부	• 업무지시 메일 견본
	업무수행방법결과평가에 관한 사항	• 하도급 직원의 평가를 원청에서 직접 실시하지는 않는지 여부 • 별도의 페널티 규정이 있는지 여부	• 페널티 규정 • 하청업체의 원청에 대한 작업완료 보고서
	원도급 근로자와 혼재작업 여부	• 원청과 하청근로자의 혼재작업이 있는지 여부	• 사업장 공간 점검
	휴가, 병가 등 근태관리	• 하도급업체별로 직원들의 휴가, 병가, 휴직 등의 기준을 각자 취업규칙에 규정되어 있는지 여부	• 하청업체 근태관리자료 • 하청근로자 근태가 도급비에 반영되어서는 아니됨
	연장·야간·휴일근로 등 근로시간 결정권	• 근로시간 결정권이 어디에 있는지 여부	• 연장근로 결정과정을 살펴보고 판단 • 작업지시서 확인
	기타 근로기준법, 노조법상의 사용자	• 자체적 취업규칙 작성 및 근로기준법상 책임이 하도급사에 있음	• 자체적 노사협의회 구성·운영 • 노사협의회운영규정 작성 및 노동부에 신고해 야 함
사업경영상의 독립성	소요자금 조달·지급 책임	• 하도급사의 도급의 이행량에 따라 도급비의 청구 • 인건비기준의 도급비를 산출하고 추가비용 발생시 별도 청구 하는지 여부	• 도급계약서 • 견적서 • 임대차 계약서 등
	법률상 사업주로서의 책임	• 도급단가 내역이 등급별 시급, 법정수당 상여금, 퇴직금, 법정비용, 복리후생비, 이윤 등이 포함되었는지 여부 • 이에 따라 하도급업체가 4대보험 가입, 본인 명의로 사업자등록, 세금납부 하는지 여부 • 손해발생한 부분에 대하여 페널티 및 손해배상과 원상회복 의무를 부과하고 있는지 여부 • 계약이행 담보를 위한 하도급자의 물적 담보나 이행보증보험 등 담보 제공 여부	• 도급계약서 • 담보설정문서 • 도급비 청구내역서 • 손해배상 내지 페널티 규정 및 그 사례
	기계, 설비, 기자재의 자기책임과 부담	• 하도급업체들은 도급작업에 필요한 기재, 자재 및 도구 등을 자체 조달하는지 여부 • 시설, 설비, 기계, 기구 등의 임대 여부 및 그 형태	• 설비, 기계 등 사용계약서(유상이어야 함) • 하청업체의 비용 관련 서류
	기획 또는 전문적 기술, 경험	• 하청업체가 독립적인 사업주로서의 경험 내지 전문성이 있는지 여부	• 하청업체 연혁 • 면허관련 서류 • 전문성을 입증할 설비, 기술을 입증할 서류 등

* 용역업체에 고용된 근로자들이 위탁업체에서 별도의 작업집단으로 용역업체 현장대리인의 지휘·감독을 받아 근무하는 경우 근로자파견관계에 해당한다고 볼 수 없다. (서울고법 2017.4.7, 2016나11051)

** 원청업체 근로자들과 사내하도급 근로자들이 혼재하여 근무하였더라도 하도급업체가 업무수행 및 노무관리를 독자적으로 하였다면 근로자파견에 해당하지 않는다. (대법 2017.1.25, 2014다211619)

환근무 여부, 기타 단체교섭 관련 서류 등을 확인

④ 기계, 설비, 기자재의 자기 책임과 부담: 사용사업주 등이 지급하는 기계나 설비, 기자재의 내역과 유·무상 여부를 확인하고, 무상으로 제공할 경우 그 필요성 및 정당성을 확인

⑤ 전문적 기술·경험과 관련된 기획 책임과 권한: 기획관련 작성서류, 사용사업주 등과 파견사업주 등의 사이에 체결된 계약서 및 동 계약이 단순 노무제공인지 여부, 사업계획서, 파견사업주 등의 업무 수행능력 및 소속 근로자 자격증 유무 등을 확인

(2) 지휘명령권 행사의 주체성 판단

원청사업주 등이 하청근로자 등에 대하여 직접적·구체적으로 업무수행방법, 수행속도, 근로의 장소 및 시간 등을 지시하고 감독하는 경우는 사용사업주 등의 지휘·명령권 인정의 주요 징표가 된다.

① 작업배치·변경 결정권: 작업계획서, 인력배치계획서, 관련 회의자료, 기타 작업배치 관련 서류 및 관행 등을 확인

② 업무지시·감독권: 일일 작업지시서, 안전교육일지, 조회개최 여부, 업무관련 지시 전달방법 등을 확인(특히 직접 고용한 근로자와 혼재하여 같거나 유사한 업무에 종사토록 하는 경우에는 업무지시·감독권 행사 여부를 보다 신중히 검토, 계약서상 업무의 목적이나 내용이 지나치게 추상적이어서 사용사업주 등의 지시를 통해 비로소 구체화되는 불확정한 상태에 놓여있거나 또는 업무 전반을 망라하는 것으로 되어 있어 특정 업무에 한정되지 않는 경우에는 업무지시·감독권이 인정될 수 있음에 유의).[17]

③ 휴가, 병가 등의 근태관리권 및 징계권: 휴가, 결근, 조퇴, 외출, 지각원, 출근부, 기타 징계관련 서류 등을 확인

④ 업무수행에 대한 평가권: 업무수행 및 실적에 대한 평가서, 파견사업주 등의 직원이 현장에서 감독·평가하는지 여부, 잘못된 업무수행이 발견될 경우에 있어서의 조치 관행 등을 확인

⑤ 연장·휴일·야간근로 등의 근로시간결정권: 연·월차 유급휴가 사용내역, 일일 근무현황, 기타 근로시간 관련 서류 등을 확인

[17] 용역업체에 고용된 후 지방자치단체의 교통관제센터에 파견되어 지방자치단체의 지휘·명령을 받으면서 모니터링 업무에 종사한 경우 근로자파견에 해당한다. (대법 2016.7.22, 2014다222794)

● 차별구제 시정절차

1 초심절차의 관할

차별적 처우가 발생한 사업장의 소재지를 관할하는 지방노동위원회가 초심의 관할권을 가지며 2개 이상의 관할구역에 걸친 사건은 주된 사업장의 소재지를 관할하는 지방노동위원회가 관할권을 가진다.

2 재심절차의 관할

초심 지방노동위원회의 시정명령 또는 기각결정에 대하여 관계 당사자의 불복이 있을 시 이에 대한 재심은 중앙노동위원회가 관장한다.

3 차별시정 신청인과 피신청인

차별시정 신청인이 기간제·단시간 근로자인 경우에는 차별시정의 피신청인으로서 사용자는 시정명령을 받는 자 및 확정된 시정명령 불이행시 부과되는 과태료 납부책임을 지는 자(시정명령 이행의무자)이다. 따라서 차별시정의 피신청인이 되는 자는 사용자, 즉 계약체결당사자인 사업주에 한정되며, 차별시정신청인이 파견근로자인 경우에는 파견사업주와 사용사업주가 피신청인이 된다.

4 신청기간

차별시정의 신청은 차별적 처우가 있던 날(계속되는 차별적 처우는 그 종료일)로부터 6개월 이내에 하여야 한다. 또한 차별적 처우가 있던 날로부터 6개월이 경과한 경우 당해 신청은 각하된다. 계속되는 차별적 처우의 예로는 복리후생시설의 이용, 작업복의 지급, 불리한 근로시간대의 배치 등이 있다. 임금 및 근로조건들이 상호 관련성을 맺고 있어 차별적 처우를 판단함에 있어 이들을 연계하여 고려해야 하는 경우로는 임금 및 근로조건의 전체에 있어서 특정 기준은 비교대상근로자보다 높은 반면 특정 기준이 낮은 경우는 포괄정산임금제인 경우, 연봉제인 경우 등이고 이때에는 개별 임금 및 근로조건의 지급일로부터 각각 6개월을 기산할 수 없으므로 상호 관련성이 있는 임금 및 근로조건을 하나로

차별구제 시정절차

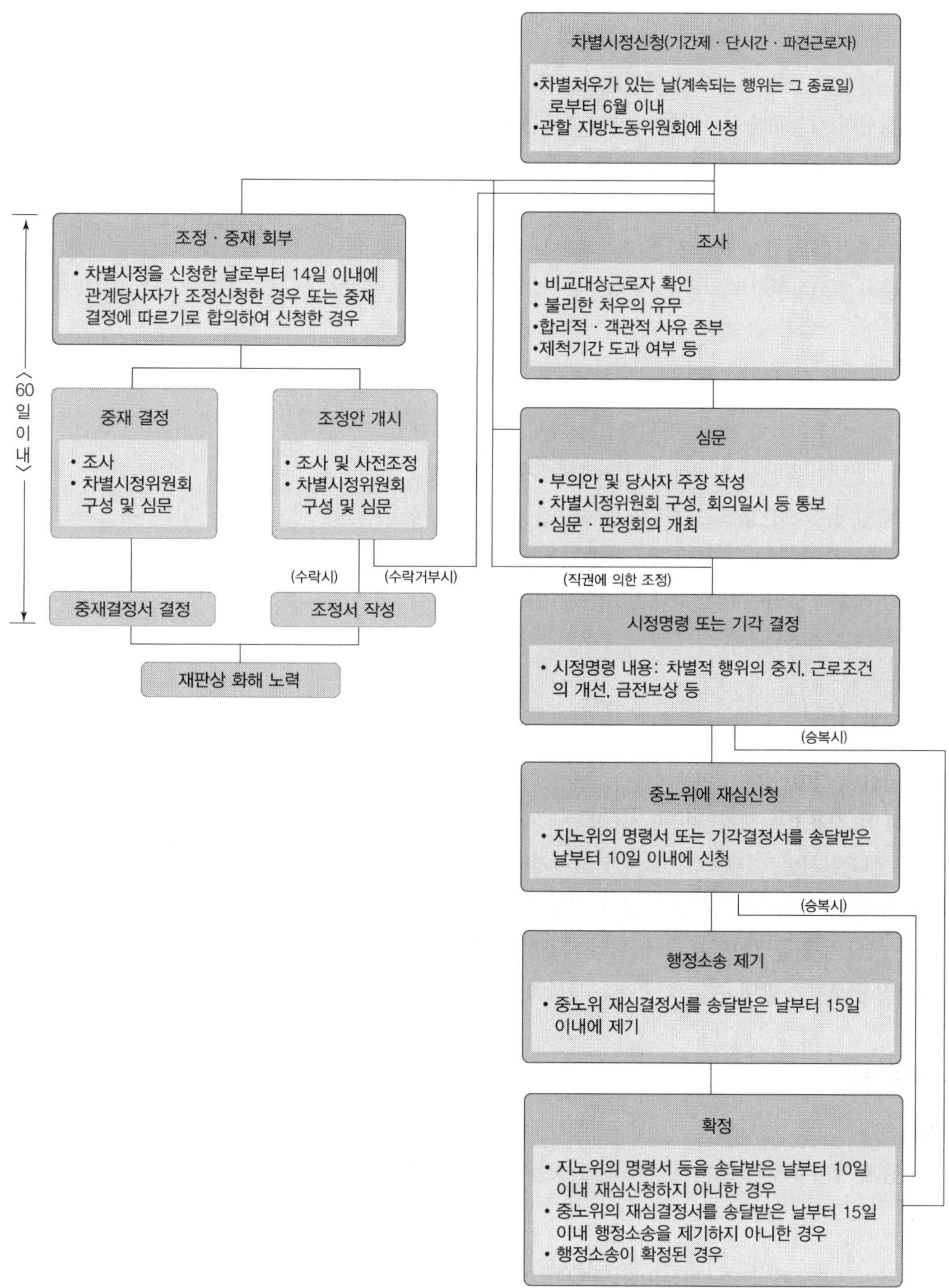

차별시정신청(기간제 · 단시간 · 파견근로자)
•차별처우가 있는 날(계속되는 행위는 그 종료일) 로부터 6월 이내
•관할 지방노동위원회에 신청
조정 · 중재 회부
• 차별시정을 신청한 날로부터 14일 이내에 관계당사자가 조정신청한 경우 또는 중재결정에 따르기로 합의하여 신청한 경우
〈60일 이내〉
중재 결정
• 조사
• 차별시정위원회 구성 및 심문
조정안 개시
• 조사 및 사전조정
• 차별시정위원회 구성 및 심문
(수락시)
(수락거부시)
중재결정서 결정
조정서 작성
재판상 화해 노력
조사
• 비교대상근로자 확인
• 불리한 처우의 유무
•합리적 · 객관적 사유 존부
•제척기간 도과 여부 등
심문
• 부의안 및 당사자 주장 작성
• 차별시정위원회 구성, 회의일시 등 통보
• 심문 · 판정회의 개최
(직권에 의한 조정)
시정명령 또는 기각 결정
• 시정명령 내용: 차별적 행위의 중지, 근로조건의 개선, 금전보상 등
(승복시)
중노위에 재심신청
• 지노위의 명령서 또는 기각결정서를 송달받은 날부터 10일 이내에 신청
(승복시)
행정소송 제기
• 중노위 재심결정서를 송달받은 날부터 15일 이내에 제기
확정
• 지노위의 명령서 등을 송달받은 날부터 10일 이내 재심신청하지 아니한 경우
• 중노위의 재심결정서를 송달받은 날부터 15일 이내 행정소송을 제기하지 아니한 경우
• 행정소송이 확정된 경우

보아 최종적인 차별적 처우가 있었던 날로부터 6개월을 기산한다.[18]

5 신청방법

신청인의 지방노동위원회에 성명·주소, 피신청인의 성명·주소, 차별적 처우의 내용, 신청일 등을 신청서에 기재하여 신청하며, 차별적 처우의 내용은 신청인이 비정규직 근로자이며, 비교대상근로자에 비하여 임금 그 밖의 근로조건에서 불리한 처우를 받았다는 사실을 명시해야 한다. 또는 지방노동관서에 신청인이 차별적 처우에 대한 진정서를 제출하거나 관할 노동청의 사업장 점검을 통해 불합리한 차별에 대해서는 노동위원회 통지를 지정명령토록 할 수 있다.

6 조사 · 심문

신청을 받은 경우 노동위원회의 차별시정위원회는 지체 없이 필요한 조사와 관계 당사자에 대한 심문을 하여야 한다(기간제법 제10조 제1항). 심문과정에서 관계 당사자의 신청 또는 직권으로 증인을 출석하게 하여 필요한 사항을 질문할 수 있다(동조 제2항). 차별시정위원회는 관계 당사자에게 증거의 제출과 증인에 대한 반대심문을 할 수 있는 충분한 기회를 주어야 한다(동조 제3항).

7 입증책임: 사용자

차별처우와 관련한 분쟁에 있어서 입증책임은 사용자가 부담하므로(기간제법 제9조 제4항), 사용자는 신청인이 비정규직 근로자가 아니어서 신청인이 되지 못한다는 사실, 비교대상근로자가 없다거나 선정이 잘못되었다는 사실, 불리한 처우가 아니라는 사실, 불리한 처우에 합리적인 이유가 있다는 사실 등을 증명하여야 한다. 위의 사용자의 입증사실에 대하여 비정규직 근로자는 반대 주장 및 증거를 제시할 수 있다.

8 조정 · 중재의 개시

(1) 조정의 개시

심문과정에서 관계 당사자 쌍방 또는 일방의 신청 또는 직권에 의하

[18] 기간제법 시행 후에 이루어진 차별적 급부의 근거가 되는 사실관계 내지 법률관계가 위 법 시행 전에 발생한 경우에도 차별금지규정이 적용된다. (대법 2012.1.27, 2009두13627)

여 조정절차를 개시할 수 있다(기간제법 제11조 제1항 전단). 조정은 차별시정 신청 이후에 관계당사자의 신청(쌍방 또는 일방) 또는 노동위원회의 직권으로 개시된다.

(2) 중재의 개시

관계당사자가 미리 노동위원회의 중재결정에 따르기로 합의하여 중재를 신청한 경우에 중재를 개시할 수 있다(기간제법 제11조 제1항 후단). 중재는 차별시정 신청 이후 관계당사자의 합의에 의해 중재를 신청하는 경우에만 개시된다.

9 조정 · 중재의 신청기간 및 조정 · 중재기간

조정 또는 중재의 신청은 차별적 처우의 시정신청을 한 날로부터 14일 이내에 하여야 하며, 노동위원회의 승낙이 있는 경우에는 14일이 경과한 후에도 신청이 가능하다(기간제법 제11조 제2항). 또한 노동위원회가 직권으로 조정을 개시하는 경우에는 차별처우에 대한 판정이 있기 전까지 언제든지 가능하며, 노동위원회는 조정·중재를 함에 있어 특별한 사유가 없는 한 조정절차의 개시 및 중재신청을 받은 때로부터 60일 이내에 조정안을 제시하거나 중재결정을 하여야 한다(기간제법 제11조 제4항).

10 조정조서 · 중재결정서의 작성 및 효력

(1) 조정조서의 작성

관계당사자 쌍방이 노동위원회에서 제시한 조정안을 수락한 경우에는 조정조서를 작성하고, 조정조서에는 관계당사자와 조정에 관여한 위원 전원이 서명·날인한다(기간제법 제11조 제5항, 제6항).

(2) 중재결정서의 작성

노동위원회가 중재결정을 한 경우에는 중재결정서를 작성하고, 중재결정서에는 관여한 위원 전원이 서명·날인한다(기간제법 제11조 제5항, 제6항).

(3) 조정조서와 중재결정서의 효력

조정조서와 중재결정서는 「민사소송법」의 규정에 따른 재판상의 화해와 동일한 효력을 가진다(기간제법 제11조 제7항).

● 남녀고용평등법 노동위원회 구제제로

2022. 5. 19 시행

시행일: 공포일로부터 1년후

- 남녀고용평등법 노동위원회 구제절차(제25조의2 내지 제25조의10)
  - 부당해고(근로기준법)/부당노동행위(노조법)/비정규직 차별적 처우(기간제법 및 파견법)외에 남녀고용평등법에 따른 ① 사업주의 고용차별 및 ② 직장내 성희롱 발생시 적절한 조치의무 위반 또는 불리한 처우(이하 "차별적 처우")에 대하여 노동위원회 구제절차를 신설함
  - 차별적 처우가 아님에 대한 입증책임은 사업주에게 있으며, 시정명령은 구제신청을 제기한 근로자 뿐만 아니라 사업장내 차별을 받고 있는 모든 근로자에게 확대적용되므로, 법시행과 동시에 차별적 처우에 대한 근로감독이 강화될 것으로 예상됨

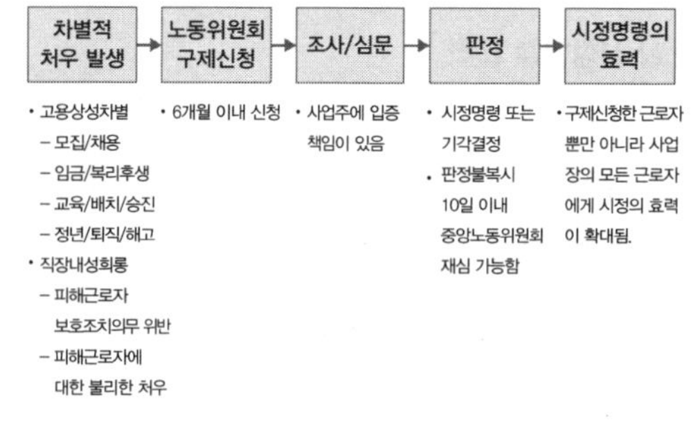

● 결정

1 조사 · 심문의 종결

(1) 시정명령

조사·심문을 종료하고 차별적 처우에 해당된다고 판정한 때에는 사용자에게 시정명령을 발한다. 또한 차별적 처우로 인하여 기간제 근로자 또는 단시간 근로자에게 발생한 손해액을 기준으로 배상액을 결정하되, 노동위원회는 사용자의 차별적 처우에 명백한 고의가 인정되거나 차별적 처우가 반복되는 경우에는 손해액을 기준으로 3배를 넘지 아니하는 범위에서 배상을 명령할 수 있다(2014. 9월).[19]

(2) 시정명령 효력

차별적 처우에 해당할 경우 차별시정을 신청한 근로자 본인 외에 같은 사업장에서 같은 일을 하는 기간제/단시간 및 파견근로자 모두에게 차별시정명령의 효력이 미친다(2014. 9월).

(3) 시정명령 및 기각결정의 방식

시정명령 또는 기각결정은 서면으로 하되 그 이유를 구체적으로 명시하여 관계당사자에게 각각 교부하여야 하며, 시정명령을 발하는 경우에는 시정명령의 내용 및 이행기한 등을 구체적으로 기재하여야 한다(기간제법 제12조 제2항).[20]

2 조정 · 중재 또는 시정명령의 내용

차별시정위원회는 차별시정에 적합하다고 판단되는 적절한 조치를 재량으로 결정할 수 있다. 시정명령의 내용인 "차별적 처우로서의 임금"은 임금채권이 아니다. 임금에 대한 차별적 처우가 있었다고 판정된 경우, 당해 차별임금 부분은 근로계약상 약정한 임금은 아니므로 근로기준법상 임금지급 위반으로 보는 것은 부적절하며, 임금채권이 발생하기 위해서는 별도의 민법상 계약행위에 의하여 계약당사자에 의한 의사의 합치가 있어야 한다. 이 경우 사업주가 차별임금지급을 이행하

[19] 파견근로자에 대한 고의적 또는 반복적 부당차별이 이어졌다면 원청업체와 파견업체가 연대하여 징벌적 배상책임을 져야 한다. (서울행법 2016.11.18, 2015구합70416)

[20] 직접고용간주규정에 따라 고용이 의제될 경우 사용사업주의 근로자 중 동종 또는 유사업무를 수행하는 근로자에게 적용되는 근로조건이 파견근로자에게도 적용된다. (대법 2016.3.10, 2012두9758)

● 차별구제 명령

구분	현행	개정내용	시행일
기간제 및 단시간 근로자 차별 배상관련	• 차별에 대한 조정, 중재 또는 시정명령의 내용에는 차별적 행위의 중지, 임금 등 근로조건의 개선 및 적절한 금전보상이 포함됨	• 차별적 근로조건의 개선에는 취업규칙 및 단체협약 등의 제도개선 명령을 포함함 • 또한 차별적 처우로 인하여 기간제 근로자 또는 단시간 근로자에게 발생한 손해액을 기준으로 배상액을 결정하되, 노동위원회는 사용자의 차별적 처우에 명백한 고의가 인정되거나 차별적 처우가 반복되는 경우에는 손해액을 기준으로 3배를 넘지 아니하는 범위에서 배상을 명령할 수 있음	2014. 9.1
기간제 및 단시간 근로자 차별에 대해 확정된 시정명령의 효력 확대	• 차별에 대하여 확정된 시정명령은 차별시정신청을 한 근로자에게만 그 효력이 미침	• 차별시정을 신청한 근로자 본인 외에 같은 사업장에서 같은 일을 하는 기간제 및 단시간 근로자 모두에게 차별시정명령의 효력이 미침	
파견근로자 차별에 대해 확정된 시정명령의 효력 확대	• 차별에 대하여 확정된 시정명령은 차별시정신청을 한 파견근로자에게만 그 효력이 미침	• 차별시정을 신청한 근로자 본인 외에 같은 사업장에서 같은 일을 하는 파견근로자 모두에게 차별시정명령의 효력이 미침	

지 않거나, 이행 상황을 미제출한 경우 기간제법 제24조의 과태료 책임을 물을 수 있을 것이다.

3 시정명령 등의 확정 및 불복

지방노동위원회의 시정명령 또는 기각결정에 대하여 불복인 관계당사자는 그 명령서 또는 기각결정서의 송달을 받은 날부터 10일 이내에 중앙노동위원회에 그 재심을 신청할 수 있다(기간제법 제14조 제1항). 시정명령을 발하였을 때 관계당사자(신청인, 피신청인) 모두 시정명령의 내용에 대하여 재심신청을 할 수 있으며, 중앙노동위원회의 재심결정에 대하여 불복이 있는 관계당사자는 그 재심결정서의 송달을 받은 날부터 15일 이내에 행정소송을 제기할 수 있다(기간제법 제14조 제2항). 위의 기간 내에 재심이나 행정소송을 제기하지 않으면 시정명령·기각결정 또는 재심결정은 확정된다(기간제법 제14조 제3항).

4 시정명령 이행의 확보

노동위원회나 법원에 의해 확정된 시정명령을 정당한 이유 없이 이행하지 아니한 자는 1억원 이하의 과태료에 처하며(기간제법 제24조), 고용노동부장관은 확정된 시정명령에 대하여 사용자에게 이행상황을 제출할 것을 요구할 수 있다(기간제법 제15조 제1항). 차별시정 신청을 한 근로자는 사용자가 확정된 시정명령을 이행하지 아니하는 경우 이를 고용노동부장관에게 신고할 수 있으며(기간제법 제15조 제2항), 기간제·단시간·파견근로자가 시정명령 불이행의 신고를 한 것을 이유로 해고 그 밖의 불리한 처우를 하지 못한다(기간제법 제16조 제3호). 이를 위반하여 근로자에게 불리한 처우를 한 자는 2년 이하의 징역 또는 1천만원 이하의 벌금에 처한다(기간제법 제21조).[21]

5 고용형태 공시제

비정규직의 과다 사용을 자제하고, 기업의 사회적 책임성 제고를 자율적인 고용구조 개선을 유도하기 위해 상시 근로자 300인 이상의 사업장은 매년 고용대상자를 정규직, 계약직, 용역, 파견, 도급으로 구분하여 관할노동관서(www.worknet.go.kr)에 공시해야 한다(2014.3.1.부터).

● 파견근로자 직접고용의무

> 파견법상 직접고용의무를 부담하는 사용사업주가 파견근로자를 직접고용하는 경우, 그 근로계약에서 기간을 정하였더라도 특별한 사정이 없는 한 이는 무효가 될 수 있다(사건번호 : 대법 2018다207847, 선고일자 : 2022-01-27).
> 파견법의 직접고용의무 규정의 입법취지 및 목적에 비추어 볼 때, 특별한 사정이 없는 한 사용사업주는 직접고용의무 규정에 따라 근로계약을 체결할 때 기간을 정하지 않은 근로계약을 체결하여야 함이 원칙이다. 다만, 파견법 제6조의2 제2항에서 파견근로자가 명시적으로 반대의사를 표시하는 경우에는 직접고용의무의 예외가 인정되는 점을 고려할 때 파견근로자가 사용사업주를 상대로 직접고용의무의 이행을 구할 수 있다는 점을 알면서도 기간제 근로계약을 희망하였다거나, 사용사업주의 근로자 중 해당 파견근로자와 같은 종류의 업무 또는 유사한 업무를 수행하는 근로자가 대부분 기간제 근로계약을 체결하고 근무하고 있어 파견근로자로서도 애초에 기간을 정하지 않은 근로계약 체결을 기대하기 어려웠던 경우 등과 같이 직접고용관계에 계약기간을 정한 것이 직접고용의무 규정의 입법취지 및 목적을 잠탈한다고 보기 어려운 특별한 사정이 존재하는 경우에는 사용사업주가 파견근로자와 기간제 근로계약을 체결할 수 있을 것이다. 그리고 이러한 특별한 사정의 존재에 관하여는 사용사업주가 증명책임을 부담한다.

[21] 직접고용간주 규정이 적용되어 정식 채용된 파견근로자의 호봉은 채용일이 아닌 파견만료일을 기준으로 산정해야 한다. (대법 2016.6.23, 2012다108139)

외국인고용허가제도

외국인근로자 고용 등에 관한 법률에 근거하여 외국인근로자를 체계적으로 도입·관리하기 위하여 외국인고용허가제를 실시하고 있다.

1 고용허가제 취지

외국인고용허가제는 국내인력을 구하지 못하는 기업이 정부(노동부)로부터 외국인의 고용을 허가받아 합법적으로 외국인근로자를 근로자 신분으로 고용할 수 있는 제도이다. 고용허가제는 국내인력이 부족한 업종에 대해 적정규모의 외국인근로자를 도입하여 활용하되, 내국인 고용기회가 침해되지 않도록 함과 동시에 외국인근로자의 투명한 도입절차를 마련하여 송출비리를 방지하며, 국내 취업 외국인근로자에 대해서는 내국인 근로자와 동일하게 근로조건을 보호하는 원칙을 견지하고 있다.

2 만기 출국자 재고용 가능

외국인근로자는 취업기간 3년 만료 후 불법체류를 방지하고 사용자가 원하는 숙련된 외국인근로자를 원활히 확보할 수 있도록 하기 위하여 재고용제도를 신설하였다. 이러한 재고용절차는 일반 외국인근로자뿐만 아니라 외국국적동포에게도 적용된다(코로나19로 인하여 인력수급이 어려운 경우 1년간 고용 연장. 2021. 4월).

3 만기 출국자 대체신청 가능

외국인근로자가 취업기간 3년 만료 후 출국시 사업장의 공백을 최소화하기 위해 체류만기 3개월 전부터 대체 신청이 가능하다. 재취업 허가시 2년간 추가고용 할 수 있으며 5년 체류기간 만료 후 재입국시 제한기간을 3개월로 단축 운영한다(2012. 7월부터).

4 해외국적동포 국내취업절차 완화

2007년 3월부터 외국국적동포 포용정책에 따른 '방문취업제'도입에 따라 중국, 러시아 등에 거주하는 외국국적동포의 국내취업절차가 대폭 완화되었다. 외국국적동포는 입국 후 한국산업인력공단에서 취업교

산업연수생 · 고용허가제 구분

구분	산업연수제	고용허가제
제도도입	1994년	2004년
체류기간	3년(연수 1년, 취업 2년)	3+2년(취업 5년)
운영관리	민간단체 (중소기업중앙회)	노동부 (산업인력공단, 중소기업중앙회)
대우	연수 1년 동안 상여금, 퇴직금 연월차수당 미지급	입국과 동시에 내국인근로자와 동일한 대우
대행 수수료	380,000원(입국대행, 취업 교육, 고충상담, 편의제공)	239,000원(입국대행, 취업교육) 사후관리 포함시(3년) 341,000원

육을 수료한 후 관할 노동부고용지원센터에 구직등록을 한 경우에는 사업장에 취업을 할 수 있다.

5 산업연수생제도 폐지

1994년부터 실시한 산업연수생제도는 인권문제, 노동력 착취, 불법체류자 양산 등의 문제점이 많아 폐지되고 외국인 고용허가제가 도입되었다.

외국인 고용자격 및 절차

1 외국인 고용업체 요건

기업체 상시근로자 300인 미만 또는 자본금 80억원 이하인 기업이 내국인 구인 노력에도 불구하고 내국인근로자를 채용(일부 채용 포함)할 수 없는 경우 고용지원센터를 통해 외국인을 고용할 수 있다. 단, 내국인 구인신청일 2개월 전부터 고용허가서 발급일까지 고용조정으로 내국인근로자를 이직시키지 아니한 업체, 내국인 구인신청일 5개월 전부터 고용허가서 발급일까지 임금을 체불하지 않은 업체, 고용보험 및 산재보험에 가입한 업체, 기 고용한 외국인근로자의 출국만기보험 및 보증보험에 가입한 업체만 가능하다.

2 외국인 고용제한 요건

근로계약서상 근로조건의 위반 및 임금체불 기타 노동관계법의 위반으로 근로계약의 유지가 어렵다고 인정받거나 거짓 기타 부정한 방법으로 고용허가를 받아 고용허가가 취소된 자로 3년이 경과하지 않은 업체는 외국인을 고용 할 수 없다. 또한「외국인근로자의 고용 등에 관한 법률」또는「출입국관리법」을 위반하여 처벌을 받은 후 3년이 경과하지 않은 업체, 고용허가서 발급일로부터 6개월 이내에 내국인근로자를 고용조정으로 이직시킨 업체, 외국인근로자를 근로계약서상에 명시된 사업 또는 사업장 이외에서 근로시킨 업체이다.

고용허가제 대상 업종

구분	일반고용허가제	특례고용허가제
제조업	• 상시근로자 300인 미만 또는 자본금 80억원 이하	좌동
건설업	• 모든 건설공사(발전소·제철소·석유화학 건설현장의 건설업체 중 건설면허가 산업환경설비인 경우에는 적용 제 외)	
서비스업		• 농산동물 도매업(51205) • 기타 산업용 농산물 및 산동물 도매업(51209) • 가정용품 도매업(514) • 기계장비 및 관련용품 도매업(518) • 가전제품·가구 및 가정용품 소매업(525) • 기타 상품 전문 소매업(526) • 무점포 소매업(528) • 숙박업(55111, 55112) ※ 관광진흥법상 호텔업을 제외한 공중위생관리법 규정에 의한 숙박업 • 음식점업(5521, 5522) • 육상여객 운송업(602) • 여행사 및 기타 여행보조업(633) • 시설물 유지관리 서비스업(7511) • 건축물일반·산업설비 청소업(75922·3) • 사회복지사업(86) • 하수 등 청소 관련 서비스업(90) • 자동차 종합 수리업(92211) • 자동차 전문 수리업(92212) • 이륜자동차 수리업(9222) • 욕탕업(93121) • 산업용 세탁업(93991) • 개인 간병인(93993) • 가사 서비스업(95) • 광업
	• 재생용 재료수집 및 판매업(51731) • 냉장·냉동 창고업(63202)(내륙에 위치한 업체)	좌동
어업	• 연근해어업(05112·3) • 양식어업(0521)	좌동
농축산업	• 작물재배업(011) • 축산업(012)	좌동

3 외국인 규모별 허용인원

비수도권 소재업체는 규모별 허용인원의 20%를 추가 가능하며 평균 인력부족률(4.16%)보다 높은 업체 허용인원의 20%를 추가 할 수 있다. 방문취업제를 통한 외국국적동포 고용시 허용인원만큼 추가 할 수 있고, 외국인 규모별 허용인원 판단은 고용보험 가입 내국인 피보험자 3개월 평균으로 판단한다.

중소기업체 규모별 허용인원

내국인 피보험자 수	고용 허용인원	내국인 피보험자 수	고용 허용인원
10인 이하	5명 이하	151~200인	25명 이하
11~50인	10명 이하	201~300인	30명 이하
51~100인	15명 이하	301~500인	40명 이하
101~150인	20명 이하	501인 이상	50명 이하

4 내국인 구인 노력

고용허가제에서는 내국인근로자의 고용기회를 보호하기 위해서 외국인근로자 고용을 원하는 사용자에게 내국인 구인 노력 의무를 부여하고 있다(내국인 구인 노력 기간Work-Net은 7일, 예외적으로 신문·방송, 기타간행물 등 매체를 통하여 구인 노력을 한 경우 3일).

5 외국인 고용허가 신청

내국인 구인 노력에도 불구하고 원하는 인력의 전부 또는 일부를 채용하지 못한 경우 관할 고용지원센터에 외국인근로자 고용허가 신청을 할 수 있다. 외국인근로자가 취업기간 3년 만료 후 출국시 사업장 공백을 최소화하기 위해 체류만기 3개월 전부터 신청 가능하다.

신청서류

신규신청	대체신청
• 외국인근로자 고용지원 신청 등 업무대행계약서(서식 1) • 외국인근로자 고용허가서 발급신청서(서식 2) • 사업자등록증 사본 • 위임장(서식 19)	• 외국인근로자 고용지원 신청 등 업무대행계약서 • 취업기간 만료자 재입국 취업활동신청서(서식 6) • 사업자등록증 사본 • 위임장(서식 19) • 출국예정신고서(서식 8) • 출국항공권 사본 • 여권 사본 • 외국인등록증 사본

6 외국인근로자 알선

사용자가 고용허가서를 신청하고 고용지원센터에서 구직자를 알선(3배수)하며 사용자에게 알선된 명부를 송부하며 알선자 중 적격자를 3일 이내에 선택하여 고용허가서를 발급 받을 수 있다.

7 고용허가서 발급

일반 외국인근로자에 대한 민간알선 및 지정알선은 금지되어 있다, 다만, 동포의 경우는 방문취업제 실시에 따라 입국 후 취업교육 수료 및 고용지원센터에 구직등록 이후 자유로운 취업이 가능하다. 근로계약은 1년 미만의 근로계약체결도 가능하나, 1년 미만의 근로계약일 경우에는 사업장변경횟수 제한(3회)에 따른 불법체류 야기, 외국인구직자의 근로계약 기피 등으로 인해 가능한 한 1년 단위의 근로계약 체결을 한다. 근로계약을 갱신한 경우 외국인근로자는 출입국관리법 제25조 규정에 따라 체류기간 만료 전에 체류기간 연장허가를 받아야 하므로 사용자는 최소한 계약만료일 7일 이전까지 고용허가 유효기간 연장허가 신청을 해야 한다.

8 근로계약 체결

각 송출국가의 송출기관에서 사용자가 선택한 외국인구직자와 연락하여 근로계약 체결 의사를 확인한 후 전산상으로 송부된 표준근로계약서를 최종 확정하여 재송부하게 되면 근로계약이 체결된다. 만일 업체가 제시한 근로조건 등에 대해서 해당 외국인근로자가 계약체결 거부시 다른 외국인근로자로 재알선 절차를 진행하게 된다.

9 사증발급인정서 신청 및 발송

근로계약이 체결되면 법무부 출입국관리사무소에서 사증발급인정서를 신청 발급받아 사증발급인정서를 한국산업인력공단에 송부하며 동 공단에서 송출국가의 송출기관을 통하여 해당 외국인구직자에게 전달한다.

10 외국인근로자 입국 및 취업교육

외국인근로자는 비전문취업E-9 사증을 받아 송출기관 관계자의 인솔하에 국내에 입국하게 되며 입국장(인천공항)에서 취업교육팀 관계자에게 인계되어 취업교육연수원으로 이동하여 2박 3일간의 취업교육을 받게 된다.

11 외국인근로자 인수

사용자 교육 후 외국인근로자를 인수인도 하기 전에 출국만기보험 및 임금체불보증 보험에 대한 보험약정을 체결한다. 외국인근로자에 대한 관리는 노동부, 법무부 등 국가기관에서 담당하게 된다. 따라서 내국인근로자와 동일하게 외국인근로자도 근로기준법 위반 등의 문제 발생시 노동부에 진정서를 제출할 수 있다.

취업교육기관

취업교육기관	대상 근로자
중소기업중앙회	필리핀, 인도네시아, 스리랑카, 캄보디아, 우즈베키스탄, 파키스탄, 방글라데시, 키르기스스탄 등 출신 외국인근로자
한국국제노동협력원	베트남, 몽골, 태국, 중국 출신 외국인근로자

외국인 재고용 절차 및 등록

1 방문취업 채용절차

그간 국내 출입국 및 취업 등에서 상대적으로 소외 받아온 중국 및 구소련지역 거주 동포 등에 대해서는 자유로운 왕래 및 취업기회를 제공하기 위해 2007년 3월부터 방문취업H-2 체류자격을 부여하여 내국인과 유사한 취업활동의 자유를 보장하고 사용자의 고용허가절차를 완화하였다. 방문취업H-2 사증은 복수사증으로 5년간 유효하며, 재입국 허가 없이 자유롭게 출입국할 수 있으며, 1회 입국시 3년간 취업이 가능하다. 방문취업H-2 사증으로 입국한 외국국적동포는 취업교육을 이수하고 구직신청을 한 후 고용지원센터의 취업알선을 받아 취업할 수 있다. 내국인의 일자리 보호를 위해 사용자가 동포를 고용할 경우에는 고용지원센터를 통해 일정기간(내국인 구인노력의무기간은 일반외국인의 경우와 동일) 내국인 구인 노력을 하였음에도 불구하고 내국인을 채용하지 못한 경우 고용지원센터로부터 "특례고용가능확인서"를 발급받아 표준근로계약서를 사용하여 근로계약을 체결하고 동포를 고용할 수 있다.

2 외국인근로자 등록

외국인근로자 활용업체는 외국인이 입국한 날부터 90일 이내에 업체의 소재지 관할 출입국관리사무소 또는 출장소에 외국인등록을 하여야 한다. 외국인근로자의 입국일로부터 90일까지 외국인등록을 하지 않을 경우 출입국관리법 제95조에 의거 1년 이하의 징역 또는 1,000만원 이하의 벌금이 부과될 수 있다.

3 고용변동신고

사업주는 외국인근로자의 근무 중 이탈, 소재불명, 부상, 근로계약갱신, 사망 등의 사유가 발생한 때에는 그 사실을 안 날로부터 10일 이내에 고용지원센터에 신고하면 관할 출입국관리사무소 신고한 것으로 간주된다(2015. 4. 16부터).

고용특례자(방문취업 동포) 선정 도입절차

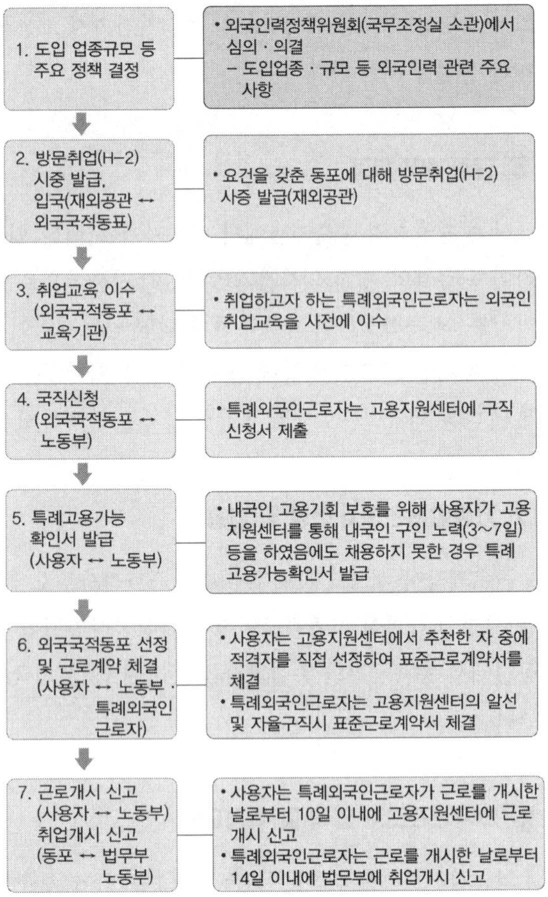

단계	내용
1. 도입 업종규모 등 주요 정책 결정	• 외국인력정책위원회(국무조정실 소관)에서 심의 · 의결 – 도입업종 · 규모 등 외국인력 관련 주요 사항
2. 방문취업(H–2) 시중 발급, 입국(재외공관 ↔ 외국국적동표)	• 요건을 갖춘 동포에 대해 방문취업(H–2) 사증 발급(재외공관)
3. 취업교육 이수 (외국국적동포 ↔ 교육기관)	• 취업하고자 하는 특례외국인근로자는 외국인 취업교육을 사전에 이수
4. 국직신청 (외국국적동포 ↔ 노동부)	• 특례외국인근로자는 고용지원센터에 구직 신청서 제출
5. 특례고용가능 확인서 발급 (사용자 ↔ 노동부)	• 내국인 고용기회 보호를 위해 사용자가 고용지원센터를 통해 내국인 구인 노력(3~7일) 등을 하였음에도 채용하지 못한 경우 특례고용가능확인서 발급
6. 외국국적동포 선정 및 근로계약 체결 (사용자 ↔ 노동부 · 특례외국인 근로자)	• 사용자는 고용지원센터에서 추천한 자 중에 적격자를 직접 선정하여 표준근로계약서를 체결 • 특례외국인근로자는 고용지원센터의 알선 및 자율구직시 표준근로계약서 체결
7. 근로개시 신고 (사용자 ↔ 노동부) 취업개시 신고 (동포 ↔ 법무부 노동부)	• 사용자는 특례외국인근로자가 근로를 개시한 날로부터 10일 이내에 고용지원센터에 근로개시 신고 • 특례외국인근로자는 근로를 개시한 날로부터 14일 이내에 법무부에 취업개시 신고

외국인근로자 노무관리

사업주는 「외국인근로자의 고용 등에 관한 법률」 제22조에 의거 외국인근로자라는 이유로 부당하게 차별할 수 없다. 따라서 외국인근로자에 대해서도 원칙적으로 근로기준법, 산업안전보건법, 최저임금법 등 노동관계법이 차별 없이 적용된다.

1 임금 및 근로조건

외국인근로자에 대한 임금수준은 생산성, 경력 등에 따라 차등이 가능하므로 반드시 내국인근로자와 동일한 수준일 필요는 없으나 외국인근로자도 최저임금법이 적용되므로 최저임금은 반드시 준수해야 한다. 1주 40시간을 기준으로 하며 당사자간 합의가 있으면 1주 12시간 내에서 연장근로가 가능하다. 연장·휴일·야간 근로시에는 통상임금의 50%씩 가산된 임금을 지급하여야 한다. 아울러 기타 근로기준법 임금 및 근로시간 관련 규정도 준수해야 한다.

2 외국인근로자 복지

외국인근로자에 대한 기숙사(2019.7.16 기숙사 제공의무) 및 식사는 반드시 의무적으로 제공할 필요는 없으므로 이미 해당 사업장에 소속되어 있는 내국인 또는 외국인근로자의 예에 따라 제공 여부를 결정하면 될 것이다. 다만, 외국인근로자의 원활한 고용을 위해서는 가능한 한 숙식을 제공하는 것이 바람직하며, 이 경우 해당 근로자에 대해 실비를 부담시킬 수 있다. 그러나 임금에서 숙식비를 사전에 공제하는 것은 금지되며 반드시 외국인근로자에게 근로계약시 관련 내용을 고지한 후 임금지급 후 숙식비를 납부하도록 해야 한다.

고용변동사유

① 외국인근로자를 해고(계약해지)하거나 퇴직 또는 사망한 겨우
② 외국인근로자가 부상 등으로 해당 업체에서 계속근무가 부적합한 경우
③ 외국인근로자가 정당한 절차 없이 5일 이상 결근하거나 소재불명일 경우
④ 외국인근로자가 전염병(콜레라, B형간염, 결핵 AIDS 등) 환자이거나 마약중독 등으로 공중위생상 위해를 미칠 우려가 있는 경우
⑤ 고용계약기간(고용허가기간)이 변경된 경우
⑥ 외국인근로자가 체류기간 만료 등으로 완전 출국한 경우
⑦ 사용자 또는 근무처의 명칭이 변경된 경우
⑧ 사용자 변경 없이 근무 장소를 변경한 경우
⑨ 출입국관리법에 의한 명령을 위반한 경우

3 외국인근로자 보호

고용허가제에 의해 합법적으로 취업한 외국인근로자는 내국인과 동등하게 근로기준법, 최저임금법, 산업안전보건법 등 노동관계법의 적용을 받고, 노동3권 등 기본적인 권익을 보장받으며, 외국인이라는 이유로 차별적으로 대우하는 것이 금지된다. 사업주의 근로계약 위반, 부당해고 등 위법·부당한 처분에 대해서는 근로감독과 및 노동위원회, 국가인권위원회, 법원 등을 통한 권리구제가 가능하다. 사회보험에 있

어서는 산재보험 및 건강보험은 강제적으로 적용되고, 고용보험은 외국인근로자가 가입을 원하는 경우에만 임의 적용되며, 국민연금은 상호주의 원칙에 따라 적용여부가 결정된다.

4 외국인근로자 전용보험

외국인근로자에 대한 퇴직금 체불을 방지하기 위해 사업주는 출국만기보험에 가입하여 매월 8.3% 납부해야 한다. 따라서 외국인근로자 출국만기보험에 가입한 사업장은 외국인근로자 보수총액에서 임금채권 부담금 50% 범위 내에서 감액 신청할 수 있다.

고용허가제(E-9 H-2) 외국인근로자의 4대보험 적용

구분	원칙	적용	
국민연금	상호주의	적용국가	중국, 키르기스탄, 태국, 몽골, 우주베키스탄, 필리핀, 인도네시아
		비적용국가	베트남, 파키스탄, 캄보디아, 방글라데시, 네팔, 미얀마, 동티모르
건강보험	당연적용	출입국관리법에 따라 외국인등록을 한 경우에 한함 *장기요양급여 제외	
고용보험	실업급여	임의가입	가입을 희망하는 경우 입사후 다음달 15일 이내 신고
	고안직능	당연적용	23.1.1부터 10인 미만 사업장 적용
산재보험	당연적용	외국인 모든 근로자(불법체류자 포함)	

[별지 제1호서식] (앞면)

<table>
<tr><th colspan="5">외국인근로자 장기요양보험 가입제외 신청서</th></tr>
<tr><td rowspan="2">①
사업장</td><td>명 칭</td><td></td><td>관리번호</td><td></td></tr>
<tr><td>소재지</td><td colspan="3"></td></tr>
<tr><td rowspan="4">②
가입자</td><td>성 명</td><td></td><td>외국인등록번호</td><td></td></tr>
<tr><td>주 소</td><td colspan="3"></td></tr>
<tr><td>전화번호</td><td colspan="3"></td></tr>
<tr><td>국 적</td><td></td><td>체류자격</td><td></td></tr>
<tr><td colspan="5">「노인장기요양보험법」 제7조제4항 및 같은 법 시행규칙 제1조의2에 따라
장기요양보험 가입제외를 신청합니다.

. . .

신청인(가입자) (서명 또는 인)
국민건강보험공단 이사장 귀하</td></tr>
<tr><td rowspan="2">구
비
서
류</td><td colspan="4">담당직원 확인사항
(담당직원의 확인에 동의하지 아니하거나, 확인이 불가능한 경우 신청인이 직접 제출하여야 하는 서류)</td></tr>
<tr><td colspan="4">외국인등록증 사본 또는 외국인등록사실증명 중 1부</td></tr>
<tr><td colspan="5">본인은 이 건 업무처리와 관련하여 「전자정부법」 제22조의2제1항에 따른 행정정보의 공동이용을 통하여
담당직원이 위의 구비서류의 행정정보를 확인하는 것에 동의합니다.

신청인(가입자) (서명 또는 인)</td></tr>
</table>

*접수번호		*접수일		수수료 없음

210㎜×297㎜[일반용지60g/㎡(재활용품)]

외국인 체류자격별 고용보험 적용

체류자격	고용보험 적용여부	체류자격	고용보험 적용여부
1. 외교(A-1)	×	19. 교수(E-1)	○(임의)
2. 공무(A-2)	×	20. 회화지도(E-2)	○(임의)
3. 협정(A-3)	×	21. 연구(E-3)	○(임의)
4. 사증면제(B-1)	×	22. 기술지도(E-4)	○(임의)
5. 관광통과(B-2)	×	23. 전문직업(E-5)	○(임의)
6. 일시취재(C-1)	×	24. 예술흥행(E-6)	○(임의)
7. 단기상용(C-2)	×	25. 특정활동(E-7)	○(임의)
8. 단기종합(C-3)	×	25의3. 비전문취업(E-9)	○(임의)
9. 단기취업(C-4)	○(임의)	25의4. 선원취업(E-10)	○(임의)
10. 문화예술(D-1)	×	26. 방문동거(F-1)	○(임의)
11. 유학(D-2)	×	27. 거주(F-2)	○(강제)
12. 산업연수(D-3)	×		
13. 일반연수(D-4)	×	28. 동반(F-3)	×
14. 취재(D-5)	×	28의2. 재외동포(F-4)	○(임의)
15. 종교(D-6)	×	28의3. 영주(F-5)	○(강제)
16. 주재(D-7)	○(상호주의)	29. 기타(G-1)	×
17. 기업투자(D-8)	○(상호주의)	30. 관광취업(H-1)	×
18. 무역경영(D-9)	○(상호주의)	31. 방문취업(H-2)	○(임의)

외국인근로자 전용보험

구분	출국만기 보험 · 신탁	귀국비용 보험 · 신탁	임금체불 보증보험	상해보험
도입목적	중소기업의 퇴직금일시지급에 따른 부담 완화	외국인근로자의 귀국시 필요한 비용 충당	외국인근로자에 대한 임금체불에 대비	업무상 재해 이외의 외국인근로자 사망 · 질병에 대비
근거	외국인고용법 제13조 동법 시행령 제21조	외국인고용법 제15조 동법 시행령 제22조	외국인고용법 제23조 동법 시행령 제27조	외국인고용법 제23조 동법 시행령 제28조
피보험자	사용자	외국인근로자	사용자	외국인근로자
적용사업장	• 상시 1인 이상 근로자 사용사업장 • 1년 이상 취업활동 기간이 남은 외국인근로자를 고용한 사용자	• 외국인근로자 활용사업장	• 임금채권보장법이 적용되지 아니하는 사업장 • 상시 300인 미만 근로자 사용사업장	• 외국인근로자 활용 사업장
가입시기	근로계약 효력발생일부터 15일 이내	근로계약 효력발생일부터 80일 이내	근로계약 효력발생일부터 15일 이내	근로계약 효력발생일부터 15일 이내
보험금 납부방법	매월 적립	일시금	일시금	일시금
보험료 부담자	사업주	외국인근로자	사업주	외국인근로자
납부보험료	• 외국인근로자 월평균임금×8.3% (월임금신고금액에 따라 개별산정)	• 400,000~600,000원 • 40만원: 중국, 필리핀, 인도네시아, 태국, 베트남 • 60만원: 스리랑카 • 50만원: 기타국가	• 16,000~20,000원 • 보험가입제한업체는 이행보증금 2백만원/인 예치	• 19,000~50,000원 • 연령 및 성별에 따라 차등
보험금 지급사유	사업장 이탈 없이 1년 이상 근무한 외국인근로자의 출국(일시출국 제외) 또는 사업장 변경	외국인근로자 출국(일시출국 제외), 자진출국 또는 강제 퇴거의 경우도 해당	사용자의 임금체불 발생	외국인근로자 사망 또는 질병

파견계약서

○○○○○ 주식회사(사용사업주, 이하 "갑"이라 한다)와 ________(파견사업주, 이하 "을"이라 한다)은 아래와 같이 근로자 파견계약(이하 "본 계약"이라 한다)을 체결한다. "갑"과 "을"은 이후에 본 계약에 근거하여 근로자 파견 개별계약(이하 "개별계약"이라 한다)을 체결하기로 한다.

제1조 목적

본 계약은 "을"이 채용한 근로자(이하 "파견근로자"라 한다)를 그 고용관계를 유지하면서 "갑"의 지휘명령을 받아, "갑"을 위한 노무에 종사하게 하기 위하여 "갑"의 사업장에 파견하는 것과 관련된 제반사항을 정함으로써 파견근로의 합리적 운영을 도모함에 그 목적이 있다.

제2조 개별계약의 내용

1) "갑"과 "을"은 "갑"이 "을"에게 근로자 파견을 의뢰할 때마다 해당 근로자 파견에 대하여 아래의 항목으로 개별계약을 체결한다.

① 파견근로자의 수
② 파견근로자가 종사할 업무의 내용
③ 파견근로자가 파견되어 근로할 사업장의 명칭, 소재지 및 기타 근로장소(근무부서)
④ 파견근로 중인 파견근로자를 직접 지휘·명령할 자에 관한 사항
⑤ 근로자 파견기간 및 파견개시일에 관한 사항
⑥ 시업 및 종업의 시각과 휴게시간에 관한 사항
⑦ 휴일·휴가에 관한 사항
⑧ 연장·야간·휴일근로에 관한 사항
⑨ 근로자파견의 대가
⑩ 파견사업 관리책임자, 사용사업 관리책임자의 성명·소속·직위에 관한 사항

2) 제1)항의 개별계약을 체결할 때에는 각 파견근로자별로 계약서를 작성하되, 개별계약의 내용이 동일한 경우에는 하나의 계약서로 작성할 수 있다.

제3조 계약기간

1) 계약기간은 ______________로 한다.

2) 파견근로기간 동안 파견근로자의 사직, 교체 및 인원 증감에 따라 신규근로자를 배치할 경우, 신규 배치된 근로자의 파견근로기간은 교체 배치된 일로부터 산정한다.

제4조 파견근로의 장소

파견근로자가 노무를 제공할 장소는 "갑"의 사업장이며, 구체적인 사항은 개별계약에 정한 바에 따른다.

제5조 고지 및 통지의무

1) "을"은 파견근로자에게 본 계약의 내용 중 파견근로자와 관련된 사항을 반드시 고지하여야 한다.

2) "을"이 "갑"에게 근로자를 파견할 경우에는, 파견근로자의 성명, 성별, 연령, 학력, 자격, 기타 직업능력에 관한 사항을 "갑"에게 통지하여야 한다.

제6조 파견근로자 인력운영

"갑"은 필요에 따라 인력을 증감운영을 할 수 있으며, "을"은 "갑"의 요청에 성실히 따른다.

제7조 업무의 지휘감독

"갑"은 파견근로자의 업무수행에 대하여 총괄적으로 업무지휘권을 가지며, 구체적 업무지시와 통제는 "갑"의 지휘명령자가 수행한다.

제8조 파견근로자의 교체

1) 파견근로자가 휴가, 근무 불성실, 근무 태만, 근무지 무단이탈, 무단결근 등으로 노무를 제공할 수 없거나 "갑"의 업무수행에 지장을 주는 경우에 "갑"은 "을"에게 대체근로자의 파견을 요청할 수 있으며, "을"은 "갑"의 요청에 성실히 응해야 한다.
2) "을"은 "갑"의 사전 동의 없이는 "갑"의 사업장에 배치된 파견근로자를 교체할 수 없다.

제9조 관리책임자

1) "갑"은 파견근로자의 적절한 파견근로를 위하여 사용사업관리책임자를 선임하여야 한다. 사용사업관리책임자는 해당 법령이 정하는 제반 의무사항을 성실히 이행하여야 하며, 파견근로자의 근태 및 업무수행의 정도 등을 "을"에게 통지한다.
2) "을"은 파견근로자의 적절한 고용관리를 위하여 관련법령의 결격사유가 없는 자를 파견사업 관리책임자로 선임하여야 한다. 파견사업관리책임자는 해당 법령이 정하는 제반 의무사항을 성실히 수행하여야 한다.
3) 위 관리책임자들은 파견근로자의 고충을 접수하고 그에 대한 조치를 행하여야 한다.

제10조 파견근로자에 대한 임금의 지급

1) "을"은 파견근로자의 직무, 직무수행능력, 경력, 학력 등 제반 사정을 고려한 임금(퇴직금 포함)지급 기준을 마련하여 "갑"에게 통지한다. 단, 이에 관하여 "갑"의 이의가 있는 경우에는 "을"은 이를 반영한다.
2) "을"은 전월 1일부터 말일까지 산정하여 파견근로자의 임금을 포함한 파견대금을 확정한 후 매월 5일에 청구하며, "갑"은 당월 8일까지 "을"의 예금계좌로 온라인을 이용하여 지불한다.
3) 파견근로자의 근무일수가 1월 미만인 경우에는 일할계산으로 임금을 산정한다.

제11조 계약금액의 산정

1) 계약금액의 인상은 당해연도 경제여건의 변화 및 물가인상에 따라 계약기간 유효기간 종료 1개월 전에 "갑"과 "을"이 인상협의를 실시한다.
2) "갑"의 사정에 의거 인상협의가 지연될 시에는 재계약 일자로부터 합의 일자까지 기간의 계약금액 인상분을 소급 지급한다.

제12조 근무시간, 휴식, 휴일 및 휴가

근무시간, 휴식, 휴일 및 휴가는 "갑"의 취업규칙 또는 사규 등에 따르며, 파견근로자가 "갑"의 사정으로 부득이하게 될 경우에는 "갑"은 다른 시간 또는 다른 날로 대체하여 부여할 수 있다.

제13조 질서유지

1) "을"은 파견근로자가 "갑"의 지휘명령에 충실히 따르며, "갑"의 사업장의 규율, 질서와 시설 관리상의 제 규칙, 작업지침 등을 준수하고 업무상의 제 규칙에 위반되지 않도록 적절한 조치를 강구해야 한다.
2) "갑"은 파견근로자가 "갑"이 정하는 직장규율 기타 업무상의 제 규칙에 위반되거나 직장질서 등에 위반된다고 판단된 경우는 "을"에게 연락하여 적절한 조치를 취할 수 있다.

제14조 기밀유지

"을"은 파견근로자가 본 계약에서 정하는 업무의 수행과 관련하여 알게 된 "갑"의 업무상 기밀을 타인에게 누설하지 않도록 관리하여야 한다.

제15조 안전 및 보건

1) "갑"은 파견근로자에 대하여 산업안전보건법 제20조에 의거 업무시행시 필요한 제반 안전상의 조치를 취하여야 한다.
2) "을"은 파견근로자에 대하여 정기적인 건강진단을 실시하여야 한다. 정기건강검진의 경우 이를 사전에 "갑"에게 통보하여야 하며, "갑"은 업무에 중대한 지장이 없는 한 정기건강진단에 필요한 시간을 할애해 주어야 한다.
3) 건강진단에 따른 검사서는 "을"이 보관하여 파견사업의 수행에 활용한다.
4) "을"은 건강진단에 따른 검사결과를 "갑"에게 통보하여야 한다.

제16조 소집교육

"을"은 파견근로자가 근면, 성실하게 근무할 수 있고 업무수행을 충실히 할 수 있도록 하기 위하여, "갑"의 업무에 지장이 없는 범위 내에서 소집교육을 실시하며, 이에 대해 사전에 "갑"과 협의한다.

제17조 출장비 지급

파견근로자가 공무에 의거 출장 시는 "갑"의 제 규정에 따른 출장여비를 지급한다.

제18조 양도금지

"을"은 "갑"의 동의 없이 계약상의 권리와 의무를 타인에게 양도 또는 저당할 수 없다.

제19조 계약의 해지

본 계약은 다음 각 호에 해당할 때에는 "갑", "을" 상호 합의하에 계약을 해지할 수 있다.

1) "갑"과 "을"이 파산선고를 받았거나 신청하였을 때 (즉시해지)
2) "갑"과 "을"이 해산명령을 받았거나 해산결의를 하였을 때 (즉시해지)
3) 쌍방이 본 계약조항을 현저히 위반하였을 때
4) "갑"과 "을"이 사정에 의하여 1개월 전에 해약통보를 하였을 때

제20조 책임

1) 파견근로자가 근무수칙을 위반하거나 선량한 관리자의 의무(장비의 일상점검)를 하지 않음으로써 발생되는 손실은 "을"이 보상한다.
2) 파견근로자의 중대한 과실이나 고의로 "갑"에게 손해를 끼쳤을 경우 "을"이 책임진다. 이때 상황을 고려해 상호 협의하여 처리하거나, 민·형사상의 관례 또는 판결에 따라 상호 처리한다.
3) "갑"은 파견근로자에게 현금 및 귀중품의 운반 업무에 종사시키거나 접근을 금한다. 이때는 "갑"의 현금 등 귀중품 운송법에 따라 무장경호원과 담당직원이 대동하여야 하며, 방임하여서는 아니 된다.

제21조 계약의 해석

본 계약해석에 상호 이견이 발생하거나 본 계약서에 정하여지지 않은 사항은 관계법령 또는 일반 상관례를 참고로 상호 협의하여 처리한다.

제22조 계약서의 보관

본 계약서의 유효일과 이를 증명하기 위하여 계약서 2통을 작성하여 쌍방이 날인하고 각각 1통씩 보관한다.

도급계약서

______(이하 "갑"이라 한다)와 ______(이하 "을"이라 한다)은 다음과 같이 도급계약을 체결하고, "갑"과 "을"은 이하의 조건으로 이를 이행할 것을 합의한다.

제1조 (목적)

① "갑"과 "을"은 본 계약내용에 대하여 신의 성실의 원칙에 따라 이행하여야 한다.

② "갑"과 "을"은 본 계약의 이행에 있어서 하도급 거래 및 공정거래에 관한 법률 등 관련법령의 제 규정을 준수하여야 한다.

제2조(도급업무의 내용)

①

②

제3조(도급계약금액)

① 계약금액: 일금 원 월 도급액은 일일 100톤×500,000원(VAT별도)으로 산출한다. 단, 계약금액은 매 1년 단위로 "갑"과 "을"의 합의로 조정토록 하며, 계약기간 내 도급업무가 추가되거나 축소될 경우에는 계약금액 조정이 가능하다.

② 도급계약금액은 위 제2조에서 정한 업무의 완성 및 업무 진척도에 따라 지급된다.

③ 대금은 현금지급을 원칙으로 한다.

제4조(도급계약기간)

① 본 계약기간은 2011년 1월 1일부터 2011년 12월 31일까지로 한다.

② 계약기간 만료일 이전이라도 도급업무가 종료하였을 경우에는 종료일까지로 한다.

제5조(업무이행방법)

① "을"(수탁자)은 상기의 계약금으로서 상기의 계약기간 내에 "갑" 주문서에 의하여 도급업무를 이행하여야 한다.

② "을"은 원만한 도급업무의 이행을 위하여 긴밀한 연락체계를 수립하여야 한다.

③ "을"은 현장대리인을 선임하여 도급업무를 처리하게 하고, 도급업무를 수행하는 "을"의 근로자를 지휘·관리하게 할 수 있다.

제6조("을"의 책임이행)

① "을"은 도급업무의 목적과 취지에 따라 신의로서 성실하게 자기의 책임으로 도급업무를 완전히 이행하여야 한다.

② "을"은 "갑"의 승낙을 얻은 경우를 제외하고, 도급업무의 전부 또는 중요한 부분을 제3자에 도급하거나 하도급 시켜서는 아니 된다.

③ "을"은 도급업무를 수행하는 소속근로자가 도급업무수행에 지장이 없도록 충분한 업무지식교육을 이행하여야 하고, 노동관계법령 및 사회보험법령에서 정한 제반 의무사항을 이행하여야 한다.

④ "을"은 "갑"의 현장에서 근무하는 "을"의 소속직원"에 의하여 재해가 발생하지 않도록 산업안전보건법에서 정한 제반 의무사항을 이행하여야 한다.

제7조("갑"의 책임 및 의무)

① "갑"은 "을"이 도급업무 수행과 관련한 회의 및 교육에 참석할 수 있도록 하며 필요한 자료 또는 서류를 "을"에게 제공하여야 한다.

② "갑"은 제1조의 도급계약금액과는 별도로 도급업무의 특수성과 지리적 여건 등을 고려하여 "갑"의 업무효율성 제고를 위해 "을"에게 숙식 및 기타 복리후생사항 등을 제공할 수 있다.

③ "갑"이 업무효율성 제고를 위해 제공되는 숙식 및 기타 복리후생비용은 "을"의 비용으로 한다.

제8조(권리양도의 금지 등)

"을"은 이 계약에 의하여 생긴 권리·의무를 제3자에 양도하거나, 또는 담보에 제공하여서는 아니 된다. 다만, "갑"과 "을"이 합의한 경우에는 예외로 한다.

제9조(시설 등의 제공 및 사용관리)

① "을"은 "갑"이 도급한 업무수행에 필요한 집기, 비품 등 시설 및 장비를 갖추어야 한다. 단, 업무상 필요한 경우에는 "을"의 요청에 의하여 "갑"이 제공할 수 있다.

② "을"이 도급받은 업무를 수행하는 과정에서 "갑"의 사업장 내 이미 설비·기계·기구 등이 설치되어 있어서 "을"이 이를 사용할 경우 "을"은 일정한 사용료 또는 임차료를 부담하여야 하며, 선량한 관리자의 주의로서 취급하여야 한다. 이 경우 "갑"은 "을"에게 지급할 도급료에서 "갑"과 "을"이 협의한 사용료 또는 임차료를 상계처리 한 후 지급할 수 있다.

제10조(손해배상책임)

① "을"이 고의 또는 과실에 의하여 전조에 정하는 시설 등에 손상 등을 입혔을 때에는 "을"은 그 배상의 책임을 져야 한다.

② 본 도급업무처리에 관하여 발생한 손해(제3자에 미치는 손해를 포함)는 모두 "을"이 부담하고 "갑"은 그 책임을 지지 않는다. 다만, 그 발생이 "갑"의 귀책사유에 의한 경우는 그러하지 아니한다.

③ 제2항에 대하여 "갑"이 연대책임에 의하여 손해배상을 지불한 경우에는 그 금액을 "을"에게 구상하고, "을"은 이에 응하여야 한다.

제11조(처리상황의 점검)

① "갑"은 "을"의 도급업무가 계약에 의해 적절하게 수행되는지 수시로 감시, 감독할 수 있다.

② "갑"은 "을"의 도급업무처리가 부적절하거나 시정을 요구하였음에도 적기에 시정되지 아니하는 경우에는 도급업무의 처리상황이나 내용에 대한 설명의 요구, 처리상황의 점검 등 필요한 조치를 취할 수 있다. "을"은 "갑"의 위와 같은 요구나 조치를 정당한 이유 없이 거절할 수 없다.

제12조(업무내용의 변경)

① "갑"은 도급업무의 내용 및 계약금액 또는 이행기한을 변경할 필요가 있는 때에는 "갑"과 "을"이 협의하여 이를 정한다.

② 전항의 경우에 계약을 해지하거나 이행기한의 연장 등을 하는 경우에는 적어도 1개월 전에 그 요지를 상대방에게 통지하여야 한다.

제13조(기간의 연장)

① "을"은 "갑"의 책임에 의하지 아니하고 계약기간 내에 도급업무를 완료할 수 없는 경우에는 지체 없이 "갑"에게 이러한 사실을 통지하여야 한다.
이 경우 "을"은 "갑"의 서면 승낙 없이는 계약기간의 연장이나 도급보수의 증액을 요구할 수 없다.

② "을"의 귀책사유로 인하여 계약기간 내에 도급업무를 완료하지 못한 경우, "을"은 도급업무의 완료시까지의 지체기간에 대하여 계약금액에 대한 연 10%의 비율에 해당하는 지체금을 "갑"에게 지급하여야 한다.

제14조(검사와 인도)

① "을"은 도급업무를 완료할 때에는 지체 없이 "갑"이 지시하는 목적물과 완료보고서 등(이하『관련자료 등』이라 한다)을 "갑"에게 제출하여, "갑"의 검사를 받아야 한다.

② 전항의 검사결과 불합격인 때에는 "갑"이 정한 기일 내에 보완을 하고, 보완이 완료된 즉시 "갑"에게 통지하여야 한다.

③ "을"은 "갑"으로부터 검사합격의 통지를 받았을 때, 당해 관계자료 등을 "갑"에게 인도한다.

④ "을"은 도급업무의 완료 즉시 본 계약서 제7조 제②항에 의하여 "갑"으로부터 임차한 설비·기계·기구 등을 원상 복구하여 반환하여야 한다.

제15조(업무도급료의 지불)

① "갑"은 매월 "을"이 청구한 업무도급료를 검토한 후 업무도급 성과에 따라 "을"과 협의·확정하여 당월 ○○일까지 지급하 되 지급방법은 "갑"의 대금지급 규정에 준한다.

② "갑"의 귀책사유로 대금지급 기준을 연체시킬 경우에는 그 초과기간에 대하여 법정이율로 지연이자를 가산하여 지급하여야 한다.

③ 계약의 중도해지나, 도급업무의 추가 또는 축소시에는 변동분에 대한 정산분을 반영하여 지급할 수 있다.

④ "갑"과 "을"은 기지급된 도급료에 대하여 과다 또는 과소지급 되었다고 인정될 경우 상호 협의하여 정산할 수 있다.

제16조(계약해지권)

"갑"은 "을"이 다음 각호에 해당하는 경우 계약의 일부 또는 전부를 해제 또는 해지할 수 있다.

① "을"의 귀책사유에 의하여 계약내용의 이행이 불가능한 것으로 명백하게 인정되는 경우

② 본 계약서의 제반내용을 "을"이 위배하여 "갑"이 적정한 시정요구를 하였음에도 "을"이 시정하지 않았을 경우

③ "을"이 폐업 또는 휴업을 한 경우

④ "을"이 도급업무를 수행함에 있어 "갑"에게 중대한 손실을 끼친 경우

⑤ "갑"과 "을"이 합의한 경우

제17조(업무책임자의 신고)

"을"은 본 계약의 이행을 위하여 "을"의 업무종사자 중에서 책임자를 정하여 지휘·감독시키는 동시에, 도급업무의 효율적 수행을 위해 "갑"과 수시연락이 가능하도록 하여야 한다.

제18조(비밀의 유지)

① "을"과 "을"의 업무종사자는 본 계약의 이행에 있어서 알게 된 비밀을 누설하여서는 아니 된다.

② "을"은 도급업무 수행에 따른 결과나 성과물을 "갑"의 승낙 없이 타인에 열람시키고, 양도하여서는 아니 된다.

제19조(계약 외의 사항)

① 본 계약과 관련하여 내용이 불분명하여 해석상의 분쟁의 소지가 있는 경우 또는 본 계약에 정하지 아니한 사항은 "갑"과 "을"이 상호 협의하여 결정한다.

② 본 계약 성립의 증거로서 본 계약서 2통을 작성하여 당사자가 기명 · 날인한 후 각각 그 1통을 보유한다.

년 월 일

("갑") 주소 :	("을") 주소 :
상 호:	상 호 :
대 표 이 사:	대 표 이 사 :

표준근로계약서

Standard Labor Contract

아래 당사자는 다음과 같이 근로계약을 체결하고 이를 성실히 이행할 것을 약정한다.

The following parties to the contract agree to fully comply with the terms of the contract stated hereinafter:

사용자(갑) Employer	업체명 Name of the enterprise		전화 Phone number	
	소재지 Location of the enterprise			
	성명 Name of the employer		사업자등록번호 (주민등록번호) Identification number	
취업자(을) Worker	성명 Name of the worker		생년월일 Birthdate	
	본국주소 Address(Home Country)			

1. 근로계약기간	년 월 일부터 년 월 일까지 •수습기간 : □ 활용(입국일부터 1개월 □ 2개월 □ 3개월 □) □ 미활용 ※ 최초입국자의 경우 근로계약기간의 기산일은 입국일로 변경되며 근로계약기간은 입국일로부터 1년임
1. Term of Laborcontract	from (YY/MM/DD) to (YY/MM/DD) •Probation period: □ Included (For 1month□ 2months□ 3months□ from entry date) □ Not included •The labor contract enters into effect on the date of entry andremains valid for one year
2. 취업의 장소	
2. Place of employment	

<table>
<tr><td>3. 업무 내용</td><td colspan="2">•업종 :
•사업내용 :
•직무내용 :</td></tr>
<tr><td>3. Contents of duties</td><td colspan="2">•Industry :
•Business :
•Occupation :</td></tr>
<tr><td>4. 근무시간</td><td colspan="2">시 분~ 시 분
•일평균 시간외 근로시간 : 시간(사업장 사정에 따라 변동가능)
•교대제(□2조2교대, □3조3교대, □4조3교대, □기타)
※ 가사사용인, 개인간병인은 기재를 생략할 수 있고, 「근로기준법」 제63조의 농림, 축산, 양잠, 수산사업의 경우 동법상의 근로시간, 휴게, 휴일에 관한 규정은 적용받지 아니함.</td></tr>
<tr><td>4. Working hours</td><td colspan="2">from ( ) to ( )
•average daily over time : hours(depending on an individual company)
•shift system (□2groups 2shifts, □3groups 3shifts, □4groups 3shifts, □etc.)
※ An employer of workers in domestic help and nursingcan omit the working hours. In pursuant to the Article 61 of the Labor Standards Act, working hours, recess hours, off−days are not applied to agriculture, forestry, live-stock breeding, silk-raising farming and marine product businesses.</td></tr>
<tr><td>5. 휴게시간</td><td>1일 분</td><td rowspan="4">※ 가사사용인, 개인간병인은 기재를 생략할 수 있고, 「근로기준법」 제63조의 농림, 축산, 양잠, 수산사업의 경우 동법상의 근로시간, 휴게, 휴일에 관한 규정은 적용받지 아니함.</td></tr>
<tr><td>5. Recess hours</td><td>( )minutes per day</td></tr>
<tr><td>6. 휴일</td><td>일요일□ 공휴일□ 매주 토요일□
격주 토요일□ 기타( )</td></tr>
<tr><td>6. Holidays</td><td>Sunday□ legal holiday□ every Saturday
□ every other Saturday□ etc( )</td></tr>
<tr><td>7. 임금</td><td colspan="2">① 월통상임금 ( )원
기본급[월(시간, 일, 주)급] ( )원
−고정적 수당 : (수당 : 원), (수당 : 원)
※ 수습기간 중 임금 ( )원
② 연장, 야간, 휴일근로에 대해서는 시간외 근로수당 지급</td></tr>
<tr><td>7. Payment</td><td colspan="2">① Monthly Normal wages
−Monthly (hourly, daily, or weekly) wage ( ) won
−Fixed Allowances : ( )allowances : ( )won ( )allowances ( )won
※ Probation period - Monthly wage ( ) won
② Additional pay rate applied to overtime, night shift or holiday work</td></tr>
<tr><td>8. 임금지급일</td><td colspan="2">매월/매주 ( )일/요일, 다만, 임금지급일이 공휴일인 경우에는 전일에 지급한다.</td></tr>
</table>

8. Payment date	(　　) of every month/every week. If the payment date falls on a holiday, payment will be made on the day before the holiday.
9. 지급방법	임금 및 수당은 "을"에게 직접 지불하거나 "을"의 명의로 된 예금통장에 입금한다. "갑"은 을의 명의로 된 예금통장, 도장을 관리하여서는 안 된다.
9. Payment methods	Wages and benefits will be paid to the worker or credited to the account of the worker. The employer will not retain the bank bｏｏk and the seal of the worker.
10. 기타	① 기숙사 제공여부 : □ 제공(□실비제공 :　　원) □ 미제공 −기숙사 관리비 등 비용 : □근로자부담, □사업주부담 ② 식사 제공여부 : □조식 □중식 □석식(□실비제공 :　　원) □미제공 ③ 기타사항 :
10. Other	① Room : Paid by □Employer(□ in cash :　　won), □Worker, −Monthly Maintenance and utilities Bill paid by : □Worker, □Employer ② Board : Paid by □Employer, □Worker −□ Breakfast □ Lunch □ Dinner (□ in cash :　　won) ③ Others:

11. 이 계약에 정함이 없는 사항은「근로기준법」이 정하는 바에 의한다.
※ 가사서비스업 및 개인간병인에 종사하는 외국인근로자의 경우 근로시간, 휴일·휴가 기타 모든 근로조건에 대해 사용자와 자유롭게 계약을 체결이 가능함.
※「근로기준법」제63조의 농림, 축산, 양잠, 수산사업의 경우 동법상의 근로시간, 휴게, 휴일에 관한 규정은 적용받지 아니함.

11. Other matters not regulated in this contract will follow provisions of the Labor Standard Act.
※ The terms and conditions of the labor contract for workers in domestic help and nursing can be freely decided through the agreement between an employer and a worker.
※ In pursuant to the Article 61 of the Labor Standards Act, working hours, recess hours, off-days are not applied to agriculture, forestry, live-stock breeding, silk-raising farming and marine product businesses.

년　월　일
____________ (YY/MM/DD)

(갑) 사용자 :　　(서명 또는 인)
Employer :　　(signature)

(을) 취업자 :　　(서명 또는 인)
Worker :　　(signature)

Chapter 13

산업안전 관리실무

- 산안법 목적 및 적용 범위
- 산안법 전부 개정
- 재해발생보고
- 안전보건관리체계 구성
- 안전상 조치 의무
- 보건상 조치 의무
- 도급사업 안전조치
- 안전보건교육
- 근로자 건강검진

Chapter

13 산업안전 관리실무

산안법 목적 및 적용 범위

1 목적

사용자는 근로자를 채용하면 임금지급 의무뿐만 아니라 안전배려 의무를 진다. 따라서 산업안전보건법을 통해 안전보건에 관한 기준을 확립하고, 그 책임의 소재를 명확하게 하여 안전하고 쾌적한 작업환경을 조성함으로써 근로자의 안전과 보건을 유지·증진하는 것을 목적으로 한다.

2 적용사업장

이 법은 모든 사업 또는 사업장에 적용되는 것이 원칙이나, 유해·위험의 정도, 사업의 종류·규모 및 사업의 소재지 등을 고려하여 대통령령이 정하는 사업에 대하여는 법의 일부만 적용하고 일반 사업장 뿐만 아니라 국가·지방자치단체 및 정부투자기관에도 적용된다.

산안법 전부 개정(2020.1월 시행)

1 목적

최근 변화된 산업현장의 현실을 반영하여 법의 보호대상을 확대하고, 산업재해 예방에 대한 사업주의 책임을 강화하는 등의 내용으로 국민이 산안법을 쉽게 이해할 수 있도록 법 전체의 체계를 새로이 개편하였다(2020.1월 시행).

2 주요 개정내용

산안법 적용대상을 근로자뿐만 아니라 "일하는 사람"으로 확대하고 보호대상에서 제외되었던 특수형태종사자와 배달종사자를 보호대상에 포함하고, 산업재해 예방은 사업장 단위가 아닌 기업차원에서 대표이사가 책임지도록 하였다.

적용대상 사업장 기준

대상사업	적용규정
1. 기계장비 및 소비용품임대업, 정보처리 및 기타 컴퓨터 운용 관련업, 전문·과학 및 기술서비스업(사진처리업 제외) 사업지원 서비스업에 해당하는 사업(제3호·제6호 또는 제7호에 해당하는 사업을 제외한다)	법 제1장, 법 제23조 내지 법 제28조, 법 제33조 내지 법 제35조, 법 제37조 내지 법 제41조, 법 제5장 내지 제9장
2. 농업, 어업, 봉제의복 제조업, 가발 및 유사장신품 제조업에 해당하는 사업(제6호 또는 제7호에 해당하는 사업을 제외한다)	법 제1장, 법 제14조, 법 제23조 내지 법 제28조, 법 제31조(관리감독자의 지위에 있는 자에 한한다), 법 제33조 내지 법 제35조, 법 제37조 내지 제41조, 법 제5장 내지 법 제9장
3. 다음 각목의 1에 해당하는 사업(제6호 또는 제7호에 해당하는 사업을 제외한다) 가. 광산보안법 적용사업(광업 중 광물의 채광·채굴·선광 또는 제련 등의 공정에 한하며, 제조공정을 제외한다) 나. 원자력법 적용사업(발전업 중 원자력발전설비를 이용하여 전기를 생산하는 사업장에 한한다) 다. 항공법 적용사업(항공기, 우주선 및 부품제조업과 여행알선, 창고 및 운송 관련서비스업종 중 항공관련사업을 제외한다) 라. 선박안전법 적용사업(선박 및 보트 건조업을 제외한다)	법 제1장, 법 제16조, 법 제17조, 법 제24조, 법 제25조, 법 제26조 및 법 제31조중 보건에 관한 사항, 법 제27조, 법 제32조 내지 법 제35조, 법 제37조, 법 제38조, 법 제40조, 법 제41조, 법 제5장 내지 법 제9장
4. 도매 및 소매업, 숙박 및 음식점업, 부동산업, 연구 및 개발업, 기타 공공, 수리 및 개인서비스업(지정폐기물 수집 운반업, 지정폐기물 처리업, 자동차 종합수리업 및 자동차 전문수리업, 세탁업 제외), 오락, 문화 및 운동관련서비스업으로서 다음 각목에 해당하는 사업(제7호에 해당하는 사업을 제외한다) 가. 최고사용압력이 매제곱센티미터당 7킬로그램 미만의 증기보일러를 사용하는 사업 나. 연간 1백만킬로와트시 미만의 전기를 사용하는 사업 다. 전기사용설비의 정격용량의 합계 또는 계약용량이 300킬로와트 미만인 사업 라. 연간 석유 250톤 미만에 해당하는 에너지를 사용하는 사업 마. 월평균 4천세제곱미터 미만의 도시가스를 사용하는 사업 바. 저장능력 250킬로그램 미만의 고압가스 또는 액화석유가스를 사용하는 사업	법 제1장, 법 제23조 내지 법 제28조, 법 제33조 내지 법 제41조, 법 제5장 내지 법 제9장
5. 금융 및 보험업, 공공행정, 국방 및 사회보장행정, 교육서비스업, 보건 및 사회복지사업(병원 제외), 가사 서비스업, 국제 및 외국기관(제7호에 해당하는 사업을 제외한다)	
6. 사무직 근로자만을 사용하는 사업(사업장이 분리된 경우로서 사무직 근로자만을 사용하는 사업장을 포함하며, 제7호에 해당하는 사업을 제외한다)	
7. 상시 근로자 5인 미만을 사용하는 사업	법 제1장, 법 제23조 내지 법 제27조, 법 제30조, 법 제33조 내지 법 제35조, 법 제37조 내지 법 제41조, 법 제5장, 법 제51조, 법 제52조, 법 제8장 및 법 제9장

(1) 보호대상 확대

보건상의법의 목적 및 산업재해 개념 확대(안 제1조, 제2조) 는 근로계약관계 당사자의 틀을 벗어나 최근 변화된 노동력 사용실태에 맞게 보호대상을 넓히는 입법취지를 명확히 하기 위함이다. 법의 목적 확대는 "근로자" → "일하는 사람"으로 안전과 건강 산업재해의 정의를 "근로자" → "일하는 사람"이 업무로 인하여 사망 또는 부상하거나 질병에 걸리는 것으로 변경 확대 적용된다.

(2) 특수형태 배달종사자 보호

특수형태근로종사자에 대한 안전조치 및 보건조치에 관한 근거 마련 계약의 형식에 관계없이 근로자와 유사하게 노무를 제공하는 사람으로서 ① 주로 하나의 사업에 노무를 상시적으로 제공하고 보수를 받아 생활할 것 ② 노무를 제공할 때 타인을 사용하지 아니할 것의 요건을 충족하는 자는 대통령령으로 정하는 일부 직종의 특수형태근로종사자로부터 노무를 제공받는 자에게 안전보건교육 의무를 부과한다. 배달종사자에 대한 안전조치 및 보건조치(안 제78조) 는 이동통신 단말장치로 물건의 수거·배달 등을 중개하는 자에게 그 중개를 통해 이륜자동차로 물건을 수거·배달하는(일하는) 사람에 대한 안전조치 및 보건조치를 해야 한다.

(3) 유해한 작업 도급 금지(제58조)

도급작업 허가대상물질(수은, 납, 카드뮴 제련·주입·가공·가열 작업)로 제조·사용 작업의 사내 도급을 금지하고 예외적으로 일시·간헐적 작업, 도급인의 사업에 필수불가결한 수급인의 기술을 활용하기 위한 목적의 도급은 금지의 예외로 한다. 위반시 10억원 이하의 과징금이 부과된다.

(4) 산업재해 예방책임 주체 확대

기업의 대표이사는 매년 회사의 안전과 보건에 관한 계획을 수립하여 이사회에 보고하고 승인을 받아야 한다. 위반시 1천만원 이하 과태료가 부과된다(500인 이상 사업장, 건설시공능력 1,000위 이내: 2021. 1.1 시행).

(5) 도급사업주 안전보건조치 의무 강화(제2,10,63,65,66조)

기업의 도급, 위임 등 명칭에 관계없이 물건의 제조·건설·수리 또는 서비스의 제공, 그 밖에 업무를 타인에게 맡기는 계약으로 여러 단계에 걸쳐 체결된 경우에 각 단계별 수급인이 도급인의 사업장에서 작업하는 모든 근로자에 대한 안전조치 및 보건조치 의무를 부담한다. 수급인

산안법 개정 신구 비교

구분	개정전	개정후
대상	근로자	일하는 사람
예방조치자	공장장	대표이사, 발주자, 프랜차이즈 가맹본부
처벌	1년 이하 징역 또는 1천만원 이하 벌금	5년 이하 징역 또는 5천만원 이하 벌금
안전 조치의무	도급인 + 수급인	근로자 사망시 10년 이하 또는 1억원 이하 벌금 (안전교육 이수)
위험작업	일부 도급 가능	도급인
		전면 금지

* 발주자(50억 이상) 프랜차이즈가맹본부(200개소 이상)

산안법 법체계 및 유관기관

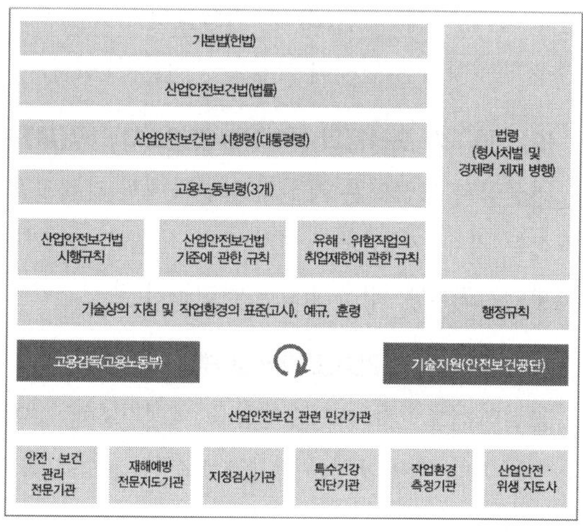

의 위반행위에 대한 도급인의 시정조치 명령의무는 도급인의 권한으로 변경한다.

(6) 가맹본부의 산업재해 예방조치 의무(제79조)

대통령령으로 정하는 규모의 가맹본부로 하여금 가맹점의 안전 및 보건에 관한 프로그램을 마련·시행하도록 하고, 가맹본부가 제공하는 설비·기계 및 상품 등에 대하여 안전 및 보건에 관한 정보를 제공해야 한다(200개 이상 가맹점: 2021. 1.1. 시행).

(7) 작업중지권 강화(제52조)

산업재해가 발생할 급박한 위험시 근로자가 작업 중지할 수 있음을 명확히 규정하고, 작업 중지 요구 등을 이유로 사업주가 해고 등 불이익 처우를 할 경우 형벌처벌 조항을 신설해 1년 이하 징역 또는 1천만 원 이하의 벌금에 처한다.

(8) 중대재해 노동부 작업 중지 명령 확대(제55조)

중대재해 발생시 고용노동부장관의 작업 중지 명령(안 제55조)은 작업 중지 범위를 ① 해당 작업 ② 동일 작업으로 한정하되 ③ 토사·구축물의 붕괴, 화재·폭발, 유해·위험물질 누출 등으로 중대재해가 발생한 경우에는 사업장 전체의 작업을 중지할 수 있다.

(9) 건설공사 도급인의 기계기구 안전조치 의무(제76조)

건설공사 도급인은 자신의 사업장에서 타워크레인 등 대통령령으로 정하는 기계·기구 등이 설치 또는 작동되고 있거나 설치·해체 작업이 이루어지고 있는 경우 필요한 안전조치 및 보건조치를 하도록 한다.

(10) 물질안전보건자료 작성 및 제출(제110조)

물질안전보건자료 기재대상을 국제기준과 같이 유해·위험한 화학물질과 대상 화학물질에 함유된 모든 구성성분 화학물질을 물질안전보건자료에 기재하고 화학물질을 제조·수입하는 자가 작성한 물질안전보건자료를 고용노동부장관에게 제출해야 한다. 물질안전보건자료 중 구성성분의 명칭 및 함유량을 비공개하려는 경우 고용노동부장관의 사전승인을 받아야 한다.

● 중처법/산안법 중대재해 비교

구분	중대재해처벌법	산업안전보건법
의무주체	자연인인 경영책임자	사업주를 의무주체로 규정 - 다만, 현장소장 공장장 등 각 사업단위의 안전보건관리책임자를 행위자로 처벌
보호대상	종사자 : 근로자, 노무 제공자 수급인 수급인의 근로자 및 노무 제공자	근로자, 수급인근로자 특수형태근로종사자(시행령 67조)
적용범위	5인 이상	전 사업장
중대재해 기준	1. 사망자 1명 이상 2. 동일한 사고로 6개월 이상 치료가 필요한 부상자 2명 이상 3. 동일한 유해요인으로 급성 중독 등 직업성 질병사 1년내 3명 이상	1. 사망자 1명 이상 2. 3개월 이상 요양이 필요한 부상자 동시 2명 이상 3. 부상자 또는 직업성 질병자 동시 10명 이상

3 중대재해처벌법 제정(2022.1.27일 시행)

중대재해로부터 근로자와 시민을 보호하기 위하여 중대재해처벌법이 제정(2021.1.26.공포)되어 중대산업자해와 중대시민재해를 일으킨 사업주와 경영책임자 및 법인 등을 엄하게 처벌하고 법인에는 징벌성 배상책임을 지운다.

(1) 중대산업재해 기준

중대산업재해란 ① 사망자1명 이상 ② 동일한 사고로 6개월 이상 치료가 필요한 부상자 2명 이상 ③ 동일한 유해요인으로 직업성 질병자가 1년 이내 3명 이상 발생한 재해를 말하며 급성중독 등 직업성 질병의 경우 24가지 직업성 질병으로 규정하였다(단, 뇌심혈관질환은 제외).

(2) 사업주 경영책임자 처벌 강화

중대산업재해로 사망자가 발생할 경우 1년이상의 징역 또는 10억 이상의 벌금(임의적 병과) 사망 외 7년 이하의 징역 또는 1억원 이하의 벌금 5년 이내 재범시 형의 50%를 가중할 수 있다. 재해사업주는 안전보건교육을 이수해야 하고 중대재해 발생 사업장에 대해서는 사업장 명칭, 발생일시 및 장소 재해자 현황 재해내용 원인 의무위반 사항을 공표한다.

(3) 사업주 안전보건조치 의무(8가지)

사업주는 소속 근로자만이 아닌 사업 또는 사업장의 종사자 전체를 보호대상으로 안전보건관리체계를 구축하고 이행에 관한 조치를 구체적으로 수립해야 한다. ① 사업 또는 사업장의 안전보건목표와 경영방침을 설정 ② 사업장 특성을 고려해 유해 위험요인을 점검하고 개선할 수 있는 업무처리절차 이행상황 점검 ③ 안전보건 전문인력 확보 ④ 매년 안전보건에 관한 인력 시설 장비 예산 확보 이사회 승인 ⑤ 500인이상 시공능력 200위 이내 건설사는 안전보건 전담조직 ⑥ 안전보건위원회 및 안전보건협의체 운영 ⑦ 중대재해 발생시 대응절차 마련 ⑧ 도급시 재해예방 능력과 기술이 있는 수급인 선정기준을 마련해야 한다.

4 휴게시설 설치의무(22.8.18 시행)

상시근로자 20인상(건설 공사금액 20억 이상) 사업장은 근로자를 위한 휴게시설을 설치해야 한다. 또한 20인 이하 10인 이상 사업장에 청소 시설관리 등 종사자가 2인 이상이 있는 경우 휴게시설을 설치해야 한다. 미설치의 경우 과태료가 부과된다.

산안법/중대재해처벌법 비교

산업안전보건법 위반		중대재해처벌법 위반	형법 위반
- 제38조(안전조치) - 제39조(보건조치) - 제63조(도급인 안전보건조치)		- 제4조(사업주와 경영책임자 등의 안전 및 보건확보 의무) - 제5조(도급, 용역, 위탁 등의 관계에서의 안전 및 보건확보 의무)	- 제268조 (업무상 과실치사상)
구분	산업안전보건법	중대재해기업처벌법	형법
처벌 대상	- 안전보건관리책임자(일정한 규모 이하의 대표이사)	사업주 또는 경영책임자 등	업무상과실로 사람을 사망에 이르게 한 자
처벌 수위	개인-7년 이하 징역 또는 1억 이하 벌금	1년 이상의 징역 또는 10억벌금(병과 가능)	5년 이하의 금고 또는 2천만원 이하 벌금
	법인-10억 이하의 벌금	50억 이하의 벌금	
적용	(상상적 경합) 1개 행위가 수개의 죄에 해당하는 경우 가장 중한 죄에 정한 형으로 처벌		

휴게시설 설치기준(22.8.18)

• 설치 대상: 사업주 (모든 사업장)

과태료 부과대상 기준	• 상시 근로자2) 20명 이상(건설업은 공사금액 20억원 이상) 사업장	상시근로자 수와 공사금액에는 관계수급인의 근로자와 공사금액 포함
	• 7개 직종 2명 이상 사용하는 상시 근로자 10인 이상 사업장	전화상담원, 돌봄서비스 종사원, 텔레마케터, 배달원, 청소원 및 환경미화원, 건물 경비원

• 휴게시설 설치·관리 기준

구분	내용	비고
크기 및 위치	• 최소면적은 6m² 이상, 바닥에서 천장까지 2.1m 이상 • 이용이 편리하고 가까운 곳. 다만, 화재 · 폭발 위험, 분진, 소음 및 유해물질 취급 장소에서 떨어져야 함	둘 이상의 사업장이 공동으로 휴게시설을 설치하는 것도 가능
온도, 습도 조명, 환경	• 온도는 18~ 28˚C 수준 유지(냉난방 구비) • 습도(50~55%) 및 조명(100~200Lux)을 유지할 수 있는 기능, 환기 기능	
비품 및 설비	• 의자 등과 음용이 가능한 물 제공(또는 해당 설비 구비)	

재해발생보고

1 일반재해

근로자가 업무에 관계되는 건설물 · 설비 · 원재료 · 가스 · 증기 · 분진 등에 의하거나 작업 기타 업무에 기인하여 사망 또는 부상하거나 질병에 이환되는 것을 '산업재해'라 하며, 사망 또는 연속적으로 3일 이상의 휴업(사고당일 미포함)을 한 경우 산업재해가 발생한 날로부터 1개월 이내에 산업재해조사표를 작성하여 관할 지방노동관서에 제출해야 한다.❶

2 중대재해

사망자가 1인 이상 발생한 재해, 3개월 이상의 요양을 요하는 부상자가 동시에 2인 이상 발생한 재해, 부상자 또는 직업성 질병자가 동시에 10인 이상 발생한 중대재해가 발생한 때에는 사업주는 즉시 중대재해발생보고서(건설, 제조)에 의거 관할 지방노동관서에 즉시 제출해야 한다. 중대재해발생보고 위반에 대해서는 3천만원 이하의 과태료를 부과할 수 있다.

3 산업재해은폐 처벌 강화

(1) 산재은폐

근로자의 건강장해예방을 위해 사업주가 보건상의 조치를 취해야 할 유해 · 위험요인은 산업안전보건법 제10조 제1항에서 산업재해 은폐금지 및 보고 등에 대한 내용을 개정을 하였고, 제67조에서 산업재해를 은폐한 자와 해당 발생사실을 은폐하도록 교사하거나 공모한 자에 대하여는 1년 이하의 징역이나 1천만원 이하의 벌금에 처하도록 하는 규정을 신설하였다. 상기 규정은 2017년 10월 1일부터 시행한다.

❶ 재해근로자가 산업재해 발생사실을 회사에 보고하지 않아서 산업재해발생보고가 지연된 경우 법 위반 여부에 대하여 근로자가 산재발생을 보고하지 않았다고 하여 사업주의 산재발생 미보고책임이 면책되는 것은 아니며, 사업주는 근로자 또는 중간관리자 등에게 산재발생 사실을 반드시 보고하도록 평상시 안전교육 등을 통해 주지시키고 있어야 할 것이고 다만, 지연보고의 구체적인 사실관계를 조사·파악하여 사업주에게 보고지연에 대해 정당한 사유가 있다고 판단되는 때에는 위법(고의의 성립)을 조각할 수도 있다고 회시한 바 있다. (안전정책과-1729, 2005.3.28)

산업재해기준

산업재해란?
• 근로자가 업무에 기인하여 사망, 부상하거나 질병에 이환되는 것 • 통계에 포함되는 산업재해 : **3일 이상 휴업한 경우**(2014.7.1)

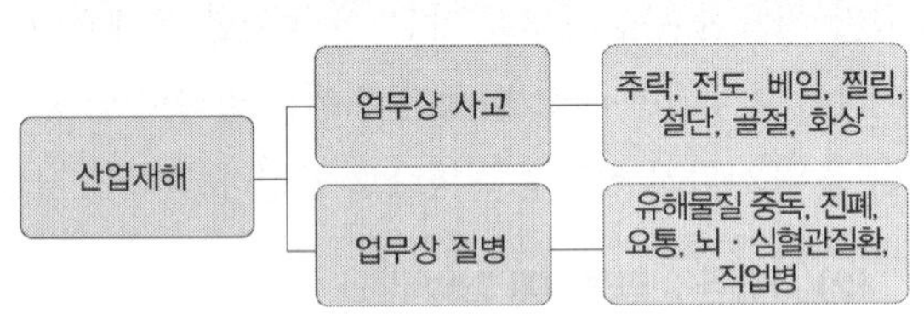

(2) 산재보고의무 위반

산업재해가 발생하면 산업재해조사표를 작성하여 관할 지방노동관서에 보고를 하여야 한다. 종전에는 요양신청서를 제출하면 산업재해발생신고를 한 것으로 갈음하여 인정하였으나, 이 제도는 2014년 7월 1일 폐지하였기 때문에 반드시 산업재해발생보고를 하여야 한다. 산업재해발생보고를 하지 아니한 채 1년이 경과한 후 적발되었다면 산업재해발생은 숨긴 것으로 보아 은폐행위로 볼 수 있다.[2]

안전보건관리체계 구성

1 사업장 안전보건관리체계

사업장의 직급·직책에 따라 차별화된 안전보건관리책임을 부여함으로써 산재예방활동을 체계적으로 수행할 수 있도록 하는 한편 안전보건관리자로 하여금 안전보건관리책임자 등 관리감독계층의 안전보건업무를 보좌하도록 하여 안전보건관리업무가 효율적으로 추진되도록 하기 위해 사업장 안전보건관리체계를 구축해야 한다.

사업장 안전보건관리 체계도

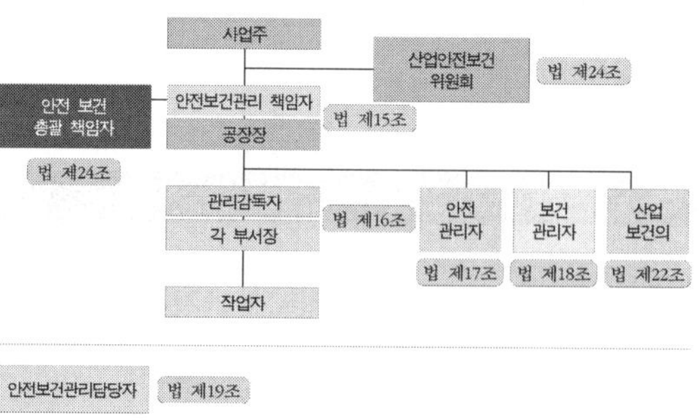

2 안전보건관리자 선임

안전보건관리자 선임기준은 상시근로자 50인 이상을 사용하는 사업, 상시 근로자 50인 미만을 사용하는 사업 중 총공사금액(도급에 의한 공사로서 발주자가 재료를 제공하는 경우에는 그 재료의 시가환산액을 포함)이 120억원 이상인 공사를 시행하는 건설업, 상시 근로자 50인 이상 100인 미만을 사용하는 사업 중 토사석 광업, 음·식료품 제조업 등 산업안전보건법 시행령 별표 3 제1호 내지 제20호에 규정된 사업장으로 선임한 날로부터 14일 이내에 관할 지방노동관서에 관리책임자선임 등 보고서(일반 업종, 건설업)에 재직증명서를 첨부하여 제출해야 한다. 상시근로자 300인 미만을 사용하는 사업의 경우 안전보건관리자 업무를 대행기

안전보건조정자 자격확대

안전보건조정자 자격확대(2024년2월)

- 건설안전분야에서 실무경력을 갖춘 산업안전기사·산업기사 자격자도 안전보건조정자로 선임이 가능합니다.
- 동일 장소에서 2개 이상의 건설공사가 진행될 경우, 작업의 혼재로 인한 산업재해를 예방하기 위해 건설공사발주자는 안전보건조정자를 두어야 합니다.
- 개정내용은 시행일 이후 건설공사발주자가 건설공사의 시공에 관한 계약을 체결하는 경우부터 적용됩니다.

[2] 3일 이상 휴업(재해일은 미포함, 법정 휴무 공휴일은 휴업일수에 포함)은 산업재해가 발생한 날부터 1개월 이내 산업재해조사표 제출, 중대재해는 지체 없이 전화, 팩스 등으로 보고하고, 1개월 이내 산업재해조사표를 지방고용노동관서에 제출, 위반시에는 일반재해 미보고 1차 위반 700만원, 2차 위반 1,000만원, 3차 위반 1,500만원, 거짓보고는 위반횟수 관계없이 1,500만원, 중대재해 미보고 또는 거짓보고는 위반횟수 관계없이 3,000만원이다.

관에 위탁할 수 있다.[3]

3 안전보건위원회 설치

상시근로자 300인 이상 ① 농업 ② 어업 ③ 소프트웨어 개발 및 공급업 ④ 컴퓨터 프로그래밍, 시스템 통합 및 관리업 ⑤ 정보서비스업 ⑥ 금융 및 보험 ⑦ 임대업 ⑧ 전문 과학 기술 서비스업 ⑨ 사업지원서비스 ⑩ 사회복지서비스, 100인 이상을 사용하는 사업장 ① 봉제의복제조업 ② 가발 및 유사제품 제조업 ③ 환경정화 및 복원업 ④ 건물 산업설비 청소 및 방제 서비스 ⑤ 보건업 ⑥ 기타 광업지원 서비스 사업장은 안전보건관리책임자제도, 안전보건위원회 설치, 안전보건관리규정 제정 의무사업장이다(2014.1.1.).

● 산업안전보건위원회 체계도

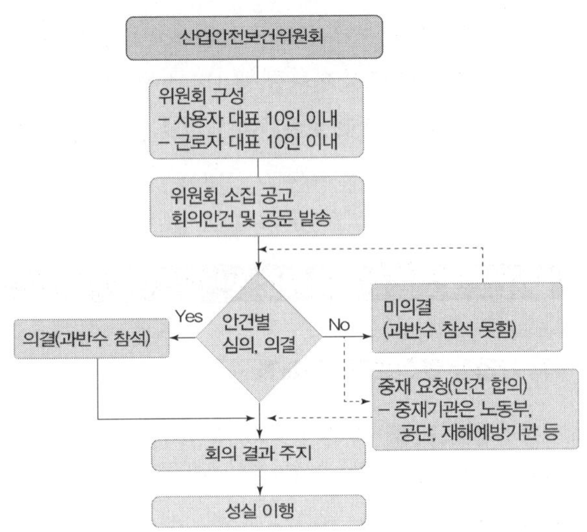

● 안전상 조치 의무

산업재해예방을 위해 사업주가 안전상의 조치를 취해야 할 유해·위험요인의 범위를 정하여 이를 준수하도록 규정하고 이와 관련하여 사업주가 강구하여야 할 구체적인 안전상의 필요한 조치사항은 「산업안전기준에 관한 규칙」으로 정해져 있다.

1 설비 · 물질 · 에너지 등에 의한 위험(법 제23조 제1항)

사업주는 사업을 행함에 있어서 ① 기계·기구 기타 설비에 의한 위험 ② 폭발성, 발화성 및 인화성 물질 등에 의한 위험 ③ 전기, 열 기타 에너지에 의한 위험의 발생을 예방하기 위하여 필요한 조치를 취하여야 한다.

2 불량한 작업방법 등에 기인하여 발생하는 위험(법 제23조 제2항)

사업주는 굴착·채석·하역·벌목·운송·조작·운반·해체·중량물

[3] 산업안전보건법에서 안전보건관리책임자는 사업주를 대리하여 안전 뿐만 아니라 사업장 전체를 총괄 관리하는 자, 즉 권한과 책임이 있는 자를 의미하고 안전관리자는 안전에 관련된 업무에 관하여 관리책임자를 보좌하고 관리감독자 등을 지도·조언토록 하여 그 직무를 각각 별도로 규정하고 있어 겸임을 할 수 없다. (산안 68322-184)

취급 기타 작업에 있어 불량한 작업방법 등에 기인하여 발생하는 위험을 방지하기 위하여 필요한 조치를 하여야 한다.

3 작업수행상 위험발생이 예상되는 장소에서 발생하는 위험(법 제23조 제3항)

사업주는 작업 중 근로자가 추락할 위험이 있는 장소, 토사·구축물 등이 붕괴할 우려가 있는 장소, 물체가 낙하·비래할 위험이 있는 장소 기타 천재지변으로 인하여 작업수행상 위험발생이 예상되는 장소에는 그 위험을 방지하기 위하여 필요한 조치를 취하여야 한다.

보건상 조치 의무

1 작업환경 보호

(1) 일반사업장

근로자의 건강장해예방을 위해 사업주가 보건상의 조치를 취해야 할 유해·위험요인의 범위를 정하여 이를 준수하도록 규정하고 이와 관련하여 사업주가 강구하여야 할 구체적인 보건상의 필요한 조치사항은 「산업보건기준에 관한 규칙」으로 ① 원재료·가스·증기·분진·흄(fume)·미스트(mist)·산소결핍공기·병원체 등에 의한 건강장해 ② 방사선·유해광선·고온·저온·초음파·소음·진동·상기압 등에 의한 건강장해 ③ 사업장에서 배출되는 기체·액체 또는 잔재물 등에 의한 건강장해 ④ 계측감시·컴퓨터 단말기 조작·정밀공작 등의 작업에 의한 건강장해 ⑤ 단순반복작업 또는 인체에 과도한 부담을 주는 작업에 의한 건강장해 ⑥ 환기·채광·조명·보온·방습 및 청결 등에 대한 적정기준을 하지 아니하므로 인하여 발생하는 건강장해에 대한 보건상 조치를 의무화하고 있다.

(2) 건설사업장

공사금액 800억원(토목공사 1,000억원) 이상 또는 상시근로자 600명 이상인 공사현장은 보건관리자를 선임해야 한다(2015.1.1부터 착공 공사부터).

건설업 안전보건관리 체계

구 분	산안법 조항		건설공사 규모 (공사금액)	대상 사업주	자격요건 등
	개정 후	개정 전			
① 안전 보건 총괄 책임자	제 62조	제 18조	총공사금액 20억원 이상 (관계수급인 공사금액 포함)	도급인	• 관계수급인 근로자가 도급인의 사업장에서 작업할 경우 그 사업장의 안전보건관리책임자 • 사업장 내 증명 서류 구비
② 안전 보건 관리 책임자	제 15조	제 13조	공사금액 20억원 이상	도급인, 관계수급인	• 사업장을 실질적으로 총괄하여 관리하는 사람 • 사업장 내 증명 서류 구비
③ 관리 감독자	제 16조	제 14조	모든 공사	도급인, 관계수급인	• 사업장의 생산과 관련되는 업무와 그 소속 직원을 직접 지휘·감독하는 직위에 있는 사람 ※「건설기술진흥법」 제64조제1항제2호에 따른 안전관리책임자 및 같은 항 제3호에 따른 안전관리담당자를 각각 둔 것으로 봄
④ 안전 관리자	제17조	제15조	공사금액 50억원 이상*(관계수급인 100억원 이상) * 2023년까지 단계적 확대	도급인, 관계수급인	• 시행령 별표 4 (안전관리자의 자격) • 선임 후 14일 이내 증명서류 제출
⑤ 보건 관리자	제 18조	제 16조	공사금액 800억원 이상 (토목공사업 1천억원 이상)	도급인, 관계수급인	• 시행령 별표 6 (보건관리자의 자격) • 선임 후 14일 이내 증명서류 제출
⑥ 명예 산업 안전 감독관	제 23조	제 61조 의2	임의 규정	–	• 사업주가 아닌 고용노동부장관이 위촉 가능 • 근로자, 근로자단체, 사업주단체 및 산업재해 예방 관련 전문단체에 소속된 사람
⑦ 산업 안전 보건 위원회	제 24조	제 19조	공사금액 120억원 이상 (토목공사업 150억원 이상)	도급인, 관계수급인	• 근로자위원과 사용자위원이 같은 수로 구성

2 근골격계질환 예방

근골격계질환을 예방하기 위해 근골격계부담작업이 있는 공정 및 부서의 유해요인을 조사하여 제거하거나 감소시키기 위해 최초 조사 후 매 3년마다 정기적으로 실시하고 임시건강진단 등에서 근골격계질환자가 발생하였거나 산업재해보상보험법에 의한 근골격계질환의 요양승인자가 발생한 경우 ① 근골격계부담작업의 유해요인 ② 근골격계질환의 징후 및 증상 ③ 근골격계질환 발생시 대처요령 ④ 올바른 작업자세 및 작업도구, 작업시설의 올바른 사용방법 ⑤ 그 밖에 근골격계질환 예방에 필요한 사항 유해요인조사와 그 결과, 조사방법 등을 근로자에게 알려야 한다.

● 도급사업 안전조치

1 유해 위험작업 도급 금지

동일한 사업장 내에서 공정의 일부를 도급하는 경우로서 ① 도금작업 ② 수은·연·카드뮴 등 중금속을 제련·주입·가공 및 가열하는 작업 ③ 법 제38조 제1항의 규정에 따라 허가를 받아야 하는 물질을 제조·사용 또는 해체·제거하는 작업에 해당하는 경우 관할 지방노동관서에 도급인가를 받지 아니하고 도급(하도급 포함)을 줄 수 없다.

2 도급사업의 안전보건상 조치

당해 사업장에서 근로를 제공하는 상시근로자 50인 이상인 제1차 금속산업, 선박 및 보트 건조업, 토사석 광업, 상시 근로자 100인 이상인 제조업(제1차 금속산업, 선박 및 보트 건조업 제외) 사업주는 당해 사업장 전체 근로자의 산재예방을 위한 ① 안전·보건에 관한 사업주간 협의체의 구성 및 운영 ② 작업장의 순회점검 등 안전·보건관리 ③ 수급인이 행하는 근로자의 안전·보건교육에 대한 지도와 지원 ④ 기타 산업재해예방을 위하여 노동부령(시행규칙 제30조 제5항)이 정하는 사항에 대하여 도급인인 사업주는 그의 수급인이 사용하는 근로자에 대하여 산업재해예방 조치를 해야 한다(법 제29조 제2항).

산업안전보건법 제38조 제1항 제조 등의 허가물질

① 디클로로벤지딘과 그 염
② 알파-나프틸아민과 그 염
③ 크롬산 아연 〈개정 2003.6.30〉
④ 오로토-톨리딘과 그 염
⑤ 디아니시딘과 그 염
⑥ 베릴륨
⑦ 비소 및 그 무기화합물 〈개정 2003.6.30〉
⑧ 크롬광(열을 가하여 소성처리하는 경우에 한한다)
⑨ 삭제〈2004.12.28〉
⑩ 휘발성 콜타르피치 〈개정 2003.6.30〉
⑪ 황화니켈 〈개정 2003.6.30〉
⑫ 염화비닐 〈개정 2003.6.30〉
⑬ 벤조트리클로리드
⑭ 석면(악티노라이트석면,안소필라이트석면, 트레모라이트석면, 청석면 및 갈석면을 제외한다)
⑮ 제1호 내지 제12호의1의 물질을 함유한 제제(함유된 중량의 비율이 1퍼센트 이하인 것을 제외한다)
⑯ 제13호의 물질을 함유한 제제(중량의 비율이 0.5퍼센트 이하인 것을 제외한다)
⑰ 그 밖에 보건상 해로운 물질로서 노동부장관이 정책심의위원회의 심의를 거쳐 정하는 유해물질

산업재해발생위험이 있는 장소(시행규칙 제30조 제5항)

① 토사 구축물 공작물 등이 붕괴될 우려가 있는 장소
② 기계 기구 등이 전도 또는 도괴될 우려가 있는 장소
③ 표준안전난간의 설치가 필요한 장소
④ 비계 또는 거푸집을 설치하거나 해체하는 장소
⑤ 건설용리프트를 운행하는 장소
⑥ 지반을 굴착하거나 발파작업을 하는 장소
⑦ 엘리베이터홀 등 근로자가 추락할 위험이 있는 장소
⑧ 영 제26조 제1항의 규정에 의한 도급금지 작업을 하는 장소
⑨ 화재 폭발 우려가 있는 선 박내/특수화학설비에서의 용접 용단작업을 하는 장소
⑩ 산소결핍위험이 있는 작업을 하는 장소
⑪ 석면이 붙어 있는 물질을 파쇄 또는 해체하는 작업을 하는 장소
⑫ 안전규칙 별표 1의 규정에 의한 위험물질 제조 또는 취급하는 장소
⑬ 보건규칙 제117조 제7호의 규정에 의한 유기용제취급 제조 특별장소
⑭ 공중 전선에 근접한 장소로서 시설물의 설치 해체 점검 및 수리 등의 작업을 함에 있어서 감전의 위험이 있는 장소
⑮ 물체가 떨어지거나 날아올 위험이 있는 장소

안전보건교육

상시근로자 5인 이상 ① 농업 ② 어업 ③ 봉제의복 제종업 ④ 가발유사제품 제조업 ⑤ 건물설비 청소방제업 ⑥ 환경정화 복원업 ⑦ 병원 ⑧ 임대업 ⑨ 수리업 ⑩ 광업지원 ⑪ 하수 분뇨 처리업 ⑫ 폐기물수지 운반처리 사업장은 각종 안전·보건에 관한 교육을 시키도록 의무화하고 있다. 2017년 2월부터 동영상 안전교육도 가능하다.

근로자 건강검진

근로자에 대한 건강진단은 일반건강진단, 특수건강진단, 배치전건강진단, 수시건강진단, 임시건강진단 등 5종이 있으며 채용시 건강진단은 2006년 1월 1일부터 폐지되었다.

1 일반건강검진

현재 사용 중인 모든 근로자로 사무직(판매업무 등에 직접 종사하는 근로자를 제외) 근로자 2년에 1회 이상, 기타 근로자 1년에 1회 이상 다른 법령의 규정에 의하여 일반건강진단에 준하는 건강진단을 받은 경우 일반건강진단을 실시하지 아니할 수 있다.

2 특수건강검진

특수건강진단 유해인자(177종)와 관련된 업무에 종사하는 근로자로 근로자건강진단 실시결과 직업병 유소견자로 판정받은 후 작업전환을 하거나 작업장소를 변경하고 직업병 유소견판정의 원인이 된 유해인자에 대한 건강진단이 필요하다는 의사의 소견이 있는 근로자를 대상으로 정기적으로 실시한다.

3 질병 유소견자의 근로제한

근로로 인한 질병의 악화를 방지하기 위하여 질병이 현저히 악화될 우려가 있는 ① 전염의 우려가 있는 질병에 걸린 자(다만, 전염을 예방하기 위한 조치를 한 때에는 예외) ② 정신분열증·마비성치매 ③ 심장·신장·폐 등의 질환이 있는 자로서 근로에 의하여 병세가 악화될 우려가

사업장 내 근로자 안전보건교육

교육과정	교육대상		교육시간
정기교육	사무직 종사 근로자		매분기 3시간 이상
	사무직 종사 근로자 외 근로자	판매업무에 직접 종사하는 근로자	
		판매업무에 직접 종사하는 근로자 외 근로자	매분기 6시간 이상
	관리감독자의 지위에 있는 사람		연간 16시간 이상
채용시 교육	일용근로자		1시간 이상
	일용근로자를 제외한 근로자		8시간 이상
작업내용 변경시 교육	일용근로자		1시간 이상
	일용근로자를 제외한 근로자		2시간 이상
특별교육	별표 8의2 제1호 라목 각호의 어느 하나에 해당하는 작업에 종사하는 일용		2시간 이상
	위 일용근로자 제외한 근로자		연간 16시간 이상
건설기초 안전보건 교육	건설 일용근로자		4시간

사업주 및 관리감독자 교육

교육대상	교육시간
사업주 관리감독자 또는 안전담당자	4시간 이상 6시간 이상

근로자 건강진단 종류별 대상, 시기 및 주기 비교

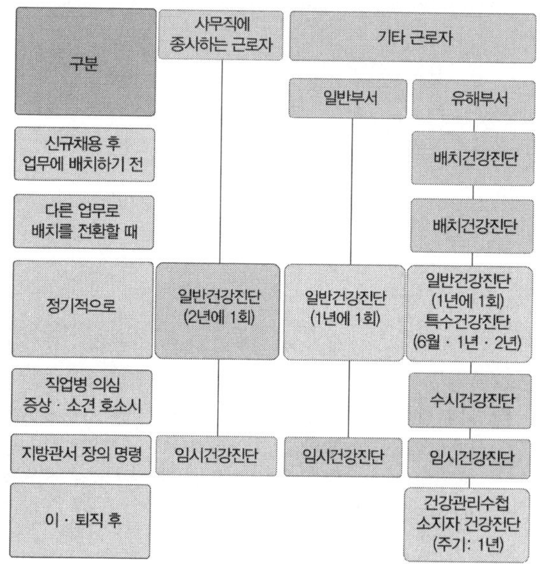

• 유해부서: 특수건강진단 대상유해인자(177종)에 노출되는 부서 또는 업무

있는 자 ④ ① 내지 ③에 준하는 질병으로서 노동부장관이 정하는 질병에 걸린 자의 경우 의사의 진단에 따라 근로를 금지·제한할 수 있다.

4 안전보건관리비 사용 의무

건설업, 선박건조·수리업 기타 대통령령(공사금액 4천만원 이상)이 정하는 사업을 타인에게 도급하는 자와 이를 자체사업으로 영위하는 자는 도급계약을 체결하거나 자체사업계획을 수립할 경우 산업재해예방을 위한 산업안전보건관리비를 도급금액 또는 사업비에 계상하여야 한다. 자율안전관리능력이 부족한 다음 중소규모 건설현장(공사금액 3억원 이상~120억원 미만)에서는 산업안전관리비 사용방법·재해예방조치 등에 관하여 노동부가 지정한 재해예방전문지도기관의 기술 지도를 받아야 한다.[4]

특수건강진단의 시기 및 주기

구분	대상 유해인자	시기 (배치 후 첫번째 특수건강진단)	주기
1	• N,N-디메틸아세트아미드 • N,N-디메틸포름아미드	1개월 이내	6개월 마다
2	• 벤젠	2개월 이내	6개월 마다
3	• 1,1,2,2-테트라클로로에탄 • 사염화탄소 • 아크릴로니트릴 • 염화비닐	3개월 이내	6개월 마다
4	• 석면분진, 면분진	12개월 이내	12개월 마다
5	• 광물성분진 • 목분진 • 소음 및 충격소음	12개월 이내	24개월 마다
6	• 제1호 내지 제5호의 대상 유해인자를 제외한 별표 12의2의 모든 대상 유해인자	6개월 이내	12개월 마다

취업제한대상

① 연 4알킬연·유기용제·특정화학물질 등의 유해물질에 중독된 자
② 당해 유해물질에 중독될 우려가 있다고 의사가 인정하는 자
③ 진폐의 소견이 있는 자 또는 방사선에 피폭된 자
④ 당해 유해물질 또는 방사선을 취급하거나 당해 유해물질의 분진 증기 또는 가스가 발산되는 업무 또는 당해 업무로 인하여 근로자의 건강을 악화시킬 우려가 있는 업무

① 감압 중 기타 고기압에 의한 장해 또는 그 후유증
② 결핵·급성상기도감염·진폐·폐기종 기타 호흡기계의 질병
③ 빈혈증·심장판막증·관상동맥경화증·고혈압증 기타 혈액 또는 순환기계의 질병
④ 정신신경증·알코올중독·신경통
⑤ 메니에르씨병·중이염 기타 이관협착을 수반하는 이질환
⑥ 관절염·류마티스 기타 운동기계의 질병
⑦ 천식·비만증 바세도우씨병 기타 알레르기성 내분비계 물질대사 또는 영양장해 등에 관련된 질병

[4] 당초 산업안전보건관리비로 사용이 제한되었던 ① 응급상황 초동 대처에 필수적인 CPR(심폐소생술) 교육비와 AED(자동심장충격기) 구입비용을 사용할 수 있도록 명확히 했으며, ② AI CCTV, 건설기계 충돌협착 방지장비 등 스마트 안전장비 사용한도를 현행 구입·임대비의 20%에서 40%로 확대하였습니다.

중대재해 발생 보고(제조)

1. 사업장 개요

사업장명	원청		대표자		소재지	(전화:)	근로자수		업종	
	하청					(전화:)				

2. 재해자 인적사항

성 명	주민등록번호	소 속	직 종	입사일자	동종경력	재해정도

3. 재해발생 내용 및 조치현황

일시		장소		발생 형태		기인물	

4. 재해발생개요(6하원칙) :

5. 사고 후 조치사항 :

6. 기타 중요한 사항

–산재보험 성립번호 :

–경찰서 조사관계 :

–사망 사인 :

위와 같이 중대재해가 발생하였음을 보고합니다.

20 . . .

보 고 자 : (인)

연 락 처 : (인)

■ 산업안전보건법 시행규칙 [별지 제1호서식] 〈개정 2017. 1. 2.〉

산업재해 조사표

※ 뒤쪽의 작성방법을 읽고 작성해 주시기 바라며, [ ]에는 해당하는 곳에 ∨ 표시를 합니다. (앞쪽)

구분	항목	내용	항목	내용
Ⅰ. 사업장 규모	① 산재관리번호 (사업개시번호)		사업자등록번호	
	② 사업장명		③ 근로자 수	
	④ 업종		소재지	(　　　-　　　)
	⑤ 재해자가 사내 수급인 소속인 경우(건설업 제외)	원도급안 사장장명	⑥ 재해자가 파견근로자인 경우	파견사업주 사업장명
		사업장 산재관리번호 (사업개시번호)		사어장 산재관리번호 (산업개시번호)
	건설업만 작성	⑦ 원수급 사업장명	공사현장명	
		⑧ 원수급 사업장 산재관리번호 (사업개시번호)		
		⑨ 공사종류	공정률	%
			공사금액	백만원

※ 아래 항목은 재해자별로 각각 작성하되, 같은 재해로 재해자가 여러 명이 발생한 경우에는 별도 서식에 추가로 적습니다.

구분	항목	내용	항목	내용	항목	내용
Ⅱ. 재해 정보	성명		주민등록번호 (외국인등록번호)		성별	[ ]남 [ ]여
	국적	[ ]내국인 [ ]외국인 [국정: ⑩ 체류지역:]			⑪ 직업	
	입사일	년 월 일	⑫ 같은 종류업무 근속 기간			년 월
	⑬ 고용형태	[ ]상용 [ ]임시 [ ]일용 [ ]무급가족종사자 [ ]자영업자 [ ]그 밖의 사항 [ ]				
	⑭ 근무형태	[ ]정상 [ ]2교대 [ ]3교대 [ ]4교대 [ ]시간제 [ ]그 밖의 사항 [ ]				
	⑮ 상해종류 (질병명)		⑯ 상해부위 (질병부위)		⑰ 휴업예상 일수	휴업 [ ]일
					사망 여부	[ ] 사망

구분	항목	세부항목	내용
Ⅲ. 재해 발생 개요 및 원인	⑱ 재해 발생 개요	발생일시	[ ]년 [ ]월 [ ]일 [ ]요일 [ ]시 [ ]분
		발생장소	
		재해관련 직업유형	
		재해발생 당시 상황	
	⑲ 재해발생원인		
Ⅳ. ⑳ 재발 방지 계획			

작성자 성명
작성자 전화번호 　　　　작성일 　　년 　　월 　　일

사업주 　　(서명 또는 인)
근로자대표(재해자) 　　(서명 또는 인)

(　　　　　)지방고용노동청장(지청장) 귀하

재해 분류자 기입란 (사업장에서는 작성하지 않습니다)	발생형태	□□□	기인물	□□□
	작업지역 · 공정	□□□	작업내용	□□□

210mm×297mm[일반용지 60g/㎡(재활용품)]

<table>
<tr><td colspan="6" rowspan="2">안전보건교육일지

작성일자 : 20 . . . 작성자 :</td><td rowspan="2">결
재</td><td>교육
담당</td><td>검 토</td><td>대표
이사</td></tr>
<tr><td></td><td></td><td></td></tr>
<tr><td>교육
구분</td><td colspan="9">가. 정기교육 나. 채용 시의 교육
다. 작업내용 라. 특별교육
마. 건설업 기초안전 보건교육 바. 기 타( )교육
* 교육과정 및 교육대상별 교육시간은 [별표4]참조</td></tr>
<tr><td rowspan="4">교육
인원</td><td colspan="2">구분</td><td>계</td><td>남</td><td>여</td><td colspan="4">교육미실시사유</td></tr>
<tr><td colspan="2">교육 대상자 수</td><td></td><td></td><td></td><td colspan="4"></td></tr>
<tr><td colspan="2">교육 실시자 수</td><td></td><td></td><td></td><td colspan="4"></td></tr>
<tr><td colspan="2">교육 미실시자 수</td><td></td><td></td><td></td><td colspan="4"></td></tr>
<tr><td>교육
과목</td><td colspan="9"></td></tr>
<tr><td>교육
내용</td><td colspan="9"></td></tr>
<tr><td rowspan="2">교육
실시자 및
장소</td><td>성 명</td><td colspan="3">직 명</td><td colspan="4">교육실시장소</td><td>비고</td></tr>
<tr><td></td><td colspan="3"></td><td colspan="4"></td><td></td></tr>
<tr><td>특기
사항</td><td colspan="9"></td></tr>
</table>

안전교육 참석자 명단

NO	직 책	성 명	서 명	NO	직 책	성 명	서 명
1				11			
2				12			
3				13			
4				14			
5				15			
6				16			
7				17			
8				18			
9				19			
10				20			

교 육 실 시 확 인 서

1. 소속사업장 개요
  ○ 사업장명:
  ○ 대 표 자:

2. 교육의 개요

교육의 종류	교육일자	교육시간	교육내용	교육이수자(명)

「안전보건교육규정」 제11조에 따라 교육이수를 위와 같이 확인합니다.

년　　월　　일

(안전보건교육기관의)장　　　　(인)

건설업 기초안전보건교육 출석부

○ 교육기관명:　　　　　　○ 교육일시:　년　월　일(: ~ :)

연번	성 명	생년월일	1교시	2교시	3교시	4교시	담당확인
			(교육생 서명)				

건설업 기초안전보건교육 수강신청서

<table>
<tr><td rowspan="3">사업장
개 요</td><td>사업장명</td><td></td><td>사업장
소재지</td><td></td></tr>
<tr><td>현 장 명</td><td></td><td>현 장 소재지</td><td></td></tr>
<tr><td>대 표 자</td><td></td><td>전화번호</td><td></td></tr>
</table>

교육생 명단					
연번	성 명	생년월일	연락처 (전화번호)	실무경력 (년/월)	교육 실시일

※ 교육생이 많을 경우 명단 별첨

「산업안전보건법」 제31조 및 「안전보건교육규정」 제13조의4제1항에 따라 「건설업 기초안전 · 보건교육」을 받고자 위와 같이 수강신청을 합니다.

년 월 일

신청인 (인 또는 서명)

(건설업 기초안전보건교육 등록기관의) 장 귀하

○○○○년 직무교육 실시 계획서

문서번호:

경유: 한국산업안전보건공단이사장

수신: 고용노동부장관

1. 실시기관 개요

기 관 명		대 표 자	
소 재 지		전화번호	
등록분야	ㅁ 안전보건관리책임자 ㅁ 안전관리자 ㅁ 보건관리자 ㅁ 재해예방전문기관 종사자 ㅁ 안전검사기관 종사자	ㅁ 안전보건관리담당자 ㅁ 안전관리전문기관 종사자 ㅁ 보건관리전문기관 종사자 ㅁ 석면조사기관 종사자 ㅁ 자율안전검사기관 종사자	

2. 위탁교육 실시계획

과정명	교육일정 (교육시간)	학급정원 (학급수)	교육방법 (교육장소)	교육교재	
				교재명(저자)	교재내용요약

「안전보건교육규정」 제19조의4제1항에 따라 ○○○○년 **직무교육** 실시계획을 위와 같이 제출합니다.

년 월 일

직무교육기관명:

대표자: (서명 또는 인)

MEMO

Chapter 14

산재고용보험 관리실무

- 산재고용보험법 의의
- 산재고용보험 대상
- 산재고용보험 가입자
- 산재고용보험 제외
- 보험관계의 성립과 소멸
- 중소기업주 임의가입
- 산재고용보험 징수
- 보험요율의 결정 및 특례

Chapter
14 | 산재고용보험 관리실무

산재고용보험법 의의

1 산재보험

(1) 의의

사업주의 주된 의무는 노동을 제공한 근로자에게 임금을 주는 것이며 부수적으로 사업주는 근로자에 대해 안전배려 의무를 진다. 이 같은 사업주의 안전배려 의무에 대해 산업안전보건법이 제정되었고 이미 발생한 산업재해로 인하여 부상 또는 사망한 경우는 그 피해근로자나 가족을 보호 내지 보상해 주기 위해서는 1964년 산재보험법이 제정되었다. 산재근로자와 그 가족의 생활을 보장하기 위하여 국가가 책임을 지는 의무보험으로 원래 사용자의 근로기준법상 재해보상책임을 보장하기 위하여 국가가 사업주로부터 소정의 보험료를 징수하여 그 기금(재원)으로 사업주를 대신하여 산재근로자에게 보상을 해주는 제도이다.

(2) 특성

일반적인 보험제도는 미래에 예측할 수 없는 위험에 따른 손해배상에 대비하기 위해 피해 당사자가 가입하는 것이 일반적이며 자동차, 화재, 생명보험 등은 보험가입자의 과실에 따라 보험료지급 여부가 결정되는 것이 일반적이나 산재보험은 일반보험과 매우 다른 특징을 가지고 있다.

① 근로자의 업무상 재해에 대하여 사용자에게는 고의·과실의 유무를 불문하는 무과실無過失 책임주의이다.
② 보험사업에 소요되는 재원인 보험료는 원칙적으로 사업주가 전액 부담한다.
③ 산재보험급여는 재해발생에 따른 손해 전체를 보상하는 것이 아니라 평균임금을 기초로 하는 정률보상방식으로 행한다.
④ 재해보상과 관련되는 이의신청을 신속히 하기 위하여 심사 및 재심사청구제도를 운영한다.
⑤ 타 사회보험과는 달리 산재보험은 사업장 중심의 관리가 이루어진다.

2 고용보험

1995년부터 고용보험은 실직근로자에게 실업급여를 지급하는 전통적 의미의 실업보험사업으로 출발하여 산업구조조정의 촉진 및 실업예방, 고용촉진 등을 위한 고용안정사업, 근로자의 생애직업능력개발을 위한 직업능력개발사업 등 사회보장제도이다. 적극적인 노동시장정책의 수단으로 국가가 고용정책을 수행하기 위하여 보험의 원리와 방식을 도입하여 법률에 의하여 보험의 가입과 보험료의 납부가 강제되고 실업이라는 보험사고에 대하여 근로자와 사업주를 지원하는 공적인 사회보험제도이다. 실업급여는 평균임금의 50%, 1일 상한액이 66,000원으로 적용된다(2019.1.1부터).

3 산재 · 고용보험사업 수행체계

산재고용보험의 관리주체는 고용노동부이며 산재보상업무는 근로복지공단, 고용보험업무는 고용지원센터이었으나 2017.1.1부터 고용보험업무의 대부분이 근로복지공단으로 일원화되어 근로자의 고용보험 가입 및 상실에 관한 업무는 근로복지공단에서 수행하고, 산재고용보험료 징수는 건강보험공단이 수행한다.

산재고용보험 대상

1 가입사업장

산재고용보험의 적용대상은 근로자를 사용하는 모든 사업이며 적용단위는 사업 또는 사업장이다. "사업"이란 어떤 목적을 위하여 업業으로 행하여지는 계속적, 사회적, 경제적 활동단위로서 그 목적은 영리성 여부와는 관계가 없다. "사업장"이란 사업이 행하여지고 있는 사람과 물건이 존재하는 장소적 범위를 중심으로 본 개념이라 하겠다. 적용대상 사업장의 판단 기준은 계속사업에 있어서 동일한 장소에 있는 것은 하나의 사업으로 하고 장소적으로 분리되어 있는 것은 별도의 사업으로 적용함을 원칙으로 한다.

2 당연적용사업장

(1) 1인 이상 사업장

당연적용사업이라 함은 사업이 개시되어 적용요건을 충족하게 되었을 때, 사업주의 의사와는 관계없이 자동적으로 보험관계가 성립하는 사업을 말하는 것으로 적용제외 사업을 제외한 근로자를 1인 이상 사용하는 모든 사업 또는 사업장은 당연적용대상에 해당된다. 따라서 사업주의 보험관계 성립신고 여부와 관계없이 사업을 개시한 날 또는 소정의 요건에 충족되어 당연적용사업에 해당하게 되는 날 이후에 재해를 당한 근로자는 산재보험의 보상을 받을 수 있다. 2018년 7월 1일 이후부터 1인 미만 사업장 근로자도 산재보험 혜택을 받는다.

(2) 비영리단체

회원단체도 근로자 1인 이상을 사용하는 경우에는 영리·비영리와 상관없이 당연적용대상이다. 적용대상이 회원단체로는 제조업자단체, 상공회의소, 경영자단체, 무역협회, 지역경제단체, 중소기업협동조합중앙회, 농민단체, 대한병원협회, 전문가단체, 특정직업인단체, 대한변호사협회, 대한의사협회, 전문학회, 예술인단체, 노동조합, 종교단체, 정당 및 정치단체, 시민운동단체, 자선단체, 한국학술진흥재단, 대한민국학술원, 재향군인협회, 동호인단체 등이 있다.

(3) 건설업

건설공사 업체의 경우 건설면허를 가지고 있는 건설사는 당연적용사업이며 건설면허가 없다고 해도 공사총액이 2천만원 이상(계약상의 도급금액+발주자로부터 받은 재료의 시가환산액 포함), 건축물 연면적 100제곱미터 이상, 대수선 연면적 200제곱미터 이상이면 당연적용 사업장이다. 무면허업자가 시공하는 2,000제곱미터 미만(연면적 100제곱미터) 건설공사도 2018년 7월 1일부터 산재보험을 적용한다. 미가입 산재에 대해 보상금의 50%를 징수하던 제도가 체납기간 납부해야 하는 보험료의 5배를 상한금액으로 한다(2018.1.1부터 시행).

● 산재고용보험의무가입사업장

구 분		2018.7.1
산재보험	제조업, 도소매업 음식업등 (계속사업)	근로자를 사용하는 모든 사업장 - 다만, 개인이 운영하는 농·임·어업의 상시 5명 미만 사업은 임의가입 가능
	건설공사	모든 건설공사 (2018.7.1. 이후 착공하는 공사)
고용보험	제조업, 도소매업 음식업등 (계속사업)	근로자를 사용하는 모든 사업장 - 다만, 개인이 운영하는 농·임·어업의 상시5명 미만 사업은 임의가입 가능
	건설공사	- 건설사업자가 시공하는 원도급공사 - 건설사업자가 아닌 자가 시공하는 건설공사중 ① 총공사금액 2천만원 이상 ② 건축(대수선) 연면적 100제곱미터 초과하면서 총공사금액 2천만원 이상

3 임의적용사업장

(1) 일반사업장

임의적용사업이라 함은 산업재해보상보험법 및 고용보험법의 당연적용대상 사업이 아닌 사업으로서 보험가입 여부가 사업주의 자유의사에 일임되어 있는 사업을 말한다. 산재고용보험 적용제외 사업의 사업주는 근로복지공단의 승인을 얻어 보험에 가입할 수 있다. 다만, 고용보험의 경우는 근로자(적용제외 근로자 제외) 과반수의 동의를 얻어 사업 전부에 대하여 임의 가입할 수 있다(실업급여에 한하여 가입할 수 없음).

(2) 별정직 계약직 공무원

2008년 9월 22일부터 별정직 계약직 공무원도 본인의 의사에 따라 고용보험 중 실업급여에 한하여 가입할 수 있다. 가입신청기한은 임용일로부터 3개월 내이며, 보험료 부담은 실업급여 보험요율 1.3%(2013. 7. 1부터 적용)를 소속기관과 1/2씩 부담한다.

(3) 자영업자 고용보험 가입

근로자를 사용하지 아니하거나 5인 미만의 근로자를 사용하는 사업주로서 소득세법 제168조의 규정에 따라 사업자등록을 한 자영업자도 실업급여, 고용안정, 직업능력개발사업에 한하여 가입신청이 가능하다.

산재고용보험 가입자

1 당연적용 가입자

산재보험은 사업주만 보험가입자가 되나 고용보험은 사업주와 근로자 모두가 보험가입자가 된다. 사업주란 법인의 경우 법인 그 자체를, 개인사업체인 경우는 자연인인 대표자를 말한다. 당연적용사업의 사업주는 자신의 가입의사와는 관계없이 당연히 보험가입자가 되며, 보험료의 신고·납부의무가 주어지게 되고, 사업의 규모가 크거나 지역적으로 광범위하게 걸쳐 있어 자신이 직접 각종 신고·보고의무를 행하기 어려운 때에는 대리인을 선임하여 대신하게 할 수 있다.

2 임의적용 가입자

임의가입사업의 경우에도 보험가입자는 당연적용사업과 동일하며, 근로복지공단의 승인을 얻으면 보험가입자가 될 수 있다.

3 수차의 도급사업 경우 가입자

건설업에 있어서 민법에 의한 도급계약 형식으로 수차의 하도급이 이루어지는 경우 원칙적으로 원수급인이 보험가입자가 된다. 다만, 원수급인이 서면계약으로 하수급인에게 보험료의 납부를 인수하게 하는 경우에는 원수급인의 신청에 의하여 근로복지공단의 승인을 얻은 때에 그 하수급인을 보험가입자로 한다. 하수급인인 사업주가(건설업자, 주택

산재보험료 및 보상 기준임금

특수형태근로종사자 직종	기준임금액(월)	평균임금(日)
• 「보험업법」 제83조 제1항 제1호에 따른 보험설계사로서 생명보험회사가 주된 사업장인 보험설계사 • 「농업협동조합법」에 따른 공제를 모집하는 자	2,592,500	86,083
• 「보험업법」 제83조 제1항 제1호에 따른 보험설계사로서 손해보험회사가 주된 사업장인 보험설계사 • 「보험업법」 제83조 제1항 제5호 중 보험대리점 또는 보험중개사의 사용인으로서 「보험업법」에 따라 모집에 종사할 자로 신고된 자 • 「우체국예금·보험에 관한 법률」에 따른 우체국보험의 모집을 전업으로 하는 자	2,401,300	80,643
• 「건설기계관리법」 제3조 제1항에 따라 등록된 콘크리트믹서트럭을 소유하여 그 콘크리트믹서트럭을 직접 운전하는 자	2,479,444	82,648
• 「통계법」에 따라 통계청장이 고시하는 한국표준직업분류상의 세세분류에 따른 학습지교사	1,016,300	33,877
• 제19조에 따라 체육시설업의 등록을 한 골프장에서 골프경기를 보조하는 골프장 캐디	2,699,994	90,000
• 통계법에 따라 통계청장이 고시하는 한국표준직업분류표의 세분류에 따른 택배원 중 소화물을 집화, 수송과정을 거쳐 배송하는 택배사업에서 집화 또는 배송업무를 하는 사람	3,150,000	103,500
• 통계법에 따라 통계청장이 고시하는 한국표준직업분류표의 세분류에 따른 택배원 중 소화물을 집화, 수송과정을 거치지 않고 배송하는 퀵서비스사업에서 주로 하나의 퀵서비스업자로부터 업무를 의뢰받아 배송업무를 하는 사람	1,599,400	53,313
• 「대부업 등의 등록 및 금융이용자 보호에 관한 법률」에 따른 대출모집인으로 여신금융기관과 위탁계약을 맺은 사람	2,083,300	69,443
• 「여신전문금융업법」 제14조2 제1항 제2호에 따른 신용카드회원모집인	1,931,500	64,387
• 고용노동부장관이 정하는 기준에 따라 주로 하나의 대리운전업자로부터 업무를 의뢰받아 대리운전 업무를 하는 사람	1,537,500	51,250

건설사업자, 전기공사업자, 정보통신공사업자, 소방시설업자, 문화재수리업자) 원수급인과 하수급인간에 보험료 납부의 인수에 관한 서면계약을 체결하고 하도급공사의 착공일부터 30일 이내 원수급인이 하수급인 보험료 납부인수 승인신청서 1부를 작성하여 공단에 제출하면 된다.

4 특수형태근로종사자에 대한 산재보험 적용

(1) 기준

그동안 특수형태근로종사자는 근로자와 유사하게 노무를 제공함에도 불구하고 근로기준법상 근로자로 인정되지 않아 산해보험의 보호를 받지 못하고 있었다. 그러나 2008년 7월 1일부터는 주로 하나의 사업 또는 사업장에 그 운영에 필요한 노무를 상시적으로 제공하고 보수를 받아 생활하며, 노무를 제공함에 있어 타인을 사용하지 아니할 것 등의 요건을 충족하는 자 중에서 일정 직종에 종사하는 자는 산재보험법의 적용대상이 되도록 하였다(보험설계사, 골프장 캐디, 학습지 교사, 레미콘 기사, 택배기사, 전속 퀵서비스기사). 2019년 1월부터 건설기계 27개의 직종 특수형태근로종사자(굴삭기, 덤프트럭, 타워크레인 등)도 포함한다.

(2) 적용제외 제한

특수형태 종사자는 사업장에서 최초로 노무를 제공한 날부터 산재보험 대상이 되나, 산재보험료는 고용노동부장관이 고시한 월 보수액에 해당 사업장의 산재보험율을 곱하여 매월 납부한다. 보험료 부담은 사용자와 근로자가 각각 50%씩 부담한다. 2021년 7월부터는 고용산재제외신청 요건을 강화하여 의무가입 수준으로 운영한다.

◉ 특고직 산재보험 가입의무(21.7.1 시행)

▎특수형태근로종사자

계약의 형식에 관계없이 근로자와 유사하게 주로 하나의 사업에서 그 운영에 필요한 노무를 상시적으로 제공하고 보수를 받아 생활하며, 노무를 제공함에 있어 타인을 사용하지 아니 하나 근로기준법에 따른 근로자로 보지 않는 업무 종사자 ☞ 근로자도 아니고 완전히 독립적인 자영업자로 보기도 어려운 중간 영역의 종사자	보험설계사, 학습지교사, 캐디, 레미콘 운전기사, 택배기사, 대리운전기사, 대출모집인 등

▎산재보험 적용 확대

2008년 7월	2012년 5월	2016년 7월
◎ 보험 설계사 ◎ 학습지 교사 ◎ 골프장 캐디 ◎ 레미콘 기사	◎ 택배 기사 ◎ 퀵서비스 기사	◎ 대출 모집인 ◎ 신용카드 모집인 ◎ 대리 운전 기사

2019년 1월	2020년 7월	2021년 7월
◎ 건설기계 조종사	◎ 방문교사 · 판매원 ◎ 렌탈 방문점검원 ◎ 가전제품설치기사 ◎ 화물차주	◎ 소프트웨어프리랜서

2022년 7월	◎ 유통배송기사 ◎ 택배 지 · 간선 기사 ◎ 특정품목(자동차, 곡물가루, 곡물, 사료) 운송 화물 차

▎적용 제한

연령제한	소득제한	기타 제한
65세 이후 신규로 노무제공 계약을 체결한 경우	월 보수액이 80만원 미만인 경우	보험설계사 중 교차 보험모집인 / 신용카드 모집인 중 제휴업체 카드모집인 / 자가소비 방문판매원

◉ 산재고용보험 제외

1 산재보험

(1) 의의

상시 1인 이상의 근로자를 사용하는 사업이라 함은 당해 사업개시일 이후 근로자 수가 최초로 1인 이상 된 날부터 당해 사업의 가동기간 30일 동안 사용한 연인원을 30으로 나누어 평균 1인 이상 되는 사업을 말하며, 최초로 1인 이상이 된 날부터 적용한다. 다만, 최초로 1인 이상이 된 날부터 당해 사업의 가동기간이 30일 미만인 경우에는 당해 사업의 사업개시일로부터 가동기간 동안 사용한 연인원을 그 총가동일수로 나누어 산정하고 상시근로자는 상용·일용 등 고용형태를 불문하고 사실상 고용된 모든 근로자를 말한다.

(2) 사업개시일

사업개시일로부터 14일 이내 산재보험에 가입해야 한다. 이때 사업개시일이란 근로자의 고용 여부에 관계없이 실제로 사업을 시작한 날로 근로자를 고용하지 아니하고 사업주 혼자 사업을 운영하였다면 사업주가 사업을 시작한 날이 사업개시일이다. 공장을 가동하기 전 시운전을 할 경우에는 시운전일이 최초 공장가동일로 사업개시일이 된다.

(3) 다른 법령에 의해 산재보상 대상자 제외

공무원연금법, 군인연금법, 선원법 또는 어선원 및 어선재해보상보험법 등 다른 법령에 의해 재해에 대한 산재보험에 갈음하는 보장이 이루어지는 경우 산재보험 의무사업장 대상에서 제외된다.

(4) 기타 적용제외 근로자

근로기준법상 사업주, 해외파견근로자(주재원), 사업주와 동거하고 있는 친족만으로 이루어진 사업장의 친족, 성직자 등이 해당한다.❶

2 고용보험

(1) 일반사업장에서의 적용제외 근로자

65세 이후에 고용보험 가입사업장에 신규로 취업한 자 및 보험관계가 성립한 시점을 기준으로 65세에 도달한 자는 도달한 날부터 실업급여 적용제외 대상이다. 그러나 2006년 1월 1일부터 65세 이상이라도 고용안정 직업능력개발사업의 가입은 가능하다. 고용보험법 시행령 개정안은 60세 이상 고령자를 고용하면 재정적인 지원을 해주는 '60세 이상 고령자 고용지원금'의 지원기간을 올해보다 3년 연장한 2020년까지로 정했다.

(2) 월간 소정근로시간 60시간 미만 근로자

1개월 소정근로시간이 60시간 미만인 자(1주간 소정근로시간이 15시간 미만인 자 포함)로 다만, 생업을 목적으로 근로를 제공하는 자 중 3개월 이상 계속근로를 제공하는 자와 고용보험법 제2조 제6호의 규정에

❶ 배송차량의 소유자로서 사업자등록을 하고 세금계산서를 발행한 배송기사도 산업재해보상보험법상 근로자에 해당한다. (울산지법 2017.4.13, 2016구합6096)

● 특고직 고용보험 가입의무(21.7.1 시행)

| 관련법규

> ① 근로자가 아니면서 자신이 아닌 다른 사람의 사업을 위하여 자신이 직접 노무를 제공하고 해당 사업주 또는 노무수령자로부터 일정한 대가를 지급받기로 하는 계약(이하 "노무제공계약"이라 한다)을 체결한 사람 중 대통령령으로 정하는 직종에 종사하는 사람(이하 "노무제공자"라 한다)과 이들을 상대방으로 하여 노무제공계약을 체결한 사업에 대해서는 제8조 제2항에 따라 이 장을 적용한다.

| 고용보험 적용 확대

☞ 다양한 고용형태의 취업자를 보호하기 위해 기존 근로자 중심에서 특수형태근로종사자, 플랫폼 종사자 등 노무제공자 대상으로 적용 대상 확대

2021년 7월		
◎ 보험 설계사 ◎ 학습지 교사 ◎ 교육교구 방문강사 ◎ 택배기사 ◎ 대출 모집인	◎ 신용카드회원모집인 ◎ 방문판매원 ◎ 대여제품방문점검원 ◎ 가전제품배송설치기사 ◎ 방과후학교 강사	◎ 건설기계조종사 ◎ 화물차주 – 수출입컨테이너 – 시멘트, 철강재 – 위험물질

2021년 1월	2022년 7월
◎ 퀵서비스기사 – 배달대행 포함 ◎ 대리운전기사	◎ 정보통신 소프트웨어 기술자 ◎ 어린이 통학버스 기사 ◎ 관광통역안내사 ◎골프장 캐디 ◎화물차주(택배 지·간선, 특정품목, 유통배송)

| 적용 제한

연령제한	소득제한	기타 제한
65세 이후 신규로 노무제공 계약을 체결한 경우	월 보수액이 80만원 미만인 경우	외국인 노무제공자 중 거주(F-2), 영주(F-5), 결혼이민(F-6)에 해당되지 않는 사람

의한 1개월 미만의 기간 동안 고용된 일용근로자는 가입대상 근로자이다.

(3) 특정직종에 따른 적용제외 근로자

국가공무원법(사립학교교직원연금법 포함) 및 지방공무원법에 의한 공무원으로 다만, 대통령령으로 정하는 바에 따라 별정직 및 계약직 공무원의 경우 본인의 의사에 따라 고용보험에 가입할 수 있다.

(4) 외국인 근로자는 원칙적으로 제외

외국인 근로자는 원칙적으로 제외하지만 출입국관리법 시행령 제12조 규정에 의한 외국인이 체류자격 중 주재D-7, 기업투자D-8, 무역경영D-9의 체류자격소지자는 국가간 상호주의 원칙에 따라 가입 여부가 결정된다.

(5) 기타 적용제외 근로자

현장실습생, 학업을 주업으로 하면서 부수적으로 단기간 동안 아르바이트를 하는 주간학생, 공무원인자가 휴직 후 산업체기능요원 또는 전문연구요원으로 근무하는 자 등은 제외한다.

(6) 특수형태종사자 고용보험 가입의무(2021.7.1부터)

월 80만원 미만, 65세 이상, 월 60시간 미만의 경우를 제외한 특수형태종사자에 대해서는 고용보험(2021 – 1.4%)에 가입하고 보험료를 납부해야 한다.

외국인의 체류자격별 고용보험 적용

체류자격	고용보험 적용 여부	체류자격	고용보험 적용 여부
1. 외교(A-1)	×	19. 교수(E-1)	○(임의)
2. 공무(A-2)	×	20. 회화지도(E-2)	○(임의)
3. 협정(A-3)	×	21. 연구(E-3)	○(임의)
4. 사증면제(B-1)	×	22. 기술지도(E-4)	○(임의)
5. 관광통과(B-2)	×	23. 전문직업(E-5)	○(임의)
6. 일시취재(C-1)	×	24. 예술흥행(E-6)	○(임의)
7. 단기상용(C-2)	×	25. 특정활동(E-7)	○(임의)
8. 단기종합(C-3)	×	25의3. 비전문취업(E-9)	○(임의)
9. 단기취업(C-4)	○(임의)	25의4. 선원취업(E-10)	○(임의)
10. 문화예술(D-1)	×	26. 방문동거(F-1)	×
11. 유학(D-2)	×	27. 거주(F-2)	○(강제)
12. 산업연수(D-3)	×	28. 동반(F-3)	×
13. 일반연수(D-4)	×	28의2. 재외동포(F-4)	○(임의)
14. 취재(D-5)	×	28의3. 영주(F-5)	○(강제)
15. 종교(D-6)	×	29. 기타(G-1)	×
16. 주재(D-7)	○ (상호주의)	30. 관광취업(H-1)	×
17. 기업투자(D-8)	○ (상호주의)	31. 방문취업(H-2)	○(임의)
18. 무역경영(D-9)	○ (상호주의)		

보험관계의 성립과 소멸

1 보험관계의 성립

보험관계의 성립이란 산업재해보상보험법과 고용보험법에 의한 권리의무관계가 이루어지는 것을 말한다. 즉 보험관계의 성립으로 사업주는 보험료 신고·납부 의무가 발생하고 보험관장자는 보험급여의 지급 의무가 발생하게 되며, 근로자는 재해 및 실직시 보험급여청구권 등의 제반권리 의무가 발생하게 된다. 일정요건을 구비할 경우 2개 이상의 당해 사업 전부를 하나의 사업으로 보아 보험관계를 일괄 적용함으로써 사업주의 업무편의를 도모하고 근로자를 적극적으로 보호하기 위한 제도이다. 당연일괄적용을 받는 사업주 외의 사업주가 산재보험은 노동부장관이 정하는 사업종류가 동일한 경우에 한하여 해당하는 사업 전부를 하나의 사업으로 보아 일괄적용을 받고자 하는 경우에는 근로복지공단의 승인을 얻어 일괄적용 가입이 가능하다.

2 보험관계의 소멸

(1) 보험관계의 소멸사유

사업이 사실상 폐지 또는 종료된 경우로서 법인의 해산등기 완료, 폐업신고 또는 보험관계소멸신고 등과는 관계없이 소멸한다. 근로복지공단이 보험관계를 계속해서 유지할 수 없다고 인정하는 경우에는 직권소멸 조치한다.

(2) 보험관계 소멸일 및 제출서류

사업의 폐지 또는 종료의 경우 소멸일은 사업이 사실상 폐지 또는 종료된 날의 다음날이며, 제출서류는 보험관계소멸신고서 1부, 제출기한은 사업이 폐지 또는 종료된 날로부터 14일 이내이다.

(3) 소멸의 효과

소멸시점 이후의 보험료 납부 의무 및 근로자에 대한 보험급여 지급 의무는 소멸하나, 소멸시점 이전의 미납보험료에 대한 납부 의무는 소멸되지 않으며, 보험관계가 소멸되기 이전에 발생한 재해에 대하여는 보험급여의 청구가 가능하며, 고용보험의 피보험자이었던 근로자의 경우에는 고용보험법에 의하여 실업급여 청구권은 계속하여 존속한다.

(4) 소멸시효

보험료, 기타 징수금을 징수하거나 반환을 받을 권리 및 보험급여를 받을 권리를 5년간 행사하지 아니하면 시효의 완성에 의하여 권리의 행사가 거부되는 법률적 효과를 말한다.

◉ 중소기업주 임의가입

1 의의

중소기업의 사업주의 경우 사실상 근로에 종사하는 경우가 많은 점을 감안하여 임의로 산재보험에 가입할 수 있도록 하는 제도이다. 산업재해 발생시 적절한 보상을 받도록 하고 4인 이하 사업장의 가입도 촉

◉ 특고직 필요경비 공제율 기준

특수형태근로종사자 직종	공제율(%)
·「보험업법」제83조 제1항 제1호에 따른 보험설계사로서 손해보험회사가 주된 사업장인 보험설계사 ·「보험업법」제83조 제1항 제5호 중 보험대리점 또는 보험중개사의 사용인으로서 「보험업법」에 따라 모집에 종사할 자로 신고된 자 ·「우체국 예금·보험에 관한 법률」에 따른 우체국보험의 모집을 전업으로 하는 자	25.0
·「통계법」에 따라 통계청장이 고시하는 한국표준직업분류상의 세세분류에 따른 학습지 교사	22.0
· 통계법에 따라 통계청장이 고시하는 한국표준직업분류표의 세분류에 따른 택배원 중 소화물을 집화, 수송과정을 가쳐 배송하는 택배사업에서 집화 또는 배송업무를 하는 사람	18.2
· 통계법에 따라 통계청장이 고시하는 한국표준직업분류표의 세분류에 따른 택배원 중 소화물을 집화, 수송과정을 거치지 않고 배송하는 퀵서비스사업에서 주로 하나의 퀵서비스업자로부터 업무를 의뢰받아 배송업무를 하는 사람	27.4
· "대부업 등의 등록 및 금융이용자 보호에관한 법률"에 따른 대출모집인으로 여신금융기관과 위탁계약을 맺은 사람 · "여신전문금융업법" 제14조2 제1항 제2호에 따른 신용카드회원모집인	23.5
· "도로교통법에 따른 어린이통학버스를 운전하는 사람	29.3
관광진흥법 제38조 1항 단서에 따른 관광통역자격을 가지고 외국인 관광객을 대상으로 하는 관광안내자	25.6
· 고용노동부장관이 정하는 기준에 따라 하나의 대리운전업자로부터 업무를 의뢰받아 대리운전 업무를 하는 사람	24.1
· 방문판등에관한법률 제2조 제2호에 따른 방문판매원 또는 후원방문판매원에 해당하는자 · 한국표준직업분류표의 세세분류에 따른 대여제품 방문점검원	22.2
· 소프트웨어 진흥법에 따른 소프트웨어 기술자	15.7
· 한국표준직업분류표의 세분류에 따른 가전제품 설치 및 수리원으로서 가전제품 배송설치 및 시운전하여 작동상태를 확인하는 사람	24.2
· 화물자동차운수사업법 제2조 제11호에 따른 화물차주로서 컨테이너 운송, 시멘트운송, 철강제 운송, 위험물질 운송을 하는 사람	30.3

진하기 위한 제도이다. 일본의 경우 중소사업주 외에도 자영업자 등에 대하여 특별가입을 인정하고 있으나, 우리나라는 자영업자를 대상으로 하고 있지 않다. 자동차를 사용하여 행하는 여객 또는 화물운송사업을 근로자를 사용하지 않고 행하는 자에 대하여 2005년 1월 1일부터 산재보험 임의가입이 가능하다.

2 보험가입대상

보험가입자로서 대통령령이 정하는 중소기업 사업주는 공단의 승인을 얻어 자기 또는 유족이 보험급여를 받을 수 있는 자로 하여 보험에 가입할 수 있다. 이 경우 제4조 제2호의 규정에 불구하고 당해 사업주는 이 법을 적용함에 있어서 근로자로 본다(법 제105조의4 제1항). 보험가입자로서 300인 미만의 근로자를 사용하는 사업주(시행령 제113조의3 제1항), 자동차를 사용하여 행하는 여객 또는 화물운송사업을 근로자를 사용하지 않고 행하는 사업주(시행령 제113조의3 제1항 제2호), 보험에 가입한 사업주가 근로자를 사용하게 된 경우에는 당해 보험연도에 한하여 50인 미만의 근로자를 사용하는 사업주로 본다(시행령 제113조의3 제3항).

3 보험가입 신청 및 승인

중소기업 사업주가 보험에 가입하고자 하는 경우에는 근로자 수, 사업의 내용 및 임금에 관한 사항을 기재한 '중소기업 사업주 산업재해보상보험 가입신청서'를 공단에 제출해야 한다. 가입신청서의 '업무의 내용'란에 산재보험요율상의 사업종류(세목), 당해 업무내용 및 근로시간 등을 구체적으로 기입하여야 한다(업무상 재해 여부 판정시 기준으로 활용하게 됨). 공단은 중소기업 사업주의 산업재해보상보험 가입신청서가 제출되는 경우, 접수일(특수건강진단을 받게 하는 경우에는 그 결과의 접수일)부터 7일 이내에 승인 여부를 결정·통지하여야 한다. 동일한 사업주가 2인 이상의 사업주인 경우 어느 하나의 사업의 사업주로 특별가입승인을 받았을지라도 다른 사업의 업무로 피재(사고)되었을 때는 보상대상이 아니므로 각각 별도로 가입승인을 얻어야 한다. 중소기업 사업주 특례가입은 소속사업장 근로자의 보험가입을 전제로 승인되는 것이므로 당연·임의가입 여부와는 상관없이 당해 사업장의 보험가입 여부를 반드시 확인해야 한다. 단, 임의가입 신청과 동시에 중·소사업주 특례신청이 가능하다.

● 플렛폼 운영자 의무(23.7.1)

신설 조문

산업재해보상보험법 제91조의19노무제공제에 대한 보험급여 산정 특례)

① 노무제공자의 평균보수 산정사유 발생일은 대통령령으로 정한다.

② 노무제공자에 대해 제3장 및 제3장의2에 따른 보험급여에 관한 규정을 적용할 때에는 "임금"은 "보수"로, "평균임금"은 "평균보수"로 본다.

③ 제91조의15제6호에도 불구하고 업무상 재해를 입은 노무제공자가 평균보수 산정기간 동안 근로자(대통령령으로 정하는 일용근로자는 제외한다)로서 지급받은 임금이 있는 경우에는 그 기간의 보수와 임금을 합산한 금액을 해당 기간의 총일수로 나누어 평균보수를 산정한다.

④ 제36조제3항 본문에도 불구하고 노무제공자에 대한 보험급여를 산정하는 경우 해당 노무제공자의 평균보수를 산정하여야 할 사유가 발생한 날부터 1년이 지난 이후에는 매년 소비자물가변동률에 따라 평균보수를 증감한다.

⑤ 노무제공자에 대한 보험급여의 산정에 관하여는 제36조제5항 및 제6항은 적용하지 아니한다.

달라지는 내용

플랫폼 운영자에 대한 특례	
구분	세부내용
의무	✔ **신고** – 플랫폼 종사자의 노무제공 내용, 월 보수액 등 신고는 플랫폼이용 사업자가 아닌 플랫폼 운영자가 하도록 함 ✔ **공제 및 납부** – 플랫폼 종사자 보험료는 플랫폼 운영자가 플랫폼 이용 사업자와 플랫폼 종사자로부터 원천공제하여 납부 ✔ **자료제공 협조** – 플랫폼 운영자가 플랫폼 종사자의 노무제공 관련 자료를 5년간 보관하고 공단의 자료제공 요청에 협조 ✔ **전용계좌 개설** – 플랫폼 운영자가 산재보험료 관리를 위한 전용계좌 개설 및 운영토록 함
지원	– 플랜폼 운영자가 보험사물에 관한 의무를 이행하는 데 필요한 비용의 일부를 지원

4 중소기업 사업주의 산재보험 적용관계

중소기업 사업주가 산재보험에 가입신청을 하여 공단의 승인을 얻은 경우 보험관계는 사업주가 공단에 승인신청서를 접수한 날의 다음날부터 적용된다. 보험에 가입한 중소기업 사업주가 당해 사업의 운영 중에 근로자를 사용하지 아니하게 된 때에는 그 날부터 1년의 범위 안에서 근로자를 사용하지 아니한 기간 동안에도 보험에 가입한 것으로 본다. 보험가입 승인 이후 승인사항이 변경되는 경우는 해당 사업장 보험관계 변경신고서가 접수될 경우 사업주 보험관계도 변경하도록 조치변경 신고대상인 사업내용, 사업주 인적사항 및 종사업무의 내용 등 기존사업을 폐지하고 신규로 사업을 개시하는 경우는 별도 가입 신청을 해야한다. 300인 미만 제조업 사업주 중심에서 자동차정비업, 1차 금속, 전자제품제조업, 의료정밀기계 귀금속 제조업까지 확대한다(2018.1.1부터).

5 중소기업 사업주의 보험료 징수관계

중소기업 사업주에 대한 보험료 및 보험급여의 산정기준이 되는 임금액 및 평균임금은 노동부장관이 고시하는 금액으로 하고 보험요율은 당해 사업이 적용받는 보험요율(개별실적요율을 받고 있을 경우 개별요율 적용)로 한다.

보험료 = 월단위임금액 × 보험요율 × 당해 보험연도총월수

『월단위 임금액』은 법 제105조의4 제3항의 규정에 의한다. 연도 중에 성립한 중소기업 사업주의 『당해 보험연도 총월수』는 보험관계 성립일로부터 당해 보험연도 말일까지의 총월수를 말한다.

● 중소기업 사업주 산재보험 임의가입 기준(2024.12.31)

구 분	보수액(월)	평균임금(1일)
1등급	2,405,840	78,880
2등급	2,889,600	94,740
3등급	3,373,370	110,600
4등급	3,857,140	126,460
5등급	4,340,910	142,320
6등급	4,824,680	158,180
7등급	5,308,450	174,040
8등급	5,792,220	189,900
9등급	6,275,990	205,760
10등급	6,759,750	221,620
11등급	7,243,520	237,490
12등급	7,727,290	253,354

● 산재고용보험 징수

1 징수체계 변경

(1) 임금총액에서 보수총액 변경

임금총액기준에서 보수총액(소득세법에 따른 과세 근로소득)을 기준으로 보험료를 산정하고, 이에 따라 종전 임금총액에서 제외되었던 성과

급 등 보수의 비중이 커 급격히 보험료가 증가되는 기업에 대한 부담을 완화하기 위해 경감방안을 별도 마련, 임금총액 대비 보수총액 비율이 2013년 115%, 2014년 120%, 2015년 125%를 초과하는 경우 보험료 경감 특례신청서를 공단에 제출해야 한다.

(2) 보험료 징수기관

보험료 징수업무의 2011년 1월 1일부터 사회보험 징수통합에 따라 산재고용보험의 보험료 징수업무(고지·수납 및 체납관리)를 국민건강보험공단에서 수행하되 건설업·벌목업의 개산·확정보험료 및 급여징수금의 고지·수납은 근로복지공단에서 계속 수행한다. 단, 자진신고 사업장의 최초 고지시 연체금은 민원편의를 위해 양 공단이 협의하여 자진신고 사업장에 대한 최초 고지시 연체금은 근로복지공단에서 결정·고지 및 수납한다.

(3) 보험료 월별 산정 부과

기존 산재고용보험료는 자진 신고·납부하고 건강보험·국민연금 보험료는 부과 고지하는 등 납부방식이 서로 달라 4대 사회보험 징수통합을 위해 납부방식을 통일하여 2011년 1월부터 근로복지공단이 매월 보험료를 산정·부과하고 건강보험공단이 이를 징수한다. 고용상황 및 보수총액 등의 파악이 어려워 월별 부과고지제 적용이 곤란한 업종, 즉 건설업·벌목업 등은 계속하여 자진 신고·납부 방식을 적용하여 근로복지공단에서 업무수행(보험료산정·고지·수납)한다.

(4) 보수총액신고서 신고

월별보험료의 정산 및 당해연도 월평균 보수를 산정하기 위해 매년 3월 15일까지 사업주는 근로자에게 지급한 보수총액을 「보수총액신고서」에 따라 신고하여야 하며, 신고한 보수총액이 실제 보수총액에 미달하는 경우 수정신고도 가능하다. 「보수총액신고서」에 의해 산정된 보험료와 사업주가 전년도에 이미 납부한 월별보험료와의 차액을 정산하여 추가납부하거나 반환한다. 또한 「보수총액신고서」에 따른 개인별 전년도 보수총액을 기초로 당해 연도 개인별 월평균 보수를 산정하고 이를 기초로 당해 연도 월별보험료를 산정·부과한다. 근로자 수가 10인 이상인 사업장은 보수총액 신고시 반드시 정보통신망을 이용하거나 전자적 기록 매체로 제출하여야 한다.

(5) 근로자 고용정보 신고

2011년 1월부터 사업주는 산재고용보험 월별보험료를 산정·부과하

공단별 업무 구분

<table>
<tr><th colspan="2" rowspan="2">징수금 유형</th><th>적용</th><th>부과</th><th>고지</th><th colspan="4">수납</th><th colspan="3">체납</th></tr>
<tr><th>자료 관리</th><th>신고서 접수</th><th>고지서 발송</th><th>수납</th><th>반영</th><th>충당</th><th>반환</th><th>가산금</th><th>연체금</th><th>체납 처분</th></tr>
<tr><td rowspan="3">보험료</td><td rowspan="2">부과 고지</td><td colspan="2" rowspan="2">공단</td><td rowspan="2">건보 공단</td><td rowspan="2">건보 공단</td><td rowspan="2">건보 공단</td><td rowspan="2">공단</td><td>(결정) 공단</td><td>(결정) 공단</td><td colspan="2" rowspan="3">건보 공단</td></tr>
<tr><td>(지급) 건보 공단</td><td>(징수) 건보 공단</td></tr>
<tr><td>자진 신고</td><td colspan="7">공단</td><td>건보 공단</td></tr>
<tr><td colspan="2">급여 징수금</td><td colspan="7">공단</td><td>-</td><td>-</td><td></td></tr>
</table>

사업의 종류별 납부방식

사업종류	보험료 납부
• 전 사업(건설업 등의 사업 제외) • 건설업 중 건설장비운영업 • 중소기업 사업주·특수형태근로종사자 • 해외파견(건설업 외)	부과 고지
• 건설업(건설본사 포함) • 임업 중 벌목업 • 해외파견사업(건설업) • 고용보험 자영업자	자진 신고

기 위한 사업장 소속 근로자의 입·퇴사 등의 고용정보 및 월평균 보수를 신고하여야 한다. 고용정보 신고내용은 입사, 퇴사, 휴업·휴직, 전보, 정보변경이며 월 60시간 미만 근무자, 외국인 근로자(임의가입)는 신고하지 않을 수 있다.

(6) 석면피해구제분담금 납부

2010년 3월 22일「석면피해구제법」제정에 따라 상시근로자 수가 20인 이상인 사업장(건설업 제외) 및 건설업(산재보험 일괄적용사업장, 건설업 본사)은 2011년부터 석면피해구제분담금을 산재보험료에 합산하여 납부해야 한다(석면피해분담금 비율 0.03/1,000).

(7) 징수특례제도 폐지

보험료를 매월 부과고지하게 됨에 따라 현행 5인 미만 사업장에 대해 적용된 징수특례제도가 폐지징수특례제도 폐지에도 불구하고 2010년 징수특례 적용사업주는 2011년 2월 15까지 2010년 4분기 특례보험료를 납부하여야 한다.

(8) 산재보험 개별실적요율 확대

건설업의 산재보험료율 특례(개별요율)대상을 매년 당해 보험연도의 2년 전 보험연도의 총공사실적이 20억원 이상인 사업과 일반사업 10인 이상 사업장으로 확대적용하고 개별실적요율 적용을 위한 보험수지율 산정시 직업재활급여를 보험급여액에서 제외한다. 보험료 징수법 개정안에는 산재보험 개별실적요율제도의 적용대상과 증감폭을 개선하는 내용이 포함됐다. 이번 개정으로 개별실적요율의 증감폭이 사업장 규모에 상관없이 ±20%로 통일된다(2019년 1월부터 시행. 단, 질병성재해는 제외).

(9) 보험료 일시납 경감액 변경

개산보험료를 법정 납부기한까지 전액 납부하는 경우 시장의 이자율보다 높은 5%(연 이자율 약 18.1%에 해당)를 그동안 공제하였으나 2011년부터 보험료 일시납부에 따른 경감액을 현재 5%에서 3%로 변경한다.

(10) 하수급인 사업주 인정 승인 신청기한 연장

하수급인 사업주 승인 신청기간을 현행 하도급공사 착공일부터 14일 이내에서 착공일부터 30일 이내로 연장한다. 다만, 공사착공일 후 15일부터 신청일 현재까지 업무상 재해가 발생하지 않은 경우에 한하여 공단에서 승인한다.

(11) 해외파견자 산재보험 가입신청 대상 확대

해외파견 근로자는 공단의 승인을 받아 산재보험에 임의 가입할 수 있으나 현재 건설업 종사자는 해외파견 산재보험 가입신청 대상에서 제외하고 있으나 2011년 1월부터 가입신청이 가능하다. 해외파견자의 보험료는 건설업을 제외한 해외파견자는 월별 부과고지·납부 방식에 따라, 건설업 해외파견자는 현재 건설업과 같이 자진신고하고 납부한다.

(12) 300인 미만 중소기업 사업주 산재보험 납부 변경

중소기업 사업주는 월별보험료 산정을 위해 고용노동부장관이 고시하는 월단위 보수액 중 하나를 선택하여 전년도 12월 20일까지 공단에 신고하여야 월별 납부한다. 단, 중소기업 사업주는 2010년 12월 20일까지 공단에 2011년도 월단위보수액을 선택하여 신고한다.

(13) 사무조합 위임대상 사무 확대

사업주의 보험사무대행기관 위임 사무에 보수총액신고서 및 고용정보신고서 신고까지 확대한다.

2 보험료 선정 기준

(1) 월평균 보수의 산정 및 적용

월평균 보수는 근로자가 근로를 개시한 날이 속하는 달의 근무일수가 20일 미만인 경우에는 그 달을 제외하고, 전년도 10월 전에 근로를 개시한 경우 전년도 보수총액을 전년도 근무개월수로 나눈 금액이고 그 밖의 근로자의 경우 근로개시일로부터 1년간(1년 이내 근로계약기간을 정한 경우는 그 기간) 지급하기로 정한 보수총액을 해당 근무개월수로 나눈 금액을 원칙으로 한다.

(2) 월평균 보수 변경 및 정정

근로자의 월평균 보수가 산정된 후에 근로자의 보수가 인상 또는 인하되었을 경우 '월평균보수변경신고서'를 근로복지공단에 제출해야 한다. '월평균보수변경신고서'가 공단에 제출되는 경우 신고서를 제출한 날이 속하는 달의 다음 달부터 변경된 월평균 보수에 의해 월별보험료가 산정·부과되며 변경시기가 소급되어 제출되었을 경우에도 변경 적용시점은 제출일 다음 달부터 적용된다.

● 월평균 보수의 적용기간

근로개시월 구분	월평균 보수 산정기간	월평균 보수 산정방법	월별보험료 산정시 월평균 보수 적용기간
전연도 9월 말 이전 근로개시	전연도 1.1~12.31	보수총액/ 근무개월수	해당 연도 4월부터 다음연도 3월
전연도 10월 이후 근로개시	• 입사일부터~ 1년간 • 입사일부터~근무기간	• 1년 이상일 경우 1년간 지급받기로 한 보수/ 근무개월수 • 1년 미만인 경우 근무기간 중 지급받기로 한 보수/ 근무개월수	입사월부터 다음연도 3월
당해연도 10월 이후 근로개시			입사월부터 다음연도 3월

근로소득의 범위 및 제외되는 금품

근로소득의 범위	세부내용	총급여액 제외금품(비과세금품)
급여 등	봉급·급료·보수·세비·임금·상여·수당과 이와 유사한 성질의 급여	
	법인의 주주총회·사원총회 또는 이에 준하는 의결기관의 결의에 의하여 상여로 받는 금액(잉여금 처분에 의한 상여)	
	법인세법에 의하여 상여로 처분된 금액(인정상여)	
	근로수당·가족수당·전시수당·물가수당·출납수당·직무수당 기타 이와 유사한 성질의 급여(근속수당·명절휴가비·연월차수당·승무수당·공무원의 연가보상비·정근수당 등)	
	보험회사, 투자매매업자, 투자중개업자 등 금융기관이 내근사원에게 지급하는 집금수당과 보험가입자의 모집, 증권매매의 권유 또는 저축의 권장으로 인한 대가 기타 이와 유사한 성질의 급여	• 종속적인 고용관계 없이 보험가입자의 모집, 증권매매의 권유 또는 저축의 권장으로 인하여 받는 대가 기타 이와 유사한 성질의 급여는 사업소득 또는 기타소득으로 구별
	급식수당·주택수당·피복수당 기타 이와 유사한 성질의 급여	다만, 아래의 금액은 총급여액에 포함하지 않는다. • 월 20만원 한도 내의 식대(식사 기타 음식물을 제공받지 않는 경우에 한함) • 근로소득에서 제외되는 주택보조금(조특법 100) • 법령·조례에 의하여 착용하여야 할 자가 지급 받은 제복, 제모, 제화 • 특수작업 또는 그 직장 내에서만 착용하는 피복(병원, 시험실, 금융기관, 공장, 광산 등)
	기술수당·보건수당·연구수당 기타 이와 유사한 성질의 급여	
	시간외 근무수당·통근수당·개근수당·특별공로금 기타 이와 유사한 성질의 급여(출퇴근 교통비 명목 및 체력단련비 명목으로 지급하는 금액 포함)	
	벽지수당·해외근무수당 기타 이와 유사한 성질의 급여	• 공무원의 특수지근무수당 지급지역, 광구로 등록된 지역, 의료취약지구(의료인) 등에 근무함으로써 받는 월 20만원 이내 • 국외 또는 북한지역에서 근로를 제공하고 받은 급여(월 100만원)로 원양어업 선박(월 500만원), 국외 등 건설현장(월 500만원)
급여성 대가	기밀비·판공비·제비 기타 이와 유사한 명목으로 받은 것으로서 업무를 위하여 사용된 것이 분명하지 아니한 급여	
	공로금·위로금·개업축하금·학자금·장학금 기타 이와 유사한 성질의 급여(종업원의 수학 중인 자녀가 사용자로부터 받는 학자금·장학금 포함)	• 사내근로복지기금으로부터 받은 장학금은 근로소득에서 제외 • 일정한 요건을 갖춘 근로자 본인의 학자금은 기타비과세소득에 해당
	여비의 명목으로 지급되는 연액 또는 월액의 급여	• 실제 소요경비인 여비는 실비변상적급여에 해당하는 비과세소득 • 종업원의 소유차량을 업무에 이용하고 시내출장 등에 소요된 실제 여비를 지급받지 않는 자가 지급기준에 따라 받는 자가운전보조금(월 20만원 한도)
	퇴직으로 받는 소득으로서 퇴직소득에 속하지 아니하는 퇴직위로금·퇴직공로금 기타 이와 유사한 성질의 급여	• 정관이나 퇴직급여지급규정 등에 의한 퇴직위로금은 퇴직소득에 해당
	휴가비 기타 이와 유사한 성질의 급여	
기타 경제적 이익	교직원의 자녀에 대한 등록금 면제액	
	근로자가 부담할 소득세 등을 사용자가 부담한 경우 그 소득세액	
	주택을 제공받음으로써 받는 이익	다만, 근로소득으로 보지 아니하는 사택제공이익은 제외
	종업원이 주택(부수토지 포함)의 구입 또는 임차에 소요되는 자금을 저리 또는 무상으로 대여받음으로써 얻는 이익	
	종업원이 계약자이거나 종업원 또는 그 배우자와 기타의 가족을 수익자로 하는 보험·신탁 또는 공제와 관련하여 사용자가 부담하는 보험료·신탁부금 또는 공제부금*	• 연 70만원 이하의 단체순수보장성보험료 등은 근로소득에서 제외
	퇴직보험·퇴직일시금신탁·「근로자퇴직급여보장법」 제16조 제2항의 규정에 따른 보험 또는 신탁이 해지되는 경우 종업원에게 귀속되는 환급금	다만, 환급금을 지급받는 때에 근로자퇴직급여보장법에 의해 퇴직금을 중간정산하여 지급받는 경우 제외
	계약기간 만료 전 또는 만기에 종업원에게 귀속되는 단체환급부 보장성보험의 환급금	
	법인의 임원 또는 종업원이 당해 법인 또는 당해 법인과 특수관계에 있는 법인으로부터 부여받은 주식매수선택권을 당해 법인 등에서 근무하는 기간 중 행사함으로써 얻은 이익(주식매수선택권 행사 당시의 시가와 실제 매수가액과의 차액을 말하며, 주식에는 신주인수권을 포함)	• 퇴직 전에 부여받은 주식매수선택권을 퇴직 후에 행사하거나 고용관계 없이 주식매수선택권을 부여받아 이를 행사함으로써 얻는 이익은 기타소득(법 21)
	우리사주조합 관련 근로소득 과세(조특법 88의4)	

*개인연금보조금 등을 임금총액에 포함시켜 산재보험료를 재산정하는 경우 개별사업장의 개별실적요율까지 변경하여 보험료산정에 반영하여야 한다. (대법 2011.11.24, 2009두22980)

(3) 월별보험료의 일할 계산

근로자가 월의 중간에 새로이 고용되거나 고용관계가 종료되는 경우, 근로자가 동일한 사업주의 하나의 사업장에서 다른 사업장으로 전근(전보)되는 경우, 근로자의 휴직 등 근무변동이 월의 중간에 걸쳐 있는 경우, 근로자의 월평균 보수가 산정된 후에 근로자의 보수가 인상 또는 인하되었을 경우에 그 근로자에 대하여는 그 달의 근무일수에 따라 일할 계산한 월별보험료를 산정·부과한다.

(4) 일용근로자의 월별보험료 산정

일용근로자의 월별보험료는 일용근로자 '근로내용 확인신고서'에 따라 신고한 그 달의 지급받은 보수총액에 보험료율을 곱하여 산정하고 사업주는 일용근로자의 고용정보를 다음 달 15일까지 신고하여야 하며, 공단은 해당 월의 월별보험료에 이를 반영하여 신고서를 제출한 날이 속하는 달의 월별보험료에 합산하여 부과한다.

(5) 근로자 고용정보 신고 제외자(기타 근로자) 월별보험료 산정

월간 소정근로시간이 60시간 미만인 자 또는 고용보험 임의가입 대상 근로자에 대하여는 산재보험에 별도의 근로자 고용정보를 신고하지 않을 수 있다. 따라서 동 근로자에 대하여 사업주가 별도의 고용정보를 신고하는 경우에는 월별보험료를 산정하고 부과하나 별도의 신고가 없을 경우 전년도 근로자 고용정보 신고 제외자(기타 근로자)에게 지급한 전체 보수총액을 기준으로 보수총액의 1/12를 매월의 기타 근로자 월평균 보수로 보아 월별보험료가 산정·부과된다.

(6) 특수형태근로종사자(산재보험) 월별보험료 산정

특수형태근로종사자의 월별보험료는 고용노동부장관이 고시하는 월 단위 보수액에 산재보험료율을 곱하여 산정한다. 다만, 보험료는 특수형태근로자의 적용제외 신청기간(70일)이 지난 후 제외신청을 하지 않은 특수형태근로자만 소급하여 해당 월의 월별보험료에 반영하며 부과는 적용제외 신청기간이 도과하는 날이 속하는 달의 월별보험료에 합산한다. 따라서 특수형태근로종사자가 있는 경우 사업장의 산재보험 월별보험료는 해당 사업의 산재보험 월별보험료＋특수형태근로종사자에 대한 산재보험료로 이루어진다.

3 월별보험료의 정산

(1) 보수총액신고서 제출

'보수총액신고서'는 매년 3월 15일까지 전년도 근로자에게 지급한 보수총액 등을 기재하여 공단에 신고하여야 하며, 사업의 폐지·종료 등으로 보험관계가 소멸한 때에도 보험관계가 소멸한 날부터 14일 이내에 제출한다. 보수총액신고시 기존 보험료신고서와는 달리 대량의 근로자의 고용정보를 포함함에 따라 '보수총액신고서' 신고시 문서에 의한 보수총액 신고를 일정규모(전년도 말일 현재 근로자 수가 10인 미만인 사업)의 사업주로 한정하고 근로자 10인 이상인 사업주의 경우 반드시 정보통신망 또는 전자적 기록매체에 의해 신고하여야 한다. 정보통신망을 통한 신고는 공단의 토탈서비스total.kcomwel.or.kr를 통해 신고 한다.

(2) 매년 보수총액신고

산재고용보험 월별보험료는 귀 사업장의『근로자 개인별 월평균보수의 전체 합계액×보험료율』에 의하여 부과되며, 납부하신 월별보험료의 정산은 사업장의『전년도 근로자에게 지급한 개인별 보수총액의 전체 합계액×보험료율』 방식으로 이루어지게 된다. 따라서 사업주는 매년 3월 15일까지 '전년도 보수총액신고서'를 공단에 제출해야만 당해년도 4월분부터의 보험료가 정확하게 부과될 수 있다. 사업주가 '보수총액신고서'를 매년 3월 15일까지 공단에 신고하지 아니하거나 신고한 보수총액이 사실과 달라 정산 결과 보험료에 추가 징수액이 발생하는 경우에는 과태료가 부과될 수 있다.

(3) 보험료 정산

사업장에 부과된 월별보험료는 보험료 부과연도 다음해에 전년도 '보수총액신고서'에 따라 보험료를 정산한다. 이때 정산 결과 보험료가 부족하게 된 경우 사업주는 보험료를 추가 납부하여야 하고 보험료를 과납하게 된 경우에는 충당 또는 반환받게 된다. 보험료 부족액이 정산을 실시한 달의 보험료를 초과하는 경우에는 그 부족분을 2등분하여 정산을 실시한 달과 그 다음 달의 월별보험료에 합산하여 근로복지공단이 사업주의 신청과 관계없이 2회 분할하여 부과하고 국민공단에서 이를 고지한다.

(4) 보험료 신고 및 납부일정

사업장의 산재고용보험의 월별보험료를 공단에서 산정하게 되면 이를 국민건강보험공단에서 다음 달 10일까지 사업주가 납부할 수 있게 다른 사회보험료와 함께 합산(분리) 고지된다. 공단의 월별보험료의 산정·부과는 매월 15일까지 마감되므로 사업주는 15일 이후 신고한 각종 신고서에 의한 사항은 당월의 월별보험료에 산정하여 부과할 수 없다. 따라서 매월 15일 이전에 신고한 각종 신고서에 따른 보험료는 당월의 보험료에 반영되어 산정·부과되나 15일 이후에 신고된 각종 신고서에 따른 보험료는 다음 달의 월별보험료에 산정·부과된다.

4 근로자 고용정보 신고

(1) 근로자 고용정보 내역

사업주가 고용하고 있는 각 근로자의 성명, 주민등록번호, 주소, 고용한 날, 고용관계의 종료일, 월평균 보수액, 휴직·전보 사항에 대한 고용정보를 신고해야 한다. 근로자 고용정보는 월별보험료의 산정·부과 기초자료로 활용되므로 근로자 고용정보가 신고기한 내에 신고되지 않거나 누락되는 경우 월별보험료 산정시 근로자 고용정보 미신고에 따른 보험료 누락이 발생하더라도 사후 보수총액신고서 등에 정산·납부가 가능하나 신고기한 미준수 등에 따른 과태료가 부과될 수 있다.

(2) 고용정보 신고방법

4대보험 정보연계에 따라 4대보험 공통서식에 따른 신고는 공단, 국민건강보험공단, 국민연금관리공단, 고용노동부 고용안정센터 중 현재와 같이 사업주가 택하여 서면신고 또는 4대사회보험 인터넷포탈서비스http://www.4insure.or.kr를 통하여 신고가 가능하다.

(3) 근로자 고용종료 신고

사업주가 근로자와의 고용관계를 종료한 경우 그 근로자에게 지급한 보수총액, 고용관계 종료일 등을 그 근로자의 고용관계가 종료한 날이 속하는 달의 다음 달 15일까지 공단에 신고해야 한다. 근로자와의 고용관계 종료 외에 근로자 고용정보가 보험료 산정의 기초자료가 되므로 다음의 경우에도 공단에 그 고용종료일에 해당하는 날을 기준으로 '고용종료신고서'를 제출하여야 한다.

근로자 고용정보 신고

구분	근로자 고용정보 관리	고용보험 피보험자격 관리
관련근거	「보험료징수법」	「고용보험법」
목적	월별보험료 부과 기초자료 구축	실업급여 지급을 위한 자격 관리
대상	부과고지 대상 사업장	전 사업장
처리기관	근로복지공단	근로복지공단
이중취득 여부	가능	불가능

고용정보 신고시기

사유	산재보험	고용보험	신고기한
근로자를 새로 고용한 경우	근로자 고용신고	피보험자격 취득신고	다음달 15일
근로자와 고용관계를 종료한 경우	근로자 고용종료신고	피보험자격 상실신고	다음달 15일
근로자가 다른 사업장으로 전보되는 경우	근로자 전보신고	피보험자 전근신고	사유발생일부터 14일 이내
근로자가 휴업 등의 사유로 근로를 제공하지 않게 된 경우	근로자 휴직 등 신고	없음	사유발생일부터 14일 이내
근로자의 성명 또는 주민등록번호가 변경된 경우	근로자 정보변경신고	피보험자내역 변경신고	사유발생일부터 14일 이내

고용관련 변경 신고시기

연번	사유	고용일
1	근로자가 퇴사한 경우	퇴사한 날의 다음날
2	근로자가 사망한 경우	사망한 날의 다음날
3	산재보험 적용근로자가 적용제외 근로자가 되는 경우	적용제외된 날
4	사업종류 변경으로 부과고지 대상사업에서 자진신고 대상사업으로 변경된 경우	변경된 날
5	국내성립사업장 소속근로자가 해외로 파견되는 경우	국내사업장 고용관계가 끝나는 날
6	보험관계가 소멸한 경우	보험관계가 소멸한 날

5 기타 제도 변경 사항

(1) 가산금

보수총액 신고기한까지 보수총액 신고를 하지 않았거나 신고한 보수총액이 사실과 다를 경우 추가 납부하여야 할 보험료의 100분의 10를 건강보험공단에서 징수한다.

(2) 연체금

보험료징수법 제16조의7, 제17조 및 제19조의 규정에 따른 보험료 또는 그 밖의 징수금을 내지 아니한 경우에는 그 납부기한이 지난 날부터 매 1일이 경과할 때마다 체납된 보험료 그 밖의 징수금의 1/1,000에 해당하는 연체금을 징수한다. 채무자회생 및 파산에 관한 법률 제140조에 따른 징수유예가 있는 경우 연체금을 면제한다.

(3) 기금간 충당처리 폐지

사업주의 요구에 의해 적용·징수관리규정에 의거 고용보험과 산재보험 기금간 충당처리를 하였으나, 징수통합 이후 타 기금(건보, 연금)과의 충당과 형평성 등에 문제 발생 소지가 있어 기금간 충당제도를 폐지한다.

(4) 보험료 자동이체 신청

월별부과고지 보험료의 자동이체의 신청은 건강보험공단 지사나 은행, 증권사에서 방문신청 가능하며, 인터넷자동이체신청(건강보험공단 홈페이지www.nhic.or.kr, 4대보험포털www.4insure.or.kr, 지로사이트www.giro.or.kr를 통해서도 가능하다. 매월 10일, 25일, 익월 10일, 25일 총 4회 출금(3개월 미이체시 자동해지)한다.

(5) 재해예방 산재보험요율 인하

상시근로자 50인 미만 제조업 사업장이 안전보건공단에서 실시하는 재해예방 위험성평가 프로그램을 진행할 경우 위험성 평가 인증일로부터 3년간 산재보험료 20% 감액해주고 해당 사업주가 고용노동부가 인정하는 재해예방교육을 이수할 경우 이후일로부터 1년간 산재보험료 10% 인하율을 적용해준다(중대재해 발생시 인정 취소).

보험요율의 결정 및 특례

1 산재보험요율

산재보험요율은 보험가입자의 보험료 부담과 직결되는 것으로서, 보험료 부담의 공평성 확보를 위하여 매년 9월 30일 현재 과거 3년간의 임금총액에 대한 보험급여총액의 비율을 기초로 재해발생의 위험성에 따라 분류된 사업집단별(업종별)로 보험요율을 세분화하여(보통 매년 12월 31일경 고시) 적용한다.

2 산재보험요율 결정의 특례

(1) 의의

동종사업의 보험요율을 적용함에 있어서 재해방지를 위하여 노력한 사업주와 그렇지 못한 사업주간의 형평의 원칙을 실현하기 위하여 과거 3년간의 보험료 금액에 대한 보험급여 금액의 비율이 85/100를 넘거나 75/100 이하인 경우 그 사업에 적용되는 보험요율을 50/100 범위 안에서 인상 또는 인하한 율을 당해 사업에 대한 다음 보험연도의 보험요율로 적용한다.

(2) 적용요건

건설업 및 벌목업을 제외한 사업으로서 상시근로자 수가 10인 이상 사업장에 2015년부터 개별실적요율 적용범위가 '기타의 사업'까지 확대, 건설업 중 일괄적용을 받는 사업으로서 매년 당해 보험연도의 2년 전, 보험연도의 총공사실적이 20억원 이상인 사업은 매년 9월 30일 현재 보험관계가 성립하여 2년이 경과한 사업이다. 단, 기준 보험연도의 9월 30일 이전, 3년의 기간 중에 보험요율 적용사업의 종류가 변경된 경우에는 개별실적요율이 적용되지 아니한다. 또한 사업주 내에서 사업장이 통합 분리되거나 사업장 그 자체는 동일성을 유지하면서 흡수, 합병, 승계, 분리 등으로 인하여 사업주만 변동되는 경우 피보험자가 피보험기간의 단절 등에 따른 불이익이 없도록 피보험자격 취득 또는 상실처리를 하지 아니하고 고용보험법 시행령 제11조 규정에 의한 전근에 준하여 처리한다.

(3) 산재보험 개별실적률 확대

건설업의 산재보험료율 특례(개별요율) 대상을 매년 당해 보험연도의 2년전 보험연도의 총공사실적이 20억원 사업과 일반사업 10인 이상 사

2024년 산재보험 요율

사 업 종 류	요율	사 업 종 류	요율
1. 광업		**4. 건 설 업**	35
석탄광업 및 채석업	185	**5. 운수 · 창고 · 통신업**	
석회석 · 금속 · 비금속 · 기타광업	57	철도 · 항공 · 창고 · 운수관련서비스업	8
2. 제조업		육상 및 수상운수업	18
식료품 제조업	16	통신업	9
섬유 및 섬유제품 제조업	11	**6. 임 업**	58
목재 및 종이제품 제조업	20	**7. 어 업**	27
출판 · 인쇄 · 제본업	9	**8. 농 업**	20
화학 및 고무제품 제조업	13	**9. 기타의 사업**	
의약품 · 화장품 · 연탄 · 석유제품 제조업	7	시설관리 및 사업지원서비스업	8
기계기구 · 금속 · 비금속 광물제품 제조업	13	기타의 각종사업	8
금속제련업	10	전문 · 보건 · 교육 · 여가관련 서비스업	6
전기기계기구 · 정밀기구 · 전자제품 제조업	6	도소매 · 음식 · 숙박업	8
선박건조 및 수리업	24	부동산 및 임대업	7
수제품 및 기타제품 제조업	12	국가 및 지방자치단체의 사업	9
3. 전기 · 가스 · 증기 · 수도사업	7	**10. 금융 및 보험업**	5
* 출퇴근산재요율 : 0.6/1,000		* 해외파견자: 14/1,000	

업장으로 확대적용하고 개별실적요율 적용을 위한 보험수지율 산정시 직업재활급여를 보험급여액에서 제외한다. 보험료징수법 개정안에는 산재보험 개별실적요율제도의 적용대상과 증감폭을 개선하는 내용이 포함됐다. 이번 개정으로 개별실적요율의 증감폭이 사업장 규모에 상관없이 ±20%로 통일된다. 적용대상은 30인 이상(건설업은 60억원) 사업장으로 축소된다. 현재는 "10인 이상 사업장"에 대해 기업규모별로 ±20~50%를 차등 증감해주고 있다. 고용부는 보험료 할인액이 대기업에 집중되어 있고, 산재신고시 보험료 인상 때문에 산재은폐의 요인으로 작용하고 있다는 지적을 반영해 이번 개정을 추진했다. 개편된 요율제는 2019년 산재보험료율부터 적용된다(질병성 재해는 제외).

(4) 산정방법

① 개별실적요율＝해당 사업종류의 일반요율±(해당 사업종류의 일반요율×수지율에 의한 증감비율)

② 수지율＝3년간의 보험급여총액/3년간의 보험료총액×100

③ 제3자의 행위에 의한 재해로 인하여 지급된 보험급여액은 2000년 7월 1일부터 제외하나, 법원의 확정판결 등으로 제3자의 과실이 인정되지 아니한 비율에 해당하는 보험급여액은 합산한다.[2]

(5) 결정시기

개별실적요율은 일반요율 고시일로부터 10일 이내에 결정한다. 다만, 보험요율 고시일부터 보험연도 개시일까지 10일이 되지 아니한 때에는 보험연도 개시일 전일까지 결정한다.

3 건설노무비율에 의한 임금의 산정

개산보험료의 신고와 납부 및 확정보험료의 신고·납부와 정산시 임금총액의 추정액 또는 임금총액을 결정하기 곤란한 경우에는 노동부장관이 정하여 고시하는 노무비율에 의하여 임금총액 추정액 또는 임금총액을 결정할 수 있다.

[2] 개인연금보조금 등을 임금총액에 포함시켜 산재보험료를 재산정하는 경우 개별사업장의 개별실적요율까지 변경하여 보험료산정에 반영하여야 한다. (대법 2011.11.24, 2009두22980)

4 건설업 보험료 산정방법

(1) 일반원칙

당해 보험연도 중 실제 지급한 임금총액(지급하기로 결정되었으나 미지급된 임금 포함)에 보험요율을 곱하여 산정한다.

(2) 노무비율에 의한 산정

건설공사도 실제 지급된 임금총액에 보험요율을 곱하여 산정함이 원칙이나 임금총액을 결정하기 곤란한 경우에는 노동부장관이 정하여 고시한 노무비율로 임금총액을 결정하여 확정보험료를 산정할 수 있다. 또한 벌목공사의 경우 벌목업 노무비율은 1세제곱미터 10,585원으로 환산 부과한다.

확정보험료 = [직영인건비 + (외주비 × 하도급노무비율)
−(외주비중 하수급인 보험료납부 승인된 금액 제외)] × 보험요율

(3) 기준임금 적용사업장

기준임금 적용사업장의 경우에는 개산보험료 보고시 제출된 근로자의 수 및 재직기간 등을 실제 발생된 대로 파악하여 정산한다. 그러나 당초 적용·신고된 주당 소정근로시간에 대하여는 확정보험료 신고 시 이를 줄이거나 늘려 재산정할 수는 없다.

5 고용보험요율

(1) 사업종류별 보험요율

고용보험의 보험요율은 보험수지의 추이와 경제상황 등을 고려하여 1,000분의 30의 범위 내에서 고용안정사업의 보험요율, 직업능력개발사업의 보험요율 및 실업급여의 보험요율로 구분, 결정한다.

(2) 직업능력개발사업 보험요율의 결정

직업능력개발사업의 보험요율은 "사업단위"로 결정되는 것이므로 당해 사업주가 행하는 "모든 사업"의 규모(법인, 단체, 기업 등)로 결정된다(단, 국외의 사업은 제외). 즉 우선지원대상기업 여부, 총상시근로자 수에 따라 보험요율이 결정된다. 기업규모 판단을 위한 상시근로자 수는 각 사업장의 근로자 수를 모두 합한 수를 기준으로 한다.

건설업 보험요율

(단위: %)

연도 \ 구분	2018년		2019년		2020년		2021~2024년	
	노무비율	보험요율	노무비율	보험요율	노무비율	보험요율	노무비율	보험요율
건설업	일반건설 27% 하도급 30%	39/1000 출퇴근 1.5% 제외	일반건설 27% 하도급 30%	36/1000 출퇴근 1.5% 제외	일반건설 27% 하도급 30%	36/1000 출퇴근 1.3% 제외	일반건설 27% 하도급 30%	35/1000 출퇴근 0.6% 제외

고용보험요율

(단위: %)

사업별		1995.1.1~2002.12.31			2022.7.1~현재			부담주체
		근로자	사업주	소계	근로자	사업주	소계	
실업급여		0.5	0.5	1.0	0.9	0.9	1.8	5:5
고용안정 및 직업능력	150인 미만	–	0.1	0.1	–	0.25	0.25	사업주
	150인 이상 (우선기업)	–	0.3	0.3	–	0.45	0.45	
	150인 이상~1,000인 미만 기업	–	0.5	0.5	–	0.65	0.65	
	1,000인 이상 기업 공기업	–	–	0.7	–	0.85	0.85	

• 2006.1.1부터 고용안정사업 및 직업능력개발사업을 통합하여 고용안정·직업능력개발사업으로 운영한다.

(3) 우선지원대상기업(영 제15조)의 범위

① 광업: 300인 이하

② 제조업: 500인 이하

③ 건설업: 300인 이하

④ 운수·창고 및 통신업: 300인 이하

⑤ 제1호 내지 제4호 이외의 산업: 100인 이하
직원 수의 증가로 우선지원대상기업에서 제외되는 경우 5년간 유보한다.

⑥ 위 제1호 내지 제5호에 해당되지 아니하는 기업으로서 중소기업기본법 제2조 제1항 및 제3항의 기준에 적합한 것으로 중소기업청장(지방중소기업청장 또는 지방중소기업사무소장 포함)의 확인을 받은 기업은 우선지원기업에 해당한다.

(4) 산재고용보험 예외기준

1인 이상 사업장에서 근무하는 근로자에 대해서는 사업주는 고용산재보험 가입 의무와 징수납부 의무를 진다. 그러나 근로자의 신분에 따라 산재고용임채부담금 예외적용을 받을 수 있다.

(5) 외국인근로자 고용보험확대(23.1.1)

외국인근로자에 대한 고안직능보험료 적용이 확대되어 시행된다.

(6) 예술인 출산급여지급(22.12.11)

고용보험법 제77조의4(예술인의 출산전후급여등) ① 고용노동부장관은 예술인인 피보험자 또는 피보험자였던 사람이 출산 또는 유산고·사산을 이유로 노무를 제공할 수 없는 경우에는 출산전후급여등(이하 "출산전후급여등"이라 한다)을 지급한다. 다만, 같은 자녀에 대하여 제75조에 따른 출산전후휴가급여등및 제77조의9제1항에 따른 출산전후급여등의지급요건을 동시에 충족하는 경우 등에 대해서는 대통령령으로 정하는 바에 따라 지급한다.

○ 근로자 신분에 따른 산재고용보험 가입 기준

구분	부과범위				대상근로자
	산재보험		고용보험		
	산재	임채	실업급여	고안직능	
51	○	○	×	×	• 고용보험 미가입 외국인근로자 • 월 60시간 미만 근로자 • 항운노조원(임채부과대상)
52	○	×	×	×	• 현장실습생(직원훈련촉진법 제7조 교육이수자) • 항운노조원(임채소송승소자) • 시간선택제채용공무원
54	○	×	○	○	• 자활근로종사자(급여특례·차상위계층, 주거급여 의료급여 또는 교육급여 수급자)
55	×	×	○	○	• 국가기관에서 근무하는 청원경찰 • 선원법 및 어선재해보상법적용자 • 해외파견자
56	×	×	○	×	• 별정직·임기제공무원 • 노조전임자(노동조합 등 금품 지급)
57	○	×	○	×	• 시간선택제임기제공무원 • 한시임기제공무원
58	○	×	×	○	• 자활근로종사자(국민기초생활보장수급권자)

• 해당 보험에 취득되어 있을 경우 보험료 부과되는 범위를 말한다(○으로 표시되어 있는 보험에 의무적으로 가입해야 하는 것을 의미하는 것이 아님).

해당 기업의 주된 업종	분류기호	규모 기준
1. 의복, 의복액세서리 및 모피제품 제조업	C14	평균매출액등 1,500억원 이하
2. 가죽, 가방 및 신발 제조업	C15	
3. 펄프, 종이 및 종이제품 제조업	C17	
4. 1차 금속 제조업	C24	
5. 전기장비 제조업	C28	
6. 가구 제조업	C32	
7. 농업, 임업 및 어업	A	평균매출액등 1,000억원 이하
8. 광업	B	
9. 식료품 제조업	C10	
10. 담배 제조업	C12	
11. 섬유제품 제조업(의복 제조업은 제외한다)	C13	
12. 목재 및 나무제품 제조업(가구 제조업은 제외한다)	C16	
13. 코크스, 연탄 및 석유정제품 제조업	C19	
14. 화학물질 및 화학제품 제조업(의약품 제조업은 제외한다)	C20	
15. 고무제품 및 플라스틱제품 제조업	C22	
16. 금속가공제품 제조업(기계 및 가구 제조업은 제외한다)	C25	
17. 전자부품, 컴퓨터, 영상, 음향 및 통신장비 제조업	C26	
18. 그 밖의 기계 및 장비 제조업	C29	
19. 자동차 및 트레일러 제조업	C30	
20. 그 밖의 운송장비 제조업	C31	
21. 전기, 가스, 증기 및 공기조절 공급업	D	
22. 수도업	E36	
23. 건설업	F	
24. 도매 및 소매업	G	
25. 음료 제조업	C11	평균매출액등 800억원 이하
26. 인쇄 및 기록매체 복제업	C18	
27. 의료용 물질 및 의약품 제조업	C21	
28. 비금속 광물제품 제조업	C23	
29. 의료, 정밀, 광학기기 및 시계 제조업	C27	
30. 그 밖의 제품 제조업	C33	
31. 수도, 하수 및 폐기물 처리, 원료재생업(수도업은 제외한다)	E(E36 제외)	
32. 운수 및 창고업	H	
33. 정보통신업	J	
34. 산업용 기계 및 장비 수리업	C34	평균매출액등 600억원 이하
35. 전문, 과학 및 기술 서비스업	M	
36. 사업시설관리, 사업지원 및 임대 서비스업(임대업은 제외한다)	N(N76 제외)	
37. 보건업 및 사회복지 서비스업	Q	
38. 예술, 스포츠 및 여가 관련 서비스업	R	
39. 수리(修理) 및 기타 개인 서비스업	S	
40. 숙박 및 음식점업	I	평균매출액등 400억원 이하
41. 금융 및 보험업	K	
42. 부동산업	L	
43. 임대업	N76	
44. 교육 서비스업	P	

1. 해당 기업의 주된 업종의 분류 및 분류기호는 「통계법」 제22조에 따라 통계청장이 고시한 한국표준산업분류에 따른다.
2. 위 표 제19호 및 제20호에도 불구하고 자동차용 신품 의자 제조업(C30393), 철도 차량 부품 및 관련 장치물 제조업(C31202) 중 철도 차량용 의자 제조업, 항공기용 부품 제조업(C31322) 중 항공기용 의자 제조업의 규모 기준은 평균매출액등 1,500억원 이하로 한다.

외국인근로자고안직능보험확대

신설 조문

고용보험법제 10조의2(외국인근로자에 대한 적용)

① 「외국인근로자의 고용 등에 관한 법률」의 적용 을 받는 외국인근로자에게는 이 법을 적용한다. 다만, 제4장 및 제5장은 고용노동부령으로 정하는 바에 따른 신청이 있는 경우에만 적용한다.
② 제1항에 해당하는 외국인근로자를 제외한 외국인 근로자에게는 대통령령으로 정하는 바에 따라 이 법의 전부 또는 일부를 적용한다.

고용보험법제10조의2(외국인근로자에 대한 적용)

제2조(외국인근로자의 고용보험 적용에 관한 적용례) 제10조의2제1항의 개정규정은 다음 각 호의 구분에 따른 날부터 적용한다.
1. 상시 30명 이상의 근로자를 사용하는 사업 또는 사업장: 2021년 1월 1일
2. 상시 10명 이상 30명 미만의 근로자를 사용하는 사업 또는 사업장: 2022년 1월 1일
3. 상시 10명 미만 의 근로자를 사용하는 사업 또는 사업장: 2023년 1월 1일

달라지는 내용

외국인근로자 고용허가서 발급요건 강화	
구분	세부내용
내용	✓ 외국인 근로자 고용보험 가입 범위를 상시 10인 미만 근로자 사용하는 사업(장)까지로 범위 확대 ✓ 외국인 근로자(E9, H2 비자) 직업능력개발을 위해 고용안정 및 직업능력개발 사업을 적용 ✓ 실업급여 및 육아휴직 급여는 신청에 따른 적용

Chapter 15

산재보상 관리실무

- 보험급여의 종류와 내용
- 평균임금
- 수급자의 보호
- 제3자 행위구상권
- 행정구제
- 산재유형

Chapter

15 산재보상 관리실무

보험급여의 종류와 내용

1 의의

산업재해보상보험법의 적용을 받는 사업 또는 사업장 소속 근로자가 업무상 사유로 인하여 부상, 질병, 장해 또는 사망한 경우에 이를 회복시키거나 소득을 보장하고 그 가족의 생활 보호를 위하여 지급되는 급여를 말한다.

2 요양급여

(1) 취지

근로자가 업무상 부상 또는 질병에 걸렸을 경우 치유될 때까지 공단이 설치한 보험시설 또는 지정 의료기관에서 요양을 직접 행하게 하는 현물급여이다. 다만, 비지정의료기관에서 요양을 받은 경우나 산재환자가 자비로 실시한 요양 등 부득이한 경우에는 요양비 지급한다.

(2) 재요양

재요양 요건은 치유 후 상태가 악화되어 적극적인 치료가 필요한 경우로 당초의 상병과 재요양을 신청한 상병간에 의학적으로 상당 인과관계가 인정되고, 재요양을 함으로써 치료효과가 기대될 수 있다는 의학적 소견이 있는 경우, 내고정술에 의하여 삽입된 금속핀 등 내고정물의 제거가 필요한 경우, 의지장착을 위하여 절단부위의 재수술이 필요하다고 인정되는 경우를 말한다.

3 휴업급여

(1) 취지

휴업급여는 업무상 재해를 당하거나 업무상 질병에 걸린 근로자가 요양으로 인하여 취업하지 못한 기간에 대하여 피재근로자와 그 가족의 생활보호를 위하여 지급하는 보험급여이다.

(2) 지급요건

업무상 재해로 인한 요양으로 4일 이상 취업하지 못하고 임금을 받지 못할 경우를 말하며, 청구자는 재해근로자, 사업주(수급권 대위시), 청구시기는 매월 1회 이상이다.

산재보상제도

근로자가 업무상 재해를 입은 경우 근로복지공단에서 보험가입자인 사업주로부터 산재보험료를 징수하고, 대신하여 재해직원이나 그 가족에게 신속, 공정한 보상을 해주는 보험제도

보험급여의 종류

종류	내용
요양급여	업무상 재해로 요양기간이 4일 이상인 경우 국민건강보험 진료수가 범위 내에서 요양비 전액
휴업급여	요양으로 취업하지 못한 기간 1일에 대하여 평균임금의 70% 상당액
상병보상연금	당해 부상 또는 질병이 2년이 경과되어도 치유되지 않고 폐질등급 1~3급에 해당하는 장기 환자에 대하여 휴업급여 대신에 보다 높은 수준의 보험급여 지급
장해급여	업무상 재해의 치유 후 당해 재해와 상당 인과관계가 있는 장해가 남게 되는 경우 그 장해 정도에 따라 지급
간병급여	요양급여를 받은 자가 치유 후 의학적으로 상시 또는 수시로 간병이 필요하여 실제로 간병을 받는 자에게 지급
유족급여	업무상 재해로 사망하거나 사망의 추정시 그 유족의 생활보장을 위하여 지급
장의비	장제실행에 소요된 비용지급
직업재활급여	산재근로자의 재취업 촉진을 위한 직업훈련수당 및 직장복귀 촉진을 위한 직장복귀지원금, 직장적응훈련비, 재활운동비 등 지급

요양급여 청구절차

구분	신청사유	제출서류
요양 신청	• 지정의료기관에서 요양을 받고자 할 때	• 최초요양신청서 3부 작성·제출(공단소정양식) • 공단, 회사, 의료기관에 제출
요양비 청구	• 긴급 기타 부득이한 사유로 요양 승인을 받지 아니하고 자비로 치료한 경우	• 요양비청구서 작성, 공단 제출 • 구비서류: 청구내용에 관한 증빙서류 대체지급보험급여금지급청구서(수급권의 대위 경우)

(3) 부분휴업급여

현재는 요양 중에 부분적으로 취업을 한 경우에는 휴업급여를 지급하지 않고 있어 근로능력이 떨어진 상태에서 부분적으로 취업을 하면 취업하지 않는 경우(휴업급여가 지급됨)보다 소득이 오히려 줄어들게 되므로 취업을 회피하는 요인으로 작용하고 있다. 따라서 산재근로자가 요양과 취업을 병행하는 경우에는 취업한 날 또는 시간에 해당하는 근로자의 평균임금에서 취업한 날 또는 시간에 받은 실제 임금과의 차액의 100분의 90에 상당하는 금액을 부분휴업급여로 지급하도록 하였다.

(4) 저소득근로자 휴업급여 수준의 상향 조정

현재 평균임금의 100분의 70에 상당하는 휴업급여 지급액이 최저임금액에 미달하는 저소득근로자에게는 최저임금액을 휴업급여 지급액으로 하고 있으나, 저소득근로자를 보호하는 데에는 미흡한 측면이 있었다. 따라서 휴업급여 지급액이 전체 근로자의 임금평균액의 2분의 1에 해당하는 최저 보상기준 금액의 100분의 80 이하인 경우에는 평균임금의 100분의 90에 상당하는 금액을 휴업급여 지급액으로 한다.❶

4 장해급여

(1) 취지

업무상 재해를 당한 근로자가 요양 후 치유되었으나 정신적 또는 신체적 결손이 남게 되는 경우 그 장해로 인한 노동력 손실전보를 위하여 지급되는 보험급여이다.

(2) 장해등급 재판정제도 도입

요양 종결 당시 결정된 장해등급은 장해종류에 따라 호전되거나 악화되는 등 변경될 가능성이 있음에도 재판정제도가 없어 한 번 판정되면 같은 장해등급이 계속 유지되는 문제가 있었다. 따라서 장해보상연금 수급권자 중 관절의 기능장해, 신경계통의 장해 등 장해상태가 호전되거나 악화될 가능성이 있는 경우에는 근로복지공단의 직권이나 그 수급권자의 신청에 따라 1회에 한하여 재판정할 수 있도록 하고, 재판정 결과 장해등급이 변경되면 그 변경된 장해등급에 따라 장해급여를 지급하도록 하였다.

❶ 압류되지 않은 다른 예금계좌를 통하여 휴업급여를 수령하더라도 강제집행면탈죄가 성립되지 않는다. (대법 2017.8.18, 2017도6229)

● 보험급여 지급 기준

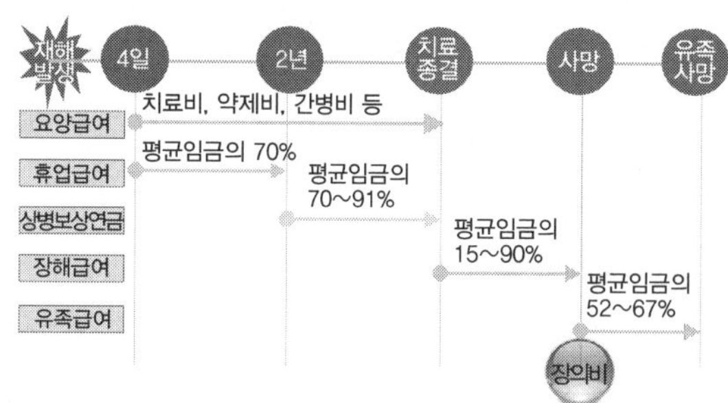

※ **평균임금** = 산재발생일 이전 3개월 동안 재해직원이 받은 총 보수 ÷ (89~92일)
※ **건설일용근로자 평균임금 = 일당의 73%(단, 근로관계가 3개월 이상 계속되는 경우 제외)**

● 장해급여 지급사유, 시기 및 내용

구분	지급사유	청구시기	급여내용
일시금	• 업무상 재해가 치유된 후 장해 등급 제4~14급 장해잔존시	치유 후	• 장해정도에 따라 평균임금의 1,012일분부터 55일분 상당액
연금	• 업무상 재해가 치유된 후 장해등급 제1~7급 장해잔존시 – 제1~3급: 연금 – 제4~7급: 연금 또는 일시금 중 선택 가능	치유 후부터	• 장해정도에 따라 평균임금의 329일분부터 138일분 상당액

● 장해급여표(평균임금 기준)

장해등급	장해보상연금	장해보상일시금
제1급	329일분	1,474일분
제2급	291일분	1,309일분
제3급	257일분	1,155일분
제4급	224일분	1,012일분
제5급	193일분	869일분
제6급	164일분	737일분
제7급	138일분	616일분
제8급		495일분
제9급		385일분
제10급		297일분
제11급		220일분
제12급		154일분
제13급		99일분
제14급		55일분

5 간병급여

(1) 취지

요양을 종결한 산재근로자가 치유 후 의학적으로 상시 또는 수시로 간병이 필요하여 실제로 간병을 받는 자에게 보험급여로서 간병급여를 지급하여 주는 제도이다.

(2) 적용대상 및 종류

상시간병급여는 신경계통의 기능, 정신기능 또는 흉복부장기기능의 장해가 장해등급 제1급에 해당하는 자로서 상시간병을 받아야 하는 자, 두 눈, 두 팔 또는 두 다리의 장해가 장해등급 제1급에 해당하는 자로서 동시에 그 외의 부위에 장해등급 제7급 이상에 해당하는 장해가 있는 자가 적용대상이 된다. 수시간병급여는 신경계통의 기능, 정신기능 또는 흉복부장기기능의 장해가 장해등급 제2급에 해당하는 자로서 수시간병을 받아야 하는 자, 상시간병대상자 이외의 장해등급 제1급에 해당하는 장해가 있는 자(조정장해 1급 포함) 등이 적용대상이 된다.

(3) 간병급여 지급대상 확대

간병급여는 동 제도가 도입된 2000년 7월 1일 이후에 장해급여를 받은 자를 대상으로 지급하고 있어 그 이전에 장해급여를 받은 자는 실제 간병이 필요한 경우에도 간병급여를 받지 못하고 있었다. 따라서 2000년 7월 1일 이전에 장해급여를 받은 자도 이 법 시행 후 발생하는 간병급여를 받을 수 있도록 하였고, 2000년 7월 1일 이전에 중증장해가 남아 장해급여를 받은 자도 간병급여 혜택을 받을 수 있게 되었다.

간병료 지급 기준(2024.12.31)

구분 \ 급수	1급	2급	3급
전문	67,140원	55,950원	44,760원
가족	61,750원	51,460원	41,170원

6 유족급여

(1) 취지

근로자가 업무상 사유로 사망시 또는 사망으로 추정되는 경우 그에 의하여 부양되고 있던 유족들의 생활보장을 위하여 지급되는 보험급여이다. 사망추정의 요건으로는 ① 선박이 침몰, 멸실 또는 행방불명되거나 항공기가 추락, 멸실 또는 행방불명된 경우에 그 선박 또는 항공기에 타고 있던 근로자의 생사가 사고가 발생한 날부터 3개월간 불명한 경우 ② 항해 중의 선박 또는 항공기에 타고 있던 근로자가 행방불명되어 그 생사가 행방불명된 날부터 3개월간 불명한 경우 ③ 천재 · 지변, 화재, 구조물 등의 붕괴, 기타 각종 사고의 현장에 있던 근로자의 생사가 사고가 발생한 날부터 3개월간 불명한 때이다.

(2) 지급방법

연금지급이 원칙(평균임금의 52~67% 상당금액을 매월 지급)으로 50% 일시금 지급은 연금수급권자가 원하는 경우로 유족일시금(평균임금의 1,300일분 상당)의 50%를 일시금으로 지급하고 유족보상연금은 50%를 감액하여 지급한다.

(3) 유족보상연금 수급권자

근로자 사망 당시 그에 의하여 부양되고 있던 자 중 배우자(사실혼 포함) 자녀, 부모, 형제자매 순으로 수급권이 인정되고, 부모에 있어서는 60세 이상, 자녀, 손, 형제자매에 있어서는 25세 미만이거나 60세 이상인 경우 연금지급대상이 된다.

참고

생계를 같이하는 유족의 범위

① 근로자와 「주민등록법」에 따른 주민등록표상의 세대를 같이 하고 동거하던 유족으로서 근로자의 소득으로 생계의 전부 또는 상당 부분을 유지하고 있던 사람
② 근로자의 소득으로 생계의 전부 또는 상당 부분을 유지하고 있던 유족으로서 학업 취업 요양, 그 밖에 주거상의 형편 등으로 주민등록을 달리하였거나 동거하지 않았던 사람
③ 제1호 및 제2호에 따른 유족 외의 유족으로서 근로자가 정기적으로 지급하는 금품이나 경제적 지원으로 생계의 전부 또는 대부분을 유지하고 있던 사람

7 상병보상연금

(1) 취지

요양개시 후 2년이 경과하여도 치유되지 아니하고 요양이 장기화됨에 따라 해당 피재근로자와 그 가족의 생활안정을 도모하기 위하여 휴업급여 대신에 보상수준을 향상시켜 지급하게 되는 보험급여이다.

(2) 지급요건

당해 부상 또는 질병이 2년이 경과되어도 치유되지 않았을 것으로(장해등급 제1~3급 수급자의 재요양시에는 요양개시 후 2년이 경과된 것으로 본다) 부상 또는 질병의 정도가 폐질등급 제1~3급에 해당할 경우를 말한다.

(3) 고령자 상병보상연금

상병보상연금액 산정에 있어 연령 61세에 도달한 날부터 매년 4%p씩 감액하여 폐질등급 일수를 365로 나누어 0.04~0.20을 뺀 값에 평균임금을 곱한 금액이 1일당 상병보상연금액 계산하여 지급한다.

상병보상연금 급여표

폐질등급	상병보상연금
제1급	평균임금의 329일분
제2급	평균임금의 291일분
제3급	평균임금의 257일분

고령자 상병보상연금

연령 \ 등급	제1급	제2급	제3급
61세	평균임금×(329/365-0.04)	평균임금×(291/365-0.04)	평균임금×(257/365-0.04)
62세	평균임금×(329/365-0.08)	평균임금×(291/365-0.08)	평균임금×(257/365-0.08)
63세	평균임금×(329/365-0.12)	평균임금×(291/365-0.12)	평균임금×(257/365-0.12)
64세	평균임금×(329/365-0.16)	평균임금×(291/365-0.16)	평균임금×(257/365-0.16)
65세 이후	평균임금×(329/365-0.20)	평균임금×(291/365-0.20)	평균임금×(257/365-0.20)

8 장의비

근로자가 업무상 사유로 사망한 경우 그 장제에 소요되는 비용으로 실비의 성질을 가진다. 장의비가 노동부장관이 고시하는 최고금액을 초과하거나 최저금액에 미달하는 경우에는 그 최고금액 또는 최저금액을 각각의 장의비로 지급한다.

장의비 지급 기준

구분 \ 기간	2020. 1.1~12.31	2021. 1.1~12.31	2022. 1.1~12.31	2023. 1.1~12.31	2024. 1.1.~12.31
최고	15,867,020	16,334,840	16,775,750	17,241,680	18,125,360
최하	11,438,960	11,729,120	12,082,820	12,460,160	13,053,080

9 직장복귀지원금

근로자가 업무상 사유로 장해를 얻은 경우 직장에 복귀하여 근로를 제공하는 과정에서 노동력 상실로 인해 임금이 하락한 부분을 보존하고, 재해근로자의 직장복귀를 돕기 위해 직장복귀지원금을 제1~3급 월 600천원, 제4~9급 월 450천원, 제10~12급 월 300천원을 지급한다.

평균임금

1 평균임금의 산정

(1) 의의

휴업급여, 장해급여, 유족급여, 상병보상연금 및 장의비 등의 산재보험급여를 지급할 때에 그 금액을 계산하기 위하여 일급개념으로 산출하는 임금이다.

(2) 산정방법

$$\text{평균임금} = \frac{\text{산정사유 발생일 이전 3개월간의 임금총액}}{\text{산정사유 발생일 이전 3개월간의 총일수}}$$

(3) 평균임금의 산정 특례

근로자의 근로형태가 특이하여 평균임금을 적용하는 것이 적당하지 아니하다고 인정되는 경우(1일 단위로 고용되거나 근로일에 따라 일당형식의 임금을 지급받는 근로자)에는 노동부장관이 고시하는 통상근로계수(73/100)를 이용하여 산정한 금액을 평균임금으로 한다. 평균임금 산정사유 발생일 이전 1개월간에 지급받은 임금이 있는 경우에는 그 임금총액을 동 기간 동안의 실근로일수로 나눈 금액에 통상근로계수를 곱하여 산정하고, 지급받은 임금이 없으나 일당이 미리 정해진 경우에는 그 일당, 일당이 정해지지 않은 경우에는 동종근로자의 일당에 통상근로계수를 곱하여 산정한다.

참고

평균임금의 계산에서 제외되는 금액과 기간

① 수습 중의 기간
② 사용자의 귀책사유로 인하여 휴업한 기간
③ 업무상 부상 또는 질병의 요양으로 휴업한 기간
④ 쟁의행위 기간
⑤ 업무 외 부상 또는 질병 기타의 사유로 사용자의 승인을 얻어 휴업한 기간
⑥ 육아휴직기간, 산전·후 휴가기간
⑦ 병역·예비군·민방위훈련을 위한 휴직 또는 근로하지 못한 기간

※ 다만, 근로자의 귀책사유로 인한 휴업기간이나 감봉기간, 직위해제기간·대기발령기간이나 불법쟁의행위기간은 평균임금 산정기간에 포함

2 평균임금 자동증감제도

(1) 취지

장기요양자나 연금수급자의 경우 재해 당시의 평균임금을 기초로 하므로 장기간 요양을 하거나 연금을 받는 경우 물가와 임금이 계속적으로 오르는데도 보험급여액은 고정되어 있어 손해를 보게 되는 폐단을 시정하기 위한 것이다.

(2) 증감절차

평균임금증감신청서에 임금변동을 확인할 수 있는 임금대장 등을 첨부하여 공단에 제출한다. 구비서류는 동일직종 근로자의 임금대장 사본 1부, 자동증감대상자의 경우는 평균임금자동증감신청서에 자동증감신청 사유를 확인할 수 있는 서류를 첨부하여 제출한다.

(3) 개선

평균임금의 증감은 전체 근로자의 임금평균액의 증감률을 기준으로 하되 국민연금의 노령연금 수급연령인 60세 이후에는 소비자물가변동률에 따르도록 하고 있다. 전체 근로자의 임금평균액의 증감률은 매년 7월부터 다음해 6월까지의 사업체임금근로시간 조사보고서상의 근로자 1인당 월별 월평균 임금총액의 변동률을 적용하고, 소비자변동률은 매년 7월부터 다음해 6월까지의 전도시 소비자물가변동률을 적용하도록 하였다.

(4) 진폐 등 업무상 질병의 환자에 대한 평균임금 산정 특례

사업장이 가동 중인 경우에는 직업병이 확인된 날이 속하는 분기의 전전 분기 말일 이전 1년간 그 근로자의 임금수준이 비슷한 근로자의 월평균 임금총액을 합산한 금액을 그 기간의 총일수로 나눈 금액을 평균임금으로 하고, 사업이 휴업 또는 폐업한 후 업무상 질병이 확인된 경우에는 사업이 휴업 또는 폐업한 날을 기준으로 「산재보험법시행령」 제25조 제2항에 따라 산정한 금액을 업무상 질병으로 확인된 날까지 증감하여 산정한 금액을 그 근로자의 평균임금으로 한다.

3 최고 · 최저보상기준금액의 적용

당해 근로자의 평균임금이 매년 노동부장관이 고시하는 최고·최저보상기준금액을 초과하거나 미달하는 경우에는 그 최고·최저보상기준금액을 당해 근로자의 평균임금으로 한다.

진폐산재 평균임금 특례적용 기준

구분	사업장이 가동 중인 경우 (퇴직자 포함)	사업장이 휴 · 폐업된 경우
기준시점	직업병으로 확인된 날	사업의 휴업 또는 폐업일
산정기간 및 방법	직업병이 확인된 날이 속하는 분기의 전전 분기 말일 이전 1년간 그 근로자와 임금수준이 비슷한 근로자의 월평균 임금총액을 합산한 금액을 그 기간의 총일수로 나눈 금액을 평균임금으로 함	사업의 휴업 또는 폐업일이 속하는 분기의 전전 분기 말일부터 이전 1년간 월 임금총액을 합산하여 그 기간의 일수로 나누어 임금액을 산정한 후 평균임금 산정사유 발생일인 진단일까지 전체 근로자 임금평균액의 증감률을 곱하여 증감한 금액으로 산정
특례임금 산정방식	당해 근로자가 소속한 사업과 업종·규모·성별 및 직종이 유사한 근로자의 월 급여총액	
실질적인 적용	평균임금과 특례임금을 비교하여 높은 임금 적용	특례임금으로 적용

진폐고시임금

구분 \ 기간별	2021. 1.1~ 12.31	2022. 1.1.~ 12.31	2023. 1.1.~ 12.31	2024. 1.1.~ 12.31
최저(일급)	125,661	129,257	136,687	140,752

※ 적용대상 보험급여: 최고(휴업급여, 장해급여, 유족급여, 상병보상연금), 최저(장해급여, 유족급여)

평균임금 상하한선

구분 \ 기간별	2020. 1.1~ 12.31	2021. 1.1.~ 12.31	2022. 1.1.~ 12.31	2023. 1.1.~ 12.31	2024. 1.1.~ 12.31
최저(일급)	61,734	69,760	73,280	76,960	78,880
최고(일급)	222,244	226,760	232,664	246,036	253,354

• 적용대상 보험급여 : 최고(휴업급여, 장해급여, 유족급여, 상병보상연금), 최저(장해급여, 유족급여)

◉ 수급자의 보호

1 취지

근로자 및 유족의 생활안정을 위하여 보험급여의 수급권을 제3자에게 양도 또는 압류하거나 담보로 제공할 수 없음을 명문화함으로써 재해근로자의 기본적 수급권을 보호하고 있다.

2 내용

근로자의 보험급여를 받을 권리는 퇴직하여도 소멸되지 않으며(단, 3년간 행사하지 않으면 시효에 의하여 소멸) 보험급여를 받을 권리는 양도 또는 압류하거나 담보로 제공할 수 없다(가족에게도 위임 불가). 보험급여로서 지급된 금품에 대하여는 국가나 지방자치단체의 공과금을 부과하지 않는다.❷

3 소멸시효

(1) 의의

법률상 시효란 법률관계의 법적 안정성을 확보하기 위하여 도입된 제도로서 소멸시효는 일정기간 권리를 행사하지 아니할 경우 그 권리를 상실시키는 제도이다.

(2) 기산점

「산재보험법」에서는 보험급여를 받을 권리에 대하여 3~5년간의 단기 소멸시효를 정하고 있어 이를 3~5년간 행사하지 않으면 소멸시효가 완성되고, 소멸시효에 관하여는 이 법에 규정된 것을 제외하고는 「민법」의 규정에 의하도록 하고 있다.

(3) 소멸시효 중단

소멸시효의 중단이란 시효완성의 장애로서 시효의 기초인 권리의 불행사라는 사실 상태에 부합되지 않는 사실의 발생(권리의 행사)으로 인해 시효의 진행이 중단되어 이미 경과한 시효기간의 효력을 상실하는 것으로 소멸시효는 원칙적으로 보험급여의 청구를 소멸시효 중단사유

❷ 근로자가 사망할 당시 유족이 없었고 유언으로 자신의 가장 가까운 친족인 조카를 수급권자로 지정하였더라도 조카는 수급권자가 될 수 없다. (대법 1992.5.12, 92누923)

참고  보험급여수급권의 대위

보험가입자(「보험료징수법」 제2조 제5호에 따른 하수급인을 포함)가 소속근로자의 업무상 재해에 대하여 보험급여에 상당하는 금품을 피재근로자인 수급권자에게 미리 지급한 것으로 인정되는 경우 당해 수급권자의 보험급여를 받을 권리를 대위

① 보험급여를 받을 자가 긴급 기타 부득이한 사정으로 사업주로부터 보험급여에 상당하는 금액을 지불받았음이 인정되는 경우 → 사업주 수급권의 대위
② 대위할 수 있는 보험급여: 요양비, 휴업급여, 장해보상일시금, 유족보상일시금, 상병보상연금
   ※ 연금지급이 가능한 장해·유족급여에 상당하는 금품을 지급한 경우 각각 장해·유족보상일시금에 상당하는 금품을 지급한 것으로 봄
③ 대위의 절차: 대체지급 보험급여금지급청구서를 공단에 제출

◉ 보험급여 소멸시효

보험급여	소멸시효 기산점
요양급여청구권	요양에 필요한 비용이 구체적으로 확정된 날의 다음 날(요양을 받은 날의 다음 날부터 매일 진행)
휴업급여청구권	업무상 재해로 인해 요양하느라고 휴업한 날의 다음 날(급여대상으로 해당된 날 다음 날부터 매일 진행)
장해급여청구권	상병이 치유된 날의 다음 날
유족급여청구권	사망한 날의 다음 날
장의비청구권	장제를 실행한 날의 다음 날

로 인정하고 있으며, 그 효력과 관련하여 업무상 재해 여부의 판단을 필요로 하는 최초의 청구인 경우에는 그 청구로 인한 시효중단의 효력은 다른 보험급여에도 미치도록 하고 있다.

◉ 제3자 행위구상권

1 의의

제3자 행위란 보험관장자(노동부장관, 공단), 보험가입자(사업주) 및 소속 근로자 이외의 자가 고의 또는 과실에 의하여 보험급여의 원인을 발생하게 한 행위로 제3자의 행위로 인한 재해발생시 산재근로자의 보상에 있어서 재해의 책임이 있는 제3자의 책임면탈을 방지하고 보험재정의 건전성 확보를 도모하기 위해 청구한다. 단, 2인 이상의 사업주가 같은 장소에서 하나의 사업을 분할하여 각각 행하다가 그 중 사업주를 달리하는 근로자의 행위로 인하여 재해가 발생한 경우는 제외(제3자의 행위에 의한 재해이나 구상권을 행사하지 아니함)한다.

2 요건

「산재보험법」상 업무상 재해로 인정되어 현실적으로 보험급여가 지급되어야 하며 합의 등을 통하여 손해배상청구권이 성취된 경우에는 대위할 청구권이 존재하지 아니하므로 구상권을 행사할 수 없다. 수령하여 성취되지 않았다 하더라도 손해배상 채무를 면제하거나 포기한 경우 대위할 청구권이 존재하지 아니하므로 구상권을 행사할 수 없다.

◉ 행정구제

1 의의

각종 보험급여 청구에 대한 공단의 결정에 불복이 있는 경우 심사 및 재심사를 청구할 수 있는 제도이다.

2 심사청구

행정기관 내부에 의한 구제절차로서 행정심판절차를 두고 있으나 행정심판법상 다른 법률에 특별한 규정이 있는 경우에는 그 규정에 의하도록 하고 있으며, 「산재보험법」은 제정 당시부터 전문지식의 활용을 통한 산재근로자의 신속한 권리구제를 도모하기 위하여 보험급여 결정처분에 대한 특별행정심판절차로 심사 및 재심사청구제도를 두고 있다. 심사 및 재심사청구제도는 행정심판의 기능을 대체하는 특별절차로서 보험급여 등에 관한 결정에 대하여는 「행정심판법」에 따른 행정심판을 제기할 수 없도록 명문화하고 있다.

3 재심사제도

심사결정에 불복이 있는 경우 결정이 있음을 안 날로부터 90일 이내 공단의 지역본부(지사)를 거쳐 노동부 산업재해보상보험재심사위원회❸에 재심사청구를 할 수 있다. 업무상질병판정위원회❹의 심의를 거친 보험급여에 관한 결정 등에 불복이 있는 자는 심사청구를 하지 아니하고 그 결정이 있음을 안 날부터 90일 이내 공단의 지역본부(지사)를 거쳐 산업재해보상보험재심사위원회에 심사청구를 할 수 있다.

산재유형

1 수행성 산재

(1) 의의

근로자가 업무를 수행하던 중 사상을 입어 3일 이상의 요양을 받아야 하는 경우로 이를 유형별로 분류해 보면 출퇴근 중 사상에 대해서는 우리나라에서는 원칙적으로 인정하지 않고 있으며, 출장 중 산재에 대해서는 원칙적으로 인정하고 있다.

❸ 산재심사위원회는 노동부 산하기관으로 근로복지공단 산재처분(보험급여)에 이의가 있을 경우 처분일로부터 90일 이내 심사청구를 할 수 있다.

❹ 업무상 질병판정위원회는 2008년 7월 산재보험법 개정으로 업무상 질병에 대해서는 외부전문가(변호사, 노무사, 의사, 산재전문가 등)들이 참여하여 산재 여부를 결정하는 기구로 전국 5대광역시 근로복지공단 내 설치 운영되고 있다.

(2) 작업시간 중 사고

담당업무행위, 업무에 부수되는 행위, 사업주의 특명에 의한 행위 중의 재해, 용변 등 생리적 행위, 작업준비, 마무리 행위 등 작업에 수반되는 필요적 부수행위, 사회통념상 예견될 수 있는 구조행위 또는 긴급 피난행위 중 사고는 산재에 해당한다.

(3) 사업주가 관리하고 있는 시설의 결함 또는 시설관리 소홀로 기인된 재해

근로자의 자해행위 또는 사업주의 구체적인 지시사항을 위반한 행위로 인하여 사상한 경우를 제외하고 이를 업무상 재해로 본다.

(4) 천재지변이 원인이 된 재해

휴식시간 중, 사업장 내 출퇴근 중 등의 행위를 하고 있던 중 발생된 재해로서 작업장소(인근지역을 포함)에서 그러한 행위를 하는 것이 사회통념상 인정되는 경우 이를 업무상 재해로 본다.

(5) 출 · 퇴근 중 사고(2018.1.1)

출퇴근 재해란 ① 사업주가 제공한 교통수단이나 그에 준하는 교통수단을 이용하는 등 사업주의 지배관리하에서 출퇴근하는 중 발생한 사고 ② 그 밖의 통상적인 경로와 방법으로 출퇴근하는 중 발생한 사고로 나누어 산재를 인정한다.

출퇴근 산재 인정 기준

항목	주요 내용
출퇴근 재해 산재보상 도입 및 인정 기준	• 출퇴근 재해는 도보, 자가, 버스, 지하철, 오토바이, 자전거 등 교통수단을 이용 중
통상적 출퇴근 재해보험 급여 사용자 책임 제한	• 근로자의 중대한 과실이 있는 경우 일부 지급 제한
자동차 출퇴근 재해시 자동차보험 우선 적용	• 자동차보험에서 우선 청구 보상
보험료 징수 관련	• 기존 업무상 재해로 인한 것과 통상적인 출퇴근 재해로 인한 것으로 이원화 • 업종별 요율 산정시 통상적 출퇴근 재해를 이유로 지급된 보험급여액은 산재보험 급여총액에 포함시키지 않도록 함 • 통상적 출퇴근 재해 보험료율은 재해율 및 필요한 재해보상 비율 등을 고려하여 노동부 고시

(6) 휴게시간 중 사고

근로기준법의 규정에 의하여 사업주가 근로자에게 제공한 휴게시간 중에 사업장 내에서 사회통념상 휴게시간에 인정될 수 있는 행위로 인하여 발생된 사고는 업무상 재해로 본다. 다만, 취업규칙 등을 위반하거나 고의, 자해 및 범죄행위 또는 그것이 원인이 되어 사상한 경우에는 그러하지 아니하다.[5]

(7) 출장 중 사고

회사 → 출장지 → 회사 또는 자택 도착하는 전 과정은 업무상 재해로 본다. 단, ① 출장도중 정상적인 경로를 벗어났을 때 발생한 사고 ② 근로자의 사적행위 ③ 사업주의 구체적 지시를 위반한 행위로 인한 사상은 제외한다. 근로자가 사업주의 지시로 출퇴근 중에 업무를 수행하다가 발생한 사고도 출장 중 재해로 준용한다.[6]

[5] 점심시간 중에 사업장 내 축구장에서 노동조합 대의원들끼리 친선 축구경기를 하다가 부상을 입은 경우는 업무상 재해에 해당되지 않는다. (대법 1996.8.23, 95누14633)

[6] 자동차종합수리 서비스업을 목적으로 하는 사업장의 근로자가 다른 사업장의 견인차를 운

(8) 회식 중 사고

회사가 직원들간의 단합을 활성화하는 차원에서 회식을 진행하던 과정에서 참가한 근로자가 사상을 당할 경우 ① 회식이 누구에 주관 하에 실시되었는지 ② 그 비용은 누가 부담했는지에 따라 회식도 업무의 연장선상에서 이루어지는 업무로 간주하여 산재를 인정하고 있다.[7]

(9) 행사 중 사고

사회통념상 행사에 근로자가 참여하는 것이 노무관리 또는 사업운영에 필요하다고 인정되는 경우로서 다음 각 호의 하나에 해당하는 경우 이를 업무상 재해로 본다.[8]

① 행사의 주관자가 회사인 경우
② 사업주가 근로자를 행사에 참여하도록 지시하는 경우
③ 사업주에게 사전보고를 통한 승인을 얻은 경우(반드시 문서결재가 아닌 구두보고, 유선보고도 해당)
④ 기타 이에 준하는 통상적 · 관례적인 행사참여(사전보고 여부, 비용부담, 행사목적, 운영방법 고려하여 판단)

(10) 기타 사고

타인의 폭력에 의한 사고로서 재해발생경위 및 근로자의 담당업무의 성질이 가해행위를 유발할 수 있다고 사회통념상 인정될 경우와 자살이 업무상 스트레스로 인하여 정신과 치료를 받은 적이 있거나, 업무상 재해로 인하여 요양 중인 자가 정신장해로 인하여 정신적 억제력이 현저히 저하된 상태에서 자살행위로 사상하였다는 의학적 소견이 있는 경우에는 업무상 재해로 인정한다(2000. 7. 29 개정).[9]

● 통상의 경로

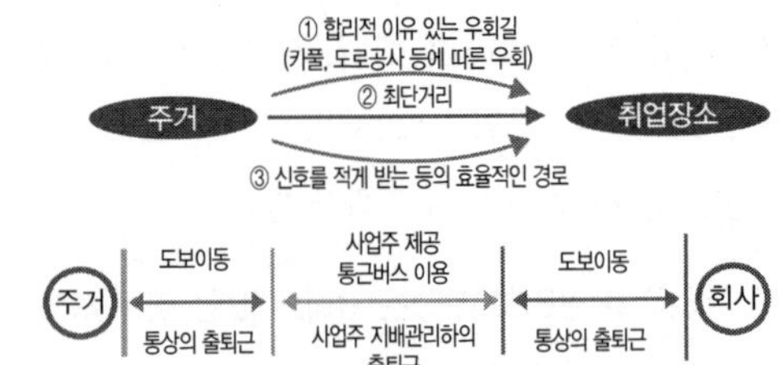

인정사례	통상의 경로상에 식료품을 구입할 수 있는 슈퍼가 있으나 좀 더 저렴하게 구입하고자 퇴근길에 경로를 벗어나 대형마트에서 식료품을 구입하고 귀가 중 발생한 재해
불인정사례	퇴근길에 백화점에 들러 명품가방을 구입하고 귀가 중 발생한 재해

행하여 고장 차량을 견인하러 가던 중 교통사고로 사망한 경우, 사업장에서의 업무수행성이 인정된다. (대법 1999.4.9, 99두189)

7 회식 중 과음으로 인하여 발생한 사고의 경우에도 업무상 재해에 해당한다. (2006.9.5, 2005 구합41150)

8 노무관리의 일환으로 실시한 야유회 중 발생한 재해는 업무상 재해이다. (서울행법 2001.3.14, 2000구34484)

9 타인의 폭력에 의하여 재해를 입은 경우 그것이 직장 내의 인간관계 또는 직무에 내재하거나 통상 수반하는 위험의 현실화로써 발생하였다면 업무상 재해이다. (대법 1995.1.24, 94누8587) 산업재해보상보험법의 업무상 재해라 함은 업무수행 중 그 업무에 기인하여 발생한 재해를 말하는 바, 근로자가 타인의 폭력에 의하여 재해를 입은 경우, 그것이 직장 내의 인간관계 또는 직무에 내재하거나 통상 수반하는 위험의 현실화로써 업무와 상당인과관계가 있으면 업무상 재해로 인정하되, 가해자와 피해자 사이의 사적인 관계에 기인한 경우 또는 피해자가 직무의 한도를 넘어 상대방을 자극하거나 도발한 경우에는 업무 기인성을 인정할

2 기인성 산재

(1) 의의

근로자가 업무를 수행하던 중 업무와 상당한 인과관계로 인하여 질병이 발생하여 사상하던가 아니면 기존 질병이 악화되어 사상하는 경우를 말하며, 기인성 산재의 경우 수행성 산재와 달리 의학적 인과관계와 업무 과로성(육체적 · 정신적 과로)을 입증해야 하는 어려움이 있다.

(2) 소음성 난청

연속음으로 85dB(A) 이상의 소음에 노출되는 작업장에서 3년 이상 종사하거나 종사한 경력이 있는 근로자로서 한 귀의 청력손실이 40dB 이상이 되는 감각신경성 난청의 증상 또는 소견이 있을 경우 기인성 산재로 인정한다.[10]

(3) 근골격계 질환

작업자세 및 작업강도 등에 의하여 신체에 과도한 부담을 줄 수 있는 작업을 수행한 근로자가 다음의 하나에 해당되는 질병이 이환된 경우에는 이를 업무상 질병으로 본다.

① 근육 · 건 · 골격 또는 관절의 질병
② 경견환증후군: 상지에 반복적으로 무리한 힘을 가하는 작업에 6개월 이상 종사한 근로자에게서 나타나는 경부 · 견갑부 · 상완부 · 주관절 · 전완부 및 그 이하에서 발생된 근골격 계질환
③ 사고성 요통: 업무수행 중 통상의 동작과 다른 동작에 의하여 요부에 급격한 힘의 작용이 돌발적으로 가해져 발생한 요통
④ 요부에 작용한 힘이 요통을 발생시켰거나 요통의 기왕증 또는 기초질환을 악화시켰음이 의학적으로 인정되는 요통
⑤ 사고성이 아닌 요통
  ㉠ 요부에 과도한 부담을 주는 업무에 비교적 단기간(약 3개월 이상) 종사하는 근로자에게 나타난 요통
  ㉡ 중량물을 취급하는 업무 또는 요부에 과도한 부담을 주는 작업상태의 업무에 장기간(약 5년 이상)에 걸쳐서 계속하여 종사하는 근로자에게서 나타나는 만성적인 요통은 업무상 질병

수 없어 업무상 재해로 볼 수 없다.

[10] 열차승무원으로 장기간 근무하면서 철도소음에 노출되어 난청이 발병했다면 공무상 질병에 해당된다. (서울행법 2001.8.13, 2000구14626)

㉢ "중량물을 취급하는 업무"라 함은 30㎏ 이상의 중량물을 노동시간의 1/3 이상 취급하는 업무 또는 20㎏ 이상의 중량물을 노동시간의 1/2 이상 취급하는 업무

㉣ 다만, 변형성척추증, 골다골증, 척추분리증, 척추체전방위증, 척추체변연융기 등 퇴행성 척주변화로 인한 질환은 제외

(4) 뇌심혈관 질병 인정기준 지침변경(2018.1.1)

뇌혈관 또는 심장 질병의 업무상 질병 인정 여부 결정에 필요한 사항 일부를 "발병 전"을 "증상 발생 전"으로 수정하고, "일상 업무보다"를 "이전 12주(발병 전 1주일 제외)간에 1주 평균보다"로, "유사한 업무를 수행하는 동종의 근로자도 적응하기"라는 부분은 "적응하기"로 각각 개정한다. "건강상태"를 삭제하고, "업무시간에 관하여는 다음 사항을 고려한다"를 "업무시간과 작업 조건에 따른 업무와 질병과의 관련성을 판단할 때에는 다음 사항을 고려한다."로 개정했다.

만성과로 기준시간을 세분화하여 52시간을 추가하고 업무부담 가중요인을 제시하여 업무관련성 판단에서 객관성을 높여 뇌심혈관계질병의 발병 전 12주 동안 1주 평균 52시간을 초과하는 경우 업무관련성이 증가하는 것으로 개정하고 업무관련성이 강한 '업무부담 가중요인'을 신설했다.

업무부담 가중요인에는 ① 근무일정 예측이 어려운 업무, ② 교대제 업무, ③ 휴일이 부족한 업무, ④ 유해한 작업환경(한랭, 온도변화, 소음)에 노출되는 업무, ⑤ 육체적 강도가 높은 업무, ⑥ 시차가 큰 출장이 잦은 업무, ⑦ 정신적 긴장이 큰 업무가 있다.

발병 전 12주 동안 1주 평균 52시간을 초과하지 않는 경우라도 '업무부담 가중요인'에 복합적으로 노출되는 경우 업무관련성이 증가하는 규정한다.

① 단기과로 30% 이상 업무량 증가여부 판단기간을 '발병 전 12주 기간'으로 설정하고 비교대상에서 '발병 전 1주'를 제외 ② 업무상 질병 판단 시 재해노동자의 업무환경과 건강 상황 고려 업무강도 · 책임 등 업무환경 비교시 '유사 업무 수행 동종근로자'와 비교하는 내용을 삭제하고, 재해자의 기초질환을 업무관련성 판단의 고려사항으로 보지 않도록 '건강상태'를 삭제하여 재해노동자에게 있는 고혈압, 당뇨, 흡연 등 기초질환을 질병의 업무관련성 판단의 중요 요소로 보기 어려워짐 ③ 야간근무(22:00~06:00) 업무시간 산출은 주간근무의 30%를 가산하도록 하는 규정 신설하였다.

뇌혈관 · 심장질병에 영향을 줄 수 있는 업무상 부담 요인

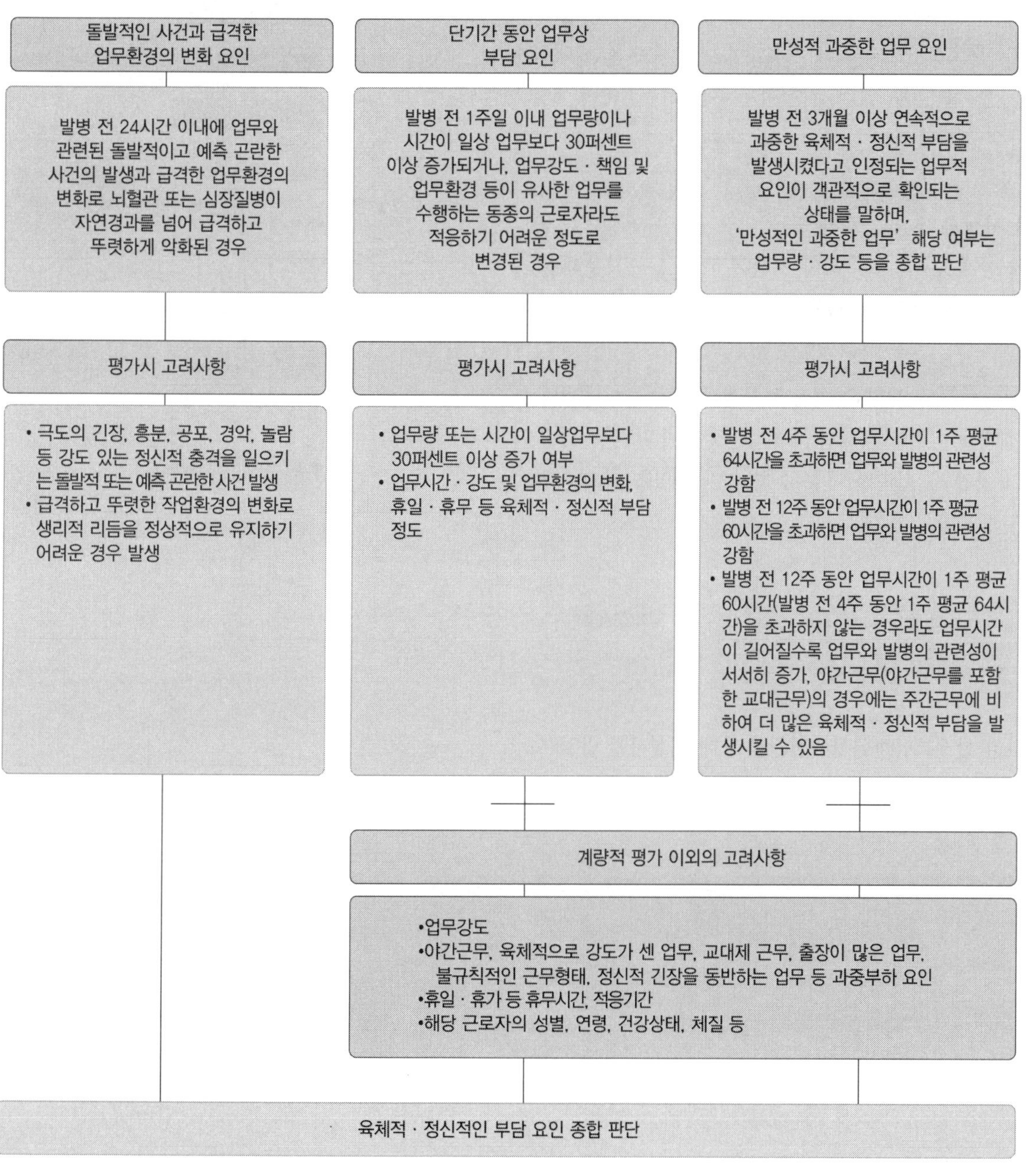

(5) 질병산재 청구절차

업무상 질병판정위원회는 근로복지공단 각 지역본부 단위로 설치되어 있고 지역본부에서 질병사건을 심의한다. 판정위원회 구성은 변호사, 공인노무사, 의사 등으로 구성하고 심의회의에는 근로자 또는 대리인이 참석하여 구두진술을 할 수 있다. 위원회는 위원장 1명, 위원 6명으로 구성하고 과반수 출석에 과반수 찬성으로 의결한다.

① 심의절차

업무상 질병으로 사상을 당한 근로자 또는 대리인은 사업장관할 근로복지공단(지사)에 산재청구를 접수하면 지사는 관련조사를 통해 판정위원회에 접수하고 청구인에게 그 사실을 통보한다.

② 심의기간

심의를 의뢰받은 날로부터 20일 이내에 업무상 질병으로 인정되는지를 심의하여 그 결과를 심의를 의뢰한 소속기관장에게 알린다. 다만, 부득이한 사유로 그 기간 내 심의를 마칠 수 없으면 10일을 넘지 않는 범위 내에서 기간을 연장할 수 있다.

③ 심의과정

판정위원회 심의의뢰 → 접수 및 담당자 배정 → 심의사건 검토 및 보완 → 심의회의 개최 → 심의안건 작성 → 심의위원회 구성 → 회의소집 알림 → 심의회의 의결 → 심의조사 처리 → 판결문 송부

송부된 결과에 따라 산재보험재심사위원회를 통해 재심사를 받을 수 있다.⑪

질병성 산재 청구절차(뇌혈관 · 심장질환 관정절차)

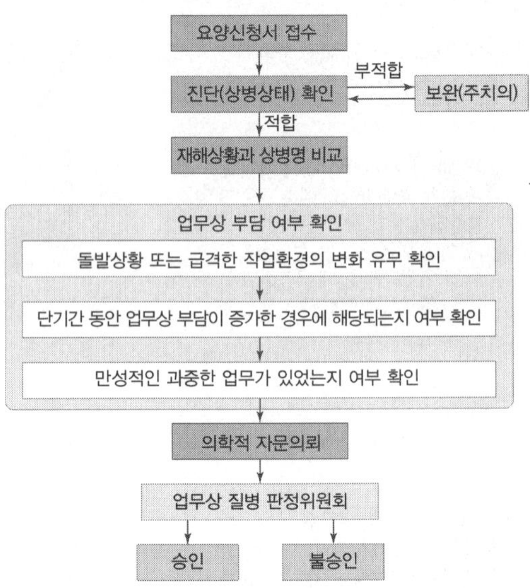

⑪ 실적 압박에 시달리다 회식에서 과음하고 취침한 다음날 급성심근경색(추정)으로 사망한 은행원의 업무와 사망 사이에는 상당인과관계가 있다(서울행법 2016.10.06, 2015구합63395).

Chapter 16

퇴직 · 해고 관리실무

- 사직
- 정년퇴직
- 당사자 소멸
- 해고의 정당성
- 해고의 유형
- 해고제한
- 해고구제

Chapter

16 퇴직 · 해고 관리실무

근로관계 종료사유는 근로자의 요청에 따른 퇴직, 근로자의 의사에 반해서 근로관계를 해지하는 해고, 근로자의 의사와 무관하게 소멸하는 자동소멸로 구분할 수 있다. 특히 퇴직이 자발적 퇴직이냐 비자발적 퇴직이냐에 따라 실업급여 수급자격 문제가 발생하기도 하고, 퇴직이 아닌 해고의 경우 해고의 정당성에 대해서는 법적 판단을 받아야 한다.

◉ 사직

1 의의

'사직'이란 근로자에 의한 근로계약의 해지, 즉 근로자 일방의 의사표시로 근로계약을 종료시키는 것을 말한다. 사직에 관하여 노동관계법령은 아무런 규정을 두고 있지 않으므로 민법상 고용계약의 해지에 관한 규정이 적용된다.[1]

2 계약해지의 방법

계약기간을 약정하지 않은 근로자 또는 기간을 약정하였지만 기간만료 후 묵시의 갱신이 이루어진 자는 언제든지(특별한 사유가 없더라도) 해지를 통보할 수 있고, 다만 1월의 통고기간이 경과하여야 사직의 효력이 발생하여 노동관계가 종료된다(민법 제660조). 퇴직의 의사는 직업선택의 자유로 이를 제한할 수는 없으나 당사간의 퇴직의 절차를 명시하고 있다면 이를 지켜야 할 의무가 있으며 이를 이행하지 않을 경우 일방에게 그 책임을 물을 수 있다.

3 계약해지의 효력

사직서의 제출은 확정적인 사직의사의 통지와 근로계약의 합의해지를 위한 청약이라는 두 가지 의미로 해석될 수 있다. 합의해지를 위한

◉ 근로관계 종류 사유

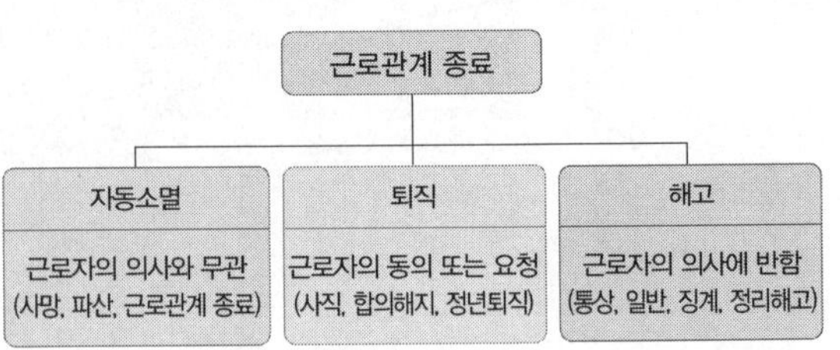

◉ 퇴직의 효력발생시기

퇴직의사		발생시기
근로자가 퇴직의 의사표시(사표제출)를 행하여 사용자가 이를 승낙(사표수리)한 경우		수리한 때
단체협약·취업규칙 등에 특약이 있는 경우		특약의 시기
근로자의 사표를 사용자가 수리하지 아니한 경우	임금을 월급제 등 기간급으로 정한 경우	사표를 제출한 당기(월급제인 경우 그 달) 후의 1 임금지급기(그 다음달)가 경과하면 효력 발생
	임금을 기간급으로 정하지 아니한 경우	사용자가 근로자의 의사표시를 통고받은 날로부터 1개월이 경과하면 효력 발생

[1] 민법 제660조(기간의 약정이 없는 고용의 해지통고) ① 고용기간의 약정이 없는 때에는 당사자는 언제든지 계약해지의 통고를 할 수 있다. ② 전항의 경우에는 상대방이 해지의 통고를 받은 날로부터 1개월이 경과하면 해지의 효력이 생긴다. ③ 기간으로 보수를 정한 때에는 상대방이 해지의 통고를 받은 당기 후의 일기를 경과함으로써 해지의 효력이 생긴다.

청약은 명예퇴직 또는 희망퇴직의 신청이 이에 해당될 것이다. 사직의사의 통지이든 합의해지를 위한 청약이든 회사의 사직서 수리(퇴사처리)가 있으면 근로관계는 종료된다. 그러나 확정적인 사직의사의 통지를 하였더라도 회사가 퇴직처리를 하지 않는 한 1개월이 경과해야 사직의 효력이 발생(민법 제660조)하므로 근로계약관계는 계속 유지되고 이에 따라 근로제공 의무와 임금지급 의무가 있다. 따라서 이 기간 동안 무단결근을 하는 것은 계약위반으로서 손해배상책임을 발생시킬 수 있다. 다만, 사용자는 사직의사 통지를 이유로 임금 기타 근로조건에 관하여 불이익을 주어서는 안 된다. 한편, 근로자는 기간의 약정 유무를 불문하고 사용자가 일방적으로 근로자의 지위를 제3자에게 양도한 경우, 약정하지 않은 노무제공을 요구한 경우, 부득이한 사유가 있는 경우 또는 사용자가 파산선고를 받은 경우에는 즉시 사직할 수 있다(민법 제657조, 제658조, 제661조 및 제663조).

4 권고사직

(1) 의의

근로자가 사용자의 권고 등에 의하여 사직을 통고한 후에 의사표시의 하자를 이유로 무효 또는 취소(민법 제107조 내지 제110조)를 주장하여 법률상 다툼이 생기는 경우가 있다. 우선 의사표시의 진위 여부가 문제되는 경우가 있다. 예컨대 사직의 의사 없이 근로자들이 일괄사직서를 제출한 경우에는 그 의사표시는 진의가 아니므로 무효이다. 퇴직금을 중간정산하기 위하여 형식상 사직서를 제출한 것도 사직할 의사가 없으므로 무효이고 노동관계 종료의 효과는 발생하지 않는다.[2]

(2) 착오나 사기 · 강박에 의한 의사표시

사용자가 당해 근로자에 관하여 객관적으로는 징계해고 사유가 존재하지 않는 것을 알면서 그것이 있는 것처럼 근로자에게 오인케 하여 사직의 의사표시를 하게 한 경우에는 착오나 사기가 성립되어 취소할 수 있을 것이다. 또 근로자를 장시간 감금하고 징계해고를 암시하여 사직

[2] 비진의에 의한 사직의사가 아닌 한 근로계약관계가 단절된다. (대법 2001.10.26, 2001다33673) 사직서 제출 및 퇴직금 수령행위는 원고들이 회사의 상황을 감안하여 회사가 ○○정밀에 흡수 합병된 후 ○○정밀에 입사하여 근무하더라도 적어도 퇴직금 산정에 있어서는 합병 후에 이르기까지 중단함이 없이 계속하여 근무한 것으로 인정되지 않는다는 점을 충분히 인식하고 이에 동의하여 자발적으로 이루어진 것으로서 비진의 의사표시에 해당한다고 볼 수 없으므로 합병 전 회사와의 근로계약관계는 유효하게 단절된다.

서를 강요한 경우에는 강박에 의한 의사표시로서 취소할 수 있다고 보아야 한다. 또 객관적으로 상당한 이유가 없는 데도 징계해고나 고소를 할 수 있음을 알리고 사직서를 제출하게 하는 것은 강박이 성립될 수 있을 것이다. 일반적으로 근로계약이 당사자의 의사에 의해 이루어지듯이 근로계약해지도 당사자 합의에 이루어지는 것이 원칙이다. 따라서 근로자가 퇴직의사표시인 사직서를 제출하면 대표이사가 사표수리를 함으로써 근로관계가 종료된다.

5 합의해지

합의해지란 당사자 쌍방의 합의로써, 즉 당사자 일방의 청약에 대하여 상대방이 승낙함으로써 근로계약을 종료시키는 것을 말한다. 쌍방의 합의에 의하여 종료시킨다는 점에서 해고나 사직과 구별된다.[3]

6 합의해약의 관련 문제

근로자가 합의해약 청약의 의미로 사직서를 제출한 다음 이를 철회하거나 의사표시의 하자를 주장하면서 합의해약의 효력을 다투는 경우가 있다. 합의해약을 청약한 근로자는 사용자의 확정적인 승낙으로 근로관계 종료의 효과가 발생하기 전에는 사용자에게 불측의 손해를 주는 등 신의칙에 반한다고 인정되는 특별한 사정이 있는 경우가 아닌 이상 그 사직의 의사표시를 자유로이 철회할 수 있고, 따라서 이러한 철회의 의사표시를 하였음에도 당초의 사직서에 의하여 한 면직처분은 무효이다. 또 합의해약 청약으로서의 사직원은 진의가 아니거나 착오·사기·강박에 의하여 행하여진 경우도 무효다.[4]

사직과 합의해지 구분

사직	합의해지
• 사직은 근로자의 일방적인 근로계약 해지의 통보로 민법 660조의 기간이 경과하거나 규정에 의한 사직서 제출기간이 지나면 근로관계가 종료됨 • 사직의 의사표시가 사용자에게 도달한 후에는 철회할 수 없음	• 근로자 또는 사용자의 근로계약 해지에 대한 청약의 의사표시가 사용자 또는 근로자가 승낙할 때 비로소 근로관계가 종료됨 • 근로자는 사용자의 승낙이 도달할 때까지 근로계약 해지에 대한 청약의 의사표시를 철회할 수 있음

[3] 근로자측은 해고라고 주장하나 사용자측은 사직이나 합의해지라고 주장하고 있는 경우의 입증책임은 양 당사자의 지위와 입증의 부담을 고려하면 사용자측에게 근로관계의 종료원인이 사직이나 합의해지라는 점에 대한 입증책임이 있다. (대법 2016.2.3, 2015두53237외)

[4] 근로계약의 합의해지로 볼 수 없는 사직의 의사표시가 사용자에게 전달된 이상 근로자는 사용자의 동의 없이는 사직의 의사표시를 철회할 수 없다. (대법 2000.9.5, 99두8657)

정년퇴직

1 의의

'정년제'란 취업규칙·단체협약 등에 의하여 근로자가 일정한 연령(정년)에 도달하면 능력에 관계없이 자동으로 근로계약이 종료한다. 그러나 2013년 정년 법제화에 따라 2016년 300인 이상 사업장(2017년 300인 미만 사업장)의 근로자 정년는 60세로 보장된다.[5]

2 정년제의 필요성

정년제는 근로자가 노동능력이나 적격성을 가지고 있음에도 불구하고 일정한 연령 도달만을 이유로 노동관계를 종료시키는 제도로 기업으로서 고용할 수 있는 인원에 한계가 있고, 더구나 젊은 근로자를 계속 채용하여 연령구성상의 균형을 유지할 필요가 있고, 이를 위해서는 고령자를 어떤 기준에 의하여 배제하는 제도가 불가피한데 고령자의 능력·적격성 등을 평가하여 선별하여 퇴직시키는 것보다는 일정한 연령기준에 따라 획일적으로 배제하는 제도이다. 따라서 기업은 필요에 의해 노동능력을 필요로 하는 정년자에 대해서는 촉탁근로관계를 통해 고용관계를 지속할 수 있다.

3 정년과 근로관계의 종료

정년제는 정년도달 전의 자유로운 퇴직은 제한되지 않으므로 근로계약의 기간을 약정한 것은 아니고, 근로계약의 종료 사유에 관한 특약이라 볼 수 있다. 따라서 정년에 도달한 자에 대한 퇴직의 통지는 해고가 아니라 근로계약 종료의 확인에 불과할 뿐이다.

4 차등정년제

성별·국적·신앙·사회적 신분에 따른 차등정년제는 허용되지 않는다(근로기준법 제6조, 남녀고용평등법 제8조 제1항). 그러나 정년을 60세 이상으로 할 경우 근로자가 제공하는 근로의 성질·내용·근무형태 등

[5] 정년이 경과한 후에도 새로운 근로계약을 체결하지 아니하고 일정한 기간 계속 근로관계를 유지하였다면, 묵시적으로 기간을 정하지 않은 근로계약을 맺은 것으로 보아야 한다. (서울고법 2010.9.29, 2009누29297)

제반 여건에 따라 합리적인 기준을 둔다면 같은 사업장 내에서도 직책 또는 직급에 따라 정년을 달리하는 것도 허용된다. 또 해당 직종에서의 인력의 정도, 연령별 인원구성, 정년 차이의 정도, 근로자의 의견 등을 종합하여 직종에 따라 정년을 달리하는 것도 허용된다. 특히 성별 고용형태(정규직·비정규직)를 구분하여 정년을 두는 것은 차별금지 위반이다.[6]

5 정년퇴직시점

정년은 취업규칙의 필수적 기재사항으로 정년퇴직시점을 명확히 규정해야 한다. 정년에 있어서 퇴직시점을 취업규칙에 명시하는 방법은 '정년에 도달한 날', '정년에 도달한 월의 말일', '정년에 도달하는 해의 연말' 등 다양한 방법이 있다. 일반적으로 연 2회 정년퇴직시기(6월 말·12월 말)를 설정하고 정년퇴직식을 하는 회사가 많다. 회사가 '정년을 만 60세로 한다'고만 정한 경우 당사자간 별도의 정함이 없으면 정년에 도달한 날에 근로관계가 종료된다.

6 정년연장과 재고용 촉탁계약

정년에 도달한 사람을 퇴직시키지 않고 계속 고용하는 제도를 정년연장이라고 한다. 정년연장은 퇴직하지 않고 계속 고용하는 반면에, 재고용은 일단 퇴직절차를 밟는다는 것이 다르다. 회사가 근로자의 정년을 연장하지 않고 본인의 희망에 따라 별도의 고용계약을 체결하는 것을 재고용이라고 한다. 회사는 유능한 퇴직근로자의 업무경험을 이용한다는 측면에서 재고용제도를 활용하기로 한다. 재고용시 신분은 촉탁직의 신분으로 하고 급여수준은 정년퇴직 이전의 임금 등 근로조건의 80~90% 정도로 결정한다. 촉탁직 근로관계는 1년 단위로 이루어지고 반복고용에 대해서는 비정규직법 적용을 받지 않으며, 고령자촉진법에 따라 정부지원금을 받을 수 있다.

[6] 업무의 성질, 내용, 근무형태, 정년규정 등을 종합하여 직종간 정년차등을 둔 것은 정당하다. (서울행법 2007.7.13, 2006구합40406) 회사는 취업규칙에서 직원의 정년을 정함에 있어 직종별로 차등을 두어 경비직은 '만 70세에 해당하는 생년월의 말일', 기술직은 '만 60세에 해당하는 생년월의 말일'로 하고 있으나, 기술직과 경비직이 수행하는 업무의 성질, 내용, 근무형태, 참가인 이외의 사업장에서의 정년규정 등 제반 여건을 종합해 볼 때, 다른 직종인 경비직과 비교하여 10년간의 정년차등을 둔 것이 사회통념상 합리성이 없다고 단정하기는 어렵다.

◉ 당사자 소멸

1 당사자 소멸

근로계약은 사업주와 근로자 사이의 계약이므로 당사자가 소멸하면 근로계약도 당연히 소멸한다. 근로자 본인이 사망하면 근로계약은 당연히 종료되며, 사망일이 퇴직일이다. 근로제공 의무는 일신전속적인 것으로서 근로자의 지위는 상속대상이 되지 않기 때문이다(민법 제657조 제2항). 사업주가 법인인 경우에는 그 법인이 해산하면 근로계약관계는 청산의 종료(법인격의 소멸)로써 종료한다. 그러나 청산 종료 전에 해고·사직·합의해약이 이루어지는 것이 관례다. 사업주가 법인격 없는 사단인 경우도 이에 준한다. 회사의 합병이나 영업의 양도로 노동관계가 당연히 종료하는 것이 아니다.

2 사업장 폐업(파산)

자본주의의 속성상 사업주는 사업개시의 자유와 폐업의 자유를 가지고 있으나 근로관계 당사자 중 사업주(법인 또는 개인)가 소멸하게 됨으로써 근로관계는 당연히 소멸하게 된다. 그러나 노동조합활동을 혐오하여 이루어진 폐업이라면 노동3권의 보장 차원에서 일정한 제한을 받을 수밖에 없다. 통상 이러한 경우를 위장폐업이라고 하고, 별도의 법인을 설립하여 사업을 계속하고 있다면 새로운 사업체를 상대로 부당노동행위구제신청이 가능하다.[7]

[7] 위장폐업에 따른 부당해고는 그 효력이 부정되어 구회사(또는 신설회사)에 대하여 부당해고 기간 중의 임금을 청구할 수 있다. (대법 2011.3.10, 2010다13282)

해고의 정당성

회사의 일방적인 의사에 의하여 근로계약을 해지하는 것을 해고라 한다. 근로기준법 제23조는 사용자는 근로자에 대해 정당한 이유 없이 해고, 정직, 감봉, 기타 불이익을 못하도록 규정하였으나 정당한 사유에 대하여는 구체적인 규정이 없다. "정당한 이유"라 함은 근로계약의 불성실 이행 또는 경영질서를 문란하게 하는 등 사회통념상 고용관계를 유지할 수 없을 정도로 근로자에게 귀책사유가 있다든지, 경영상 긴박성 등으로 인한 해고의 불가피성 등을 의미한다. 따라서 사회통념상 위배되거나 인사권의 남용에 해당하지 않는다면 정당한 해고사유를 회사가 사규에 정하여 시행하는 것을 인정하고 있다.[8]

해고유형

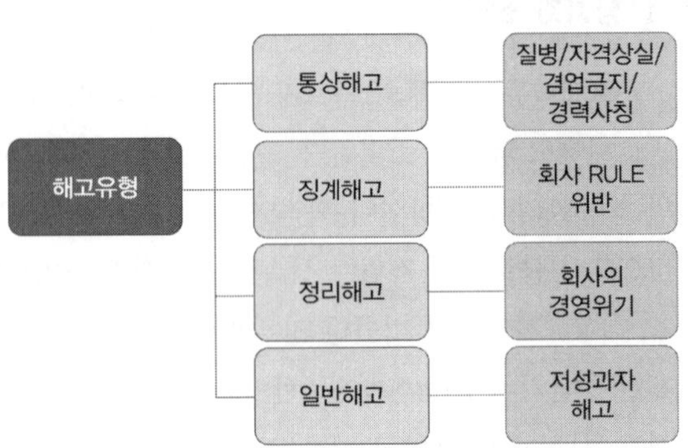

해고의 유형

1 통상해고

(1) 의의

일신상의 이유라 함은 근로자가 계약상의 근로제공에 필요한 정신적, 육체적 또는 기타의 적격성을 현저히 결하는 사정이 발생하여 그 결과 근로자가 자신의 지위에 상응하여 정당하게 요구되는 업무를 담당할 수 없는 경우를 말한다. 예를 들면 질병, 자격 및 적격성의 결여, 노동력의 감퇴, 주벽, 마약복용 등이 해당된다.

(2) 성격상의 사유

개인의 성격상의 사유에서 비롯된 개인적 부적격성도 일신상의 사유에 해당한다. 예컨대 악단의 지휘자가 통솔능력이 부족한 경우, 업무의 성격상 구성원의 긴밀한 협동정신이 요구되는 경우에 성격상의 결함으로 말미암아 그에 적응하지 못하는 경우가 이에 해당한다.

(3) 질병으로 인한 사유

계약상의 노무급부를 곤란하게 하는 질병도 일신상의 사유에 해당한다. 그러나 질병을 이유로 하는 해고는 사용자의 경영상의 이익이 침해

8. 금융비리로 사표를 쓰고 퇴사한 직원에 대해 금융투자회사가 뒤늦게 징계면직처분을 내렸더라도 부당하지 않다. (서울고법 2012.10.12, 2012나24073)

되는 경우에만 고려되어야 한다. 따라서 사용자는 근로자의 질병상태와 그로 인한 경영상의 이익을 비교하여 질병에 걸린 근로자를 경미한 근로에도 계속 취업시킬 수 없음을 입증하여야 한다. 즉 질병에 의한 근로능력 저하시에도 사용자는 해고 이전에 적절한 치료나 작업환경의 개선, 경미한 부서로의 인사이동 등을 통하여 가능한 고용 노력을 하지 않으면 정당한 해고라고 볼 수 없을 것이다. 아울러 업무상 부상 또는 질병을 위한 휴업기간에는 해고가 금지된다.[9]

(4) 겸직금지 위반

일반적으로 겸직금지 및 겸업금지에 대한 제한은 취업규칙에 규정되어 있으며 '회사의 허가 없이 회사업무 이외에 다른 직무를 겸직하거나 영리사업에 종사하지 말아야 한다' 등으로 겸직 및 겸업을 금지하고 있다. 그러나 사용자는 정당한 이해관계를 가지고 있는 경우에 겸직을 금지시킬 수 있다. 겸직금지에 관한 취지는 근로자가 다른 직업에 종사하는 것이 사용자의 이익에 반하거나, 직무수행이나 능력개선 등에 지장을 줄 우려가 있다고 보고, 겸직을 이유로 당해 직무에 전념하지 못함으로써 정상적으로 근로자가 담당하는 업무를 적기에 이행하지 못하는 경우가 발생하는 것을 염려하기 때문이다. 회사와 거래관계 있는 자를 대상으로 하는 영업행위 등은 기업의 공동질서를 문란하게 하는 것으로 징계 사유로서 포함될 수 있다.[10]

(5) 경력사칭

기업이 채용단계에서 근로자에게 요구하는 이력서에는 학력, 경력을 작성하게 되어 있는데 이력서 허위기재라 함은 이러한 필요적 기재사항을 허위로 작성하는 것을 말한다. 사용자가 근로자를 고용함에 있어 근로자의 경력을 알고자 하는 것은 근로자의 전인격 조사를 필요로 하기 때문이고, 경력사칭행위가 기업질서 침해에 대한 추상적 위험성이 있다고 할 수 있기 때문에 해고 사유가 될 수 있다. 그러나 학력이나 경력 등의 사칭행위가 곧바로 기업질서 위반인지 여부는 해고 사유에 대한 판단을 사용자가 주관적으로 행한다는 것이어서 해고보호제도와 모순되기 때문이다. 즉 근로관계 계약상의 하자는 근로이행과정에서 치유될 수 있다는 점과 근기법 제23조의 목적이 근로자의 고용보

[9] 신체장해로 원직에 복직할 수 없기에 해고한 것은 정당하다. (중노위 2008.7.8, 2008부해168)

[10] 근로자 퇴직 후의 영업비밀 유지기간은 직업선택과 영업의 자유를 제한할 우려가 크므로 제한적으로 해석되어야 한다. (서울고법 2002.11.12, 2002라313)

호라는 점에서 '정당한 이유'의 판단시점은 해고 당시가 기준이 되어야 한다.[11]

(6) 경향유지업무의 위반

경향사업이란 특정한 정신적·이념적 목적을 추구하는 사업을 말한다. 사업 자체의 목적이 '직접적으로' 특정한 정신적·이념적 목표를 추구해야 하기 때문에, 특정사업이 정신적·이념적 목표와 관련되어 있더라도 간접적인 관계만을 갖고 그 직접적인 목적은 경제적인 이윤의 추구라면 일반사업으로 평가된다. 예를 들어 노동조합에서 운영하는 호텔은 경향사업이 아니다. 특히 경향사업은 단순한 경제적 이윤의 추구가 아닌 특정한 정신적·이념적 목적을 추구하는바, 이러한 경향사업장에서 경향업무에 종사하는 근로자에게 인정되는 근로관계상의 의무 이외에 경향근로자로서의 특별한 의무가 부가된다고 보아야 할 것이다.

2 징계해고

(1) 의의

근로자의 고의, 과실로 근로계약상의 의무를 위반한 행위를 비롯하여 다른 동료근로자와의 관계나 기타 경영 내·외적 제도 및 조직과의 관계 등에서 발생하는 사유를 말한다. 경영질서를 문란하게 한 행위, 신뢰관계를 중대하게 위반한 경우, 근로계약상의 성실의무를 위반한 경우(근무태만, 무단결근, 작업지시 혹은 복무규율위반, 업무 중의 음주), 업무의 종류에 따라 특별히 요구되는 신뢰나 명성을 손상함으로써 근로계약상의 의무를 침해하는 경우 등이 있다.

징계해고의 정당성

(2) 무단결근

취업규칙상 직무태만의 범주에 속하는 무단결근은 근로자가 사용자의 사전 또는 사후의 승인 없이 근로계약에 따른 노무제공을 하지 않는 것을 말한다. 근로자가 근로할 의사 없이 사용자의 경고에도 불구하고 개인적인 용무로 무단결근하거나 지각, 조퇴를 반복하는 것은 노무급

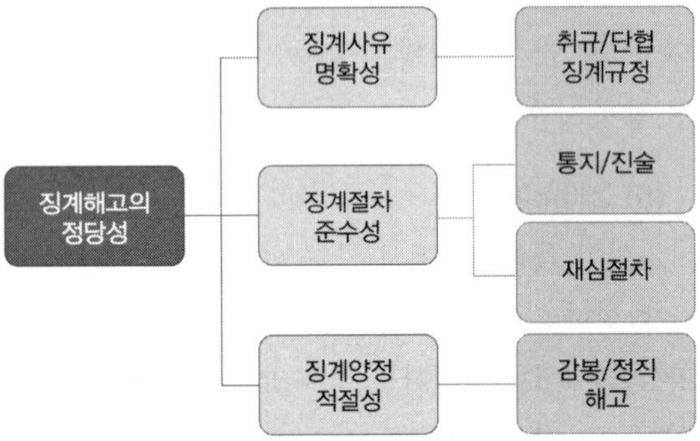

[11] 대학졸업이라는 학력이 근로자가 담당하고 있는 업무능력에 미치는 영향이 적고 2년제 대학졸업자가 원고 회사에 생산직으로 근무하고 있으며 원고 회사의 인사위원회 운영규정상 부정한 방법으로 채용된 자의 경우에 그 징계기준으로 정직 또는 해고를 택할 수 있도록 규정되어 있다는 등의 사정만으로 원고 회사가 근로자에 대하여 징계수단으로 해고를 선택한 것은 징계권을 남용한 것이라 보아야 한다. (대법 2012.7.5, 2009두16763)

부 의무의 위반으로서 징계 사유에 해당한다.⑫

(3) 업무지시 불이행

근로자가 근로계약상의 근로제공 의무를 거절하거나 해당 업무에 임하지 않는 경우에는 징계 사유에 해당한다. 근로자는 근로계약의 내용에 따라 노무급부의 제공을 해야 하고 그의 노동력을 사용자의 처분가능한 상태에 두어야 하며 사용자의 정당한 지시를 수행할 의무가 있다. 따라서 사용자의 정당한 업무명령을 거부하는 것은 채무불이행과 근무질서 문란의 두 가지 측면을 가지고 있다. 처분가능한 사용자의 업무지시를 거부한 경우, 근로자가 안전보건규칙을 위반한 경우, 상사에 대해 폭언을 행한 경우 등은 징계의 사유에 해당될 수 있다. 반면 사용자의 지시를 불이행하는 경우 징계 사유로 규정하고 있는데 이 경우에도 근로계약, 취업규칙, 단체협약이나 상위 법령에 위반하지 않는 정당한 것인지 여부를 따져 징계해고 사유를 판단하여야 한다.⑬

(4) 범법행위

근로자의 범법행위는 직접 사용자에 대한 의무 위반이 아니라 제3자에 대해서 행해진 것이긴 하지만, 그것이 노무급부 의무에 영향을 미칠 수 있는 경우에는 해고 사유가 될 수 있다. 즉 근로자가 직무 이외의 영역에서 행한 범죄로 인하여 형사상의 소추를 받는다든가 유죄판결을 받았다고 하여 사용자가 그 근로자를 바로 해고할 수 있는 것은 아니지만, 이로 인하여 장기간 노무급부가 불가능하게 되어 계약의 목적이 달성될 수 없는 경우 또는 업무상 특별히 요구되는 근로자에 대한 신뢰나 품위 또는 사용자의 명예가 손상됨으로써 근로관계의 유지가 기대될 수 없는 경우에는 해고 사유가 된다. 그러나 업무수행 중에 발생한 사고로서 업무의 성질상 정신적, 육체적 피로에 수반되어 통상 발생할 수 있는 범법사실은 언제나 정당한 해고 사유로서 평가될 수는 없다.⑭

⑫ 산술적·형식적으로 무단결근 일수만을 고려하여 해고에 처하는 것은 가혹하고, 나머지 징계 사유 및 추가적인 징계 양정 역시 고용관계를 단절한 만한 중대한 비위행위에 해당한다고 볼 수 없으면 이 사건 해고는 부당하다. (대법 2009.1.15, 사건번호 2008두16094)

⑬ 상사의 정당한 업무 지시 및 연장근무 지시에 불응하거나 불성실하게 응하고 무단외출을 한 행위는 정당한 징계 사유로 인정된다. (서울행법 2011.1.6, 2010구합32778)

⑭ 업무공무집행방해 등 범법행위를 징계 사유로 삼은 것은 정당하고 징계재량권을 남용하였다고 볼 수 없어 부당해고라 할 수 없다. (중노위 2011.11.7, 2011부해545)

(5) 직위해제처분 후 면직

단체협약 또는 취업규칙 등에 직무수행능력의 부족, 근무성적 불량 또는 근무태도 불성실을 이유로 직위해제 또는 대기발령을 명할 수 있는 사유가 규정되어 있고 이와 같은 처분이 정당하게 이루어졌으나, 대기발령 또는 직위해제된 자가 그 기간 중 능력의 향상 또는 개전의 정이 없다고 인정되는 경우에는 위의 단체협약 또는 취업규칙(인사규정)에 따라 행하여진 직위해제처분에 이은 면직처분은 인사권 내지 징계권의 남용에 해당하지 않는다.⑮

3 정리해고

(1) 의의

경영상 이유에 의하여 근로자를 해고하고자 하는 경우에는 ① 긴박한 경영상의 필요가 있어야 한다. 이 경우 경영악화를 방지하기 위한 사업의 양도·인수·합병은 긴박한 경영상의 필요가 있는 것으로 본다. ② 제1항의 경우에 사용자는 해고를 피하기 위한 노력을 다하여야 하며 합리적이고 공정한 해고의 기준을 정하고 이에 따라 그 대상자를 선정하여야 한다. 이 경우 남녀의 성을 이유로 차별하여서는 아니 된다. ③ 사용자는 제2항의 규정에 의한 해고를 피하기 위한 방법 및 해고의 기준 등에 관하여 당해 사업 또는 사업장에 근로자의 과반수로 조직된 노동조합이 있는 경우에는 그 노동조합(근로자의 과반수로 조직된 노동조합이 없는 경우에는 근로자의 과반수를 대표하는 자를 말하며, 이하 양자를 "근로자대표"라 한다)에 대하여 해고를 하고자 하는 날의 50일 전까지 통보하고 성실하게 협의하여야 한다.

● 정리해고의 정당성

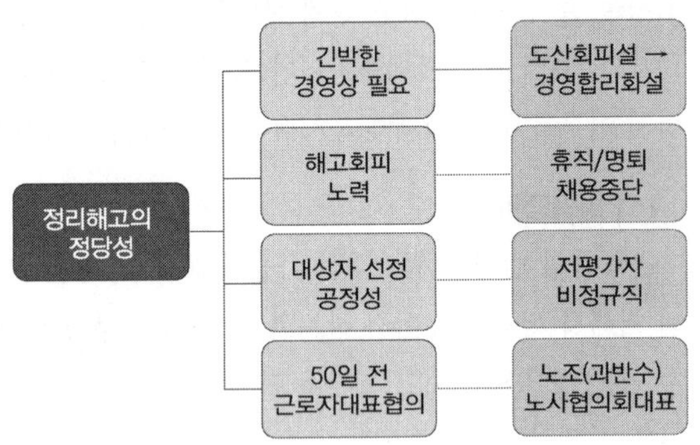

(2) 긴박한 경영상의 필요성의 존재

경제적, 기술적 변화에 의한 경영합리화 정책에 따라 잉여의 근로자를 해고하는 것을 경영상 이유에 의한 해고라 한다. 경영악화로 인하여 사업을 계속할 수 없을 정도로 재정적으로 심히 곤란하거나 경영합리화 및 생산성 향상을 위한 구조조정의 불가피성 등이 사회통념상 인정

⑮ 대기발령 중 직위해제 및 대기발령의 주요 원인인 명예훼손 행위를 수회에 걸쳐 반복하고, 상급자의 비리 의혹을 무책임하게 제기하여 해고한 것은 정당하다. (대법 2005.11.25, 2003두8210)

될 수 있는 경우에는 긴박한 경영상의 필요가 있다고 본다.[16]

① 허가 취소 등 불가피한 사유로 인한 작업부서의 폐지
② 경영악화를 방지하기 위한 사업의 양도, 인수
③ 영업성적의 악화, 경쟁력의 회복내지 증감을 위한 작업형태의 변경
④ 신기술의 도입으로 인한 사유로 잉여인원 삭감
⑤ 경영 합리화에 따른 직제개편 등

(3) 해고회피 노력

경영상 이유에 의한 해고는 근로자의 생존권을 박탈하는 것이므로, 비록 해고의 긴박한 경영상 필요성이 인정된다고 하더라도 상당기간 해고회피 노력을 다 한 후 최후의 수단으로서 해고를 행하여야 한다.[17]

① 인정되는 해고회피 노력

간외 휴일 야간근로의 중단, 작업방법의 합리화 근로시간단축, 직무분할 배치전환 직무전환, 신규 채용금지, 휴업, 무급휴직, 희망퇴직 또는 명예퇴직 등이 있다.

② 불인정된 해고회피 노력

- 감원계획을 일방적으로 마련한 후 개별면담을 통해 근무희망지를 파악하여 일부만을 선별하여 배치전환, 계열사 재취업 등을 실시한 경우(대판 1993.11.23, 92다12285)
- 배치전환이나 조업단축이 없이 해고한 경우(대판 1990.3.13, 86다카24445)
- 희망퇴직자 모집, 인건비 절감, 휴직희망자 모집 등을 하지 않은 경우(서울지법 1995.12.15, 94가합10586)
- 정년자의 자연감소가 예상됨에도 정리해고한 경우(중노위 1996.8.14, 96부해117)

[16] 정리해고의 요건이 되는 '긴박한 경영상의 필요'의 판단 기준이다. (대법 2003.9.26, 2001두10776, 2001두10783) 정리해고의 요건이 되는 긴박한 경영상의 필요라 함은 반드시 기업의 도산을 회피하기 위한 경우에 한정되지 아니하고, 장래에 올 수도 있는 위기에 미리 대처하기 위하여 인원삭감이 객관적으로 보아 합리성이 있다고 인정되는 경우도 포함되는 것으로 보아야 할 것이다. 정리해고 당시 회사의 자산이 부채를 초과하고 있고, 장부상 영업이익, 경상이익, 당기순이익을 내고 있었다고 하더라도, 사업부문의 변화로 인하여 고용을 계속 유지하는 경우 장래에 적자가 발생할 것으로 예상되는 때에는 정리해고의 요건이 충족된다.

[17] 해고회피노력으로는 신규채용의 중단, 임금삭감, 일시휴직, 전근 및 희망퇴직 등 해고 범위를 최소화하기 위하여 가능한 모든 조치들이 포함 된다(서울행법 2010.9.3, 2009구합57290).

(4) 해고대상자 선정의 객관성과 공정성

해고대상자 선정기준은 근속기간, 건강, 업무능력, 업무고과 등을 고려하여 합리적으로 결정해야 한다. 해고대상자 선정기준이 단체협약, 취업규칙 등에 정해져 있거나 관례가 있으면 사회통념상 합리성이 인정되는 한 그 기준에 따르되, 별도로 규정한 바가 없으면 근로자대표와 협의를 하여 결정한다.[18]

해고대상자 선정의 공정성

근로자 생활보호측면 (재고용 가능성)	사용자 이익측면 (기업에의 공헌도)
• 근로자의 연령 • 근속연한 • 가족에 대한 부양의무 • 재산소유상태 • 다른 가족의 소득 • 근로자의 건강상태 및 건강악화 요인 • 산업재해 또는 업무로 인한 직업성 질병 등	• 기능의 숙련도 • 근로능력, 경험기능 및 직업적 자격, 자질 • 전직의 가능성 • 기업에의 불이익 유무 · 평소의 근무실적(결근일수, 지각횟수, 명령위반, 상벌관계 등) • 경력

(5) 50일 전 근로자대표와의 성실한 협의

① 의의

근로기준법은 비록 정당한 경영상 해고 사유가 있더라도 경영상 이유에 의한 정리해고의 남용을 막기 위해 근로자대표의 사전통보 및 성실한 협의를 의무요건으로 부여하고 있다. 사용자는 사업 또는 사업장에 근로자의 과반수로 조직된 노동조합이 있는 경우에는 그 노동조합, 근로자의 과반수로 조직된 노동조합이 없는 경우에는 근로자의 과반수를 대표하는 자에게 해고하고자 하는 날의 50일 전까지 해고회피 방법 및 해고 기준에 관한 사항을 통보하고 성실하게 협의하여야 한다.[19]

② 세부내용

근로자 과반수로 조직된 노동조합이 있는 경우는 노동조합대표, 근로자 과반수로 조직된 노동조합이 없는 경우는 근로자대표를 말한다. 50일 전 통보내용과 협의 관련해서 필수적인 내용은 정리해고의 불가피성, 해고회피의 방법, 해고 및 대상자 선정 기준이며, 선택적인 내용은 희망퇴직자 모집조건, 감원수와 범위, 대상자에 대한 보상액과 방법 등이다. 또한 단체협약이나 취업규칙의 절차를 준수해야 한다.

[18] 객관적인 평가 기준 없이 임의적으로 감축대상자를 선정한 것은 합리성이 없다. (서울고법 2001.6.29, 2000누8839) 1, 2급 직원 중 기본감축 대상자로, 나○○을 조직의 발전을 저해하는 자라하여 추가감축대상자로 각 선정함에 있어, 원고는 위원회의 위원들에게 그 대상자 및 후보자들에 대한 아무런 객관적인 평가자료나 평가기준을 제시하거나 설명하지 아니하고 위원들의 주관적이고 임의적인 판단에 맡겨 위원들의 투표만으로 정리해고대상자를 선정한 바, 이와 같은 정리해고대상자 선정방법은 위원회의 위원들이 200명이 넘는 원고의 모든 직원들의 직위, 신상 및 업무내용, 업무태도 등을 파악하기 어려운 점, 투표의 방식으로 대상자를 선정하는 경우에는 정리해고를 실시하는 기업의 입장보다 개인적인 친소관계가 투표에 영향을 미침으로써 그 결과가 왜곡될 가능성이 클 뿐만 아니라, 정리해고대상자의 선정 권한을 위원들로 하여금 자유재량으로 선정한 것은 대상자 선정의 공정성이 없다.

[19] 노동조합이 사전합의권을 남용하거나 스스로 사전합의권의 행사를 포기한 경우에 해당하므로 요건을 갖춘 정리해고가 노동조합과 사전 합의를 거치지 아니하였다는 사정만으로 무효라고 볼 수는 없다. (대법 2012.6.28, 2010다38007)

③ 협의의 의미

협의는 상호 의견교환을 말하며, 논의로 족하다 할 것이다. 협의는 반드시 상대방의 승낙을 얻거나 합의를 의미하는 것은 아니다(예외: 단체협약, 취업규칙). 법령이나 단체협약 및 취업규칙에 의한 사전협의조항은 인사의 공정성을 기하기 위하여 필요한 노조나 근로자대표의 의견을 제시할 기회를 주고 여기서 제시된 의견을 참고자료로 고려하게 하는 정도에 지나지 않는다. 즉 성실한 협의 후 반대할 합리적 이유가 없음에도 동의를 거부함은 동의권 남용이 될 수 있고, 사실 자체에 합리성이 충분히 갖추어진 경우에는 절차상의 배려를 하면 동의약관의 목적을 실질적으로 다하였다고 할 수 있다.

(6) 노동부 신고 및 재고용 의무

근로기준법 제24조 제4항은 사용자가 1개월 동안에 상시근로자가 99인 이하인 사업자는 10인 이상, 100인 이상 999인 이하인 사업장은 10% 이상, 상시근로자가 1,000명 이상인 사업장은 100명 이상 인원을 해고하는 경우에는 최초로 해고하고자 하는 날의 30일 전까지 해고 사유, 해고예정인원, 근로자대표와의 협의내용, 해고일정 등을 명시하여 관할 노동관서에 신고해야 한다.

4 저성과자 해고

(1) 취지

고용노동부가 공정인사지침을 발표한 이후 저성과자 해고 이슈가 본격적으로 논의되던 시기에 저성과자 해고 이슈가 정면으로 다뤄진 사례가 있었고(서울행정법원 2016. 7. 14. 선고 2015구합12830 판결, 서울고등법원 2017. 1. 11. 선고 2016누58064 판결, 상고미제기로 확정) 사건이 대법원까지 가지 않는 바람에 확고한 법리로 자리 잡았다고 보기에 부족한 측면이 있었는데 대법원 판결(2021.2.25. 2018다253680 판결)로 저성과자 해고 이슈가 법리적으로 정립됐다고 볼 수 있다.

(2) 요건

저성과자 해고가 정당하기 위해서는 ① 근무성적이나 근무능력이 불량하다고 판단할 근거가 되는 평가 ② 저성과자 산정이후 업무수행 능력 개선을 위한 기회부여 ③ 개선의 기회부여 이후 근로자의 업무수행 능력등의 개선여부 평가 ④ 상당한 기간에 걸친 저성과자 선발과 그에

● 저성과자 해고의 정당성(대판)

년도	비고
2012~2014	종합 인사평가 및 성과평가 결과 실시
2015.02.25.~12.31	최근 3개년 하위 2%의 직원대상(65명)으로 직무재배치 교육실시
2016.01.18	원고1, 원고2 부서 재배치
2016.상반기	상반기 성과평가결과 원고1,2 D등급 부여
2016.08.27	원고1 해고처분 해고사유 취업규칙 제16조의1 제6호("근무성적 또는 능력이 현저하게 불량하여 직무를 수행할 수 없다고 인정되었을 때")
2016.09.01	원고2 해고처분 해고사유 취업규칙 제16조의1 제6호("근무성적 또는 능력이 현저하게 불량하여 직무를 수행할 수 없다고 인정되었을 때")
2017.12	1심 원고 패
2018.07	2심 항소 기각
2021.02	3심 상고 기각(판결 확정)

대한 기회부여 및 이후 평가가 공정해야 한다.[20]

5 전직명령의 정당성

근로자에 대한 전직 · 전보 등은 명령은 원칙적으로 인사권자인 사용자의 권한에 속하므로 업무상 필요한 범위 안에서는 사용자에게 상당한 재량을 인정하여야 하고, 이러한 인사명령이 근로기준법 제30조 제1항에 위반되거나 권리남용에 해당하는 등의 특별한 사정이 없는 한 무효라고 할 수 없다.(대법원 1991.7.12 선고, 91다12752 판결 등) 그러나 전직 · 전보명령이 정당한 인사권 범위에 속하는지 여부는 ① 전직명령의 업무상 필요성의 정도 ② 전직에 따른 근로자의 생활상의 불이익 정도 ③ 근로자 본인과의 협의 등 그 전직명령을 하는 과정에서 신의칙상 요구되는 절차를 거쳤는지 여부 등 제반사정을 종합하여 결정되어야 하고, 이때 근로자 본인과 성실한 협의절차를 거쳤는지 여부는 정당한 인사권의 행사인지를 판단하는 하나의 요소라고 할 수 있으나, 그러한 절차를 거치지 아니하였다는 사정만으로 당연히 권리남용에 해당하여 무효가 되는 것은 아니라고 할 것이다.[21]

전직명령의 정당성

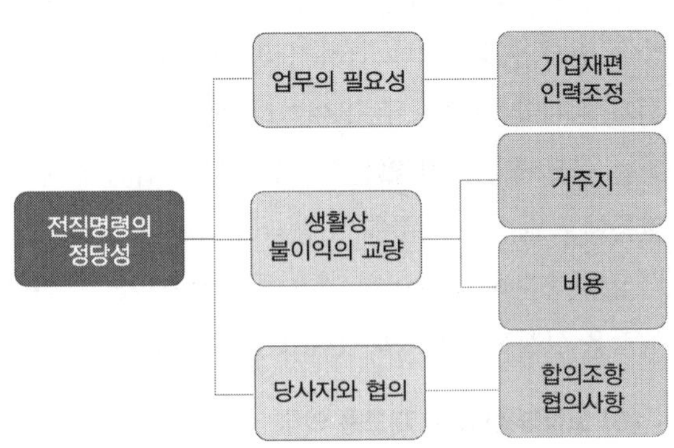

해고제한

해고라 함은 명칭(당연퇴직, 파면, 면직, 해임)이나 절차에 관계없이 근로자의 의사와는 무관하게 사용자측에서 일방적으로 근로관계를 종료시키는 것을 말한다. 회사가 어떠한 사유의 발생을 당연퇴직 또는 직권면직 사유로 규정하고 그 절차를 통상의 해고나 징계해고와는 달리 하였더라도 근로자의 의사와는 관계없이 사용자측에서 일방적으로 근로관계를 종료시키는 것이면 이는 해고로서 제한을 받는다고 보아야 할 것이다.

해고제한

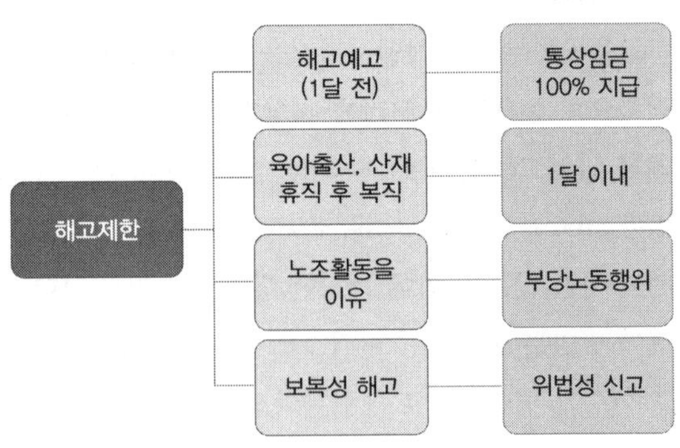

[20] 장기간 실적이 상당한 정도로 부진하였고, 직무를 수행하기에 실질적으로 부족하였으며, 업무능력 향상의지가 있다고 보기 어려우므로 해고에 정당한 이유가 있다. (사건번호 : 대법 2018다253680, 선고일자 : 2021-02-25)

[21] 전직명령이 업무상 필요한 범위 내에서 이루어졌다면 근로자 본인과 성실한 협의과정을 거치지 아니했다는 사정만으로 당연히 권리남용에 해당해 무효가 되는 것은 아니다(사건번호 : 서울행법 2001구41694, 선고일자 : 2002-05-16).

1 일반적 제한

근로기준법 제23조에서는 '사용자는 근로자에 대하여 정당한 이유 없이 해고, 휴직, 정직, 전직, 감봉 기타 징벌을 하지 못한다'라고 규정하여, 사용자의 해고권을 일반적으로 제한하고 있다.

2 특정한 이유에 의한 제한

(1) 부당노동행위 금지

노동조합 및 노동관계 조정법 제81조 제1호 내지 제5호에서는 ① 근로자가 노동조합에 가입·결성 ② 노조업무를 위한 정당한 행위 ③ 정당한 쟁의행위에의 참가 ④ 노동위원회 기타 행정관청에의 부당노동행위의 신고 또는 증거제출을 이유로 해고하는 것을 부당노동행위로서 금지하고 있다.

(2) 균등대우 원칙에 의한 해고의 제한

사용자는 근로자에 대하여 남녀의 차별적 대우나 국적, 신앙 또는 사회적 신분을 이유로 근로조건에 대한 차별적 대우를 하지 못한다(근로기준법 제6조). 근로조건에는 해고도 포함되므로 동조를 위반한 해고는 무효이다.

(3) 보복적인 해고의 금지

근로기준법 또는 동법 시행령에 위반한 사실을 노동부장관 또는 근로감독관에게 통보한 것을 이유로 근로자를 해고할 수 없다(근로기준법 제104조 제2항). 이는 근로자에게 사용자의 위법사항의 통고 등을 보장함으로써 사용자로 하여금 법의 준수 의무를 다하게 하고, 감독기관의 기능을 촉진시키기 위한 것이라 하겠다.

(4) 남녀고용평등법상의 제한

사업주는 해고에 관하여 여성인 것을 이유로 남성과 차별하여서는 아니 된다(남녀고용평등법 제8조 제1항). 이는 남녀근로자 모두에게 해고의 정당한 이유가 있는 경우에 특별한 사정없이 여자근로자를 차별적으로 해고시키는 것을 금지하려는 것이다.

(5) 산재발생의 급박한 위험으로 대피한 것을 이유로 해고나 불이익금지

근로자가 산재발생의 급박한 위험(합리적 개관적 근거 有)으로 대피한 것을 이유로 해고나 불이익한 처분을 하여서는 아니 된다(산업안전보건법 제26조 제3항).

3 해고시기의 제한

(1) 요건

육아휴직기간(남녀고용평등법 제19조 제3항), 업무상 재해로 요양을 위한 휴업기간과 그 후 30일간, 산전·후 여자의 출산휴가기간(90일, 쌍둥이 출산의 경우 120일)과 그 후 30일간에는 정당한 이유가 있더라도 해고하지 못한다.

(2) 예외(근로기준법 제84조(일시보상))

① 요양개시 2년 경과 후 완치×→ 1,340일분 일시보상 → 이후 보상책임×산재법 제52조 제4항(다른 보상이나 배상과의 관계)

② 요양개시 후 3년 경과 상병보상연금을 받는 경우 일시보상을 한 것으로 본다.

③ 천재, 사변 기타 부득이한 사유에 의해 사업을 계속할 수 없게 된 경우에는 그러하지 아니하다(근로기준법 제23조 제2항 단서).

4 해고의 예고

(1) 해고예고의 방법

근로자를 해고(경영상 이유에 의한 해고 포함)하고자 할 때에는 적어도 30일 전에 그 예고를 해야 한다. 30일 전에 예고를 하지 아니한 때에는 30일분 이상의 통상임금(해고예고수당)을 지급하여야 한다. 사용자는 해고예고나 해고예고수당 중에서 한 가지를 선택적으로 행사할 수 있다.

(2) 해고예고의 예외(즉시해고)

천재·사변 기타 부득이한 사유로 사업계속이 불가능하거나 또는 근로자가 고의로 사업에 막대한 지장을 초래하거나 재산상의 손해를 끼친 경우로서 노동부장관이 정하는 사유에 해당하는 경우에는 즉시 해고할 수 있다.

(3) 해고예고기간 중의 근로관계와 휴업수당

해고예고기간 중에도 근로관계는 유지되는 것이며, 해고예고기간이 만료된 후에 계속 사용하는 경우에는 다시 해고절차를 밟아야 한다. 또한 해고예고기간 중에 사용자의 귀책 사유에 의해 휴업한 경우에도 평균임금의 70 /100 이상의 휴업수당을 지급하여야 한다.

(4) 해고예고의 적용제외(근로기준법 제35조)

① 일용근로자로서 3개월을 계속 사용하지 아니한 자

② 3개월 이내의 기간을 정하여 사용된 자

③ 수습사용 중의 근로자로서 3개월 이내인 경우

(5) 해고예고 절차 위반시 효력

해고의 정당성은 1차적으로 해고의 합당한 사유가 존재하여야 하고, 회사가 아무리 해고예고 절차를 준수하거나 법에서 정한 금액 이상의 해고예고수당을 지급하여도 해고의 정당한 사유가 없으면 해고의 정당성을 인정받을 수 없다. 따라서 근로자에 대한 해고 사유에 대하여 구체적인 입증자료가 있을 경우에는 해고예고절차가 미비한 경우도 해고예고와 무관하게 해고의 정당성은 인정된다.[22]

5 절차적 제한

(1) 해고사유 및 시기의 서면통지 의무

종전 근로기준법은 해고절차에 관한 규정이 없었고, 해고시기제한(근로기준법 제23조 제2항)과 해고예고제도(근로기준법 제26조)만 규정하고 있었다. 따라서 해고절차에 관해서는 취업규칙, 단체협약에 정하는 것이 일반적이었다. 그러나 개정법은 해고 사유 및 해고시기를 서면으로 통지해야 하며, 해고는 서면으로 통지하여야 효력이 있다고 규정하고 있다.[23]

(2) 단체협약이나 취업규칙 등의 규정

법령에 별도의 규정이 없는 절차에 관해서는 단체협약이나 취업규칙에 정할 수 있고, 이 경우 그 절차를 지켜야 한다. 즉 근로자에 대한 해고 등의 징계시 사전통보, 소명권 부여, 징계위원회의 참석, 재심절차 등 징계에 관한 절차는 사용자의 법적 의무사항은 아니지만 이를 취업규칙이나 단체협약 등에 정할 수 있고 이를 정한 경우에는 사용자는 준수할 의무가 있는 것이다. 따라서 이를 준수하지 않은 경우 징계절차상의 하자로 징계가 무효가 될 수 있으나, 절차를 별도로 정하지 않은 경우에는 이러한 절차가 없더라도 징계의 효력에 영향을 미치지 않는다.[24]

[22] 징계해고 사유가 정당성을 갖추었다면 해고예고절차를 거치지 않은 경우라도 해고의 효력은 있다. (대법 1993.9.24, 93누4199)

[23] 서면 통지를 요하는 해고 사유는 근로자로 하여금 해고 사유가 무엇인지 알 수 있을 정도로 구체적으로 제시되어야 한다. (서울행법 2012.12.18, 2012구합24535)

[24] 단체협약에 징계위원회의 구성에 근로자측의 대표자를 참여시키도록 되어 있는 경우, 이러

해고구제

1 구제방법

해고에 대한 구제방법은 행정적 구제와 사법적 구제로 구분된다. 행정적 구제는 노동위원회를 통해 구제신청자가 신속하게 비용부담을 최소화 할 수 있는 구제방법이다. 그러나 행정적 구제의 경우 원직복직 및 임금지급 명령을 받는다고 해도 사업주가 이를 거부할 경우 실효성 확보가 어렵다. 또 다른 구제방법은 사법적 구제이다. 사법적 구제는 원고에게 시간과 비용이 부담된다는 단점은 있으나 사업주가 이를 이행하지 않을 경우 실효성 확보가 용이하다.

부당해고 구제방법

행정적 구제	노동위원회	부당해고 구제신청	중노위 → 행정소송 (고등법원)	대법원 (상고)
사법적 구제	법원	해고무효 확인청구	고등법원 (항소)	

2 행정구제절차

행정적 구제절차는 신속성을 원칙으로 하고 있으므로 일정한 청구기간을 제한하고 신속한 결정을 통한 원상회복을 그 목적으로 하고 있다. 따라서 청구기간(제척기간)이 도래하거나 재청구일이 지날 경우 "각하" 처분이 되어 해고의 정당성에 관한 심리를 할 수 없는 단점이 있다.

부당해고 구제절차

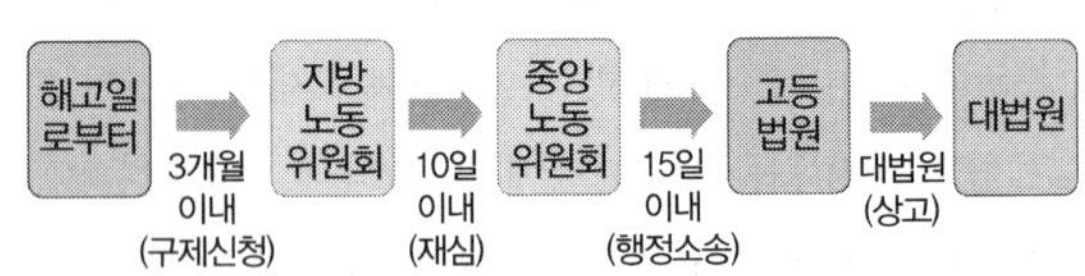

3 구제명령 유형

(1) 원직복직

회사의 해고 등 인사명령이 부당하다는 근로자의 주장이 인정되면, 그 원상회복을 위하여 근로자를 원직에 복직시키고 해고기간 중 임금상당액(또는 임금차액)을 지급하라는 구제명령이 내려진다. 노동위원회의 구제명령은 행정처분의 일종으로서 명령서의 교부일로부터 효력을 발생하며, 관할 노동청에 그 결과가 통보되어 사업주의 구제명령 이행 여부를 감독하게 된다.[25]

(2) 금전보상

근로자가 원직복직을 원치 않을 경우 근로자는 금전보상을 신청할 수 있으나 이는 심문회의 개최일을 통보 받기 전에 제출해야 한다(제64

한 징계절차를 위배하여 징계해고를 하였다면 특별한 사정이 없는 한 그 징계는 무효이다. (대법 2009.3.12, 2008두2088)

㉕ 원직복직명령을 받았음에도 직위해제 및 대기발령을 한 것은 원직복직명령을 이행한 것으로 볼 수 없다. (서울행법 2012.12.13, 2012구합19601)

조) ① 근로자는 부당해고 구제신청 사건에 있어서 원직복직을 원하지 아니하는 경우에는 금전보상명령을 신청할 수 있다. ② 제1항에 의한 금전보상명령을 신청하고자 하는 근로자는 심문회의 개최일을 통보받기 전까지 금전보상명령신청서를 제출하여야 한다. 노동위원회는 사용자로 하여금 그 근로자에게 '해고기간 중의 임금상당액 이상의 금품을 지급하도록 명할 수 있다.[26]

(3) 구제신청 기간중 계약종료

근로자가 구제신청기간중 근로계약기간종료(계약기간 종료 또는 정년도래, 재취업)로 구제 실익이 없을 경우 구제신청을 각하 처리했으나 **2021.11.19** 이후 법 개정으로서 구제명령을 받을 수 있다.

(4) 화해권고

노동위원회는 판정·명령 또는 결정이 있기 전까지 관계당사자의 신청 또는 직권에 의하여 화해를 권고하거나 화해안을 제시할 수 있다. 이때 화해는 민사소송법에 따른 재판상 화해의 효력을 갖는다.[27]

(5) 신청취하

신청인은 명령서가 교부될 때까지는 언제든지 신청의 전부 또는 일부를 취하할 수 있다. 신청취하 결과는 양 당사자에게 통지되며 신청인이 취하한 사건에 대해서는 다시 행정적 구제신청을 할 수 없으나 사법적 구제는 가능하다.

4 구제명령

노동위원회는 부당해고 등의 성립 여부에 대한 판정에 따라 구제명령이나 기각결정을 하고, 사용자와 근로자에게 각각 서면으로 통지한다. 부당해고의 구제를 구하는 구제신청의 이익은 원직복직과 해고기간 중의 임금상당액이다. 해고에 대한 구제명령을 하는 때에 근로자가 원직복직을 원하지 않는 경우 원직복직명령 대신 해고기간 동안 근로를 제공했더라면 지급받을 수 있었던 임금과 위로금을 지급하도록 명

[26] 사용자의 복직명령에 불응한 상태에서 금전보상명령을 신청한 경우 구제이익이 소멸되었다. (중노위 2009.7.2, 2009부해373)

[27] 노동위원회법 제16조의3에 따른 화해는 재심신청 대상에 해당되지 아니한다. (중노위 2010.4.21, 2010부해140)

할 수 있다.[28]

5 구제명령 등의 확정

지방노동위원회의 구제명령 또는 기각결정에 불복하는 자는 구제명령서 또는 기각결정서를 통지받은 날부터 10일 이내에 중앙노동위원회에 재심을 신청할 수 있고, 중앙노동위원회의 재심판정에 대해서는 재심판정서를 송달받은 날부터 15일 이내에 행정소송을 제기할 수 있다. 위 기간 내에 재심신청이나 행정소송을 제기하지 않는 경우 구제명령, 기각결정 또는 재심판정은 확정된다. 확정된 구제명령 또는 구제명령을 내용으로 하는 재심판정을 이행하지 아니한 자는 1년 이하의 징역 또는 1천만원 이하의 벌금에 처한다(근로기준법 제111조).

6 구제명령 등의 효력

노동위원회의 구제명령, 기각결정 또는 재심판정은 중앙노동위원회에의 재심신청이나 행정소송의 제기에 의해 그 효력이 정지되지 아니한다.

7 이행강제금 부과

노동위원회의 구제명령이나 재심판정을 받은 후 이행기한까지 구제명령을 이행하지 아니한 사용자에 대하여 3천만원 이하의 이행강제금을 부과한다(21.11.19 시행).

[28] 부당해고기간 동안 지급받아야 할 금품과 관련하여서는 사용자는 계속근로 하였더라면 받을 수 있는 임금상당액을 지급하여야 하고(대법원 1981.12.22, 선고 81다626 판결) 부당해고기간 중 다른 직장에 근무하여 중간수입이 발생하더라도 중간수입은 휴업수당의 한도에서는 이를 이익공제의 대상으로 삼을 수 없고, 그 휴업수당을 초과하는 금액에서 중간수입을 공제하여야 할 것이다. (대법원 1991.6.28, 선고 90다카25277 판결)

해 고 통 지 서

성 명		연 락 처	
직 책		입 사 일	2017. 00. 00
주 소			

상기 귀하는 아래와 같은 이유로 인하여 2017년 00월 00일자로 (통상/징계/정리) 해고를 통지합니다.

〈사 유〉

근로자 귀책 내용 구체적으로 적시

2017. 00. 00

(주) ○○ 대표이사

■ 노동위원회규칙[별지 제9호서식]

[ ]부당해고 등 / [ ]부당노동행위 구제 신청서

노동조합	명 칭		대표자	
	소 재 지	(☎ :)		
근로자	성 명	(생년월일: . . . / 성별: □남, □여 / □외국인)		
	주 소	(☎ :)		
사용자	사업체명		대표자	
	소 재 지	(☎ :)		
	해고 등 또는 부당노동행위 사업장	– 사업장명: – 소 재 지: – 대 표 자: 직위 및 성명 ※ 해고등 불이익처분 당시의 사업장과 본사가 다른 경우 기재		
신청 취지		1. 2.		
신청 이유 (별지 기재 가능)		1. 해고 등이나 부당노동행위 경위 2. 부당한 이유		

위 근로자 또는 노동조합은

[ ]「근로기준법」 제28조와 「노동위원회규칙」 제39조
[ ]「노동조합 및 노동관계조정법」 제82조와 「노동위원회규칙」 제39조
에 따라 [ ]부당해고 등 / [ ]부당노동행위

구제를 위와 같이 신청합니다.

년 월 일

신청인 (서명 또는 날인)

○○지방노동위원회위원장 귀하

구비서류	1. 해고의 경우 해고통지서 2. 부당노동행위에 대한 사실을 증명할 수 있는 자료

210mm×297mm(백상지 80g/㎡)

Chapter 17

노사협의회 관리실무

- 노사협의회의 필요성
- 노사협의회의 설치 및 위원 선출
- 노사협의회의 임기 및 신분보장
- 노사협의회의 운영
- 노사협의회의 임무

Chapter

17 노사협의회 관리실무

노사협의회의 필요성

노사협의회는 노사간 협상을 통해 근로조건을 결정하는 합의체가 아닌 사업 및 사업장의 노사협력을 통해 생산성 증대와 근로자의 경영참여 확대를 통한 경영에 대한 이해증진을 위해 30인 이상 사업장은 「근로자참여 및 협력증진에 관한 법률」에 의거 설치가 의무화된 기업필수 협의체라 할 수 있다.

1 참여와 협력을 통한 노사이익증진

노사 쌍방의 참여와 협력은 기업 내부에서의 성과물을 분배를 목적으로 자발적으로 구성된 노조와 달리 노사간 의사소통 원활화로 생산성 극대화에 목적으로 하고 있는 법에 의해 의무화된 비자발적 조직으로 노사간의 의사소통을 통해 생산성을 극대화하고 이에 다른 이익을 공유하는 노사공동이익증진을 위한 조직이다.

2 노사 신의성실 원칙

노사가 자율적으로 그들의 공동이익을 위하여 상호 신뢰하고 성실하게 노사협의에 의무적으로 참여해야 하며 노사 쌍방은 민주적 사고로 상대방의 의견을 성실히 듣고 자기의 의견을 주장하는 자세가 필요하다. 따라서 노사는 노사협의회 운영뿐만 아니라 협의회 운영결과에 대한 책임까지도 신의성실의 의무가 있다.

3 노동조합활동과의 관계

노사협의회는 노사공동이익의 극대화를 목적으로 하는데 비해 노조와의 단체교섭은 분배몫을 둘러싼 노사대립을 전제한다는 점에서 서로 목적을 다르며, 협의회가 있다 하더라도 노동조합법 및 노동관계조정법상 인정되고 있는 노조의 역할과 기능은 전혀 제약받지 않는다. 다만, 노동조합이 근로자과반수 이상을 점하고 있다면 노사협의회의 근로자 위원 임명권을 행사할 수 있어 노사협의회사 노조활동을 제약하기 위한 제도라는 노동계 주장은 지나친 주장이라 할 것이다.

노동조합과 노사협의회 비교

구분	노사협의회	노동조합
목적	• 생산과정에서의 참여와 협력을 통한 노사의 공동이익 극대화	• 분배 몫을 둘러싼 노사 힘의 균형유지
배경	• 노조의 조직 여부와 관계없음 • 쟁의행위를 수반하지 않음	• 노조가 있음을 전제로 함 • 교섭결렬시 쟁의행위 가능
당사자	• 근로자위원과 사용자위원	• 노조대표자와 사용자
과정	• 사용자위원의 기업경영상황 보고 • 안건에 대한 노사간 협의·의결	• 단체교섭이 타결되면 협약 체결
대상	• 노사공동의 이익에 관한 사항 • 생산성 향상과 근로자복지 증진 등	• 근로조건의 유지·개선유지에 관한 사항 • 임금·근로시간 기타 근로조건
비고	• 위와 같은 차이는 이념적인 구분이며 현실적으로 목적이나 대상의 경우 노사협의회와 단체교섭간 중복되는 부분이 많음	

4 노동조합과 노사협의회 비교

노동조합은 조합원의 근로조건을 위해 자발적으로 구성되는 민주적 조직체인 반면 노사협의회는 법령에 따라 사업주가 의무적으로 사업장에 설치해야 하는 의무조직이다. 따라서 노동조합은 조합원을 위한 이익집단적 성격을 가지며 의사결정과정에서의 노사합의를 목적으로 하며, 교섭을 통해 체결된 단체협약은 그 기간 중 이를 지켜야할 의무가 노사 모두에 존재한다. 반면 노사협의회는 사업장 내 소속된 근로자들의 참여를 통한 협력증진을 목적으로 필요에 따라 수시·정기 협의과정 통한 공동이익증진을 목적으로 한다는 면에서 차이가 있다 할 것이다.❶

○ 노사협의회의 설치 및 위원 선출

근로조건결정권이 있는 상시근로자 30인 이상 사업 또는 사업장은 노동조합과 별도로 노사협의회 설치 운영해야 한다(시행령 제2조 ① 근로자참여 및 협력증진에 관한 법률, 이하 "법"이라 한다). 제4조 제1항 단서의 규정에 의하여 노사협의회를 설치하지 아니할 수 있는 사업 또는 사업장은 상시 30인 미만의 근로자를 사용하는 사업 또는 사업장으로 한다. ② 제1항의 규정을 적용함에 있어서 하나의 사업에 종사하는 전체 근로자수가 30인 이상일 경우에는 당해 근로자가 지역별로 분산되어 있더라도 그 주된 사무소에 노사협의회를 설치하여야 한다.❷

1 근로조건결정권이 있는 사업 및 사업장

근로조건이란 임금, 근로시간, 휴게, 휴일, 연차유급휴가, 복지후생시설은 물론 재해보상, 안전보건 등 근로자의 직장에 있어서의 일체의 대우에 대하여 결정권 있는 사업장으로 근로기준법상의 임금, 근로시간 등 근로계약체결시 그 계약의 대상이 되는 사항에 대하여 결정하는 권

❶ 정식의 단체교섭절차가 아닌 노사협의회의 협의를 거쳐 성립된 합의사항을 서면으로 작성하여 노사 쌍방의 대표자가 서명 날인한 경우, 단체협약으로 볼 수 있다. (대법 2005.3.11., 2003다 27429)

❷ 상시근로자 수가 30인 미만으로 된 경우 노사협의회 계속 운영해야 한다. (노사 68107-2, 1998)

○ 근로자대표와 협의 · 합의 조항

관계 법 명칭	내용	근거조항
근로기준법	• 경영상 해고 시 사전협의 주체 • 3개월 단위 탄력적 근로시간제, 선택적 근로시간제 서면합의 주체 • 재량근로시간제 서면합의 주체, 근로시간 및 휴게시간 특례제도 서면합의 주체 • 공휴일 휴일대체 서면합의 주체 • 보상휴가제, 연차유급휴가의 대체 서면합의 주체 • 임산부 등 야간 휴일근로 인가신청 전 협의주체	제24조 제 3항 제51조 제 2항, 제52조, 제58조 제2,3항, 제59조 제55조 제2항 제62조 제70조 제3항
근로자퇴직급여보장법	• 퇴직급여제도의 종류 선택 또는 변경시 동의, 선택 • 변경된 퇴직급여 제도의 내용 변경 시 의견 제출 주체 • 퇴직급여제도 설정시 의견청취 주체 • 확정급여형, 확정기여형 퇴직연금규약에 대한 동의 주체 • 임금감소에 따른 퇴직급여 감소 예방 협의 주체	제4조 제3,4항 제5조 제19조 제1항 제32조 제4항
파견법	• 근로자파견사업의 조사, 연구 주체 • 파견근로자 사용에 대한 사전 협의 주체 • 경영상 해고 후 사용제한기간 단축 시 동의 주체	제4조 제1항 제5조 제4항 시행령 제4조
고용정책 기본법	• 직업안정기관에 대한 지원요청 주체	제29조 제2항
고용자고용 촉진에 관한 법률	• 임금피크제 실시 동의 주체 • 정년연장에 따른 임금체계 개편 등의 조치 주체	제 14조 제2항 제2호 제19조의2 제1호
고용보험법	• 공요유지조치계획 수립시 협의주체 • 휴업 등에 따른 피보험자 지원요건 등	시행령 제20조 제1항 제1호 시행령 제21조 의3 제1항 제1호
산업안전보건법(일부)	• 산업안전보건위원회 미설치 사업장에서 안전보건관리규정 작성, 변경 동의 주체 • 산업안전보건위원회 의결사항, 안전보건진단 결과에 관한 사항, 안전보건개선계획의 수립, 시행에 관한 사항, 도급인의 산업재해 예방조치 이행 사항 등 통지 요청 주체 • 안전보건진단시 입회 요구 주체 • 산업안전보건위원회 미설치 사업장에서 안전보건개선계획 수립시 의견 제출 주체 • 작업환경측정시 입회, 작업환경측정 결과 설명회 개최요구 주체 • 건강진단 입회, 건강진단 설명 요구 주체	제 26조 제35조 제47조 제3항 제49조 제2항 제125조 제4,7항 제132조 제1,2항
산업안전보건기준에 관한 규칙	• 유해요인 조사 참여 주체 • 유해요인 조사 결과 설명회 개최 요구 주체	제657조 제3항 제661조 제3항

한으로 근로조건에 관하여 포괄적인 결정권을 가지고 있는 사업 또는 사업장 뿐만 아니라 이러한 권한 중 일부를 위임받아 결정할 수 있는 사업 또는 사업장도 노사협의회 설치단위가 된다.

2 설치장소

근로자가 지역적으로 분산되어 있더라도 전체 근로자 수가 30인 이상일 경우 그 주된 사무소에 노사협의회를 설치하도록 하고, 사업장이 여러 곳으로 나뉘어진 경우 노사협의회가 실질적으로 운영되려면 근로조건결정권이 있는 본사의 주된 사무소에 노사협의회를 설치하고 운영규정을 관할 노동청에 신고해야 한다.[3]

3 노사협의회 위원 선출

노사협의회는 3인 이상 10인 미만의 사용자와 근로자로 구성하되 사용자측 위원은 대표이사를 선임하고, 근로자측 위원은 근로기준법상 근로자에 해당하는 직원을 대상으로 직접, 비밀, 무기명 투표를 통해 선출하여야 한다.[4]

4 근로자측 위원 및 선출

노사협의회의 주체는 근로기준법에 의한 근로자로 근로기준법 제14조(근로자의 정의)의 직업의 종류를 불문하고 사업 또는 사업장에 임금을 목적으로 근로를 제공하는 자로 임금을 목적으로 타인(사용자)의 지휘명령하에서 노무를 제공하는 자는 그 노무가 육체적이든 정신적이든 모두 근로자가 사용종속관계의 구체적 판단기준으로는 전속관계의 유무, 근무에 대한 응낙 또는 거부자유 의무, 근무시간 및 근무장소 지정 유무, 노무제공의 대체성 여부, 업무수행과정에 있어서의 지휘·명령의 유무, 재료·업무용 기구의 부담관계, 보수의 성격 등으로

3. 해외근로자까지 포함하여 상시근로자 수를 산정, 노사협의회를 설치하여야 한다. (노사68107-137, 1997.6.5) 근로자가 귀사에서 파견을 명하고 귀사에서 결정한 근로조건을 적용받으며, 귀사의 복귀지시에 의하여 복귀하게 되는 등 귀사와 기본적인 근로관계가 유지되고 있다면 귀사 소속의 근로자라고 판단되므로 귀사는 노사협의회를 설치해야 한다.

4. 조합원 감소로 근로자 과반수에 미달하는 노동조합으로 된 경우 노조가 결원에 대한 위촉을 할 수 있는지 여부이다. (노사 68107-402, 1998.12.26)

판단한다.❺

노사협의회 근로자위원은 근로기준법상 근로자에 해당하는 근로자 과반수가 참여하여 직접, 비밀, 무기명 투표를 통해 선출하는 것이 원칙이며, 근로자 과반수로 조직된 노동조합(근로자 과반수라 함은 당해 사업 또는 사업장의 근로자 중 근로기준법 제15조의 사용자를 제외한 근로자 과반수를 말함)이 있는 경우 노조의 근로자위원 위촉은 노동조합 총회 또는 대의원회의 결의에 의하여 할 수 있다(22.12.11 개정).❻

5 사용자측 위원 및 선출

사용자는 개인경영의 경우에는 경영주를 말하고 법인경영인 경우에는 법인을 말하며 또한 경영담당자은 사업주로부터 사업경영의 전부 또는 일부에 대하여 포괄적 위임을 받고 대외적으로 사업을 대표하거나 대리하는 자로 주식회사의 대표이사, 합명회사 및 합자회사의 업무집행사원, 유한회사의 이사·지배인, 회사정리절차 이후의 관리인을 말한다. 근로자에 관한 사항에 대하여 사업주를 위하여 행동하는 자라 함은 인사·급여·후생·노무관리 등과 근로조건의 결정 또는 근로의 실시에 관해서 지휘명령 내지 감독을 할 수 있는 일정한 책임과 권한이 사업주에 의하여 주어진 자를 의미하다. 따라서 부장 또는 과장이라는 형식적인 직명에 따를 것이 아니라 구체적인 직무실태에 의하여 판단되어야 한다. 사용자위원 선출권한은 주식회사의 경우 대표이사가 당연직 위원이 되면서 근로자측 위원에 해당하는 임원을 사용자측 위원으로 대표이사가 선임하되 대표이사가 참석하지 못할 경우 대리인으로 공장장, 부사장 등에 권한 위임을 통해 노사협의회를 운영할 수 있다.

근로자위원선출기준(22.12.11)

- 기존에는 시행령에 규정되어 있던 근로자위원 **선출방식을 법에 규정**함으로써 **근로자위원의 대표성 강화**
- 근로자위원 선출시 **근로자 과반수 참여 의무화**

구분	개정 전	개정 후
근참법 제6조	② 근로자를 대표하는 위원(이하"근로자위원"이라 한다)은 **근로자가 선출**하되, 근로자의 과반수로 조직된 노동조합이 있는 경우에는 노동조합의 대표자와 그 노동조합이 위촉하는 자로 한다.	② 근로자를 대표하는 위원(이하"근로자위원"이라 한다)은 **근로자 과반수가 참여하여 직접·비밀·무기명 투표로 선출**한다. 다만, 사업 또는 사업장의 특수성으로 인하여 부득이한 경우에는 부서별로 근로자 수에 비례하여 근로자위원을 선출할 근로자(이하 "위원선거인")를 근로자 과반수가 참여한 직접·비밀·무기명 투표로 선출하고 위원선거인 과반수가 참여한 직접·비밀·무기명 투표로 근로자위원을 선출할 수 있다. ③ 제2항에도 불구하고 사업 또는 사업장에 근로자의 과반수로 조직된 노동조합이 있는 경우에는 근로자위원은 노동조합의 대표자와 그 노동조합이 위촉하는 자로 한다.
근참법 시행령 제3조	①법 제6조 제2항 및 제4항에 따라 근로자의 과반수로 구성된 노동조합이 조직되어 있지 아니한 사업 또는 사업장의 근로자위원은 근로자의 직접·비밀·무기명 투표로 선출한다. 사업 또는 사업장의 특수성으로 인하여 부득이한 경우에는 부서별로 근로자 수에 비례하여 근로자위원을 선출할 근로자(이하 "위원선거인")를 근로자 과반수가 참여한 직접·비밀·무기명 투표로 선출하고 위원선거인 과반수가 참여한 직접·비밀·무기명 투표로 근로자 위원을 선출할 수 있다.	

- 시행시기: **2022.12.11.** 이후 근로자위원을 새로 선출하는 경우부터 적용

❺ 노동조합 및 노동관계조정법 제2조 제1호에서 근로자라 함은 "직업의 종류를 불문하고 임금·급료 기타 이에 준하는 수입에 의하여 생활하는 자"로 규정하고 있어 근로기준법과 달리 "사업 또는 사업장 단위"라는 범위를 제한하고 있지 않으며 "임금·기타 이에 준하는 수입에 의하여 생활하는 자"라고 하여 "임금을 목적으로 근로를 제공하는 자" 보다 광의의 개념이다. 즉 노조를 구성하고 가입할 수 있는 근로자들은 근로기준법상의 근로자와 같이 반드시 '근로계약관계에 있을 것을 전제로 하지 않는다.

❻ 조합원 감소로 근로자 과반수에 미달하는 노동조합으로 된 경우 노조가 결원에 대한 위촉을 할 수 있는지 여부이다. (노사 68107-402, 1998.12.26)

노사협의회의 임기 및 신분보장

1 위원의 임기

노사협의회 위원의 임기는 3년으로 하되 연임할 수 있으며, 근로자위원 선출규정에 따라 잔여임기가 남았을 경우 보궐선거 또는 차점자를 통해 선출할 수 있다. 과반수 노조에 의해 위촉된 근로자위원의 경우 노조의 해촉으로 임기 전에도 변경될 수 있다(시행령 제4조(보궐위원) 근로자위원에 결원이 생긴 때에는 30일 이내에 보궐위원을 위촉 또는 선출하되, 근로자의 과반수로 구성된 노동조합이 조직되어 있지 아니한 사업 또는 사업장에 있어서는 근로자위원 선출투표에서 선출되지 못한 자 중 다수 득표자순에 의한 차점자를 근로자위원으로 할 수 있다).

2 노조가 위촉한 위원의 임기

근로자 과반수로 조직된 노조의 경우 노조대표자는 당연직 근로자위원으로서 노사협의회 위원이 되기 때문에 노조집행부가 교체된 경우에는 노조대표성이 변화된 것으로 보아 노조대표자를 포함하여 근로자위원의 변경은 불가피해진다. 다만, 종전 근로자위원을 총회나 대의원회의를 통하여 위촉하여 대표성에 하자가 없는 경우까지 모든 근로자위원을 반드시 교체하여야 하는 것은 아니다.

3 보궐선거

노사협의회위원 중 근로자위원에 결원이 생긴 때에는 30일 이내에 보궐위원을 위촉 또는 선출하는 것이 원칙이나 예외적으로 근로자 과반수로 구성된 노동조합이 조직되어 있지 아니한 사업 또는 사업장에 있어서는 근로자위원 선출투표에서 선출되지 못한 자 중 다수 득표자순에 의한 차점자를 근로자위원으로 선출할 수 있다. 새로 위촉 또는 선출된 위원의 임기는 전임자의 잔임기간으로 노사협의회 운영규정에 근로자위원 궐위시 다수 득표자순에 따라 근로자위원을 선출한다는 명문의 규정을 두어 시행함이 바람직하다.

4 불이익 처분 금지

사용자가 근로자위원의 협의회위원으로서의 활동을 문제 삼아 불이익 처우를 할 경우 협의회에서 자유로운 발언 등이 어려워지고 노사간 신뢰가 깨지게 될 위험이 있다. 따라서 근로자위원의 직무수행과 관련하여 사용자가 불이익 처분을 할 수 없으며 근로자위원이 실제 불이익 처분을 당한 경우 노동부장관은 그 시정을 명할 수 있으며 이와 같은 명령에도 불구하고 시정명령을 이행하지 아니한 때에는 500만원 이하의 벌금에 처할 수 있다.

5 회의시간 근로시간 간주

협의회 출석에 필요한 협의회 안건준비 등에 소요되는 시간에 대해서는 사전에 시간사용에 대한 허가를 받도록 하고 협의회 준비 등에 소요되는 시간도 근로시간으로 보아 수당을 지급한다. 다만, 위원의 신분이 비상임·무보수이므로 협의회 출석시간이 아닌 경우에는 근로시간 외에 활용하는 것이 바람직하다.

노사협의회의 운영

노사협의회는 정기협의회와 임시협의회로 나누어 정기협의회는 3개월마다 실시하고 임시협의회는 협의회 운영규정에 따라 필요한 경우 의장의 요구와 또는 위원들의 요청에 따라 개최할 수 있다.

1 정기회의

매 3개월마다 정기적으로 개최하고 의무규정으로 이를 위반할 시에는 200만원 이하의 벌금을 받게 된다. 정기회의의 목적은 협의회 운영의 연속성을 확보하고 노사간 원활한 의사소통을 위해 회의안건은 사전에 배포하여 충분히 검토할 시간을 갖도록 하는 것이 바람직하다.

2 임시회의

노사협의회 운영규정에 명시한 경우 이에 따라 임시회의를 소집할 수 있으며 의장은 필요에 따라 임시회의를 소집하고 소집공고절차를

노사협의회 운영효과

(단위: %)

구분	큰 효과	조금 효과	보통	효과 없음
신뢰형성	27.0	47.2	22.5	3.4
의사소통 개선	21.3	47.2	27.0	4.5
회사운영 관심	22.5	42.7	31.5	3.4
경영방침 실시	21.3	40.4	30.3	7.9
사기진작	15.7	43.8	34.8	5.6

통해 회의를 주관할 수 있다.

3 회의소집권자

노사협의회의 회의소집권자 및 사회자는 노사협의회 의장이며 정기회의는 소집요구 여부에 관계없이 매 3개월마다 의장이 소집하여 주재한다. 임시회의의 경우 노사일방의 대표자가 회의의 목적사항을 문서로 명시하여 회의의 소집을 요구한 때 의장은 이에 응하여야 하며 임시회의의 소집요구권은 위원 각자에게 구별 없이 주어지는 것이 아니라 노사일방의 대표자에게 주어진다.

4 회의소집통보

의장은 회의개최 7일 전에 회의일시, 장소, 의제 등을 각 위원에게 통보하고, 7일간의 기간은 최소한의 법정기간이므로 단축하지는 못하나 협의회규정에서 적당한 기간으로 연장하는 것은 무방하다. 의소집의 통보는 개별적 통지, 사보, 게시판 게재 등 회의 개최 여부를 충분히 인지할 수 있도록 하여야 하며 협의회규정에 정하는 경우에는 그에 따르되 전 위원에게 알릴 수 있는 방법을 택하여야 한다.

5 의결정족수

노사협의회 회의정족수는 회의체에서 회의를 진행하고 의사를 결정하는데 소요되는 출석자의 수로 의사정족수는 회의를 개최하고 안건을 심의하는데 필요한 법정수와 의결을 하는데 필요한 법정수로 나누며 노사협의회의 회의는 근로자위원과 사용자위원이 각각 과반수가 출석하여야 하며 출석위원 3분의 2 이상의 찬성으로 의결한다.[7]

6 회의공개와 비밀유지

노사협의회 회의공개는 회의결과 뿐만 아니라 회의과정의 공개까지

[7] 노사협의회법 제13조(현 근로자참여 및 협력증진에 관한 법률 제14조)에 "회의는 근로자위원과 사용자위원의 각 과반수의 출석으로 개최하고 출석위원 3분의 2 이상의 찬성으로 의결한다"고 규정되어 있으므로 부득이한 사유로 사업주가 회의에 불참하더라도 의사정족수를 충족한 회의자체는 적법한 것이며, 합의사항을 문서로 작성할 때 대표이사가 아닌 자가 서명하더라도 위임이나 수권의 경우 대표이사가 서명한 것과 동일한 효력을 갖는 것이다. (노사 32281-13116, 1990.9.18)

도 포함하며 모든 근로자가 노사협의회에 참여한다고 느끼기 위해서라도 협의회의 전 과정이 투명하게 공개적으로 운영되어야 한다. 예외적으로 고충처리, 회사경영기밀에 대한 사항 등 의안의 성격상 공개하기 곤란한 것은 협의회의 의결에 의하여 공개하지 않을 수도 있다.

7 회의록 비치

노사협의회 회의록 작성시 반드시 기록해야 할 필수적 기재사항으로는 회의의 개최일시 및 장소, 참석위원, 협의사항 및 의결사항, 기타 토의사항과 협의 또는 합의사항이 아니더라도 전분기 의결사항, 이행상황 및 협의회에서 즉석 안건 등으로 제출되어 노사간 논의된 사항 등을 회의록으로 작성하여 3년간 보존하여야 한다.

노사협의회의 임무

1 협의사항

노사협의회 협의란 의견을 교환하고 상대방의 입장을 이해하고 설득하는 과정으로 협의과정을 거쳐 미처 예견하지 못한 사항을 발견하고 대처할 수 있으며 의견교환과정을 거쳐 불확실성을 해소해 나갈 수 있다.

① 생산성 향상과 성과배분
② 근로자의 채용·배치 및 교육훈련
③ 근로자의 고충처리
④ 안전·보건 기타 작업환경 개선과 근로자의 건강증진
⑤ 인사·노무관리의 제도개선
⑥ 경영상 또는 기술상의 사정으로 인한 인력의 배치전환·재훈련·해고 등 고용조정의 일반원칙
⑦ 작업 및 휴게시간의 운용
⑧ 임금의 지불방법·체계·구조 등의 제도개선
⑨ 신기계·기술의 도입 또는 작업공정의 개선
⑩ 작업수칙의 제정 또는 개정
⑪ 종업원지주제 또는 기타 근로자의 재산형성에 관한 지원
⑫ 근로자의 복지증진 등

노사협의회 운영

구분	보고사항	협의사항	의결사항
범주	• 경영정보(사측) • 근로자의 요구사항(노측)	• 생산성 향상 • 근무 · 인사제도 • 고충처리 및 복지증진	• 교육훈련 · 능력개발 계획 • 복지시설 · 기금 • 노사공동기구
의의	• 노사신뢰의 기초	• 참여적 작업조직 • 고몰입 인사제도 구축	• 지식근로자 육성 • 노사파트너십 실행
이행의무	• 사용자의 보고 의무 • 근로자위원 자료 제출 요구권	• 신의성실의 원칙에 따른 협의의무 • 노사합의 또는 협의회 규정에 다라 의결 가능	• 협의회에서 의결할 의무
주요내용	• 경영계획 및 실적 • 생산계획 및 실적 • 인력계획 • 기업의 경제 · 재무상황 • 근로자의 요구사항(노측)	• 생산성향상 · 성과배분 • 채용 · 배치 · 교육훈련 • 고충처리 · 감시설비 • 안전보건 · 작업환경 • 인사 · 노무제도 • 근무제도 · 작업수칙 • 신기술 · 작업공정개선 • 종업원지주제 · 직무발명 • 복지증진 • 모성보호 · 일/가정 양립 • 기타 노사협조사항	• 교육훈련 · 능력개발 계획 • 복지시설 설치 · 관리 • 사내근로복지기금설치 • 미해결 고충처리 • 노사공동위원회 설치
위반효과	• 근로자위원의 자료제출요구에 대해 미이행시 500만원 이하 벌금	• 노사가 의결한 경우 미이행시 1,000만원 이하 벌금	• 의결사항 미이행시 1,000만원 이하 벌금

2 의결사항

노사협의회 의결사항은 특정사안에 대해 공동결정제도를 취하고 있다는 점에서 참여·협력적 노사관계의 절정을 이루는 것이다. 즉 단순한 의견교환이 아닌 노사대표가 대등한 자격으로 모인 협의회에서 공동결정 하여야 집행할 수 있는 것을 의미한다.[8]

① 근로자의 교육훈련 및 능력개발 기본계획의 수립
② 복지시설의 설치와 관리
③ 사내근로복지기금제도의 설치
④ 고충처리위원회에서 의결되지 아니한 사항
⑤ 각종 노사공동위원회의 설치

3 보고사항

노사협의회 보고사항은 근로자위원과 사용자위원이 각각 보고·설명할 수 있는 사항으로 협의·공동결정 할 의무는 없다. 따라서 사측으로 하여금 근로자측에 회사의 경영여건 및 계획을 충분히 보고·설명토록 하는 의무를 부과시켜 협의회 운영의 내실을 기하도록 하기 위해서다.

① 경영계획 전반 및 실적에 관한 사항
② 분기별 생산계획과 실적에 관한 사항
③ 인력계획에 관한 사항
④ 기업의 경제적·재정적 상황

4 의결사항 공지

노사협의회에서 의결된 사항은 사내방송, 사보, 게시 기타 적절한 방법으로 전체 근로자에게 신속히 공지해야 한다.

[8] 법상 열거된 협의사항이 아닌 경우에도 협의할 수 있는지 여부이다. (노사 68130-319, 1996.10.31.) 노사협의회법 제20조(현 근로자참여 및 협력증진에 관한 법률 제19조) 및 동법 시행규칙 제7조에 열거한 협의사항이 아니더라도 단체협약으로 노사협의회 협의사항을 정할 수 있다고 본다. 따라서 귀사의 경우 단체협약 제87조, 제88조 및 노사협의회규정에 의하여 근로조건에 관한 사항을 노사협의회 협의사항으로 명시하고 있으므로 당연히 근로조건에 관해 노사가 협의·합의할 수 있다.

5 임의중재

노사협의회에서 의결되지 않은 사항 또는 의결된 사항에 관한 사항에 관한 해석상의 분쟁은 노동쟁의가 아니므로 노동조합 및 노동관계조정법상 조정제도의 대상이 될 수 없다. 따라서 근로자위원 및 사용자위원의 합의에 의하여 협의회에 중재기구를 두어 해결할 수 있으며, 노동위원회에 중재를 요청할 수 있다. 임의중재대상은 법 제20조(의결사항)에 규정된 사항에 관하여 노사협의회가 의결하지 못한 경우, 노사협의회에서 의결된 사항의 해석 또는 이행방법 등에 관하여 의견의 불일치가 있는 경우에 해당하며 중재결정에 따르지 않는 경우 벌금을 부과하다.

6 고충처리

고충처리위원은 노사를 대표하는 3인 이내의 위원으로 구성하고, 노사협의회가 설치되어 있는 사업 또는 사업장의 경우에는 노사협의회가 그 위원 중에서 선임한다. 근로자의 고충사항은 인터넷 홈페이지 개설, 사내신문고 설치 등 최고경영자에게 직접 고충을 제기할 수 있도록 하여 one-stop으로 처리할 수 있도록 하는 등 다양한 채널을 확보하는 것이 바람직하다. 개인의 고충사항이 다수 또는 전체 근로자에 해당하는 사항이거나 고충처리위원이 처리하기 곤란한 사항일 경우에는 협의회 의안으로 상정하여 해결하도록 한다.

<table>
<tr><td colspan="4">노사협의회규정 □ 제 정 / □ 변 경 신고서</td><td>처리기간
즉 시</td></tr>
<tr><td rowspan="2">신고인</td><td>성 명</td><td></td><td>주민등록번호</td><td></td></tr>
<tr><td>주 소</td><td></td><td>전화번호</td><td></td></tr>
<tr><td rowspan="3">사업체</td><td>사업장명</td><td></td><td>전화번호</td><td></td></tr>
<tr><td>노동조합명칭</td><td></td><td>노동조합대표자 성명</td><td></td></tr>
<tr><td>근로자수</td><td>명
(남 : 명, 여 : 명)</td><td>조합원수</td><td>명
(남 : 명, 여 : 명)</td></tr>
<tr><td rowspan="3">노사 협의회</td><td>설치사유발생일</td><td></td><td>설치일자</td><td>년 월 일</td></tr>
<tr><td>설치사유</td><td></td><td>위원수</td><td>근로자위원 명
사용자위원 명</td></tr>
<tr><td>정기회의일자</td><td colspan="3"></td></tr>
<tr><td colspan="2">노사협의회규정 제정일자</td><td>년 월 일</td><td>노사협의회규정 변경일자</td><td>년 월 일</td></tr>
</table>

근로자참여및협력증진에관한법률 시행규칙 제3조제1항의

규정에 의하여 노사협의회규정을 하였음 □ 제 정 / □ 변 경 을 신고합니다.

년 월 일

신고인 (서명 또는 인)

지방노동청(사무소)장 귀하

수수료
없음

구비서류

1. 노사협의회 규정 1부.

2.변경된 노사협의회규정 1부(노사협의회규정을 변경한 경우에 한한다)

※ 이 용지는 무료로 배부하여 드립니다.

32322-01911 민 '97. 3. 25. 개정

210㎜×297㎜ 신문용지54g/㎡

노사협의회 운영규정

제 1 장 총칙

제1조(목적)

본 규정은 근로자와 사용자 쌍방이 이해와 협조를 통하여 노사공동의 이익을 증진함으로써 기업의 발전과 근로자 복지 증진에 기여함을 목적으로 한다.

제2조(명칭 및 소재)

노사협의회(이하 "협의회"라 한다)는 "(주)ㅇㅇㅇ노사협의회"라고 칭하며, (주)ㅇㅇㅇ에 설치한다.

제3조(신의성실의 의무)

근로자와 사용자는 상호신뢰를 바탕으로 성실하게 협의에 임하여야 한다.

제4조(사용자의 의무)

① 사용자는 근로자위원의 선출에 개입하거나 방해해서는 안 된다.

② 사용자는 근로자위원의 업무를 위하여 장소제공 등 기본적인 편의를 제공한다.

제 2 장 협의회의 구성

제5조(협의회의 구성)

① 협의회는 근로자와 사용자를 대표하는 각 3인의 위원으로 구성한다.

② 근로자를 대표하는 위원 (이하 "근로자위원"이라 한다)은 근로자가 선출한다.

③ 사용자를 대표하는 위원 (이하 "사용자위원"이라 한다)은 다음 각 호와 같다.

제6조(근로자위원)

① 근로자 위원은 근로자 과반수가 참여하며 직접, 비밀, 무기명투표에 의하여 선출된다.

② 삭제(22.12.11)

③ 근로자위원에 결원이 생긴 때에는 결원이 발생한 날부터 30일 이내에 보궐선거를 실시한다.

제7조(사용자위원)

① 사용자 위원은 대표이사 및 대표이사가 위촉하는 자로 구성한다.

② 대표이사가 부득이한 사유로 협의회에 참석할 수 없는 경우에 대표이사는 다른 사용자위원으로 하여금 권한을 대리하게 할 수 있다.

제8조(의장)

① 협의회의 의장은 위원 중에서 호선한다. 이 경우 근로자위원과 사용자위원 중 각1인을 공동의장으로 한다.

② 의장은 협의회를 대표하며 회의업무를 총괄한다.

③ 의장의 임기는 1년으로 한다.

제9조(간사)

① 노사 쌍방은 회의의 기록 등 사무를 담당하는 간사 1인을 각각 둔다.

② 간사는 근로자위원 및 사용자위원 중에서 각각 호선하여 선출된 자로 한다.

제10조(위원의 임기)

① 위원의 임기는 3년으로 하되 연임할 수 있다.

② 보궐위원의 임기는 전임자의 전임기간으로 한다.

③ 위원은 그 임기가 만료된 경우라도 그 후임자가 선출될 때까지 계속 그 직무를 담당한다.

제11조(위원의 신분)

① 위원은 비상임 · 무보수로 한다.

② 위원의 협의회 출석에 소요되는 시간에 대하여는 근로한 것으로 본다.

③ 회사는 협의회위원으로서의 직무수행과 관련하여 근로자위원에게 불이익한 처분을 하지 아니한다.

제12조(실무소위원회)

① 협의회는 상정된 안건의 사전심의를 위하여 실무소위원회를 구성할 수있다.

② 실무소위원회의 노사위원은 각각 2인으로 구성한다.

③ 노사일방의 협의회대표는 실무소위원회의 개최가 필요하다고 인정되는 경우 상대방에게 7일 전까지 이를 통보하여야 한다. 다만, 긴급하거나 신속한 결정이 요구되는 경우는 예외로 한다.

제 4 장 협의회의 운영

제13조(협의회 회의)

① 협의회의 정기회의는 매분기의 처음 시작달의 첫째 주에 개최한다.

② 협의회는 노사대표가 안건을 제기하는 경우 임시회의를 개최한다.

③ 협의회의 회기는 협의회 개최공고 시 정하여 공고한다.

제14조(회의 소집)

① 협의회의 회의는 의장이 소집한다.

② 의장은 노사일방의 대표자가 회의의 목적 등을 문서로 명시하여 회의의 소집을 요구할 때에는 이에 응하여야 한다.

③ 의장은 회의개최 7일전에 회의일시, 장소, 의제 등을 각 위원에게 통보하여야 한다.

제15조(자료요청) 근로자위원은 회의 전에 협의회 의제 중 협의사항 및 의결사항과 관련된 자료(기업의 경영상 · 영업상 비밀 또는 개인 정보 제외)를 사용자에게 요구할 수 있다.

제16조(정족수)

회의는 근로자위원과 사용자위원의 각 과반수의 출석으로 개최하고 출석위원 3분의 2이상의 찬성으로 의결한다.

제17조(회의의 공개)

협의회 회의는 공개한다. 다만 출석위원 과반수의 의결이 있는 경우 비공개할 수 있다.

제18조(비밀유지)

① 협의회의 위원은 협의회에서 취득한 비밀을 누설하여서는 아니 된다. 다만, 비밀의 범위는 매 회의에서 정할 수 있다.

② 협의위원이 비밀을 누설한 경우에는 징계위원회에 회부할 수 있다.

제19조(회의록 비치)

① 회의록은 노사쌍방의 간사 중 1인이 작성하여 각 1부씩 보관한다.

② 협의회는 다음 각호의 사항을 기록한 회의록을 작성 · 비치한다.

1. 개최일시 및 장소
2. 출석위원
3. 협의내용 및 의결사항
4. 기타 토의사항

③ 회의록에는 출석위원 전원이 서명 · 날인한다.

④ 회의록은 작성일로부터 3년간 보존한다.

제 5 장　협의회의 임무

제20조(협의 사항)

① 협의회는 다음 각 호의 1에 해당하는 사항을 협의한다.

1. 생산성 향상과 성과 배분
2. 근로자의 채용 · 배치 및 교육훈련
3. 근로자의 고충처리
4. 안전 · 보건 기타 작업환경 개선과 근로자의 건강증진
5. 인사 · 노무관리의 제도 개선
6. 경영상 또는 기술상의 사정으로 인한 인력의 배치전환 · 재훈련 · 해고 등 고용조정의 일반원칙
7. 작업 및 휴게시간의 운용
8. 임금의 지불방법 · 체계 구조 등의 제도개선
9. 신기계 · 기술의 도입 또는 작업공정의 개선
10. 작업수칙의 제정 또는 개정
11. 종업원 지주제 기타 근로자의 재산형성에 관한 지원
12. 근로자의 복지증진
13. 사업장 내 근로자 감시설비의 설치
14. 기타 노사협조에 관한 사항

② 협의회는 제1항의 각 호의 사항에 대하여 의결할 수 있다.

제21조(의결 사항)

회사는 다음 각 호의 1에 해당하는 사항에 대해서는 협의회의 의결을 거쳐야 한다.

1. 근로자의 교육훈련 및 능력개발 기본 계획의 수립
2. 복지시설의 설치와 관리
3. 사내근로복지기금의 설치
4. 고충처리위원회에서 의결되지 아니한 사항
5. 각종 노사공동위원회의 설치

제22조(보고 사항)

① 사업주는 정기회의에 다음 각 호의 1에 해당하는 사항에 관하여 성실하게 보고 · 설명하여야 한다.

1. 경영계획 전반 및 실적에 관한 사항
2. 분기별 생산계획 및 실적에 관한 사항
3. 인력계획의 관한 사항
4. 기업의 경제적 재정적 현황
5. 안전보건에 관한 사항

② 근로자위원은 제1항의 규정에 의한 보고 · 설명을 이행하지 아니한 경우에는 제1항의 각호에 관한 자료의 제출을 요구할 수 있으며, 사업주는 이에 성실히 응해야한다.

③ 근로자위원은 근로자의 요구사항을 보고 · 설명할 수 있다.

제23조(의결사항 등의 공지)

① 의장은 협의회에서 의결된 사항을 10일 이내에 공고하여야한다.

② 협의회는 협의회 운영에 관한 사항을 간행물·전용게시판 등의 방법으로 안내하여야 한다.

제24조(의결 사항의 이행)

근로자와 사용자는 협의회에서 의결된 사항을 성실하게 이행하고 그 결과를 상호 신속히 통보하여야 한다.

제25조(임의중재)

① 협의회는 다음 각 호의 어느 하나에 해당하는 경우에는 근로자위원과 사용자위원의 합의로 협의회에 중재기구를 두어 해결하거나 노동위원회나 그 밖의 제삼자에 의한 중재를 받을 수 있다.

1. 제19조에 규정된 의결 사항에 관하여 협의회가 의결하지 못한 경우
2. 협의회에서 의결된 사항의 해석 또는 이행방법 등에 관하여 의견이 일치 하지 아니하는 경우

② 제1항에 따른 중재결정이 있는 때에는 협의회의 의결을 거친 것으로 보며 근로자와 사용자는 이에 따라야 한다.

제 6 장 고충처리

제26조(고충처리위원회)

① 근로자의 고충을 청취하고 이를 처리하기 위하여 고충처리위원회를 설치 운영한다.

② 고충처리위원회는 사업장 단위로 설치한다.

제27조(고충처리위원회의 구성)

① 고충처리위원회은 협의회 위원 중에서 호선하여 노사 각1인의 위원으로 구성한다.

② 고충처리위원회의 임기는 3년으로 한다.

제28조(고충처리위원의 신분 및 처우)

① 고충처리위원은 비상임 · 무보수로 한다.

② 사용자는 고충처리위원으로서 직무수행과 관련하여 고충처리위원에게 불이익한 처분을 하여서는 아니된다.

③ 고충처리위원의 협의 및 고충처리에 소요되는 시간에 대하여는 이를 근로한 것으로 본다.

제29조(고충처리)

① 근로자는 고충처리위원에게 구두 또는 서면으로 상담을 신청한다.

② 상담신청을 접수한 고충처리위원은 당해 근로자의 고충을 성실히 청취한 후 접수일로부터 10일 이내에 처리결과를 해당 사원에게 서면으로 통보하여야 한다.

③ 고충처리위원이 처리하기 곤란한 사항에 대해서는 협의회에 부의하여 협의 처리한다.

제30조(대장비치)

고충처리위원은 고충사항 접수 및 그 처리에 관한 대장을 작성 · 비치하고 이를 1년간 보존한다.

제7장 보칙

제31조(대표위원의 권한위임)

노사 쌍방의 대표위원은 필요시 그 권한을 타 위원에게 위임할 수 있다.

제32조(대표위원의 권한위임)

협의회와 관련하여 고용노동부에 신고하여야 할 제반 사항은 사용자 측에서 한다.

제33조(운영세칙)

협의회는 협의운영 등과 관련된 사항에 대하여 운영세칙을 작성할 수 있다.

제34조(규정외의 사항)

이 규정에 명시되지 않은 사항에 대해서는 법령 및 통상관례에 따른다.

부칙

이 규정은 2018.01.01.부터 시행한다.

[별지 제1호 서식]

제 차 (정기 · 임시)노사협의회 회의록	
회의일시	
회의장소	
협의사항	
보고사항	
의결사항	
의결된 사항 및 그 이행에 관한 사항	
그 밖의 참고사항	

	근로자위원	서 명	사용자위원	서 명
참 석 위 원 서 명				

[별지 제2호 서식]

고충사항접수 및 처리대장

<table>
<tr><th rowspan="2">접수
번호</th><th rowspan="2">접수
일자</th><th colspan="2">고 충 인</th><th rowspan="2">고충내용</th><th rowspan="2">처리결과</th><th rowspan="2">회신
일자</th><th rowspan="2">위원
확인</th></tr>
<tr><th>성 명</th><th>소속부서</th></tr>
<tr><td></td><td></td><td></td><td></td><td></td><td></td><td></td><td></td></tr>
</table>

고충처리위원명부

■ 회 사 명 : (주) ○○○○

■ 위원임기 : 20 . . . ~ 20 . . .

■ 고충처리위원

성명	소속부서	직위/직책	비고

상기인은 (주) ○○○○의 고충처리위원임을 확인함.

근로자위원 선임서

■ 성　　명 :

■ 소속부서명 :

■ 직위 · 직책 :

귀하를 노사협의회규정 제7조 및 제11조의 규정에 의거 (주) ○○○○ 노사협의회 근로자위원으로 선임합니다.

(위촉기간 : 20 . . ~ 20 . .)

20 년 월 일

(주)ㅇㅇㅇㅇ

노사협의회 위원명부

■ 회 사 명 : (주) ○○○○

■ 위원임기 : 20 . . . ~ 20 . . .

※ 사용자위원

성명	소속부서	직위/직책	비고

※ 근로자위원

성명	소속부서	직위/직책	비고

상기인은 (주) ○○○○ 노사협의회 사용자위원 및 근로자위원임을 확인함.

사용자위원 위촉장

■ 소　속 :

■ 직　위 :

■ 성　명 :

귀하를 근로자참여 및 협력증진에 관한 법률 제6조에 의하여 (주) ○○○○ 노사협의회 사용자 위원으로 위촉합니다.

위촉기간 : 20 년 월 일 ~ 20 년 월 일

20　년　월　일

(주) ○○○○ 대표이사　○○○ (인)

공고

제목 : 노사협의회의 근로자위원 선거 관련

내용 : 노사협의회의 근로자위원 선거와 관련하여 다음과 같이 공고합니다.

= 다음 =

1. 근로자위원 수 : 3 명
2. 입후보자 자격 : 현재 근무 중인 근로자
3. 입후보 방식 : 근로자 10명 이상의 추천서를 설치준비위원회에 제출
4. 입후보 시기 : 201 . . . : 까지
   * 입후보 순서에 따라 기호 부여
5. 선거일 : 201 . . . : ~ 201 . . . :
6. 선거장소 : 사무실
7. 당선요건 :
   - 입후보자가 3인 이상인 경우 : 입후보자 중 다수득표자(3위까지) 당선

근로자 여러분의 많은 참여 바랍니다.

2017. 5. .

노사협의회 설치준비위원회

투표용지 1					
노사협의회 근로자위원 후보					
기호 1번	기호 2번	기호 3번	기호 3번	기호 4번	기호 5번

투표용지 2					
노사협의회 근로자위원 후보					
기호 1번		기호 3번		기호 4번	
찬성	반대	찬성	반대	찬성	반대

저자 소개

공인노무사 양재모

학력
- 아주대 경영학과졸
- 고대노동대학원 법학과졸

경력
- 前)삼성토탈 인사팀 과장
- 前)열린노무법인 책임노무사
- 산업안전보건관리공단 강사
- 생산성본부 인사노무관리 강사
- 중소기업중앙회 인사노무전문위원
- 하나로컨설팅노무법인 대표 공인노무사

최근 노동관계법 개정에 따른
인사노무관리실무

초판발행 2019년 5월 31일
제2판발행 2020년 5월 25일
제3판발행 2021년 4월 15일
제4판발행 2022년 3월 30일
제5판발행 2023년 4월 10일
제6판발행 2024년 3월 30일

지은이 양재모
펴낸이 안종만 · 안상준

편　집 전채린
기획/마케팅 최동인
표지디자인 Ben Story
제　작 고철민 · 조영환

펴낸곳 (주) 박영사
서울특별시 금천구 가산디지털2로 53, 210호(가산동, 한라시그마밸리)
등록 1959. 3. 11. 제300-1959-1호(倫)
전　화 02)733-6771
f a x 02)736-4818
e-mail pys@pybook.co.kr
homepage www.pybook.co.kr
ISBN 979-11-303-1983-4 93320

정　가 29,000원